LE FILS

SCEAUX. — IMP. CHARAIRE ET FILS.

LE FILS

PAR

ÉMILE RICHEBOURG

Auteur de L'ENFANT DU FAUBOURG, de LA FILLE MAUDITE, d'ANDRÉA LA CHARMEUSE,

PARIS

F. ROY, LIBRAIRE ÉDITEUR

RUE SAINT-ANTOINE, 185

1881

LE FILS

PAR

ÉMILE RICHEBOURG

F. ROY, Libraire-Éditeur, 185, rue Saint-Antoine, **PARIS**

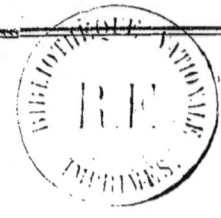

LE FILS[1]

PREMIÈRE PARTIE

LES TROIS

I

AU BOIS DE VINCENNES

Un matin du mois d'août 1873, une voiture de place, qui venait de l'intérieur de Paris, s'arrêta à la porte de Vincennes, devant la grille de l'octroi. Deux hommes mirent pied à terre. L'un d'eux dit au cocher :

— Nous avons quelqu'un à voir à Vincennes, vous allez nous attendre ici.

Le cocher jeta un regard soupçonneux sur les deux individus et fit une grimace significative.

— C'est que, dit-il en regardant sa montre, il est six heures.

— Eh bien ?

— Il faut que je sois à sept heures rue Montmartre.

— Vous n'y serez pas, voilà tout, répliqua l'homme d'un ton rude.

Ces paroles augmentèrent encore la défiance du cocher.

— J'y serai certainement, dit-il.

Et sautant à bas de son siège :

— Vous ne m'avez pas pris à l'heure, reprit-il, vous allez me payer ma course tout de suite.

L'homme eut un regard de colère ; mais son compagnon s'empressa d'intervenir.

---

[1]. L'épisode qui précède le *Fils* a pour titre *Deux Mères*.

— Nous n'avons pas de temps à perdre à discuter, dit-il ; les voitures ne sont pas rares, nous en trouverons une autre.

Et il mit dans la main du cocher le prix de sa course.

Celui-ci remonta sur son siège en grommelant, pendant que les deux hommes sortaient de Paris.

Le ciel était sans nuages. Le soleil se montrait au-dessus des plus hautes maisons qui bordent la large avenue pleine déjà du bruit des camions, des voitures de blanchisseuses et de maraîchers revenant des halles.

Les boutiques de marchands de vins étaient ouvertes. Devant les comptoirs d'étain les ouvriers se faisaient servir le canon de vin blanc ou le petit verre d'eau-de-vie avant de se rendre à leur travail. Des femmes, des jeunes filles, portant le panier contenant leur déjeuner, descendaient vers Paris d'un pas alerte et pressé.

L'air matinal était encore imprégné de l'odeur du bois. Des flots de lumière inondaient la chaussée. Les vitres des fenêtres étincelaient, piquées par les rayons obliques du soleil qui, plus loin, semblait poser une couronne d'or sur la tête du vieux donjon, sombre et énorme masse de pierre, qui n'est plus aujourd'hui qu'un souvenir du passé.

Les deux hommes dont nous venons de parler se dirigeaient rapidement vers l'entrée du bois de Vincennes. Ils marchaient côte à côte sans échanger une parole. Chacun d'eux paraissait avoir ses préoccupations ou ses pensées intimes. Ils portaient l'un et l'autre une blouse de toile blanche toute neuve et étaient coiffés d'une casquette noire de drap léger. On aurait pu les prendre pour deux ouvriers se donnant un jour de flânerie ; mais, à leur air et surtout à leurs mains fines et blanches, il eût été facile de reconnaître qu'ils n'appartenaient à aucune des nombreuses classes de travailleurs.

Sans aucun doute, ces deux hommes avaient pris le costume de l'ouvrier afin de ne pas attirer l'attention. La blouse et la casquette étaient une sorte de déguisement.

Ils n'étaient plus jeunes : le plus âgé devait avoir passé la cinquantaine, l'autre ne paraissait avoir que trois ou quatre ans de moins que son compagnon. Était-ce par privilège de l'âge, le premier semblait avoir une certaine autorité sur le second. L'attitude de celui-ci était humble sous le regard fier et hautain de l'autre. Évidemment la volonté de son compagnon dominait la sienne et il reconnaissait sa supériorité.

Ils portaient toute leur barbe, et tous deux avaient le haut de la tête dénudé. Le plus âgé avait la barbe et les cheveux blancs ; les cheveux de l'autre étaient encore d'un beau noir, mais sa barbe commençait à grisonner. Les deux fronts étaient sillonnés de rides profondes et les deux visages affreusement ravagés. Ces deux hommes avaient dû passer par de rudes épreuves, devaient avoir eu de grands chagrins ou de grandes passions. Ceux-là et celles-ci devancent l'œuvre des années. A quoi devaient-ils leur précoce vieillesse ? Était-ce la marque d'une vie tourmentée par le malheur immérité, l'amertume des déceptions, des regrets ou un stigmate de honte ?

Quel était le passé de ces deux hommes ? A n'en pas douter, leur existence avait été traversée par quelque chose de terrible. Étaient-ils victimes de la fatalité ? Étaient-ils des innocents ou des coupables, des vaincus ou des révoltés ?

Ils entrèrent dans le bois de Vincennes.

Les rayons du soleil se glissaient à travers les branches, s'enfonçaient sous des arceaux de verdure, creusant le taillis de longues raies lumineuses. Réveillés et mis en joie par l'annonce d'une belle journée, les oiseaux chantaient et les insectes bourdonnaient, ayant pour accompagnement le chuchotement de la brise dans les feuilles.

Les deux hommes continuaient à garder le silence. Cependant, certains mouvements brusques du plus âgé trahissaient son agitation ou son impatience.

Ils arrivèrent derrière le fort. Là, ils s'arrêtèrent : à leur gauche, au-dessus du fossé où fut fusillé le jeune duc d'Enghien, se dressait le donjon, bastille désarmée, prison vide, monstre aux dents brisées, qui reste vivant, debout sur le passé mort. A droite s'étendait le champ de manœuvre auquel on a donné le nom de Polygone. Les soldats de la garnison de Vincennes étaient à l'exercice. Les plus jeunes, des conscrits réunis par pelotons et commandés par des sous-officiers, apprenaient à porter et à manier le fusil, à se tourner à droite ou à gauche, à marcher et à se tenir dans les rangs.

Mais les deux hommes en blouse n'étaient pas venus de Paris à Vincennes pour voir manœuvrer des soldats.

— Maintenant, de quel côté nous dirigeons-nous ? demanda le plus âgé après avoir jeté autour de lui un regard rapide.

L'autre ne répondit pas ; mais après s'être orienté il allongea le bras, et la direction de sa main traça une diagonale sur le Polygone. Ils marchèrent vers le point indiqué. Quand ils furent à une trentaine de pas des derniers soldats, le plus âgé reprit la parole.

— Ainsi, dit-il, tu es bien sûr de retrouver l'endroit où tu l'as caché ?

— Oui, car je ne suppose pas que, depuis treize ans, on ait abattu les gros arbres du bois. On n'a pas creusé partout des lacs et des rivières.

— Enfin, nous verrons tout à l'heure si tu ne comptes pas trop sur ta mémoire. En attendant, tu me ferais plaisir en me disant quelle était ton idée lorsque tu as enterré le coffret au pied d'un arbre.

— Tu n'avais pas cru devoir me dire ce qu'il contenait, mais j'ai deviné qu'il renfermait des papiers importants.

— Ah !

— Naturellement, j'ai pensé que ces papiers pouvaient te servir et qu'il était utile de les conserver; car, si j'en juge par ce que tu as fait autrefois pour les posséder, ils ont pour toi une très grande valeur.

— Ils avaient alors une valeur qu'ils n'ont plus aujourd'hui; mais n'importe, ils peuvent encore nous être utiles.

— J'ai donc eu une bonne idée ?

— Excellente, car on ne peut pas savoir...

— Il n'acheva pas sa phrase. Un sourire amer crispa ses lèvres.

— Avant d'enfouir le coffret, est-ce que tu ne l'as pas ouvert ? demanda-t-il.

— Je n'ai pas eu la curiosité de voir ce qu'il contient; et l'aurais-je eue, le temps me manquait pour la satisfaire. Un détail que tu ignores peut-être : le coffret est de cuivre et le couvercle a été soudé.

— Oui, je sais cela.

— Je te le répète et tu peux me croire, je n'ai eu qu'une seule pensée : cacher le coffret. Pour cela j'avais une double raison. N'était-ce pas le meilleur moyen de le soustraire à toutes les recherches, de le conserver pour te le remettre un jour et de me débarrasser en même temps d'un objet fort compromettant ? Je sentais le péril, j'avais le pressentiment de ce qui m'attendait. En effet, trois jours plus tard, j'étais pincé par la police.

— Oui, tu as été bien inspiré en cachant le coffret; s'il eût été saisi en ta possession, l'affaire du château de Coulange était découverte et tu attrapais dix ou quinze ans de travaux forcés au lieu d'en être quitte pour cinq ans de prison. Allons, tu as été intelligent et adroit. Je ne veux pas te laisser ignorer que si le coffret était tombé entre les mains de la justice, les conséquences eussent été terribles. Si le secret qu'il renferme eût été révélé alors, il ne pourrait plus nous servir; c'est ce secret, gardé depuis plus de vingt ans, qui fait encore aujourd'hui notre force tout en restant un danger pour moi.

— Pour toi et pour d'autres.

— Hein, que veux-tu dire ?

— Que d'autres personnes ont intérêt à garder ce secret.

— Mais tu sais donc ?...

— Je sais que la marquise de Coulange donnerait beaucoup, peut-être une fortune, pour rentrer en possession de son coffret et des papiers qu'il contient.

— Comment sais-tu cela ?

— Je vais te l'apprendre. Je ne t'ai pas encore parlé d'une visite que j'ai reçue pendant que j'étais détenu à Mazas...

— Va, je t'écoute.

— Un jour, un homme vint me trouver pour me réclamer le coffret.

— Quel était cet homme ?

— Je l'ignore, car il n'a pas jugé nécessaire de me faire connaître son nom et sa qualité. Mais je compris facilement qu'il était envoyé par la marquise de Coulange. Il savait ce qui s'était passé au château de Coulange ; il me montra même un poignard que je reconnus aussitôt ; c'était le mien. Tu me l'avais pris des mains, et l'homme inconnu m'apprit que tu avais voulu t'en servir pour assassiner la marquise, ta sœur.

— Si tu rencontrais cet homme, le reconnaîtrais-tu ?

— Je ne sais pas, comme nous il a dû vieillir. Mais la physionomie qu'il avait alors est restée dans ma mémoire. C'était un homme d'une quarantaine d'années, de haute taille, se tenant droit et raide sur ses longues jambes un peu grêles ; il avait l'air sévère, le visage long et pâle, le nez gros, le front large, le regard vif et perçant, d'épais sourcils noirs très rapprochés et de longues moustaches taillées en brosse.

— Cela suffit, dit l'autre, le portrait est frappant, je reconnais le personnage.

Il prononça tout bas ce nom : Morlot.

— Tu ne t'es pas trompé, reprit-il à haute voix, cet homme était bien envoyé par la marquise pour te réclamer le coffret.

— Or je me suis dit avec raison qu'il fallait que la marquise de Coulange tînt beaucoup à rentrer en possession de son coffret ou plutôt de ses papiers, puisqu'elle n'hésitait pas, pour les retrouver, à s'adresser à un pauvre diable qui, quelques jours plus tard, allait passer en cour d'assises.

— Oui, tu devais faire cette réflexion et probablement plusieurs autres dont je n'ai pas à te demander compte. Qu'as-tu répondu à l'envoyé de la marquise ?

— Tu penses bien que je n'ai pas été assez bête pour lui dire que j'avais enterré le coffret au pied d'un arbre dans le bois de Vincennes. Je lui ai répondu que ne sachant qu'en faire et voulant m'en débarrasser, je l'avais jeté dans la Marne à un endroit que je lui indiquai.

— Et il a cru cela ?

— Oui.

— En es-tu certain ?

— Avec un peu d'adresse on fait passer facilement un mensonge pour une vérité.

— De sorte que l'individu est allé chercher le coffre dans la Marne.

— Nous pouvons le supposer.

— Et comme il a vainement fouillé le lit de la rivière et que, depuis, treize ans se sont écoulés, la marquise ne doit plus penser à ses papiers, qu'elle croit perdus.

Un éclair sillonna son regard et il eut un sourire singulier.

— Allons, reprit-il d'une voix creuse, tout est resté dans l'ombre, tout va bien...

Il s'arrêta brusquement, saisit les deux mains de son compagnon et, les serrant fièvreusement dans les siennes :

— Il y a treize ans, reprit-il sourdement, nous avons été vaincus, terrassés, désarmés... la fatalité était contre nous. Mais j'ai gardé ma force, c'est-à-dire ma haine, et je me trouve debout, prêt pour la vengeance.

— Et moi je suis là pour te suivre, te servir, t'obéir.

— C'est bien, nous aurons notre revanche. Rien ne nous empêchera d'aller droit au but. Il nous faut la richesse, des millions, le luxe éblouissant. Après avoir si longtemps souffert, nous voulons des années de jouissances. Sans être moins audacieux, nous serons plus adroits, plus prudents. Cachés dans l'ombre, nous frapperons, et chacun de nos coups sera terrible.

Après ces paroles menaçantes, les deux hommes se regardèrent. De leurs yeux jaillissaient de fauves éclairs.

Le plus âgé de ces deux hommes se nommait Sosthène de Perny; l'autre s'appelait Armand Des Grolles.

II

LE COFFRET OUVERT

Les deux hommes que nous venons de faire connaître, ayant traversé le Polygone, se trouvèrent à l'entrée d'une large et belle avenue, ombragée d'arbres séculaires.

— Nous approchons... dit Des Grolles à voix basse.

— Alors c'est dans cette partie du bois?

— Oui. Assurons-nous que nous sommes bien seuls, que nul ne peut nous voir.

— Je crois qu'à cette heure matinale nous n'avons pas à craindre d'être surpris; mais tu as raison, il est toujours utile de s'entourer de précautions.

Du regard ils fouillèrent les massifs à droite et à gauche. Ils ne virent rien de suspect. Ils restèrent un instant immobiles, allongeant le cou, tendant l'oreille. Ils n'entendirent que le chant des fauvettes, le bourdonnement des insectes et le bruissement des feuilles.

Complètement rassurés, ils avancèrent.

Tout en marchant, Des Grolles compta à gauche dix-neuf arbres. Il s'arrêta près du vingtième. Alors, prenant cet arbre comme marquant le sommet d'un angle droit, il s'enfonça sous bois, suivi de Sosthène.

Après avoir fait environ cinquante pas, sans dévier de la ligne perpendiculaire, Des Grolles s'arrêta de nouveau puis, ayant examiné le terrain, il fit encore deux pas en avant et se tourna vers Sosthène, en disant:

— C'est ici.

Des Grolles continua à creuser la terre. Soudain, un bruit sourd sortit du fond du trou. (Page 10.)

De Perny le regarda avec étonnement.

— Je suis persuadé que tu ne te trompes pas, mais comment peux-tu reconnaître l'endroit?

— Autrefois, au collège, j'ai appris à faire des tracés géométriques, répondit Des Grolles en souriant. Tu vois ce chêne, je le reconnais à cette branche qui a été brisée il y a quinze ou vingt ans, par un vent de tempête; maintenant, voilà un autre chêne également centenaire. De l'un à l'autre de ces arbres je tire une ligne droite dont je prends exactement le milieu, et je suis à la place où j'ai enterré le coffret.

Tout en parlant, Des Grolles avait tiré de dessous sa blouse un instrument qui y était caché. C'était une palette de fer, large et longue comme la main, une sorte de bêche, ayant un manche de bois de vingt-cinq à trente centimètres de longueur.

Les deux hommes se trouvaient au centre d'une clairière, entourés d'un épais rideau de verdure. Toujours prudent, Des Grolles plongea son regard dans toutes les directions, afin de s'assurer encore qu'il n'y avait que lui et son compagnon dans cette partie du bois.

— Rien à craindre! murmura-t-il.

Il s'accroupit dans les hautes herbes et se mit à l'œuvre. Il eut bientôt creusé un trou d'une certaine profondeur.

Debout, immobile, les yeux ardents fixés sur le trou, Sosthène suivait avec anxiété le travail de Des Grolles.

— Eh bien, tu ne trouves rien? dit-il, ne pouvant modérer son impatience.

Sans répondre, Des Grolles continua à creuser la terre.

Soudain, un bruit sourd sortit du fond du trou. L'instrument venait de rencontrer un corps dur faisant résistance.

Des Grolles se redressa et regarda Sosthène d'un air triomphant.

Celui-ci avait entendu le choc de la bêche. Il se mit à genoux au bord du trou, les yeux étincelants. Des Grolles enleva encore une couche de terre, et l'objet qu'ils cherchaient, le coffret de cuivre, apparut à leurs yeux.

Avec ses mains, Sosthène acheva de le déterrer. Il le sortit du trou et le cacha sous sa blouse, en se relevant.

— Maintenant, dit-il, filons vite.

Et ils s'éloignèrent rapidement.

Vingt minutes plus tard ils étaient hors du bois. Ils passèrent la barrière sans éveiller l'attention des employés de l'octroi et ne tardèrent pas à arriver sur la place du Trône. Ils prirent une voiture et donnèrent l'ordre au cocher de les conduire rue de Clignancourt, devant le Château-Rouge. Là ils mirent pied à terre, payèrent le cocher et grimpèrent sur les hauteurs de Montmartre. Ils se trouvèrent bientôt dans une ruelle étroite, sombre et entièrement déserte, ouverte au milieu de jardins clos de palissades et de haies vives. Sosthène tira une clef de sa poche, ouvrit une petite porte et ils pénétrèrent dans un terrain couvert de broussailles parmi lesquelles végétaient quelques arbres fruitiers.

Au milieu de ce terrain, qui ne ressemblait plus à un jardin, s'élevait une chétive maisonnette aux murs noircis, crevassés, une mauvaise bicoque prête à tomber en ruine. L'intérieur répondait au dehors; c'était le même délabrement, la même vétusté. Il y avait au rez-de-chaussée une cuisine, une salle à manger et au-dessus deux chambres. Celles-ci étaient assez bien meublées; dans chacune il y avait un lit, une commode-toilette, deux chaises, un fauteuil, un guéridon et, sur la cheminée, une glace et une pendule. Le reste du mobilier acheté chez quelque bric-à-brac, ne valait pas cinquante francs.

C'est dans cette espèce de masure que Sosthène de Perny et Armand Des Grolles demeuraient depuis quelque temps.

Après avoir mis plus de quinze jours à chercher dans Montmartre, la Chapelle et les Batignolles un logement à leur convenance, ils avaient enfin découvert cette maison solitaire. Son aspect misérable et même sinistre ne les avait pas repoussés, au contraire, elle faisait parfaitement leur affaire et ils l'avaient choisie de préférence à toute autre.

Là, à l'extrémité de Paris, dans cet endroit perdu, ignoré, dans ce désert, ils étaient bien cachés. Ils n'avaient pas à redouter les regards curieux et indiscrets des voisins. Tranquillement et à loisir ils pouvaient méditer leurs projets ténébreux. Ils pouvaient aller et venir, changer de costume à volonté, sortir et rentrer à toute heure du jour et de la nuit sans crainte d'être remarqués, et recevoir qui bon leur semblait sans avoir peur d'attirer l'attention sur eux.

Ils étaient entrés dans la maison. Après avoir refermé la porte et poussé le verrou, Des Grolles s'empressa de rejoindre de Perny dans sa chambre. Celui-ci avait posé le coffret sur le guéridon.

— Maintenant, dit Des Grolles, il faut l'ouvrir.

— Je pourrais m'en dispenser, répondit de Perny, car je sais ce qu'il contient. Mais comme il faut qu'il soit ouvert, que ce soit aujourd'hui ou un peu plus tard...

— Alors, ouvrons-le tout de suite, dit vivement Des Grolles, qui avait hâte de connaître entièrement le secret du coffret.

— Soit, fit de Perny. Mais c'est tout un travail, il faut que le couvercle soit dessoudé. Tu as ta bêche?

— La voilà.

— Elle va encore nous servir. Avant tout il nous faut du feu.

— Je comprends, dit Des Grolles.

Il sortit précipitamment de la chambre et revint au bout d'un instant apportant du bois et du charbon. Il alluma un feu dans la cheminée et le foyer fut bientôt rempli d'une braise ardente. Dans ce brasier ils firent rougir le fer de la bêche, dont ils se servirent pour faire fondre la soudure. L'opération réussit parfaitement. Toutefois, ils employèrent une bonne heure à cette besogne. Enfin, ils parvinrent à enlever le couvercle en faisant céder ses dernières attaches.

Des Grolles laissa échapper une exclamation et se pencha avidement sur le coffret, en écarquillant les yeux.

— Tu vois que je ne t'ai pas trompé, dit de Perny, ce sont des papiers.

Il tira du coffret un manuscrit à couverture bleue d'une cinquantaine de pages.

— Et cela, qu'est-ce donc que cela? s'écria Des Grolles, laissant éclater sa surprise.

— Cela répondit froidement de Perny, c'est le maillot d'un nouveau-né.

Des Grolles fit un mouvement brusque.

— Voici d'abord le petit bonnet, continua de Perny, en enlevant l'un après l'autre les objets qui se trouvaient dans le coffret; bien qu'il soit un peu froissé et fané, il n'en est pas moins fort coquet; regarde, si je ne me trompe pas, il est brodé à la main et garni de vraie dentelle. Ceci est la petite chemise. Maintenant voilà une bandelette de toile et une autre pièce de toile, qui ont servi à envelopper le poupon. Ceci est une petite couverture de laine tricotée à la main.

Il ne restait plus rien dans le coffret.

Des Grolles regardait les divers objets étalés sur la table.

— Eh bien, comprends-tu? lui dit de Perny.

— Oui, oui, je comprends, répondit Des Grolles. Ainsi, ce sont les langes de l'enfant?

— Ceux qu'il portait le jour où on l'a enlevé à sa mère.

— Pour lui donner le titre de comte et une immense fortune. A la bonne heure, en voilà un qui a eu de la chance!

De Perny grimaça un sourire.

— Tiens, tiens, reprit Des Grolles, la petite chemise est marquée d'un G et d'un L, les initiales de ses noms et prénoms probablement.

— Ou du prénom et du nom de sa mère.

— C'est juste. Du reste, tu sais cela mieux que moi.

— Sur ce point je ne sais rien.

— Pourtant, tu as connu la mère.

— Je ne l'ai jamais vue et on m'a caché son nom. Je sais seulement que c'était une jeune fille de dix-huit ans qui avait été séduite et abandonnée par son séducteur au moment de devenir mère. Chaque année, dans Paris, il y a des centaines de ces malheureuses. D'ailleurs je n'ai joué qu'un rôle très effacé dans l'enlèvement de l'enfant.

— Alors tu ne sais pas ce que la mère est devenue?

— Elle est morte, m'a-t-on dit, peu de temps après la naissance de son enfant.

— Ma foi, elle n'avait rien de mieux à faire.

Ces paroles furent suivies d'un moment de silence.

Sosthène replaçait les langes dans le coffret.

— Il y a encore une chose que je ne comprends pas très bien, dit Des Grolles.

— Laquelle?

— Je me demande pourquoi la marquise de Coulange conservait si précieusement ce maillot au lieu de l'avoir fait disparaître dès le premier jour.

Un éclair traversa le regard de Sosthène.

— En quelques mots je vais te faire comprendre, répondit-il : c'est sans le consentement de la marquise, c'est malgré elle que celui qui est aujourd'hui le comte de Coulange a été introduit frauduleusement dans la maison du marquis de Coulange.

Des Grolles se frappa le front.

— Ah ! maintenant, je devine tout, fit-il.

— Ou à peu près, rectifia de Perny. Du reste, continua-t-il, après avoir été mon complice il y a treize ans, nous sommes liés aujourd'hui par un pacte que la mort seule peut rompre; or, dans l'intérêt même de nos projets et du but que nous voulons atteindre, je ne dois rien te cacher, il faut que tu saches tout. Quand tu auras lu ce manuscrit, écrit entièrement de la main de la marquise de Coulange, je n'aurai plus rien à t'apprendre. Alors tu sauras comment ma sœur m'a traité et avec quelle intention elle a écrit ces pages, qui étaient comme une épée de Damoclès suspendue sur ma tête. Alors tu comprendras quel intérêt j'avais à m'emparer du coffret. Il y a treize ans j'aurais détruit le manuscrit et fait disparaître ces langes. Aujourd'hui je conserve tout cela. Qu'en ferons-nous? Je n'en sais rien. Nous verrons plus tard. Notre associé et ami, José Basco, m'a soumis un plan que j'ai approuvé et que tu connaîtras bientôt. José n'est pas comme nous forcé de se cacher; depuis deux mois il s'est mis à l'œuvre, il travaille. Attendons les événements.

— Dois-je lire le manuscrit maintenant ?

— José viendra ici aujourd'hui à deux heures, nous le lirons ensemble, répondit Sosthène.

— En ce cas, j'éteins le feu de ma curiosité; mais, en attendant, puis-je regarder?

— Tu le peux.

Des Grolles prit le manuscrit et tourna la couverture bleue. Sur la première page, en tête, il lut ces mots : « A mon mari. » — Plus bas, en grosses lettres : « Ceci est ma confession. » — Puis, au-dessous, en lettres plus petites : « Révélation du secret qui empoisonne ma vie. »

III

LES ASSOCIÉS

Le même jour, entre trois et quatre heures de l'après-midi, les trois associés, Armand Des Grolles, José Basco et Sosthène de Perny étaient réunis dans la chambre de ce dernier.

José Basco pouvait avoir comme de Perny de cinquante à cinquante-deux ans. C'était un homme de haute taille, sec, au teint bronzé, au regard d'aigle, froid, compassé, à l'attitude sévère, parlant peu et ne riant jamais. Il avait la barbe noire et ses cheveux très épais étaient également d'un beau noir luisant. Son visage et ses manières avaient une certaine distinction, ce qui lui permettait de se faire appeler comte de Rogas dans le monde interlope qu'il fréquentait. Il était né en Portugal, mais il n'avait plus de nationalité, ou plutôt, devenu cosmopolite par son existence nomade et aventureuse, le monde entier était sa patrie. Depuis vingt ans, il s'était montré un peu partout, à Paris, à Londres, à Rome, à Vienne, à Saint-Pétersbourg, en Égypte, en Amérique et dans l'Inde. En un mot, José Basco était ce qu'on appelle un chevalier d'industrie.

Armand Des Grolles tenait encore dans ses mains le manuscrit de la marquise de Coulange dont il avait fait la lecture à haute voix.

Ce qu'il venait de lire était pour José Basco et lui une étrange révélation.

Toutefois, le manuscrit ne leur apprenait point les faits très importants qui s'étaient accomplis après le départ de Sosthène pour l'Amérique.

Nous pouvons supposer que, renseigné par José Basco, le frère de la marquise savait un peu ce qui se passait dans la maison du marquis de Coulange ; mais personne n'avait pu dire au Portugais que l'institutrice de Maximilienne, qu'on appelait madame Louise, n'était autre que la mère de l'enfant volé par Sosthène plus de vingt ans auparavant.

Les trois associés ignoraient également qu'en récompense des services qu'il avait rendus à la maison de Coulange, l'inspecteur de police Morlot était devenu le régisseur, l'intendant d'un des plus riches domaines du marquis.

A la lecture du manuscrit avait succédé un assez long silence.

José Basco avait écouté avec la plus grande attention, sans qu'aucun mouvement de son visage pût trahir ses impressions. Ce fut lui qui, le premier, prit la parole.

— Ce que Des Grolles vient de nous lire, dit-il, en s'adressant à Sosthène, est la relation très exacte des faits que vous m'avez racontés à New York. Il y a en plus les réflexions et les appréciations plus ou moins justes de votre sœur, dont nous pourrons encore profiter. L'importance de ce document n'est pas discutable, il a une valeur énorme et nous en aurons certainement besoin un jour. Il faut donc le conserver précieusement ainsi que les autres objets qui sont dans le coffret.

— C'est bien mon intention, répondit Sosthène.

— Maintenant, reprit José, d'un ton légèrement ironique, je puis, si vous le désirez, vous donner des nouvelles de votre sœur et de votre beau-frère.

Le visage de Sosthène devint subitement très sombre.

— Tous deux se portent à merveille, continua José. Le marquis, la marquise, le jeune comte de Coulange et mademoiselle Maximilienne, toute la famille, enfin, est actuellement au château de Coulange. La chasse ouvre dans quelques jours, le 1ᵉʳ septembre, et le marquis a déjà fait ses invitations. Pendant deux mois, il y aura, comme tous les ans, nombreuse réunion au château. Le marquis et le jeune comte Eugène sont, paraît-il, deux intrépides chasseurs. On dit aussi que le grand gibier abonde dans les superbes chasses de M. le marquis. Mais vous devez savoir cela mieux que personne.

« Je puis vous dire encore que le marquis et sa femme ne pensent pas plus à vous que si vous n'aviez jamais existé. Mademoiselle Maximilienne ignore absolument qu'elle a le bonheur d'avoir un oncle qui se nomme Sosthène.

« Mademoiselle Maximilienne aura bientôt dix-huit ans ; c'est une adorable jeune fille, le portrait vivant de sa mère lorsque le marquis l'a épousée. Mais la fille ressemble plus encore à la mère par l'esprit et le cœur que par les charmes extérieurs de sa personne.

« Elle a la beauté correcte et pure, la grâce parfaite, la bonté intelligente, l'ingénuité ou la naïveté charmante, la sensibilité exquise. En elle tout est délicieux et suave comme l'idéal. »

Un sourire intraduisible errait sur les lèvres de Sosthène.

José se tourna vers Des Grolles.

— Est-ce que vous aimez la chasse ? lui demanda-t-il.

— Autrefois c'était une de mes passions.

— Cela veut dire que vous étiez un chasseur terrible.

— Ne plaisantez pas, José, j'en valais un autre.

— Mais je ne plaisante pas du tout, je vous assure ; je suis enchanté de savoir que vous êtes un excellent tireur.

— Il y a des années que je n'ai pas tenu un fusil, je ne sais pas si j'aurais le coup d'œil aussi rapide et aussi juste qu'autrefois. Quand j'étais chasseur, José, à cinquante ou soixante mètres je ne manquais jamais une pièce de gibier.

— C'est très bien, Des Grolles ; je vous le répète, je suis enchanté.

— Pourquoi cela ?

— Parce que étant, moi, un très mauvais chasseur, nous serons sûrs de rapporter du gibier quand nous irons chasser, ensemble, répondit José avec son flegme ordinaire.

Des Grolles le regarda avec surprise.

— Ah ! çà, fit-il, est-ce que vous avez l'intention de vous faire inviter à quelque partie de chasse ?

— Peut-être. Mais nous reparlerons de cela un de ces jours.

— Il médite queque chose de violent, pensa Sosthène.

Il reprit à haute voix :

— José, peut-on vous demander où nous en sommes ?

— Comme je vous l'ai dit il y a quelques jours, mon plan est définivement arrêté ; certains événements seuls pourraient me forcer à le modifier. Le plus difficile pour moi était le personnage à trouver. Aujourd'hui je le tiens. Sans qu'il s'en doute, je le suis pas à pas, je le guette, je l'observe, je l'étudie. Le gaillard en vaut la peine ; c'est un sujet rare qui jouera d'une façon merveilleuse le rôle que je lui destine. Ce qu'il a été, ce qu'il est, ce qu'il a fait, ce qu'il fait, je le sais. Je fouille partout, rien ne m'échappe. Je suis de plus en plus convaincu qu'il m'était impossible de trouver mieux. Je crois véritablement qu'il a été créé et mis au monde pour l'emploi. Il a toutes les qualités ou, si vous le préférez, tous les défaut désirables.

« Ce n'est pas pour vous flatter, mon cher de Perny — nous n'avons pas de compliments à nous faire, — mais ce jeune homme aurait été votre élève qu'il ne serait pas plus accompli. »

Sosthène reçut ce coup de boutoir sans sourciller.

— Comme toujours, continua José, la famille de Coulange rentrera à Paris à la fin d'octobre ou au commencement de novembre. D'ici là, j'aurai trouvé sans doute à occuper vos loisirs. Dans tous les cas, je prends mes dispositions pour que nous puissions nous mettre sérieusement à l'œuvre dès le mois de novembre. Alors mon Roméo sera complètement pris dans mes filets, et quinze jours me suffiront pour le préparer à entrer en scène.

— Ainsi, tout va bien, dit Sosthène.

— Du moment que je suis satisfait, vous pouvez l'être.

— Nous ne savons toujours point, Des Grolles et moi, ce que nous aurons à faire.

— Pour une bonne raison, parbleu ; je l'ignore moi-même. Est-ce que cela ne dépend pas des événements ? Ah ! je vous ai apporté de l'argent... Mes recommandations sont toujours les mêmes : dépensez le moins possible. Soyons prudents, très prudents, soyons sages, très sages.

Il posa sur la table deux rouleaux d'or.

— Vous n'avez pas à craindre que je fasse de folles dépenses, José, répliqua Sosthène avec aigreur, puisque vous m'avez interdit de me montrer sur les boulevards ou au foyer de l'Opéra, puisqu'il m'est défendu de revoir mes anciennes connaissances et de reparaître dans aucun salon, puisque je suis obligé de me cacher ici, dans ce quartier excentrique, comme un lépreux ou un pestiféré.

— Tout cela, mon cher, est une des nécessités de la situation ; si la marquise de Coulange apprenait que vous êtes revenu à Paris, le succès de notre entreprise serait sérieusement compromis.

— En attendant je sèche d'ennui, je meurs de consomption, et je me demande avec terreur si je ne suis pas condamné pendant un ou deux ans à cette existence de hibou ou de cloporte.

LE FILS 17

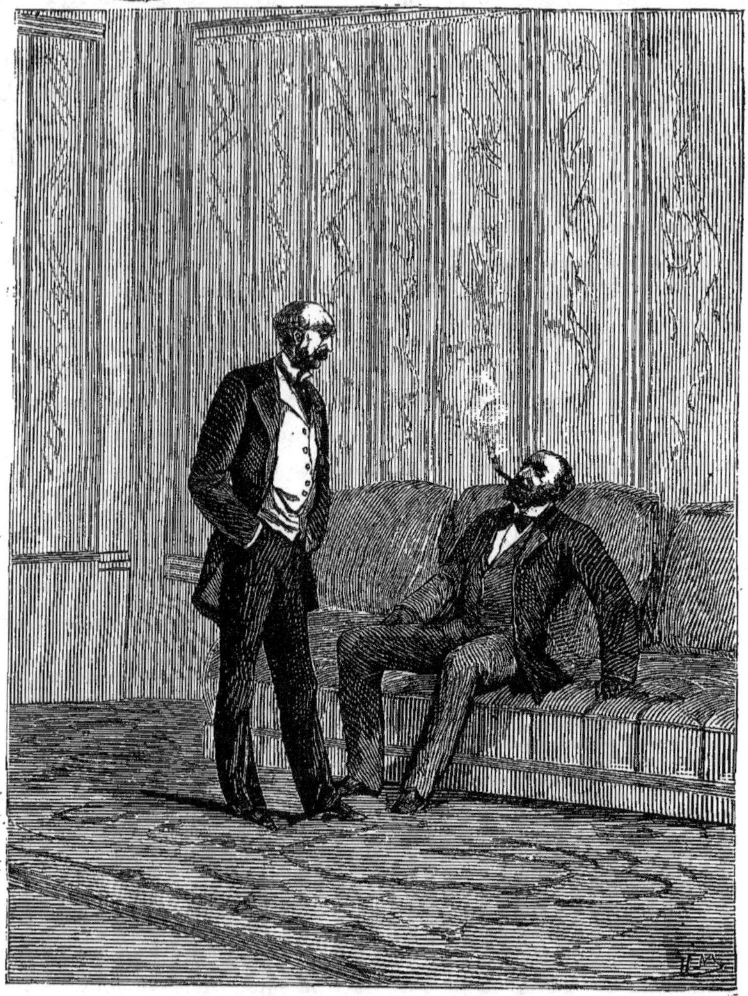

— Vingt millions! exclama José Bosco, vingt millions! Mais c'est éblouissant, mon cher. (Page 20.)

Le Portugais fit un effort qui amena sur ses lèvres un sourire railleur.
— Il faut être cela ou ne pas être, dit-il; qui veut la fin veut les moyens.
Puis, changeant de ton, il ajouta :
— Sosthène de Perny, l'ancien viveur de Paris, le lion français de New York, reparaîtra dans le monde, plus brillant que jamais, le jour du mariage de mademoiselle Maximilienne de Coulange.

IV

LES RENCONTRES

Nous savons comment, treize ans auparavant, Sosthène de Perny avait quitté la France.

En arrivant à New York, avec la petite fortune qu'il avait dans son portefeuille, s'il eût voulu revenir au bien, se repentir et faire fructifier son capital par le travail, il avait la facilité de se créer une position indépendante et avouable. Il pouvait se relever, racheter son passé par une vie nouvelle, laborieuse et honnête, et peut-être mériter un jour le pardon de la marquise de Coulange.

Malheureusement, Sosthène de Perny était un pervers, un de ces monstres humains qui naissent avec le génie du mal; il n'existait plus rien de bon en lui, sa conscience était morte, et il était incapable d'avoir seulement la pensée qu'il pouvait se réhabiliter. Il avait toujours été l'esclave de ses passions, le vice s'était incarné en lui, et il en portait la flétrissure. Si sa raison avait résisté à des excès de toutes sortes, il avait perdu complètement le sens moral. Le misérable était gangrené jusqu'à la moelle des os.

Il continua à New York l'existence honteuse qu'il avait menée à Paris. Il trouva facilement des amis dignes de lui, des oisifs, viveurs débauchés de la pire espèce.

En Amérique comme en Europe, il y a le monde interlope composé de femmes galantes, d'aventuriers et de chevaliers d'industrie. Ce monde-là, Sosthène le connaissait. Il y fit son apparition avec éclat. Il apportait au milieu de ces déclassés de toutes les catégories et de toutes les nations l'élégance, les belles manières et le beau langage des salons parisiens. On l'accueillit avec joie, toutes les mains se tendirent vers lui. Le gentilhomme parisien était très recherché, très entouré, chacun voulait être son ami. Au bout d'un mois on ne l'appelait plus autrement que le lion français.

Sosthène de Perny se trouvait dans son milieu; il allait pouvoir se livrer à de nouveaux exploits.

Toujours avide de plaisirs, il n'en dédaignait aucun. Cependant il fréquentait de préférence les salons où l'on jouait. Les dollars sur le tapis vert l'attiraient. Joueur effréné, il passait la nuit volontiers les cartes à la main. Il jouait avec une assurance magnifique, grâce au talent qu'il avait acquis de ne perdre jamais ou seulement lorsqu'il le jugeait nécessaire, afin de ne point laisser soupçonner qu'il devait sa chance incroyable à l'adresse et à l'habileté avec lesquelles il faisait glisser les cartes entre ses doigts.

Il dépensait beaucoup ; mais l'or qu'il gagnait ou plutôt qu'il volait au jeu entretenait son luxe, et ce n'est qu'au bout de neuf ans qu'il eut entièrement dévoré ses deux cent mille francs. Un autre, à sa place, ayant la même existence, aurait été ruiné en moins de quatre années. C'est assez dire ce que le jeu, pratiqué comme il l'entendait, lui avait déjà rapporté.

Quand il n'eut plus rien à lui, il trouva le moyen de vivre tout à fait aux dépens d'autrui. Naturellement, le jeu était sa principale ressource. Mais il ne rencontrait pas tous les jours des joueurs riches et complaisants ; aussi eut-il à subir des fortunes diverses ; il lui arriva plus d'une fois de chercher vainement un dollar dans ses poches vides. Alors il était obligé de recourir à de nouveaux expédients : le grec devenait escroc ou voleur, selon l'occasion.

Un soir, dans un de ces tripots où des fils de famille et même des hommes d'un âge mûr venaient perdre au jeu des sommes énormes, Sosthène de Perny se trouva tout à coup face à face avec José Basco.

En se reconnaissant, les deux hommes tressaillirent.

Ils s'étaient déjà rencontrés à Paris, une seule fois, dans le salon d'une femme du demi-monde où l'on jouait gros jeu. Là, Sosthène avait reconnu que José était son maître dans l'art de manier les cartes.

Le premier moment de surprise passé, un sourire effleura les lèvres de José Basco, et il se décida à saluer Sosthène, qui n'hésita pas à lui rendre son salut.

Alors José passa son bras sous celui de Sosthène, et, l'entraînant à l'écart, dans un coin du salon, il lui dit :

— Vous êtes Français, vous vous nommez Sosthène de Perny.

— Et vous, répliqua Sosthène, vous êtes Portugais, et vous vous faites appeler don José, comte de Rogas.

— Donc, nous nous connaissons.

— Parfaitement.

— Il me semble que nous n'avons aucune raison d'être ennemis.

— Aucune, je le reconnais.

— Eh bien, je vous offre mon amitié.

— Je l'accepte en échange de la mienne.

— Maintenant nous pouvons nous entendre.

— Les loups ne se mangent pas entre eux, répondit cyniquement Sosthène.

Ces paroles échangées, les deux grecs se serrèrent la main.

A partir de ce moment ils devinrent inséparables ; ils s'unirent pour ramasser sur les tapis verts l'or des joueurs naïfs et inexpérimentés et partagèrent fraternellement leur bonne et leur mauvaise fortune. Bientôt, ils purent se féliciter l'un et l'autre de s'être rencontrés.

L'amitié attire la confiance. José crut devoir raconter son histoire à Sosthène, et celui-ci lui fit connaître la sienne, voulant donner aussi à son nouvel ami une preuve de sa confiance.

Il ne lui cacha rien. Il lui apprit comment et pourquoi il avait été forcé de quitter la France et de se réfugier en Amérique où il se trouvait, en quelque sorte, dans un lieu d'exil.

Sans cesse il pensait à Paris, et bien souvent il avait eu l'intention de retourner en France. Mais toujours la crainte le retenait, car il aimait la liberté et ne tenait pas à avoir des démêlés avec la justice.

José l'avait écouté silencieusement et avec la plus grande attention

— Vraiment, dit-il, je crois que vous ne pourrez pas résister longtemps encore à vous rapprocher des millions du marquis de Coulange, votre beau-frère.

— Malheureusement, pour retourner en France et vivre à Paris, il faut de l'argent, beaucoup d'argent.

— C'est vrai. A quel chiffre croyez-vous que s'élève la fortune du marquis?

— Ce chiffre doit grossir chaque année, car le marquis ne dépense certainement pas tous ses revenus ; je ne pense pas exagérer en disant qu'il possède aujourd'hui vingt millions.

— Vingt millions ! exclama José Basco, vingt millions ! Mais c'est éblouissant, mon cher, c'est à donner le vertige !... Vingt millions !...

Il resta un moment silencieux, les yeux étincelants.

— Savez-vous, de Perny, reprit-il, que vous venez de me confier un secret qui vaut au moins dix millions, la moitié de la fortune du marquis pour ceux qui sauraient s'en servir?

Sosthène redressa brusquement la tête et son regard interrogea la physionomie du Portugais.

— Oh! ce n'est qu'une idée qui vient de passer dans ma tête, s'empressa d'ajouter José.

— Faites-la-moi connaître.

— Plus tard, quand je l'aurai suffisamment méditée et mûrie. En attendant, contentez-vous de savoir que, en s'y prenant bien, une bonne part de l'immense fortune du marquis de Coulange est à nous.

— Mon cher José, c'est un rêve.

— Oui, quant à présent. Du reste, nous ne pouvons rien faire tant que nous ne serons pas à Paris. Et encore faut-il que nous arrivions avec une somme assez ronde.

— En ce cas, nous sommes cloués ici à perpétuité.

— Mon cher, répliqua vivement le Portugais, pour certains hommes, vouloir c'est pouvoir. Dès aujourd'hui nous allons commencer à faire des économies, et le jour où nous posséderons une centaine de mille francs — il nous faut au moins cela, — nous voguerons vers la France.

— Ce sera long, dit Sosthène en hochant la tête.

— Nous verrons. Je conviens que depuis quelque temps la fortune nous est peu favorable; mais les jours ou plutôt les nuits se suivent et ne se ressemblent pas.

Sosthène et José se mirent donc à l'œuvre pour ramasser la somme qui leur était nécessaire. Mais ils avaient beau redoubler d'activité et d'adresse, leur caisse d'épargne mettait à se remplir une lenteur désespérante.

— Nous n'y arriverons jamais, disait Sosthène.

— Nous verrons, répondait parfois José.

Le plus souvent il se contentait de hausser les épaules.

Un jour, Sosthène buvait un grog, assis seul à une table devant un café. Un homme qui passait dans la rue s'arrêta brusquement.

Après avoir regardé un instant le buveur afin de bien s'assurer qu'il ne se trompait point, le passant s'avança vers Sosthène et lui mit la main sur l'épaule.

De Perny se retourna vivement, leva les yeux sur l'individu et aussitôt se dressa sur ses jambes.

— Comment, c'est toi? fit-il, ne cherchant pas à cacher sa surprise.

— A la bonne heure, tu me reconnais, dit l'autre; je vois avec plaisir que tu te souviens de tes anciens amis; mais tu n'en es pas moins étonné de me voir.

— Certes, je ne m'attendais guère à te retrouver ici, à New York.

— Ma foi, je pourrais t'en dire autant.

— Il faut que nous causions, reprit Sosthène, tu dois avoir des choses fort intéressantes à m'apprendre.

Il appela le garçon, paya son grog, puis il prit le bras de son ancien ami, et ils s'éloignèrent rapidement. Ils ne tardèrent pas à arriver dans un endroit de la ville à peu près désert.

— Ici, nous ne serons pas dérangés, dit Sosthène, et nous pouvons causer sans avoir peur qu'on nous entende. Voyons, y a-t-il longtemps que tu es en Amérique?

— Depuis six ans bientôt.

— Que fais-tu à New York?

— Je m'y ennuie considérablement.

— Cela ne me surprend pas; mais enfin comment vis-tu?

— Comme je peux. La mauvaise chance ne cesse pas de me poursuivre; ce serait désespérant si, à la fin, on ne finissait point par s'habituer à tout. J'ai été successivement commissionnaire sur le port, laveur de vaisselle, valet de chambre, employé de commerce, secrétaire d'un Yankee, etc... J'ai fait treize métiers, j'ai eu les treize misères. Actuellement je fais partie d'une troupe de comédiens.

— Ah! ah! tu es devenu artiste?

— Je deviens ce qu'on veut. Il faut vivre; si difficile et si laide que la vie soit pour moi, j'y tiens. Pourquoi? Je n'en sais rien. C'est bête, mais c'est comme cela. Oui, je suis ce que les gens du théâtre appellent une utilité; mais je me hâte de dire que la vie de cabotin ne me va pas du tout. Je te regarde avec admiration ; tu es toujours élégant, toujours brillant. Ah ! tu es heureux, toi ; la fortune peut t'abandonner un instant, il faut quand même qu'elle te revienne. Si tu descends, tu remontes toujours. Tiens, faut-il te le dire, près de toi je me sens moins infime et il me semble que l'espoir renaît en moi. Si, comme autrefois, tu avais encore besoin de ton camarade Des Grolles, si je pouvais t'être utile, te servir, à n'importe quel titre, avec quelle joie je sauterais à bas des planches après avoir jeté mes oripeaux à la figure de mon directeur ! Eh bien, tu ne me réponds pas ?

— Je réfléchis. Oui, peut-être, nous verrons. En attendant, il y a certaines choses que je dois savoir. Apprends-moi ce que tu es devenu après la visite nocturne que nous avons faite au château de Coulange.

— Oh ! ce ne sera pas long.

— Surtout, ne me cache rien.

— Cette affaire du château de Coulange, si bien commencée, a failli nous être fatale à tous deux. Je sais dans quelle situation tu t'es trouvé ; heureusement, on avait intérêt à ne pas te livrer à la justice.

— Passons, dit Sosthène d'un ton bref, en fronçant les sourcils, c'est de toi qu'il s'agit et non de moi.

— Soit, passons, reprit Des Grolles. Ce jour-là, par extraordinaire, je fus plus heureux que toi, puisque j'ai pu retourner à Paris tranquillement. Mais ma chance ne fut pas de longue durée : quelques jours après, j'étais pincé avec d'autres, et je pus inscrire à mon avoir cinq ans de prison. Je soldais ainsi, d'un seul coup, ma dette du moment, et une autre que tu connais, contractée antérieurement.

— Baste, fit Sosthène railleur, qui paye ses dettes s'enrichit.

— Comme je suis toujours aussi gueux, je fais mentir ton proverbe, répliqua Des Grolles en riant.

— Arrivons, s'il te plaît, à la chose qui m'intéresse.

— Excuse-moi ; je croyais t'intéresser en te disant que j'ai été cinq ans sous les verrous.

Sosthène eut un mouvement d'impatience.

— Et le coffret ? demanda-t-il.

— Ah ! oui, le fameux coffret, le coffret de la marquise ?

— Qu'en as-tu fait ?

— Sois tranquille, il est en sûreté.

— Où cela ?

— Au fond d'un trou que j'ai creusé dans le bois de Vincennes.

Sosthène regarda fixement Des Grolles.

— Est-ce bien vrai, cela ? fit-il.

— Je n'ai aucun intérêt à mentir.

— Dame, je n'en sais rien. Ainsi, tu as enterré le coffret dans le bois de Vincennes ?

— Prudemment, je tenais à m'en débarrasser.

— Si un jour j'ai besoin de ce coffret, ou plutôt de ce qu'il contient, sauras-tu le retrouver ?

— Oui, seulement...

— Seulement ?

— Je ne promets rien, tant que je serai à New York.

— Je comprends, cela suffit. Qu'as-tu fait après être sorti de prison ?

— Ce que j'ai pu et point ce que j'aurais voulu. L'entrée du département de la Seine m'étant interdite, je me gardai bien d'approcher trop près de Paris. Je ne me souciais nullement de retourner d'où je sortais, car je ne suis pas de ceux qui s'accommodent du régime des prisons. Il faut en avoir goûté pour savoir apprécier la liberté. Moi j'aime le grand air, j'aime à sentir le vent qui passe, à voir le soleil se lever et se coucher, à voir voler les oiseaux dans l'espace. Faute de mieux, je me résignai à mener une existence vagabonde. Je m'en allais n'importe de quel côté, où mes pas me conduisaient. Je travaillais quelquefois, quand je trouvais à occuper mes bras; c'est-à-dire qu'il m'arriva souvent de tendre la main. Ne t'étonne pas, j'aurais pu faire pire. J'ai eu la force de résister à la tentation de prendre ce que souvent on ne me donnait pas. Mince mérite, j'avais peur des hautes murailles sombres et des cellules où l'on étouffe. Un jour, sans trop savoir comment j'y étais venu, je me trouvai au Havre. Là, je me fis garçon marchand de vins. La boutique était sur le port. Je voyais arriver et partir les paquebots. Cela me faisait penser à l'Amérique, où déjà j'avais trouvé un refuge, et, ma foi, l'idée me vint de revoir le nouveau monde.

« Bref, un matin je comptai l'argent qui était dans ma bourse. O merveille ! J'étais assez riche pour payer mon passage. Je n'hésitai pas une seconde ; je rendis mon tablier, comme on dit, et deux heures plus tard j'étais en pleine mer, debout sur le pont du navire, tournant le dos à la France. Et voilà comment je suis ici, triste exilé sur la terre étrangère. Cela se chante dans la *Reine de Chypre*.

« Maintenant, Sosthène, je n'ai plus à te dire que ceci : Sois ma providence, ne m'abandonne pas ! »

De Perny resta un moment silencieux, ayant l'air de réfléchir.

— Il peut se faire que j'aie besoin de toi bientôt, dit-il.

— Tu dois te souvenir de mes paroles d'autrefois ; mes sentiments sont les mêmes ; corps et âme, je suis à toi.

— C'est bien, je crois que nous pourrons nous entendre. Je ne t'en dis pas davantage aujourd'hui. Tiens, continua-t-il, en lui remettant une carte, voici mon adresse ; viens me voir demain à deux heures, je te présenterai à un de mes amis.

— Je serai exact au rendez-vous.
— Alors, à demain.

Sur ces mots, ils se séparèrent.

V

TROIS MISÉRABLES

Le lendemain, à deux heures précises, Armand Des Grolles entrait dans la chambre de Sosthène de Perny.

— Ah! te voilà? Bonjour! dit celui-ci.
— Tu m'attendais?
— Deux heures sonnent à cette pendule, j'allais t'attendre.
— Et ton ami à qui tu dois me présenter?
— Il va venir.

Au même instant un bruit de pas se fit entendre, la porte s'ouvrit, et José Basco parut.

Il tendit la main à Sosthène, pendant que son regard clair et perçant s'arrêtait sur Des Grolles. Un mouvement de ses prunelles indiqua qu'il était satisfait de son rapide examen. Il avait déjà jugé l'homme.

— Mon cher José, lui dit Sosthène, je vous présente mon compatriote Armand Des Grolles, dont je vous ai parlé hier soir.

Des Grolles s'inclina.

— Oui, dit le Portugais en prenant son air le plus grave, hier soir mon ami de Perny m'a parlé de vous longuement, et, votre modestie dût-elle en souffrir, je ne vous cacherai pas qu'il m'a fait votre éloge.

Des Grolles ouvrit de grands yeux et regarda Sosthène qui, lui aussi, avait un air très grave. Ne sachant pas encore en présence de quel personnage il se trouvait, Des Grolles resta tout interdit.

— De Perny m'a raconté vos petites misères, continua José Basco avec la même gravité; ce sont les vicissitudes de la vie auxquelles nous sommes tous exposés. Les temps sont durs et les affaires difficiles; nous devons cela à la civilisation, au progrès. Aujourd'hui, cher monsieur, pour faire son chemin dans le monde, il faut passer par de rudes épreuves; ce sont les épreuves qui font les hommes forts. Pour savoir il faut apprendre. Vous avez appris, vous avez de l'expérience; c'est bien, vous ne devez pas vous plaindre.

Des Grolles, ahuri, se demandait si l'on ne se moquait pas de lui.

Le vieux juif voyait ouverte et fracturée l'armoire où il avait enfermé son trésor.

— Vous ne manquez pas d'énergie, poursuivit José, et vous êtes intelligent et actif. Ce sont des qualités indispensables. Vous avez de l'ambition et le désir d'arriver; c'est parfait. Enfin je sais que, le moment venu, vous pouvez être un homme d'action. Vous vous êtes mis à la disposition de mon ami de Perny en lui offrant vos services. Sosthène n'a pas oublié de me dire qu'on pouvait compter sur vous, que vous étiez un homme sûr. D'abord je n'ai rien répondu, je voulais prendre le temps de réfléchir. De Perny et moi nous avons formé une association pour mettre à exécution un vaste projet, dont nous ne parlons pas encore;

or j'ai calculé qu'un troisième associé pouvait être nécessaire. Eh bien, cher monsieur Des Grolles, vous êtes l'homme qu'il nous faut ; si vous le voulez, vous serez notre associé.

— Mais je ne demande pas mieux, dit vivement Des Grolles ; je l'ai dit à Sosthène autrefois et hier encore, je suis à lui corps et âme.

— De Perny vous connaît et répond de vous ; c'est pour cela que je vous dis : Soyez avec nous.

Jusqu'ici les trois hommes étaient restés debout.

— Il me semble que nous avons le droit de nous asseoir, dit le Portugais, en prenant un siège.

Les autres l'imitèrent.

S'adressant de nouveau à Des Grolles, José Basco reprit :

— Notre intention est de quitter prochainement l'Amérique ; il faut absolument que nous retournions en France, à Paris. Je suppose que rien ne vous retient à New York, que vous êtes prêt à partir.

— Ce soir, s'il le faut, répondit Des Grolles.

— Très bien. Mais à Paris comme à New York et ailleurs, sans argent on fait triste figure.

— C'est vrai, fit piteusement Des Grolles.

— Si je ne me trompe pas, il y a vingt-deux mille francs dans la caisse de notre société.

— Oui, vingt-deux mille francs, confirma Sosthène.

— Eh bien, c'est à peu près comme si nous n'avions rien, car cette somme n'est pas le dixième de ce qui nous est nécessaire pour mener à bien notre entreprise. Il faut donc, — et pour cela tous les moyens sont bons, — que nous complétions notre capital.

Sosthène se rapprocha du Portugais.

— Voyons, est-ce qu'il y a quelque chose à faire ce soir ? lui demanda-t-il.

— Ce soir, non, mais dimanche prochain, c'est-à-dire dans cinq jours, puisque c'est aujourd'hui mardi.

— Ainsi vous êtes sûr ?

— Je suis sûr qu'il y a quelque chose à faire ; seulement il faut réussir.

— Enfin de quoi s'agit-il ?

— Je vous le dirai tout à l'heure. Comme il ne faut jamais être pris au dépourvu nous devons agir comme si le succès était assuré et faire d'avance nos préparatifs de départ. Le paquebot français, *Ferragus* doit partir lundi prochain, à six heures du matin, dès aujourd'hui, chacun de nous ira retenir sa place et se faire inscrire sur le livre des passagers. Lundi, nous nous rendrons à bord, séparément, comme si nous ne nous connaissions pas. Il est toujours bon d'être prudent.

— Et si l'affaire en question n'a pas réussi ? objecta Sosthène.

— Dans ce cas, répondit José, nous resterons encore à New York, le *Ferragus* partira sans nous.

Il y eut un moment de silence.

— Maintenant, reprit José Basco, écoutez-moi.

A son tour, Des Grolles se rapprocha du Portugais. Celui-ci regarda ses deux associés en passant ses doigts dans sa barbe.

— Nous écoutons, dit Sosthène.

— Eh bien, voici de quoi il s'agit, reprit José en baissant la voix. Il y a à New York un vieux juif qui a plus de trois millions de fortune. Il s'est enrichi en vendant toutes sortes de marchandises. Entre autres trafics il a fait celui des diamants et autres pierres précieuses. Depuis quelques mois il s'est retiré des affaires ; mais il lui reste environ pour trois cent mille francs de pierreries qu'il ne tient pas à conserver et dont il cherche à se débarrasser.

— Comment savez-vous cela? demanda Sosthène.

— Par une conversation entre le vieux juif et un de ses coreligionnaires, dont j'ai été l'auditeur invisible. Les deux fils d'Israël étaient dans un jardin et se croyaient seuls, de plus ils causaient en arabe ; mais je comprends et parle la langue arabe avec autant de facilité que toutes les langues de l'Europe.

Je continue. Je n'ai pas besoin de vous dire que la conversation m'avait vivement intéressé. Je voulus savoir où demeurait le vieux juif et obtenir sur lui certains renseignements qui pouvaient ne pas être inutiles. Dès le lendemain je me mis en campagne et je sus bientôt tout ce que je tenais à savoir.

Le juif habite, à l'extrémité de la ville, une petite maison de modeste apparence qui lui appartient. Cette maison est bâtie au milieu d'un jardin carré, clos de murs assez élevés ; elle se cache dans les arbres et est suffisamment isolée. On entre dans le jardin par une porte unique, qui s'ouvre sur une petite rue peu fréquentée dans la journée, complètement déserte la nuit. Le vieux juif n'a qu'un domestique, un juif aussi, presque aussi âgé que lui. Ce domestique est un serviteur modèle : très attaché et très dévoué à son maître, il est en même temps sa ménagère, son valet de chambre, son cuisinier et le chien de garde de la maison.

Le vieux Virth. — c'est le nom du juif millionnaire, — vit très retiré ; il est peu connu à New York, et il n'y voit personne. Rarement, il reçoit quelques juifs, d'anciens amis, à sa table. Régulièrement, tous les samedis, il quitte sa maison et se rend à pied chez un de ses amis qui habite une villa à six ou huit milles de New York. Il y passe la journée du dimanche et ne revient à la ville que le lundi vers midi. Tels sont les renseignements que j'ai recueillis successivement.

Maintenant, puisque le vieux juif ne tient pas à conserver son lot de pierres fines, ne vous semble-t-il pas que ce serait lui rendre service et nous rendre service à nous-mêmes que de l'en débarrasser ?

— Certes, oui, dit Sosthène, dont les yeux flamboyaient ; il reste à savoir si la chose est possible.

— Il faut qu'elle le soit, répliqua José.

— Cela dépend des difficultés à vaincre, opina Des Grolles.

— Je vois que vous m'avez compris tous les deux, reprit José. A deux le succès pouvait être douteux, à trois je crois qu'il est certain.

— Alors, vous avez un plan tout tracé ? dit Sosthène.

— Oui, si vous voulez agir, si aucune crainte ne vous arrête.

— L'occasion est trop belle pour que nous la laissions échapper, répondit Sosthène.

— L'affaire est superbe, il n'y a pas à hésiter, ajouta Des Grolles.

— Donc, c'est entendu. Dans la nuit de samedi à dimanche, nous pénétrerons dans la maison du vieux Virth. Je sais que les pierreries sont enfermées dans une cassette, laquelle est enfermée elle-même dans un meuble qui se trouve dans la chambre à coucher du juif.

— Très bien, fit Sosthène ; mais sachons d'abord comment nous entrerons dans le jardin.

— Une porte à ouvrir, c'est facile.

— Cette porte a probablement un ou plusieurs verrous solides ?

— L'obstacle est prévu. Dans ce cas, l'un de nous grimpera sur le mur, sautera dans le jardin et tirera les verrous sans bruit pour faire entrer les autres.

— La porte de la maison sera également bien fermée ?

— Sans aucun doute ; mais nous ne l'ouvrirons pas.

— Que ferons-nous ?

— Je vous ai dit que la maison était cachée dans des arbres. J'ai remarqué qu'un de ces arbres a de fortes branches qui s'étendent sur le toit. Il faudra donc s'introduire dans la maison par des lucarnes pratiquées dans la toiture pour éclairer le grenier. Le chemin peut-être périlleux, mais il y a cet avantage qu'on peut arriver dans la chambre du juif, au premier étage, et s'emparer de la cassette sans attirer l'attention du vieux domestique, qui couche dans une pièce du rez-du-chaussée. Mais comme celui-ci peut avoir le sommeil léger ou ne pas dormir, il faudra entrer deux dans la maison. Du reste, voici quel est mon plan : Vous, de Perny, vous restez près de la porte du jardin pour protéger notre retraite et prêt à nous avertir d'un danger quelconque, au moyen d'un signal convenu. Des Grolles et moi nous grimpons dans l'arbre, nous gagnons le toit en rampant sur une branche, nous ouvrons une lucarne et nous pénétrons dans le grenier. Alors j'allume une petite lanterne sourde que j'ai dans ma poche. Je n'ai pas besoin de vous dire que j'ai aussi sur moi les instruments qu'il faut pour forcer une serrure. Nous sortons du grenier, et nous descendons au premier étage doucement, sans bruit. Des Grolles se place en sentinelle sur le palier, prêt à recevoir le domestique, s'il paraît ; moi, je pénètre dans la chambre du vieux Virth, je m'empare de la cassette, et nous nous empressons de revenir dans le jardin par le même chemin. Comme vous le voyez, mon plan est simple et d'une exécution facile.

— Et si le domestique entend du bruit, s'il se lève, s'il vient ? interrogea Des Grolles.

— Eh bien, vous serez là, vous êtes robuste, vous n'aurez pas peur d'un vieillard.

— Il faudra le tuer ?

José Basco haussa les épaules ; ce tic lui était familier.

— A quoi bon ? fit-il, on ne doit tuer qu'à la dernière extrémité, quand on ne peut pas faire autrement.

— Il criera, il appellera au secours.

— On ne l'entendra pas. L'habitation la plus rapprochée de celle du juif est à plus de quarante mètres de distance. Ainsi, c'est dit ; chacun de nous va faire ses préparatifs de départ ; et dans la nuit de samedi à dimanche...

— Nous aurons la cassette du vieux juif, acheva Sosthène.

Le Portugais se leva, en disant :

— Si tout va bien, comme j'ai lieu de l'espérer, bientôt nous reverrons la France.

Le lundi suivant, quand Virth, le vieux juif, rentra chez lui, son vieux domestique, pâle, tremblant, et courbé jusqu'à terre, s'avança vers lui comme un chien qui a commis une faute et sait qu'il a mérité les coups de fouet de son maître.

— Eh bien, quoi ? demanda Virth.

Sans prononcer une parole, le serviteur lui montra le mur et la porte du jardin, un arbre et le toit. Puis, toujours silencieux, il fit signe à son maître de le suivre et le conduisit dans sa chambre.

Alors le vieux juif comprit. Il voyait ouverte et fracturée la porte de l'armoire où il avait enfermé son trésor.

Il devint pâle comme un cadavre, poussa un oh ! étrange, leva ses bras en l'air et laissa tomber lourdement ses mains sur le haut de sa tête.

Le serviteur fit entendre un sourd gémissement, puis il s'agenouilla et dit d'une voix suppliante :

— Maître, pardon, je suis un Amalécite, un réprouvé, un maudit !... J'ai manqué de vigilance ; pendant la première heure de mon sommeil, un voleur s'est introduit dans votre maison, et je n'ai rien vu, je n'ai rien entendu... Hélas ! maître, ce n'est que trop vrai, je ne suis plus bon à rien, à peine digne d'être dévoré par les chiens comme Jézabel, veuve d'Achab et mère d'Athalie, épouse de Joram, père d'Achaz, père de Joas.

Mais le vieux Virth n'entendait rien. Lui aussi poussait de profonds soupirs et de sourds gémissements. Comme son serviteur, il se mit à genoux et appela à son secours le Dieu d'Abraham, d'Isaac et de Jacob ; puis il se roula sur le parquet, en déchirant ses vêtements et en s'arrachant les cheveux de désespoir.

Les deux vieillards ne pouvaient que se lamenter. Le trésor avait disparu, mais que faire ?... Où aller ? Où courir ? Qui accuser ? Où trouver le ou les voleurs ? . . . .
. . . .

Le *Ferragus* filait à toute vapeur vers les côtes de France. Au nombre de ses passagers se trouvaient Sosthène de Perny, Armand des Grolles et José Basco. Ce dernier avait au fond de sa valise la cassette aux pierres précieuses.

Le paquebot arriva au Havre un jeudi, dans l'après-midi. Le lendemain matin les trois associés étaient à Paris. Après avoir désigné un endroit où ils pourraient se retrouver, ils se séparèrent et allèrent se loger, provisoirement, chacun dans un hôtel.

Dès les premiers jours, José s'occupa de la vente des pierres fines. Il les vendit assez facilement, à un prix avantageux, par petits lots et à divers marchands.

Il encaissa la somme totale de trois cent trente-deux mille francs.

José Basco était le chef de l'association : il demanda à en être le caissier ; il n'y eut aucune opposition.

Maintenant qu'il avait l'argent, ce levier puissant avec lequel on peut bouleverser le monde ; l'argent, avec lequel on peut tout oser, tout entreprendre, faire le bien et le mal, José allait pouvoir s'occuper sérieusement des projets, dresser toutes ses batteries et préparer ses moyens d'attaque. Nous savons quel but il se proposait d'atteindre. Mais par quelles monstrueuses machinations espérait-il mener à bien son œuvre ténébreuse ? Évidemment, il avait déjà un plan ébauché dans sa tête ; mais Sosthène ne le connaissait pas encore.

José Basco loua un appartement de garçon rue du Faubourg-Saint-Honoré, le fit meubler confortablement et s'y installa sous le nom de José, comte de Rogas.

En même temps, après avoir péniblement cherché une habitation à leur convenance, c'est-à-dire une retraite sûre où ils pussent se cacher ; de Perny et Des Grolles louaient sur la butte Montmartre l'espèce de masure que nous connaissons.

Ces trois hommes se valaient, l'un était digne des autres ; le moins coupable pouvait devenir le plus criminel.

Une cause différente les avait jetés en Amérique ; mais partout où ils se trouvent les misérables se rencontrent. Basco et Des Grolles avaient été poussés vers de Perny comme s'il existait, entre les coquins, une mystérieuse attraction. On peut dire que la fatalité les avait réunis.

Ils n'étaient à Paris que depuis environ deux mois, le jour où nous les avons vus réunis dans la maison de la butte Montmartre.

VI

L'INSTITUTRICE

La marquise de Coulange avait dit à Gabrielle Liénard :
« Votre fils aura deux mères pour l'aimer et veiller sur son bonheur. »
La marquise de Coulange avait grandement tenu sa promesse, et Gabrielle put se demander souvent si la tendresse de la marquise pour son fils n'était pas au moins égale à la sienne. Elle lui prouva sa reconnaissance en donnant de son côté, à Maximilienne, une large part de son amour maternel. Pour celle-ci même son affection était plus démonstrative et paraissait plus ardente. Obligée de s'observer sans cesse, quand son cœur débordait de tendresse, c'est pour Maximilienne qu'étaient ces caresses, sur elle que pleuvaient ses baisers.

Si heureuse qu'elle fût d'être près de son fils, de le voir, de l'entendre, de pouvoir lui parler, sa situation n'en était pas moins pénible; il lui fallait une grande force de volonté pour ne pas sortir de son rôle. Elle devait imposer silence à son cœur, le violenter, se priver d'embrasser Eugène pour ne pas provoquer certains étonnements.

Souvent, quand il lui aurait été si doux de le prendre dans ses bras et de le serrer sur son cœur palpitant, elle était forcée de s'éloigner de lui brusquement. Elle se réfugiait dans sa chambre ou allait se cacher quelque part pour verser des larmes. Alors elle éprouvait une véritable douleur. C'est à la suite de ces crises que Maximilienne recevait ses plus tendres caresses, ses plus chauds baisers. L'amour dont son cœur était embrasé faisait explosion. C'est ainsi qu'elle donnait satisfaction à ses élans passionnés et parvenait à retrouver le calme.

Parfois, cependant, quand elle se trouvait avec son fils et qu'elle n'avait à redouter aucun regard indiscret, elle se dédommageait de la contrainte que, trop souvent, elle était forcée de s'imposer. C'était un moment de délicieuse ivresse. Elle le dévorait de baisers. L'enveloppant de son regard ravi, elle le contemplait longuement, dans une sorte d'extase.

— Il était bien petit quand on me l'a volé, pensait-elle, aujourd'hui comme il est grand, comme il est beau !

De nouveau elle l'attirait contre elle, le serrait dans ses bras frémissants et, en même temps, couvrait de baisers ses cheveux, son front, ses joues et ses yeux. Il semblait qu'elle voulût profiter de ce moment si rare pour faire une grosse provision de joies.

— Madame Louise, lui disait Eugène, vous m'aimez toujours, n'est-ce-pas? vous m'aimez autant que Maximilienne?

— Oui mon cher trésor, je vous aime, je t'aime toujours, répondait-elle. — Ah! tu ne sais pas, tu ne sauras jamais ce qu'il y a dans mon cœur de tendresse et d'amour pour toi! Va je t'aime plus que tout au monde, plus que ma vie.

Dans certains moments d'abandon, elle le tutoyait. C'était une joie pour elle. Elle n'avait pas la force de se la refuser.

— Moi, madame Louise, reprenait Eugène, je vous aime beaucoup aussi, oui, beaucoup.

— Voyons, comment m'aimes-tu? m'aimes-tu autant que madame la marquise, ta maman?

La question était au moins imprudente.

— Je ne sais pas, répondait l'enfant; mais Maximilienne et moi nous vous aimons bien toutes les deux; vous êtes nos deux mères.

Adorable réponse! Gabrielle pouvait à peine contenir ses transports. Elle sentait dans son cœur comme une rosée céleste. C'était une joie infinie. Elle reprenait son fils dans ses bras et l'embrassait encore avec délire. Elle riait et pleurait tout à la fois. Mais dans ses larmes et dans son sourire il y avait l'indicible ivresse du bonheur.

En très peu de temps elle était devenue une institutrice modèle. Bien qu'elle fût déjà très instruite, elle ne savait peut-être pas assez; mais avec les livres qu'elle avait à sa disposition, elle allait pouvoir compléter son instruction, afin qu'on ne fût pas obligé plus tard de donner une maîtresse à Maximilienne. Du reste, elle avait ces grandes qualités que l'institutrice ne possède pas toujours: le dévouement, la sollicitude, la douceur et la patience.

Les premières études sont toujours arides et pénibles pour l'enfance. Gabrielle s'y prit de façon à les rendres attrayantes pour Maximilienne. C'est ainsi que le travail ne fut plus une fatigue, mais un plaisir pour l'élève. Aussi fit-elle des progrès rapides. Il est vrai que Maximilienne adorait sa maîtresse et que les heures des leçons étaient toujours attendues et désirées. Elle eût été désolée de causer la moindre peine à sa bonne amie. A sa douceur, elle répondait par la docilité et à sa patience par un redoublement d'attention. Une parole de tendresse ou un baiser sur son front lui aidait à vaincre les plus grosses difficultés. L'institutrice put s'apercevoir souvent qu'une caresse, encourageant les efforts de son élève, avait plus d'éloquence qu'un long raisonnement pédagogique.

Le marquis avait pour Gabrielle beaucoup de déférence. Reconnaissant des soins qu'il donnait à sa fille, il lui témoignait en toute circonstance une sincère amitié. Il ne la considérait pas seulement comme une institutrice, mais comme un membre de sa famille.

Il se disait:

— Cette jeune femme a en elle je ne sais quoi qui force à l'aimer. Si elle nous quittait, ce serait un véritable deuil. Mes enfants, ma femme, mes serviteurs, tout le monde l'aime.

Eugène de Coulange.

Si l'affection que sa femme avait pour l'institutrice pouvait lui paraître exagérée, bizarre il ne songeait pas à s'en étonner.

— Ma chère Mathilde, disait-il souvent à la marquise, je ne saurais trop te féliciter de nous avoir donné madame Louise. Nous aurions cherché longtemps et peut-être n'aurions-nous point trouvé une personne aussi parfaite. C'est une perle, un véritable trésor que tu as découvert.

— C'est notre fils, c'est Eugène qui a fait cette découverte, répondait la marquise.

— Comme nous l'avons dit, Gabrielle s'observait constamment. Devant le marquis, les domestiques et les amis de la maison, elle n'était pas autre chose que l'institutrice de Maximilienne et savait se tenir à une distance respectueuse de la marquise. Rien dans ses paroles et son attitude ne pouvait faire soupçonner le lien étroit qui les unissait.

Mais quand elles étaient ensemble, seules, leurs cœurs s'ouvraient aux plus doux épanchements. Elles parlaient de l'avenir et formaient de beaux projets pour le bonheur des enfants. Entre elles, alors, régnait l'intimité la plus complète. Elles ne se cachaient rien; elles se disaient leurs pensées les plus intimes. Elles étaient véritablement comme deux sœurs.

La marquise retombait souvent dans ses inquiétudes, Gabrielle le devinait à sa tristesse, à son abattement, et elle employait toute l'éloquence de son cœur à la rassurer.

Plus d'une fois Gabrielle eut à sécher sous ses baisers les larmes de la marquise.

Dans leurs causeries intimes, la marquise employait le *tu* familier; elle élevait ainsi Gabrielle jusqu'à elle. Dans l'amitié, il n'y a ni fortune ni rang, on est égaux.

C'est dans la chambre de Gabrielle que les deux mères causaient le plus souvent. Elles pouvaient s'y enfermer et avaient moins à craindre d'être dérangées. La marquise laissait rarement passer un jour sans venir trouver sa chère Gabrielle. Pour toutes deux c'était une heure délicieuse. Leur causerie du jour était bien un peu la même que celle de la veille, mais elles ne se lassaient jamais de se dire les mêmes choses. Et puis c'était déjà un bonheur de se voir et de se trouver ensemble.

— Oh! oui, se disait la marquise, Gabrielle est à la fois une amie et une sœur pour moi.

Maintenant la santé de Gabrielle ne laissait rien à désirer. Son corps avait repris peu à peu sa souplesse et ses formes gracieuses. Ses joues creuses s'étaient arrondies, et ses yeux ne brillaient pas comme autrefois d'un éclat singulier. Son visage n'avait plus cette rigidité et cette pâleur mate, étrange, qui lui avait fait donner le surnom de Figure-de-cire. Ses traits étaient animés, ses joues s'estompaient de rose, et sur ses lèvres plus colorées se montrait sans effort un sourire doux et mélancolique. C'était, en même temps que la santé, une partie de sa beauté qui lui était rendue.

— Ma chère Gabrielle, lui dit un jour la marquise, je ne sais pas si tu t'en aperçois, mais tu n'es plus reconnaissable; c'est un changement merveilleux, une vraie transformation.

— C'est une résurrection, répondit-elle avec son doux sourire.

Les mois, les années s'écoulaient. Les enfants grandissaient. Eugène entrait dans ses quatorze ans. Depuis deux ans il était élève externe au lycée Louis-le-

Grand. Le marquis avait été son premier maître. Il apprenait avec une facilité surprenante. Dévoré du désir de savoir et voulant donner au marquis toutes les satisfactions qu'il attendait de lui, il était déjà très avancé dans ses études. Doué d'une intelligence extraordinaire, plein d'ardeur pour le travail et très studieux, ses progrès tenaient du prodige, et ses professeurs étaient émerveillés de ses aptitudes.

Le marquis décida qu'il entrerait au lycée comme interne.

— Pourquoi prends-tu cette grave résolution? lui demanda la marquise. Eugène a-t-il besoin d'émulation? N'es-tu pas content de son travail?

— Très content, au contraire, je puis même dire que je suis satisfait au delà de ce que je pouvais espérer. Eugène ne nous a jamais quittés, et cela me coûte beaucoup de me séparer de lui; mais c'est un sacrifice nécessaire. On doit aimer ses enfants pour eux et non pour soi. Il est bon que notre fils vive plus intimement avec ses condisciples; c'est dans mes idées sur l'éducation qu'on doit donner aux jeunes gens qui, plus tard, seront des hommes. C'est au milieu des camarades de l'école qu'on commence l'apprentissage de la vie.

Le marquis était trop fidèle à ses principes pour revenir jamais sur une de ses décisions.

Eugène devint donc élève interne du lycée Louis-le-Grand.

Le jour où il quitta la maison, il n'oublia pas d'aller embrasser madame Louise. Celle-ci lui dit tristement :

— Monsieur le marquis fonde sur vous de grandes espérances, et il sait que vous justifierez la confiance qu'il a mise en vous. Vous allez être obligé de travailler beaucoup, de vous donner entièrement à vos études, et je n'aurai plus que bien rarement le bonheur de vous voir. Ah! monsieur Eugène, pensez à moi quelquefois, ne m'oubliez pas! Vous n'êtes déjà plus un enfant, dans quelques années vous serez un homme; eh bien, j'ai peur qu'alors vous ne m'aimiez plus.

— Madame Louise, répondit Eugène d'un ton grave, je garde et je garderai dans mon cœur les doux souvenirs de mon enfance; je ne cesserai jamais de vous aimer comme une seconde mère, et toujours, toujours vous serez ma bonne amie.

Ces bonnes paroles avaient pénétré comme un baume dans le cœur de Gabrielle. Pourtant, le soir, madame de Coulange la trouva pleurant à chaudes larmes.

— Pourquoi pleures-tu? lui dit la marquise. Parce que nous ne le verrons pas tous les jours. Mais il n'est pas bien loin de nous, et il aura souvent des jours de congé et de vacances. La séparation ne sera réelle qu'au mois de mai, quand nous quitterons Paris pour aller à Coulange. Mais les grandes vacances arriveront et pendant deux mois nous l'aurons entièrement à nous. Allons, console-toi, c'est pour ton cœur une bien petite épreuve à côté des autres.

Gabrielle laissa échapper un sourire.

— C'est vrai, répondit-elle, je dois être forte et ne plus avoir de ces défaillances.

Et elle essuya ses yeux.

A partir de ce moment Gabrielle eut un redoublement de tendresse pour Maximilienne, et l'institutrice se voua plus complètement encore à l'éducation de son élève.

Les deux mères continuaient à vivre l'une près de l'autre dans une tranquillité aussi parfaite que possible.

Cette tranquillité fut troublée tout à coup par une lettre que reçut le marquis.

On était au mois d'août. Le jeune lycéen, qui avait obtenu cinq premiers prix, était en vacances depuis huit jours.

— Ma chère Mathilde, dit un matin le marquis à sa femme, mon ami, le comte de Sisterne vient de m'écrire.

— Ah! où est-il en ce moment?

— A Paris.

La marquise tressaillit et eut de la peine à cacher son trouble.

— Ah! il est à Paris! fit-elle.

— Oui, et il m'annonce que, pour tenir la promesse qu'il nous a faite il y a des années, il va venir passer quinze jours à Coulange.

La marquise eut besoin de toutes ses forces pour contenir son émotion.

— Eh bien, mon ami, dit-elle, le comte de Sisterne sera le bienvenu.

— Je vais lui écrire pour lui dire que nous l'attendons et pour lui adresser nos vives félicitations ; car, — je suis heureux de te l'apprendre, — il vient d'être promu au grade de contre-amiral.

— Oui, oui, dit la marquise préoccupée, je joins mes félicitations aux tiennes.

Elle pensait au grand danger qui la menaçait et cherchait dans sa tête la possibilité de le conjurer.

Depuis sept ans, le comte de Sisterne n'avait vu que deux fois le marquis et la marquise. C'était à Paris, il ne faisait que passer, et il ne leur avait donné chaque fois que quelques heures. Gabrielle avait pu éviter facilement de se trouver en sa présence.

Mais il allait venir à Coulange, et son séjour au château serait de deux semaines. Il était impossible que Gabrielle pût se tenir cachée pendant ces quinze jours sans faire naître dans l'esprit du marquis des soupçons étranges, lesquels pouvaient amener de terribles complications. Mais ces complications redoutables allaient naître également aussitôt que le comte de Sisterne aurait reconnu Gabrielle Liénard dans madame Louise, l'institutrice de Maximilienne.

D'une manière ou de l'autre le péril était extrême.

— Que faire ?, se demandait la marquise épouvantée.

Soudain l'idée lui vint d'éloigner Gabrielle.

— A propos, dit-elle au marquis, j'ai oublié de te dire hier que madame Louise m'a demandé un congé.

— Un congé, pourquoi? demanda M. de Coulange.

— Elle désire aller passer quelques jours près de son amie, madame Morlot. C'est un plaisir que je n'ai pu lui refuser. C'est la première fois qu'elle quittera Maximilienne depuis qu'elle a été confiée à ses soins.

— C'est vrai, dit le marquis. Quel jour a-t-elle l'intention de partir?

— Demain.

— Quand reviendra-t-elle?

— Dans quinze jours ou trois semaines. Je n'ai pas le droit d'être exigeante avec madame Louise.

Resté seul, le marquis devint rêveur.

Il se rappelait les confidences que le comte de Sisterne lui avait faites le jour où, ayant rencontré madame Louise sur le chemin au bord de la Marne, il avait cru reconnaître une jeune fille qu'il avait aimée, séduite, et dont il gardait dans son cœur le souvenir ineffaçable. Il avait été le témoin de la scène au bord de l'eau, et il la retrouvait gravée dans sa mémoire.

— C'est singulier, se dit-il, ce départ de madame Louise me fait l'effet d'être une fuite protégée par la marquise.

Sur ce point, M. de Coulange devinait la vérité.

— Si madame Louise est réellement la personne dont m'a parlé de Sisterne, reprit-il, continuant à réfléchir, elle ne veut pas que le comte la reconnaisse ; cela est hors de doute. Elle a certainement ses raisons pour cela. Or, quelles qu'elles soient, ces raisons, il me paraît certain qu'elles sont approuvées par la marquise, qui n'est pas sans avoir reçu les confidences de madame Louise.

Ah çà! fit-il avec un mouvement brusque de la tête et des épaules, je ne sais pas pourquoi, vraiment, je m'occupe de choses qui ne me regardent point. Je n'ai pas le droit de surprendre les secrets de madame Louise, et il ne m'appartient pas de juger sa conduite. C'est une personne très sensée, incapable d'agir sans avoir sérieusement réfléchi, et dont tous les actes sont dictés par une grande sagesse.

Le marquis trouva que son raisonnement était bon. Alors il prit une plume pour écrire à son ami le comte de Sisterne que la marquise et lui l'attendaient et se faisaient une fête de le recevoir à Coulange.

Aussitôt après avoir quitté son mari, la marquise courut trouver Gabrielle.

— Le comte de Sisterne est à Paris, lui dit-elle.

Gabrielle devint très pâle.

— Mon mari a reçu une lettre de lui ce matin, continua la marquise; il va venir passer quinze jours à Coulange.

— Quand arrive-t-il? demanda Gabrielle d'une voix qui trahissait une violente émotion.

— Dans deux ou trois jours.

— Nous devions nous attendre à cela. Hélas ! nous nous trouverons plus d'une fois en face de ce danger. Il faut l'éviter à tout prix, il s'agit de notre bonheur à tous.

Il y eut un moment de silence. Gabrielle reprit :

— Il ne faut pas que le comte de Sisterne me voie, il faut que je ne sois plus ici quand il arrivera ; oui, je dois partir.

— La même pensée m'est venue, répliqua la marquise, et, avant de vous avoir consultée, j'ai prévenu mon mari que, sur votre demande, je vous avais autorisée à aller passer quelque temps près de madame Morlot.

— Qu'a-t-il répondu ?

— Il a compris que je ne pouvais vous refuser quinze jours ou trois semaines de congé.

Gabrielle soupira.

— Depuis quelques jours j'étais si heureuse ! dit-elle ; il fallait que ma joie fût troublée. Les vacances ne sont que de deux mois, et pendant plus de quinze jours je vais être éloignée de notre fils !

Elle essuya deux grosses larmes qui roulaient dans ses yeux.

— Pauvre amie ! murmura la marquise, en lui serrant la main.

Le lendemain, dans la matinée, Gabrielle partit pour le château de Chesnel, dont l'ancien inspecteur de police Morlot était l'intendant.

Malgré les vives instances du marquis, qui aurait voulu le garder plus longtemps, le comte de Sisterne ne resta que quinze jours à Coulange.

Le jour même de son départ, la marquise écrivit à Gabrielle ces quelques mots :

« Le comte de Sisterne nous a quittés ce matin; vous pouvez revenir. »

Deux jours après, Gabrielle rentrait au château de Coulange.

— Eh bien, que s'est-il passé? demanda-t-elle à la marquise.

— Rien qui soit de nature à nous inquiéter.

— Les enfants n'ont point parlé de moi?

— Je le leur avais recommandé.

— Et monsieur le marquis ?

— Il a aussi gardé le silence. Mais je ne veux rien vous cacher, Gabrielle : par quelques paroles qui sont échappées à mon mari, j'ai compris qu'il connaissait le secret de M. de Sisterne. Le jour où vous vous êtes trouvée en présence du comte, au bord de la rivière, mon mari était là ; il a certainement remarqué votre surprise, votre embarras, et en même temps l'émotion et le trouble de son ami. Eh bien, j'en suis sûre, le marquis a deviné que vous n'êtes pas étrangère au comte de Sisterne.

— Oh! fit Gabrielle avec effroi.

— Ne vous effrayez pas, reprit la marquise, mon mari est trop discret, il a les sentiments trop délicats pour prononcer seulement un mot qui puisse vous faire soupçonner qu'il sait la vérité. Il n'a point parlé de vous à M. de Sisterne parce qu'il a craint de toucher à de douloureux souvenirs ; s'il sait réellement que vous êtes Gabrielle Liénard, il a dû comprendre que vous ne voulez pas que le comte vous reconnaisse ; dans ce cas nous pouvons être tranquilles, il ne vous trahira pas.

— Oh! mon Dieu! s'écria Gabrielle s'il allait deviner!...

— Ce serait épouvantable ; mais ce malheur n'est pas à craindre.

Elles restèrent un moment silencieuses.

— J'ai oublié de vous dire que M. de Sisterne avait un nouveau grade. reprit la marquise ; il a été nommé récemment contre-amiral.

— Il devrait se marier, dit Gabrielle.

— Le comte de Sisterne restera célibataire ; il n'a point oublié la jeune fille qu'il a trompée et ne peut se consoler de l'avoir perdue. Pour rester fidèle à son souvenir, il a sans doute juré de ne plus aimer et de ne jamais se marier. Ah! ma chère Gabrielle, tu nous as tout sacrifié... Aujourd'hui encore tu pourrais devenir comtesse de Sisterne.

Gabrielle eut un sourire singulier. Puis, secouant la tête, elle répondit :

— Depuis le jour où je l'ai mis au monde, ma vie tout entière appartient à mon enfant. Je ne vis que par lui et je ne dois vivre que pour lui seul !

De nouvelles années s'écoulèrent.

Eugène de Coulange avait achevé brillamment ses études universitaires, en se faisant donner les diplômes de bachelier ès lettres et bachelier ès sciences.

Certes, le marquis avait déjà le droit d'être fier de celui qu'il croyait son fils et qui portait son nom.

— Mon cher enfant, dit-il au jeune bachelier, depuis longtemps tu connais mes intentions : ici-bas chacun a sa tâche, des devoirs à remplir envers soi-même et envers les autres ; la fortune ne saurait dispenser l'homme du travail, et il faut que tu prennes une place au milieu du grand mouvement intellectuel et industriel ; tu dois, dès maintenant, te demander de quelle manière tu pourras être utile à ton pays.

« Voyons, que veux-tu être ?

— Mon père, je ne le sais pas encore, répondit Eugène, je n'ai pas en moi une assez grande confiance pour oser me prononcer déjà. En attendant, je désire entrer à l'École polytechnique.

Peu de temps après, il était élève de cette école créée en 1794 par la Convention nationale, laquelle est encore aujourd'hui sans rivale en Europe.

Après avoir subi l'examen des cours de la seconde année, il fut classé un des premiers sur la liste de sortie.

Il n'avait pas encore dix-neuf ans.

Le marquis lui demanda de nouveau :

— Que veux-tu être?

— Ingénieur des mines, répondit-il sans hésiter.

— C'est bien, approuva le marquis.

Les cours de l'École d'application des mines sont de trois ans, au moins. Le jeune homme ne fut pas effrayé de ces trois autres années d'études spéciales. On est généralement modeste quand on a un mérite réel ; Eugène était de ceux qui pensent qu'on ne sait jamais assez et qu'on doit toujours apprendre.

Il devint donc élève ingénieur de l'École des mines.

Pendant ce temps, Maximilienne avait achevé son éducation et complété son instruction.

Gracieuse et jolie, distinguée, intelligente et instruite, Maximilienne était une jeune fille accomplie. Dans la douceur de son regard, le timbre de sa voix et l'exquise bonté de son sourire, il y avait un charme inexprimable. Tout le monde l'aimait. Sans le vouloir, elle se faisait admirer ; les plus indifférents la trouvaient adorable.

Gabrielle avait dit à la marquise :

— Je n'ai plus rien à enseigner à Maximilienne ; vous me l'aviez confiée, je vous la rends ; maintenant elle va être toute à vous. Je m'étais chargée d'une tâche qui pouvait être difficile et pénible, elle a été facile et agréable. J'ai fait de mon mieux pour répondre à ce que vous attendiez de moi et justifier la confiance de M. le marquis.

A cela la marquise répondit simplement :

— Vous avez été pour ma fille une véritable mère

Puis elles s'étaient embrassées avec effusion.

Alors Gabrielle manifesta l'intention de quitter la maison de Coulange. Mais la marquise s'y opposa d'une façon absolue. De son côté, le marquis dit à Gabrielle :

— Vous êtes de notre famille, vous nous appartenez, nous vous gardons ; mais nous n'entendons point vous priver de votre liberté, vous serez complètement indépendante.

Gabrielle resta.

Comme par le passé, elle eut sa chambre à l'hôtel de Coulange et au château ; mais elle demeurait constamment à Coulange. Elle aimait la solitude, son isolement pendant six mois lui plaisait. Elle avait compris qu'elle devait comprimer les élans de son amour maternel. Imposant de nouveau silence à son cœur, elle s'était résignée à vivre éloignée de son fils. Mais la marquise lui écrivait souvent et lui donnait toujours des nouvelles d'Eugène. Le jeune homme ne l'oubliait point ; il lui écrivait aussi quelquefois. Les lettres qu'elle recevait de Paris venaient égayer sa solitude. Elle les conservait pour les relire vingt fois. C'était

De retour de sa promenade, Eugène trouva le marquis qui l'attendait dans la cour. (Page 42.)

son bonheur, toutes ses joies. Elle ne recevait pas une lettre de son fils sans la porter plusieurs fois à ses lèvres avant de la lire.

— Ses yeux se sont fixés sur ce papier, c'est sa main qui a tracé ces lignes, pensait-elle.

Et, en approchant le papier de ses lèvres, il lui semblait qu'elle embrassait son fils lui-même.

Cependant Gabrielle trouvait qu'ils étaient longs, bien longs, ces six mois pendant lesquels la famille de Coulange demeurait à Paris. Quand elle ne pouvait plus résister au désir de voir son fils, elle se décidait tout à coup à faire le voyage à Paris. Mais rarement elle restait plus d'un jour ou deux à l'hôtel de Coulange. Dès qu'elle avait vu Eugène et embrassé Maximilienne, elle était contente et, presque joyeuse, elle reprenait le chemin de sa retraite. D'ailleurs le séjour de Paris était dangereux pour elle, car maintenant le comte de Sisterne y demeurait et venait souvent à l'hôtel de Coulange.

La sœur du comte, madame de Valcourt, avait eu la douleur de perdre son mari, et l'amiral, qui n'avait plus à faire, comme autrefois, de longs voyages en mer, s'était définitivement fixé à Paris, près de sa sœur et de sa nièce Emmeline, qui était dans sa seizième année.

Or il y avait treize ans que Gabrielle Liénard, sous le nom de madame Louise, était entrée comme institutrice dans la maison de Coulange. Pendant ce temps, le plus parfait accord n'avait cessé d'exister entre elle et la marquise.

Les beaux jours d'été avaient ramené la famille de Coulange au château de Coulange, sa résidence toujours préférée.

On attendait madame de Valcourt et sa fille. L'amiral de Sisterne, chargé d'une mission importante par le ministre de la marine, ne devait venir les rejoindre que dans la deuxième quinzaine de septembre.

Il était convenu déjà qu'avant l'arrivée du comte, Gabrielle partirait pour le château de Chesnel, comme elle avait été forcée de le faire plusieurs fois.

Cette année-là, comme les précédentes, dès le premier jour de l'ouverture de la chasse, on allait recevoir au château une société nombreuse. Outre les amis du marquis, le jeune comte Eugène avait invité quelques-uns de ses camarades de l'École polytechnique et de l'École des mines.

VII

LE LEGS DE LA DUCHESSE

Un matin, au retour d'une promenade à cheval qu'il faisait presque tous les jours aux environs de Coulange, Eugène trouva le marquis qui l'attendait dans la cour du château. Il sauta lestement à terre, mit la bride du cheval dans la main d'un domestique et s'avança vers M. de Coulange.

— Es-tu content de ta promenade? lui demanda le marquis.

— Enchanté, mon père; j'éprouve toujours le même plaisir à courir à travers notre belle campagne, et je ne me lasse point de voir les mêmes paysages. Il est vrai qu'ils sont admirables.

— D'ailleurs, reprit le marquis, se lever de bonne heure est hygiénique; courir à cheval pendant une heure ou deux est aussi une excellente chose.

— En effet, mon père, je sens que l'exercice du cheval me fait beaucoup de bien.

— Tu as un peu trop travaillé, mon cher enfant ; je ne te le cache pas, dans ces dernières années ta santé m'a causé d'assez vives inquiétudes.

— Oh ! cher père, fit le jeune homme avec émotion.

— Mais, maintenant, continua le marquis avec un doux sourire, je suis complètement rassuré. Je constate avec joie le développement de tes forces physiques. Tes yeux n'ont plus cet éclat fiévreux causé par le travail trop assidu ; tes joues s'arrondissent et, peu à peu, les fraîches couleurs de la santé chassent la pâleur de ton visage.

Le comte de Coulange était un fort joli garçon. Grand, élancé, il était peut-être un peu fluet ; mais il avait la taille élégante et bien prise. La coupe de sa figure était correcte, ses traits réguliers et beaux. Il avait les cheveux noirs, fins et épais, les sourcils bien marqués, le front haut et large et légèrement bombé de l'homme intelligent, de grands yeux noirs au regard profond, sympathique et doux, la bouche spirituelle. Une moustache naissante ombrageait sa lèvre supérieure.

Chose singulière, il y avait certains points de ressemblance parfaite entre M. de Coulange et le fils de Gabrielle Liénard. Eugène avait le grand air du marquis et ses manières d'une distinction exquise. C'était, dans le regard, la même expression, les même mouvements de physionomie, le même sourire plein de bonté, et, chose plus extraordinaire encore, le même timbre de voix.

La marquise avait fait cette remarque depuis longtemps, et elle en avait souvent parlé à Gabrielle comme d'une chose merveilleuse.

— Viens par ici, dit le marquis au jeune homme, en lui prenant le bras, je désire causer un instant avec toi.

Le soleil commençait à faire sentir sa chaleur. Ils allèrent s'asseoir sur un banc rustique à l'ombre d'un bouquet de sumacs.

— Mon cher fils, dit le marquis, c'est aujourd'hui le 20 août, anniversaire de ta naissance.

— C'est vrai, cher père.

— Tu viens d'entrer dans sa vingt et unième année, mon ami. Je ne veux pas te répéter encore que je suis content de toi, que tu m'as donné toutes les satisfactions que peut désirer le père le plus exigeant : sous ce rapport, tu m'as comblé. Aussi avons-nous le droit, ta mère et moi, d'être fiers de notre fils. Toi et ta sœur, vous êtes toutes nos joies et tout notre orgueil. Moi qui n'ai jamais eu aucune ambition, je suis devenu ambitieux pour toi ; oui, mon ami, je rêve pour toi les plus hautes destinées. Tu as un grand nom, tu auras un jour une grande fortune ; dès maintenant, tous les chemins te sont largement ouverts, ce que tu voudras être, tu le seras.

« Je te connais, c'est un sang généreux, un sang français qui coule dans tes veines et fait battre ton cœur. Tu n'oublieras jamais que noblesse oblige... Tu appartiens à ton pays, tu lui dois ton dévouement, et si tu veux t'élever, c'est par les services que ton intelligence et ta fortune te permettront de rendre à notre chère patrie. Tu t'es bien conduit pendant le siège de Paris, c'est un bon début. Tu as déjà le sentiment du devoir patriotique et le germe des hautes vertus de nos ancêtres est dans ton âme.

Tu connais notre généalogie; je t'ai souvent parlé de nos aïeux, de ceux surtout dont le sang a coulé pour la France, de ceux qui sont morts pour elle. Tous sont grands, parce que tous avaient l'amour du devoir et l'amour du bien. Pour être digne d'eux, mon fils, tu n'as qu'à marcher sur leurs traces et à suivre les exemples qu'ils t'ont donnés. Aujourd'hui, en France, les temps sont changés ; autrefois on se dévouait à son prince et, le plus souvent, on combattait, et l'on mourait pour un homme. Maintenant on se dévoue à son pays ; pour le bien de toutes les classes de la société, on lutte contre les passions, les fausses théories, l'esprit de réaction, les tendances funestes et certaines traditions, qui sont de vieux préjugés. C'est le combat du progrès et de l'intelligence. Aujourd'hui les vrais héros sont les champions de l'humanité !

— C'est vrai, mon père. Ah ! j'aime à vous entendre parler ainsi.

— Cependant je ne continue pas, répliqua le marquis en souriant, j'ai autre chose à te dire. Je t'ai parlé quelquefois de la duchesse de Chesnel-Tanguy. La duchesse était une grand'tante du côté de mon père, c'est-à-dire une Coulange. Elle est morte très âgée dans son vieux château des Pyrénées, à quelques lieues de Pau. Elle était immensément riche, et ce que tu ne sais peut-être pas, c'est que nous devons à la duchesse de Chesnel-Tanguy, dont j'étais l'unique héritier, la plus importante partie de notre fortune.

Quinze jours avant sa mort, la duchesse avait éprouvé une grande joie en apprenant ta naissance. Elle craignait sans doute que le nom de Coulange ne disparût avec moi. Comme tu le vois, tu étais à peine au monde que la duchesse te voyait déjà porter dignement, avec honneur, le nom de nos ancêtres. Dans sa joie, elle voulut te donner, avant de mourir, un témoignage de son affection, elle voulut te laisser un souvenir. Ayant peut-être le pressentiment de sa fin prochaine, elle appela aussitôt son notaire et lui fit ajouter un codicille à son testament. Par cette disposition codicillaire la duchesse de Chesnel-Tanguy t'a légué, pour en jouir dès que tu aurais accompli ta vingtième année : 1° le château et le domaine de Chesnel, au bord de l'Allier, lesquels valaient alors plus d'un million.

Le jeune homme ne put retenir une exclamation de surprise.

— Le domaine de Chesnel a beaucoup augmenté de valeur depuis que M. Morlot en est le régisseur, continua le marquis ; ce brave homme, qui a autant de probité que d'intelligence, y a apporté de nombreuses et excellentes améliorations et a su tirer parti de tout. Aujourd'hui Chesnel vaut certainement un million et demi. C'est donc un legs de trois millions que t'a fait la duchesse de Chesnel-Tanguy.

L'acte codicillaire m'autorise à retenir le legs dans le cas où je te jugerais incapable d'entrer en possession ; mais il n'en est pas ainsi. Je dois donc, aujourd'hui que tu as vingt ans accomplis, exécuter la volonté de la duchesse. A partir de ce moment, le domaine de Chesnel t'appartient et tu en toucheras les revenus ; quant au capital de quinze cent mille francs, il est représenté par des titres de rentes sur l'État, des actions de chemins de fer et autres valeurs industrielles en dépôt à la Banque de France, dont tu toucheras également les arrérages.

— Ma surprise est grande, mon père, et je suis profondément touché de ce que madame la duchesse de Chesnel-Tanguy a voulu faire pour moi ; j'en garderai le souvenir. Mais, mon père, je ne veux pas accepter.

— Pourquoi ?

— Je ne saurais que faire de cette fortune. Elle est mieux entre vos mains qu'elle le serait dans les miennes.

— C'est la volonté de la duchesse, répliqua le marquis en souriant.

— C'est vrai, mon père ; mais je suis trop jeune pour avoir une fortune aussi considérable.

— Va ! je te connais, et je suis certain d'avance que tu n'en feras pas un mauvais usage. D'ailleurs il me plaît que tu apprennes de bonne heure à administrer tes biens.

— Ainsi, mon père, vous le voulez absolument ?

— Oui.

— Alors, puis-je vous demander quelles sont vos intentions ? Quels changements y aura-t-il dans mon existence ?

— Tu auras ta maison.

— Mon père, répliqua vivement le jeune homme, je ne veux pas me séparer de vous.

— Sous ce rapport, répondit le marquis, tu peux te rassurer ; nous continuerons à vivre l'un près de l'autre. Me séparer de toi ! est-ce que je le pourrais ? je désire te donner une plus grande liberté, voilà tout. L'hôtel de Coulange est vaste, l'aile droite est inhabitée ; c'est là que tu auras ta maison, c'est-à-dire tes domestiques, ta voiture, tes chevaux. Comme tu le vois, nous ne serons pas séparés, et nous vivrons ensemble.

— S'il en est ainsi, je ne vois pas comment je pourrais dépenser mes revenus.

— Quand on ne les évite pas, les occasions de faire du bien ne manquent jamais. Tu suivras l'exemple de ta mère dont la charité est inépuisable. Les pauvres sont nombreux partout ; autant qu'ils le peuvent, ceux qui sont riches doivent venir en aide à ceux qui sont malheureux. Du reste, mon ami, tu auras le droit de faire des économies. De cette façon, quand tu te marieras, tu pourras offrir une magnifique corbeille à ta fiancée, sans avoir besoin de toucher à ton capital.

— Oh! nous avons le temps de penser à mon mariage.

— Soit. Mais rien ne nous empêche d'en parler dès aujourd'hui. Je trouve que, de nos jours, les hommes attendent trop longtemps pour se marier.

— Probablement parce qu'ils ne rencontrent pas facilement la femme qu leur convient.

— Peut-être sont-ils trop difficiles. Mais tu n'auras pas, toi, cette excuse à invoquer, car il t'est permis de choisir parmi les plus belles et les plus nobles.

— Je le veux bien, cher père; mais on ne choisit pas une femme comme un bijou qu'on achète. Avant tout il faut être aimé.

— Tu as tout ce qu'il faut pour cela.

— Je ne sais pas.

— Tu es riche, distingué, instruit; tu as la jeunesse, la beauté, tu portes un grand nom, et tu as devant toi un magnifique avenir; il me semble que ce sont là des avantages personnels sérieux, qui doivent te donner confiance.

— Certainement, mon père; mais je ne veux pas trop compter sur eux.

— Pourquoi cela?

— Par crainte de déceptions.

— Serais-tu déjà sceptique?

— Non, mon père, car je tiens à vous ressembler, à être digne de vous.

— Alors tu es trop modeste.

— Vous ne devez pas vous en plaindre; je suis votre élève, et vous m'avez appris à n'être ni présomptueux, ni orgueilleux. Si j'ai quelque mérite, je n'en connais pas encore la valeur. Du reste, en ce qui concerne le mariage, je ne suis point pressé de mettre à l'épreuve mes avantages personnels.

— Je ne vois pas de la même manière que toi. Veux-tu connaître ma pensée? Eh bien, je voudrais que tu fusses marié dans un an, deux ans au plus tard.

Le jeune homme resta silencieux.

— Voyons, continua le marquis, n'as-tu pas déjà distingué ou fixé ton choix sur une de ces jeunes et charmantes jeunes filles que nous connaissons?

— Mon père... balbutia le jeune homme.

— Réponds-moi franchement, comme à un ami.

— Eh bien, oui, mon père.

— Ainsi tu aimes cette jeune fille?

— Oui, je l'aime.

— Le sait-elle?

— Oh! elle l'ignore, mon père.

— De sorte que tu ne sais pas si tu es aimé?

Eugène répondit par un mouvement de tête. Les couleurs de ses joues s'étaient subitement effacées, et il tremblait légèrement.

— Comme te voilà ému! reprit le marquis d'un ton affectueux. Allons, aie bon espoir; si elle ne t'aime pas déjà, elle t'aimera, et cette aventure finira comme dans un roman par le mariage que je désire pour toi, un mariage d'amour. Maintenant, il me reste à te demander le nom de cette jeune fille.

— C'est la meilleure amie de ma sœur, mademoiselle Emmeline de Valcourt.

Le marquis prit une des mains du jeune homme et, la serrant dans les siennes :

— Je ne veux pas te cacher ma satisfaction, dit-il; non seulement j'approuve ton choix, mais tu as fait celui qui pouvait m'être le plus agréable. Tu peux aimer Emmeline, mon ami, elle sera ta femme; tu n'as à redouter aucun empêchement. Comme moi, l'amiral désire ardemment ce mariage. Que te dirai-je encore? Tu avais sept ans et Emmeline à peine trois ans lorsque le comte de Sisterne et moi nous vous avons fiancés.

A ce moment Maximilienne, sortant du château, accourut auprès de son père et de son frère. Elle avait un papier à la main.

— Tu as l'air bien joyeux, lui dit le marquis.

— Oui, cher père, je suis contente, répondit-elle.

— Quelle est la cause d'une si grande joie?

— Cette lettre, que je viens de recevoir.

— De qui est-elle?

— De ma bonne amie Emmeline de Valcourt. Tenez, cher père, lisez; vous verrez qu'Emmeline n'est pas moins joyeuse que moi; l'une et l'autre nous avons hâte de nous revoir. Elle arrive après-demain, quel bonheur!... Si madame de Valcourt avait écouté Emmeline, il y a déjà quinze jours qu'elles seraient à Coulange.

« Cher père, il faudra gronder madame de Valcourt.

— Je te le promets.

Le marquis lisait, souriant.

— Il n'y a rien pour toi dans la lettre, reprit Maximilienne, en s'adressant à son frère; cela se comprend : depuis quelque temps tu es si peu aimable avec Emmeline.

— Tu es bien sévère avec moi, répliqua le jeune homme avec tristesse.

— Oui, monsieur, parce que vous le méritez. Vous pensez trop à votre algèbre, vos équations et je ne sais quoi encore. Mais j'espère bien que vous saurez vous faire pardonner. En attendant, continua-t-elle en lui tendant ses joues, embrasse-moi.

— Et moi? fit le marquis.

— Voici mon baiser du matin. Maintenant je vous quitte pour aller embrasser maman.

Et légère comme un oiseau, la gracieuse jeune fille partit en courant.

— Tu es sombre, dit le marquis à son fils, à quoi penses-tu?

— Au reproche que m'a fait ma sœur.

— Ce qu'elle t'a dit prouve qu'elle ne soupçonne pas la vérité. J'ai lu la lettre de mademoiselle de Valcourt; elle est très affectueuse, cette lettre. Mademoiselle Emmeline ne parle pas de toi, c'est vrai, bien qu'elle sache que tu es ici. Pourquoi se montre-t-elle aussi réservée? Veux-tu savoir quelle est mon impression? Eh bien, pour qui sait lire entre les lignes, il est facile de deviner que la charmante Emmeline ne dit pas tout ce qu'elle voudrait dire. Et le grand nombre de baisers qu'elle envoie à Maximilienne permet de supposer qu'il y en a au moins un pour toi.

Allons, mon fils, quitte cet air triste et sois joyeux comme ta sœur. Va, je ne crois pas me tromper en te disant que tu n'as plus beaucoup à faire pour être aimé.

VIII

L'ŒUVRE COMMENCE

Il pouvait être huit heures du soir. Sosthème de Perny et José Basco causaient ensemble dans la maison de la butte Montmartre. Ils étaient préoccupés et paraissaient inquiets.

A chaque instant une contraction nerveuse plissait le front du Portugais. Sosthème était pâle et agité; il semblait prêter l'oreille aux moindres bruits qui, du dehors, arrivaient jusqu'à eux.

Ils parlaient de choses insignifiantes, comme s'ils eussent redouté d'aborder le grave sujet qui occupait leur pensée. Cependant, après un moment de silence, Sosthème dit brusquement:

— José, je commence à craindre que vous n'ayez eu une mauvaise idée.

Une lueur sombre passa dans le regard du Portugais, et les rides de son front se creusèrent davantage.

— S'il ne réussit pas, répondit-il de sa voix cuivrée, mon idée est mauvaise; s'il réussit, elle est, au contraire, excellente.

— N'importe, nous jouons là un jeu terrible.

— Il faut être hardi quand on veut gagner beaucoup.

— Soit, mais tout peut être compromis.

— Mon cher, qui ne risque rien n'a rien.

— Enfin, José, je suis inquiet.

— Je veux bien vous avouer que, de mon côté, je ne suis pas absolument tranquille. Après tout nous ne savons rien, attendons.

Maximilienne de Coulange.

Voilà trois jours qu'il est parti.
— On ne fait pas toujours une chose aussi vite qu'on le voudrait.
— Plusieurs dangers le menacent.
— Je le crois aussi adroit qu'il faut l'être pour les éviter.
— Cependant si, malgré sa prudence il est arrêté?
Le regard de José eut un éclair livide.
— En effet, cela se peut, répondit-il d'une voix caverneuse. Mais ne m'avez-vous pas dit que vous étiez sûr de lui?
— Oui.

— Ne nous a-t-il pas juré ici que, quoi qu'il arrive, il garderait le silence?
— C'est vrai.
— Est-il homme à tenir son serment?
— Je le crois.
— Alors, mon cher, soyez moins prompt à vous effrayer.
— C'est égal, José, je me demande si vous n'avez pas trop risqué.

Le Portugais haussa les épaules.

— Eh! qui veut la fin veut les moyens, répliqua-t-il avec brusquerie. Si, à New York, nous avions été hésitants, si nous avions manqué d'audace, le vieux juif aurait vendu ses diamants, et nous serions encore en Amérique. Il y certaines nécessités en présence desquelles il ne faut jamais s'arrêter. Vous devez être convaincu que je n'agis pas en étourdi; je réfléchis, je cherche, je sonde le terrain sur lequel nous marchons; je prépare la voie; j'examine sérieusement chaque chose qui se présente; je pèse le pour et le contre; j'étudie, je calcule, et je m'empare de ce que je crois le meilleur dans l'intérêt du but que nous voulons atteindre.

Sans doute, beaucoup de difficultés, beaucoup d'obstacles se dressent devant nous; ils sont de plusieurs sortes et nous devons les renverser tous. Le marquis de Coulange est un de ces obstacles. Lui mort, cet obstacle, le plus grand, n'existe plus! nous n'avons plus à compter avec le marquis, c'est un souci de moins et une chance de plus pour le succès de notre entreprise. Assurément, il n'y avait pas urgence absolue à nous débarrasser immédiatement du marquis; mais je n'ai pas perdu de vue qu'on ne pouvait toucher à ses millions de son vivant. Incessamment nous allons nous mettre à l'œuvre; j'ai dressé toutes mes batteries; pour que rien ne vienne entraver notre marche en avant, la rapidité de notre action, j'ai jugé qu'il fallait, plus tôt que plus tard, nous débarrasser du marquis.

— Lui mort, la marquise est toujours là.
— Eh bien?
— C'est un autre obstacle.
— Oui, mais facile à briser.
— Moins que vous le croyez, José.
— Mais elle ne peut rien contre nous, rien, répliqua José avec animation; nous la tenons par le silence qu'elle garde depuis vingt ans; elle n'essayera même pas de lutter. Nous avons entre les mains ce qu'il faut pour l'obliger à renoncer à la fortune du marquis. Elle n'aura aucune prétention, elle abandonnera tout; après comme avant, elle aura peur du scandale et reculera devant lui. Elle voudra se retirer du monde et ne demandera qu'à se réfugier dans une retraite profonde. Faute d'un douaire suffisant, elle se contentera d'une rente que lui fera sa fille, et tout sera dit. Encore une fois, je vous le répète, nous sommes maîtres de la situation.

— Et le fils de la fille d'Asnières, le comte de Coulange ?

— Celui-là n'est pas plus à craindre que la marquise. Les renseignements qu'on m'a fournis sur lui sont excellents, au point de vue de nos projets. C'est une nature exceptionnelle, une sorte de puritain; il a les sentiments nobles, élevés, et une grande fierté. Dressé sur ses principes comme sur un piédestal, pour lui l'honneur est tout. Au bon vieux temps, il eût été un héros de la chevalerie. Le jour où il apprendra qu'il porte un nom et un titre qui ne lui appartiennent pas, qu'il est étranger à la famille de Coulange, ce jour-là, il n'attendra pas qu'on lui dise : Allez-vous-en ; drapé dans ses principes, il quittera l'hôtel de Coulange sans en rien emporter.

— Vous croyez cela? fit Sosthène avec ironie.

— Oui, je le crois. Ah! dame, vous, de Perny, vous ne pouvez pas comprendre qu'on puisse agir ainsi. Vous ne feriez pas cela, moi non plus. C'est de la grandeur épique. Eh bien, j'en réponds, dans ce siècle où l'or est devenu le dieu fort, le dieu de tous, il y a encore des gens capables, dans leur fierté, de pousse jusque-là le culte de l'honnêteté. Le comte de Coulange est de ceux-là.

— Vous pouvez vous tromper.

— Je veux bien l'admettre.

— Alors ?

— Nous possédons le manuscrit de la marquise ; grâce à ce précieux document, nous faisons rentrer dans le néant ce comte de Coulange pour rire.

— Mais c'est un procès.

— Sans doute.

— Et moi ? Un procès révèle tout et me condamne.

— Mon cher, vous oubliez toujours que vous n'existez plus, qu'une lettre que j'ai adressée de New York en France a annoncé votre mort au marquis et à la marquise de Coulange. Pour que vous soyez mort réellement que manque-t-il ? Seulement un acte de décès. Si, comme je l'espère, nous réussissons sans avoir besoin d'employer les grands moyens, Sosthène de Perny ressuscite ; autrement vous continuerez à vous appeler, comme maintenant, Jacques Bailleul. Du reste, cela doit vous être fort indifférent, vous ne tenez guère à votre nom de Perny, qui n'est pas précisément ici, à Paris, en odeur de sainteté. Après tout, qu'est-ce que vous voulez? Être riche, avoir deux ou trois millions afin de vous donner le luxe que vous n'avez plus? Eh bien, vous les aurez, nous travaillons pour cela.

La fortune du marquis de Coulange est évaluée aujourd'hui à environ vingt-cinq millions ; il me semble que la part de chacun est assez belle.

Si vous ne pouvez ou si vous ne voulez pas rester à Paris, il vous sera facile d'aller où il vous plaira.

Avec la richesse, vous le savez, on peut se procurer partout des jouissances à satiété. En Angleterre, vous serez un milord ; en Russie, vous serez un boyard ; une excellence en Italie, un pacha en Orient, un nabab dans l'Inde, un mandarin en Chine. Si vous n'êtes pas content avec cela, permettez-moi de vous dire que vous êtes difficile.

— Réussissons d'abord, et nous verrons ensuite, dit Sosthène d'une voix creuse.

Ces paroles furent suivies d'un assez long silence.

José Basco, ayant allumé un cigare, se leva pour s'en aller. Il allait ouvrir la porte lorsque Sosthène lui dit vivement :

— Attendez !

— Et bien ? l'interrogea José en se retournant.

— J'ai entendu du bruit à la porte du jardin.

Tous deux prêtèrent l'oreille. Ils entendirent distinctement des pas résonner sur le sol.

— C'est lui, dit Sosthène.

— Enfin, murmura le Portugais.

Presque aussitôt les pas retentirent dans l'escalier, puis la porte de la chambre s'ouvrit brusquement et Des Grolles parut.

Deux exclamations l'accueillirent. Ensuite, du regard, ses deux associés l'interrogèrent.

— D'abord, dit Des Grolles d'un ton farouche, y a-t-il à boire, ici? J'ai soif.

— Que veux-tu ? Du vin, de l'eau-de-vie, de l'absinthe ?

— D'abord du vin, une bouteille pleine, je boirai après l'eau-de-vie et l'absinthe.

— Ah ! çà, est-ce que l'ami Des Grolles veut se griser ? fit José.

— Pourquoi pas ? Oui, je veux boire, je veux boire, répondit Des Grolles, en promenant autour de lui son regard plein de lueurs sombres.

Sosthène s'était empressé de mettre sur la table une bouteille et un verre. Des Grolles vida trois fois de suite son verre rempli jusqu'au bord. Cela fait, il respira bruyamment et se laissa tomber lourdement sur un siège.

— Je crois, vraiment, qu'il est déjà ivre ! dit José.

— Ivre, moi ! répliqua Des Grolles. Il me faudrait pour cela boire un tonneau.

— Si tu as encore soif, bois, et dis-nous ce que tu as fait ; nous avons hâte de le savoir.

— Eh bien, j'ai fait ce qu'il fallait faire, répondit Des Grolles.

— Ainsi, vous avez réussi ? demanda José avec anxiété.

— Oui.

— Et vous voilà, bravo... Tout marche à souhait ; la partie est à moitié gagnée ! Voyons, ami Des Grolles, racontez-nous ce qui s'est passé ; vous devez comprendre que cela nous intéresse.

— Les renseignements que vous m'avez donnés, José, étaient parfaitement exacts. Comment diable avez-vous pu être si bien instruit ?

— Qu'importe ?

— C'est à croire que vous êtes allé vous renseigner dans le pays.

— Peut-être...

— Sans cela vous n'auriez pu savoir que le marquis ne passait jamais près de la maison du garde sans s'y arrêter. Eh bien, la chose s'est faite comme vous l'aviez prévu ?

— Hier, aujourd'hui ?

— Ce matin. Hier et avant-hier, pas possible. Je n'étais pas à plus de vingt-cinq ou trente pas de lui, je l'ai mis en joue, j'ai pressé la détente, le coup est parti et il est tombé !

— Mort sur le coup ?

— Parbleu sa tête était au bout de mon fusil.

— On a dû entendre la détonation ?

— Je ne sais pas. Les autres étaient loin de là, et les chiens, dans le bois, faisaient un vacarme d'enfer.

Du reste, vous pensez bien que je ne me suis pas amusé à attendre ce qui allait arriver. J'ai filé à travers le taillis.

— Vous n'avez pas été poursuivi ?

— Je ne le crois pas.

— Alors personne ne vous a vu ?

— J'en suis persuadé. Naturellement je ne suis pas allé me jeter bêtement dans la gueule du loup. Sachant par les aboiements des chiens de quel côté se dirigeait la chasse, je m'éloignai dans la direction opposée. J'eus la chance de ne rencontrer personne. Le hasard me fit passer près d'une mare, un abreuvoir pour les cerfs et les chevreuils ; mon fusil ne m'étant plus utile et pouvant être, au contraire, un objet compromettant, je le jetai dans la mare ; j'en fis autant de ma blouse, après l'avoir enroulée autour d'une lourde pierre.

Un quart d'heure après, je me trouvais sur la lisière de la forêt ; je m'arrêtai un instant pour respirer et me reposer. Quelques paysans travaillaient dans les champs. J'hésitais à sortir du bois, mais sentant qu'il était urgent de m'éloigner du pays au plus vite, je m'élançai bravement à travers les terres labourées. Bientôt, je me trouvai entre deux haies, sur un chemin rural. Le soleil, que j'interrogeai, m'indiqua la direction que je devais prendre, et je me remis en route, marchant très vite. Bref, j'arrivai à temps à la petite gare de Nanteuil pour pouvoir prendre le train de midi.

J'étais assez tranquille, mais non complètement rassuré. Si un train marche rapidement, le télégraphe est plus rapide encore. Mais je ne vous dirai pas quelles étaient mes frayeurs chaque fois que j'apercevais, devant une gare, le feutre d'un gendarme.

Comme il ne faut jamais négliger aucune mesure de prudence, j'avais pris mon billet pour Bondy. Je descendis à cette gare, sans être inquiété, et je continuai ma route à pied. Mais je m'arrêtai à Pantin. J'avais si mal vécu pendant ces trois jours que je sentais le besoin de me réconforter. J'entrai chez un traiteur où je me fis servir un dîner, non pas succulent, mais copieux. Et voilà toute l'histoire.

— Allons, tout va bien, dit José. De nos jours, on ne fait plus de pacte avec le diable ; mais il y a sûrement un démon qui nous protège.

— Maintenant, Sosthène, reprit Des Grolles, versez-moi de l'absinthe. Voyez-vous, continua-t-il, en reprenant son air farouche, je viens de faire une besogne terrible, j'ai besoin de m'étourdir.

— Veux-tu encore un verre de vin ?

— Non, non, plus de vin ; c'est rouge, cela ressemble à du sang. Sosthène, je t'ai dit de l'absinthe, entends-tu ?

— Eh bien, c'est de l'absinthe que je viens de verser dans ton verre.

— Ça, ça de l'absinthe ?

— Tu le vois bien.

Des Grolles passa à plusieurs reprises ses mains sur ses yeux. Soudain il bondit sur ses jambes et regarda autour de lui avec une sorte d'épouvante.

— Mais qu'ai-je donc dans les yeux ! s'écria-t-il ; tout ce que je vois est rouge, rouge !

Le Portugais haussa les épaules.

— Quand vous toucherez votre part des millions du marquis, dit-il, les objets changeront de couleur ; alors vous verrez jaune.

IX

DEUX JEUNES FILLES

Laissons les trois misérables et revenons à Coulange.

La chasse était ouverte depuis quinze jours. Les réceptions et les fêtes se succédaient au château où il y avait une réunion nombreuse.

Les chasseurs faisaient merveille. On parlait beaucoup de leurs brillants exploits. C'était une effroyable tuerie de bêtes à poils et à plumes. Le jeune comte de Coulange se faisait distinguer parmi les plus intrépides et les plus adroits.

Chaque jour on expédiait à Paris, aux amis, aux parents des chasseurs, des paniers remplis de gibier.

Le comte de Sisterne avait annoncé sa prochaine arrivée, et Gabrielle, se séparant à regret de la famille de Coulange, était partie pour le château de Chesnel.

Or, le matin de ce jour où nous avons vu Des Grolles revenir à Paris, après lavoir fait, selon son expression, « une besogne terrible », Maximilienne de Coulange et Emmeline de Valcourt se promenaient dans une des allées ombreuses du parc.

Le marquis, son fils et leurs amis s'étaient levés avant l'aube. Il y avait ce jour-là grande chasse dans la forêt.

Les deux jeunes filles marchaient lentement sur le sable fin. Maximilienne donnait le bras à Emmeline. Celle-ci était un peu rêveuse ; elle écoutait distraitement son amie, qui cherchait à l'égayer par son charmant babil.

Emmeline était de deux ans moins âgée que Maximilienne. Mais elles avaient la même taille et étaient également gracieuses et jolies. Blondes l'une et l'autre, et arrangeant de la même manière leurs magnifiques cheveux, on aurait pu les prendre pour deux sœurs jumelles. En effet, l'air réfléchi, sérieux, un peu grave de mademoiselle de Valcourt, pouvait lui faire donner deux ans de plus. Bien qu'elles n'eussent ni les mêmes traits ni le même genre de beauté, il eût été difficile de dire laquelle était la plus charmante. Toutes deux possédaient ce qui plaît, ce qui charme ; toutes deux étaient ravissantes.

Comme son amie, Emmeline avait dans ses mouvements, sa pose, la grâce parfaite, et dans toute sa personne la suprême distinction. Ses grands yeux bleus, ombragés de longs cils, naturellement rêveurs, avaient une expression d'un charme indéfinissable. Au milieu de ses joues légèrement teintées de rose se dessinaient deux petites fossettes délicieuses, deux véritables nids à baisers. Elle avait le front très beau, et les oreilles d'une forme exquise, la bouche petite, les lèvres vermeilles et des dents superbes. La chute de ses épaules, ses bras bien moulés, ses mains fines et blanches, son cou adorable et sa gorge naissante étaient autant de merveilles.

S'apercevant que depuis un instant elle parlait toute seule, Maximilienne s'arrêta brusquement et, regardant sa jeune amie :

— Pourquoi ne me réponds-tu pas ? Qu'as-tu donc ? lui demanda-t-elle.

— Mais rien, je t'assure.

— Si, si, tu es triste, tu ne peux pas me le cacher, je le vois.

— Triste, pourquoi le serais-je ?

— Je n'en sais rien. Peut-être t'ennuies-tu déjà d'être à Coulange.

— Tu sais bien que ce n'est pas possible, tu sais bien que je suis toujours heureuse d'être avec toi.

— En effet, ce serait assez singulier, après avoir été si joyeuse de venir. Alors je me demande ce qui peut t'avoir contrariée, car depuis plusieurs jours déjà je m'aperçois que tu n'es plus la même. As-tu à te plaindre de quelqu'un ;

Est-ce moi qui, sans le vouloir, t'ai fait de la peine? Si cela est, je te demande pardon.

— Oh! ma chère Maximilienne, peux-tu penser cela, toi toujours si bonne et si affectueuse pour moi!

— Enfin, tu as quelque chose que tu voudrais me cacher. Allons, laisse-moi t'embrasser, et tu me diras ensuite pourquoi tu es devenue songeuse, pourquoi tu ne ris plus comme autrefois.

Les deux jeunes filles s'embrassèrent avec effusion...

— Vois-tu, reprit Maximilienne, je n'ai qu'une véritable amie, c'est toi; tu serais ma sœur que je ne pourrais pas t'aimer davantage. Si tu avais une douleur, je la sentirais comme toi. Tu comprends que je sois inquiète en te voyant soucieuse et perdre ta gaieté. Voyons, est-ce de mon frère que tu as à te plaindre?

— Oh! non, non, ne suppose pas cela, répondit vivement Emmeline.

— A la bonne heure! D'ailleurs j'en serais étonnée. Il faut te dire que la veille de ton arrivée à Coulange, je l'ai grondé, oh! mais grondé très fort.

— Tu as grondé ton frère?

— A cause de toi.

— A cause de moi?

— Oui. Je lui ai reproché d'être souvent maussade et jamais aimable, surtout avec toi.

— Oh! Maximilienne, tu as eu tort de lui dire cela.

— J'ai eu raison, au contraire; ce qui le prouve, c'est que mes reproches ont produit l'effet que j'espérais. N'as-tu pas remarqué comme il est changé? Oh! il n'est pas du tout le même. A Paris, c'est à peine s'il te regardait, s'il t'adressait la parole; maintenant il est devenu gracieux, prévenant, empressé, plein d'amabilité; quand tu n'es pas là il te cherche; enfin il a pour toi mille attentions charmantes.

— Parce que je suis ton amie. Mais, ma chère Maximilienne, M. Eugène a toujours été très gracieux pour moi.

— Alors tu ne trouves rien de changé dans ses manières?

— M. Eugène a toujours été tel qu'il est.

— Ah! fit Maximilienne.

Et elle resta un moment silencieuse.

— Eh bien, Emmeline, reprit-elle, voici une autre remarque que j'ai faite: c'est toi maintenant qui n'es plus la même.

— Que veux-tu dire?

— Qu'il y a en toi certaines choses qui me paraissent inexplicables.

— Je ne comprends pas.

— Tu es, à l'égard de mon frère, d'une froideur qui ressemble à du dédain.

— Mais cela n'est pas, tu te trompes! s'écria la jeune fille.

Maximilienne eut un petit cri de surprise. Elle venait de reconnaître son père et son frère. (Page 61.)

Maximilienne secoua la tête.

— Non, je ne me trompe pas, répondit-elle ; j'observe et je vois. Je crois que tu évites, que tu fuis mon frère autant que cela t'est possible. Quand il t'adresse la parole, tu as l'air de ne pas avoir entendu. Plusieurs fois il a voulu t'offrir son bras pour la promenade, et tu t'es empressée de prendre le bras de M. de Millerie ou d'un autre de ces messieurs. Tiens, pas plus tard qu'hier soir, dans le salon d'été, il a pris un siège à côté du tien, il désirait causer avec toi. Tu ne lui as pas laissé le temps de t'adresser la parole : tu t'es levée brusquement et tu es venue t'asseoir près de moi, sous le prétexte de me demander le nom d'une fleur que tu connais aussi bien que moi. Eugène est resté tout interdit, les yeux tristement fixés sur toi. Il n'a plus osé s'approcher de toi de la soirée. Je t'assure que, dans plusieurs circonstances déjà, tu lui as fait beaucoup de peine.

Emmeline tenait sa tête penchée sur sa poitrine.

— Voyons, continua Maximilienne, pourquoi es-tu ainsi avec mon frère ?

— Mais... mais... je ne sais pas, balbutia mademoiselle de Valcourt.

Ces mots furent prononcés si drôlement que Maximilienne ne put s'empêcher de rire.

— Veux-tu que je te dise ma pensée ? reprit-elle ; eh bien, je crois que tu exerces une petite vengeance.

— Oh ! Maximilienne !

— Que tu veux faire sentir à Eugène qu'il n'a pas toujours été aimable avec toi. J'ai deviné, n'est-ce pas ?

— Je ne sais quoi te répondre, dit Emmeline, visiblement troublée ; je t'en prie, ne me questionne plus, sans le savoir tu me fais souffrir.

Mademoiselle de Coulange eut un sourire intraduisible.

— Ma chère Emmeline, dit-elle d'un ton affectueux, si je t'ai fait de la peine sans le vouloir, j'aurai, je l'espère, le pouvoir de te consoler. Parlons d'autre chose.

— Oui, parlons d'autre chose, répliqua vivement Emmeline, qui cherchait à se soustraire aux petites taquineries de son amie.

— Il faut que je te dise que j'ai fait un joli rêve.

Un sourire effleura les lèvres d'Emmeline.

— J'ai rêvé que tu étais ma sœur.

— Vraiment ?

— Oui, parce que tu venais de te marier et que tu avais épousé mon frère.

Une vive rougeur colora les joues de mademoiselle de Valcourt.

— Je n'ai pas besoin de te dire si j'étais heureuse, poursuivit Maximilienne. Quelle joie pour nous tous ! Il y a quelque temps que j'ai fait ce joli rêve, et, depuis, chaque fois que j'y pense, je me dis qu'il se réalisera.

Emmeline ne répondit pas ; mais elle eut un soupir étouffé.

— Eh bien, tu ne dis rien ? fit Maximilienne.

— Que veux-tu que je te dise à propos d'un rêve ?

— Est-ce que tu n'admets pas qu'il puisse devenir la réalité ?

— Lorsque M. Eugène voudra se marier, il trouvera facilement une jeune fille d'un grand nom, beaucoup plus riche et plus jolie que moi.

— Oh ! oh ! voilà une bien grande modestie ! répondit Maximilienne. Mais comment te vois-tu donc, ma chère Emmeline ? Eh bien, moi, je te trouve plus charmante que toutes les autres, et j'en connais plusieurs, parmi les plus jolies et les plus fières, qui sont jalouses de ta beauté, qui envient ta grâce et ta distinction, tes beaux grands yeux bleus, tes dents ravissantes et ta magnifique chevelure. Quant à la richesse, nous n'avons pas à en parler. Tu jugerais mal mon frère si tu le croyais capable de voir dans le mariage la question d'argent. Certes, nous avons une assez grande fortune pour qu'il ait le droit de ne consulter que son cœur dans le choix d'une femme. Là-dessus, je connais ses idées et je sais ce qu'il pense. Serait-elle pauvre, Eugène épousera la jeune fille qu'il aimera, qui aura su lui plaire par les qualités du cœur.

— Soit; mais je ne suis pas, je ne puis pas être cette jeune fille-là, dit Emmeline d'une voix oppressée.

— Pourquoi?

Emmeline ne trouva rien à répondre. D'un de ses bras Maximilienne entoura la taille svelte de son amie.

— Il y a une chose que tu ignores, sans doute, et que je vais t'apprendre, reprit-elle : sache donc que ta mère et la mienne, M. l'amiral et mon père, désirent que tu épouses mon frère.

Emmeline tressaillit. Maximilienne continua :

— Il y a treize ou quatorze ans, paraît-il, — tu étais bien jeune alors, — que ton oncle et mon père, en causant de leurs projets d'avenir, vous ont fiancés.

Le trouble de mademoiselle de Valcourt augmenta encore.

— Eh bien, fit Maximilienne, que penses-tu de cela?

— Je pense que ce n'est pas suffisant.

— C'est vrai, il faut quelque chose encore ; mais cela existe. Emmeline, ne vois-tu pas que depuis un instant je cherche à provoquer ta confiance pour t'amener à me faire un aveu? Tu es toute tremblante, tu tiens tes yeux baissés, et c'est en vain que tu essayes de me cacher ton trouble ; pourquoi es-tu ainsi? Je ne te le demande pas, je le sais. Va, il m'a été facile de découvrir ton secret : je lis dans ta pensée, je vois dans ton cœur. Chère Emmeline, je suis dans le ravissement, car, j'en suis sûre, maintenant, tu aimes mon frère !

— Oh! tais-toi ! s'écria Emmeline avec une sorte d'effroi.

De grosses larmes roulaient dans ses yeux.

— Ainsi, c'est bien vrai, dit Maximilienne en la serrant fortement contre elle, tu l'aimes?

Emmeline eut un long soupir et laissa tomber sa tête sur l'épaule de son amie.

— Chère Emmeline, murmura mademoiselle de Coulange.

Elles restèrent un moment immobiles et silencieuses.

La tête d'Emmeline se redressa lentement. Alors, regardant Maximilienne avec une expression intraduisible :

— Tu m'as tendu un piège, dit-elle, mais je ne t'en veux pas ; je me suis trahie et tu as surpris mon secret, que je croyais pouvoir te cacher. Eh bien, oui, c'est vrai, j'aime M. Eugène. Comment cela est-il arrivé ? Je n'en sais rien. C'est sans doute parce qu'il est ton frère... Tu vois ma confusion, Maximilienne ; ah ! je t'en supplie, ne dis rien, que M. Eugène, surtout, ne sache jamais...

— Quoi, tu ne veux pas que mon frère sache que tu l'aimes ?...

— Maximilienne, promets-moi...

— De ne rien dire à mon frère ?

— Oui.

Mademoiselle de Coulange eut un délicieux sourire.

— Eugène sait que je dois aujourd'hui te parler de lui, reprit-elle. Quand, ce soir ou demain, il m'interrogera, il faudra bien que je lui réponde. Tu ne peux pas m'obliger à lui cacher la vérité, c'est-à-dire à mentir. Moins réservé que toi, Eugène m'a fait ses petites confidences, et il ne m'a point suppliée de te cacher qu'il t'aime.

Emmeline fit un mouvement brusque.

— Maximilienne, que dis-tu ? s'écria-t-elle.

— Je dis que mon amie Emmeline de Valcourt sera bientôt ma sœur.

— Mais c'est donc vrai, Maximilienne, c'est donc vrai ?

— Oui, mon frère t'aime, il t'aime depuis longtemps.

Le regard d'Emmeline s'était illuminé.

— Il m'aime, il m'aime ! murmura-t-elle, les deux mains appuyées sur son cœur.

— Voyons, est-ce que tu ne t'en es pas aperçue ? demanda Maximilienne.

— Non.

— Oh ! comme ils ont de mauvais yeux, les amoureux ! fit mademoiselle de Coulange.

Emmeline jeta ses bras autour du cou de son amie, et, d'une voix vibrante d'émotion :

— Ah ! je suis heureuse ! dit-elle.

— Et moi aussi, je suis bien heureuse, répondit Maximilienne.

Elles s'embrassèrent.

— C'est égal, ajouta gaiement mademoiselle de Coulange, je ne savais pas que certains mots fussent si difficiles à prononcer et qu'on pût avoir tant de peine à faire deux heureux.

X

L'ATTENTAT

Les deux jeunes filles se disposaient à revenir sur leurs pas et à se rapprocher du château lorsque soudain un bruit de voix arriva à leurs oreilles. Elles s'arrêtèrent pour écouter.

— Ce sont des voix d'hommes, dit Emmeline.
— Oui, et ils sont plusieurs.

Les voix cessèrent de se faire entendre. Au bout d'un instant un bruit de pas retentit. Les jeunes filles regardaient, mais l'épaisseur du taillis les empêchait de voir. Cependant il leur était facile de juger que les hommes se rapprochaient peu à peu de l'endroit où elles se trouvaient.

— Je me demande quels sont ces hommes, dit Maximilienne.
— Probablement quelques-uns de nos chasseurs, répondit Emmeline.
— Ces messieurs ne reviennent jamais de ce côté ; d'ailleurs il est à peine dix heures, et ils ont dit hier qu'il ne fallait pas les attendre avant midi ou une heure.
— C'est vrai.
— Après tout, reprit Maximilienne, nous saurons bientôt quels sont ces promeneurs ; ils ne sont plus qu'à une faible distance, et ils se dirigent vers nous. Attendons.
— Alors tu n'as pas peur ?
— Peur ici, dans le parc de Coulange ! De qui pourrions-nous avoir peur ?...
— Au fait, c'est vrai, de qui pourrions-nous avoir peur ?

Au bout d'un instant, un groupe de cinq ou six hommes parut dans l'allée, à environ cinquante pas des jeunes filles.

Maximilienne eut un petit cri de surprise. Elle venait de reconnaître son père et son frère. Elle s'élança à leur rencontre. Emmeline la suivit.

Arrivée près du groupe, qui s'avançait lentement, Maximilienne poussa un cri déchirant.

Son père était devant elle, pâle comme un mort, les vêtements en désordre, couverts de sang. Eugène et un de ses amis soutenaient le marquis et l'aidaient à marcher.

La jeune fille devint affreusement pâle, un gémissement s'échappa de sa poitrine, ses jambes fléchirent sous le poids de son corps, et elle s'affaissa à demi évanouie dans les bras d'un des chasseurs, qui s'était précipité pour l'empêcher de tomber. Mais ce ne fut qu'un instant de faiblesse causée par l'effroi et la violence de son émotion. Elle revint à elle.

— Mon père, mon bon père, qu'avez-vous ? s'écria-t-elle.

— Rassure-toi, ma fille, ce n'est rien, répondit le marquis d'une voix faible.

— Ah ! vous ne pouvez pas me le cacher, vous êtes blessé !

— Oui, mais légèrement ; je te le répète, ce n'est rien, rassure-toi.

— Mon père, dit Eugène, voilà un banc, voulez-vous vous reposer?

— Oui, un instant. Ensuite j'aurai assez de force pour aller jusqu'au château.

Eugène l'aida à s'asseoir sur le banc. Alors Maximilienne se mit à genoux devant lui, et, le visage inondé de larmes, elle le regarda avec une tendresse inexprimable. Elle était si belle ainsi que le marquis ne put s'empêcher de l'admirer.

— Comme elle ressemble à sa mère ! se disait-il.

Il s'inclina et lui mit un baiser sur le front.

— Cher père, où êtes-vous blessé ? demanda la jeune fille.

— A l'épaule.

— Est-ce que c'est un coup de fusil ?

— Oui.

— C'est épouvantable, cher père, vous pouviez être tué !

— C'est vrai.

— Comment ce terrible accident vous est-il arrivé ?

— Je ne puis te répondre en ce moment, tu sauras cela plus tard.

— Souffrez-vous beaucoup, cher père ?

— Depuis un instant j'éprouve un grand soulagement ; en te voyant je ne sens plus la souffrance. Ah ! chère enfant, ton regard a la même puissance que celui de ta mère ! Mais ne reste pas ainsi, tu te fatigues ; assieds-toi là, à côté de moi. Bien. Maintenant, essuie tes yeux et ne pleure plus. Je te l'ai dit, ce n'est rien, une blessure légère. Je suis un peu faible, parce que j'ai perdu beaucoup de sang.

Emmeline s'était arrêtée à quelques pas. Elle regardait en pleurant. Après un moment d'hésitation, Eugène s'approcha d'elle.

— Vous pleurez, mademoiselle Emmeline, lui dit-il ; vous prenez part à notre peine, merci.

Elle leva sur lui ses grands yeux pleins de larmes.

— Mon Dieu, s'écria-t-elle aussitôt, en devenant très pâle, vous êtes blessé aussi !

— Non, mademoiselle, non, je ne suis pas blessé.

— Mais là sur vos habits, ce sang ?...

— C'est celui de mon père, qui a coulé sur moi.

— Ah ! ah ! ah ! fit-elle.

Et un long soupir s'échappa de sa poitrine.

— Vous vous intéressez donc à moi ? reprit le jeune homme.

Elle arrêta sur lui son regard d'une douceur infinie.

Il lui prit la main, et ils restèrent un moment silencieux, croisant leurs regards.

— Mademoiselle Emmeline, dit Eugène, est-ce que ma sœur vous a parlé de moi ?

— Oui.

— Vous a-t-elle dit...

Le reste de la phrase expira sur ses lèvres.

— Maximilienne m'a tout dit, répondit la jeune fille.

— Mademoiselle Emmeline, balbutia-t-il, puis-je vous demander ?...

— Monsieur Eugène, votre sœur vous dira ce que j'ai répondu. D'ailleurs, ajouta-t-elle, ce n'est pas aujourd'hui que nous pouvons parler de cela.

— C'est vrai, dit-il tristement. Oui, vous avez raison, mademoiselle Emmeline, aujourd'hui nous ne devons penser qu'à mon père.

— C'est bien vrai, n'est-ce pas ? il n'est que légèrement blessé ?

— Nous le croyons.

— Vous étiez là au moment de l'accident ?

— Non, mon père était seul.

— C'est donc son fusil, à lui ?...

Le jeune homme secoua la tête.

— Je ne puis rien vous dire ; mon père n'a répondu à aucune des questions que nous lui avons adressées ; de plus il nous a recommandé de ne faire aucune supposition ; il craint, évidemment, d'effrayer ma mère, ma sœur et nos amis. Comme vous le voyez, nous ne savons rien, nous ne pouvons que soupçonner la vérité et garder le silence pour respecter la volonté de mon père. Nous apprendrons plus tard ce qui s'est passé. Ce matin, en partant, nous étions tous joyeux, nous revenons désolés.

— Hélas ! soupira Emmeline.

A ce moment le marquis appela son fils.

— Je me sens assez de force maintenant pour aller jusqu'au château sans être obligé de m'arrêter de nouveau, dit-il ; Maximilienne et Emmeline vont nous devancer. Elles nous annonceront et prépareront la marquise et sa société à nous recevoir.

Maximilienne prit le bras de son amie et elles s'éloignèrent rapidement.

Le marquis s'était levé.

— Comment vous trouvez-vous ? lui demanda Eugène.

— Aussi bien que possible, répondit-il en s'efforçant de sourire. Allons, j'en serai quitte pour la peur, ajouta-t-il presque gaiement.

On se remit en marche, mais toujours lentement pour ne pas trop fatiguer le blessé.

Se sentant assez fort pour marcher, le marquis avait voulu revenir à pied. En le voyant arriver ainsi, la marquise serait moins effrayée, et la douleur qu'elle allait éprouver moins vive. Telle avait été la pensée du marquis; il savait combien sa chère Mathilde était impressionnable, et qu'une commotion un peu violente pouvait compromettre sa santé. Il avait toujours redouté de lui causer une contrariété, un ennui, un chagrin ou une douleur.

Heureusement, prévenue par Maximilienne, qui, tout en lui apprenant que son père revenait blessé, s'empressa de la rassurer, la marquise ne fut pas trop vivement alarmée. Cependant elle sortit du château tout en larmes pour courir au-devant de son mari. C'est en s'appuyant sur elle et sur Eugène que le marquis rentra au château. Conduit immédiatement dans sa chambre, on l'aida à se mettre au lit.

On avait posé sur la blessure un appareil provisoire préparé à la hâte avec des linges blancs déchirés et mis en charpie. Grâce à cette précaution, le sang avait cessé de couler.

— Il faut courir chercher le médecin, dit la marquise.

— Ma mère, un de nos gardes y est allé, répondit Eugène le docteur ne peut tarder à être ici.

En effet, un instant après, le médecin de Coulange entrait dans la chambre du marquis. Il était fort ému, et c'est avec une certaine inquiétude qu'il examina la blessure.

Le marquis avait été frappé par une balle. Le projectile n'était pas resté dans les chairs: Il avait labouré l'épaule assez profondément sur une largeur d'environ douze centimètres en glissant sur l'omoplate. En somme, la blessure ne présentait aucun caractère dangereux.

La marquise suivait avec anxiété tous les mouvements du médecin et cherchait à lire sa pensée sur son visage. Elle vit qu'il était satisfait de son examen, et elle poussa un soupir de soulagement. Du reste, quelques paroles du docteur eurent bientôt rassuré tout le monde.

Il se fit donner de la charpie et les autres choses qui lui étaient nécessaires ; puis, après avoir lavé la plaie avec soin, il procéda au pansement. Alors le marquis déclara qu'il se sentait très soulagé.

— Vous le voyez, fit-il, j'avais raison en vous disant à tous de ne pas vous effrayer, que ce n'était rien.

— Nous n'avons à craindre aucune complication, dit le médecin, et je suis heureux de pouvoir vous tranquilliser. M. le marquis aura deux ou trois jours de fièvre, et dans huit jours il pourra sortir. Mais, tant que la fièvre n'aura pas complètement disparu, il faut un repos absolu.

Il indiqua les soins qu'on devait donner au blessé et se retira en disant à la marquise qu'il reviendrait dans la soirée.

L'émotion fut grande à Coulange quand on apprit que le marquis **avait**

LE FILS

— Oh! s'écria la femme, c'est affreux qu'on ait eu cette horrible pensée. (Page 68.)

été ramené au château blessé par un coup de feu qu'il avait reçu dans la forêt.

Comment la chose était-elle arrivée? On l'ignorait. Le marquis pouvait seul donner des éclaircissements à ce sujet et on savait qu'il avait refusé de répondre aux questions qu'on lui avait adressées. L'affaire paraissait assez mystérieuse.

Au dire des gardes qui suivaient la chasse, il était impossible que le marquis eût été atteint par un de ses compagnons, car tous se trouvaient à une grande distance de l'endroit où il avait reçu le coup de fusil. Il ne s'était pas blessé lui-même, puisque les deux cartouches de son fusil avaient été trouvées intactes.

Que conclure de cela ? Le marquis avait-il donc été victime d'une tentative d'assassinat ? Le fait pouvait paraître inadmissible, attendu que M. de Coulange était très aimé dans le pays, où il n'avait jamais eu aucun ennemi.

L'opinion de beaucoup de gens et celle du brigadier de gendarmerie, en particulier, fut qu'on avait tenté d'assassiner le marquis. C'était aussi la pensée des gardes et des amis de M. de Coulange ; mais, en présence du silence que le marquis paraissait vouloir garder, ils n'osaient le dire tout haut.

Le brigadier de gendarmerie comprit qu'il était de son devoir de commencer immédiatement une enquête. Conduits par un des gardes du marquis, lui et ses gendarmes se rendirent dans la forêt. Ils constatèrent que le marquis avait été atteint et était tombé à environ trois cents pas de la maison du garde Bierlet. Ils trouvèrent les bourres du fusil et découvrirent que le coup de feu avait été tiré par un individu qui se tenait caché derrière un chêne au milieu du taillis. Plus loin, dans un fourré épais, ils firent une autre découverte. Un homme s'était couché là ; il y était certainement resté plusieurs heures ; peut-être même y avait-il passé la nuit. Dans tous les cas, il y avait fait un repas, comme l'attestaient le reste d'un morceau de pain, des coquilles d'œufs et une bouteille vide.

Il n'y avait plus à en douter, un misérable avait voulu tuer le marquis de Coulange, et tout semblait indiquer que le crime était prémédité, et que le malfaiteur avait attendu et guetté sa victime. On pouvait dire aussi que le marquis avait miraculeusement échappé à la mort.

La femme du garde Bierlet fut interrogée. Elle répondit :

— Quand M. le marquis chasse de ce côté, il ne manque jamais d'entrer chez nous ; il embrasse mon petit garçon et cause un instant avec moi. Ce matin, il s'est assis et est bien resté un quart d'heure. Il m'a quitté en me disant : « Je vais rejoindre la chasse. » Un instant après, j'entendis un coup de fusil, mais je n'y fis pas attention. C'est plus de vingt minutes plus tard, que, tout à coup, j'entendis crier : « Monsieur le marquis est blessé ! » Si j'avais su le malheur qui venait d'arriver, je n'aurais pas attendu qu'on m'appelât pour aller au secours de monsieur le marquis. Quant à ce qui s'est passé, je l'ignore absolument. Je n'ai vu aucun individu de mauvaise mine et d'allures suspectes rôder par ici ni hier ni aujourd'hui.

Mais l'attentat ayant été commis, il y avait un coupable. Maintenant, la mission des gendarmes était de chercher et de trouver ce dangereux malfaiteur.

XI

BRACONNIER

Les gendarmes soupçonnèrent un terrible braconnier du village des Loches, à une lieue de Coulange, d'être l'auteur de l'attentat; l'opinion publique désignait le braconnier comme étant le seul individu dans le pays capable de commettre un pareil crime.

Déjà quelques personnes avaient laissé échapper ces paroles :

— Ce ne peut être que Sauvat qui a tiré sur M. le marquis.

Du reste, les déplorables antécédents du braconnier semblaient justifier l'accusation qu'on portait sur lui.

Ce Sauvat était un homme violent, sombre, farouche, une espèce de bête fauve. Depuis douze ans qu'il habitait aux Loches, il avait déjà subi plusieurs condamnations pour délit de braconnage ; il avait été condamné aussi à quinze jours de prison pour coups et blessures, et une autre fois à deux mois de prison pour vol dans un jardin.

Fort comme un hercule et vivant pour ainsi dire au milieu des bois, il inspirait à tout le monde une invincible terreur.

Il braconnait constamment, en temps de neige et aussi bien quand la chasse était défendue que quand elle était permise. S'il n'eût été surveillé de près par les gendarmes et les gardes du marquis de Coulange, il serait parvenu, en quelques années, avec son fusil, ses collets et autres engins, à détruire complètement tout le gibier de la contrée.

Il avait une quarantaine d'années. Il était marié et père de quatre enfants dont l'aîné avait à peine neuf ans. Paresseux et ivrogne, il rendait sa femme très malheureuse. Celle-ci et ses enfants vivaient presque d'aumônes. C'est à la marquise de Coulange, surtout, que cette pauvre femme et ses enfants devaient de ne pas trop souffrir de la misère.

Or, dans la pensée du brigadier de gendarmerie, il n'y avait aucun doute. Sauvat était le coupable, l'homme qu'il devait arrêter.

Accompagné d'un de ses gendarmes, le brigadier se rendit aux Loches. Le braconnier était chez lui, il le trouva couché dans son lit, en proie à une fièvre violente. Le brigadier crut d'abord qu'il faisait semblant d'être malade ; mais la femme lui affirma que son mari n'était pas sorti de son lit depuis quatre jours Les voisins, interrogés, déclarèrent que Sauvat était réellement malade. Le matin même, le médecin était venu le voir. Le matin encore, la femme de Sauvat ayant dû aller à la rivière pour laver son linge, une voisine était restée près du malade depuis sept heures jusqu'à dix heures.

Le brigadier était forcé de se rendre à l'évidence. Il s'était trompé, **il avait** accusé un innocent, Sauvat n'était pas le coupable qu'il cherchait.

Il tordait fiévreusement sa moustache ; son désappointement était visible.

Quand le braconnier apprit, de la bouche même du gendarme, qu'on l'avait soupçonné d'avoir tiré un coup de fusil sur le marquis de Coulange, il fit un bond sur son lit et un éclair de fureur sillonna son regard.

— Oh! s'écria la femme, c'est affreux qu'on ait eu cette horrible pensée.

Sauvat s'était soulevé sur le lit, les yeux étincelants.

— Je sais bien que je suis un misérable, que je ne vaux pas grand'chose et que tout le monde m'appelle canaille! dit-il d'une voix rauque ; on me repousse, on me craint ; je suis un maudit!... Je suis allé en prison, c'est vrai, il est bien possible que j'y aille encore. Comme vous le voyez, je dis ce que je pense ; je ne joue pas à l'honnête homme, je ne pose pas pour la vertu, comme il y en a tant ; je ne suis pas un hypocrite, moi! Eh bien, oui, je suis un chenapan, un gredin, je suis tout ce qu'on voudra, mais pas un assassin!... Oh! cela, jamais, jamais!... Quand je suis dans la forêt, avec un fusil, et qu'un chevreuil passe devant moi, je tire sur lui, mais pas sur un homme. Tenez, depuis six mois je n'ai même plus de fusil ; c'est un de vos gendarmes qui me l'a pris, le grand rouge, vous savez bien?... Et on m'a soupçonné d'avoir voulu tuer M. le marquis de Coulange! Ça, voyez-vous, c'est de la méchanceté, c'est une infamie! Les gardes de M. le marquis me font la chasse comme à un loup ; pourtant, je ne leur en veux pas ; je suis un braconnier ; ils font leur devoir. Voyons, pourquoi aurais-je voulu tuer M. le marquis de Coulange? Est-ce parce qu'il est l'homme le meilleur qu'il y ait au monde? Serait-ce pour le punir des bienfaits que lui et madame la marquise répandent autour d'eux? Serait-ce par reconnaissance du bien qu'ils ont fait et qu'ils font encore à moi, à ma femme et à mes enfants? En voilà trois de nos petits, l'autre est en condition chez un fermier, il garde les bêtes ; s'ils ne sont pas nus comme des vers de terre, c'est que madame la marquise les habille. Si ma femme et eux ne sont pas depuis longtemps morts de faim, c'est que la bonne marquise ne les laisse jamais manquer de pain. Dernièrement, quand j'étais en prison, est-ce que ce n'est pas le château qui nourrissait ma femme et ses petits?

« Ah! on a tenté d'assassiner M. de Coulange ; eh bien, monsieur le brigadier, celui qui a fait le coup est un plus grand scélérat que moi. Je n'ai jamais eu peur ni des gardes, ni des gendarmes, ni même de la justice. Les juges nous condamnent, ils nous envoient en prison ; ce n'est pas cela qui nous corrige : il faut autre chose pour rendre les hommes meilleurs. Moi, aujourd'hui je ne suis plus le même ; ce n'est pas la prison qui m'a changé, ni la crainte d'y retourner. Mais il faut que je vous dise cela, monsieur le brigadier, et, si vous le voulez, vous pourrez le répéter à M. le marquis de Coulange.

« Écoutez : il y a quinze jours, j'ai rencontré la bonne marquise au bord de la rivière. Elle m'a reconnu ; mais elle n'a pas été effrayée ; elle n'a pas eu peur de moi, au contraire. Elle s'est approchée de cette canaille de Sauvat, et de sa voix douce, avec son bon regard, elle lui a parlé. Ce que la bonne marquise m'a dit m'a touché là, au cœur, et je lui ai fait une promesse. Monsieur le brigadier, si je ne crève pas du mal que j'ai, je tiendrai ce que j'ai promis. Je renonce au métier de braconnier ; dites-le à vos gendarmes. J'étais un paresseux, je travaillerai ; j'étais un ivrogne, je ne boirai plus ; je l'ai juré. Je tenais à vous apprendre cela, je suis content de vous l'avoir dit.

— Bien, Sauvat, dit le brigadier ; je compte aussi sur la promesse que vous avez faite à la bonne marquise.

— Ah ! quelle soit bénie ! s'écria la femme en pleurant ; elle m'a rendu mon mari et leur père à mes enfants !

Les deux gendarmes remontèrent à cheval et reprirent leur chemin de Coulange. Le brigadier avait les sourcils froncés, l'air sombre et soucieux ; à chaque instant, il tordait furieusement sa moustache.

Tout en chevauchant à côté de son supérieur, le gendarme se disait:

— Il n'est pas content, le brigadier.

Certes, celui-ci n'avait pas lieu d'être satisfait. Il voyait se dresser devant lui de grandes difficultés. Un horrible attentat avait été commis et il se demandait anxieusement s'il parviendrait à en découvrir l'auteur. Il n'avait plus aucun indice. Maintenant qui soupçonner ? Où chercher le coupable ?

— Peut-être M. le marquis me mettra-t-il sur ses traces, pensait-il.

Mais il n'osait trop l'espérer.

Cependant, vers cinq heures du soir, il se présenta au château.

Le marquis avait dormi pendant deux bonnes heures, il venait de se réveiller. On lui annonça la visite du brigadier de gendarmerie. Il répondit qu'il voulait bien le recevoir. On fit entrer le gendarme dans sa chambre. La marquise et Eugène étaient là. Ils se levèrent pour se retirer.

— Non, non, dit le marquis, restez.

Puis s'adressant au brigadier, il reprit:

— Vous êtes venu avec l'espoir que je vous donnerais quelques précieux renseignements sur ce qui s'est passé ce matin ; malheureusement, ou peut être heureusement, ce que je peux vous dire n'est pas de nature à vous éclairer. Je n'ai aucun soupçon et je n'accuse personne.

« Ma chère Mathilde, continua-t-il, en arrêtant son regard sur la marquise, j'aurais voulu te le cacher, dans l'intérêt de ta tranquillité, mais je vois bien que je ne puis empêcher la vérité d'arriver jusqu'à toi. Ce matin, un inconnu, un misérable a tenté de m'assassiner.

— C'est donc vrai ! s'écria la marquise d'un ton douloureux ; je ne voulais pas admettre que cela fût possible. Mais nous avons donc des ennemis !

Elle était devenue blanche comme un lis.

— Il paraît que j'en ai un, répondit le marquis.

— Édouard, reprit la marquise d'une voix pleine de larmes, tu n'iras plus à la chasse, tu ne sortiras plus sans être accompagné.

— Ma chère Malthide, ce serait être un peu trop craintif ; mais je te promets que, dorénavant, je prendrai certaines précautions.

— D'ailleurs, madame la marquise, dit le brigadier, il faut bien espérer que nous mettrons la main sur le scélérat ; il ne pourra point renouveler sa tentative criminelle quand il sera au bagne.

— Ainsi, vous pensez que vous le trouverez?

— Il le faut, madame la marquise.

— Avez-vous déjà des soupçons ?

— Aucun pour le moment. J'ai soupçonné d'abord Sauvat, le braconnier des Loches, d'être l'auteur du crime.

— Lui ! lui ! exclama la marquise.

— Je connais le garnement et je pouvais parfaitement le supposer capable d'un pareil attentat.

— Un moment j'ai eu aussi cette pensée, dit le marquis ; mais je l'ai vite repoussée en pensant à la femme et aux quatre enfants de ce malheureux.

— Je me suis rendu aux Loches, reprit le brigadier ; j'ai trouvé Sauvat dans son lit, malade, et j'ai été bientôt convaincu qu'il n'était point l'auteur du crime.

— S'il eût voulu tuer mon mari, Sauvat ne serait pas un homme, mais un monstre ! s'écria la marquise.

— Sauvat est certainement un affreux coquin ; mais les paroles qu'il a prononcées tantôt, devant moi, dénotent que, loin d'être l'ennemi de M. le marquis, il a pour lui, et pour vous, madame la marquise, une sorte de vénération.

Et, brièvement, le brigadier raconta ce qui s'était passé dans la chaumière du braconnier.

— Madame la marquise, ajouta-t-il, je crois vraiment que vous avez apprivoisé ce sauvage ; c'est un miracle que vous avez fait, si réellement vous avez converti cet être endurci.

— Ah ! pour sa pauvre femme et ses enfants, Dieu veuille qu'il devienne meilleur ! dit la marquise.

— Maintenant, monsieur le marquis, reprit le brigadier, je désire savoir comment et dans quelles circonstances l'attentat a eu lieu. Peut-être avez-vous pu voir le misérable ; je vous prie, dans ce cas, de vouloir bien me donner son signalement, aussi complet que possible.

— Vous me demandez beaucoup, répondit le marquis ; comme je vous l'ai dit déjà, je n'ai rien à vous apprendre qui puisse faciliter vos recherches. Toutefois, je ne dois point refuser de parler, mon devoir est de vous dire ce qui s'est passé. Le voici :

« Voulant souhaiter le bonjour à la femme de mon garde Bierlet, je m'étais séparé de mon fils et de nos amis. Bierlet est un brave serviteur qui m'a donné maintes fois des preuves de son dévouement. Je ne passe jamais près de sa demeure sans y entrer. Après avoir causé un instant avec la femme du garde, je sortis de la maison. J'entendais les chiens donner de la voix. Il pouvait être huit heures et demie. Je pris une allée pour aller me poster à un endroit où je pensais pouvoir, le moment venu, tirer une pièce de gibier. Je marchais rapidement. Je n'étais pas encore loin de la maison du garde lorsque j'entendis la détonation d'une arme à feu et sentis en même temps à l'épaule une douleur très aiguë. Précisément à ce moment je faisais un faux pas en marchant sur une branche de bois mort. Je dois certainement la vie à ce faux pas, car, je n'en doute pas, l'individu me visait à la tête. Je tombai la face contre terre. Toutefois, malgré le sang qui coulait en abondance, j'eus encore la force de me soulever et de jeter un regard du côté où le coup de fusil avait été tiré. Je pus voir un homme qui s'enfuyait à travers le bois; puis mes yeux se fermèrent et je perdis connaissance. Quand je revins à moi, j'étais dans les bras de mon fils.

« Un de nos gardes, acheva le marquis, m'avait trouvé baignant dans mon sang et avait appelé au secours. Enfin on m'aida à me dresser sur mes jambes. Je me sentis assez fort pour marcher et je voulus revenir au château à pied. Je pus, en effet, arriver jusqu'ici soutenu par mon fils et un de ses amis. Voilà, monsieur, le récit complet de ma triste aventure.

— Ainsi, monsieur le marquis, vous n'avez pas reconnu l'individu? demanda le brigadier.

— Je vous l'ai dit.

— Et vous n'avez aucun soupçon ?

— Aucun.

— Mais vous avez vu l'homme ; pouvez-vous me dire comment il est ? petit ou grand, jeune ou vieux et comment il était vêtu !

— Autant que j'ai pu en juger, il m'a paru être d'une taille assez haute ; il m'a semblé qu'il portait une blouse bleue et j'ai remarqué qu'il avait toute sa barbe ; mais je ne saurais vous dire s'il est jeune ou vieux. Du reste, ma vue était troublée, il y avait comme un voile sur mes yeux ; peut-être ai-je mal vu, je ne saurais rien affirmer.

N'ayant plus aucune question à adresser au marquis, le brigadier se retira, fort peu satisfait, d'ailleurs, des renseignements qu'on venait de lui donner.

Cependant, dès le soir même, le brigadier se mit en campagne ; les gendarmes furent lancés dans toutes les directions. Pendant huit jours ils parcoururent le pays, se livrant partout à une minutieuse enquête. C'est à peine s'ils prenaient quelques instants de repos. Hommes et bêtes étaient sur les dents. Trois ou quatre vagabonds furent arrêtés et emprisonnés ; mais on reconnut bientôt qu'aucun d'eux n'était l'auteur de l'attentat de la forêt. Pour la gendarmerie de tout un arrondissement, c'était un mince résultat. En somme, toutes les recherches furent vaines. L'homme qu'on cherchait était introuvable; ce dangereux malfaiteur avait disparu sans laisser la moindre trace derrière lui.

D'ailleurs, rien ne pouvait aider la justice et la guider dans ses investigations. Le marquis étant très aimé et n'ayant pas un seul ennemi, il était impossible de découvrir le plus léger indice.

— Encore un brigand qui nous échappe, avait dit piteusement le brigadier de gendarmerie de Coulange.

XII

PROJET DE MARIAGE

Rien n'était venu aggraver la position du marquis. Comme l'avait annoncé le médecin, après un repos de huit jours il était sur pied. Il pouvait sortir et se promener dans les jardins et dans le parc. La blessure s'était fermée dans de bonnes conditions; enfin, sauf certains élancements qu'il éprouvait encore de temps à autre dans l'épaule, on pouvait considérer qu'il était guéri.

Cependant, après le premier moment de stupeur causée par l'attentat commis sur le marquis, les hôtes du château avaient été douloureusement impressionnés. A la joie des jours précédents avait succédé subitement une grande tristesse. Les joyeuses parties de chasse furent brusquement interrompues. Alors, les uns après les autres, les invités retournèrent à Paris. Seules, Mme de Valcourt et sa fille restèrent au château. Puis l'amiral de Sisterne arriva.

Maintenant, il n'y avait plus de cérémonie, plus d'étiquette; on se trouvait plus à l'aise, plus libre; l'intimité était plus grande, plus complète; on était tout à fait en famille.

Certes, si l'on avait pas pensé constamment à la tentative d'assassinat, on aurait pu jouir délicieusement, sans trouble, des derniers beaux jours de la saison. Mais on restait, malgré soi, sous le coup de la terreur. La marquise s'efforçait de paraître calme, on devinait qu'elle était préoccupée et inquiète. Le marquis seul avait l'air de ne plus penser au danger qu'il avait couru.

Quand on lui parlait du misérable qu'on avait cherché, qu'on cherchait encore partout, sans qu'il fût possible de découvrir sa trace, il secouait la tête et répondait :

— Baste ! ne pensons donc plus à cela. Après avoir réfléchi, voici quelle est ma conviction : C'est un fou qui a voulu me tuer. Il ne me connaissait certainement

Maximilienne, tenant cinq ou six roses, venait de s'arrêter devant eux. (Page 79.)

pas et il aurait tout aussi bien tiré sur un autre que sur moi, du moment qu'il avait le désir de tuer quelqu'un.

Et il ajoutait gaiement :

— Qui sait? il m'a peut-être pris pour un fauve.

La façon dont son mari prenait la chose ne rassurait point la marquise. Elle était poursuivie par de noirs pressentiments auxquels elle ne pouvait échapper. Elle cachait ses cruelles angoisses, mais la peur était en elle. Frappée de cette idée que la vie du marquis était menacée, elle voyait le danger l'attendant partout. Il ne pouvait s'éloigner d'elle sans qu'elle fût alarmée.

— Oh! ils ont beau dire, pensait-elle, nous avons un ennemi qui en veut à la vie de mon mari. Mais qui est-il, cet ennemi? Où se cache-t-il? Que lui avons-nous fait? De quoi veut-il se venger? Sa victime lui a échappé une première fois, mais il recommencera, l'infâme!... Ah! je tremble, je frémis, j'ai peur!

Alors, des larmes jaillissaient de ses yeux.

Persuadée que son mari avait un ennemi, elle ne cessait de se demander :

— Qui est-il ?

A force de tourmenter sa pensée, elle finit par admettre que son frère était revenu en France, que l'ennemi du marquis, c'était Sosthène, que lui seul au monde pouvait être, sinon l'auteur de la tentative d'assassinat, au moins l'instigateur du crime.

Certes, les anciens crimes de Sosthène de Perny donnaient à la marquise le droit de le soupçonner et de l'accuser.

Quelques mois auparavant, le marquis avait reçu une lettre d'Amérique qui lui annonçait la mort de son beau-frère; mais, signée d'un nom inconnu, cette lettre n'avait rien d'officiel. Rien ne prouvait à la marquise que son frère fût réellement mort.

— Oh! non, il n'est pas mort, le misérable, se disait-elle; je le sens à la terreur, à l'épouvante qui est en moi!... Oui, c'est lui, je ne puis en douter, ce ne peut être que lui; je vois l'œuvre du maudit! Toujours, jusqu'à la fin, le monstre me poursuivra de sa haine. Pour me frapper plus sûrement, sans danger pour lui, comme un reptile qui attend sa proie, il se cache dans l'ombre! Ainsi, après tant de douleurs, des tortures plus horribles encore me sont réservées !

« Un jour il m'a dit : « Je me vengerai ! » Ah! s'il n'a pas tenu ses autres promesses, il tient celle-là. La main de la justice allait s'appesantir sur lui, j'ai écarté cette main, je l'ai sauvé du bagne; j'ai eu pitié de lui, c'était mon frère! Malgré tout, je l'ai protégé contre ceux qui pouvaient le perdre, et j'ai essayé de le défendre contre lui-même. Deux fois je lui ai donné la possibilité de se faire une nouvelle existence, de revenir au bien... Hélas! il n'a pas vu l'énormité de ses forfaits, le remords n'est pas entré dans son âme, il n'a pas voulu se repentir. N'est-ce pas pour lui, d'abord, pour lui seul, que je me me suis condamnée à d'atroces souffrances? Pourtant, je n'avais qu'un mot à dire; j'ai voulu l'épargner : j'ai gardé le silence... Oh! silence fatal! En croyant bien agir, j'ai été faible et lâche! Et c'est parce que j'ai été trop bonne pour lui, parce que j'ai jeté sur ses crimes un voile impénétrable, qu'il me poursuit de sa haine implacable! c'est de cela qu'il veut tirer vengeance !... Ce que j'ai fait, Dieu ne le voulait pas. Ah! pour que je sois punie ainsi, il faut qu'il m'ait sévèrement jugée !

« Mais s'il est véritablement l'auteur de l'attentat, si c'est lui qui a armé la main d'un misérable, son complice, en lui désignant la victime à frapper, quelles sont donc ses intentions ? Oui, que veut-il ? Qu'espère-t-il ? Pourquoi en veut-il à la vie du marquis de Coulange ? Puisque c'est moi qu'il hait, n'est-ce pas moi qu'il devrait frapper ? »

Comme on le voit, la marquise était à peu près convaincue que le misérable qui avait tenté d'assassiner son mari était un scélérat à la solde de son frère.

A moins d'être fou, un homme n'assassine pas un autre homme sans motif, simplement parce qu'il veut tuer. La marquise cherchait vainement à découvrir le mobile du crime. Mais elle avait beau se creuser la tête, faire toutes sortes de suppositions, s'enfoncer même dans l'invraisemblable, elle ne trouvait rien ; elle ne pouvait rien s'expliquer. Alors elle devenait très perplexe. Mais son cœur conservait ses angoisses, sa terreur restait la même.

Le comte de Sisterne avait pour sa nièce une affection de père ; le bonheur d'Emmeline était une de ses grandes préoccupations. C'est lui qui, le premier, treize ans auparavant, avait eu la pensée qu'elle pourrait être la femme d'Eugène de Coulange. Maintenant, Emmeline était en âge d'être mariée et le comte avait toujours la même pensée. Il avait pu apprécier depuis longtemps les solides et brillantes qualités d'Eugène et il était certain que ce mariage qu'il désirait, assurerait l'avenir et le bonheur de sa chère filleule. Souvent, il avait parlé de son espoir à sa sœur et il n'avait pas eu de peine à faire partager ses espérances à Mme de Valcourt, qui ne songeait, comme lui, qu'au bonheur de sa fille.

Toutefois, malgré la grande intimité qui existait entre les deux familles et particulièrement entre le comte et le marquis, l'amiral n'avait point osé rappeler à son ami leur ancien projet. Un sentiment de délicatesse facile à comprendre le retenait. Certainement, il savait combien le marquis était généreux et désintéressé ; mais il savait aussi que sa fortune et celle de sa sœur réunies équivalaient à peine au quart de la fortune du marquis. Cette différence énorme entre les deux fortunes mettait un frein à son désir. Peut-être craignait-il qu'on ne le trouvât trop ambitieux pour sa nièce, et qu'on ne les accusât, sa sœur et lui, de faire une sorte de spéculation. Quoi qu'il en soit, le comte cachait avec soin ses secrètes pensées.

Un jour, après le déjeuner, le marquis dit à l'amiral :

— Mon cher Octave, veux-tu faire avec moi une petite promenade ?

— Avec plaisir, répondit-il.

— Alors, viens, j'ai d'ailleurs quelque chose à te dire.

Ils sortirent de la salle à manger et descendirent dans les jardins. Le marquis passa son bras sous celui du comte, et ils se dirigèrent lentement vers le parc.

— Mon cher ami, dit M. de Coulange, te souviens-tu d'une promenade semblable que nous avons faite ensemble, ici même, il y a un peu plus de treize ans ?

— J'aurais une bien mauvaise mémoire si je l'avais oubliée. Nous suivions cette même allée ; c'est moi qui avais pris ton bras ; ton fils était avec nous. Il me semble que je le vois encore courir de tous côtés, moissonnant des fleurs dont il avait fait un énorme bouquet pour sa mère.

— En effet, ta mémoire est fidèle. Naturellement tu te rappelles tout ce que nous avons dit ?

— Oui, je me rappelle la confidence, la confession que je t'ai faite à la suite d'une singulière rencontre au bord de la Marne.

— J'en ai gardé le souvenir ; ce que tu m'as dit alors, Octave, je pourrais te le répéter.

— Et tu as tenu ta promesse, madame de Coulange n'a rien su ?

— Rien. Penses-tu toujours à cette jeune fille ?

— Moins, maintenant ; mais je n'ai pu encore oublier. Assurément, mes remords sont moins vifs ; avec le temps, les plaies les plus profondes se guérissent ; peu à peu le calme s'est fait dans mon cœur. Pourtant les regrets y sont restés.

— Est-ce que tu l'aimes toujours ?

— Après vingt ans, et à mon âge, ce serait ridicule. Comme toute chose l'amour s'use ; c'est un feu qui s'éteint lorsqu'on cesse de l'alimenter. Ce que j'aime encore, c'est le souvenir que j'ai gardé et que je veux garder d'elle. Grâce à Dieu, mon cœur n'est pas resté vide ; j'ai eu le bonheur de conserver quelques excellents amis comme toi, et en dehors d'eux, pour mes autres besoins d'affection, j'ai ma sœur et ma nièce, qui ont chacune leur part de ma tendresse.

— Est-ce que tu n'as plus eu aucune nouvelle de cette malheureuse Gabrielle ?

— Aucune.

— N'as-tu pas fait encore des recherches pour la retrouver ?

— Comme les précédentes, elles n'ont eu aucun résultat. Quel a été son triste sort ? Je l'ignore. Il y a dans cela quelque chose d'étrange et de mystérieux qui stupéfie. On ne s'explique pas, en effet, qu'une mère et son enfant puissent disparaître ainsi sans laisser derrière eux la moindre trace. Aujourd'hui, ma conviction est que la pauvre Gabrielle a quitté le garni de l'avenue de Clichy pour accomplir un acte de désespoir. Se voyant perdue, dégoûtée de la vie, la malheureuse s'est suicidée avant de donner le jour à son enfant.

Le marquis resta silencieux. Il pensait à l'institutrice de Maximilienne. Depuis longtemps déjà, il soupçonnait celle-ci de n'être autre que Gabrielle Liénard se cachant sous le nom de madame Louise. Mais si, scrupuleux à l'excès, il s'était fait un devoir de ne point pénétrer le mystère dont s'entourait la jeune femme, il devait, à plus forte raison, ne point faire part à M. de Sisterne de ce qu'il ne pouvait présenter, d'ailleurs, que comme des suppositions quelque peu audacieuses.

Au bout d'un instant il reprit :

— Après m'avoir raconté ta douloureuse histoire, mon cher Octave, tu m'as dit quelque chose qui est également gravé dans ma mémoire.

— Ah ! que t'ai-je dit?

— C'est une idée qui t'est venue subitement.

— Une idée?

— Oui. Bien que tu fusses alors très malheureux, pour ne pas dire désespéré, cela ne t'empêchait point de songer à l'avenir ; tu voyais même de très loin. Je puis, je crois, répéter textuellement tes paroles. Tu m'as dit : « Si, comme je l'espère, ma nièce donne un jour tout ce qu'elle promet, elle pourrait devenir la femme de ton fils. »

— C'est vrai, j'ai dit cela, répondit le comte très ému.

— Tu as ajouté : « J'en suis réduit, aujourd'hui, à échafauder des projets de bonheur sur des têtes d'enfants. »

— Oui, je me souviens.

— Et moi je t'ai répondu : « Ta nièce et mon fils auront l'occasion de se voir souvent ; s'ils s'aiment, je ne mettrai point opposition à ce mariage. »

— Eh bien, Édouard?

— Eh bien, mon ami, mademoiselle de Valcourt est une charmante jeune fille ; l'enfant a tenu, et au delà, ce qu'il promettait. Mon fils, de son côté, est devenu un homme d'un mérite réel ; je ne crains pas de le dire, bien que je le voie avec les yeux d'un père. Emmeline et Eugène étaient enfants lorsque, sans avoir pris toutefois aucun engagement, nous les avons fiancés. Ils ont grandi ; depuis deux ans ils se sont vus souvent, et il est arrivé ce que le premier tu as prévu : mon fils n'est pas resté insensible devant la beauté et la grâce de mademoiselle de Valcourt, et celle-ci n'a pas tardé à éprouver pour Eugène un sentiment qui est plus que de l'amitié.

— Ils s'aiment! s'écria M. de Sisterne.

— Oui, mon cher comte, ils s'aiment, et nous pouvons, dès aujourd'hui, parler sérieusement de ton idée d'autrefois.

— Ah! Édouard, je ne veux pas te cacher ma joie ; elle est grande et complète.

— Alors, tu ne vois aucun empêchement à ce mariage?

— Toi seul aurais pu t'opposer...

— Moi! Pourquoi?

— Ton immense fortune...

— Ne parlons pas de cela, je te prie, quand il s'agit du bonheur de nos enfants.

M. de Sisterne prit une des mains du marquis et la serra fortement.

— Excuse-moi, dit-il.

— Emmeline et Eugène s'aiment, reprit M. de Coulange ; c'est ce que tu désirais, n'est-ce pas?

— Oui.

— Eh bien, depuis plus d'un an, la marquise et moi le souhaitions ardemment. Ta nièce nous a tous charmés : elle est déjà une sœur pour Maximilienne, et la marquise et moi nous la considérons comme notre fille. Je suppose que madame de Valcourt pense comme toi, comme nous.

— Ma sœur ne peut vouloir que le bonheur de sa fille.

— Je te laisse le soin de l'informer de nos projets.

— Dès ce soir, je m'empresserai de lui rendre compte de notre entretien. Mais dès maintenant, mon cher Édouard, je puis te donner l'assurance qu'elle partagera ma joie.

— Nous parlerons plus tard de l'époque à laquelle aura lieu le mariage ; Emmeline et Eugène sont jeunes ; si impatients qu'ils soient, ils sauront attendre six mois et même un an. Toutefois, dès que nous serons de retour à Paris, je vous ferai officiellement, à toi et à madame de Valcourt, la demande de la main d'Emmeline pour mon fils.

Le lendemain, dans l'après-midi, tout le monde était au jardin.

L'amiral et le marquis se promenaient autour de la pièce d'eau. Eugène s'était assis sur un banc à côté d'Emmeline. Maximilienne avait quitté son amie pour un instant afin d'aller prendre à un rosier quelques-unes de ses roses. A quelque distance d'Eugène et d'Emmeline, assises également sur un banc rustique, la marquise et madame de Valcourt causaient intimement. Elles parlaient de leurs enfants.

Eugène avait pris la main d'Emmeline et la pressait doucement. Leurs regards se croisaient. Tous deux étaient émus. Une charmante rougeur colorait les joues de la jeune fille.

— Mademoiselle Emmeline, dit Eugène, madame de Valcourt a dû vous apprendre que, vous et moi, nous avons été hier le sujet d'une conversation entre votre parrain et mon père...

— Ma mère m'en a parlé ce matin, répondit Emmeline en baissant les yeux.

— C'est votre bonheur et le mien que veulent nos parents.

— Oui, notre bonheur.

— Maintenant, chère Emmeline, j'ai le droit de vous parler de mon affection, de l'amour sincère, ardent que vous m'avez inspiré ; je puis vous dire et vous répéter mille fois que je vous aime. Oh ! mon bonheur, à moi, est tout entier dans mon amour et le dévouement complet que je veux vous donner ; mais le vôtre, Emmeline, le vôtre?... Croyez-vous qu'il est dans notre mariage?...

— Oui, monsieur Eugène, je le crois.

— Ainsi vous m'aimez, vous m'aimez! Emmeline, dites-le moi : que j'entende ce doux aveu sortir de votre bouche adorable !

— Oui, je vous aime, répondit-elle.

Et sa rougeur augmenta encore.

— Ah! quelque chose de délicieux vient de pénétrer en mon cœur! s'écria le jeune homme, le front rayonnant.

Son bras entoura la taille de la jeune fille.

— Chère Emmeline, chère Emmeline! murmura-t-il avec une expression intraduisible.

La jolie tête de la jeune fille s'appuyait sur son épaule Il la serrait amoureusement contre lui. Ils formaient ainsi un groupe ravissant.

— Eugène, vous m'aimerez toujours? prononça Emmeline d'une voix douce, vibrante d'émotion.

— Toujours, répondit-il; quoi qu'il arrive, mon Emmeline, rien au monde ne pourra nous désunir; votre bonheur sera le but de ma vie entière; oui, je vous aimerai toujours, je vous le promets, je vous le jure! Et vous, Emmeline, et vous?

— Moi? Ai-je besoin de vous faire un serment? dit-elle d'un ton adorable; je vous aime, Eugène, et je suis sûre de mon cœur!

Leurs têtes se touchaient. Eugène mit un baiser sur le front d'Emmeline et il murmura :

— Aimer et être aimé, quelle chose divine !

Maximilienne, tenant cinq ou six roses, venait de s'arrêter devant eux.

— C'est très bien, dit-elle d'un ton moitié gai, moitié mécontent; mais j'ai le droit d'être un peu jalouse, car vous m'oubliez complètement. Oh! comme ils sont égoïstes, les amoureux! Vous n'avez pas encore pensé à me remercier; pourtant, si vous vous entendez et vous comprenez si bien en ce moment, si votre mariage est décidé, enfin si vous êtes heureux tous les deux, c'est un peu à moi que vous le devez.

Emmeline s'était levée.

— C'est vrai, Maximilienne, dit-elle; tu as raison, je suis une ingrate, pardonne-moi.

Elle se jeta à son cou et l'embrassa.

— A ton tour, Eugène, reprit Maximilienne, un gros baiser sur chacune de mes joues.

— La punition est douce, dit gaiement le jeune homme, en lui donnant quatre baisers au lieu de deux.

— Maintenant, reprit Maximilienne, vous êtes pardonnés; je n'ai plus qu'à distribuer mes roses, celle-ci dans tes cheveux, Emmeline, là, comme cela, et cette autre à ton corsage; c'est en la cueillant que je me suis piquée. Regardez.

Et elle leur montra, au bout d'un de ses doigts blancs, une gouttelette de sang rose.

— Voilà, ajouta-t-elle avec un petit air sérieux très drôle, il ne faut jamais oublier qu'on peut rencontrer partout des épines.

XIII

UNE BARONNE BLONDE

Un soir, vers neuf heures, José Basco vint rendre visite à ses deux associés. Ceux-ci étaient toujours chez eux, le soir, entre huit et dix heures. C'était une chose convenue, un rendez-vous permanent, car, en prévision d'un événement imprévu quelconque, il fallait que le Portugais fût certain de les trouver à une heure dite.

José Basco n'aimait pas aller à Montmartre entre le lever et le coucher du soleil ; il attendait toujours la nuit pour grimper la butte. C'était de l'extrême prudence. Mais il est probable qu'il craignait moins de se faire remarquer, c'est-à-dire d'attirer l'attention de certains regards, que de compromettre ses complices.

Nous savons le but que poursuivent ces trois hommes, nous connaissons une partie de leurs projets. Ils ont les mêmes espérances et ils veulent le succès de leur entreprise. Leur acte d'association est un serment. Ils ont juré de travailler à l'œuvre commune, et chacun doit remplir fidèlement sa mission. Jusqu'à présent il n'y a aucun désaccord entre eux. Ils sont associés, ils ont les mêmes intérêts, et les risques et les dangers qu'ils courent sont à peu près les mêmes. L'un a confiance dans les deux autres et les croit incapables d'une trahison. Chacun dans son rôle, ils agissent de bonne foi, si l'on admet que la bonne foi puisse exister entre misérables.

Ce soir-là, José Basco représentait d'une façon parfaite le gentilhomme portugais dont il avait pris le nom. Cet abominable gredin avait réellement de belles manières et l'air très distingué.

Il portait un habillement de soirée à la dernière mode qui sortait évidemment de chez un de nos meilleurs tailleurs. Sur son habit, à la boutonnière duquel était attachée une rosette de plusieurs couleurs, il avait endossé un paletot demi-saison de drap marron. Trois superbes brillants boutonnaient le plastron de sa chemise. Il avait une cravate blanche et des gants paille très frais. De fines bottines de chevreau, aux bouts vernis, chaussaient ses pieds.

Il était venu à Montmartre dans un coupé de remise. Mais il avait quitté sa voiture dans la rue Lepic, en disant au cocher de l'attendre.

— Est-ce que vous êtes de noce, aujourd'hui ? lui demanda Sosthène en souriant.

— Non, mais je vais en soirée chez la baronne de Waldreck, une blonde Allemande aux yeux bleus qui est née sur les bords du Danube.

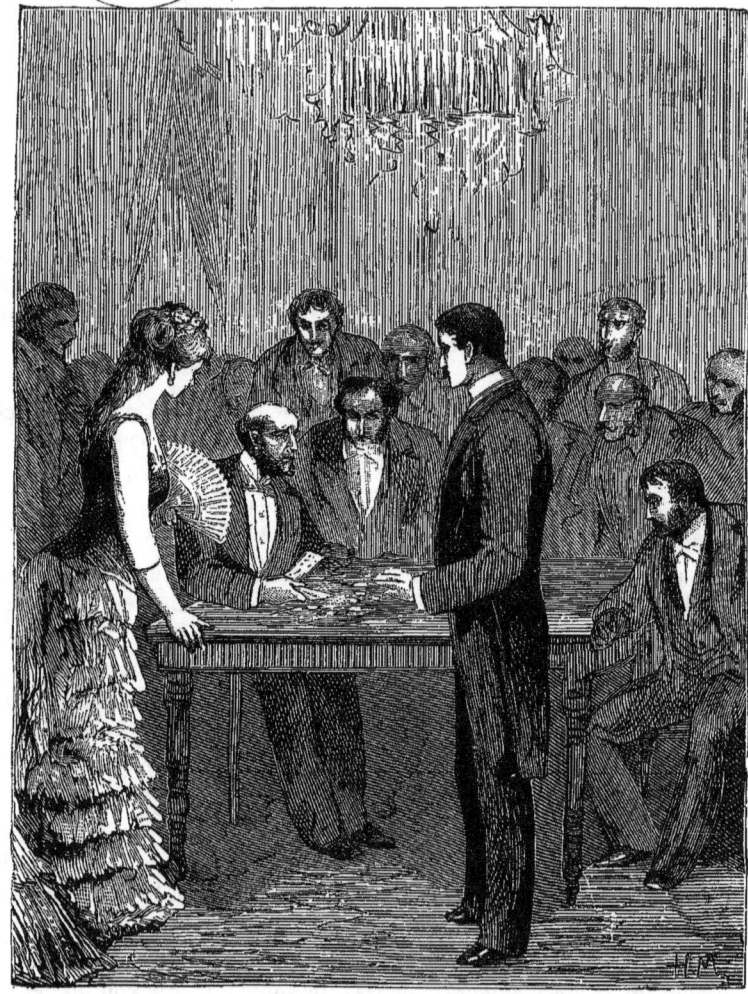

D'une main convulsive, il jeta sur la table, cinq billets de mille francs. (Page 87.)

— Et qui est jeune et jolie?
— Elle a été jolie, peut-être l'est-elle encore; quant à sa jeunesse, on n'en parle plus, car elle a passé la quarantaine. Mais elle a deux charmantes filles de dix-huit et vingt ans, blondes comme leur mère, gracieuses comme des ondines, rêveuses et romanesques comme le sont la plupart des filles de Germanie.
— Et le baron?
— On dit qu'il est mort. La baronne reçoit beaucoup; elle donne des fêtes superbes...

— Elle cherche à marier ses filles?

— Peut-être. Ce qui est certain, c'est qu'on voit chez elle les plus jolies femmes de Paris.

— Vous êtes heureux, vous! fit Sosthène.

— Parce que j'assiste ce soir à une réunion de jolies femmes? Sachez, mon cher, que je sais ce que valent pour moi, maintenant, les promesses de l'amour. Désirer un fruit ou une fleur qu'on ne peut cueillir, c'est vouloir ressembler au renard de la fable qui dit : « Ils sont trop verts. » Enfin, le feu de l'amour s'est éteint en moi, et je ne crois pas qu'il y ait une prêtresse de Vénus capable de le rallumer. Je ne pense plus à regarder une jolie femme ; je n'aurais plus, d'ailleurs, le temps de l'admirer.

« Ce n'est donc pas pour une brune ou une blonde, pour des yeux noirs ou bleus que je fréquente le salon de la baronne allemande. Je vais ce soir chez elle, peut-être pour la dernière fois, parce que je suis sûr d'y rencontrer un jeune homme dont je vous ai parlé souvent.

— Le comte de Montgarin?

— Lui-même.

— Alors, il y a du nouveau?

— Oui, car l'heure de m'emparer de lui est venue.

— Acceptera-t-il?

— Je l'espère, j'y compte.

— Il est capable d'avoir des scrupules.

— Nous verrons. Dans tous les cas, on fera en sorte de les détruire.

— Ainsi, sa situation est désespérée?

— Malgré son intelligence et ses qualités exceptionnelles, le jeune écervelé s'est attaché lui-même la corde au cou ; ce que j'avais prévu est arrivé : il a roulé sur la pente jusqu'au bas, il est au bord du gouffre, et, comme il ne peut plus remonter, il faut qu'il tombe dans l'abîme, si une main forte ne le saisit pas à temps pour empêcher la chute. Or donc, je suis à peu près certain que, d'ici à trois jours, le comte de Montgarin nous appartiendra corps et âme. Alors, nous nous mettrons sérieusement à l'œuvre. Nous aurons chacun notre rôle ; j'emploierai aussi quelques comparses dont le concours m'est déjà assuré. C'est une pièce de théâtre, un drame que nous allons jouer, il ne faut rien négliger pour enlever le succès.

Il resta un moment silencieux, puis se tournant brusquement vers Des Grolles :

— A propos, lui dit-il, voyez-vous toujours rouge?

— C'est passé, maintenant.

— Vous étiez malade, mon pauvre Des Grolles.

— Oui, c'était de l'hallucination ; pendant cinq ou six jours j'ai été comme fou.

— Eh bien, il ne faut pas que cela vous reprenne, répliqua José d'un ton ironique ; votre santé nous étant très précieuse, je tiens à vous rassurer. On a cherché et peut-être cherche-t-on encore l'individu qui a tiré sur le marquis de Coulange. Naturellement, on ne se doute pas le moins du monde qu'il se cache au sommet de la butte Montmartre et qu'il a pour compagnon et ami Sosthène de Perny. Enfin, je puis vous dire encore que le marquis de Coulange, sa femme et ses enfants vont rentrer à Paris dans quelques jours.

Des Grolles regarda le Portugais avec effarement. Sosthène se dressa sur ses jambes d'un seul mouvement.

— Mais que dites-vous donc, José? s'écria-t-il, le marquis n'est donc pas mort?

— Il se porte aussi bien que vous et moi.

— Mais alors... fit Sosthène en jetant sur Des Grolles un regard oblique.

— C'est impossible, dit Des Grolles, je l'ai vu tomber raide!

— Oh! raide, c'est beaucoup dire, répliqua José; il est tombé légèrement blessé à l'épaule.

— A l'épaule? Je visais à la tête.

— Cela prouve que vous n'êtes plus aussi bon tireur qu'autrefois; on se rouille en ne pratiquant pas, mon cher; vous avez besoin de vous refaire la main.

— Vivant, vivant! murmura Sosthène.

— Le marquis a été guéri au bout de quelques jours, reprit José. C'est un coup manqué; ce que je croyais fait est encore à faire. Je ne vous en veux pas, Des Grolles, c'est votre main qui a tremblé; une autre fois, soyez mieux maître de vous. C'est égal, l'occasion était bien belle, et je doute que nous en retrouvions une pareille. Pourtant il faut... qu'il meure, il le faut... Sans cela, rien!

Sur ses mots, le Portugais regarda sa montre.

— Neuf heures et demie, dit-il, il faut que je vous quitte, je ne veux pas arriver trop tard chez la baronne. Si j'ai quelque chose de bon à vous apprendre je viendrai demain soir.

Il donna une poignée de main à ses complices, ouvrit la porte et sortit.

Sosthène se retourna brusquement vers Des Grolles.

— Maladroit! prononça-t-il d'une voix creuse.

— Ce n'est pas ma faute.

— Soit, mais la chose est à recommencer.

— Eh bien, on recommencera, répliqua le misérable avec un regard sinistre.

— Mauvais signe! grommela Sosthène.

José Basco retrouva son coupé à l'endroit où il l'avait laissé. Il remonta en voiture et donna l'ordre au cocher de le conduire rue du Roi de Rome. C'est là, dans un charmant petit hôtel entre cour et jardin, que demeurait la baronne de Waldreck.

On reconnaissait, à son accent, que cette femme était d'origine allemande. Elle se disait Autrichienne; elle était venue se fixer à Paris, après avoir eu la douleur de perdre son mari. On n'avait aucune raison d'en douter. Elle était à Paris depuis deux ans seulement, et presque immédiatement son salon avait été fort fréquenté. Il est vrai qu'elle recevait d'une façon fort gracieuse, et qu'on s'amusait beaucoup chez elle. On était enchanté d'y revenir.

La blonde baronne était si aimable, si engageante, elle savait si bien attirer les gens, qu'il était impossible de lui résister. Et puis, on était si à son aise dans ses salons. On pouvait y parler de tout avec une liberté entière ; on y riait franchement, sans craindre d'effaroucher personne ; on y dansait et on y jouait surtout, presque toujours depuis onze heures du soir jusqu'au lendemain à l'aube. L'hôtel de la baronne était pour ses invités un paradis. Par exemple, ces invités des deux sexes composaient un petit monde assez mélangé. On entendait là certains noms sonores qui forçaient le sourire. Il y avait peut-être quelque baronne ou vicomtesse authentique, mais certainement plus d'un marquis de la Drôlerie, plus d'une comtesse de la Fanfreluche. N'importe, on s'amusait. Sans doute, certains beaux fils de famille sortaient de là, souvent, les poches vides ; mais baste, il faut bien que jeunesse se passe ! est-ce qu'on fait attention à cela, quand on est sous l'éclair qui jaillit des grands yeux brillants d'une jolie mondaine ?

Anciens gandins, petits crevés, chevaliers d'industrie et demoiselles Rigolboches s'entendaient fort bien ensemble. D'ailleurs, chez la baronne blonde l'intimité était complète ; elle voulait cela. Ni les hommes, ni les femmes n'avaient à s'en plaindre. Dès le premier jour on se disait : « Mon cher, ma chère », après on se tutoyait.

Naturellement, les femmes étaient peu farouches ; on avait le droit de leur parler de très près. L'éventail qu'une femme mettait devant sa figure cachait autre chose que sa rougeur. Les deux demoiselles de la maison remplissaient convenablement leur rôle. Timides et naïves quand il le fallait, elles jouaient parfaitement les ingénues ; chez elles le jeu de la physionomie, du regard et du sourire arrivait à la perfection.

Tout cela n'était pas sans causer à un nouveau venu un certain étonnement ; mais il avait beau vouloir se tenir sur la défensive, la fascination commençait, et il était vite apprivoisé. Il y aura toujours des Circé et des Dalila.

La baronne était-elle riche ? On l'ignorait. Était-elle réellement veuve ? On ne le savait pas davantage. Les deux jolies créatures blondes qui vivaient avec elle étaient-elles ses filles ? Les uns le croyaient, les autres se permettaient d'en douter.

Or, la baronne n'était pas baronne ; elle ne possédait aucune fortune ; ne s'étant jamais mariée, elle ne pouvait être veuve ; quant aux deux charmantes sirènes qu'elle appelait ses filles, elle les avait ramassées dans quelque égout avant de venir à Paris pour s'y livrer à un genre d'exploitation qu'elle avait probablement déjà pratiqué ailleurs.

En réalité, ces deux jeunes filles et les autres jeunes femmes que la soi-disant baronne recevait chez elle, étaient une sorte d'appât qui attirait les victimes dans le piège qui leur était tendu. Grâce à ses associées et à son trafic honteux, la fausse baronne avait un hôtel, recevait, donnait des dîners, s'entourait de luxe, avait une vie très large et pouvait dépenser cinquante ou soixante mille francs chaque année.

Quand José Basco entra dans le salon de la baronne, lequel était brillamment éclairé, la réunion était à peu près complète. Des exclamations joyeuses accueillirent son arrivée et beaucoup de mains se tendirent vers lui. Les demoiselles de la maison, Élisabeth et Charlotte vinrent le saluer en minaudant.

— Mon cher comte, lui dit la baronne, la bouche en cœur, montrant ses dents blanches, nous savions que vous deviez venir et nous vous attendions avec impatience.

— Ma chère baronne, c'est on ne peut plus flatteur pour moi.

— On dirait que vous ne me croyez pas ; eh bien, demandez à M. le comte de Montgarin.

Un grand et beau jeune homme brun, ayant la figure un peu pâle, fatiguée par les excès, de manières distinguées, très élégant de mise et de tournure, se détacha d'un petit groupe et s'avança vers le Portugais.

— C'est vrai, monsieur de Rogas, dit-il ; c'est moi qui vous ai annoncé et nous vous attendions.

— C'est à ce point, mon cher comte, reprit la baronne, que ces messieurs n'ont pas voulu s'approcher de la table de baccarat avant votre arrivée.

— S'il en est ainsi, messieurs, dit José en s'inclinant, je suis désolé de vous avoir fait attendre. Mais me voici et je suis tout à vous. Avez-vous désigné le banquier ?

— Si vous le voulez bien, comte, c'est vous qui commencerez.

— Messieurs je suis à vos ordres.

Il posa sa main sur l'épaule du comte de Montgarin et lui dit tout bas à l'oreille :

— Est-ce que vous allez encore jouer ce soir ?

— Oui, certes.

— Vous avez tort.

— Pourquoi ?

— Parce que vous perdrez.

Le jeune homme eut un tressaillement nerveux.

— Eh bien, je perdrai, répliqua-t-il, en jetant brusquement sa tête en arrière. Et tout bas il ajouta :

— Après tout il faut en finir !

José le regardait comme s'il eût voulu fouiller jusqu'au fond de sa pensée.

— Oui, se dit-il, l'heure est venue, et je n'ai pas de temps à perdre, si je ne veux pas qu'il m'échappe.

Il reprit à haute voix :
— Monsieur le comte, vous êtes incorrigible.
— C'est vrai, répondit le jeune homme.
— Pourtant, vous êtes jeune ; si vous le vouliez bien, vous pourriez...
— Me corriger? fit le jeune homme avec un sourire singulier.
— Certainement.
— Il est trop tard, dit le comte de Montgarin d'un voix sourde.
— Ces messieurs attendent, reprit José, allons, venez, puisque vous voulez absolument tenter la fortune.

XIV

LE JEU

Tous deux s'approchèrent de la table de jeu, qui fut aussitôt entourée par une dizaine de joueurs.

Le Portugais prit place dans un fauteuil et jeta un rapide coup d'œil sur les personnages groupés autour de lui. Il devait être satisfait, car un sourire glissa sur ses lèvres. Gravement, il tira son portefeuille, l'ouvrit, y prit deux billets de mille francs qu'il posa sur le tapis verts ; puis, prenant les cartes, il prononça ces mots :

— Faites le jeu, messieurs.

Louis d'or et billets de banque tombèrent sur la table.

Il ramassa les mises.

— Quatre mille, dit-il, faites le jeu.

Il gagna. Puis deux fois encore les cartes lui furent favorables. Il y avait devant lui un monceau d'or et de billets de banque pêle-mêle. Maintenant, la banque était de trente-deux mille francs.

Les joueurs se regardaient. Presque tous étaient très pâles. Il y avait des frémissements, des crispations nerveuses, des regards fiévreux et effarés. Le comte de Montgarin s'efforçait de paraître calme ; mais certains mouvements des lèvres et des narines trahissaient ses sensations intérieures.

— Décidément, dit un des joueurs, on ne peut plus jouer avec M. le comte de Rogas ; c'est toujours la même chance, une chance incroyable

— C'est vrai, appuyèrent plusieurs autres.

— Messieurs, faites le jeu, dit José, toujours grave et sans se déconcerter.

Cette fois sa voix resta sans écho. Ses adversaires hésitaient, ils semblaient se consulter. L'or et les billets de banque restaient dans les poches.

José attendait sans sourciller.

Charlotte était derrière lui, les bras appuyés sur le dossier du fauteuil. Lentement elle inclina sa tête blonde et sa joue rose toucha presque le visage du Portugais.

— Vous êtes, en effet, le favori de la chance, monsieur le comte, lui dit-elle à voix basse ; vous l'avez enchaînée, elle vous suit partout, elle se fait votre esclave. J'admire votre calme, votre bonheur ne peut vous émouvoir ; tenez, vous êtes superbe !

— Oh ! oh ! quel enthousiasme ! fit-il d'un ton narquois.

— Vous devez être heureux en toutes choses.

— Vous croyez cela, divine Charlotte ?

— J'en suis sûre.

— Eh bien, vous vous trompez.

— Ah ! Est-ce le cœur qui souffre ?

— Peut-être.

— Chaque souffrance a son remède, monsieur le comte. Ne voulez-vous pas guérir ?

— Je cherche le remède.

— Ou le médecin. Si vous le cherchiez sérieusement, je crois que vous le trouveriez ici, pas loin de vous.

— Vraiment ?

— Oui. Et ce jeune médecin...

— Ah ! il est jeune ?

— Et très discret, entreprendrait avec joie votre gérison.

— S'il en est ainsi, charmante Charlotte, je lui demanderai une consultation.

— Quand ?

— Dans quelques jours.

— La jolie tête blonde se redressa. Le front était rayonnant, les yeux illuminés.

— Eh bien, messieurs ? dit le Portugais, en enveloppant les joueurs de son regard.

Ceux-ci restaient indécis.

— Messieurs, reprit José, en poussant au milieu de la table des billets qu'il venait de compter, je mets la banque à cinq mille francs. Faites le jeu.

— Banco, dit le comte de Montgarin.

Et d'une main convulsive il jeta sur la table cinq billets de mille francs.

Le comte de Rogas tourna les cartes. Il y eut un bruissement de voix semblable à un murmure.

— Monsieur de Montgarin, dit froidement José, vous avez perdu.

Le jeune homme eut un geste de fureur et recula en chancelant sur ses jambes. Sur son visage livide, se plaquaient des taches rouges violacées.

— C'est la cinquième fois qu'il gagne ! exclamèrent les joueurs.

— C'est vrai, messieurs, répliqua José ; mais il n'y a rien d'étonnant à cela ; c'est le hasard des cartes.

Tranquillement et correctement, il ramassa l'or et les billets de banque qui étaient sur la table et mit le tout dans sa poche. Puis il se leva, en disant :

— Je passe la main.

Il se fit un mouvement de va-et-vient autour de la table, puis un des joueurs prit la place que le Portugais venait de quitter. Le jeu continua.

Don José s'éloigna du tapis vert. Les yeux flamboyants d'une vingtaine de femmes étaient braqués sur lui. Ces dames étaient émerveillées. La belle Charlotte avait pris une pose langoureuse.

— Il est vieux, pensait-elle, on peut même dire qu'il est laid ; mais il doit être millionnaire !

M. de Montgarin s'était affaissé sur un siège dans un angle du salon. La tête penchée sur sa poitrine, il paraissait absorbé dans de sombres pensées. Le Portugais alla s'asseoir à côté de lui.

— Eh bien, monsieur le comte, dit-il, je vous avais prévenu.

Le jeune homme releva brusquement la tête.

— Ah ! c'est vous, fit-il ; vous me parliez, je crois.

— Oui, comte, je vous ai adressé la parole...

— Je n'ai pas bien entendu. Que m'avez-vous dit ?

— Que vous avez eu tort de ne pas suivre le conseil que je vous ai donné.

— Permettez, monsieur de Rogas, j'ai eu tort ou j'ai eu raison ; cela dépend de vos idées et des miennes.

— Ceci ressemble à une énigme, je ne comprends pas.

— Vous ne pouvez savoir quelles sont mes intentions.

— Assurément. Alors vous vouliez perdre ?

— Il me plaisait de courir les chances du jeu, bonnes ou mauvaises.

— Certainement, vous aviez et vous avez encore ce droit. Mais la fortune a ses caprices, monsieur le comte, et vous devez reconnaître que j'ai tenté plus d'une fois de vous mettre à l'abri de ses coups.

Un sourire amer crispa les lèvres du jeune homme.

— C'est convenu, répliqua-t-il avec aigreur, et je ne vous ai pas écouté, et j'ai perdu, toujours perdu. Depuis le jour où je vous ai rencontré pour la première fois, la fortune, qui vous est si favorable, n'a pas cessé de m'être contraire ; elle n'a plus été capricieuse, elle m'a été tout à fait hostile. Il semble qu'elle est soumise à vos ordres, et c'est à croire que vous êtes mon mauvais génie.

— Continuez, monsieur de Montgarin, fit José d'un ton railleur, ne vous gênez pas, vous me dites des choses fort piquantes.

— En effet, c'est depuis quelques mois, depuis que je vous connais, que la mauvaise chance me poursuit avec cet acharnement.

Étendu sur un canapé, un cigare entre les lèvres, il attendait avec impatience le faux comte de Rogas. (Page 95.)

— Soit, mais ce n'est pas une raison pour me rendre responsable.
— Quelque chose me dit que vous avez sur moi une influence fatale.
— Oh! oh! Pourtant, mon cher comte, il n'y a pas bien longtemps que j'ai le plaisir de vous connaître. En admettant que je sois aujourd'hui votre mauvais génie, comme vous le prétendez, vous en avez eu un ou plusieurs autres avant moi. Voyons, parlons sérieusement, est-ce parce que j'ai cru devoir vous donner quelques conseils, que vous n'avez pas suivis, que j'exerce sur vous une influence fatale?

— Je n'en sais rien. Mais pourquoi êtes-vous attaché à mes pas comme mon ombre ? Si je vais à mon cercle je vous y trouve ; quand j'entre dans un salon vous y êtes ; je vous rencontre aux Champs-Élysées, aux courses, au café, sur les boulevards ; je vous retrouve au théâtre ; devant moi ou à côté de moi, vous êtes toujours là... Vous êtes partout, partout ; pourquoi cela, dites, pourquoi ?

— Allez-vous me faire un crime d'aimer à me trouver où vous êtes ?

— Non, mais...

— Achevez.

— Votre persistance à me suivre partout comme un garde du corps, a lieu de me surprendre. Je ne m'explique pas cela, j'y vois quelque chose d'étrange.

— N'y voyez, mon cher comte, que le grand intérêt que vous m'inspirez. Ne suis-je pas votre ami ?

— Oh ! mon ami !...

— Comte, est-ce que vous en doutez ?

Le jeune homme ne répondit pas.

José lui prit la main et, avec un grand accent de sincérité :

— Oui, je suis votre ami, et je puis ajouter votre meilleur ami, reprit-il ; en douter serait me faire une injure. Vous êtes de ceux qui savent le mieux attirer la sympathie, mon cher Ludovic ; votre première poignée de main l'a fait naître en moi et tout de suite j'ai éprouvé pour vous une véritable amitié.

Le jeune homme le regarda fixement.

— Au fait, dit-il, je ne risque rien à vous croire.

— Écoutez, Ludovic, reprit José, j'ai de l'expérience, j'ai vécu, je connais la vie ; je n'agis plus et ne me laisse plus entraîner par enthousiasme ; toutes mes actions sont raisonnées ; à mon âge, l'amitié que donne un homme est toujours vraie. Vous pourriez me demander aussi pourquoi vous m'êtes sympathique, pourquoi je m'intéresse à vous. Je vous répondrais : parce que vous avez la jeunesse, l'ardeur et l'enthousiasme, ce que j'ai eu et que je n'ai plus. Je vous regarde en me disant : Autrefois j'étais comme lui ! Oui, vous me rappelez tout mon passé, quand je voyais s'ouvrir devant moi l'avenir avec ces beaux et vastes horizons. Maintenant, je m'achemine vers les ténèbres, tandis que vous, mon cher comte, vous marchez en pleine lumière.

« Je vous le répète, l'amitié que j'ai pour vous est sincère. Tenez, mon cher Ludovic, pour vous je suis capable de faire bien des choses.

— Il n'y plus rien à faire pour moi, répondit le jeune homme en hochant la tête.

— Je crois, au contraire, qu'il y a beaucoup à faire. Mais ce n'est pas ici que je peux vous parler d'une idée qui m'est venue, d'un projet que j'ai conçu ; nous en causerons dans un autre moment. Alors, vous aurez la preuve que je suis votre ami.

M. de Montgarin l'écoutait distraitement ; il restait préoccupé et sombre.

— Vous n'êtes pas gai ce soir, reprit José ; quelle est donc la pensée qui vous obsède ?

— Je pense à ce que je ferai demain, répondit Ludovic avec un accent singulier.

— Ah ! Et que comptez-vous faire demain, mon cher comte ?

— Monsieur de Rogas, c'est mon secret.

— Que je connais, se dit le Portugais.

Il reprit à haute voix :

— Vous n'êtes pas expansif aujourd'hui. Mais, du moment qu'il s'agit d'un secret, que vous voulez garder, je ne vous interroge plus. Parlons d'autre chose.

— Qu'avez-vous encore à me dire ?

— Quelle est la somme que vous avez perdue ce soir.

— J'ai perdu tout ce qui me restait.

— Cela ne me dit pas la somme.

— Dix mille francs.

— Voulez-vous essayer de les reprendre au jeu ?

— Je vous ai dit que je n'avais que ces dix mille francs. Je ne peux plus jouer.

— Je puis prêter dix mille francs à mon noble ami le comte Ludovic de Montgarin, répliqua José, en tirant de sa poche une poignée de billets de banque.

Le jeune homme repoussa brusquement la main qui lui tendait les billets.

— Non, non, merci, dit-il sourdement.

— Pourquoi ? Voyons, mon cher comte, ne suis-je pas votre ami ?

— Sans doute. Mais...

— Dites.

— Tout est contre moi ; je suis sûr que je perdrais encore.

— Eh, comte, vous savez bien que la fortune est changeante.

— Vous m'avez déjà prêté une pareille somme, de Rogas.

— Oui, en vous disant que vous me la rendriez quand cela vous ferait plaisir.

— Et sans même demander un reçu.

— Cela se fait ainsi entre amis.

— Raison de plus pour que je n'abuse pas de votre bon vouloir ; je trouve que je vous dois assez, je ne veux pas augmenter ma dette.

— Entre nous, mon cher Ludovic, pourquoi de pareils scrupules ?

— On a le droit de perdre son argent, mais pas celui d'autrui.

— Oh ! si vous raisonnez ainsi, nous pourrions discuter longtemps sans nous entendre. Je vous offre le moyen de réparer la perte que vous avez faite, voilà tout. Vous êtes venu ici avec dix mille francs, vous avez perdu cette somme, c'est moi qui l'ai gagnée. Eh bien, admettez, si vous le voulez, que je vous rends vos cinq cents louis. Morbleu! mon cher Ludovic, vous êtes plus capricieux encore que la fortune. Il me plaît de vous être agréable, de vous donner une nouvelle preuve de mon amitié; allons, prenez ces chiffons de papier; si vous gagnez, vous me les rendrez; si vous perdez nous nous consolerons en chantant tous les deux :

> L'or est une chimère,
> Sachons nous en servir ;
> Le seul bien sur la terre
> N'est-il pas le plaisir ?

— Vous le voulez, de Rogas ?
— Oui.
— Eh bien, soit.

Il prit les billets de banque d'une main fiévreuse et, les yeux étincelants, il bondit vers la table de jeu.

Le Portugais alla s'asseoir à côté de la baronne, avec laquelle il se mit à causer, vingt minutes s'écoulèrent.

Tout à coup le comte de Montgarin se détacha du groupe des joueurs en poussant un cri rauque, José se leva précipitamment et marcha vers le jeune homme.

— Eh bien ? l'interrogea-t-il.
— J'ai perdu ! Je vous l'avais dit, je le savais.
— Ce n'est pas une raison pour que vous trembliez ainsi. Allons, remettez-vous, soyez fort, on vous regarde.
— Je suis désespéré !
— Pour si peu, vous êtes fou !
— Ah ! vous ne savez, vous ne pouvez pas savoir...
— A la première occasion nous prendrons notre revanche.
— Je n'ai plus rien à espérer, plus rien à attendre ; ce que j'ai de mieux à faire est d'en finir tout de suite.

Le Portugais tressaillit.

— Hein ! que dites-vous donc ? fit-il.
— Je dis que mon existence est devenue intolérable et que j'ai le dégoût de la vie.

— Ah çà ! mon cher comte, est-ce que vous êtes réellement fou ? La contraction de votre visage et vos yeux hagards me disent ce que vous méditez. Ah ! vous ne ferez pas cela, vous ne le ferez pas !

— Je ne veux plus vivre.

— Mais malheureux, vous entrez seulement dans la vie.

— Oui, j'ai trop longtemps vécu. La vie ! je la connais assez pour pouvoir la quitter sans regret.

— Ludovic, répliqua José d'un ton pénétré, vous me faites de la peine, beaucoup de peine

— Je suis ruiné, complètement ruiné, entendez-vous ? reprit le jeune homme avec exaltation ; depuis un an je lutte contre la fatalité, me débattant en désespéré ; maintenant, je suis écrasé, je n'ai plus la force, je ne peux plus rien !... Lutter encore est imposssssible ! j'ai gaspillé follement mon héritage, en le jetant à tous les vents. Je suis entré dans la vie par une mauvaise porte ; on m'a peut-être un peu poussé en avant ; mais je n'accuse personne ; je devais me rejeter en arrière ; j'ai été faible, tant pis pour moi !

« Oui, c'est ma faute, continua-t-il sourdement, je me suis conduit stupidement. Pour ne point voir ce qui m'attendait, j'ai fermé les yeux, et, pris de vertige, je me suis lancé dans le tourbillon infernal. Je maudis le jour où je suis né, je maudis la vie ! Si elle est belle pour certains, elle a été pour moi pleine de déceptions amères. J'ai cherché les plaisirs, je les ai trouvés ; ils étaient faux ! Je le reconnais aujourd'hui ; il est trop tard ! Je vous le dis encore, je n'ai plus d'espoir, je suis brisé, anéanti, écœuré et dégoûté de tout. Vivre ! et pourquoi vivrais-je ? Pour être la risée des uns, un objet de mépris pour les autres ? D'ailleurs, comment pourrais-je vivre ? Je ne possède plus rien et je ne sais rien faire. Je ne pourrais pas, comme le plus infime ouvrier, gagner mon pain de chaque jour.

« De Rogas, il y a quinze jours que je songe au suicide. Ce matin, j'ai engagé mes derniers bijoux, les bijoux de ma mère. Je n'ai pas osé les vendre. Avant d'entrer dans cette maison je me suis dit : « Si je perds, demain je me ferai sauter la cervelle ! » Eh bien, j'ai perdu ; demain mes créanciers auront mon cadavre !

— Une singulière manière de les payer, dit José d'une voix railleuse.

Et changeant subitement de ton :

— Mon cher comte, reprit-il gravement, vous renoncerez à votre projet, il le faut, je le veux... Je ne suis pas disposé à vous faire ici un sermon ridicule et à combattre vos idées par une théorie contre le suicide ; je vous dis seulement : quelle que soit votre situation, serait-elle plus horrible encore, je peux vous sauver, car j'ai entre les mains le moyen de réparer vos désastres et de vous mener à la conquête d'une autre fortune.

Le jeune homme le regarda d'un air incrédule.

— Vous doutez ? dit le Portugais.

— Je suppose que vous vous moquez de moi.

— Le moment serait bien mal choisi. Ludovic, écoutez : Je vous demande d'attendre vingt-quatre heures ; si d'ici là, je ne vous ai pas convaincu, si vous voulez toujours mettre à exécution votre sinistre projet, eh bien, vous pourrez charger votre pistolet.

Le jeune homme eut un sourire étrange.

— M'accordez-vous ces vingt-quatre heures ? demanda José.

— Oui. Un jour de plus ou de moins, pour l'éternité, c'est peu.

— Il faut que je vous voie demain matin.

— Où ?

— Chez vous.

— A quelle heure ?

— J'y serai à neuf heures.

— C'est bien, je vous attendrai.

Un instant après, José Basco et le comte de Montgarin sortaient ensemble de la maison de la baronne allemande.

XV

LUDOVIC DE MONTGARIN

Le comte Ludovic de Montgarin demeurait rue d'Astorg dans un hôtel peu spacieux, mais d'un fort joli aspect, qu'il avait acheté quatre ans auparavant. Afin de faire cette acquisition, il avait vendu deux maisons d'un excellent rapport qu'il possédait à Dijon.

A cette époque, le jeune homme était déjà lancé, suivant son expression, dans le tourbillon infernal, c'est-à-dire dans les désordres de la vie parisienne à outrance. Ne songeant pas à réfléchir et à interroger sa conscience, il sacrifiait tout aux plaisirs dont il était avide. D'un excès il passait à un autre. Étourdi, enivré, pris de vertige, il se vautrait dans toutes les débauches. Son argent, qu'il jetait à pleines mains, payait des orgies sans nom. En même temps, il ruinait sa santé, flétrissait son intelligence, perdait le sens moral, salissait son nom et compromettait son honneur.

Ses revenus n'étant pas suffisants, il emprunta, il fit des dettes. Il trouva facilement des prêteurs complaisants, des usuriers : il avait ses propriétés pour gage. Mais quand il y eut des hypothèques partout, les prêteurs changèrent d'attitude et firent la sourde oreille. C'était le commencement de la fin, l'heure des cruelles déceptions.

Il avait des amis, de nombreux amis, qui l'avaient aidé à engloutir l'héritage paternel ; ceux-ci lui tournèrent le dos brusquement et s'éloignèrent de lui. Il avait eu de folles maîtresses ; elles ne le connaissaient plus. Il en est toujours ainsi. C'est le premier châtiment. Quand vous êtes heureux, on vous cherche, on vous flatte, on vous acclame ; si vous tombez dans la détresse, on vous fuit, on vous méprise, on vous renie. Et ceux qui vous ont admiré, qui ont exploité votre vanité, qui vous doivent de la reconnaissance, sont les premiers à vous blâmer, à vous décrier, et à vous jeter à la tête le pavé de l'ours.

Le comte de Montgarin passa par toutes ces petites misères humaines, et quand il se vit abandonné de tous, quand il eut sondé la profondeur de l'abîme qu'il avait creusé sous ses pieds, son désenchantement fut complet.

Il comprit alors qu'il s'était engagé sur une mauvaise route ; malheureusement, il était trop tard pour prendre une autre direction. Du reste, devenu sceptique, il ne songea pas à avoir le regret de ce qu'il avait fait. Il était tombé, il ne se demanda point s'il lui était possible de se relever. Sans force, sans courage, l'âme dégradée, et manquant de cœur, il était lâche en face des difficultés dressées devant lui. Il ne voyait que de sombres tableaux ; il ne sentait en lui que des terreurs, l'épouvante de l'avenir.

Il s'en prit à la fatalité. La vie lui apparut comme une chose odieuse, une sottise de la puissante volonté qui a animé les êtres. Dans sa folie, il maudissait le jour et menaçait le soleil ; il maudissait la nuit et menaçait les étoiles.

Pour lui, vivre n'était plus rien. La vie, telle qu'il la voyait maintenant, était un fardeau trop lourd à porter ; elle le tenait enchaîné sur la terre. Alors, pour se délivrer, il songea au suicide.

— Oui, se disait-il, ce que j'ai de mieux à faire est de me tuer.

Cependant il retardait toujours l'instant terrible. On aurait dit que quelque chose de mystérieux, peut-être un vague espoir, l'attachait encore à cette vie qu'il avait prise en dégoût et dont il ne voulait plus. C'était peut-être aussi sa jeunesse qui protestait.

D'ailleurs, il y avait en lui un sentiment assez étrange. Il ne pouvait se faire à cette idée que, lui mort, rien ne serait changé dans le monde, que les êtres continueraient à s'agiter, à respirer et à vivre ; c'était une sorte de fureur jalouse. L'insensé aurait voulu, en se précipitant dans la nuit sans fin, que tout ce qui existe fût anéanti en même temps.

Cependant, après quinze jours d'hésitation, pendant lesquels il avait enduré d'atroces tourments, il était enfin résolu à en finir, ainsi qu'il l'avait dit à José Basco. Mais, soudain, celui-ci avait fait pénétrer dans son cœur un rayon d'espoir.

Comme le naufragé en pleine mer, avait-il rencontré une épave de salut ?

Neuf heures n'étaient pas encore sonnées. Mais depuis plus d'une heure le comte de Montgarin était levé et habillé. Il attendait avec impatience et une grande anxiété le faux comte de Rogas.

Étendu sur un canapé, un cigare entre les lèvres et les yeux au plafond, il retrouvait dans sa mémoire la conversation qu'il avait eue la veille avec José ; il aurait pu répéter exactement toutes les paroles du Portugais. Ce que le noble étranger lui avait dit le rendait perplexe et le forçait à réfléchir.

Certes, il n'était plus assez crédule pour croire que l'amitié du comte portugais fût tout à fait désintéressée, mais il était forcé de convenir que cet homme, qu'il connaissait à peine, se montrait pour lui particulièrement bienveillant et généreux.

— Mais que peut-il donc faire pour moi, quand je n'ai plus ni énergie ni volonté ; quand je suis découragé et désespéré ? se demandait-il. Je suis ruiné, je n'ai plus de crédit, je le lui ai dit ; il sait qu'il n'a rien à attendre de moi. Malgré cela, il m'a dit : « Je veux vous sauver ! » Me sauver !... Comment ? Par quel moyen ? Il prétend qu'il l'a entre les mains, ce moyen... Ainsi, il aurait le pouvoir de m'empêcher de me tuer, il serait assez puissant pour me forcer à vivre !... Il me semble qu'il y a dans tout cela quelque chose de fantastique. Mais je me creuse la tête en vain, je ne comprends pas, non je ne comprends pas !...

« Mais quel homme est-ce donc, que ce comte de Rogas ! s'écria-t-il. »

Au bout d'un instant il jeta les yeux sur une pendule.

— Neuf heures vont sonner, murmura-t-il, mon mystérieux ami ne tardera pas à arriver.

Presque aussitôt un bruit de pas retentit dans l'antichambre. Une porte s'ouvrit, un vieux domestique se montra dans l'encadrement et annonça :

— Monsieur le comte de Rogas.

Le jeune homme bondit sur ses jambes et, la main tendue, marcha précipitamment à la rencontre du Portugais.

— Je ne suis pas en retard, n'est-ce pas ? dit José en serrant la main du comte de Montgarin.

— On ne peut être plus exact : neuf heures sonnent.

— Pour moi, mon cher comte, l'exactitude est une loi.

Le domestique avait disparu. José ferma lui-même la porte du salon.

Le faux comte, toujours vêtu à la dernière mode, portait ce jour-là un costume de ville très élégant. Un superbe saphir étincelait sur sa cravate de soie noire.

— Comte, veuillez vous asseoir, lui dit Ludovic.

— Oui, asseyons-nous et mettons-nous à notre aise, car notre conversation sera un peu longue.

Tous deux prirent place sur le canapé.

— J'ai pensé que vous voudriez bien accepter mon modeste déjeuner, reprit le jeune homme, et j'ai donné des ordres en conséquence.

— Mon cher Ludovic, continua José, je ne demande qu'à vous êtres agréable ; j'accepte donc votre invitation. Votre situation ne me paraît pas aussi difficile, aussi désespérée que vous me le disiez hier, puisque vous avez pu garder vos domestiques.

Le jeune homme fit un bond sur le canapé. Ses yeux démesurément ouverts se fixèrent sur José Basco. (Page 103).

— Deux seulement, le mari et la femme : ce sont d'anciens serviteurs de mon père, qui m'ont vu naître et grandir. Leur affection et leur dévouement est à toute épreuve. Sans connaître exactement ma position, ils savent que j'ai de grands embarras d'argent. Quand, il y a deux mois, j'ai vendu mes chevaux et mes voitures et congédié mon cocher et mon valet de pied, je leur ai dit que je me trouvais forcé de me séparer d'eux. Alors la femme s'est mise à pleurer et le vieux François m'a déclaré qu'ils ne me quitteraient jamais et qu'ils voulaient rester près de moi quand même pour me servir. Dans cette circonstance, aucun calcul d'intérêt n'a dirigé la conduite de ces gens. En effet, non seulement ils ne touchent pas leurs gages, mais depuis quelque temps ce sont eux qui se chargent des dépenses de la maison, en prenant sur l'argent qu'ils ont économisé pendant plus de quarante années de service.

— C'est vraiment de l'affection et du dévouement.

— Et voilà où j'en suis, de Rogas, c'est horrible !

— Horrible, non, c'est seulement pénible ; mais j'espère que, bientôt, nous mettrons ordre à cela. Vous étiez encore très agité, ce matin, à deux heures, quand nous nous sommes séparés ; je vous retrouve plus tranquille, la fièvre s'est calmée ; nous allons pouvoir causer sérieusement. Vous rappelez-vous ce que je vous ai dit chez la baronne ?

— Oui, très bien.

— Je vous avoue, mon cher, que vous m'avez effrayé. Est-ce que vous avez toujours la pensée du suicide ?

— Oui.

— Il faut qu'elle disparaisse ; du reste, c'est pour cela que je suis ici. Vous êtes ruiné, à bout de ressources, car votre crédit est épuisé ; vous me l'avez dit hier soir, mais je le savais déjà. Je connais aussi bien que vous quels sont les embarras de votre situation. Enfermé dans un cercle, vous avez tourné autour pour trouver des issues, et vous avez songé au suicide qui est, en effet, une porte de sortie. Mais cette porte, derrière laquelle il n'y a plus rien, n'est pas la seule qui existe. Je suis à peu près certain que, en cherchant bien, nous en trouverons une autre, que je vous aiderai à ouvrir.

Vous n'avez pas à me raconter votre histoire, je la connais. C'est la mienne, celle de celui-ci, de celui-là ; c'est l'histoire de la plupart des jeunes gens de bonne famille qui, maîtres d'une grande fortune, ont été trop tôt livrés à eux-mêmes.

Vos parents demeuraient à Dijon, c'est dans cette ville que vous êtes né, c'est au lycée de Dijon que vous avez fait vos études, lesquelles sont restées fort incomplètes, car vous n'étiez pas, paraît-il, un très bon élève.

— Vous ne me flattez pas, fit le jeune homme.

— Il faut savoir dire la vérité à ses amis. Le comte de Montgarin, votre père, possédait deux maisons à Dijon, le château et le beau domaine de Ronquille, également dans la Côte-d'Or ; puis, par rapport de votre mère, deux maisons à Auxerre, une troisième à Joigny et plusieurs autres très belles propriétés dans l'Auxerrois.

Vous n'aviez pas encore dix ans lorsque vous avez perdu votre mère. La vive tendresse que votre père avait pour vous l'empêcha de se remarier, bien qu'il fût encore jeune. M. de Montgarin était un excellent homme, très honorable, très estimé, dont on parle encore aujourd'hui avec un profond respect. Il était un peu indolent et, malheureusement, d'une extrême faiblesse. Il n'a jamais eu le courage de vous imposer sa volonté ; il a subi docilement vos caprices d'enfant gâté et, plus tard, pour les fantaisies et les premières fautes du jeune homme, il s'est montré trop indulgent.

Il est mort que vous aviez à peine dix-huit ans, vous laissant une fortune de plus de deux millions.

Un parent de votre père, un cousin, devint votre tuteur. Ce cousin, qui n'existe plus aujourd'hui, habitait à Paris, il vous fit venir près de lui ; mais s'il s'occupa de vos intérêts financiers en mandataire intègre, il n'en fut pas ainsi de votre personne. Il vous laissa une liberté entière et ne prit point la peine de vous donner les conseils que réclamaient votre jeunesse et votre inexpérience. Il crut qu'il remplissait tous ses devoirs envers vous en touchant exactement vos revenus, en faisant loyalement ses comptes et en vous donnant tout l'argent que vous lui demandiez. Pour vous, tout cela était parfait.

Vous aviez abandonné vos études. Riche, vous ne sentiez pas la nécessité de vous créer une position par le travail.

A votre majorité, votre tuteur vous rendit ses comptes et vous devîntes le maître absolu de votre fortune.

— Vous êtes parfaitement renseigné, monsieur de Rogas.

— Encore une preuve que je m'intéresse à vous. Je continue : Déjà vous meniez joyeuse vie, vous aviez une ou plusieurs maîtresses. En moins d'un an, vous fûtes tout à fait lancé. Vous devîntes à la mode, vous eûtes votre cour et vos favoris comme un prince. Vous devez savoir aujourd'hui ce que valent ces gens-là. Votre luxe faisait merveille. On parla de vous beaucoup, en citant telle ou telle de vos extravagances. D'un côté, on vous admirait; de l'autre, on vous blâmait. Il y a toujours le pour et le contre. Si vous scandalisiez les uns, les autres trouvaient que vous aviez raison de vous amuser à votre manière.

Vous faisiez peu de cas de votre dignité; mais il est difficile de se saturer de certains plaisirs en conservant une bonne réputation.

C'est alors que vous chantiez gaiement, comme Robert de Normandie : « L'or est une chimère. » Vous le jetiez sans compter, à pleines mains, comme si vous l'eussiez pris dans un coffre inépuisable.

Je ne vous suivrai point sur les sentiers plus ou moins fleuris que vous avez parcourus et qui aboutissent tous à un précipice.

Pour mener votre genre de vie, vos revenus devinrent insuffisants; il vous fallut recourir souvent à des emprunts onéreux. A Paris, comme ailleurs, ceux qui exercent le métier de prêteurs d'argent se font payer cher. Successivement, il y a eu prise d'hypothèques sur toutes vos propriétés de Bourgogne et aussi sur cet hôtel. De sorte que, ne trouvant plus à emprunter, il vous est impossible de vendre seulement une de vos vignes de la Côte-d'Or. Ce n'est pas tout : comme vous ne pouvez payer les intérêts des sommes que vous devez, vos créanciers vous menacent et vous êtes sous le coup d'une saisie prochaine. Voilà la catastrophe finale.

— C'est vrai, dit le jeune homme, qui écoutait les yeux baissés.

— Et contre cela, reprit José, seul, vous ne pouvez rien.

— Rien, répéta Ludovic d'une voix sourde.

— Vous êtes acculé au fond d'une impasse ou emprisonné dans le cercle dont je parlais tout à l'heure.

— Emprisonné et enchaîné!

— En regardant autour de vous, vous n'apercevez aucune lueur de délivrance?

— Aucune. Je ne vois que la mort!

— Je ne connais pas exactement le chiffre de vos dettes; mais j'ai le droit de supposer que si le château de Ronquille, votre hôtel et vos autres propriétés sont vendus par autorité de justice, il y aura à peine de quoi satisfaire vos créanciers.

— J'en suis convaincu.

— De sorte que si cette chose possible arrivait, vous vous trouveriez du jour au lendemain sans asile et dans la plus effroyable misère.

Une lueur livide passa dans le regard du jeune homme.

— Je ne verrai pas cela, dit-il, d'une voix creuse.

— Toujours votre idée de suicide, répliqua vivement le Portugais. Est-ce qu'un homme se laisse terrasser et broyer ainsi? Vous êtes un vaincu, il faut songer à prendre votre revanche. Allons, morbleu! retrouvez de l'énergie, redressez-vous, il s'agit de tenir tête à l'orage!

— N'ai-je pas lutté autant que je l'ai pu? Maintenant que je suis au bord de l'abîme, que voulez-vous que je fasse? Si vous le savez, dites-le moi.

— Il faut d'abord que vous repreniez entièrement possession de vous-même.

— Soit, et après?

— Si vous avez confiance en moi, si vous me laissez vous diriger, nous braverons toutes les menaces et nous viendrons à bout de toutes les difficultés qui vous paraissent insurmontables.

— Pour cela, de Rogas, il faut être bien fort et bien puissant.

— Qui vous dit que je ne suis pas fort et puissant? riposta le Portugais d'un ton superbe.

— Ainsi, c'est sérieux, vous voulez...

— Vous sauver! je vous l'ai dit.

— Alors il faut que je me livre à vous?

— Ou du moins que votre volonté soit bien d'accord avec la mienne.

— Je crois comprendre. Après tout je ne risque guère, n'ayant plus rien à perdre.

— Rien à perdre et tout à gagner.

— Ai-je le droit de vous demander ce que vous allez faire?

— Certainement, et je vais vous le dire.

XVI

LA PROPOSITION

Après un moment de silence, le Portugais reprit la parole.

— Je vais commencer, dit-il, par rétablir votre crédit; ce sera fait comme avec la baguette d'une fée. Cinquante mille francs distribués à vos créanciers, deux chevaux rentrant dans votre écurie et une voiture sous la remise, le tout payé comptant, opéreront ce prodige.

Je verrai moi-même vos créanciers et je me charge d'arrêter les poursuites dirigées contre vous. Une saisie immobilière a toujours un certain retentissement; resterait-elle sans effet, il est important pour nous de l'éviter. Il faut savoir prévoir et conjurer d'avance les dangers qui peuvent naître. Autant qu'on le peut, on doit cacher aux gens les choses qu'ils n'ont pas besoin de savoir. Donc, il faut absolument qu'on ne touche à aucune de vos propriétés, au domaine de Ronquille surtout. Du reste, ceci est mon affaire et vous n'aurez point à vous en préoccuper.

Si intraitables et si terribles que soient les usuriers auxquels vous avez eu affaire, je saurai les amener à composition et les obliger à vous laisser en repos. Comme ils vous ont beaucoup volé, je compte bien aussi leur faire rendre gorge. C'est vous dire que je n'ai pas l'intention d'aller me mettre à genoux devant eux et de leur adresser des supplications. C'est la tête haute et la cravache à la main qu'il convient de parler à certaines gens.

Le jeune homme regardait son interlocuteur, croyant rêver. Son ahurissement était complet.

José continua :

— Nous allons remettre votre maison sur le pied où elle était il y a un an, et vous redeviendrez le brillant comte Ludovic de Montgarin, qui fut pendant un temps le jeune gentilhomme le plus élégant et le plus recherché de tout Paris. Aujourd'hui vous n'existez plus, demain vous ressuscitez et vous reparaissez triomphant. En sortant de l'ombre qui vous enveloppe vous allez retrouver la lumière, et c'est une existence nouvelle qui va commencer pour vous. Enfin, si je puis me servir de cette expression, vous allez faire peau neuve. Il faut que vos amis d'autrefois eux-mêmes ne vous reconnaissent plus. Ces aimables viveurs qui vous ont aidé à croquer vos deux millions, vous ont appris à vous défier des flatteurs ; vous vous souviendrez de cet enseignement, de la rude école que vous avez faite. Aussitôt que votre étoile a pâli, vos faux amis se sont éloignés de vous, ils vous ont méprisé; vous leur rendrez cela en dédain; ce sera une de vos revanches. L'expérience que vous avez acquise doit être sur votre cœur comme une cuirasse sur la poitrine d'un guerrier.

L'adversité a cela de bon, qu'elle ouvre les yeux et force à réfléchir; elle apprend à juger les hommes et les choses; on sait alors les apprécier à leur juste valeur. Devenir sceptique, c'est devenir fort. Vous pourrez marcher hardiment, car vous êtes armé d'une façon formidable. Du reste, je serai près de vous, et mes conseils augmenteront votre force. Si vous êtes hésitant, c'est-à-dire si l'audace vous manque, je vous la donnerai.

— En vérité, dit le jeune homme, je me demande si je suis bien éveillé.

— Pour vous en assurer, arrachez un poil de votre moustache, répondit le Portugais en riant.

— Je vous avoue, de Rogas, que je ne comprends pas grand'chose à tout ce que vous me dites.

— M'avez-vous bien entendu?

— Oui.

— C'est déjà quelque chose. Gravez toutes mes paroles sous votre front, et vous ne tarderez pas à comprendre. Prêtez-moi toute votre attention, je poursuis : Vous allez donc reparaître dans le monde; mais entendons-nous bien, Ludovic, dans le vrai monde. Vous ne connaissez plus celui que vous fréquentiez autrefois. Je vous l'ai dit, vous allez avoir une existence nouvelle; le changement doit être radical, votre transformation complète. Le passé est mort et enterré, et si cela est possible, vous devez l'oublier. A la folie nous arrachons son masque et nous cassons ses grelots. Vous allez brûler des parfums sur l'autel de la sagesse, et bien que je n'aie pas la prétention de ressembler à la déesse Minerve, j'essayerai, néanmoins, d'être votre Mentor.

« Après avoir été l'esclave de vos passions, tous vos désirs seront dominés par votre volonté. Vous étiez joueur, vous ne jouerez plus ou modestement, comme un homme sérieux et réservé qui, à l'occasion, risque volontiers quelques louis pour faire comme les autres. Du reste, vous n'entrerez plus dans aucun de ces salons où l'on peut perdre une fortune en une nuit. Plus de maîtresses... Toutes ces belles pécheresses ne sont que des marchandes de plaisir; seulement, elles le font payer trop cher. Plus de soupers fins, plus de folles nuits d'orgie d'où l'on sort pâle, les traits tirés, la tête en feu, le regard morne, hébété et avec des haut-le-cœur.

« Vous devez, mon cher comte, vous réhabiliter par une conduite irréprochable. Vous aurez la gravité, la retenue et la dignité qui sont la distinction du monde. Après avoir été pour beaucoup un objet de scandale, il faudra qu'on puisse vous donner comme exemple aux autres. Votre monde vous repoussait, il vous appellera. Les portes qu'on vous a fermées vous seront rouvertes. On vous méprisait, on vous estimera.

« Enfin, mon cher Ludovic, il faut qu'on dise de vous partout : « Le comte

Ludovic de Montgarin est un bien charmant jeune homme ; c'est un gentilhomme accompli ! »

— Décidément, monsieur de Rogas, je crois que vous plaisantez.

— Je vous jure, Ludovic, que je parle très sérieusement.

— Ainsi, d'un mauvais sujet de mon espèce, vous voulez faire un petit saint?

— Oui.

— C'est impossible !

— Allons donc ! Ne dit-on pas qu'un jour le diable s'est fait ermite?

— A tous mes défauts, ce serait ajouter l'hypocrisie.

— Hé, mon cher, dans tous les temps et dans tous les mondes, les hypocrites, faux bonshommes et tartufes, ont toujours été en majorité. Certainement, tant que vous ne serez pas devenu de cœur l'homme qu'il faut que vous soyez, vous devrez mettre un masque sur votre visage ; mais, soyez tranquille, votre rôle sera facile, et il vous paraîtra si agréable, vous le prendrez tellement au sérieux que votre métamorphose s'accomplira sans que vous vous en aperceviez.

— Je vous laisse parler, de Rogas, car je ne sais plus que dire.

— Naturellement, mon cher comte, il faudra que vous teniez dans le monde le rang qui vous appartient. Ah ! cela coûte à entretenir une maison bien montée... les domestiques, les chevaux, les voitures et le reste.

« A propos, comte, vous avez besoin d'un valet de pied ; ne le cherchez pas, je me charge de vous procurer l'homme qu'il vous faut. »

Ludovic ne put s'empêcher de rire.

— Vous êtes vraiment étonnant, dit-il, vous parlez de cela absolument comme si nous y étions.

— Ne vous en déplaise, monsieur le comte de Montgarin, j'espère bien que nous y serons dès demain.

— Et de l'argent, monsieur le comte de Rogas? répliqua le jeune homme d'un ton railleur.

— Que la question d'argent ne vous préoccupe en rien, répondit le Portugais avec son flegme imperturbable, vous en aurez autant qu'il vous en faudra.

Le jeune homme fit un bond sur le canapé. Ses yeux démesurément ouverts, se fixèrent sur José Basco.

— Hein ! fit-il, vous dites, vous dites?...

— Que l'argent ne vous manquera point.

— Qui donc me le donnera?

— Moi.

— Vous, de Rogas, vous?

— Oui, moi.

— Je sais que vous êtes riche et très généreux ; mais...

Sans achever sa phrase, Ludovic reprit :

— Vous savez, de Rogas, je ne comprends pas plus maintenant que tout à l'heure.

— Ayez un peu de patience, cela viendra. Ce qui vous paraît obscur en ce moment sera bientôt d'une limpidité parfaite. Voyez-vous, j'aime à bien expliquer les choses afin qu'elles soient plus faciles à saisir dans tous leurs détails.

— Vous êtes un homme tout à fait étrange, de Rogas, je suis forcé de le reconnaître; mais, vous le savez, je suis devenu un peu sceptique. Pourtant, je veux bien croire à cette grande amitié que vous me témoignez. Mais je ne puis admettre, parce que c'est impossible, que vous agissiez seulement par amitié, par dévouement, quand même vous auriez à votre disposition les trésors de plusieurs nababs. Sans aucun doute, ce que vous voulez faire est autant et peut-être plus dans votre intérêt que dans le mien.

José Basco grimaça un sourire.

— Je devine dès maintenant, continua Ludovic, que vous avez en tête un vaste projet; pour le mettre à exécution, il vous faut un personnage docile à votre volonté, agissant sous votre inspiration, et c'est moi que vous avez choisi.

— C'est cela même, répondit le Portugais.

— Vous allez me dire, je pense, à quelle magnifique affaire vous voulez bien m'associer. Mais, en attendant, permettez-moi de vous adresser une ou deux questions. Ne craignez-vous pas de perdre votre mise de fonds?

— Non.

— C'est très bien; mais si cela arrivait, cependant, par suite de n'importe quel événement imprévu, quelle serait ma responsabilité envers vous?

— Quand vous aurez accepté ce que je vais vous proposer, vous ne pourriez causer un dommage à notre association qu'en cas de défection ou de trahison.

— Je ne suis pas un traître, et si j'entre dans votre combinaison je ne ferai aucune tentative pour en sortir. D'après ce que vous venez de me dire, de Rogas, vous allez avancer une somme énorme.

— Quelques centaines de mille francs.

— Comment rentrerez-vous dans vos déboursés?

— Ceci sera, entre nous, l'objet d'une convention particulière.

— Ainsi, c'est bien d'une affaire qu'il s'agit?

— D'une très importante affaire.

— Et entre vous et moi, c'est un marché?

— Appelons chaque chose par son nom : c'est un marché.

— En dehors de moi aurez-vous d'autres associés? demanda Ludovic.

— Deux, peut-être plus; cela dépendra des nécessités.

— Encore une question : Suis-je bien l'homme qu'il vous faut?

— Oui, puisque c'est vous que j'ai choisi.

— Vous pouvez vous tromper, de Rogas; ai-je bien toutes les qualités ou plutôt tous les défauts pour l'emploi?

— Oh! vous porterez à ravir la livrée bleue du comte de Montgarin, ajouta José en souriant. (Page 114.)

— Hé, mon cher comte, vous savez bien que je vous connais.
— En ce cas, je n'ai plus rien à dire. A vous de parler, je vous écoute.
— En deux mots, Ludovic, voici quel est mon projet : je veux vous marier.
Le jeune homme eut un haut-le-corps.
— Vous voulez me marier! exclama-t-il.
— Est-ce que cela vous étonne? N'êtes-vous pas mûr pour le mariage?
— Mais je me suis fait une réputation affreuse, et je me demande quelle est la malheureuse fille qui voudrait de moi!

— Le comte de Montgarin oublie que, dès demain, sa transformation sera complète.

— Soit, mais je suis connu, on me connaît trop.

— Avant un mois écoulé, on vous aura donné l'absolution de tous vos péchés de jeunesse.

— Vous croyez?

— J'en suis certain : je connais le monde; il est plein d'indulgence; il y a des choses que les femmes, surtout, pardonnent aisément.

— Enfin, vous avez l'intention de me marier?

— Je vous l'ai dit.

— Connaissez-vous déjà la personne que vous me destinez?

— Certainement.

— Et vous avez négocié l'affaire avant de me consulter?

— Je n'ai encore que préparé les voies et moyens.

— Naturellement, elle est riche.

— Immensément riche : au moins vingt millions.

— Oh! oh! voilà un chiffre qui me donne le vertige. Où diable êtes-vous allé chercher cette fiancée?

— A Paris.

— Dans quel monde?

— Dans le meilleur.

— C'est probablement une vieille folle qui a passé la cinquantaine?

— C'est une jeune fille de dix-neuf ans.

— Niaise et bête?

— Très instruite, intelligente, spirituelle, distinguée et parfaitement élevée.

— Alors elle est laide à faire peur?

— Une figure délicieusement jolie.

— Elle est donc boiteuse, manchote ou bossue?

Le Portugais secoua la tête.

— Mon cher comte, répondit-il en souriant, cette jeune fille est une beauté parfaite.

Ludovic regarda fixement José. Il était devenu très sérieux.

— Comte, reprit-il, dites-moi la vérité : cette belle jeune fille a quelque vice caché ou bien elle a commis une faute?

— Cette jeune fille est la pureté même, Ludovic, et si elle cache quelque chose, ce sont ses rares perfections.

— Et vous prétendez que cette perle unique, cette fleur immaculée, cette merveille des merveilles, qui a ou aura un jour une fortune de vingt millions, m'acceptera pour mari! s'écria le jeune homme; mais c'est absurde, c'est la pire des folies!

— Cela peut vous paraître absurde et insensé, répliqua froidement José;

pourtant j'ai cette prétention. Je n'ai pas à vous révéler quels sont mes moyens d'action; ils existent, cela doit vous suffire. Certainement, je ne puis rien faire sans votre consentement, sans votre concours actif. Donc voici ma proposition : voulez-vous, oui ou non, tenter l'aventure ?

— Oui, certes. Vous êtes un homme bien fort, de Rogas, vous faites passer en moi une audace infernale. Oui, oui, j'accepte, quoi qu'il puisse arriver. Avouez-le, vous étiez sûr de mon consentement !

Le Portugais répondit par un mouvement de tête.

— Sans cela, reprit Ludovic, vous ne seriez pas venu me parler de votre audacieux projet.

— Parbleu ! fit José.

— Puis-je vous demander son nom ?

— Elle se nomme Maximilienne. Plus tard, dans quelques jours, je vous dirai le nom de sa famille, qui est un des plus grands de France.

— Famille noble, cela va sans dire ?

— De haute et illustre noblesse, et sans vous offenser, mon cher comte, plus ancienne que la vôtre.

— Vous avez raison, de Rogas, je ne dois pas en savoir davantage aujourd'hui, car, dans la situation d'esprit où je suis, je perdrais complètement la raison.

XVII

L'ESPRIT DU MAL

— Ainsi, reprit le faux comte de Rogas après un moment de silence, vous êtes bien décidé à vous marier ?

— Comment vous résister ? Sans compter les millions, la fiancée que vous me proposez est si séduisante !... Maximilienne, Maximilienne, j'adore déjà ce nom-là.

— Mon cher, c'est elle-même que vous adorerez dès que vous l'aurez vue.

— Est-ce que cela sera absolument nécessaire ?

— Non. Mais, quant à présent, je n'y vois aucun inconvénient. Du reste, ceci est votre affaire.

— Enfin, vous croyez ce mariage possible ?

— Je veux qu'il se fasse, il se fera, répondit José, un éclair dans le regard.

— Savez-vous, de Rogas, que si vous n'étiez pas mon ami, j'aurais peur de vous.

— Pourquoi cela, mon cher comte ?

— Parce que vous êtes un homme effrayant.

Le Portugais eut un sourire intraduisible.

— Tout à l'heure, reprit Ludovic, vous avez parlé de mon concours actif; qu'aurai-je à faire?

— Oh! c'est bien simple : ce que font tous les jeunes gens qui désirent épouser une jeune fille. Vous ferez la cour à votre fiancée et vous ne négligerez rien pour vous faire aimer.

— Et si je ne réussis point?

— Dans ce cas, au lieu d'un mariage d'amour, ce serait un mariage de raison

— Mais, je puis être antipathique à mademoiselle Maximilienne ; si elle me repousse?...

— Oh! ne vous préoccupez pas de cela; je vous ai dit que j'avais mes moyens. Si vous vous faites aimer, comme je l'espère, comme je le crois, l'affaire marchera toute seule ; dans le cas contraire, nous aviserons. Soyez tranquille, mon cher comte, si nous rencontrons des obstacles, nous serons assez forts pour les briser, et nous saurons obtenir le consentement de la jeune fille. Avant de me diriger vers un but, j'ai pris toutes mes dispositions pour y arriver.

« Je vous demande seulement d'avoir une entière confiance, de vous laisser diriger par moi sans résistance et de n'agir que d'après mes conseils. En d'autres termes, il faut que vous n'ayez pas d'autre volonté que la mienne

— J'ai parfaitement compris.

— Dans ces conditions, n'en doutez pas, le succès est assuré.

— Quand aura lieu la présentation?

— Dans deux mois, au plus tard. Il faut d'abord que vous ayez reparu dans le monde et opéré votre transformation.

— Je vois une première difficulté.

— Laquelle?

— Comment puis-je reparaître dans le monde dont je me suis éloigné et où je n'ai plus aucune relation? Les quelques maisons qui m'étaient ouvertes autrefois me sont aujourd'hui fermées.

— Elles se rouvriront. En attendant je vous ai déjà ménagé l'entrée de quelques salons aristocratiques où vous serez parfaitement accueilli. Vous portez un beau nom, vous êtes jeune, élégant, distingué, vous avez tout ce qu'il faut pour attirer à vous toutes les sympathies. Soyez-en certain, on oubliera facilement votre passé. Et si l'on fait allusion à vos anciennes folies : « Erreurs de jeunesse », dira-t-on. Je me charge de faire répandre le bruit de votre conversion. Avant un mois, vous serez reçu partout et même très recherché.

— Décidément, de Rogas, vous avez réponse à tout.

— Oui, car j'ai pensé à toutes les objections que vous pourriez faire.

— Alors, il est inutile que j'en formule d'autres.

— Je le crois.

— Maintenant, parlons d'autre chose. J'étais tout à fait décidé à me faire sauter la cervelle aujourd'hui même; vous me sauvez la vie, d'abord, et ensuite vous voulez mettre à exécution un projet qui consiste à m'écraser sous des millions, en me faisant épouser une jeune fille charmante, comme il n'y en a probablement pas deux dans Paris.

— Pour nous, mon cher, elle est unique.

— J'en suis convaincu. Je ne vous parle pas de ma reconnaissance qui vous est acquise; mais j'ai à vous demander quelle sera la récompense de vos services exceptionnels.

— Hum! hum! fit José en enveloppant le jeune homme de son regard aux reflets d'acier. Est-ce que vous voulez traiter aujourd'hui cette question? demanda-t-il.

— Si rien ne s'y oppose. Je tiens à savoir...

— Il est bien entendu que nous formons une association.

— Oui, une association.

— Et que nous voulons faire une affaire.

— Oui.

— Eh bien, comte, nous procéderons comme dans une société commerciale; après le succès, l'opération terminée, chacun aura sa part de bénéfice acquis.

— Ah! fit Ludovic.

— Naturellement, il me faudra une garantie. Dans quelques jours, je vous présenterai un papier sur lequel vous mettrez votre signature. Alors, les intérêts de chacun seront sauvegardés.

— Dites-moi tout de suite quelles sont vos exigences.

— Je ne suis pas seul, vous le savez.

— Vous me l'avez dit.

— Il s'agit de plus de vingt millions; dix millions pour nous, le reste pour vous.

— Mais...

— Voilà la condition, elle n'est pas à discuter, interrompit brusquement le Portugais; c'est à prendre ou à laisser, mon cher comte. Du reste, vous avez le droit de réfléchir, et, comme il n'y a encore rien de fait, vous pouvez me dire : Je n'accepte pas.

Le jeune homme passa rapidement sa main sur son front.

Un combat terrible se livrait en lui. Si bas qu'il fût tombé, ce qui restait encore d'honnête dans son cœur et sa conscience essayait une protestation. Il voyait ce qu'il y avait de honteux, d'odieux, de vil dans ce marché qu'on lui proposait. Malheureusement, il était entre la vie et la mort et à la merci du démon tentateur. Depuis un instant, l'espérance l'avait ranimé; il ne voulait plus mourir. Pouvait-il mourir, quand il sentait en lui toutes les sèves et toutes les ardeurs de la jeunesse? Non, vraiment. Non, il ne pouvait pas, à son âge, fermer pour toujours ses yeux à la lumière, repousser le salut qui lui était offert... Et c'est en vain qu'une voix terrible lui criait : Ce que tu vas faire est une infamie !

Le malheureux sentait peser sur lui le regard sombre de José Basco; de grosses gouttes de sueur perlaient sur son front; il avait la poitrine haletante.

Le Portugais attendait qu'il se prononçât, en proie à une grande anxiété. En effet, à cet instant suprême, après avoir tout fait pour s'emparer de l'homme sans lequel il ne pouvait rien, ce nouveau complice allait peut-être lui échapper.

Aux mouvements de la physionomie du comte de Montgarin, il devinait son trouble intérieur et parvenait à saisir presque toutes ses pensées.

— Mon cher Ludovic, dit-il, en posant doucement sa main sur l'épaule du jeune homme, vous êtes au bord d'un abîme; il va vous engloutir si vous ne saisissez pas la main que je vous tends pour vous sauver. En vérité, je ne comprends pas que vous hésitiez. Vous savez ce que je vous offre : une femme charmante et une immense fortune, c'est-à-dire d'un seul coup toutes les revanches.

Le comte de Montgarin passa à plusieurs reprises ses mains sur ses yeux et sur son front. Il était d'une pâleur livide.

— Eh bien, comte, reprit José, j'attends votre réponse.

Le jeune homme se redressa brusquement, les yeux pleins de lueurs étranges.

La lutte qui s'était faite en lui avait pris fin. L'esprit du mal restait vainqueur, et la voix mystérieuse qui lui criait : « Arrête-toi ou tu deviens infâme ! » Cette voix, que nous avons tous en nous, puisque c'est le cri de la conscience, cette voix ne se faisait plus entendre.

— Ah ! vous savez bien que je vous appartiens ! s'écria-t-il.

— Alors vous acceptez?

— Oui, j'accepte ! Faites de moi ce que vous voudrez !

José Basco laissa échapper une exclamation de triomphe. Ses yeux brillaient comme des tisons.

— Bravo, comte, dit-il, bravo ! Vous me donnez la preuve que vous êtes un homme de valeur et que je peux compter sur vous.

— Je veux vivre ! prononça le jeune homme d'une voix creuse.

— Et vous vivrez, morbleu ! pour savourer toutes les jouissances et les joies infinies qui vous sont promises et qui vous attendent ! A partir de ce moment, je suis à vous comme vous êtes à moi, et tous deux, résolument, nous allons marcher droit au but que nous voulons atteindre. Vous avez bien compris tout ce que je vous ai dit?

— Oui !

— D'ailleurs, chaque fois que j'aurai des instructions à vous donner, je vous fournirai toutes les explications dont vous pourrez avoir besoin. En attendant je pense à une chose.

— Quelle est cette chose ?

— Je pense, mon cher comte, qu'il est nécessaire que nous demeurions ensemble.

— Ah !

— Je trouverai facilement, sans vous gêner beaucoup, à me loger dans votre hôtel. Oh! je ne suis pas difficile, une chambre me suffira; l'important est que je sois près de vous.

— Pour mieux me surveiller, je comprends cela, fit le jeune homme d'un ton amer.

— Non, mais pour vous soutenir, si vous veniez à chanceler. Mon cher, il faut que vous soyez fort, sans la moindre défaillance. D'ailleurs, vivant près de vous, avec vous, je passerai plus aisément pour être votre parent.

— Mon parent!

— Un petit cousin; c'est encore nécessaire dans l'intérêt de notre entreprise.

— Et vous ne voyez à cela aucune difficulté ?

— Mais non, aucune.

— Vous ne doutez de rien, de Rogas.

— Ne savez-vous pas qu'il y a en vous du sang espagnol?

— C'est vrai, car la mère de mon père était la fille d'un Espagnol appelé Cadorna qui s'était expatrié pour venir se fixer en France.

— Eh bien, mon cher comte, il est facile de faire passer du Portugal en Espagne une branche de l'arbre généalogique des Rogas. Ceci n'a rien d'invraisemblable. Nous pouvons donc imaginer qu'un comte de Rogas a épousé une Cadorna il y a de cela un siècle, si vous le voulez. Alors je suis votre cousin.

— En effet, vous devenez ainsi mon cousin.

— Vous voyez tous les avantages que nous offre cette parenté : d'abord, cela me permet de vous accompagner partout sans qu'on puisse s'en étonner; ensuite l'intérêt que je vous porte, notre intimité, votre crédit rétabli et votre nouvelle fortune s'expliquent naturellement.

— C'est vrai.

— Donc, le comte de Montgarin est mon parent; je ne vous appellerai plus désormais que mon cher cousin.

— Soit.

— Ainsi, c'est convenu : dans deux ou trois jours votre cousin, le comte de Rogas, s'installera ici.

— Oui.

Ils continuèrent à causer jusqu'au moment où le vieux domestique vint leur annoncer que le déjeuner était servi. Ils se levèrent pour passer dans la salle à manger.

— A propos, dit le Portugais, en arrêtant le jeune homme à la porte du salon, vous avez des achats à faire aujourd'hui ; tenez, voilà dix mille francs.

Et il mit dans la main de son nouvel associé une liasse de billets de banque.

— Vous n'avez pas à me remercier, ajouta-t-il ; ceci entre dans nos conventions, chacun de nous doit et devra tenir ce qu'il a promis.

Le soir, José Basco se rendit à Montmartre.

Sosthène de Perny et Armand Des Grolles l'attendaient avec impatience.

— Bonsoir, dit le Portugais, en entrant dans la chambre où se tenaient d'habitude ses deux complices.

Ceux-ci l'interrogèrent avidement du regard.

José s'assit gravement et dit :

— Je vous apporte la nouvelle d'une première victoire.

— Alors, votre comte de Montgarin accepte ? dit Sosthène.

— Oui, il accepte, il est à nous.

— Et les conditions ?

— Il accepte tout.

— C'est, en effet, une première victoire.

— Assez facilement obtenue, d'ailleurs : le comte se trouvait ce matin dans une situation telle qu'il ne pouvait pas repousser ma proposition.

« Comme je vous l'ai dit, je le suivais pas à pas, attendant patiemment l'heure où il serait forcé de se livrer à moi. De cette façon j'ai pu me trouver près de lui à l'heure sonnant. Dans cette circonstance, il ne fallait pas manquer de vigilance : si j'eusse été en retard de vingt-quatre heures, le comte de Montgarin était perdu pour nous.

— Comment cela ?

— L'imbécile avait pris la résolution de se suicider.

— Oh ! oh ! firent Sosthène et Armand.

— Je suis donc arrivé juste à temps pour le faire renoncer à son sinistre projet. Vous comprenez avec quelle énergie il s'est accroché à la branche de salut que je lui tendais. Quand un homme en est réduit à se pendre, à se jeter dans la Seine ou à se faire sauter la cervelle d'un coup de pistolet, il ne refuse pas une jeune femme charmante et une douzaine de millions qu'on lui offre. Il accepte avec empressement et reconnaissance et passe sur bien des choses. Maintenant le comte de Montgarin nous appartient corps et âme ; et nous pouvons être tranquilles, il ne pense plus à se donner la mort.

— Êtes-vous absolument sûr de lui, José ? demanda Sosthène.

— C'est sa personne, c'est sa vie qui répondent de lui.

— Ainsi vous le croyez incapable de nous trahir ?

— Il va devenir notre associé ; en nous trahissant il se trahirait lui-même. Du reste, je veillerai et prendrai les précautions nécessaires.

Après un moment de silence, se tournant vers Des Grolles, José reprit :

Et entourant de son bras la taille de Catherine, François lui posa sur la joue un baiser sonore. (Page 115.)

— Mon cher Armand, vous m'avez dit souvent que la vie inactive ne vous plaisait point. Je me suis rappelé vos paroles et je vous ai trouvé un emploi.
— Ah! fit Des Grolles.
— La position ne sera peut-être pas tout à fait de votre goût; mais il est important que vous l'occupiez; je n'ai pas besoin d'ajouter qu'il s'agit d'un poste de confiance où vous pourrez nous rendre de sérieux services.
— Enfin, qu'aurai-je à faire?
— Peu ou beaucoup. Cela, d'ailleurs, dépendra des événements. Voici la

chose : le comte de Montgarin a besoin d'un valet de pied ; c'est à vous que je donne cette place.

Des Grolles ne put s'empêcher de faire une grimace.

— Oh ! vous porterez à ravir la livrée bleue du comte de Montgarin, ajouta José en souriant.

Changeant subitement de ton, il continua :

— Vous avez des yeux pour voir et des oreilles pour entendre. Vous accompagnerez le comte partout où il ira et jouant complètement votre rôle, vous vous ferez l'ami des domestiques de toutes les maisons où votre maître sera reçu. Vous saurez par les valets ce que disent et pensent les maîtres.

— Je comprends, dès maintenant, l'importance de l'emploi, dit Des Grolles.

— Hé, mon cher, je n'ai jamais douté de votre intelligence.

— Quel jour entrerai-je en fonctions ?

Après avoir réfléchi un instant, José répondit :

— Venez demain, à quatre heures, à l'hôtel Montgarin, je m'y trouverai et je vous présenterai à votre maître comme le modèle des serviteurs.

XVIII

JOSÉ BASCO ET SON ÉLÈVE

José Basco n'était pas homme à perdre un temps précieux. En moins de trois jours il s'était complètement installé dans le petit hôtel de la rue d'Astorg, et cela au grand étonnement des vieux serviteurs du comte de Montgarin, qui n'avaient jamais entendu parler de ce cousin de leur maître, qui lui arrivait de Portugal.

— N'importe, disait François à sa femme, d'après ce que je sais et ce que j'ai vu, ce parent de M. le comte n'arrive pas trop tôt pour l'empêcher de se ruiner complètement.

— Pourvu que, maintenant, il soit plus sérieux et plus raisonnable, répliqua la femme, en soupirant.

— Oh ! son cousin saura bien le retenir : il ne lui permettra pas de faire de nouvelles folies. Déjà M. le comte n'est plus le même homme. M. de Rogas a dû lui dire : « Il faut vous rendre digne du bien que je veux vous faire ; et la première chose que je vous demande, c'est de changer de vie. » M. le comte de Rogas est un homme d'expérience ; il est grave et a l'air sévère ; c'est encore un bonheur pour notre maître, qui a besoin d'être maintenu par une main ferme.

— Crois-tu que M. de Rogas soit très riche?

— Dame, si j'en juge par les apparences, il doit avoir plusieurs millions de fortune. Grâce à lui, l'argent ne manque plus ici ; M. le comte a acheté un coupé et un phaéton, et trois chevaux superbes sont entrés dans l'écurie ; nous avons maintenant un cocher et un valet de pied. Enfin, depuis huit jours, je n'ai pas vu paraître un seul créancier. Cela prouve que M. de Rogas a mis sa bourse à la disposition de M. le comte et que M. le comte a payé ses dettes.

— Allons, espérons que les mauvais jours sont passés.

— Et qu'ils ne reviendront plus. Vrai, Catherine, depuis quelques jours je suis tout joyeux, je me sens rajeuni.

Et entourant de son bras la taille de Catherine, François lui posa sur la joue un baiser sonore.

Elle se mit à rire aux éclats, puis elle le repoussa en disant :

— Veux-tu bien finir, vieux fou !

Comme on le voit, José Basco avait déjà su inspirer une entière confiance aux deux fidèles serviteurs du comte de Montgarin.

Cette confiance, il l'avait également inspirée aux créanciers du jeune homme.

Très adroit, ayant la parole insinuante et connaissant admirablement l'art de mentir, il les avait facilement séduits par ses belles promesses. Une quarantaine de mille francs bien distribués avaient immédiatement arrêté toutes les poursuites judiciaires.

Il avait tenu à chacun à peu près le même langage.

— Je suis célibataire et je possède une grande fortune, leur avait-il dit; le comte de Montgarin est mon plus proche parent, et comme je ne ferai pas à mon âge la sottise de me marier, il sera un jour mon héritier. Il est vrai que je puis vivre encore longtemps, car je n'ai nulle envie de mourir ; mais dans un an, au plus tard, mon jeune cousin aura payé intégralement tout ce qu'il doit, grâce à un brillant mariage qu'il va faire ; c'est, d'ailleurs, pour en hâter la conclusion que je suis venu me fixer à Paris. Le comte de Montgarin a besoin de bons conseils, ils ne lui manqueront point. J'ai pour lui une vive affection, je le considère comme mon fils, et pour la chose sérieuse et grave qui se prépare, je vais lui servir de père.

Le comte de Montgarin ne s'occupait de rien ; il laissait agir le Portugais et se bornait à constater les résultats obtenus. Il n'éprouvait plus aucune surprise en voyant se réaliser successivement tout ce que son ami de Rogas lui avait annoncé. Maintenant qu'il connaissait l'homme dont il était devenu la chose, dont il s'était fait l'instrument, qu'il le voyait à l'œuvre, il ne pouvait plus douter de sa puissance.

— De Rogas est un homme étrange, se disait-il; mais s'il tient tout ce qu'il m'a promis, son pouvoir est plus étrange encore.

Il l'admirait; mais, dans son admiration, il y avait une sorte de terreur. D'ailleurs, malgré la grande confiance qui était en lui, il ne pouvait se défendre d'une vague inquiétude.

— Avec une audace qui me fait frémir, de Rogas marche vers le but qu'il veut atteindre, pensait-il; il sait où il va; moi, je ne sais pas où il me mène.

Ludovic se montrait reconnaissant de ce que José faisait pour lui; mais il n'y avait entre eux aucune effusion de cœur. La grande affection que le Portugais témoignait au jeune homme, commandée par la situation, ne pouvait être sincère, et le cœur de Ludovic restait fermé à l'amitié. Il n'existait et ne pouvait exister entre ces deux hommes qu'une intimité de convention.

Quand le comte de Montgarin reparut sur les boulevards, aux Champs-Élysées et dans les avenues du bois de Boulogne, conduisant lui-même les deux superbes alezans attelés à son phaéton, quand on sut que, du jour au lendemain, son crédit s'était trouvé rétabli, que sa fortune était plus brillante que jamais, qu'il avait complètement changé sa manière de vivre, enfin que le comte de Montgarin n'était plus le même homme, ceux qui le connaissaient ne cherchèrent pas à cacher leur étonnement. Mais, ainsi que José Basco l'avait prévu, la présence du comte de Rogas près du comte de Montgarin expliquait tout.

En effet, les anciens amis de Ludovic se disaient entre eux et répétaient partout :

— C'est heureux pour le comte de Montgarin qu'il ait un parent et que ce parent soit accouru du fond du Portugal pour le sauver de la ruine. Le comte de Rogas est, dit-on, son cousin du côté de sa mère, et il est, paraît-il, immensément riche.

Le Portugais était riche et était le cousin du comte de Montgarin, cela expliquait le changement à vue opéré dans la position de Ludovic et ne permettait aucun commentaire.

A Paris, généralement, on ne regarde les choses et certains faits que superficiellement. Trop souvent on se contente des apparences. Il est vrai qu'à Paris, la vie est plus active que partout ailleurs. Chacun a ses affaires, sa famille, ses préoccupations, ses ennuis, et n'a guère le temps de s'occuper des autres. Ce n'est pas de l'indifférence et moins encore de l'égoïsme : c'est le moyen de se rendre libre en respectant la complète liberté d'autrui.

Un matin, José Basco entra dans la chambre de Ludovic. Il tira un papier de sa poche et le plaça sous les yeux du jeune homme.

— Qu'est-ce que c'est que cela? demanda le comte.

— Cela, mon cher cousin, répondit José, c'est l'acte de notre association ou, si vous le préférez, les conditions écrites, c'est-à-dire les engagements réciproques de notre pacte.

— C'est vrai, vous m'avez parlé de ce papier.

— Vous avez le droit de le lire avant de le signer.

— Je sais l'engagement que je prends, à moins que vous ne l'ayez modifié.
— Non, il est tel que je vous l'ai fait connaître.
Le jeune homme prit le papier et le parcourut rapidement des yeux.
— Avez-vous quelque chose à objecter? demanda José.
— Non, rien.
— Alors, vous n'avez plus qu'à signer, dit le Portugais.
Et il tendit à Ludovic une plume qu'il venait de mouiller d'encre.
Le comte de Montgarin était très pâle et tremblait légèrement. Cependant il prit la plume et, d'une main fiévreuse, il signa.
José Basco reprit le papier, examina la signature sur laquelle il jeta une pincée de poussière d'or, puis, ayant plié l'acte, il le remit dans sa poche.
— Maintenant, mon cher comte, dit-il, nous sommes liés.
— Oh! je ne me fais aucune illusion, je sais que je vous appartiens; je suis en votre pouvoir, je suis votre esclave. Mais je l'ai voulu, je n'ai pas à me plaindre.
— Non certes, car ce serait à tort. Convenez, mon cher comte, continua-t-il en prenant un ton gai, que jusqu'à présent votre esclavage est assez agréable.
— Je crains que vous ne me fassiez l'existence trop belle.
— Oh! oh! voilà des paroles qui sont grosses de réticences.
— N'y voyez que des appréhensions, de Rogas.
— Soit, mais nous ferons en sorte de les détruire. Voyons, mon cher comte, répondez-moi sincèrement, êtes-vous satisfait?
— Oui, de Rogas, je le suis.
— Vous devez voir déjà comment je sais tenir tout ce que je promets?
— Oh! rien ne vous résiste; quand vous avez dit : « Je veux! » tout cède à votre volonté.
— Et il en sera ainsi jusqu'au jour du grand triomphe. Que vous ai-je dit, Ludovic? Que votre passé serait vite oublié, que vous seriez reçu dans le meilleur monde et que, devant vous, toutes les portes s'ouvriraient à deux battants. Eh bien, ai-je été un faux prophète? On vous accueille partout non seulement avec courtoisie, mais avec amitié; les plus hauts personnages vous tendent la main. Votre conversion vous a rendu intéressant; ceux qui ont eu connaissance de vos folies vous félicitent. Autrefois ils s'éloignaient de vous, maintenant ils recherchent votre amitié. Les plus sévères parlent de vous en termes élogieux. On vante votre élégance, votre distinction, on vous trouve parfait. Il semble que pour vous les grandes dames réservent toute leur amabilité. Enfin, mon cher comte, partout on raffole de vous.

« Cela aussi, je le voulais; mais, je l'avoue, je ne m'attendais pas à un résultat aussi rapide, aussi brillant, aussi complet. Cette fois, mon cher Ludovic, vos qualités personnelles ont fait plus que ma volonté. Vous êtes aujourd'hui ce que je désirais que vous fussiez. A la place du viveur qui s'est dépouillé des oripeaux de la folie, je retrouve un nouveau comte de Montgarin complètement métamorphosé. Certes, j'ai le droit de vous témoigner ma satisfaction et de vous crier : bravo!... D'ailleurs, mon cher Ludovic, je vous connaissais ; avant de vous parler de mes projets, j'avais suffisamment étudié votre caractère, votre nature ; j'étais sûr de vous.

Maintenant la voie est ouverte, nous pouvons marcher hardiment, sans craindre de nous heurter à des obstacles sérieux. Dans quelques jours je vous ferai connaître votre belle fiancée.

— Quand vous voudrez, de Rogas.

— Votre présentation pourrait avoir lieu dès demain, répondit José, mais j'ai pour règle de ne jamais agir avec trop de précipitation ; je crois donc que nous avons intérêt à attendre un peu.

— Soit. Cependant, de Rogas, ne mettez pas ma patience à une trop longue épreuve.

— Mon cher Ludovic, répliqua José en riant, plus vous attendrez, mieux vous serez disposé à prendre feu.

— Mon cœur est vide, de Rogas ; il sera vite occupé si mademoiselle Maximilienne ressemble au portrait que vous m'en avez fait.

— Vous la verrez, Ludovic, vous la verrez.

— En attendant, ne pouvez-vous pas me dire, enfin, le nom de son père?

— J'attendais votre demande. Eh bien, mon cher comte, le père de mademoiselle Maximilienne est le marquis de Coulange.

— Le marquis de Coulange! exclama le jeune homme, en se dressant debout comme s'il eût été poussé par un ressort.

— Hein! fit José, est-ce que vous connaissez le marquis ?

— Personnellement, non ; mais j'ai souvent entendu parler de lui. Il faudrait tomber d'une étoile pour ne pas savoir que M. le marquis de Coulange est un des hommes les plus remarquables de Paris. Sa fortune est immense ; on affirme qu'elle dépasse vingt-cinq millions.

— Je ne dis pas le contraire.

— On ne parle du marquis de Coulange qu'avec la plus grande admiration. C'est un esprit distingué, un homme d'un grand cœur...

— Parfaitement.

— Il a toutes les noblesses, il est l'honneur même.

— Je suis charmé de vous entendre faire ainsi l'éloge du marquis de Coulange.

— Et c'est sa fille, sa fille, que vous voulez me faire épouser ?

— Elle-même, la ravissante Maximilienne de Coulange.

— Non, non, c'est impossible, insensé... De Rogas, vous êtes à la poursuite d'une chimère.

— Si déjà vous doutez, mon cher Ludovic, votre confiance en moi n'est pas bien robuste.

— C'est impossible, vous dis-je, c'est un rêve.

— Un beau rêve, mon cher comte, qui deviendra, grâce à ma volonté, une merveilleuse réalité.

Le jeune homme retomba sur son siège. Il regardait le Portugais avec effarement.

Après un moment de silence, il reprit :

— Votre calme et votre assurance me confondent, de Rogas ; en vérité je ne sais plus que penser... Il y a des instants où je me demande si mon existence actuelle n'est pas fantastique, si tout ce qui se passe autour de moi n'est pas de la fantasmagorie. C'est vrai, je n'ai pas le droit de douter de vous ; ce que vous avez fait déjà me dit ce que vous pouvez faire encore. Oui, vous avez une puissance redoutable. Ah! vous devez tenir d'un démon le pouvoir que vous possédez, ou bien vous êtes vous-même un démon!

José se mit à rire.

— Vous pouvez supposer tout ce que vous voudrez, dit-il, pourvu que vous ne doutiez pas du succès.

Le jeune homme prit sa tête dans ses mains et resta un instant absorbé dans ses pensées.

— Quel âge a donc le marquis de Coulange? demanda-t-il, en se redressant brusquement.

— Pas encore cinquante-six ans, répondit José.

— Et la marquise?

— A peine quarante ans.

— Très bien. Maintenant, de Rogas, pouvez-vous m'expliquer comment, après mon mariage avec mademoiselle de Coulange, la fortune entière du marquis m'appartiendra? Il est difficile d'admettre que, pour vous être agréable, le marquis de Coulange renoncera à tout et ira s'enfermer à la Chartreuse ou à la Trappe, en faisant vœu de pauvreté. Et la marquise? Quelle que soit votre puissance, vous n'avez certainement pas le pouvoir de dépouiller de leurs biens le marquis et la marquise comme vous arracheriez ses plumes à un oiseau. Mais ce n'est pas tout : mademoiselle Maximilienne de Coulange n'est pas fille unique, elle a un frère un peu plus âgé qu'elle ; or, je connais assez les lois de mon pays pour savoir que ses droits sur la fortune de son père sont égaux à ceux de sa sœur.

José avait sur les lèvres un sourire singulier.

— Tenez, de Rogas, reprit Ludovic, je vous le dis franchement, je ne comprends pas du tout.

— C'est vrai, vous ne pouvez pas comprendre.

— Pourtant, j'aimerais un peu de clarté au milieu de ces ténèbres.

Le Portugais secoua la tête.

— Mon cher comte, dit-il, il ne faut être ni trop impatient, ni trop curieux ;

ne troublez point votre esprit à vouloir regarder dans l'ombre, et laissez dans la nuit ce qui est mystérieux. Il y a des choses que je ne puis vous dire parce que vous ne devez pas les connaître. Qu'il vous suffise de savoir que tout ce que je vous ai promis vous sera donné. Croyez-moi, prenez les heures et les jours comme ils viennent; autant que possible, je veux éloigner de vous les préoccupations, les soucis et les ennuis. Allons, mon cher Ludovic, ne pensez qu'à Maximilienne de Coulange, votre belle fiancée.

Sur ces mots, José Basco sortit de la chambre. Le jeune homme passa rapidement la main sur son front.

— Au fait il a raison, murmura-t-il, je ne dois avoir aucune préoccupation; je n'ai qu'à me laisser conduire et à suivre tranquillement le chemin qu'il ouvre devant moi.

Quinze jours plus tard, le comte de Montgarin reçut, sous une enveloppe cachetée de cire rose, l'invitation suivante :

« Monsieur le marquis et madame la marquise de Coulange prient monsieur le comte de Montgarin de leur faire l'honneur d'assister à leur soirée de jeudi prochain 6 décembre. »

La même invitation était adressée à M. le comte de Rogas.

— Eh bien, comte, que dites-vous de cela? demanda ce dernier à Ludovic.

— Rien. Je suis surpris, voilà tout, et j'attends que vous m'expliquiez comment le marquis et la marquise de Coulange, qui ne me connaissent pas, me font une invitation que je n'ai point sollicitée.

— C'est facile : ainsi que je vous l'ai conseillé, vous avez su plaire à la marquise de Neuvelle, en vous montrant auprès d'elle aimable, empressé et très respectueux. La vieille dame, qui a été l'amie de la mère du marquis de Coulange, vous a pris en grande amitié ; c'est elle qui a prié la marquise de Coulange de nous inviter tous les deux à la réception de jeudi ; c'est elle, — c'est convenu, — qui vous présentera au marquis et à la marquise.

— Ainsi, jeudi, je verrai mademoiselle Maximilienne?

— On dansera ; vous aurez aussi l'occasion d'échanger quelques paroles avec elle.

— De Rogas, j'ai peur de ne pas lui plaire.

Le Portugais haussa les épaules.

— Allons donc, fit-il, n'êtes-vous pas toujours le comte de Montgarin?

— Vous oubliez, de Rogas, que vous avez fait de moi un autre homme.

— Et vous, mon cher Ludovic, vous semblez oublier que vous ne devez rien négliger pour vous faire aimer.

Il semblait que ce soir-là, les plus jolies femmes de Paris se fussent donné rendez-vous à l'hôtel de Coulange. (Page 123.)

Le jeune homme baissa la tête.

— Certes, continua José, je ne prétends pas que vous allez faire en une soirée la conquête de mademoiselle de Coulange. En général, on n'est vainqueur qu'après avoir combattu. Vous êtes jeune, ardent, passionné, sympathique ; vous avez tout ce qui attire. Si vous déplaisiez à mademoiselle de Coulange, il faudrait que vous fussiez bien maladroit. Mais non, j'espère, au contraire, que vous produirez une impression favorable.

XIX

UNE FÊTE A L'HOTEL DE COULANGE

C'était, à l'hôtel de Coulange, la première grande réception depuis le retour à Paris du marquis et de la marquise.

Ils donnaient chaque année trois ou quatre fêtes, dont on parlait plus d'un mois, et dont les privilégiés qui y assistaient gardaient longtemps le souvenir. Il est vrai que la marquise recevait avec une grâce parfaite et le marquis avec la plus grande cordialité. Du reste, être admis dans leurs salons était considéré comme une faveur précieuse, et les invitations étaient vivement sollicitées.

La soirée devait commencer à dix heures. Le programme était des plus attrayants. Plusieurs de nos artistes devaient se faire entendre, entre autres Lasalle, Salomon et mademoiselle Krauss de l'Opéra. Après la partie musicale, Coquelin aîné et deux de ses camarades de la Comédie française devaient jouer une petite comédie de salon inédite, dont l'auteur désirait rester inconnu. Mais quelques indiscrétions avaient été commises et beaucoup de personnes savaient que l'auteur de la pièce était une jeune et très jolie femme du meilleur monde. Enfin, à minuit, c'est-à-dire après le concert et le spectacle, commencerait le bal avec un orchestre choisi de vingt musiciens.

A neuf heures les domestiques allumèrent les lustres et l'hôtel se trouva splendidement éclairé. Le portier ouvrit les deux portes cochères afin que les invités pussent mettre pied à terre sur le tapis moelleux, qui descendait jusqu'au bas des marches de marbre du grand escalier.

Bientôt, le roulement des voitures et des brillants équipages commença à se faire entendre dans la rue de Babylone, habituellement si calme et si silencieuse. Les invités arrivaient.

Le marquis, la marquise et leurs enfants achevaient de dîner en compagnie de quelques amis, parmi lesquels se trouvaient l'amiral de Sisterne, la comtesse de Valcourt et sa fille.

On se leva de table au bruit que fit la première voiture sur le pavé de la cour.

— Nous nous sommes oubliés à causer, dit la marquise, nous allons nous trouver en retard.

— Ma chère Mathilde, lui dit affectueusement M. de Coulange, je vais te remplacer un instant, et je ferai mon possible pour qu'on ne s'aperçoive pas trop de ton absence.

Et pendant que la marquise et les autres dames disparaissaient pour aller mettre une dernière fois la main à leur toilette de soirée, le marquis et son fils passaient dans le grand salon.

Des huissiers et des laquais, en grande livrée, attendaient dans l'antichambre.

Partout l'éclairage était magnifique. La lumière des bougies se mêlait à celle du gaz, et tous ces flots de lumière, qui se reflétaient dans les glaces, avec toutes sortes de rejaillissements et de réverbérations, produisaient un effet merveilleux. On se serait cru en plein jour sous les éblouissants rayons du soleil.

La porte d'entrée avait été remplacée par une riche tapisserie des Gobelins, relevée d'un côté avec des embrasses de soie tordue en spirales; d'autres belles tapisseries, disposées en forme de dais, décoraient le perron et son double escalier.

On traversait le vestibule entre deux haies d'arbustes rares, couverts de fleurs comme au printemps. Dans l'antichambre, on aurait pu se croire dans un jardin, au milieu d'un parterre. On y avait placé, avec beaucoup d'art et de façon à tromper les yeux, plusieurs massifs de verdure. Un doux parfum s'échappait d'une grande variété de magnifiques fleurs exotiques, qui semblaient sortir de terre.

De place en place, dans le vestibule, l'antichambre et une longue et large galerie, qui s'ouvrait à droite, de superbes statues de marbre se dressaient au milieu des arbustes et des fleurs. Cette galerie, dont nous parlons, qui communique au deux ailes de l'hôtel au moyen de deux embranchements circulaires, ressemblait, ce jour-là, avec ces bordures de branches vertes, à une allée ouverte au milieu d'un taillis. De l'intérieur des appartements on pouvait y pénétrer par plusieurs portes. Elle conduisait dans une grande salle, ornée de tableaux et d'objets d'art comme un musée, dans laquelle se trouvait le buffet. Deux grandes tables chargées de pâtisseries, de fruits confits, de toutes sortes de sucreries, de liqueurs fines, de vins exquis attendaient les visiteurs.

A dix heures, le concert commença. Il y avait plus de deux cents personnes dans le grand salon. Toutefois on pouvait encore y trouver place, car il contenait facilement trois cents personnes.

L'aspect était vraiment féerique; il suffisait de jeter un coup d'œil sur cette brillante réunion pour être émerveillé. Les magnifiques épaules nues miroitaient sous la lumière qui tombait des lustres. Les visages étaient épanouis, les fronts radieux, les yeux étincelants, les lèvres souriantes. Hommes et femmes étaient également bien disposés pour le plaisir.

Les rubis, les saphirs, les diamants scintillaient et croisaient en tous sens leurs rayons éblouissants; on voyait au-dessus des têtes comme un ruissellement lumineux. Il semblait que, ce soir-là, les plus jolies femmes de Paris se fussent donné rendez-vous à l'hôtel de Coulange. Presque toutes étaient véritablement des reines de beauté. Elles rivalisaient d'élégance, de distinction et de grâce. Dans des toilettes admirables, la mode montrait son goût exquis et le luxe étalait toutes ses merveilles.

En réalité, il y avait là l'élite de la haute société parisienne. Le Paris intelligent, le Paris titré, le Paris opulent, en un mot le Paris connu et représenté à cette soirée par un certain nombre de ses illustrations dans la magistrature, l'armée, les lettres, les sciences, les beaux-arts et la noblesse. On y remarquait aussi plusieurs personnages politiques appartenant à la gauche de la Chambre.

Nous savons que M. de Coulange avait les idées très larges et surtout très libérales. Ces mots : légitimité, droit divin, le faisaient sourire. Partisan du suffrage universel, il reconnaissait, avant tout, les droits du peuple. Il avait accepté l'empire comme une nécessité ; il salua la jeune République, qui délivrait la France, et franchement et sans arrière-pensée il s'était rallié à la République en applaudissant à ces paroles de M. Thiers : « La République est la forme de gouvernement qui nous divise le moins. » Tout à fait homme de son temps laissant au passé ses vieux préjugés et ne songeant qu'à la prospérité et à la grandeur de la France, le marquis de Coulange était devenu sincèrement républicain.

Eugène de Coulange, fidèle aux principes de son éducation, partageait absolument les idées du marquis ; ils aimaient à s'entourer de personnes avec lesquelles ils pouvaient émettre leurs opinions et parler librement des futures destinées du pays.

Outre le grand salon, la galerie conduisant au buffet et l'antichambre transformée en jardin, plusieurs grandes salles étaient également ouvertes aux invités, et bien qu'ils fussent nombreux, partout on pouvait circuler à l'aise.

Cependant, tout le monde n'était pas encore arrivé. La marquise, ayant près d'elle Maximilienne, madame Valcourt, Emmeline et quelques autres dames, se tenait à peu de distance de l'entrée du salon afin de recevoir les retardataires qu'un domestique, en habit noir et cravate blanche, annonçait après chaque morceau de musique. Le marquis allait et venait d'un salon à un autre.

La marquise était très entourée. On venait lui adresser des félicitations, on la complimentait.

— Votre fête est splendide, madame la marquise, lui disait-on, aucune autre ne peut lui être comparée ; on se croirait, vraiment, au pays des fées et de enchantements.

Madame de Coulange répondait avec une grâce exquise. Elle avait pou chacun un sourire, une parole aimable.

Pour un instant elle échappait à ses tristes pensées, à ses cruelles appréhensions.

Maximilienne et Emmeline attiraient tous les regards, on ne pouvait se lasser de les admirer.

— Oh ! elles sont délicieuses, adorables, disait-on.

Réellement les deux amies étaient divinement joiies. Elles avaient le teint animé, le front irradié, le regard ravi et le joyeux sourire sur les lèvres. Dans leurs beaux yeux illuminés, la joie, le bonheur étincelaient.

En elles tout était rayonnement. Elles faisaient naître le ravissement et répandaient autour d'elles un charme irrésistible.

Il y avait là un essaim de jeunes filles et de jeunes femmes d'une beauté incontestable; mais Maximilienne et Emmeline étaient les plus belles, les plus charmantes. La beauté seule de mademoiselle de Valcourt pouvait être sérieusement comparée à celle de mademoiselle de Coulange.

Eugène et Emmeline échangeaient continuellement de tendres regards d'amoureux et, de temps à autre, quelques mots à voix basse.

Les doux yeux d'Emmeline semblaient dire à Eugène :

— C'est pour vous, pour vous seul que je suis belle !

Et le regard du jeune comte répondait à la jeune fille

— Je vous aime !

Lasalle venait de chanter un air de l'*Africaine*.

Le domestique, qui se tenait dans l'antichambre, à la porte du salon, annonça les personnes qui étaient arrivées pendant que le brillant artiste chantait :

— Monsieur le comte de Rogas, monsieur le comte de Montgarin.

En entendant annoncer le comte de Rogas, l'amiral de Sisterne tourna brusquement la tête et, par un mouvement involontaire, se leva à moitié sur son siège.

Une vieille dame s'était approchée de la marquise et lui disait quelque chose à l'oreille.

Le comte de Rogas entra suivi du comte de Montgarin.

L'amiral se mit à regarder curieusement le noble étranger, qui avait sur la poitrine le crachat de l'ordre du Christ couvert de brillants et une douzaine d'autres décorations étrangères.

Après avoir fait quelques pas dans le salon, le Portugais s'arrêta. Son regard semblait chercher quelqu'un. Soudain, ses yeux brillèrent et son visage s'épanouit. Il venait d'apercevoir, marchant vers lui, la vieille dame qui avait parlé tout bas à la marquise. C'était la marquise de Neuvelle.

— Par ici, messieurs, dit-elle; madame la marquise de Coulange est prévenue, vous êtes attendus; venez, je vais vous présenter.

— Mon cousin le premier, si vous le voulez bien, madame la marquise, dit José.

Et il s'effaça pour livrer passage au jeune homme, qui s'empressa d'offrir son bras à la vieille douairière.

Madame de Coulange se leva.

— Madame la marquise, dit madame de Neuvelle, permettez-moi de vous présenter M. le comte Ludovic de Montgarin et son cousin, M. le comte de

Rogas, un noble Portugais, qui aime la France et surtout Paris comme un vrai Parisien.

— Messieurs, soyez les bienvenus, dit la marquise de son ton le plus gracieux ; je remercie madame la marquise de Neuvelle à qui nous devons votre présence à notre soirée.

— Madame la marquise, l'honneur est pour mon cousin et moi, répondit José en s'inclinant avec une aisance parfaite.

Madame de Neuvelle reprit la parole.

— Vous pouvez remercier madame la marquise, dit-elle, car être invité à cette fête est une grande, une très grande faveur.

— D'autant plus grande que nous n'avions pas le bonheur d'être connus de madame la marquise, répliqua le Portugais ; aussi nous l'apprécions comme une chose d'un prix inestimable.

— Madame la marquise peut croire que je lui suis infiniment reconnaissant... balbutia le comte de Montgarin, dont les yeux éblouis ne quittaient pas les deux jeunes filles.

L'une de ces deux ravissantes personnes doit être mademoiselle de Coulange pensait-il ; mais, laquelle ? Elles sont également adorables. Pourtant, celle-ci, dont le doux regard exprime tant de choses mystérieuses, doit être mademoiselle Maximilienne.

Il ne se trompait pas ; l'émotion de son cœur lui faisait reconnaître mademoiselle de Coulange.

Et il la contemplait avec une admiration si profonde, que, devinant sa pensée la jeune fille baissa les yeux, pendant qu'une vive couleur colorait ses joues et montait à son front.

— Monsieur de Montgarin reprenait la vieille dame, j'ai dit à madame la marquise de Coulange tout le bien que je pensais de vous ; donc, maintenant elle vous connaît.

— Vous avez sans doute beaucoup exagéré mon faible mérite, madame la marquise.

— Vous êtes modeste, monsieur, dit madame de Coulange en souriant.

— Oui, très modeste, appuya la douairière. Ah ! la modestie est si rare aujourd'hui chez les hommes, qu'on doit leur en tenir compte comme d'une vertu.

— De grâce, madame, répliqua vivement Ludovic, ayez pitié de moi !

— Elle va bien, très bien, la vieille marquise, se disait José Basco ; la voilà à cheval sur son dada, elle ne s'arrêtera plus.

— Monsieur le comte de Montgarin est un grand danseur, reprit la vieille dame ; il sera une excellente recrue pour ces demoiselles et ces jeunes femmes qui raffolent de la danse.

— C'est une mission que vous me confiez, madame, je tâcherai de la remplir de mon mieux, répondit Ludovic.

Le concert était terminé ; on allait jouer la comédie annoncée sur le programme.

A ce moment, le marquis, qui sortait d'une salle où étaient placées plusieurs tables de jeu, s'approcha de la marquise.

— Messieurs, dit-elle, M. le marquis de Coulange.

Et elle présenta à son mari le comte de Montgarin et son compagnon.

— Messieurs, dit le marquis, nous serons heureux de vous compter au nombre de nos amis.

— Mon fils, ma fille, reprit la marquise, en désignant l'un après l'autre Eugène et Maximilienne.

Le comte de Montgarin sentit comme une flamme traverser son cœur.

— C'est elle, c'est bien elle, pensa-t-il. Ah! comme elle est belle!

La présentation était faite dans toutes les règles. José et Ludovic saluèrent et s'éloignèrent.

— Eh bien, ma chère marquise, que pensez-vous de mon protégé? demanda madade de Neuvelle.

— Mais il est fort bien, ce jeune homme.

— N'est-ce pas? je suis enchantée de savoir qu'il vous plaît.

José Basco et le comte de Montgarin étaient sortis du salon. Ils causaient tout bas dans une pièce contiguë où ils se trouvaient presque seuls, tout le monde s'étant porté dans le grand salon pour entendre les comédiens qui venaient de paraître sur la scène.

— Mon cher comte, dit José, vous avez l'air soucieux.

— Soucieux, non, mais étourdi, ébloui ; je suis sous le coup d'un charme étrange qui ressemble au vertige.

— Et c'est le doux regard de mademoiselle de Coulange qui a produit cet effet-là?

— Ah! mon cher de Rogas, quelle ravissante jeune fille!

— Eh bien, vous avais-je fait de mademoiselle Maximilienne un portrait trop flatteur?

— Vous êtes resté bien au-dessous de la vérité, de Rogas ; mais le peintre le plus habile ne pourrait faire son portrait resssemblant... Est-ce qu'il est possible de rendre la suavité de son sourire, l'expression magique de son regard adorable?

— Ceci est du véritable enthousiasme.

— De Rogas, je suis dans l'enivrement. Avant de la connaître, d'après ce que vous m'aviez dit d'elle, je l'aimais déjà ; maintenant que je l'ai vue, que la douce lumière de ses beaux yeux a pénétré tout mon être, jugez dans quel état se trouve mon cœur... Je l'aime, de Rogas ; je l'aime, ou plutôt, je l'adore.

— Mon cher, la façon dont vous me le dites ne me permet pas d'en douter.

— Tenez, de Rogas, je n'ai plus qu'une crainte, une seule...

— Quelle est cette crainte, mon cher comte?

— Que vous ne réussissiez pas dans votre entreprise. De Rogas, il faut que j'épouse mademoiselle de Coulange.

— Hé! vous l'épouserez! N'est-ce pas pour cela que je travaille?

— Écoutez, de Rogas, je me connais, je ne recule jamais devant rien; si vous vous trompiez dans vos combinaisons, si mademoiselle de Coulange m'était refusée, si un autre plus heureux que moi...

— Eh bien?

— Je ne sais de quoi je serais capable.

— Auriez-vous peur déjà d'avoir un rival?

— Oui.

— Décidément, mon cher comte, l'amour vous trouble l'esprit.

— De Rogas, tout à l'heure il y avait près d'elle un jeune homme.

— Il y en avait même plusieurs.

— Ce jeune homme la regardait...

— Cela n'est pas défendu.

— Il la dévorait des yeux... J'en suis sûr, de Rogas, celui-là l'aime.

— Tant pis pour lui. Rassurez-vous, mon cher Ludovic; si vous avez un rival et qu'il nous gêne, nous l'éloignerons. Allons, reprenez votre calme et soyez complètement maître de vous; ce soir vous devez être superbe. Amusez-vous et ne songez qu'à plaire à mademoiselle Maximilienne, en vous rappelant que je suis là et que je veille.

Il s'éloigna de quelques pas et, revenant aussitôt :

— Encore un mot, dit-il. La marquise de Neuvelle a été parfaite, ne la négligez pas, elle peut faire beaucoup pour nous et il nous faut tirer parti de son engouement. De mon côté, je saurai l'entretenir dans ses excellentes dispositions à votre égard. La vieille coquette est lancée; je veux la pousser en avant sans lui laisser le temps de reprendre haleine.

XX

COMMENT JOSÉ SORT D'UN MAUVAIS PAS

Le bal était très animé. Quadrilles, valses, polkas, mazurkas se succédaient et les jambes ne se lassaient point.

Pendant que ceux-ci — les jeunes — dansaient et s'en donnaient à cœur joie les hommes d'un âge mûr entouraient les tables de jeu. D'autres encore, les graves personnages, formaient des groupes et causaient. Beaucoup de personnes circulaient dans les salons et la galerie du buffet qui était souvent encombrée,

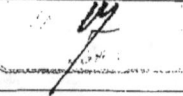

M. de Rogas, reprit-il, le frère de mon ancien ami ne saurait être pour moi un étranger. (Page 134.)

On pouvait s'y asseoir sur des sièges placés avec art au milieu des arbustes. La chaleur était grande, on semblait se mettre à l'ombre des rayons de soleil.

Le comte de Montgarin dansait; il se faisait remarquer entre tous par sa légèreté et l'élégance de ses mouvements. Si Maximilienne était, par sa beauté et sa grâce, la reine du bal, on était forcé de convenir que M. de Montgarin avait une grande supériorité sur tous les autres danseurs.

José Basco allait et venait. Il était constamment en mouvement. Il observait tout, rien ne lui échappait. Les oreilles et les yeux ouverts, il écoutait et regardait. Un nuage ne pouvait passer sur le front de la marquise sans qu'il le vît ; il cherchait à deviner ses pensées dans son regard et même dans son sourire

Deux fois seulement il s'était approché d'une table de jeu pour mettre quelques louis sur le tapis vert. Il avait le talent de gagner quand il le voulait ; il perdit cependant ; il était prudent !

L'orchestre jouait une valse de Strauss. Le comte de Montgarin et mademoiselle de Coulange valsaient ensemble. La marquise de Neuvelle les suivait des yeux à travers le tourbillon de la valse dans une sorte de ravissement ou d'extase. A chaque instant elle laissait échapper un oh ! ou un ah ! d'admiration.

Soudain, une voix murmura à son oreille :

— Un joli couple, n'est-ce pas, madame la marquise ?

La vieille dame se retourna.

— Ah ! c'est vous, monsieur de Rogas ; oui, vraiment, ils sont charmants, répondit-elle.

Elle soupira.

— Autrefois, continua-t-elle, j'étais comme Maximilienne, j'adorais la danse ; je ne me lassais point de tourner et de sauter. Je pouvais vaincre facilement, l'un après l'autre, quatre ou cinq cavaliers des plus intrépides. Ah ! il est loin ce temps-là !... Aujourd'hui je me contente de regarder. N'importe, j'éprouve encore un énorme plaisir à admirer les jeunes. La jeunesse ! mais c'est ce qui nous rappelle le mieux le passé !... Voyez-vous, monsieur le comte, j'aime ce qui est jeune, ce qui est ardent, ce qui est beau ; oui, j'aime, j'adore la jeunesse !... Il me semble que ces brillantes fleurs du printemps redonnent un nouvel éclat et un nouveau parfum aux roses fanées de mon automne !

— Madame la marquise a une grâce, une vivacité d'esprit, un charme que beaucoup de jeunes femmes lui envient, répliqua José d'une voix mielleuse.

— Monsieur le comte, vous êtes un grand flatteur.

— Madame la marquise ne peut m'en vouloir de lui dire la vérité.

— Eh ! non, je ne vous en veux pas ! Des paroles gracieuses, des compliments, des prévenances, des petits soins, nous voulons cela à tout âge, nous autres femmes. Mais, mon cher comte, la véritable grâce, ce qui ravit, ce qui charme, le voilà sous nos yeux : c'est mademoiselle Emmeline de Valcourt qui danse avec M. Eugène de Coulange, son fiancé ; c'est Maximilienne et le comte de Montgarin. Quelle légèreté, quelle souplesse, quelle aisance ! A la bonne heure c'est comme cela qu'il faut valser. Je dis comme vous, monsieur le comte, c'est un joli couple ; ils sont vraiment beaux tous les deux. Voyez, comte, voyez donc comme ils se regardent, comme leurs yeux pétillent !... Il chuchote quelques mots à son oreille, elle sourit... Comte, je suis sûr qu'il vient de lui faire un compliment. Je ne les vois plus, la mesure les emporte, ils passent comme le vent. Comte, il me semble que je tourne moi-même, cette valse est vertigineuse.

A ce moment, José sentit qu'on le touchait légèrement à l'épaule.

Il se retourna brusquement et se trouva en face du comte de Sisterne.

L'amiral avait le sourire sur les lèvres. Les yeux étonnés du Portugais devinrent interrogatifs.

— Je voudrais vous demander quelque chose, lui dit l'amiral.

— A moi, fit José de plus en plus étonné.

— Oui, monsieur, si vous ne me trouvez pas indiscret, et s'il ne vous déplaît pas de répondre à mes questions.

— Je suis à vos ordres, monsieur, de quoi s'agit-il?

— Je dois vous dire, d'abord, qui je suis; mon nom ne vous est peut-être pas inconnu; vous avez dû l'entendre prononcer quelquefois dans votre pays : je suis l'amiral de Sisterne.

José salua respectueusement.

— Votre nom, monsieur l'amiral, répondit-il, est connu dans toutes les parties du monde comme en France. Je suis heureux et honoré de me trouver en présence d'une des grandes illustrations de la marine française.

— Si vous voulez bien, monsieur de Rogas, reprit l'amiral, nous sortirons du salon, et nous chercherons un endroit où nous pourrons causer un instant sans être dérangés.

José s'inclina et suivit le comte de Sisterne, en se demandant :

— Que peut-il me vouloir? M'aurait-il déjà rencontré quelque part? Me connaîtrait-il?

Les coquins ont beau payer d'audace, ils ne sont jamais entièrement tranquilles. José sentait naître en lui une vague inquiétude.

Après avoir traversé une grande pièce, les deux hommes traversèrent dans une chambre où, pour le moment, il n'y avait personne.

— Ici, nous sommes un peu plus loin du bruit, dit l'amiral. Asseyons-nous, monsieur de Rogas.

En s'asseyant, celui-ci jeta autour de lui un regard rapide. Puis, les sourcils légèrement froncés et les yeux fixés sur M. de Sisterne :

— Monsieur le comte, dit-il, je vous écoute.

— Monsieur de Rogas, vous êtes Portugais, m'a-t-on dit?

— Oui, monsieur.

— Et vous êtes le parent de ce jeune homme, le comte de Montgarin, qui s'est fait fort remarquer par son élégance et ses bonnes manières?

— Oui, monsieur, son petit-cousin, par sa mère, qui descend d'une vieille famille espagnole, laquelle a, dans les temps, contracté plusieurs alliances en Portugal. Monsieur l'amiral veut-il me dire pourquoi il m'adresse ces questions?

— Certainement. Mais permettez-moi de vous en adresser une nouvelle. Est-ce qu'il y a, en Portugal, plusieurs familles de Rogas?

José Basco, tressaillit. Mais, se raidissant contre son émotion, il répondit avec assurance :

— Une seule, monsieur le comte, la mienne.

— C'est singulier, murmura l'amiral.

L'inquiétude de José augmentait. Il était comme sur des charbons ardents ; le sang lui montait à la tête et bourdonnait dans ses oreilles.

— Quand vous êtes arrivé, reprit M. de Sisterne, je me trouvais à l'entrée du salon, non loin de madame la marquise de Coulange. Quand le domestique vous a annoncé, j'ai éprouvé une vive émotion...

José fit un mouvement brusque. Son malaise augmentait.

— Vous allez comprendre, continua l'amiral : J'ai eu quelques amis dans ma vie ; parmi eux il en est un pour lequel j'avais une très profonde affection. Nous nous étions rencontré, la première fois, dans un combat que Portugais et Français, réunis pour la circonstance, furent obligés de livrer à une peuplade sauvage sur la plage d'une île océanienne. Ah ! c'était un vaillant, monsieur, une riche nature, franche et loyale, un noble cœur !... Nous nous sommes revus souvent et quand, en mer, nos pavillons se rencontraient, nous ne passions pas sans échanger un salut fraternel. Eh bien, monsieur, l'homme dont je vous parle, qui était comme moi un marin, cet ami qui me fut si cher, s'appelait le comte de Rogas.

— Mon frère, monsieur l'amiral, répondit José Basco avec imprudence.

— Ah ! fit monsieur de Sisterne.

— Oui, monsieur le comte, reprit José, mon brave frère était un vaillant, un noble cœur. Il est mort, en 1858, de la fièvre jaune, à bord du *Taciturne*, qu'il commandait.

— C'est vrai, j'ai apppis cela deux ans plus tard, aux Antilles.

José eut l'air d'essuyer une larme, et reprit d'une voix émue :

— Ah ! la mort du commandant de Rogas a été pour le Portugal et pour son roi une perte cruelle.

— Et aussi pour ses amis, monsieur.

— J'en suis convaincu, monsieur le comte ; et, pour la grande mémoire du marin portugais, je remercie l'amiral français de ses bonnes paroles.

— Ainsi, monsieur de Rogas, vous êtes le frère de celui qui fut un de mes meilleurs amis?

— Son frère cadet, monsieur le comte.

— Je suis franc, monsieur de Rogas, je veux l'être avec vous. Eh bien, je dois vous dire que je suis surpris.

— Pourquoi, monsieur le comte?

— Comme je viens de vous le dire, j'étais intimement lié avec le commandant de Rogas ; il m'a beaucoup parlé de sa famille, d'une sœur charmante plus jeune que lui...

— Un an après la mort de mon frère, j'ai eu encore la douleur de perdre ma sœur.

— Eh bien, monsieur de Rogas, ce qui me surprend, c'est que mon ami ne m'ait jamais dit qu'il eût un frère.

— En effet, monsieur le comte, c'est surprenant, répondit José avec assurance.

— Et je ne m'explique pas la raison du silence qu'il a gardé.

— Il avait certainement un motif pour ne point vous parler de moi. Lequel? Je cherche vainement...

M. de Sisterne secoua la tête.

— C'est incompréhensible, dit-il.

— Ah! çà, est-ce qu'il aurait un doute? pensait José.

Après un court instant de silence, M. de Sisterne reprit

— Le comte de Rogas ne m'a point dit non plus qu'il avait des parents en France.

— Ceci est moins étonnant, répliqua vivement José ; le comte de Montgarin est mon cousin au quatrième ou cinquième degré ; il est probable que mon frère n'avait pas connaissance de cette parenté.

— C'est possible, fit l'amiral.

Et de nouveau il resta silencieux. Il semblait réfléchir.

Un pli se creusait sur le front de José Basco pendant que son regard sombre nterrogeait la physionomie de l'amiral. Il sentait l'inquiétude lui revenir et se demandait si réellement un obstacle imprévu allait se dresser devant lui.

M. de Sisterne releva la tête et ses yeux se fixèrent sur le Portugais.

— Excusez-moi, monsieur de Rogas, dit-il, pensant que l'étranger pouvait trouver son attitude singulière, il m'arrive quelquefois de m'enfoncer ainsi, malgré moi, dans mes anciens souvenirs.

— Comment, se dit José, il me fait des excuses ; c'est drôle!

Il retrouva subitement toute son assurance, et il eut un redoublement d'audace.

— Vous me regardez, monsieur l'amiral, reprit-il ; vous vous apercevez sans doute que je ressemble au commandant de Rogas ; beaucoup de personnes qui l'ont connu affirment que cette ressemblance est frappante.

M. de Sisterne eut un mouvement de tête significatif.

— Vous avez sa taille, répondit-il, et quelque chose de son air grave et réfléchi ; mais je ne retrouve aucun de ses traits sur votre visage.

José se mordit les lèvres. Il comprit qu'il était allé trop loin et que, souvent, en voulant trop prouver on ne prouve rien. Heureusement pour lui, le comte de Sisterne était tout à fait sans défiance. Son esprit d'ailleurs, étant toujours dirigé vers le bien, il admettait difficilement l'idée du mal chez les autres ; il n'aurait pas osé supposer seulement qu'il pouvait être la dupe d'un coquin habile.

A cette trop grande confiance qu'il avait dans autrui, l'amiral avait dû de nombreuses déceptions ; il en avait souffert, et cependant il ne s'était pas corrigé de ce défaut. Mais quand il découvrait qu'on l'avait trompé, quel que soit le rôle qu'on lui eût fait jouer, tout ce qu'il y avait de loyauté en lui se révoltait. Alors il devenait impitoyable et ne pardonnait jamais. C'est ainsi qu'il avait cessé de voir certains amis qui, comptant sur sa générosité, avaient cru pouvoir abuser de son aveugle confiance.

José était debout, l'amiral se leva à son tour.

— Monsieur de Rogas, êtes-vous à Paris pour longtemps? demanda-t-il.

— Pour quelques mois au moins, monsieur le comte, répondit le Portugais; peut-être prendrai-je la résolution de m'y fixer définitivement.

— On n'abandonne jamais complètement son pays, répliqua l'amiral en souriant.

— Je n'y ai plus aucun parent, dit tristement José.

— Oui, je comprends... Tout pays sans la famille ressemble à un désert.

Et, tendant la main à l'aventurier :

— Monsieur de Rogas, reprit-il, le frère de mon ancien ami ne saurait être pour moi un étranger; s'il vous est agréable de venir me voir quelquefois, vous pouvez compter sur un accueil cordial.

— Monsieur le comte, répondit José d'un ton pénétré, je n'oublierai point votre très gracieuse invitation.

Ils sortirent de la chambre, échangèrent encore une poignée de main et se séparèrent.

— Décidément, se dit José, je commence à croire que maître Satan lui-même se mêle de nos affaires; il joue la partie avec moi, et c'est lui qui tient les cartes. C'est égal, à un moment j'ai eu peur... Étais-je assez bête! J'ai pris mes précautions, je n'agis qu'avec une extrême prudence. Non, il est impossible qu'on puisse avoir un doute. Du reste, tous ces gens-là ne demandent qu'à être trompés... Ils ne voient rien, ils sont aveugles ou leur honnêteté leur met un bandeau sur les yeux. Allons, allons, tout marche à souhait, nous aurons les millions du marquis.

Le comte de Sisterne est réellement un bien brave homme, continua-t-il; il m'a tout de même invité à aller chez lui... J'irai certainement. Hé! hé! l'amitié d'un amiral n'est pas à dédaigner. A l'occasion on peut s'en servir. Morbleu! si c'est nécessaire et si je le veux, cet excellent comte de Sisterne sera pour nous, comme la vieille marquise de Neuville.

Un double éclair jaillit de ses yeux, et il promena autour de lui son regard superbe. C'était déjà l'orgueil du triomphe!

Des heures s'étaient rapidement écoulées pour le monde. La fête touchait à sa fin, et les uns après les autres les invités se retiraient.

José Basco rentra dans le grand salon. Il s'approcha du comte de Montgarin et lui dit :

— C'est l'heure de partir, assez pour aujourd'hui; il faut savoir n'abuser de rien.

— Je suis prêt, répondit le jeune homme.

Ils allèrent saluer madame de Coulange, et Maximilienne, ainsi que la vieille marquise de Neuvelle, qui, l'heure de son sommeil étant passée, était décidée à ne s'en aller qu'après avoir entendu la dernière note de musique.

— A bientôt, dit-elle à Ludovic, en accompagnant ces mots d'un mouvement de tête affectueux.

— Demain, j'aurai l'honneur d'aller présenter mes devoirs à madame la marquise, répondit-il.

Vingt minutes plus tard, l'hôtel de Coulange et la rue de Babylone étaient retombés dans le silence. Les domestiques se hâtaient d'éteindre le gaz et les bougies afin d'aller se livrer au repos dont ils avaient besoin.

Après avoir renvoyé sa femme de chambre, qui l'avait aidée à se déshabiller, Maximilienne venait de se mettre au lit. Bien qu'elle fût très fatiguée, car elle avait beaucoup dansé, elle ne songeait pas à s'endormir; ses beaux yeux restaient grands ouverts. A leur expression, à l'éclat dont ils brillaient, on aurait dit qu'elle entendait et écoutait quelque chose. Était-ce le bruit de l'orchestre qui résonnait encore à ses oreilles? ou bien l'écho de quelques douces paroles dont elle gardait le souvenir?

Elle était agitée, et par instant sa poitrine se soulevait. Elle éprouvait une sensation inconnue; c'était une émotion délicieuse, une sorte de ravissement indéfinissable, et il lui semblait que quelque chose de mystérieux parlait à son cœur et à son âme.

Nous pouvons le dire, Maximilienne pensait au comte de Montgarin. L'élève de José Basco avait eu le bonheur d'occuper l'attention de mademoiselle de Coulange, et, pour la première fois, sous le regard d'un homme, la jeune fille avait senti palpiter son cœur.

Comme nous l'avons dit, dès qu'il s'était trouvé en présence de Maximilienne, Ludovic avait été saisi d'une admiration aussi profonde que sincère. La jeune fille avait remarqué son trouble et deviné facilement l'impression de sa beauté. Aussitôt elle sentit une émotion inexplicable pénétrer jusqu'à son cœur. Du regard de l'une comme du regard de l'autre, une étincelle avait jailli, et il en était résulté un choc dont le contre-coup avait frappé les deux cœurs en même temps.

Sans pouvoir se rendre compte de ce qu'elle éprouvait, Maximilienne sentit qu'elle s'intéressait vivement à ce jeune homme qu'elle ne connaissait point et qu'elle voyait pour la première fois.

Plus tard, quand le bal les eut rapprochés et qu'il vint, presque en tremblant, l'inviter pour une polka, c'est avec une nouvelle émotion de plaisir qu'elle avait mis sa main dans la sienne.

C'est à tout cela que pensait Maximilienne; voilà pourquoi, au lieu de dormir, ses yeux restaient ouverts.

Pendant ce temps les premières lueurs du crépuscule éclairaient sa chambre virginale.

XXI

UN NOUVEAU SCAPIN

Deux mois se sont écoulés depuis la brillante soirée offerte par le marquis et la marquise de Coulange à l'élite de la société parisienne.

Ce laps de temps a été bien employé par M. de Montgarin. De son côté, naturellement, José Basco n'est pas resté inactif.

Après avoir fait de fréquentes visites à l'hôtel de Coulange, où il a toujours été parfaitement reçu, Ludovic a cessé brusquement de s'y présenter, obéissant à un ordre impérieux de José Basco.

Ceci était un calcul du Portugais et avait son importance dans une de ses combinaisons ténébreuses. La feinte retraite du jeune homme était destinée à servir ses projets.

Un jour, dans l'après-midi, José Basco se présenta chez la marquise de Neuvelle. La vieille dame était seule. Il le savait. Il s'était fait avant d'entrer une figure de circonstance. Il avait l'air préoccupé, soucieux. La marquise s'en aperçut.

— Que vous est-il donc arrivé? lui demanda-t-elle.

— Pourquoi me faites-vous cette question, marquise? répondit-il en la regardant tristement.

— Pourquoi? Mais parce que je vois que vous n'avez pas votre figure habituelle. En vérité, mon cher comte, vous êtes triste comme un bonnet de nuit; on pourrait croire que vous allez pleurer.

— Il est impossible de vous rien cacher, madame la marquise. Eh bien, oui, j'ai la tristesse dans l'âme.

— Pourquoi?

— Je ne suis pas content, je suis contrarié...

— Cela se voit assez à votre air sombre. Si ce n'est pas trop vous demander, dites-moi ce qui vous chagrine.

— Malheureusement, madame la marquise, vous ne pouvez rien à ma peine, et je ne sais pas si j'ai le droit de vous en faire connaître la cause.

Ces paroles produisirent l'effet espéré. La curiosité de la vieille dame fut vivement excitée.

— Ne suis-je pas votre amie? fit-elle.

Mme de Neuvelle, souriant, lui tendit la main, sur laquelle il posa ses lèvres et se retira. (Page 142.)

— C'est vrai. J'ai eu le bonheur de mériter votre précieuse amitié; aussi est-ce à vous seule que je puis confier...

Il s'interrompit brusquement avec intention.

— Eh bien? l'interrogea vivement la marquise.

— Je crains... Tenez, madame la marquise, il vaut mieux que je me taise, que vous ne sachiez rien.

— Ah! çà, mais c'est donc bien grave?

— Très grave, répondit José en hochant la tête.

— Oh! alors, monsieur de Rogas, je vous en prie, parlez. Mon Dieu, bien que je ne sois qu'une vieille femme, peut-être suis-je encore bonne à quelque chose. Allons, monsieur de Rogas, parlez, je vous écoute. A moi, on peut tout dire. Si c'est un secret, je vous promets de le garder.

Le Portugais eut l'air de faire de grand, efforts pour vaincre son hésitation. La marquise avait fait rouler son fauteuil pour se rapprocher de lui.

— Vous le voulez, madame la marquise, dit-il ; eh bien, soit, vous allez connaître la cause de ma tristesse. Après tout, pourquoi vous cacher cela? Votre amitié pourra peut-être quelque chose où mon affection est impuissante. Madame la marquise, il s'agit de mon cousin le comte de Montgarin.

La vieille dame ne put retenir une exclamation.

— Mais c'est vrai, dit-elle d'une voix émue, il y a plus de quinze jours que je ne l'ai vu; que se passe-t-il donc? Est-ce qu'il est malade?

— Physiquement, non; mais il est dans une situation d'esprit qui m'inquiète sérieusement.

— Ah! vous m'effrayez!

— Madame la marquise, je crains pour sa raison.

— Pour sa raison? répéta la vieille dame. Je ne comprends pas; expliquez-vous, monsieur de Rogas.

— Madame la marquise, Ludovic est amoureux.

Sur ces mots, la douairière se mit à rire aux éclats. Puis, se calmant subitement :

— Vous m'aviez épouvantée, dit-elle; mais me voilà rassurée. Ah! M. de Montgarin est amoureux! Mais je trouve cela fort naturel, mon cher comte, et n'y vois absolument rien qui soit de nature à justifier vos inquiétudes.

— Dans bien des cas le mal d'amour a des suites terribles, répliqua José avec un air piteux.

— Vous voulez dire qu'il conduit au suicide; c'est un moyen de guérison qui n'est guère employé que par les grisettes et les faibles d'esprit.

— Si je suis inquiet, je puis même dire effrayé, vous devez bien penser, madame la marquise, que ce n'est pas sans motifs. Écoutez : Ludovic est amoureux, mais amoureux à en perdre la tête ou à en mourir. Depuis quelques jours il est dans un état pitoyable. Il ne dort plus, et c'est à peine si l'on parvient à lui faire prendre un peu de nourriture. Il ne sort plus et ne veut plus voir personne, pas même moi. Le jour comme la nuit il reste solitaire dans sa chambre, dont il ferme tous les rideaux pour empêcher la lumière d'y pénétrer. Que fait-il pendant ces longues heures d'isolement? Il se désole et songe peut-être à en finir avec la vie. On l'entend pousser des plaintes et des gémissements à fendre l'âme.

Ce matin, à force de supplications, je l'ai décidé à me recevoir, et il m'a ouvert sa porte. Je l'ai trouvé affreusement pâle, les cheveux en désordre, les yeux hagards. Je lui adressai plusieurs questions.

« Non, non, me répondit-il avec brusquerie, je ne veux rien vous dire. Je suis malheureux, le courage me manque, je suis désespéré. »

« Et il se mit à soupirer, à gémir.

J'insistai pour savoir la cause de ce grand chagrin ; mais ce n'est qu'au bout d'une demi-heure, et en employant toute l'éloquence que mon amitié pour lui pouvait m'inspirer, que j'eus enfin raison de sa résistance. Quelques paroles lui échappèrent malgré lui. Je compris et je finis par lui arracher son secret en entier.

Alors, madame la marquise, je crus devoir faire appel à sa raison et à son courage ; mais, hélas ! je m'aperçus bien vite que je me heurtais contre un véritable désespoir. Sa raison seule pourrait le rappeler à lui-même et le guérir, et sa raison l'abondonne. Maintenant, madame la marquise, vous connaissez la cause de ma tristesse et vous devez voir que la situation est loin d'être rassurante. »

Madame de Neuvelle avait écouté avec la plus grande attention. José Basco attendait avec une certaine anxiété la réponse de la vieille dame, afin de connaître l'effet produit par son récit.

— Ce que vous venez de me raconter est étrange, monsieur le comte, dit la marquise, et, en effet, excessivement grave. Voilà un amour qui ne se présente pas dans les conditions ordinaires, c'est plus qu'une passion violente. Vous le voyez, je ne ris plus ; je suis, au contraire, fort émue et comme vous très inquiète. Il faut, à tout prix, que nous sauvions ce pauvre garçon.

Le regard du Portugais s'illumina.

— Oui, murmura-t-il, il faut le sauver, si c'est possible.

— D'après ce que vous m'avez dit, mon cher comte, je vois que votre cousin est un amoureux sans espoir, soit que son amour ait été repoussé ou que la belle dont il est épris en aime un autre.

— L'amour du comte de Montgarin n'a point été repoussé par cette raison bien simple qu'il le garde caché au fond de son cœur, et il ignore absolument si le cœur de la jeune fille qu'il aime appartient à un autre.

— Alors je ne comprends plus du tout, répliqua la marquise, à moins que M. de Montgarin ne soit complètement fou.

— Hélas ! madame, entre le comte de Montgarin et celle qu'il aime, il y a un obstacle qu'il ne veut même pas essayer de franchir.

— Ah ! quel est donc cet obstacle si effrayant ? fit la marquise.

— La jeune fille appartient à une illustre famille, qui a, en plus de sa haute noblesse, une immense fortune.

— Comment, c'est pour cela ?...

— Oui, madame la marquise, c'est pour cela que le malheureux est désespéré, souffre en silence et renferme en lui le secret qui l'étouffe.

— Mais n'est-il pas noble aussi, lui?... Il est jeune, beau, distingué, spirituel; il a tout pour plaire.

— Sans doute, madame la marquise; mais la jeune fille est tellement au-dessus de lui par son nom et sa fortune qu'il n'ose lever les yeux jusqu'à elle.

— Oh! la fortune, la fortune? fit la vieille dame en hochant la tête.

— Pourtant, madame, voilà le grand, le véritable obstacle dont je vous parlais tout à l'heure. Le comte de Montgarin, qui a fait de son amour un culte, craindrait surtout qu'on puisse l'accuser de vénalité. — « De Rogas, m'a-t-il dit avec exaltation, j'aimerais mieux mourir sur l'heure plutôt que de révéler mon secret à un autre qu'à vous. Mon amour est insensé, je le sais ; j'ai fait tout au monde pour l'extirper de mon cœur, et je n'ai pu y parvenir. Je ne puis prétendre à elle, et je l'aime, je l'adore! Voilà ce qui me tue! »

Il y eut un moment de silence pendant lequel José interrogea la physionomie de la douairière.

— Pourtant, reprit celle-ci, le comte de Montgarin n'est pas sans fortune. Je sais qu'il a fait de folles dépenses, il m'a raconté ses petites peccadilles de jeunesse. Mais il lui reste le château de ses ancêtres, ses fermes, ses vignobles et son petit hôtel à Paris. Il me semble qu'avec tout cela on peut faire assez bonne figure. Quand on a ensuite, certains avantages physiques on a le droit d'être un peu plus hardi.

— J'avoue, madame la marquise, que je ne lui ai pas conseillé la hardiesse.

— Pourquoi cela?

— Parce que je trouve aussi qu'entre la jeune fille et lui il y a une énorme distance.

— Cette manière de voir vous fait honneur, monsieur de Rogas, et vous et votre cousin obéissez à un noble sentiment.

Madame la marquise, riposta le fourbe avec aplomb et en se redressant, mon cousin et moi nous sommes des gentilshommes!

— Hé, mon cher comte, répondit la vieille en s'animant, ce n'est pas une raison pour que des sentiments semblables aux vôtres et à ceux du comte de Montgarin ne trouvent personne pour les apprécier ou soient méconnus. Vertudieu! comme disait autrefois mon père, l'amour du cher comte de Montgarin m'intéresse, et, dès à présent, je prends pour lui fait et cause.

Comme l'avait prévu José Basco, qui avait longuement étudié son caractère, la marquise tombait dans le piège qui lui avait tendu.

Le Portugais eut un tressaillement de joie.

Madame de Neuvelle reprit :

— Je dois connaître cette famille dont vous n'avez pas cru devoir me dire le nom, monsieur de Rogas.

— Assurément, madame la marquise.

— Et la jeune fille, est-ce que je la connais aussi?

— Vous la connaissez.
— Ah ! alors, dites-moi son nom.
José parut embarrassé.
— C'est que... balbutia-t-il.
La vieille dame ne put réprimer un mouvement d'impatience.
— Tenez, comte, dit-elle, vous êtes agaçant !
— Mon Dieu, madame la marquise, il ne s'agit point d'une chose qui m'est personnelle, mais d'un secret qui appartient au comte de Montgarin. Vous comprenez certainement mes scrupules, peut-être ai-je été déjà trop indiscret.
— Monsieur de Rogas, je comprends vos scrupules, mais je ne blâme pas votre indiscrétion. J'ai de l'amitié pour le comte de Montgarin, vous le savez ; je vous le répète, sa situation m'intéresse. Je veux, si je le peux, faire quelque chose pour lui. Mais encore faut-il que je sache à qui m'adresser.
— Je vois, madame la marquise, que je ne dois rien vous cacher. Eh bien, le comte de Montgarin aime mademoiselle Maximilienne de Coulange.
— Maximilienne ! exclama la douairière en faisant un bond sur son fauteuil.
Après un court silence elle continua :
— Je me rappelle la façon dont il la regardait. La chose ne doit pas me surprendre, elle devait arriver.
— Oui, fatalement. Ah ! madame la marquise, il maudit aujourd'hui la curiosité qui l'a poussé à assister à cette fête où il a vu la première fois mademoiselle de Coulange. Vous êtes de mon avis, n'est-ce pas ? Le malheur du pauvre Ludovic est réel ?
— Permettez, monsieur de Rogas, vous voyez la chose d'une façon, je puis la voir autrement.
— Que voulez-vous dire ?
— Que rien n'est désespéré, au contraire.
— Quoi ! madame la marquise suppose, croit possible...
— Oui, si toutefois le cœur de Maximilienne est libre de tout engagement ; mais je suis presque sûre qu'il n'a pas encore parlé.
— Madame la marquise paraît oublier l'immense fortune du marquis de Coulange.
— Monsieur de Rogas, répliqua fièrement madame de Neuvelle, dans cette famille, les questions d'argent sont toujours mises en dehors des choses du cœur ; c'est de tradition chez les Coulange. La mère du marquis de Coulange, qui fut ma meilleure amie, était sans fortune ; le marquis lui-même a épousé mademoiselle Mathilde de Perny, qui n'avait pas de dot. L'homme que Maximilienne aimera sera son époux, n'aurait-il pas un écu vaillant. Cela, je vous le garantis, je connais à ce sujet les idées de la fille et du père. Mais, entendons-nous bien : je dis que Maximilienne épousera l'homme de son choix, parce qu'elle est incapable d'aimer le premier venu, c'est-à-dire un homme qui ne soit pas digne d'elle.

Maximilienne n'est pas ce qu'elle paraît être. A voir sa vivacité, son enjouement, on pourrait la croire frivole; non, elle est réfléchie et sérieuse; elle a le jugement sûr et beaucoup de bon sens; sous sa charmante gaieté et l'apparence de l'insouciance se cache une raison mûrie. C'est cela, je crois, qui la rend si séduisante. Mais chez elle, comme chez sa mère, ce qui domine tout, c'est le cœur. C'est par le cœur que ces deux créatures vivent!

« Monsieur de Rogas, poursuivit madame de Neuvelle, vous avez bien fait de venir aujourd'hui, et vous avez bien fait de me dire que M. de Montgarin aime mademoiselle de Coulange. Je vous le disais il y a un instant, toute vieille que je suis, peut-être suis-je encore bonne à quelque chose. Je vais agir sans retard dans l'intérêt de notre amoureux; j'userai dans cette circonstance de toute l'influence que je puis avoir. C'est un mariage à faire. Cela me sourit. Quand on approche de la tombe et qu'on se souvient des joies qu'on a connues, il semble qu'on va les retrouver en s'occupant du bonheur de ceux qui sont jeunes.

« Si je ne réussis pas, monsieur de Rogas, je n'ai pas besoin de vous dire qu'il n'y aura rien de ma faute.

— Ah! madame la marquise, s'écria José avec une émotion parfaitement jouée, je ne sais comment vous exprimer la joie que vous venez de faire naître en moi; les paroles me manquent... Le comte de Montgarin est sauvé, madame, oui, grâce à vous. Sans doute, entre mademoiselle de Coulange et lui la distance est grande, mais est-il coupable parce qu'il l'aime? l'amour ne se commande pas... Ludovic a été attiré, captivé par la beauté, la grâce et les autres qualités adorables de mademoiselle de Coulange. Certes, il n'a point songé à la fortune du marquis de Coulange; on ne se livre à aucun calcul quand on aime! J'espère que d'autres penseront comme vous, madame la marquise, et qu'on ne supposera point que le comte de Montgarin aime mademoiselle de Conlange à cause de sa dot!...

— Mon cher comte, il y a toujours des gens prêts à suspecter les meilleures intentions; mais, dans le cas présent, nous n'avons pas à nous préoccuper de ce que ceux-là pourront penser et dire.

— Oui, vous avez raison, madame la marquise, répondit José en se levant.

— Vous me quittez? dit la vieille dame.

— Je vous en demande la permission; j'ai hâte de rejoindre Ludovic. Madame la marquise m'autorise-t-elle à lui dire?...

— Oui, dites-lui d'espérer. Dites-lui aussi qu'il vienne me voir le plus tôt possible.

— Je vais lui porter vos bonnes paroles, elles tomberont dans son cœur comme un baume. Ah! madame la marquise, ce sont les plus beaux horizons, c'est le ciel que vous lui ouvrez!

Madame de Neuvelle, souriant, lui tendit la main sur laquelle il posa ses lèvres et se retira.

XXII

COMMENT MAXIMILIENNE APPREND QU'ELLE EST AIMÉE

Malgré sa vieille expérience, la marquise de Neuvelle était fort crédule ; aussi croyait-elle à ce que lui avait dit le faux comte de Rogas comme une vraie chrétienne croit à la parole de l'Évangile. Et ce n'était pas une vaine promesse qu'elle avait faite à José Basco, en lui disant qu'elle userait de son influence auprès de Maximilienne et de ses parents en faveur du comte de Montgarin.

Rapprocher les deux jeunes gens, se placer entre eux comme un trait d'union, était un rôle qui ne déplaisait point à madame de Neuvelle.

Il est vrai que l'excellente femme était persuadée qu'en s'intéressant à l'amour du comte de Montgarin elle travaillait également au bonheur de Maximilienne. Certes elle aurait pensé d'une autre manière, si elle eût pu soupçonner la plus minime partie des projets du Portugais. Mais celui-ci était trop habile pour se trahir, et la marquise de Neuvelle se disposait à agir avec la plus entière bonne foi.

Si, maintenant, le comte de Montgarin était admis partout dans ce monde généralement si sévère à l'égard de ceux qu'il reçoit, il le devait à la marquise, de Neuvelle. C'est elle qui l'avait introduit dans les salons les moins accessibles, en le présentant comme un jeune homme qu'elle protégeait et honorait de son amitié. En disant cela elle ne mentait pas, Ludovic était réellement son protégé ; et il avait su lui inspirer une affection sincère, presque maternelle.

C'est une affection semblable qu'elle avait pour Maximilienne. Cette sorte d'affection était un besoin de son cœur ; la vieille dame n'ayant eu qu'un enfant, qu'elle avait perdu en bas âge, elle avait cherché un dédommagement en donnant souvent son amitié mêlée de tendresse aux enfants de ses amies.

Avons-nous besoin de dire que le comte de Montgarin avait joué près de madame de Neuvelle, avec un succès complet, le rôle qui lui était imposé par José Basco.

Le Portugais lui disait et lui répétait sans cesse :

— Soyez hardi, sachez mentir ; je suis là, derrière vous, ne craignez rien. Rappelez-vous ma maxime : « Quand deux hommes sont ensemble, l'un est trompé par l'autre. » Soyez le trompeur et non le dupé ! Voyez-vous, c'est par la tartuferie qu'on arrive à tout. Savoir porter sur son visage le masque de l'hypocrisie, quelle puissance ! C'est avoir retrouvé certain anneau magique qui rendait invisible celui qui le mettait à son doigt. Sous votre masque, regardez et observez vous serez bientôt convaincu qu'il y a autour de vous des milliers de jésuites qui ne portent pas la robe noire.

Qu'est-ce que l'honnêteté? Une chose de convention. Combien de vils coquins passent pour de très honnêtes gens! Ils savent tromper... Tromper, tout est là! On dit : « L'habit ne fait pas le moine. » Moi, je retourne le proverbe, et je dis le contraire.

Il faut avoir l'air franc et ne pas l'être, avoir l'air d'ouvrir son cœur et le tenir fermé... Il faut savoir ne dire que ce qu'on veut et jamais ce qu'on pense. Tartufe est un maître, l'ami de Tartufe est un imbécile. Or, dans le monde, vous rencontrerez constamment ces deux types : l'imbécile et le tartufe. Celui-ci embrasse le premier pour le mordre plus tard. Embrassez, morbleu, embrassez !...

Le jeune homme avait admirablement mis en pratique les conseils de José Basco, et il était devenu en peu de temps un tartufe accompli.

Et José Basco était fier de Ludovic qu'il avait façonné à son image.

Et c'est avec un légitime orgueil qu'il pouvait dire à Sosthène de Perny, en parlant du comte de Montgarin :

— J'ai pris sa chair et je l'ai pétrie comme la glaise dans la main d'un sculpteur; j'ai fait passer de mon sang dans ses veines et je l'ai animé de mon souffle. Aujourd'hui je n'ai plus qu'à le laisser aller. L'élève est à la hauteur du maître !

Sur le conseil de José Basco, pour mieux capter la confiance de madame de Neuvelle, Ludovic lui avait raconté son histoire préparée et arrangée de façon à émouvoir le cœur de la vieille dame.

Parlant de sa mère et de son père, il avait eu des sanglots dans la voix, des larmes dans les yeux. Trop tôt orphelin, n'ayant personne pour le conseiller, le diriger et l'aimer, toujours il avait été une victime et la dupe de son bon cœur. Naïf et trop confiant, de faux amis l'avaient entraîné et avaient abusé de sa jeunesse et de son inexpérience pour le traîner avec eux dans une voie déplorable. Mais, heureusement, il s'était arrêté à temps sur la pente glissante, grâce au souvenir de sa mère, qui était une sainte. Ses yeux s'étaient ouverts; il fut épouvanté en entrevoyant l'abîme vers lequel il marchait. Alors il avait versé des larmes de repentir et avait fait le serment de racheter une à une toutes ses fautes, afin que du haut des cieux sa mère pût lui sourire et continuer de le protéger.

Ainsi, dit madame de Neuvelle, après avoir entendu Ludovic, vous avez été un charmant mauvais sujet, et, en ce moment, je parle à un pécheur converti. Allons, c'est bien, à tout péché miséricorde; votre repentir vous donne droit à l'absolution.

Elle lui adressa ensuite quelques bonnes paroles auxquelles elle crut devoir ajouter quelques conseils affectueux.

— Ah ! il me semble que c'est ma mère qui me parle, s'écria Ludovic.

Ces paroles impressionnèrent vivement la marquise.

LE FILS 145

— Oui, oui, dites-lui d'espérer répondit la jeune fille, rouge comme une cerise.

Elle était attendrie. Dès lors, l'hypocrite eut une place dans son cœur.

Quand, le jour même, José Basco apprit ce qui s'était passé entre madame de Neuvelle et le comte de Montgarin, il ne fut pas maître de sa joie.

— Mon cher Ludovic, dit-il, c'est une grande bataille que vous venez de livrer, et vous l'avez gagnée !... Je salue en vous un conquérant !

C'était, en effet, pour les projets de la société Basco, de Perny et Compagnie, une brillante conquête que le comte de Montgarin venait de faire en la personne de la marquise de Neuvelle, qui avait, par une vie sans reproches plus encore que par le privilège de l'âge, une grande autorité dans le monde parisien.

Le lendemain du jour où madame de Neuvelle avait eu avec le faux comte de Rogas la conversation que nous connaissons, elle fut agréablement surprise en voyant entrer chez elle mademoiselle de Coulange.

— Quoi! fit-elle, vous êtes seule, et vous venez me voir, comment cela se fait-il?

Tout en lui tendant son front sur lequel la marquise mit un baiser, la jeune fille répondit :

— Je suis sortie avec maman qui m'a amenée jusqu'à votre porte. Elle va rendre une visite de l'autre côté de l'eau, et ensuite elle reviendra ici. J'aurais pu l'accompagner, mais j'ai préféré venir chez vous tout de suite afin d'être plus longtemps avec vous.

— Tiens, tu es adorable! dit la marquise en embrassant la jeune fille sur les deux joues.

Il lui arrivait souvent, quand elle avait de la gaieté au cœur, de tutoyer Maximilienne.

— Allons, se disait-elle, pendant que la jeune fille se débarrassait de son chapeau et de son paletot, c'est le bon génie des amoureux qui l'a conseillée.

« Maintenant, ma mignonne, venez vous asseoir, reprit-elle à haute voix, en indiquant à la jeune fille la place qu'elle devait occuper près d'elle sur la causeuse. »

Maximilienne s'étant assise, elle continua :

— Ainsi vous n'oubliez pas votre vieille amie; c'est bien, cela. Pour moi, ma chérie, c'est la plus douce flatterie, car cela prouve que vous ne vous ennuyez pas trop dans ma société. Voyez-vous, j'ai toujours peur qu'on dise de moi : C'est une vieille radoteuse.

— Oh! madame!

— Qui sait? Il y a peut-être des gens qui le pensent.

— Je ne le crois pas.

— Mais je suis bien sûre que ma petite Maximilienne ne le pensera jamais.

— Moi, madame la marquise, je vous aime et je ne puis voir que votre bonté.

— Vous n'avez pas affaire à une ingrate, Maximilienne ; pour vous mon cœur est plein de tendresse.

— Je le sais, madame...

— Tout à l'heure, quand on vous a annoncée, je pensais à vous et à votre excellente mère; je me disais : Il faut que demain j'aille leur faire une visite.

— J'espère bien que vous viendrez tout de même...

— Certainement; je ne vois jamais assez ceux que j'aime. Je ne vous ai pas

demandé des nouvelles de monsieur le marquis; je suppose qu'il va bien.
— Oui, madame, très bien.
— Et M. Eugène ?
— Très bien aussi.
— Il travaille toujours ?
— Toujours beaucoup; mais moins maintenant que dans les trois dernières années.
— Ah dame, il est amoureux, et l'on ne saurait trouver mauvais qu'il pense un peu plus à sa jolie fiancée qu'aux x de l'algèbre.
— Sans doute, approuva la jeune fille en souriant.
— C'est égal, je plains mes chers amoureux; les faire attendre encore un an, c'est trop longtemps, vraiment. Non, je ne puis comprendre qu'on ne les marie pas tout de suite.
— C'est M. de Sisterne et mon père qui ont décidé cela. Mais je pense comme mon frère : on apprécie mieux le bonheur qu'on a eu la patience d'attendre.
— Soit. Mais le bonheur n'arrive jamais assez tôt. Et puis on vieillit vite, et pour ceux qui ont des joies, la vie est si courte ! Allons, n'ayons pas des idées tristes, ce n'est pas le moment. Parlons de vous, ma mignonne. Voyons, est-ce que ce bonheur promis à votre frère et à votre amie Emmeline ne vous donne pas le désir de l'avoir pour vous-même ?
— On a toujours une part de bonheur de ceux qu'on aime, madame la marquise.
— Certainement; mais ce n'est pas la même chose que de l'avoir à soi. Permettez-moi de vous interroger, Maximilienne. Est-ce que vous ne pensez pas un peu à vous marier ?
— Parfois, cette idée-là me trotte dans la tête, répondit la jeune fille; mais, vous le voyez, elle ne me fait ni pâlir ni maigrir.
Madame de Neuvelle ne put s'empêcher de rire.
— Ce que vous venez de dire indique que votre cœur n'a pas encore battu d'une certaine façon, reprit-elle.
La jeune fille rougit légèrement.
— Pourtant, continua la marquise, vous êtes en âge d'être mariée.
— Sans doute, puisque je suis plus âgée que mon amie Emmeline, répondit Maximilienne avec un abandon charmant.
Après un moment de silence, la marquise reprit avec une certaine gravité :
— Maximilienne, écoutez-moi : je ne veux pas vous le cacher, je profite de l'occasion innattendue de ce tête-à-tête pour vous prier de me faire connaître bien franchement toute votre pensée.
Les yeux étonnés de Maximilienne se fixèrent sur la marquise. Celle-ci poursuivit :

— Vous avez beaucoup d'adorateurs, je le sais. Cela se comprend ; en plus de votre jeunesse, de votre beauté, vous possédez toutes les qualités précieuses que la mère la plus exigeante peut souhaiter à sa fille. Je ne parle pas de votre fortune, elle ne saurait rien ajouter à votre mérite, et, quoi qu'on dise des jeunes gens d'aujourd'hui, j'ai une assez bonne opinion du plus grand nombre pour être convaincue qu'ils voient, dans une jeune fille à marier, autre chose que sa dot.

« Voici ce que je vous demande, Maximilienne : Parmi les jeunes gens que vous connaissez, y en a-t-il un que vous ayez distingué ; en un mot, votre cœur vous a-t-il déjà désigné celui que vous voudriez pour mari ? »

Cette fois, les joues et le front de la jeune fille s'empourprèrent.

— Ma chérie, ajouta madame de Neuvelle, j'ai quelque chose à vous apprendre ; mais, suivant votre réponse, je parlerai ou me tairai.

— Votre affection pour moi, madame la marquise, vous donne le droit de connaître ma pensée ; aussi vais-je vous répondre sincèrement, comme je répondrais à ma mère. D'abord, madame la marquise, je ne vois pas autour de moi une foule de prétendants ; d'ailleurs je ne désire point qu'ils soient nombreux, un seul me suffit, pourvu que je sache lui plaire et que je puisse l'aimer. On a des yeux pour voir, madame la marquise, et je n'ai pas été sans distinguer, parmi ceux que je connais, deux ou trois jeunes gens plus particulièrement que les autres. Alors je me disais : « Il est fort bien, ce jeune homme ! » En cela je crois ressembler à toutes les jeunes filles. Mais je n'éprouvais aucune émotion ; comme vous le disiez tout à l'heure, mon cœur ne battait point d'une certaine façon. Du reste, je ne pensais plus le lendemain au jeune homme remarqué la veille. En dehors de ceux-là il y en a deux autres.

Le premier est l'ami intime de mon frère ; si Eugène était chargé de me choisir un mari, c'est certainement celui-là qu'il me présenterait.

— Maximilienne, vous aimez ce jeune homme ?

— J'apprécie ses qualités et je reconnais son mérite ; de plus il est l'ami de mon frère : c'est déjà beaucoup pour qu'il puisse me plaire. Je l'aimerai peut-être ; mais cela n'est pas encore venu.

— Ah ! fit madame de Neuvelle.

Et elle respira bruyamment.

— Voilà pour le premier, reprit-elle. Et le second ?

— Je ne veux rien vous cacher, madame. Eh bien, la première et unique impression faite sur mon cœur a été causée par lui, répondit la jeune fille, les yeux baissés.

— Alors, c'est lui que vous aimez ?

— Pas encore, madame la marquise.

— Cependant...

— Je me fie à mon cœur ; je le laisse faire et j'attends.

— Je comprends : vous n'aimez pas encore, mais le choix de votre cœur est fait.

Maximilienne resta silencieuse.

— Ma chérie, reprit madame de Neuvelle, je n'ai plus qu'une chose à vous demander : le nom de ce jeune homme.

— Vous voulez donc une confession complète ?

— Oui.

— Eh bien, madame la marquise, ce jeune homme, vous le connaissez : c'est votre ami M. le comte de Montgarin.

Madame de Neuvelle ne chercha pas à cacher la joie qu'elle éprouvait.

— Que je suis heureuse, s'écria-t-elle, et comme j'ai eu raison de vous interroger ! Maintenant, je ne suis plus embarrassée, je puis parler. Ma chère enfant, voici ce que j'ai à vous apprendre : le comte de Montgarin vous aime.

— Madame la marquise... balbutia Maximilienne.

— Oui, il vous aime, ma mignonne, il vous aime à en perdre la raison, le pauvre jeune homme.

Maximilienne avait de nouveau baissé les yeux. Elle était très émue.

— Ma chère, continua la vieille dame, je m'empresse de vous dire que M. de Montgarin ne m'a chargée d'aucune mission. Je dois ajouter que je ne l'ai pas vu depuis quinze jours. C'est hier que j'ai appris par M. de Rogas que le comte vous aime, et c'est de mon propre mouvement que je me fais son intermédiaire auprès de vous. Vous ne l'avez pas vu depuis quelque temps, n'est-ce pas ?

— Bien qu'il ait été toujours bien reçu à l'hôtel de Coulange, M. de Montgarin a cessé ses visites.

— Je sais pourquoi, Maximilienne, et il est bon que vous le sachiez aussi. Comme tout le monde, le comte de Montgarin n'ignore pas que la fortune de votre père est très considérable. Quand il ne lui fut plus possible de se méprendre sur la nature de ses sentiments à votre égard, enfin quand il découvrit qu'il vous aimait, il fut effrayé... Il vous vit tellememt au-dessus de lui qu'il s'imagina qu'il ne pouvait prétendre à vous et que songer à aspirer à votre main serait de sa part une audacieuse folie. A cela se joignit la crainte assez naturelle, d'ailleurs, qu'on ne le soupçonnât de convoiter une grosse dot. Alors il résolut de chasser l'amour de son cœur. Pour cela, il ne devait plus chercher à vous voir, c'est ce qu'il fit.

Maximilienne écoutait attentivement, tout en ayant l'air de réfléchir profondément.

— Maintenant, poursuivit la marquise, vous savez pourquoi M. de Montgarin a cessé brusquement ses visites à l'hôtel de Coulange. Il y a là un sentiment de délicatesse...

— Que j'approuve, acheva la jeune fille.

— Malheureusement, le comte avait trop compté sur ses forces; son amour fut plus fort que sa volonté, ses craintes et tous ses raisonnements. Que vous dirais-je encore, Maximilienne? Aujourd'hui malade, découragé, le comte se livre à des accès de désespoir qui font craindre pour sa raison. Persuadé que son amour est insensé, il le renferme en lui, il le cache comme une mauvaise pensée ou une mauvaise action. C'est à force de prières que son cousin est parvenu à obtenir la confidence de son secret; mais en lui faisant promettre de ne le révéler à personne. M. de Rogas me l'a confié, ce secret. Je suis curieuse, je l'avoue humblement; c'est un défaut qu'on a à mon âge; c'est moi qui ai forcé M. de Rogas à être indiscret.

« Maintenant, ma chère Maximilienne, vous savez tout, acheva madame de Neuvelle; vous n'avez plus qu'à me dire ce que vous pensez. »

La jeune fille leva les yeux sur la vieille marquise, mais elle resta silencieuse.

Madame de Neuvelle n'eut pas de peine à voir qu'elle était très émue. Elle avait le sein agité, la respiration oppressée, et deux belles larmes, brillantes comme des gouttes de rosée, se suspendaient aux franges de ses paupières.

XXIII

PREMIÈRE VICTOIRE.

Tout ce qui ressemble de près ou de loin à de l'héroïsme fait vibrer une corde sensible dans le cœur de toutes les femmes, car elles sont toutes plus ou moins romanesques, et les héros provoquent facilement leur enthousiasme.

Ayant conscience de sa faiblesse et reconnaissant la supériorité de l'homme, sans vouloir accepter sa domination, la femme voudrait le voir toujours sur un piédestal. La grandeur de l'homme est une des plus nobles fiertés de la femme.

Les paroles de madame de Neuvelle venaient de produire sur l'esprit de Maximilienne le même effet que le récit de José Basco, habilement préparé, avait produit la veille sur celui de la vieille marquise.

Ce qui était allé au cœur de l'une devait naturellement toucher le cœur de l'autre.

Certes, le Portugais avait bien calculé la valeur de ses paroles menteuses. Il savait très bien qu'il grandissait le comte de Montgarin aux yeux de la marquise et de mademoiselle de Coulange, en le montrant résolu à faire le sacrifice de son amour par excès de délicatesse. Que voulait-il ? En même temps frapper l'esprit et impressionner le cœur. L'audacieux coquin avait plainement réussi.

Cependant, sous le coup de l'émotion qu'elle éprouvait, Maximilienne continuait à garder le silence.

— Eh bien, ma chère mignonne, reprit madame de Neuvelle, vous ne me répondez pas ?

— Mais que puis-je vous dire ? prononça la jeune fille de sa plus douce voix. je ne vois pas...

— C'est juste, répliqua la marquise, vous êtes embarrassée, je le comprends. Si vous le voulez bien, je vais vous aider un peu. D'après l'aveu que vous m'avez fait, le comte de Montgarin ne vous déplaît pas.

— C'est vrai, madame.

— Nous pouvons même convenir, dès maintenant, que vous avez pour lui une sympathie que vous n'avez encore accordée à aucun autre.

— Oui, madame, seulement...

— Vous ne l'aimez pas encore, c'est entendu, mais vous êtes disposée à l'aimer. L'amour ne vient pas toujours subitement.

« Il ressemble un peu à la rose, qui est d'abord en bouton avant de s'épanouir ! Il est en germe dans votre cœur, de ce germe sortira un rameau sur lequel il fleurira.

« Quand on est réfléchie comme vous, ma chère Maximilienne, on résiste à ses premières impressions, et l'on interroge longuement son cœur avant de le laisser parler trop haut. Mais l'amour se communique comme le feu; le plus souvent c'est l'amour de l'un qui fait naître l'amour de l'autre. Il y a dans ce cas une force pénétrante irrésistible. Croyez-le, ma chère enfant, quand deux êtres sont faits l'un pour l'autre, il existe entre eux une sorte d'affinité mystérieuse qui lui rapproche, une puissance attractive qui les pousse...

« Vous avez de ce que je vous dis un exemple sous les yeux : c'est l'amour réciproque de votre frère et de mademoiselle de Valcourt. Comme ils s'aiment ! C'est d'eux qu'on peut dire, vraiment : ils sont faits l'un pour l'autre. Comme ces deux âmes, ces deux cœurs sont unis ! La chaîne de fleurs qui les lie est plus solide que l'airain ; aucune puissance humaine ne pourrait les séparer. Ah ! comme ils ont raison !... Pourquoi sommes-nous sur la terre ? Pour aimer, Maximilienne, pour aimer !

Après une pause madame de Neuvelle reprit :

— Mais, ma chère mignonne, vous ne devez voir dans mes paroles que le désir ardent de votre bonheur. Ah ! je serais désolée de penser seulement que je puis violenter un seul de vos sentiments. Je connais le comte de Montgarin, je le crois digne de vous et je suis convaincue qu'il peut vous rendre heureuse. C'est pour cela, pour cela seulement que je plaide si chaleureusement sa cause devant vous. Du reste, ma chère enfant, c'est vous qui m'avez encouragée à parler. Si vous aviez eu seulement un commencement d'inclination pour un autre, malgré mon amitié pour le comte, j'aurais gardé le silence ; oui, j'aurais gardé son secret, vous ne sauriez rien.

« Maintenant, Maximilienne, que dois-je faire ? Vous comprenez que sans votre assentiment je ne puis rien ; il me faut votre autorisation pour agir. Le comte de Montgarin souffre de l'amour que vous lui avez inspiré ; devons-nous le laisser souffrir ?

— Oh ! ce serait de la cruauté, balbutia la jeune fille.

— C'est mon avis. Alors, Maximilienne, il faut que vous m'autorisiez à le consoler. Puis-je lui dire d'espérer ou seulement de ne pas désespérer ?

— Oui, oui, dites-lui d'espérer, répondit la jeune fille, rouge comme une cerise.

— Oh ! vous l'aimerez ! s'écria joyeusement madame de Neuvelle. Tiens, continua-t-elle, je crois bien que tu l'aimes déjà un peu.

— Peut-être, fit la jeune fille songeuse.

— Dès demain, reprit la douairière, j'instruirai M. le marquis et madame la marquise de Coulange de ce qui se passe.

— Pourquoi si vite ? demanda la jeune fille.

— Cette démarche près de vos parents, mon enfant, répondit la vieille dame, est la conséquence forcée de la conversation que nous venons d'avoir ensemble. Si, après vous avoir parlé, je ne leur disais rien, mon silence serait coupable ; c'est un devoir impérieux que je dois remplir.

Maximilienne approuva par un mouvement de tête.

— D'ailleurs, poursuivit madame de Neuvelle, le comte de Montgarin ne peut plus rentrer à l'hôtel de Coulange que comme votre fiancé. Dans la situation, il ne doit pas y avoir d'équivoque.

— C'est vrai, dit Maximilienne ; pourtant, madame la marquise...

— Je devine votre pensée. Rassurez-vous, ma mignonne, j'aurai soin de faire en votre nom les réserves nécessaires. Il faut qu'il soit bien entendu que vous ne promettez rien positivement et que vous ne vous engagez que conditionnellement.

« C'est au comte de Montgarin à faire fleurir dans votre cœur la fleur d'amour sur le rameau, ajouta-t-elle gaiement. S'il y réussit, c'est lui qui la cueillera. »

Un instant après, madame de Coulange arriva. Les deux marquises causèrent un instant de choses et d'autres ; puis madame de Coulange et Maximilienne prirent congé de la vieille dame.

Celle-ci avait prévenu la mère de Maximilienne qu'elle irait la voir le lendemain à l'heure à laquelle elle était à peu près sûre de rencontrer aussi le marquis.

Le soir même, madame de Neuvelle écrivit les lignes suivantes au comte de Montgarin :

Aurais-tu quelque grief contre le comte de Montgarin, lui demanda le marquis. (Page 156.)

« Un amour désespéré n'est pas celui qui doit trouver place dans le cœur du comte de Montgarin. Allons, monsieur, reprenez courage et sortez vite de l'ombre où vous vous cachez. Votre vieille amie continue à vous protéger. J'ai eu l'occasion de voir aujourd'hui mademoiselle de Coulange, je lui ai parlé de vous, et je suis autorisée à vous dire ce mot : « Espérez ! »

« Venez me voir après-demain ; j'aurai probablement une autre bonne nouvelle à vous apprendre.

« Comptez sur la marquise de Neuvelle ; si elle le peut elle achèvera votre guérison. »

Quand le jeune homme reçut ce billet, José Basco était près de lui. Il le lut rapidement, mais avec un fort battement de cœur. Puis il tendit le papier au Portugais, en lui disant :

— Tenez, comte, lisez.

José dévora des yeux l'écrit de madame de Neuvelle et poussa aussitôt un cri de triomphe.

Ses yeux paraissaient lancer des étincelles ; son regard n'avait jamais eu de pareils éclairs.

— Nous tenons les millions du marquis ! exclama-t-il. Hein ! reprit-il, me suis-je trompé ? Ne vous ai-je pas toujours dit que la vieille marquise était une conquête précieuse ?

— Ah ! de Rogas, répondit le jeune homme, vous êtes un homme merveilleux !

Le Portugais eut un sourire singulier qui fit tressaillir Ludovic.

— Mon cher comte, répliqua-t-il, vous avez mis en moi toute votre confiance, je tiens à vous prouver que vous n'avez pas eu tort. Voyez-vous, mon cher, j'ai le regard perçant et je sais voir de loin, je suis encore un excellent pilote à travers les écueils de la vie ; je prévois les bourrasques et j'évite les orages ; avec moi, vous n'avez pas à craindre de faire naufrage, vous arrivez sûrement au port.

— Si je doutais de vous, de Rogas, ce serait de l'ingratitude.

— Ainsi, vous êtes satisfait ?

— Au delà de toute expression ; je nage dans l'ivresse ; c'est le ravissement d'une joie infinie, d'un bonheur inespéré. En vérité, de Rogas, il me semble que tout ce qui m'arrive est un enchantement. Elle, Maximilienne, ma femme !... Tenez, de Rogas, je ne puis croire encore que cela est possible.

— Allons donc, relisez la lettre de la vieille marquise.

— Elle me dit seulement : Espérez.

— Et c'est assez. Ce mot doit vous faire comprendre que vous occupez déjà une assez bonne place dans le cœur de mademoiselle de Coulange.

— Ainsi, de Rogas, vous croyez sérieusement...

— Que vous l'épouserez ? Eh morbleu ! je vous ai dit assez de fois que j'en étais sûr !

— Eh bien, non, je ne veux pas douter ; rien ne doit faire opposition à la joie immense qui inonde mon cœur.

— Ah ! çà, mon cher comte, vous l'aimez donc bien ?

— Pourquoi me faire cette question ? Vous savez bien que je l'adore, que j'en suis fou.

— Mon cher Ludovic, aimez mademoiselle de Coulange ; oui, aimez-la ; mais croyez-moi, ne l'aimez pas trop.

— On ne mesure pas un sentiment avec un mètre comme une pièce d'étoffe.

— Soit. Mais, mon cher Ludovic, la véritable force de l'homme consiste à savoir dompter une passion comme on dompte un cheval trop fougueux. Je n'appuie pas sur ce sujet ; je sais que vous serez maître de vous. Vous ferez à madame de Neuvelle la visite qu'elle attend ?

— Assurément. Je volerais chez la marquise si j'avais des ailes.

— Vous savez ce que je lui ai dit ; je n'ai pas besoin de vous recommander d'être prudent.

— Soyez tranquille, de Rogas, je ne détruirai point votre ouvrage.

Le lendemain, le comte de Montgarin se présenta chez la marquise de Neuvelle avec une figure de circonstance.

— Enfin, vous voilà, beau ténébreux, lui dit gaiement la vieille dame, je vous attendais en trouvant que vous tardiez à arriver.

— Je n'ai pas osé venir trop tôt, madame, j'avais hâte, pourtant, de vous apporter le témoignage de ma vive reconnaissance. Ah ! madame la marquise, ajouta-t-il d'un ton pénétré, vous n'êtes pas seulement pour moi une protectrice, mais une mère, une véritable mère.

— C'est comme cela, répliqua-t-elle avec émotion ; il faut, bon gré mal gré, qu'on aime un mauvais sujet comme vous. Voyons, êtes-vous devenu plus raisonnable ?

— Après avoir lu votre bonne lettre, je ne me suis plus senti le même ; aussitôt j'ai repris courage ; il m'a semblé qu'un rayon du ciel venait de m'éclairer. Ah ! ma chère protectrice, vous avez ensoleillé mon cœur !

— Alors vous allez être tout à fait raisonnable ?

— Je l'espère.

— Enfin, la bonne volonté y est. Je vous ai écrit que j'aurais aujourd'hui probablement une nouvelle agréable à vous apprendre. Je ne veux pas vous la faire attendre. Voici : je vous donne rendez-vous à cinq heures. Nous dînons ensemble à l'hôtel de Coulange.

Le jeune homme eut comme un éblouissement.

— Ah ! madame la marquise, murmura-t-il.

Cette fois, son émotion était réelle.

Le comte de Montgarin se trouvait dans une situation étrange. Il aimait Maximilienne ; son amour pouvait se manifester sans hypocrisie ; mais, en même temps, le rôle que lui faisait jouer Basco le condamnait à mentir sans cesse.

— Je n'ai pas besoin de vous dire, reprit madame de Neuvelle, que votre amour pour Maximilienne n'est plus un secret pour le marquis et la marquise. Ils vous recevront donc, dorénavant, comme un prétendant ou un fiancé. Toutefois ce n'est qu'un peu plus tard que ce titre de fiancé vous sera officiellement donné. Cela dépend de Maximilienne seule ; mais j'espère que vous n'attendrez pas longtemps. Mademoiselle de Coulange est bien près de vous aimer, si elle ne vous aime pas déjà, mon cher comte. Son éducation d'une part, de l'autre une réserve, l'empêchent de subir un entraînement trop prompt. Elle veut avoir le temps de consulter son cœur. En réalité, je crois qu'elle ne se rend pas bien compte encore de ce qui se passe en elle. Voyez-vous, mon cher comte, l'amour ne peut naître dans le cœur d'une jeune fille sans qu'elle éprouve un certain trouble intérieur. C'est la cause de sa réserve et de son hésitation. Pour ma part, j'approuve absolument Maximilienne ; elle donne ainsi une nouvelle preuve de son esprit réfléchi et de sa haute sagesse. Quant à vous, comte, vous devez être enchanté. Vous voyez, dès maintenant, combien est précieux et rare le trésor que vous êtes appelé à posséder.

— Oui, madame la marquise, et comme vous j'approuve mademoiselle de Coulange.

— Vous allez pouvoir faire votre cour à Maximilienne... monsieur de Montgarin, l'amour est un maître souverain ; le cœur de Maximilienne répondra aux sollicitations du vôtre et vous aurez vaincu bientôt ses dernières hésitations.

— Ah ! pour mademoiselle de Coulange mon respect est aussi profond, aussi grand que mon amour ; je n'oublierai point qu'elle est maîtresse de son cœur et d'elle-même, et je saurai attendre avec une patience respectueuse.

— A la bonne heure, voilà qui est bien dit. Enfin vous êtes rentré en possession de votre raison. Je retrouve le comte de Montgarin.

Le marquis et la marquise de Coulange avaient été peut-être un peu étonnés de la démarche faite près d'eux par madame de Neuvelle. Toutefois ils avaient répondu :

— Ne nous en reconnaissant pas le droit, nous ne voulons repousser aucun de ceux qui peuvent aimer Maximilienne et la rechercher en mariage. M. le comte de Montgarin sera d'autant mieux accueilli par nous que c'est vous, madame la marquise, qui nous le présentez. Nous avons une entière confiance en Maximilienne ; elle épousera l'homme de son choix. Si elle aime M. le comte de Montgarin, il sera son mari.

Quand le marquis annonça à Eugène que, sous les auspices de la marquise de Neuvelle, le comte de Montgarin demandait l'entrée de la maison comme un prétendant à la main de sa sœur, le jeune homme eut un froncement de sourcils significatif.

— Maximilienne a-t-elle été consultée ? demanda-t-il.

— La démarche de la marquise a été autorisée par elle.

— Ah ! fit le jeune homme avec une sorte de dépit.

— Eugène, tu as l'air contrarié ?

— Non, mon père, je suis seulement surpris.

— Aurais-tu quelque grief contre le comte de Montgarin ?

— Non, mon père ; d'ailleurs je le connais à peine.

— Enfin tu n'es pas satisfait ?

— Ma sœur a autorisé la demande de M. de Montgarin, mon père ; je m'incline devant sa volonté, je n'ai rien à dire.

DEUXIÈME PARTIE

L'INTRIGUE

I

L'ATTENTE

Bien accueilli par le marquis et la marquise de Coulange, poussé d'un côté par José Basco, encouragé de l'autre par madame de Neuvelle et animé surtout par son amour, le comte de Montgarin faisait vaillamment sa cour à Maximilienne. Il laissait rarement passer un jour sans se présenter à l'hôtel de Coulange. Là, inspiré seulement par son cœur, il se montrait aimable et bon, gai, spirituel, enthousiaste. Toujours réservé et respectueux, il y avait dans ses attentions, ses petits soins, sa sollicitude pour mademoiselle de Coulange, comme dans toutes ses paroles, une délicatesse exquise, dont la jeune fille était profondément touchée.

Certes, Maximilienne ne pouvait s'y tromper; elle sentait qu'elle était aimée comme elle désirait l'être.

Du reste, le comte de Montgarin se montrait si parfait en tout qu'il avait su conquérir l'affection du marquis et de la marquise et la sympathie de la plupart des amis de la famille.

Un jour, mademoiselle de Valcourt, entourant de ses bras le cou de Maximilienne, l'avait embrassée, en lui disant :

— Va, je suis bien contente, bien contente !

— Pourquoi es-tu si heureuse, ma chère Emmeline ?

— Parce que, comme moi, tu aimes et tu es aimée !

— Ainsi, M. de Montgarin ne te déplaît pas ?

— Au contraire, je le trouve très bien : il est doux, et il a l'air si bon, si dévoué... Et puis il t'aime tant ! Ah ! cela se lit dans ses yeux, s'entend dans le timbre de sa voix, se voit dans son sourire et dans ses moindres mouvements. Près de toi, il est ému et timide comme une demoiselle ; quand il t'adresse la parole, sa voix a des modulations d'une douceur infinie. Voilà donc ton rêve réalisé, ma chère Maximilienne ; c'est ainsi que tu voulais être aimée. Comme je sais ce que vaut un pareil bonheur, tu ne dois pas être surprise de la joie que j'éprouve. Maman le partage et mon oncle aussi. Tu sais que M. l'amiral a souvent des idées drôles, surtout quand il s'agit de mariage ; eh bien, il disait ce matin, en parlant de M. de Montgarin : « Ce jeune homme est vraiment digne de mademoiselle de Coulange ; je crois que Maximilienne ne peut faire un choix meilleur ; le comte de Montgarin a toutes les qualités voulues pour la rendre heureuse. » Cette appréciation d'un homme sérieux et grave comme mon oncle a sa valeur, n'est-ce pas ?

— Certainement.

— Maximilienne, si tu le veux, nous nous marierons le même jour.

— Nous verrons, répondit mademoiselle de Coulange, avec un délicieux sourire.

— Quel beau jour ! s'écria Emmeline avec enthousiasme, double joie, double rayonnement, à la fois ton bonheur et le mien !... Moi près de toi, eux près de nous, nous sommes agenouillés devant l'autel, et sous son étole, le prêtre nous bénit... Ah ! Maximilienne, il me semble que ce jour-là le soleil n'aura pas assez de rayons pour nous sourire !

Comme on le voit, et bien qu'il n'ait pas encore été présenté officiellement aux amis de la famille comme le fiancé de Maximilienne, le comte de Montgarin était déjà considéré comme son futur mari.

La jeune fille ne s'était pas encore prononcée d'une manière définitive ; mais on était certain qu'elle n'abuserait pas outre mesure de la patience du soupirant, en prolongeant le temps de l'épreuve à laquelle elle avait cru devoir soumettre son cœur.

En somme, le comte de Montgarin pouvait se féliciter de son succès, et José Basco se frotter les mains en songeant à son triomphe prochain. Le comte de Montgarin occupait une forte position à l'hôtel de Coulange. Devant lui, reconnaissant la lutte impossible, tous les autres prétendants avaient successivement battu en retraite.

Maximilienne n'en avait éprouvé aucun déplaisir. Elle n'était pas coquette. Que lui importait le nombre des adorateurs ! Si elle permettait qu'on rendît hommage à sa beauté, elle n'avait jamais cherché à s'entourer d'admirateurs.

Cependant le comte de Montgarin n'avait pas l'amitié de tout le monde à l'hôtel de Coulange ; malgré tous ses efforts, il n'avait pu vaincre une sorte d'antipathie que le frère de Maximilienne ressentait pour lui. Eugène ne répondait à aucune de ses avances ; loin de là, son fier regard et son air indifférent et même dédaigneux semblaient lui dire constamment : « Vous avez beau faire, vous perdez votre temps et vous vous donnez une peine inutile. » Il ne se montrait pas ouvertement hostile, mais sa raideur et sa froide réserve disaient suffisamment quelle était sa pensée. Il était trop bien élevé, d'ailleurs, pour oublier d'être poli, et il avait assez d'empire sur lui-même pour se contenir. Toutefois le comte de Montgarin sentait très bien que, d'un moment à l'autre, le frère de celle qu'il aimait pouvait être pour lui un adversaire redoutable. Eugène ne lui avait jamais tendu la main : il se contentait de le saluer avec une froideur marquée ; il évitait, autant que possible, de se trouver en sa présence et ne lui adressait la parole ou ne lui répondait que quand il était contraint et forcé.

Cette attitude du jeune comte de Coulange, que rien ne paraissait justifier, avait d'abord assez sérieusement inquiété le comte de Montgarin pour qu'il crût devoir parler de ses craintes à José Basco.

Celui-ci s'était empressé de le rassurer, mais avec un froncement de sourcils qui indiquait son mécontentement.

— Sans doute, avait-il répondu à Ludovic, je désirerais comme vous que le frère de Maximilienne fût votre ami ; mais du moment qu'il plaît à ce jeune homme d'avoir d'autres idées que les nôtres, nous nous passerons de son amitié. Soyez, d'ailleurs, absolument tranquille ; il ne peut rien contre nos projets. Il ne vous aime point, soit ; mais de là à se déclarer votre ennemi il y a loin. Je ne crois pas que, maintenant, il puisse vous nuire. Dans tous les cas, s'il osait élever la voix, nous saurions lui imposer silence.

Maximilienne, de son côté, s'était vite aperçue que le comte de Montgarin n'était pas sympathique à son frère ; mais, croyant en connaître la véritable cause, elle ne s'était pas trop émue. Par exemple, ce qui l'affligeait réellement, c'est qu'Eugène n'était plus le même avec elle. Sans doute, il lui témoignait toujours la même affection, il avait toujours pour elle la même tendresse ; mais ce n'était plus leur bonne intimité d'autrefois ; leurs cœurs s'étaient fermés aux doux épanchements ; ils n'avaient plus de ces charmantes causeries qui, naguère encore, faisaient les délices de Maximilienne.

Eugène avait perdu une partie de sa gaieté ; il lui était devenu soucieux, morose, et, parfois, il lui était difficile de cacher sa mauvaise humeur. Près de sa sœur, il paraissait embarrassé. On aurait dit que, maintenant, il manquait de hardiesse pour lui parler ou l'interroger.

— Il est contrarié et il ne veut point me le dire, pensait Maximilienne.

Elle ne se plaignait pas, mais il y avait une souffrance dans son cœur.

Néanmoins elle se rassurait et essayait de se consoler en se disant :

— Bientôt il reviendra de ses préventions, il reconnaîtra qu'il a tort.

En attendant, si Maximilienne restait hésitante, c'est Eugène qui l'arrêtait. C'est parce que son frère semblait ne pas l'approuver qu'elle n'avait pas encore dit au comte de Montgarin : « Je serai votre femme. » A son père et à sa mère : « Vous pouvez présenter M. de Montgarin à nos amis comme mon fiancé; c'est lui que je choisis pour mari. »

Eugène était placé comme une barrière entre Maximilienne et Ludovic. C'est ainsi que, à son insu, le frère protégeait sa sœur contre les monstrueux projets de José Basco et de Sosthène de Perny.

Un soir, le comte de Montgarin rentra chez lui le front rayonnant. Il avait passé une partie de l'après-midi à l'hôtel de Coulange.

— Vous avez l'air bien joyeux, lui dit José Basco.

— Oui, la joie inonde mon cœur.

— Alors vous avez quelque chose de bon à m'apprendre; parlez vite, mon cher Ludovic.

— Elle m'aime, mon ami, elle m'aime; maintenant j'en suis certain.

— Elle vous l'a dit?

— Oui, puisque ses paroles m'ont fait comprendre que je suis aimé.

— Je l'ai compris depuis longtemps, moi; ce n'est donc pas une chose nouvelle que vous m'apprenez.

— Je doutais, de Rogas.

— Je le sais, aussi vous ai-je dit souvent que vous aviez tort. Enfin, vous savez maintenant à quoi vous en tenir. N'avez-vous que cela à m'apprendre? Ce qui m'intéresse davantage, c'est le mariage; avez-vous eu le courage d'aborder ce sujet?

— Oui.

— Eh bien?

— J'espère que, demain, mademoiselle de Coulange m'autorisera à demander sa main à son père.

— Enfin ! s'écria José. Morbleu ! celle-là ne pourra pas dire qu'on ne lui a pas donné le temps de réfléchir. Si j'eusse été à votre place, mon cher Ludovic, je vous assure que j'aurais mené plus rondement cette affaire.

— Vous ne connaissez pas Maximilienne, de Rogas; elle a une volonté et sait la faire respecter. Il faut craindre constamment de contrarier ses idées et de froisser ses sentiments.

— Sous ce rapport, elle n'a pas à se plaindre de vous, répliqua José d'un ton railleur.

— Je ne l'aimerais point comme elle mérite de l'être, si mon amour n'était pas profondément respectueux.

— C'est bien, j'ai mes idées, mes convictions et vous avez les vôtres; j'aime le chemin le plus court, et vous préférez prendre celui des écoliers. Mais qu'importe? L'essentiel est que vous arriviez au but. D'après ce que vous venez de me dire, vous y touchez; je n'ai plus à vous reprocher votre lenteur. Toutefois je dois vous conseiller de ne pas vous endormir dans vos délices; le fer est chaud,

Je comprends que vous êtes un grand enfant. Il faut que je vous le dise encore mon cher comte :

il faut le battre. Oui, il faut absolument en finir. Vous devez agir de telle façon que demain l'époque de votre mariage soit fixée.

— Vous devez bien penser, de Rogas, que mon impatience est égale à la vôtre.

— En somme, que vous a dit mademoiselle de Coulange ?

— J'ai eu le rare bonheur de me trouver un instant seul avec elle. Encouragé par un de ses agréables regards, je parvins à vaincre la timidité qui s'empare de moi dès que je suis près d'elle, je me mis à lui parler de mon dévouement, de mon amour avec des mots ardents et une hardiesse dont je m'étonnais moi-même. Mais ma voix était oppressée et vibrante; mais j'étais éloquent quand même, car toutes mes paroles étaient dictées par mon cœur. Ses beaux yeux baissés, elle m'écoutait. Elle était vivement impressionnée.

J'étais lancé, je ne m'arrêtai plus; il semblait que je voulusse m'étourdir avec ma voix et mes pensées. Je n'avais plus de réserve, je m'abandonnais complètement; je tenais à lui dire tout ce que je gardais depuis si longtemps au fond de mon cœur.

A mesure que je parlais, son émotion augmentait; je la voyais agitée, j'entendais le bruit de sa respiration haletante; ses petites mains, posées sur ses genoux, tremblaient légèrement. Soudain, elle laissa échapper un soupir, sa tête charmante se redressa lentement, et ses yeux se fixèrent sur moi. Ah! de Rogas, qu'elle était belle! rien ne saurait résister à l'émotion d'une femme; c'est une force, c'est une puissance qu'il faut subir, et il n'y a ni barbare ni sauvage qui puisse lutter contre elle!

Je fus saisi d'une telle admiration que la voix me manqua subitement. J'étais ébloui par les rayons qui sillonnaient son regard. A ce moment il y avait en elle quelque chose de céleste, et elle m'apparaissait comme une divinité. Je fis un mouvement pour m'agenouiller devant elle; mais je n'osai pas.

— Pourtant, c'était un bon mouvement, fit José avec un sourire ironique.

— Je fus retenu par la crainte de l'offenser ou de lui déplaire.

Le Portugais haussa les épaules.

— Ses yeux étaient mouillés de larmes, continua Ludovic; oui, de Rogas, Maximilienne pleurait... Oh! les belles, les délicieuses larmes! Je les voyais couler le long de ses joues, et j'aurais voulu les recueillir sur mes lèvres!

— Eh bien, fallait le faire! dit José d'un ton rude.

— Vous ne comprenez pas, fit tristement le jeune homme.

— Je comprends que vous êtes un grand enfant. Il faut que je vous le dise encore, mon cher comte: Prenez garde, vous aimez trop mademoiselle de Coulange.

— Soit, je l'aime trop; mais c'est ainsi que je veux l'aimer, c'est ainsi qu'elle doit être aimée.

— José fit une affreuse grimace.

— Après tout, c'est vous qui l'avez voulu, poursuivit Ludovic. Vous m'avez dit : « Il faut que vous aimiez mademoiselle de Coulange. » C'était un ordre; je vous ai obéi. Vous m'avez dit encore : « Je veux vous transformer et faire de vous un autre homme. » Eh bien, vous avez réussi. La métamorphose est complète. Certes, vous devriez vous montrer plus satisfait. Oui, le comte de Montgarin d'aujourd'hui n'est plus le comte de Montgarin d'autrefois. En moi tout est changé; j'ai un autre cœur, d'autres idées, d'autres convictions; de nouvelles pensées sont nées dans mon cerveau, et j'ai d'autres aspirations. C'est maintenant un sang plus chaud et plus généreux qui coule de mes veines. Voilà le résultat de vos bons conseils, de Rogas ; soyez donc fier de votre élève.

J'ai peut-être été un peu au delà de ce que vous espériez, continua le jeune homme, devenant ironique à son tour ; mais cela prouve que j'ai été extrêmement docile et que vous êtes un excellent maître. Vous m'avez tiré du fond de l'abîme où j'étais englouti ; pour cela et pour d'autres choses je sais ce que je vous dois et je ne songe pas à l'oublier. Mais sachez bien, de Rogas, que le jour où vous m'avez aidé à relever la tête, j'ai retrouvé ma dignité et reconquis ma fierté. Ce jour-là, je me suis senti un homme ! Cela, vous le vouliez aussi. Que vous dirai-je encore, ô mon maître ! j'étais un misérable ; vous avez sermonné le pécheur, et il s'est converti. Mon cœur était froid, une flamme l'a réchauffé. Cette flamme, c'est l'amour. Et en le ranimant, en le faisant renaître, l'amour l'a purifié.

— Hé ! mon cher comte, répondit José avec aigreur, soyez pur autant qu'il vous plaira ; je n'ai rien à y voir, du moment que vous ne vous écartez pas de ce qui est convenu. Après tout, qu'est-ce que nous voulons ? Arriver au but... Il importe peu, je vous assure, que vous soyez comme ceci ou comme cela. Arrivons, arrivons !...

Mais nous voilà loin de notre sujet et de l'intéressante situation dont vous me traciez le ravissant tableau. Ainsi, sous le coup de l'émotion que vous aviez fait naître en elle, mademoiselle de Coulange pleurait, et vous avez vu couler ses larmes. Vous plaît-il de me dire ce qui s'est passé ensuite ?

— Je n'ai aucune raison de vous le cacher. J'étais moi-même en proie à une violente émotion ; mon cœur battait à se briser. Je m'approchai d'elle et je m'emparai d'une de ses mains qu'elle laissa dans la mienne. Nos regards se croisaient. Dans ses grands yeux, qui reflétaient toutes ses pensées, je lisais comme dans un livre ouvert.

« Ah ! vous m'aimez, vous m'aimez ! » m'écriai-je ivre de bonheur.

Elle ne répondit pas ; mais sa main serra doucement la mienne.

« Mademoiselle Maximilienne, repris-je, ma vie tout entière vous appartient, et vous avez le pouvoir de me faire mourir ou vivre... Vous n'avez qu'à prononcer un mot pour me rendre le plus fier et le plus heureux des hommes ; oh ! dites-le, ce mot délicieux, je vous en prie, dites-moi que vous m'aimez ! »

En même temps je portai sa main à mes lèvres.

— Parfait, très bien ! approuva José.

— Alors, elle se dressa debout et resta un moment silencieuse, me regardant avec une expression indéfinissable. Moi, je l'enveloppais de mon regard brûlant d'amour. Droite, immobile, la tête haute, les yeux illuminés et les deux mains croisées sur sa poitrine, comme si elle eût voulu comprimer les battements de son cœur, elle était superbe de noblesse et de grandeur ! Sa merveilleuse beauté me parut plus rayonnante que jamais.

Enfin, parvenant à vaincre son émotion, elle me dit :

« Monsieur le comte, je crois à la sincérité de votre affection ; c'est vous dire que je n'y suis pas insensible. Je crois aussi que vous pouvez me rendre heureuse, et que c'est votre unique désir. Je veux le bonheur, monsieur le comte, mais je le veux complet, sans aucun mélange d'amertume. C'est bien sérieux, le mariage, et une jeune fille ne saurait trop réfléchir avant de s'engager pour la vie.

« Ne vous étonnez donc pas si, en ce moment encore, je suis hésitante. Cependant revenez demain ; oui, demain j'espère pouvoir vous dire : « Monsieur « le comte de Montgarin, je vous autorise à demander ma main à mon père. »

Après ces paroles je compris que je devais me retirer.

Nous nous séparâmes en nous disant :

« A demain ! »

José Basco avait le front soucieux.

— Tout cela me semble bizarre, pensait-il ; décidément cette petite fille réfléchit trop.

Il reprit à haute voix :

— Enfin attendons demain.

II

LE FRÈRE ET LA SŒUR

Le comte de Montgarin avait rapporté exactement à José Basco les paroles de Maximilienne. La jeune fille avait dit à Ludovic : « Je suis encore hésitante » ; mais elle s'était bien gardée de lui faire connaître la véritable cause de son hésitation.

Maximilienne voulait aimer et être aimée ; mais elle voulait aussi le bonheur complet sans un grain d'amertume. Elle avait été attirée vers le comte de Montgarin et, parmi tant d'autres, son cœur l'avait choisi ; le jeune homme plaisait également au marquis et à la marquise. Pourtant, Maximilienne ne trouvait pas que cela fût suffisant ; il fallait encore que son choix fût approuvé par son frère.

Or c'est en pensant à Eugène qu'elle avait fait au comte de Mongarin la réponse que nous connaissons. En même temps elle prenait la ferme résolution d'avoir avec son frère une explication franche et nette. Aucun malentendu ne devait plus exister entre eux. Eugène avait des préventions, elle voulait prendre la main de son frère pour la mettre dans celle de son fiancé.

Après le départ du comte de Montgarin, Maximilienne fit appeler le valet de chambre d'Eugène.

— Dès que mon frère rentrera, lui dit-elle, je vous prie de lui dire que je désire le voir ; il me trouvera dans ma chambre.

— Je préviendrai monsieur le comte, répondit le domestique en s'inclinant.

Un quart d'heure après, Maximilienne entendit frapper doucement à la porte de sa chambre. Elle ouvrit elle-même. Eugène entra.

— Je rentre à l'instant, dit-il, et, tu le vois, je m'empresse de me rendre à tes ordres.

— Je te remercie, répondit-elle, en lui tendant la main.

— Eh bien, qu'as-tu à me dire ?

Puis s'apercevant qu'elle avait les yeux rouges, il reprit avec inquiétude :

— Qu'as-tu donc, Maximilienne? On dirait que tu as pleuré?

— Oui, un peu.

— Pourquoi?

Elle secoua tristement la tête.

— On t'a fait de la peine : qui? Je veux le savoir, reprit Eugène d'un ton animé.

— Mon frère, c'est peut-être toi.

— Moi, moi ! exclama-t-il.

— Oh! sans le vouloir, bien sûr, ajouta-t-elle.

— Je ne comprends pas, Maximilienne; je t'en prie, explique-toi. Comment, je t'ai fait de la peine, moi ! Allons, dis-moi ce que tu as sur le cœur, ne me cache rien.

Les yeux de la jeune fille s'étaient remplis de larmes.

— Mais tu pleures encore? s'écria Eugène; ah ! il faut que je connaisse la cause de tes larmes !

Ses deux bras entourèrent Maximilienne, et, en la serrant contre son cœur, il lui mit un baiser sur le front.

— Ah! je le sens, tu m'aimes toujours ! s'écria-t-elle.

— En aurais-tu douté? répliqua-t-il avec étonnement.

— Eugène, je ne veux pas te le cacher, oui j'ai pu croire que tu n'avais plus pour moi la même affection, la même tendresse.

— Oh! c'était mal, cela bien mal. Douter de ton frère! A ton tour, Maximilienne, tu me causes un véritable chagrin.

— Eugène, j'avais tort, je le reconnais; pardonne-moi.

— Oui; mais je dois être également pardonné, puisque c'est moi qui ai fait couler ces grosses larmes qui sont encore sur tes joues.

Elle jeta ses bras autour de son cou et murmura à son oreille :

— Oh! comme c'est bon de se sentir aimée !...

— Et quoi qu'il arrive jamais, ma sœur chérie, ne doute plus de ma tendresse. J'aime beaucoup Emmeline, n'est-ce pas? Eh bien, ta place dans mon cœur est au moins aussi grande que la sienne. Je te le dis sincèrement, vous êtes toutes deux nécessaires à mon bonheur; je vis pour toi et pour elle; si je perdais ma sœur bien-aimée je ne pourrais plus être heureux avec Emmeline.

— Va, mon cœur est digne du tien, répondit Maximilienne; nos sentiments sont les mêmes, et je pense absolument comme toi. Sans mon frère, le bonheur ne saurait exister pour moi.

— Sois tranquille, Maximilienne, ton frère ne te manquera jamais. Maintenant, continua-t-il, asseyons-nous et causons. Tu as certainement quelque chose à me dire, et j'ai hâte de savoir...

— Oui, je désire causer un instant avec toi, sérieusement.

— Alors le sujet est grave !

— Oui.

Ils s'assirent en face l'un de l'autre devant la cheminée dans laquelle pétillait un feu clair.

— Je t'écoute, dit Eugène.

— D'abord, dit la jeune fille, il faut que tu saches pourquoi j'ai pu supposer que tu n'avais plus pour moi autant d'affection, et tu conviendras que j'avais au moins le droit d'être inquiète. Eugène, tu ne t'en apercevais peut-être pas, mais tu n'étais plus le même avec moi. Tu me montrais constamment un visage contrarié, tu me parlais à peine, et tu faisais tout ton possible pour ne jamais te trouver seul avec moi.

— C'est vrai.

— De sorte que moi, qui avais tant de choses à te dire, j'étais forcée de les renfermer en moi.

— J'ai peut-être eu tort d'agir comme je l'ai fait, mais tu en sais la cause.

— Je n'ai pas eu de peine à le deviner. Ton attitude vis-à-vis M. de Montgarin me disait assez quelles étaient tes pensées.

— Je ne sais pas déguiser mes sentiments; d'ailleurs j'ai horreur de tout ce qui est faux. C'est du comte de Montgarin que tu veux me parler, soit, parlons de lui. Il ne m'est pas sympathique, je puis même ajouter qu'il me déplaît. Pourquoi? Ne me le demande pas; je n'en sais rien. Il y a de ces sortes d'antipathies qu'il est impossible d'expliquer et que rien ne semble justifier. Je ne l'aime point, voilà le fait. Au lieu de m'attirer il me repousse. C'est évidemment un homme intelligent et qui ne manque pas de distinction; mais, tout en reconnaissant ses qualités, je ne puis m'empêcher de voir en lui un homme funeste. Il y a en moi comme un pressentiment de malheurs causés par lui.

— Tu es bien sévère, Eugène, dit tristement la jeune fille; toi si bon, si généreux, je ne te reconnais plus.

— Si je parlais contre ma pensée, c'est alors que tu aurais le droit de dire : Je ne te reconnais plus. Non, je ne suis pas changé. Je suis d'autant plus sévère en ce moment qu'il s'agit de toi, ma sœur, de ton avenir, de ton bonheur. Mais, entendons-nous bien, tu es libre, et je ne veux exercer aucune influence ni sur ton cœur ni sur ta raison; ce que tu feras je l'accepterai en m'inclinant devant ta volonté.

— Ah! ce n'est pas cela que je veux! s'écria Maximilienne d'un ton douloureux.

— Où en sont les choses aujourd'hui, je ne puis pas te tenir un autre langage.

— Mais il fallait me dire cela plus tôt. Ah! Eugène, tu vas me faire croire à ton indifférence.

— Ne crois qu'à la profonde amitié de ton frère. Déjà tu as pu croire que je t'aimais moins, et tu as éprouvé du chagrin parce que j'ai laissé voir que les assiduités de M. de Montgarin me déplaisaient. J'aurais voulu pouvoir me contraindre ; il paraît que cette force me manque. Si je n'ai rien dit, c'est que je respectais ta volonté. Tu aurais dû voir une preuve de mon inaltérable affection dans le silence que j'ai gardé. D'ailleurs, quand madame de Neuvelle a présenté M. de Montgarin. avais-je le droit de parler? Certes, tu aurais pu m'accuser de partialité. N'aurais-je pas eu l'air, en effet, de protester en faveur de mon ami Lucien de Reille? Sachant combien est grand l'amour que tu lui as inspiré, j'ai désiré ardemment que Lucien fût aimé, car il me semblait que tu ne pouvais pas faire un meilleur choix... Je voyais en lui la plus sûre garantie de ton bonheur. Celui-là a toutes les délicatesses, et il est grand par lui-même. Je sais ce qu'il vaut : pendant des années, sur les bancs de l'école, nous avons toujours été comme deux frères. Je n'ai pas besoin de te faire son éloge, tu le connais aussi bien que moi. Malgré son rare mérite et ses brillantes qualités, il n'a pas eu le talent de se faire aimer ; je ne puis que le regretter. Je te dis cela aujourd'hui parce que je veux que tu saches bien tout ce que je pense; je viens de te parler pour la dernière fois de Lucien de Reille. Après tout, qu'est-ce que je désire, moi? Qu'est-ce que je veux? Que tu sois heureuse!

Pendant que son frère parlait, Maximilienne était devenue songeuse.

— Tu ne m'écoutes pas, lui dit Eugène; on croirait que ta pensée est ailleurs.

— Je t'écoute, au contraire, avec la plus grande attention. Tu me parlais de ton ami Lucien, en ayant l'air de me dire que j'ai eu tort de ne pas l'aimer.

— Manifester un regret n'est pas adresser un reproche...

— Eugène, le reproche est peut-être dans ta pensée. Voyons, crois-tu que M. de Reille m'aime réellement?

— Si je le crois! Mais toi-même tu en es sûre!

Maximilienne devint très rouge.

— Pourquoi donc, alors, demanda-t-elle, M. Lucien a-t-il cessé complètement de venir ici?

— Il a compris qu'il n'avait rien à espérer, et, croyant t'être agréable ainsi, il a cédé la place à M. de Montgarin.

— C'est là une singulière manière de prouver qu'on aime. Eugène, M. de Reille ne m'aimait point comme je veux être aimée, autrement il ne se serait pas retiré ainsi. Avant de céder la place à M. de Montgarin, comme tu le dis, il aurait au moins attendu que j'eusse pris une résolution. En somme, qu'a-t-il fait pour se faire aimer? Rien. M. de Montgarin se présente, et au bout de quelques jours il disparaît. Va, ce n'est pas un amour bien fort que celui qui se sauve de la lutte et abandonne sans combat la personne qu'il aime à un rival.

— Lucien a agi ainsi par excès de délicatesse.

— Non, M. de Reille ne m'aimait pas : voilà la vérité. Le vois-tu toujours?

— Rarement, maintenant.

— Vous êtes restés amis?

— Oui, mais il est devenu avec moi très réservé, presque froid.

— Tu lui as demandé pourquoi il ne venait plus nous voir?

— Certainement.

— Qu'a-t-il répondu?

— Presque rien. Il a paru, d'ailleurs, très embarrassé.

« J'ai fini par comprendre que je poursuivais une chimère, m'a-t-il dit; mademoiselle de Coulange ne m'aime pas, elle ne m'aimera jamais; ensuite elle est beaucoup trop riche pour moi. J'ai ma fierté; je ne veux pas qu'on dise de moi : c'est un coureur de dot! »

— C'est tout ce qu'il t'a dit?

— Oui. Mais j'ai cru m'apercevoir qu'il subissait un peu l'influence de son père, qui est, comme tu le sais, un homme extrêmement rigide sur les principes et les choses qui touchent à l'honneur.

— N'importe; je sais maintenant ce que je voulais savoir : M. de Reille ne m'aime pas, il ne m'a jamais aimée.

Le jeune homme protesta par un mouvement de tête.

— Après tout, dit-il, puisque ce que je désirais n'a pu se réaliser, je n'ai plus besoin de le défendre.

— Si tu le veux bien, Eugène, revenons à M. le comte de Montgarin.

— Eh bien?

— Il est venu tantôt; nous avons causé assez longuement; il m'a priée de l'autoriser à demander ma main.

Le jeune homme pâlit légèrement.

— Alors? fit-il.

— Je me trouvais dans une situation assez difficile; il fallait dire quelque chose.

— Et tu l'as autorisé?

— Non. Avant, je voulais causer avec toi, avoir ton avis; je lui ai dit qu'il aurait une réponse demain.

— Comment, tu me demandes mon avis?

La marquise prit le télégramme, et, d'un mouvement de tête elle renvoya la domestique. (Page 175.)

— Oui.
— Et tu l'exiges ?
— Sans doute.
— Après ce que je t'ai dit tout à l'heure au sujet du comte de Montgarin ?
— Je pense que tu reviendras de tes préventions et que dans cette circonstance tu me conseilleras selon ta raison et avec le sentiment de la justice.

Eugène secoua énergiquement la tête.

— Écoute, reprit Maximilienne, je sais bien que je suis libre de disposer de moi; mais ce n'est pas assez que mon choix soit approuvé par nos parents, il me faut aussi ton consentement.

Le jeune homme resta tout interdit.

— Quoi! tu veux... balbutia-t-il.

— Je veux que mon frère aime mon mari.

— Son mari! Et c'est de lui qu'elle parle! murmura Eugène.

Après un moment de silence, il reprit :

— Mais tu l'aimes donc, cet homme?

— Je ne le déteste pas, répondit-elle avec un sourire doux et triste. Si tu me demandais si je l'aime plus ou seulement autant que toi, je te répondrais hardiment : Non.

— Ah! fit-il.

Et toute la tendresse de son cœur passa dans son regard.

— Je ne sais pas bien encore ce que c'est que l'amour, reprit Maximilienne. Mais je n'éprouve certainement pas pour M. de Montgarin ce qu'Emmeline éprouve pour toi. Peut-être n'ai-je pas en moi la faculté d'aimer comme elle. Toutes les jeunes filles ne sont pas pareilles. Quoi qu'il en soit, M. de Montgarin ne me déplaît pas; il a peut-être des défauts que j'ignore; mais il possède des qualités dont il faut lui tenir compte. Je ne m'ennuie jamais en sa société, et je l'écoute avec plaisir. Il a pour moi une infinité d'attentions charmantes, il est prévenant et attentif, sans être servile, et se montre constamment aimable, soumis et respectueux; on voit qu'il serait désolé de me causer un ennui. Enfin il est bon et il a beaucoup de cœur. Ce n'est pas tout, Eugène, je suis convaincue qu'il a pour moi une affection sincère, un amour profond et que je suis aimée pour moi-même. C'est ce que j'ai cherché, c'est ce que j'ai toujours voulu. Que te dirai-je encore? je crois que je serais heureuse avec lui.

— Ah! tu l'aimes! tu l'aimes! exclama le comte de Coulange.

— Il faut bien que cela soit, répondit Maximilienne d'un ton adorable, puisque je songe à devenir sa femme.

Voyant que son frère restait silencieux :

— Eugène, reprit-elle, tu ne dis rien!

— Que veux-tu que je te dise? Est-ce que je sais!... Tout est bouleversé en moi.

— M. de Montgarin viendra demain, que faudra-t-il lui répondre?

Le jeune homme s'agita sur son siège avec un malaise visible.

— Mais encore une fois, s'écria-t-il, je n'ai pas de conseil à te donner!

Il se leva brusquement et fit le tour de la chambre d'un pas saccadé. Puis revenant près de Maximilienne :

— Je ne connais pas le comte de Montgarin, moi, dit-il, avec agitation; il faut qu'il ait des qualités qui me sont inconnues puisque tu l'aimes et que tu veux l'épouser! Voyons franchement, est-ce que je puis me mettre en opposition avec ton cœur? Épouse ou n'épouse pas!... Non, non, je n'ai pas le droit de mettre une entrave à ta liberté. D'ailleurs tu es incapable d'agir légèrement, et si tu prends une résolution, c'est que tu as longuement et sérieusement réfléchi.

Le comte de Montgarin ne m'est pas sympathique, tu le sais; tu prétends que ce sont des préventions; c'est possible. En effet, je n'ai aucun grief contre lui. Après tout, je l'ai peut-être mal jugé. Il t'aime, cela n'est pas douteux; comme toi, j'en suis convaincu. Reste à savoir si son amour est aussi désintéressé que tu le supposes. Est-ce une de mes préventions! Je crois, moi, que son amour est né d'un calcul et que c'est ta dot, ta fortune qu'il convoite.

— Oh! Eugène! fit Maximilienne.

— Tu veux que je parle, je te dis ce que je pense. Toutefois je t'accorde que je puis me tromper; du reste on ne doit jamais juger sans preuve. Tu le vois, je tourne constammment dans le même cercle et suis toujours à me demander : Le comte de Montgarin est-il ou n'est-il pas ce qu'il paraît être? Pourquoi ai-je ces préventions ou ces doutes qui ne sont basés sur rien? Parce que près du comte de Montgarin il y a un autre personnage, le comte de Rogas. C'est de l'aversion, une sorte de haine que j'ai pour cet homme. Ses manières cauteleuses cachent son hypocrisie; il n'a de l'honnête homme que la face. Chaque fois que je le regarde, que je l'observe, je découvre en lui quelque chose de sombre et de ténébreux que je ne puis définir. Malgré moi je me sens frémir, et je m'imagine alors, que j'ai sous les yeux une nouvelle incarnation du Méphistophélès du poète allemand. Rien ne m'ôtera de l'idée que ce Portugais est un homme fatal, je n'ose pas dire un misérable!

— Cette fois, mon frère, je suis un peu de ton avis; je ne vais pas aussi loin que toi, mais j'avoue que le comte de Rogas ne m'inspire aucune sympathie.

— Il est fâcheux pour le comte de Montgarin que cet homme soit son parent.

— Ce n'est pourtant pas sa faute, Eugène.

— Sans doute; mais cette parenté lui fait du tort. Qui sait? peut-être serais-je devenu son ami si le comte de Rogas n'eût pas été là?

— Allons, dit Maximilienne en souriant, si tu ne peux lui reprocher que cela, tu lui pardonneras facilement d'avoir un cousin que tu détestes.

— Il faudra bien que je prenne aussi ma résolution, répondit tristement le jeune comte.

— Eugène, je devine ta pensée, merci... Ah! tu es bon!...

— Je t'aime, Maximilienne, et, bon gré mal gré, il faut que j'aime ceux que tu aimes.

Il y eut un moment de silence.

— Est-ce que ton intention est de te marier immédiatement? demanda le jeune homme

— Non pas. Oh! je ne suis pas si pressée que cela, je veux me marier le même jour que toi et Emmeline.

— Il est probable que **M.** de Montgarin ne trouvera pas de son goût d'attendre si longtemps.

— Il le faudra, pourtant, car c'est encore une décision que j'ai prise.

— Eh bien, je t'approuve oui, tu as raison de vouloir attendre.

— Eugène, n'as-tu pas une arrière-pensée?

Le jeune homme rougit légèrement.

— Peut-être, répondit-il.

— Voyons, que penses-tu?

— Eh bien, je pense qu'il est bon que l'amour du comte de Montgarin soit soumis à une épreuve sérieuse et complète.

Un instant après on vint avertir le frère et la sœur que le dîner était servi, et ils se rendirent ensemble dans la salle à manger.

III

LE TÉLÉGRAMME

Le lendemain vers deux heures, le comte de Montgarin arriva l'hôtel de Coulange. Dans son impatience, il avait avancé de beaucoup l'heure habituelle dans les visites. Il dut attendre un instant dans le petit salon, pendant qu'on prévenait la marquise et Maximilienne. La jeune fille était avec sa mère; elles venaient d'avoir une assez longue conférence au sujet de M. de Montgarin.

La marquise avait dit à sa fille :

— Ma chère enfant, il s'agit de ton avenir, de ton bonheur; dans cette circonstance, il n'y a pas de meilleur juge que ton cœur; c'est lui surtout que tu dois consulter. Tu crois que tu seras heureuse avec M. de Montgarin; c'est l'époux de ton choix; prends-le; ton père et moi nous l'acceptons.

Maximilienne quitta sa mère et se rendit dans le petit salon.

— J'arrive peut-être trop tôt, lui dit Ludovic.

— Du tout. Vous avez bien fait, au contraire, de venir de bonne heure, car nous aurons probablement aujourd'hui beaucoup de visites.

Il s'était approché d'elle, et il l'interrogeait du regard.

Après être restée un moment silencieuse, Maximilienne reprit :

— Depuis hier j'ai beaucoup réfléchi.

— Eh bien? fit-il avec anxiété.

— Monsieur le comte, je vous donne l'autorisation que vous m'avez demandée.

Il ne put retenir une exclamation de joie.

— Vous pouvez donc demain, aujourd'hui même, faire votre demande à mon père et à ma mère.

— Ah! s'écria-t-il avec transport, je jure de vous consacrer ma vie tout entière! Sur mon honneur, devant Dieu, je fais le serment de vous rendre heureuse!

— Vous m'aimez, je vous crois.

— Oh! oui, je vous aime!

— Maintenant, monsieur le comte, écoutez-moi : j'ai compris que pour vous, pour ma famille, pour moi et pour le monde, votre situation ici ne devait plus rester la même; nous ne devons pas donner lieu à de fausses interprétations ; il faut qu'on sache que vous êtes mon fiancé. Toutefois je me réserve toujours absolument le droit de fixer l'époque de notre mariage. J'espère que vous aurez la patience d'attendre et que ce sacrifice, fait pour moi, ne vous coûtera pas trop.

— J'attendrai, mademoiselle; pour moi votre volonté sera toujours une loi. Si mon cœur est impatient, je saurai modérer ses ardeurs. Je veux me montrer digne de vous. Ah! je ne saurais trop faire pour vous mériter!

— Merci, monsieur le comte. Il est donc bien convenu que, quant à présent, on ne parlera point de fixer l'époque de notre mariage.

— Je vous promets, mademoiselle, que cette question sera réservée.

Le même jour, à huit heures du soir, le comte de Montgarin revint à l'hôtel de Coulange accompagné du faux comte de Rogas.

L'audacieux coquin, jouant son rôle de parent, prit un ton solennel et demanda pour son cousin, le comte Ludovic de Montgarin, la main de mademoiselle Maximilienne de Coulange.

Sous le doux regard de sa sœur, Eugène tendit sa main à Ludovic pour la première fois.

— Monsieur le comte, dit le fiancé de Maximilienne d'une voix émue, vous pouvez compter sur ma sincère amitié; c'est un frère que vous avez en moi.

— Monsieur de Montgarin, répondit Eugène, je tâcherai que mon amitié réponde à la vôtre.

Ces paroles échangées, José Basco put s'approcher de Ludovic et il lui dit rapidement à l'oreille :

— Vous vous avancez trop ; pas de protestations.

Le jeune homme lui tourna le dos brusquement, pendant que les traits de son visage se contractaient légèrement. Le joug qu'il portait commençait à le blesser.

On était réuni dans le boudoir de la marquise. On causa jusqu'à dix heures. Alors Ludovic et José se retirèrent.

Le marquis avait parlé d'un voyage qu'il allait faire avec son fils dans le nord de la France et en Belgique, lequel avait pour but de visiter quelques importantes mines de houille, entre autres celles de Frameries, en Belgique, dont M. de Coulange était un des principaux actionnaires.

Pour Eugène, qui allait être nommé bientôt ingénieur des mines, ce voyage de quinze jours devait être en même temps une partie de plaisir et un sujet d'étude.

Le marquis avait désigné le jour où son fils et lui quitteraient Paris; il avait tracé d'avance leur itinéraire et calculé le temps qu'ils devraient passer dans chaque localité. En outre, il était convenu que chaque jour la marquise recevrait une lettre afin qu'elle pût suivre les voyageurs dans les explorations.

Au jour fixé, le marquis et son fils se mirent en route.

Le douzième jour après leur départ, le matin, la marquise reçut, comme les jours précédents, sa lettre quotidienne datée de la veille. Celle-ci était écrite par Eugène. Le jeune homme était dans le ravissement, il ne voyait que des choses merveilleuses. Il annonçait à la marquise que le soir ils seraient à Frameries.

— Nos chers voyageurs vont nous revenir bientôt, dit madame de Coulange à sa fille, ils sont aujourd'hui à Frameries, ce soir ils seront à Bruxelles où ils doivent rester deux jours pour se reposer de leurs fatigues, et c'est là qu'ils prendront le train direct qui doit les ramener à Paris.

Le tantôt, la marquise et Maximilienne travaillaient ensemble à une tapisserie. Trois heures sonnèrent à la pendule.

— M. de Montgarin est en retard aujourd'hui, dit la marquise.

— Quelque chose l'a retenu, sans doute, répondit la jeune fille.

— Il me semble qu'il n'a pas pour le comte de Rogas, son cousin, une bien grande amitié, reprit la marquise. Depuis bientôt trois semaines que M. de Rogas est parti pour Lisbonne, c'est à peine s'il nous a parlé de lui.

— M. de Montgarin ne peut pas nous donner des nouvelles de son cousin, puisque depuis son départ de Paris il ne lui a pas écrit une seule lettre.

— N'importe, depuis que M. de Rogas est absent, je le trouve plus gai; il n'a plus cet air soucieux et préoccupé que j'ai remarqué souvent. Je crois, — je me trompe peut-être, — que ce n'est pas un bonheur pour M. de Montgarin d'avoir son cousin près de lui.

— M. de Rogas est un homme si froid, si austère!...

— Il est de fait qu'il n'y a rien en lui qui puisse faire naître de joyeuses pensées.

A ce moment on frappa deux petits coups à la porte du salon.

— Entrez, dit la marquise.

La porte s'ouvrit et une femme de chambre entra, tenant à la main un petit plateau de vermeil.

— Une lettre? fit la marquise.

— Non, madame, c'est une dépêche télégraphique.

La femme de chambre s'étant avancée, la marquise prit le télégramme et, d'un mouvement de tête, elle renvoya la domestique.

Les yeux de madame de Coulange restaient fixés sur l'enveloppe bleue dont elle venait de lire la suscription. Soudain sa main trembla, et Maximilienne la vit pâlir.

— Chère mère, qu'as-tu donc? demanda la jeune fille effrayée.

— Je viens d'être frappée d'un noir pressentiment. Ce télégramme nous apporte une mauvaise nouvelle.

— Mais non, chère mère, rassure-toi.

— Ah! mes pressentiments ne me trompent jamais, dit la marquise d'une voix troublée.

Et d'une main fébrile elle déchira l'enveloppe.

Aussitôt sa pâleur s'accentua, ses yeux s'ouvrirent démesurément, et elle laissa échapper un cri rauque.

— Mon Dieu, mon Dieu, qu'y a-t-il? gémit Maximilienne.

Elle s'empara du télégramme et lut rapidement ce qui suit :

« Explosion de feu grisou. Beaucoup de victimes. Mon père et moi sauvés par miracle. Pas blessés. Serons demain à Paris. »

La marquise, blanche comme un lis, les yeux atones, restait immobile comme si elle avait été subitement pétrifiée.

Maximilienne avait bondi vers elle et l'entourait de ses bras :

— Mais tu as donc mal lu? s'écria-t-elle ; ils sont sauvés et ne sont même pas blessés.

Elle étreignait sa mère avec force et la couvrait de baisers, en la serrant contre elle.

— Tiens lis, lis encore, disait-elle, tu verras qu'ils sont sauvés!

Au bout d'un instant, la marquise sortit de son effrayante immobilité, ce qui rassura un peu Maximilienne.

Le pauvre enfant pleurait à chaudes larmes.

— Oui, murmura la marquise, ils sont sauvés! un miracle... Dieu les protège... Mais c'est le crime, toujours le crime!...

— Il n'y a pas de crime, maman, puisque c'est le feu grisou, répliqua la jeune fille, ce n'en est pas moins un malheur épouvantable.

La marquise reprit le télégramme, et plaçant son doigt sous ces mots : « beaucoup de victimes » :

— Vois, vois, dit-elle d'une voix étranglée.

— Oui, chère mère, oui, c'est affreux, horrible!

La marquise voila son visage de ses deux mains. Au bout d'un instant, ses bras retombèrent lourdement, et elle promena autour d'elle ses yeux hagards.

Elle était en proie à une grande agitation, et elle semblait avoir oublié que sa fille était près d'elle.

— Monstre! monstre! prononça-t-elle sourdement.

Puis elle se dressa sur ses jambes comme par un ressort.

Les bras en croix, la tête renversée en arrière et les yeux au ciel, elle reprit avec égarement :

— Seigneur, ayez pitié de moi! Seigneur, pardonnez-moi!

Maximilienne la regardait avec un douloureux étonnement. Elle ne comprenait pas; elle ne pouvait deviner les secrètes pensées de sa mère, ni quelles horribles angoisses torturaient le cœur de la pauvre femme.

Après être restée debout un instant, la marquise s'affaissa sur son fauteuil, en poussant un sourd gémissement. Elle continuait à regarder autour d'elle avec une sorte d'épouvante.

La jeune fille ne savait plus que penser; elle était terrifiée. Sa mère chérie venait-elle d'être atteinte d'un mal subit? Sans doute la marquise était très impressionnable; mais la dépêche d'Eugène n'était-elle pas tout à fait rassurante? Malgré la grande sensibilité de sa mère, Maximilienne ne voyait rien dans la catastrophe de Frameries qui fût de nature à troubler sa raison au point de lui faire dire les paroles incompréhensibles et étranges qu'elle venait d'entendre.

Lasse d'attendre un mot ou un regard, la jeune fille s'avança lentement, s'agenouilla devant sa mère, lui prit les deux mains et lui dit d'une voix pleine de larmes :

— Maman, calme-toi, reviens à toi... C'est ta petite Maximilienne, ta fille, que tu aimes, qui est près de toi !...

A la voix de sa fille, la marquise sursauta comme une personne qu'on arrache brusquement au sommeil. Ses lèvres étaient frémissantes, des spasmes nerveux soulevaient sa poitrine.

— Chère maman, je t'aime! disait Maximilienne de sa voix la plus pénétrante.

— Ah! ah! ah! fit la marquise sur trois tons différents.

Aussitôt un sanglot sortit de sa gorge serrée, des larmes abondantes jaillirent de ses yeux.

— Ma fille, ma chérie! s'écria-t-elle.

Sa tête s'inclina et ses lèvres se collèrent sur le front de l'enfant.

Un instant après, quand le comte de Montgarin arriva, il surprit la mère et la fille essuyant précipitamment leurs larmes. En les voyant émues et troublées, il resta tout interdit; il ne savait s'il devait s'approcher ou se retirer.

— Monsieur le comte, asseyez-vous, lui dit la marquise; il vous est permis de voir nos larmes. Nous venons de remercier Dieu de nous avoir conservé, à moi mon époux et mon fils, à ma fille son père et son frère.

LE FILS 177

Les yeux fixés sur deux individus qui venaient de sortir d'une salle d'attente. il resta immobile comme pétrifié. (Page 180.)

— Mais qu'est-il donc arrivé? demanda vivement le jeune homme.

La marquise prit la dépêche qui était sur un guéridon et la tendit à Ludovic.

— Oh! fit-il après l'avoir lue.

Son regard exprimait la stupeur.

— Ah! je partage votre émotion, dit-il d'une voix frémissante, et je comprends vos pleurs ; ce sont des larmes de reconnaissance adressées à Dieu.

Ludovic était réellement très ému aussi ; il était devenu très pâle et de grosses larmes roulaient dans ses yeux.

La marquise lui tendit silencieusement la main.

Ludovic manifesta l'intention de partir immédiatement pour Frameries. Mais madame de Coulange n'eut pas de peine à lui faire comprendre que le marquis et Eugène devant rentrer à Paris le lendemain, ce serait un voyage inutile. Néanmoins, Ludovic venait d'avoir un bon mouvement qui avait profondément touché la mère et la fille.

Sentant que la marquise et Maximilienne pouvaient désirer être seules, le jeune homme ne prolongea point sa visite; il se retira au bout d'une heure.

Après son départ, la marquise et sa fille causèrent encore un instant, puis elles restèrent silencieuses. Peu à peu madame de Coulange s'enfonça dans un dédale de sombres pensées. La pauvre femme gardait le souvenir de ses longues souffrances, et chaque fois qu'elle éprouvait une commotion un peu forte, elle voyait surgir tout à coup devant elle tous les effroyables fantômes du passé. Elle n'avait jamais joui d'une tranquillité parfaite et n'avait jamais eu que des lambeaux de bonheur; mais elle tenait à conserver ce semblant de tranquillité, ce bonheur pris par miettes. Pour elle, le ciel restait toujours chargé de nuages; ne pouvant voir que de petits coins bleus, elle s'était contentée de ces rares éclaircies.

Hélas! depuis le coup de fusil tiré sur le marquis elle avait senti renaître toutes ses anciennes terreurs, augmentées de nouvelles angoisses, et elle vivait dans des appréhensions continuelles.

Ainsi se trouvait réalisée la prédiction de l'ex-inspecteur de police Morlot, lorsqu'il avait dit à sa femme :

« — La marquise de Coulange n'a pas vu la fin de ses tourments. C'est par son frère qu'elle a souffert, c'est par lui qu'elle souffrira encore. »

Maintenant, la marquise voyait constamment la vie de son mari menacée, et à chaque instant il lui semblait que Sosthène sombre et farouche, poussé par la haine, allait lui apparaître comme un spectre horrible.

La nuit, dans d'épouvantables cauchemars, elle voyait le maudit ramper dans l'ombre comme un reptile. Sa main tenait un poignard. Le regard féroce, de la bave aux lèvres, hideux, il avançait pour frapper le marquis au cœur.

Elle poussait un cri d'épouvante et d'horreur et se réveillait haletante, couverte de sueur.

Alors les sanglots la suffoquaient et elle passait le reste de la nuit à pleurer.

— Oh! non, se disait-elle, il n'est pas mort, l'infâme!

On comprend le coup terrible qu'elle venait de recevoir en lisant la dépêche d'Eugène. Elle restait convaincue qu'une seconde fois on avait voulu tuer le marquis, et, sans hésiter, elle accusait Sosthène de ce nouvel attentat.

IV

MAQUIGNONS OU PAYSANS

Le lendemain matin, l'*Indépendance belge*, la *Gazette de Mons*, le *Précurseur d'Anvers* et d'autres journaux de Belgique apportèrent à Paris le triste récit de la catastrophe. C'était navrant. On ne pouvait dire encore le nombre des victimes, mais on craignait qu'il ne fût considérable. Plus de cent cinquante ouvriers étaient enfermés au milieu des éboulements qui avaient eu lieu à la suite de plusieurs explosions successives. Dès le soir même on avait pu retirer de la mine une vingtaine de morts et de blessés. Beaucoup d'ingénieurs étaient sur le lieu du sinistre et tous les moyens de sauvetage usités en pareil cas étaient employés. On espérait sauver beaucoup d'ouvriers par le puits d'aérage; malheureusement, on rencontrait de nombreux éboulements qui fermaient l'entrée des galeries souterraines.

Comme toujours, la catastrophe était attribuée à l'imprudence d'un mineur.

Un des journaux cités plus haut disait :

« La première explosion s'est produite vers une heure de l'après-midi, pendant que M. le marquis de Coulange, un des forts actionnaires de la Compagnie, visitait la mine. M. le marquis de Coulange était accompagné de son fils, élève ingénieur à l'École des mines de Paris. C'est précisément dans la galerie où se trouvaient alors les deux Français que le gaz s'est enflammé tout à coup. C'est grâce à la présence d'esprit et à l'énergie de l'élève ingénieur que son père et lui ont été sauvés. En effet, le jeune homme eut le temps de pousser son père au fond d'une excavation et de se blottir près de lui avant l'épouvantable éboulement sous lequel ils allaient être écrasés. Par un hasard providentiel, le chemin était resté libre devant le marquis et son fils; ils ont pu revenir au puits en même temps qu'une trentaine de mineurs, et ils sont remontés au jour par des échelles. »

Le comte de Montgarin, se leva le matin de bonne heure, après avoir passé une nuit très agitée. Il s'habilla, sortit de chez lui à pied et se dirigea vers les boulevards. Il acheta quelques journaux belges où il trouva, comme il l'espérait, le récit de la catastrophe de Frameries.

En lisant le paragraphe qui concernait le marquis de Coulange et Eugène, il éprouva une vive émotion.

Aussitôt, la pensée lui vint de porter le journal à la marquise. Cette attention ne pouvait qu'être agréable à madame de Coulange et à Maximilienne.

Il franchit rapidement la distance qui le séparait de l'hôtel de Coulange. Dans la cour il trouva un domestique occupé à répandre et à niveler du sable.

— Je ne veux pas déranger madame la marquise, lui dit-il; j'apporte ce journal que je vous prie de lui faire remettre.

— Madame la marquise est levée depuis longtemps et je pense qu'elle pourrait vous recevoir, répondit le domestique.

— Non, je craindrais d'être importun; je reviendrai tantôt.
Comment va-t-elle ce matin?
Le domestique secoua la tête.

— Madame la marquise est bien triste, répondit-il.

— Et mademoiselle Maximilienne?

— Je ne l'ai pas vue ce matin; elle n'est pas encore sortie de sa chambre.

— Savez-vous si madame la marquise a reçu aujourd'hui une lettre de M. le marquis.

— Madame la marquise n'a pas reçu de lettre; mais elle pense que M. le marquis et M. le comte seront ici pour midi.

Ludovic remit le journal au domestique et sortit de la cour de l'hôtel. A l'angle de la rue de Babylone il s'arrêta et regarda sa montre. Il n'était pas encore dix heures.

— Au fait, se dit-il, pourquoi n'irais-je pas attendre M. de Coulange et Eugène à la gare du Nord? J'aurai ainsi le plaisir de leur serrer la main dès leur arrivée à Paris et je serai le premier à les féliciter d'avoir échappé à la mort.

Il prit la première voiture vide qu'il rencontra et donna l'ordre au cocher de le conduire à la gare. Le trajet se fit en une demi-heure. Après avoir donné au cocher le prix de sa course, Ludovic pénétra dans la vaste cour de la gare, du côté de l'arrivée, et se dirigea vers les salles d'attente.

Tout à coup il poussa un oh! de surprise, et, les yeux fixés sur deux individus qui venaient de sortir d'une salle d'attente, il resta immobile comme pétrifié.

Les deux hommes passèrent à quelques pas de lui, sans le voir probablement, et allèrent prendre une des voitures qui stationnaient dans la cour de la gare.

L'un de ces hommes portait toute sa barbe et l'autre de longs favoris comme un Anglais. Chacun avait sur son paletot de drap noir, laissant voir le collet, une longue blouse de toile bleue luisante. Ils étaient coiffés de chapeaux de feutre à larges bords et de gros souliers ferrés chaussaient leurs pieds. Ils avaient à la main un bâton, à la poignée garnie d'une lanière de cuir, une sorte de gourdin comme en ont habituellement les bouviers.

On pouvait les prendre, en effet, pour deux maquignons ou deux bons paysans de Picardie et de l'Artois, venant faire une visite à la capitale.

Or, ce qui avait causé la surprise du comte de Montgarin, c'est que dans ces individus il avait cru reconnaître le comte de Rogas et Gérôme son valet de pied.

Assurément, un homme peut ressembler par la taille, la tournure et les traits saillants du visage à un autre homme. Mais, en partant pour Lisbonne, le comte de Rogas avait emmené le valet de pied Gérôme ; or, le compagnon de l'individu qui ressemblait lui-même au valet de pied Gérôme.

Cette double ressemblance et cette coïncidence extraordinaire avaient frappé Ludovic. De là sa surprise et sa stupéfaction.

Cependant, les deux hommes avaient pris place dans le fiacre et la voiture était déjà loin quand le comte de Montgarin parvint à se remettre de sa surprise.

— Par exemple, voilà qui est étrange, murmura-t-il.

Il fit quelques pas et s'arrêtant de nouveau :

— Mais non, reprit-il, c'est impossible, je me suis trompé, j'ai mal vu. Après une nuit d'insomnie, il n'est pas surprenant que j'aie les yeux fatigués ; en ce moment encore je ne distingue pas bien les objets ; il me semble que je vois des boules de différentes couleurs qui montent, descendent et roulent dans l'espace. Allons, j'ai été le jouet d'une illusion d'optique.

D'ailleurs, poursuivit-il, continuant tout bas son monologue, j'ai vu deux paysans et non de Rogas et mon valet de pied. Celui que j'ai pris pour le comte a des favoris et de Rogas ne porte que la moustache. L'autre a une forte barbe et mon valet de pied est constamment rasé. Et puis ce n'est pas par le chemin de fer du Nord qu'on revient de Lisbonne. Décidément, je me crois un peu malade : j'ai eu un instant d'hallucination. Allons, tout cela n'a pas le sens commun, n'y pensons plus.

Pour changer le cours de ses pensées, Ludovic secoua la tête en la rejetant en arrière ; mais il avait été trop rudement impressionné pour pouvoir porter ailleurs sa pensée si facilement et si vite. En dépit des efforts qu'il faisait, son esprit continuait à être occupé par l'étrange ressemblance.

— Ah ! çà, se dit-il, est-ce que je vais faire de cette chose si simple une affaire d'État ? Vraiment, je ne me reconnais plus ; il faut bien peu de chose maintenant pour m'inquiéter.

Il se cherchait querelle, il se grondait et se raillait.

— Si je deviens un malade imaginaire, murmurait-il, on pourra m'appeler le chevalier de la Triste-Figure, et je ne mériterai certainement pas les compliments de ma belle fiancée.

Puis il ajoutait :

— Oh ! le comte de Rogas avec de gros souliers, coiffé d'un chapeau de laboureur et affublé d'une blouse de marchand de chevaux ! Il faut être insensé pour s'imaginer une chose pareille.

Et se moquant de lui-même, il se mettait à rire.

Au bout d'un instant, il reprenait :

— Je ne parlerai de ceci à personne, pas même à de Rogas, car on aurait le droit de supposer que j'ai quelque chose de dérangé dans le cerveau.

Pendant que Ludovic se livrait à ses réflexions, tout en se promenant le long des bâtiments de la gare, le temps s'écoulait.

A onze heures et demie un train venant de Belgique arriva. Ludovic se précipita dans la grande salle d'attente. La file des voyageurs passa davant lui. Mais il eut beau ouvrir les yeux, il ne vit ni le marquis de Coulange ni son fils. Malgré cela, il s'obstina à rester jusqu'après l'enlèvement des bagages. Enfin, quand les employés se mirent en devoir de fermer les portes après la sortie des deniers voyageurs, Ludovic finit par comprendre qu'il avait attendu inutilement. Et comme il était impossible que le marquis et Eugène fussent passés devant lui, sous ses yeux, sans qu'il les vît, il dut conclure qu'ils n'étaient pas arrivés par ce train.

— A quelle heure y a-t-il un train venant de Belgique ? demanda-t-il à un employé.

— Ce soir, à quatre heures, sauf le retard possible, lui fut-il répondu.

Ludovic n'avait plus qu'à se retirer. Midi sonnait. Certains tiraillements d'estomac l'avertissaient qu'il était temps de songer à déjeuner. Il prit la rue Lafayette pour aller au boulevard des Italiens. Comme on ne l'attendait pas chez lui, il déjeuna dans un restaurant du passage de l'Opéra. Son repas fit diversion à ses pensées, et quand il sortit du restaurant il ne pensait plus à la rencontre qu'il avait faite dans la cour de la gare.

A deux heures et demie il était à l'hôtel de Coulange. Comme il en était à peu près certain, le marquis et le comte de Coulange n'étaient pas arrivés.

Il remarqua que la marquise avait les yeux cernés, la figure fatiguée ; néanmoins elle paraissait plus tranquille que la veille ; son regard avait repris son expression habituelle. Maximilienne, au contraire, était songeuse et triste ; quelque chose semblait la préoccuper.

— Nous avons lu le journal que vous vous êtes donné la peine d'apporter vous-même, dit la marquise à Ludovic, je vous remercie sincèrement de cette attention. Cette lecture nous a fait verser des larmes ; car si nous avons été préservés dans ce malheur épouvantable, nous pensions aux victimes. Je ne sais pas ce que mon mari a fait déjà pour les malheureux blessés, les veuves et les orphelins ; mais nous leur viendrons en aide à tous dans une large mesure.

Le jeune homme apprit à la marquise que, le matin, il avait attendu le marquis et son fils à la gare du Nord.

— Ils n'arriveront que ce soir à quatre heures, répondit madame de Coulange : nous avons été prévenues par une dépêche de mon mari que nous avons reçue à onze heures.

— Si madame la marquise le désire, je me trouverai de nouveau à la gare à quatre heures.

— Merci, monsieur le comte ; mais nous irons, Maximilienne et moi, au-devant de nos chers voyageurs ; j'ai déjà donné des ordres pour que la voiture soit prête à trois heures.

Comme la marquise n'ajouta point : « Si vous voulez nous accompagner cela nous sera agréable, » Ludovic comprit que la mère et la fille voulaient aller seules à la gare.

On parla d'autres chose, principalement du sinistre de Frameries.

A trois heures, après avoir quitté un instant Ludovic, la marquise et Maximilienne rentrèrent dans le salon. Elles étaient prêtes à partir. Presque aussitôt un domestique vint les prévenir que leur voiture les attendait.

— Monsieur le comte, dit la marquise, je ne vous engage pas à revenir ce soir ; après les violentes émotions qu'ils ont éprouvées, ces messieurs seront certainement très fatigués, et ils ne demanderont qu'à se reposer. Mais, ajouta-t-elle avec son doux sourire, nous aurons tous le plaisir de vous voir demain.

Maximilienne lui tendit la main, en disant :

— A demain, monsieur le comte.

Le jeune homme les accompagna jusqu'à leur voiture.

Pendant qu'elles descendaient rapidement vers le centre de Paris, Ludovic montait dans un coupé de remise pour se faire conduire chez lui.

Au moment où le coupé s'arrêtait devant la porte cochère de son hôtel, une voiture à quatre places, avec galerie de fer, s'en éloignait. La porte cochère était encore ouverte, et en mettant pied à terre Ludovic put voir deux de ses domestiques qui entraient dans l'hôtel portant une malle qui paraissait assez pesante.

— C'est de Rogas qui vient d'arriver, pensa-t-il.

Il ne se trompait pas.

Un instant après le Portugais l'embrassait avec effusion et le serrait dans ses bras à l'étouffer.

José Basco portait un élégant costume de voyage et sur sa figure il n'y avait pas trace de favoris à la mode anglaise. Quant à Gérôme, — c'est le nom que s'était donné Armand Des Grolles pour remplir son nouveau rôle, — quand il vint un instant après saluer son maître et lui demander ses ordres, Ludovic le vit tout frais rasé comme à l'ordinaire, et il fut forcé de reconnaître que ni de Rogas, ni son domestique ne ressemblaient aux deux paysans de la gare du Nord.

— Illusion d'optique ou hallucination, je me suis trompé, se dit-il. C'est absurbe, ne pensons plus à cela.

Il reprit à haute voix :

— Eh bien, de Rogas, avez-vous fait un bon voyage ?

— Mais oui, mais oui.

— Alors vous êtes satisfait !

— Oui, mon cher Ludovic, très satisfait, répondit José en ayant l'air de regarder par la fenêtre.

Sa physionomie avait, à ce moment, une expression singulière qui démentait ses paroles.

— A quelle heure êtes-vous arrivé ? reprit Ludovic.

— J'arrivais comme vous rentriez. Est-ce que vous n'avez pas trouvé la porte cochère ouverte ?

— En effet, elle était ouverte.

— Vous avez dû voir sortir le fiacre qui nous a amenés de la gare de Lyon ici.

Ludovic eut un haussement d'épaules qui n'échappa point au regard du Portugais.

— Qu'avez-vous donc, mon cher comte ? pourquoi haussez-vous les épaules ? demanda-t-il vivement d'une voix qui trahissait une légère émotion.

— Oh ! ne faites pas attention, de Rogas, répondit le jeune homme, je faisais une sotte réflexion.

Alors, de l'air le plus naturel du monde, José demanda à Ludovic des nouvelles du marquis de Coulange, de la marquise, de Maximilienne et d'Eugène.

— Mais vous ne savez donc rien ? fit le jeune homme.

— Mon cher comte, vous m'effrayez ; que voulez-vous dire ?

— Je vois qu'aucun journal ne vous est tombé sous la main, autrement vous sauriez que le marquis et son fils ont miraculeusement échappé à la mort.

— Que m'apprenez-vous là ? s'écria le Portugais.

Il avait l'air d'attendre un récit. Ludovic s'empressa de le satisfaire. Il lui raconta ce qui s'était passé la veille à l'hôtel de Coulange et ce qu'il avait lu le matin dans les journaux belges.

— Enfin, dit José, du moment qu'ils sont sauvés nous n'avons plus qu'à nous réjouir.

Ludovic garda le silence. José reprit :

— Je ne vous demande pas où vous en êtes avec la charmante Maximilienne ; je suis convaincu que la situation est toujours la même.

— Vous savez bien, de Rogas qu'il ne dépend pas de moi de la changer. J'ai promis d'attendre, j'attends.

— Seulement, cela peut durer longtemps.

— C'est vrai.

— En vérité, mon cher comte, j'admire votre patience.

— En manquer ne m'avancerait à rien. D'ailleurs, je ne suis pas si malheureux que cela. Pourquoi me plaindrais-je ? J'aime et je sais que je suis aimé ! Et puis, de Rogas, vous devez savoir qu'on savoure mieux le bonheur qu'on a longtemps attendu et désiré.

José pouvait admettre cette maxime ; mais, pour l'instant, les paroles de Ludovic n'étaient nullement de son goût. Toutefois, il ne jugea pas à propos de répliquer.

Certain que le bonheur qui lui était promis ne pouvait lui être enlevé, le

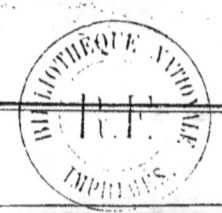

Ludovic put voir ses domestiques qui entraient dans l'hôtel, portant une malle.

comte de Montgarin était patient; pour des raisons majeures, qu'il ne pouvait faire connaître à son associé, José Basco, au contraire, était pressé d'arriver au but.

— Décidément, se dit-il, pendant qu'un sombre éclair sillonnait son regard, je vois qu'il faut absolument que je jette ma note dans ce duo d'amoureux.

Malgré son adresse et sa grande habileté, dans son impatience et pour la première de ces raisons qu'il cachait à Ludovic, José Basco allait tenter un coup audacieux et commettre en même temps une faute énorme.

V

UNE DAME PATRONNESSE

Cinq jours plus tard, entre deux et trois heures, une dame blonde, jeune encore, fort jolie et très élégamment mise, se présenta à l'hôtel de Coulange.

Le marquis et la marquise venaient de sortir en voiture pour rendre quelques visites. Eugène était à l'École des mines. Maximilienne, fort triste depuis quelques jours, travaillait dans sa chambre à un petit ouvrage de broderie. La veille, le comte de Montgarin avait prévenu qu'il ne viendrait pas le lendemain.

Le retour à Paris de son père et de son frère, la joie qu'elle avait éprouvée en les embrassant, après l'effroyable danger qu'ils avaient couru, n'avaient pu chasser de l'esprit de la jeune fille une pensée douloureuse qui l'obsédait. Mais elle cachait soigneusement sa tristesse à ses parents, à sa mère surtout.

Tout en entrant, la dame dont nous venons de parler se trouva en présence d'un domestique qui, après l'avoir saluée, lui demanda ce qu'elle désirait.

La dame avait l'air doux et timide et paraissait très émue.

— Je voudrais parler à madame la marquise de Coulange, répondit-elle.

— Dans ce cas, madame, vous serez obligée de revenir demain.

— Est-ce que madame la marquise n'est pas visible?

— Madame la marquise et M. le marquis sont sortis, il y a à peine un quart d'heure, et ils ne rentreront pas avant six heures.

L'inconnue laissa voir son désappointement.

— Oh! je suis contrariée, bien contrariée, fit-elle.

— Si madame veut me laisser sa carte, je la remettrai à madame la marquise aussitôt qu'elle rentrera, en lui disant que madame a beaucoup regretté de ne pas la trouver.

La dame fit semblant de chercher dans ses poches, puis ayant l'air de se raviser :

— Mais non, dit-elle, c'est inutile, puisque je suis forcée de revenir demain. D'ailleurs, ajouta-t-elle, je n'ai pas l'honneur d'être connue de madame la marquise de Coulange.

Elle fit quelques pas dans l'antichambre, marchant vers la porte. Le domestique la suivait. Au moment où il avançait le bras pour ouvrir, la dame se retourna brusquement.

— Pardon, est-ce que mademoiselle de Coulange est sortie avec madame sa mère? demanda-t-elle en souriant gracieusement.

— Non, madame, mademoiselle n'est pas sortie.

— Ah ! mais alors, je ne suis plus contrariée d'être venue aujourd'hui, car ma visite n'était pas pour madame de Coulange seule ; je désirais voir aussi mademoiselle Maximilienne. Soyez donc assez bon, monsieur, pour faire demander à mademoiselle de Coulange si elle veut bien me recevoir.

— Si madame veut me dire son nom...

— Annoncez simplement une dame qui vient de la part de madame la marquise de Neuvelle.

Le domestique s'inclina, en disant :

— Venez, madame.

Il fit traverser à la visiteuse plusieurs pièces et l'introduisit dans un petit salon faisant partie de l'appartement de Maximilienne, et qui était contigu à un cabinet servant d'antichambre.

— Veuillez attendre un instant, madame, dit le domestique à l'inconnue.

Il ouvrit une porte et disparut.

La visiteuse entendit qu'il parlait à une femme dans la pièce voisine, une femme de chambre, sans doute. Au bout de trois ou quatre minutes Maximilienne entra dans le salon. L'inconnue, qui était restée debout, la salua avec beaucoup de respect, tout en la dévorant du regard. Puis, s'avançant vers elle :

— Mademoiselle, dit-elle, je vous remercie d'avoir bien voulu me recevoir.

— Il est vrai, madame, que je n'ai pas l'honneur de vous connaître, répondit la jeune fille, mais il suffit que vous veniez de la part de madame la marquise de Neuvelle.

— Je suis la comtesse Protowska ; vous avez reconnu déjà, sans doute, que je ne suis pas Française.

— Madame la comtesse, dit Maximilienne, en indiquant un fauteuil, veuillez vous asseoir et me dire à quoi je dois l'honneur de votre visite.

— Je désirais voir aussi madame la marquise de Coulange. Apprenant qu'elle venait de sortir, j'allais me retirer lorsque j'eus l'heureuse idée de demander si vous étiez également sortie. Le domestique m'ayant répondu que non, je l'ai prié de me faire annoncer, me réservant de faire demain, ou un autre jour de cette semaine, ma visite à madame la marquise.

Alors, baissant les yeux et adoucissant le timbre de sa voix, la comtesse continua :

— Je remplis une mission délicate, mademoiselle, et qui est quelquefois difficile ; néanmoins, je la trouve agréable et elle n'est pas au-dessus de mes forces et de mon courage, car je suis soutenue par la pensée du bien que je fais, du bien que je fais faire aux autres ; c'est un devoir que j'accomplis.

Vous avez devant vous une solliciteuse, mademoiselle. Sachant combien vous êtes bonne, vous et madame votre mère, sachant qu'on ne s'adresse jamais en vain à votre générosité, que c'est un bonheur pour vous de venir en aide à l'infortune, je n'ai pas hésité à m'adresser à vous.

— Et vous avez eu raison, madame; c'est toujours une grande satisfaction pour nous que l'occasion de soulager quelque misère nous soit offerte.

— Ah! voilà des bonnes paroles !... Vous n'ignorez pas, mademoiselle, qu'i y a à Paris un grand nombre de réfugiés polonais...

La jeune fille répondit par un mouvement de tête.

— Nous formons ici une sorte de colonie, poursuivit la comtesse; nous nous soutenons, nous nous aidons. Malheureusement, il y a parmi nous beaucoup de pauvres et peu de riches. Ceux-ci, autant qu'ils le peuvent, assistent leurs frères malheureux; mais, hélas ! nos ressources sont loin d'être suffisantes. Il y a pour les ouvriers les maladies coûteuses et les jours de chômage. Et puis, la mort ne nous épargne pas, elle frappe cruellement dans nos rangs; c'est une mère qu'elle enlève à ses enfants, ou bien, ce qui est plus terrible encore, c'est le père qui s'en va; n'ayant plus les deux bras qui les faisaient vivre, la mère et les enfants se trouvent sans ressource. Ah! mademoiselle, nous avons bien des misères à soulager ! Il faut nourrir les veuves, il faut adopter les orphelins.

L'année dernière, nous avons fondé un orphelinat de jeunes filles; je suis une des dames patronnesses de cette œuvre de bienfaisance, et c'est pour ces pauvres et chères petites, mademoiselle, que je viens faire appel à votre charité.

— Je regrette que ma mère soit absente, répondit Maximilienne; mais vous reviendrez; je suis sûre d'avance qu'elle voudra concourir à votre bonne œuvre. En attendant, je vais d'abord vous donner quelque chose; heureusement, j'ai ma bourse de jeune fille.

Sur ces mots elle se leva,

— Permettez-moi de vous quitter, reprit-elle, je reviens à l'instant.

Elle sortit du salon et reparut presque aussitôt.

— Tenez, madame, dit-elle, voici pour vos pauvres petites orphelines.

Et elle mit dans la main de la solliciteuse dix pièces de vingt francs.

— Je vous remercie mille fois, dit la dame, le bon Dieu vous le rendra.

Il y eut un moment de silence pendant lequel la comtesse parut réfléchir.

— Mademoiselle, reprit-elle, vous êtes si bonne et vous méritez si bien d'être heureuse, que je vais vous donner un témoignage de ma reconnaissance.

— Mais, madame, c'est moi qui vous suis reconnaissante de m'avoir procuré l'occasion de faire un peu de bien.

— Écoutez, mademoiselle, j'ai appris quelque chose que je dois vous dire C'est de votre famille, c'est de vous qu'il s'agit.

— De ma famille, de moi? fit la jeune fille étonnée.

— Mademoiselle de Coulange me permet-elle de parler?

— Je vous écoute, madame.

— Vous avez pour fiancé M. le comte Ludovic de Montgarin, un jeune homme dont on dit le plus grand bien. Dans le monde on parle beaucoup de vous et de lui; on approuve le choix que vous avez fait, on ajoute que M. le comte de

Montgarin est le seul homme digne de vous posséder; seulement on s'étonne qu'il ne soit pas encore votre époux, on se permet même de juger votre conduite envers lui d'une façon malveillante.

Maximilienne devint rouge comme une pivoine.

— Je ne savais pas que le monde me fît l'honneur de s'occuper de moi, répliqua-t-elle; mais je vous prie de croire, madame, et vous pouvez le répéter, que j'ai un profond dédain pour ses interprétations.

C'est à moi et non aux autres qu'il appartient de juger ma conduite; je fais ce que je crois devoir faire, j'agis selon mon cœur et ma conscience et c'est à mon père et à ma mère seuls que j'ai à rendre compte de mes actions.

— Et vous avez bien raison, mademoiselle; mais, vous le savez, on ne peut pas empêcher le monde de causer. Pourtant, si j'osais vous donner un conseil...

La jeune fille se redressa brusquement.

— Eh bien, madame? dit-elle d'un ton sec.

— Je vous dirais : dans votre intérêt, dans l'intérêt de vos parents que vous aimez, épousez tout de suite le comte de Montgarin.

— Mais, madame! s'écria Maximilienne.

— Vous trouvez mon langage singulier, n'est-ce pas? Oh! je le comprends Et vous pouvez vous demander de quoi se mêle une inconnue. Peut-être devrais-je me taire. Mais non, je ne veux pas avoir à me reprocher plus tard d'avoir gardé le silence. Nous sommes seules, c'est le hasard qui l'a voulu, ou plutôt c'est Dieu qui m'a fourni l'occasion de vous avertir du danger qui vous menace.

— Quel danger? Je ne vous comprends pas, madame ; que voulez-vous dire?

La dame patronnesse poussa un profond soupir.

— Ah! cela me coûte beaucoup, fit-elle d'un ton hypocrite; mais il le faut; c'est un nouveau devoir pénible que j'ai à remplir.

Maximilienne, toute frémissante, la regardait avec une sorte d'effarement.

— Mademoiselle, reprit la comtesse, soyez bien convaincue que c'est dans votre intérêt...

— Parlez, mais parlez donc, interrompit la jeune fille; quel est ce danger qui me menace?

— Ce danger, mademoiselle, menace vous et les vôtres. C'est votre bonheur à tous qui peut être détruit.

— Ah! vous m'épouvantez! exclama Maximilienne éperdue...

La comtesse ajouta :

— Je ne dois rien vous cacher : c'est aussi l'honneur du nom de Coulange qui est en péril.

Les yeux de Maximilienne s'enflammèrent soudain et elle bondit sur ses jambes. Le buste en arrière, la tête haute et le front superbe, elle s'écria, dans un élan de magnifique orgueil :

— Notre honneur ne redoute rien, madame ; il est au-dessus de toutes les atteintes ; nul ne saurait y toucher, car nous en sommes les gardiens !

— Hélas ! mademoiselle, répliqua la comtesse d'un air contrit, tout est possible, même les choses qui paraissent le plus invraisemblables.

— Madame, riposta la jeune fille avec une sorte de violence, quand vous me dites que notre bonheur peut être détruit, je peux vous croire ; mais ne parlez pas de péril quand il s'agit de l'honneur des Coulange ! Notre honneur peut tout braver, madame, il est lumineux comme le soleil !

— Vous avez l'âme grande, mademoiselle, et j'applaudis à votre noble fierté, répondit tristement la dame patronnesse ; mais, dussé-je m'attirer votre colère, je suis forcée de maintenir ce que je viens de vous dire ; oui, votre bonheur et votre honneur sont menacés. Au moment où vous vous y attendrez le moins, vos parents, vous et votre frère pouvez être frappés comme d'un coup de foudre ! Je vous le dis, mademoiselle, le malheur serait irréparable !

La jeune fille laissa échapper un gémissement et retomba lourdement sur son siège.

La terreur commençait à s'emparer d'elle ; sa poitrine se gonflait et le sang battait ses tempes. Elle regardait son interlocutrice avec stupeur.

Celle-ci mettait à profit un moment de silence pour se rendre exactement compte de l'effet qu'avaient produit ses paroles.

Ce fut Maximilienne qui reprit la parole, après avoir passé rapidement ses mains sur son front brûlant.

— Madame, dit-elle, d'une voix frémissante, je ne veux pas vous le cacher, je suis très effrayée.

— Oh ! rassurez-vous, répliqua vivement la comtesse ; sans doute le danger existe, mais vous n'avez pas à le craindre, puisqu'il dépend de vous de le conjurer.

— Mon Dieu, je ne comprends pas... De grâce, expliquez-vous, madame, expliquez-vous.

— Eh bien, mademoiselle, il existe dans votre famille un secret terrible...

Maximilienne tressaillit.

La dame patronnesse continua :

— La révélation de ce secret causerait le malheur irréparable dont je viens de vous parler. Ne vous êtes-vous pas souvent étonnée, quand tout lui souriait et la conviait aux joies du monde, aux félicités de la vie, de voir madame la marquise votre mère, triste, songeuse, se condamner en quelque sorte à vivre dans la retraite et l'isolement ? Ne l'avez-vous pas surprise quelquefois versant des larmes ? Eh bien, mademoiselle, la cause de ses tristesses, de ses préoccupations, de son isolement et de ses larmes, c'est la chose terrible dont je viens de vous révéler l'existence...

— Mais vous accusez ma mère ! s'écria Maximilienne pourpre d'indignation.

— Moi, accuser madame la marquise de Coulange ! répondit la comtesse de sa voix doucereuse. Oh ! mademoiselle, vous avez bien mal interprété le sens de mes paroles ; est-ce que je ne sais pas, comme tout le monde, que madame la marquise est la meilleure, la plus noble, la plus sainte des femmes !... Que vous ai-je dit ? Que votre mère souffrait du secret dont il s'agit, que ce fatal secret pesait lourdement sur son existence, voilà tout. Ah ! Dieu me garde de penser seulement que madame la marquise de Coulange puisse être coupable de quoi que ce soit.

Maintenant de grosses gouttes de sueur perlaient sur le front de la jeune fille et des larmes qu'elle s'efforçait de retenir roulaient dans ses yeux.

— Je ne puis vous dire quel est ce secret, poursuivit la dame patronnesse, je ne le connais point ; je sais seulement qu'il existe ; je sais également que s'il était révélé ce serait pour vous tous un épouvantable malheur, et peut-être pour votre mère un coup mortel.

Or, mademoiselle, une personne que je ne puis vous nommer connaît ce terrible secret. Comment l'a-t-elle découvert ? Je n'en sais rien. Demain, si elle le veut, l'orage éclatera sur vos têtes. Vous le voyez, mademoiselle, le péril est extrême. Mais, d'un autre côté, cette même personne a de grandes obligations à M. le comte de Montgarin, qui lui aurait rendu, il y a quelques années, un immense service. Ai-je besoin d'ajouter que M. de Montgarin vous sert en quelque sorte d'égide ? Le jour où il fera partie de votre famille, on n'osera plus rien tenter contre vous. Voilà pourquoi je vous disais tout à l'heure : Si j'osais vous donner un conseil, je vous dirais : Dans votre intérêt, dans l'intérêt de vos parents, épousez tout de suite le comte de Montgarin.

Maximilienne poussa un sourd gémissement, la pauvre enfant souffrait horriblement. Elle était accablée et comme anéantie.

— Oui, reprit impitoyablement l'affreuse femme, si vous voulez éviter les malheurs qui vous menacent, je vous conseille d'épouser le plus tôt possible M. le comte de Montgarin ; car, il faut que vous le sachiez, si, pour des raisons qui me sont inconnues, votre mariage n'a pas lieu d'ici un mois, l'orage que vous pouvez éloigner éclatera subitement. Alors vous ne pourrez plus rien empêcher ; il sera trop tard.

Maximilienne regarda autour d'elle avec égarement. Depuis un instant, un tremblement nerveux la secouait des pieds à la tête.

— Mais c'est odieux, c'est infâme ! exclama-t-elle d'une voix affolée.

— Oui, mademoiselle, c'est odieux et infâme !

— Ah ! que ce soit un homme ou une femme, cette personne est un misérable, un monstre !

— Je pense absolument comme vous, mademoiselle.

— Mais que lui avons-nous donc fait ? reprit Maximilienne d'une voix déchirante et en se tordant les mains.

— Hélas ! mademoiselle, la vipère mord parce que c'est dans sa nature de mordre, et presque toujours elle se jette sur ceux qui ne l'attaquent point. Il en est de même des méchants ; ils ont du plaisir à faire le mal, comme d'autres éprouvent de la satisfaction à faire le bien ; pour eux, faire souffrir est une jouissance.

La jeune fille tenait sa figure cachée dans ses mains. Elle pleurait.

— Mademoiselle, reprit la dame en se levant, je n'ai plus rien à vous dire ; cependant, je me permets de vous le répéter, la situation est grave, très grave... Réfléchissez. A vous de voir ce que vous devez faire. Je crois que vous ferez bien de garder pour vous seule ce que je viens de vous confier ; en parler à votre mère serait lui causer une douleur horrible ; si vous en parliez à M. le marquis ou à votre frère, les conséquences seraient terribles.

Après un court silence, voyant que Maximilienne ne disait rien, elle reprit :

— Je me retire, mademoiselle, en vous remerciant encore une fois pour nos pauvres orphelines.

La jeune fille sortit de son immobilité et se dressa sur ses jambes, comme par un mouvement automatique.

— Au revoir, mademoiselle, dit la dame patronnesse en faisant une profonde révérence.

— Adieu, madame, répondit Maximilienne d'une voix étranglée.

La comtesse Protowska fit une seconde révérence et sortit du salon.

— Ah ! murmura sourdement la jeune fille, je n'aurais pas dû recevoir cette femme !

VI

LE DOUTE

Maximilienne resta un instant, les bras ballants, la tête penchée sur sa poitrine et les yeux fixés sur le tapis.

La pauvre enfant était atterrée. Toutes sortes de sombres pensées se heurtaient tumultueusement dans son cerveau. Elle était incapable de réfléchir, tellement son esprit était troublé. Elle sentait son cœur serré comme dans un étau et elle souffrait horriblement.

Soudain, elle s'élança hors du salon et courut s'enfermer dans sa chambre. Là, à l'abri des regards curieux et indiscrets des domestiques, elle pouvait laisser éclater sa douleur. Elle s'affaissa sur un fauteuil comme une masse et se prit à

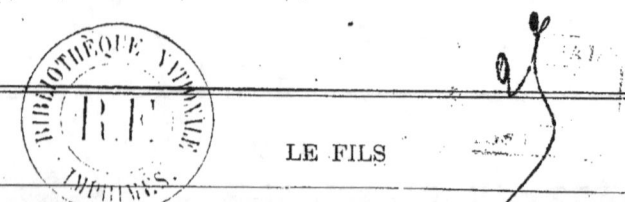

La jeune fille tenait sa figure cachée dans ses mains. Elle pleurait.

sangloter. Peu à peu sa poitrine se dégagea, et elle se sentit soulagée. Mais il y avait toujours un grand désordre dans son esprit. La terreur était en elle.

Elle ne se demandait pas si la comtesse Protowska n'était point une aventurière, et si c'était réellement dans son intérêt qu'elle l'avait avertie du danger qu'elle courait, elle et les siens.

Maximilienne avait ajouté foi aux paroles de l'inconnue, elle croyait au danger et voyait leur bonheur à tous anéanti. La dame patronnesse avait merveilleusement préparé son attaque, et ses paroles perfides avaient produit leur désastreux effet. Hélas! le doute était entré dans son âme et livrait un combat terrible à ses révoltes intérieures, soutenues par sa fierté et son noble orgueil. Oui, malgré la vive opposition de tous ses sentiments, Maximilienne commençait à croire que l'honneur de son père était menacé aussi et qu'il pouvait recevoir une souillure.

Allait-elle donc accuser sa mère, sa mère qu'elle adorait, respectait, vénérait, et dont elle connaissait les hautes vertus ?

Le doute est un poison qui porte ses ravages dans le cœur et l'esprit ; il suggérait cette pensée à Maximilienne que sa mère pouvait ne pas être sans reproche. Il est vrai qu'elle repoussait aussitôt cette mauvaise pensée avec fureur, au milieu d'un redoublement de sanglots ; mais le doute accomplissait son œuvre et l'horrible idée, revenant sans cesse, s'incrustait plus profondément. Alors la jeune fille éprouvait une douleur atroce ; il lui semblait qu'une pointe acérée traversait son cœur.

— Mais c'est épouvantable cela, c'est monstrueux ! s'écria-t-elle avec désespoir.

Si les paroles de la dame patronnesse avaient produit si vite et si facilement un si déplorable effet, c'est que, depuis quelques jours, Maximilienne avait déjà une pensée qui la poursuivait constamment et qui avait violemment surexcité sa jeune et ardente imagination.

Devant elle, dans un moment d'égarement, sa mère avait prononcé ces mots : « Seigneur, ayez pitié de moi ! Seigneur, pardonnez-moi ! » Sur le moment, Maximilienne n'avait pas fait beaucoup attention à ces paroles incompréhensibles pour elle ; mais son oreille les avait recueillies, et un peu plus tard elle les retrouva dans sa mémoire gravées en lettres de feu.

Alors son esprit se mit en travail et son imagination s'égara à travers les suppositions les plus invraisemblables, et à chaque instant elle se demandait : « Qu'a donc voulu dire ma mère ? De quoi demandait-elle pardon à Dieu ? » Et comme elle ne trouvait pas, elle continuait à chercher.

C'est dans cette déplorable situation d'esprit qu'elle avait reçu la visiteuse.

Certes, si Maximilienne n'avait pas été frappée par les paroles de sa mère, il est certain qu'elle aurait eu, vis-à-vis de la dame patronnesse, une attitude toute différente. Son indignation eût éclaté, et elle n'aurait pas eu la patience de l'écouter jusqu'à la fin. Malheureusement, chacune des paroles de la comtesse avait eu dans son cœur un écho douloureux, et à mesure qu'elle parlait, la liaison s'établissait entre ce qu'elle lui disait et les mots si fatalement échappés à sa mère.

Voilà pourquoi Maximilienne croyait au danger qui pouvait détruire le bonheur de sa famille et porter atteinte, en même temps, à l'honneur du nom de Coulange.

Enfin, après l'avoir vainement cherchée, elle avait l'explication de ces mots : « Seigneur, pardonnez-moi ! »

Et, malgré son cœur et ses sentiments qui résistaient, le doute qui s'était emparé de la malheureuse enfant devenait injurieux à l'égard de sa mère. Aussi avait-elle raison de s'écrier dans son désespoir : « C'est épouvantable, c'est monstrueux ! »

Maintenant, quel parti prendre ? Quand il dépendait d'elle de prévenir le danger, quand elle n'avait qu'un mot à dire pour que le bonheur des siens ne fût point troublé, pouvait-elle laisser s'accomplir l'œuvre des méchants ? Non, ce qu'elle devait faire, on le lui avait dit ; elle n'avait pas à hésiter, son devoir était tout tracé. A tout prix elle devait empêcher l'orage d'éclater. Pour la tranquillité de tous ceux qu'elle aimait, pour sauver sa mère, peut-être, il fallait suivre le conseil qu'on venait de lui donner : déclarer à son père qu'elle voulait épouser immédiatement le comte de Montagarin.

Après tout, le comte lui plaisait, il était son fiancé ; ce n'était pas un sacrifice qu'on exigeait d'elle. Et bien, elle ne se marierait pas le même jour que son amie Emmeline, voilà tout.

Est-ce que l'on ne fait pas tous les jours des projets que les événements réduisent à néant ? On serait trop heureux, vraiment, si l'on avait toujours ce qu'on désire, et si l'on obtenait tout ce qu'on souhaite.

C'est ainsi que raisonnait Maximilienne.

— Oui, se disait-elle, puisqu'il le faut, nous serons mariés dans un mois. Eugène seul pourrait s'opposer.... mais il m'aime, et quand je lui aurai dit : « Je veux », il laissera faire.

Cependant, et bien qu'elle eût pris une décision, elle était toujours en proie à une grande agitation et sous le coup de la terreur qui l'avait saisie.

Et puis le doute, le doute affreux, toujours agissant, ne cessait pas de tourmenter sa pensée ; c'est une douleur sourde, horrible, une véritable torture qu'il lui faisait éprouver,

Il y avait plus d'une heure que la comtesse Protowska s'était retirée, et la pauvre Maximilienne continuait à pleurer et à sangloter. Elle s'était tellement abîmée dans ses pensées et sa douleur qu'elle n'entendit point qu'on frappait discrètement à la porte de sa chambre.

Ce n'est qu'au bout d'un instant et quand on se décida à frapper avec plus de force, que le bruit arriva à ses oreilles. Elle eut un haut-le-corps comme si elle se réveillait en sursaut, et elle regarda du côté de la porte avec une sorte d'effroi.

— J'ai tourné la clef, se dit-elle ; on ne peut entrer sans que j'ouvre moi-même.

Tout en refoulant ses sanglots, elle essuya vivement ses yeux et ses joues qui étaient inondés de larmes. Ensuite elle se dressa sur ses jambes, fit quelques pas vers la porte et, d'une voix encore oppressée, elle demanda :

— Que me voulez-vous ?

— Vous embrasser, lui répondit-on.

La jeune fille laissa échapper un cri de surprise, presque de joie, en reconnaisant la voix de son institutrice.

— Louise, c'est ma bonne Louise ! s'écria-t-elle.

Elle bondit vers la porte, qu'elle ouvrit d'une main fébrile.

Gabrielle Liénard entra dans la chambre en ouvrant ses bras.

— Ma chère Maximilienne ! prononça-t-elle d'une voix vibrante d'émotion.

La jeune fille se jeta à son cou. Les bras de Gabrielle entourèrent le corps de Maximilienne, et pendant un instant, sans pouvoir rien dire, elle serra sa chère élève contre son cœur palpitant de tendresse.

Quels doux embrassements ! Chaque baiser de l'une était aussitôt rendu par l'autre. C'est que l'affection de l'élève n'était pas moins sincère et profonde que celle de l'institutrice.

Enfin Maximilienne parvint à maîtriser son émotion.

— C'est toi, c'est toi ! dit-elle d'une voix qui venait du cœur, qu'elle agréable surprise !

— C'est aujourd'hui seulement, à onze heures, qu'une personne de Coulange m'a appris l'épouvantable malheur de Frameries. Aussitôt, j'ai mis quelques effets et un peu de linge dans une valise, je me suis fait conduire à la gare de Nogent, et me voilà. J'arrive à l'instant. Un domestique m'a dit : « Madame la marquise est sortie, mais mademoiselle est dans sa chambre. » Vous pensez bien, ma chérie, que je n'ai pas songé à m'asseoir ; j'avais hâte de vous voir et de vous embrasser.

— Ma bonne Louise, ma bonne Louise ! murmura la jeune fille.

— Voyons, Maximilienne, après ce qui s'est passé, pourquoi ne m'a-t-on pas écrit tout de suite ?

— C'est maman qui n'a pas voulu.

— Pourquoi ?

— « Je sais combien madame Louise est impressionnable, a-t-elle dit, ce serait lui causer une violente émotion qui pourrait la rendre malade. »

— Ah ! oui, je comprends quelle a été sa pensée. Votre mère avait raison, Maximilienne ; en effet, l'émotion a été forte, et je ne serai complètement rassurée que quand j'aurai vu monsieur le marquis.

En parlant elle s'était un peu éloignée de la jeune fille. Celle-ci ayant fait un mouvement, son visage se trouva subitement en pleine lumière. Aussitôt sa pâleur, la douloureuse expression de son regard et ses traits contractés frappèrent Gabrielle. Alors, le cœur serré par une angoisse inexprimable, elle regarda la jeune fille plus attentivement. Elle vit ses longs cils mouillés et sur ses joues la trace de larmes mal essuyées.

Effrayée, Gabrielle fit encore un pas en arrière ; puis, se rapprochant brusquement de mademoiselle de Coulange, elle s'écria en lui saisissant les deux mains :

— Mais qu'avez-vous donc, Maximilienne ? Tout à l'heure vous pleuriez, la douleur et la désolation sont peintes sur votre visage. Ah ! de nouvelles larmes jaillissent de vos yeux !... Mon Dieu, qu'avez-vous ? Mais que ce passe-t-il donc ici ?

Maximilienne ne put retenir un sanglot qui s'échappa de sa poitrine.

— Ah ! on ne m'a pas dit la vérité, exclama Gabrielle éperdue ; il y a ici un, peut-être deux blessés en danger de mort !

— Non, non, Louise, rassure-toi, répliqua vivement la jeune fille, mon père et mon frère n'ont pas été blessés, et ils sont revenus à Paris en bonne santé ; du reste tu les verras ce soir.

Gabrielle poussa un long soupir.

— Je vous crois, Maximilienne, je vous crois, dit-elle ; mais, hélas ! vous ne me rassurez point complètement. Maximilienne, votre douleur, vos larmes ont une cause ; je vous en supplie, dites-moi d'où vous vient ce grand chagrin.

— Ne m'interroge pas, ma bonne Louise, c'est inutile, je ne peux pas te répondre.

Gabrielle plongea son regard dans les yeux de Maximilienne comme si elle eût voulu lire dans sa pensée et dans son cœur.

— Ainsi reprit-elle après un court silence, votre mère ignore que vous souffrez, que vous êtes malheureuse, puisque vous vous enfermez dans votre chambre pour vous désoler en secret et cacher vos larmes ! Ah ! Maximilienne, mon enfant, quelque chose me dit que j'ai bien fait de quitter Coulange pour venir à Paris !

La porte de la chambre était restée entr'ouverte. Gabrielle s'en aperçut. Elle alla la fermer. Puis, revenant près de la jeune fille, elle lui prit la main et l'entraîna près d'un fauteuil sur lequel elle s'assit ; ensuite, un de ses bras entoura la taille de Maximilienne, et elle l'attira sur ses genoux.

— Maximilienne, dit-elle d'une voix câline, vous rappelez-vous ? C'est ainsi que je vous tenais toujours quand je vous ai appris à lire. Quand un mot difficile se présentait, je vous donnais un baiser, comme celui que je mets en ce moment sur votre joue, et tout de suite, sans effort, vous prononciez le mot. J'aime à me rappeler ce temps-là. Les baisers que je vous donnais, je ne les comptais pas. C'est avec des caresses que j'ai fait votre éducation. Que de fois vous avez dit : « J'aime ma Louise autant que maman ; il me semble que j'ai deux mères ! » Ces paroles sont restées gravées dans ma mémoire. Vous souvenez-vous de cela, ma chérie ?

— Oui, je me souviens.

— Quand vous disiez cela, vous sentiez combien ma tendresse pour vous était grande.

— Ah ! vous m'aimiez bien, Louise !

— Et je vous aime toujours autant, plus peut-être. Quand vous étiez petite,

Maximilienne, vous n'aviez rien de caché pour moi, je connaissais toutes vos jeunes pensées. Si vous aviez un petit chagrin d'enfant, vous accouriez dans mes bras, et c'est en vous embrassant, en vous pressant sur mon cœur que je vous consolais et séchais vos larmes. Maximilienne, vous êtes sur mes genoux, dans mes bras, comme autrefois laissez-moi pour un instant redevenir votre institutrice, votre seconde mère, et comme autrefois ne me cachez rien, dites-moi tout.

— Non, non, c'est impossible !

— Oubliez que vous avez grandi, que vous êtes aujourd'hui une demoiselle et imaginez-vous que vous êtes encore toute petite ; alors il ne vous sera pas plus difficile qu'autrefois de me faire connaître la cause de votre douleur. Qui sait, ma chérie, comme autrefois aussi je pourrai peut-être vous consoler !

La jeune fille secoua tristement la tête.

— Vous en doutez ? reprit Gabrielle ; essayez et vous verrez...

— Non, non, Louise, n'insistez pas, je vous en prie, je ne dois rien vous dire.

— Mais c'est donc bien sérieux, bien grave ?

— Oui, Louise, c'est grave !

Gabrielle regarda la jeune fille avec compassion. Au bout d'un instant elle reprit :

— Je reviens toujours au passé, Maximilienne ; quand vous étiez petites, il y a des choses que vous ne disiez pas à votre mère et que vous me disiez, à moi. Mon Dieu, j'ai été jeune comme vous et je me souviens que souvent j'ai caché à ma mère certains petits secrets que j'étais heureuse de confier à une amie. Eh bien, Maximilienne, ne suis-je pas votre amie ? Voyons, ouvrez-moi votre cœur, confiez-moi ce terrible secret.

La jeune fille se serra contre elle avec une sorte de terreur, et Gabrielle s'aperçut qu'elle frissonnait.

— Mais je veux te consoler ! s'écria-t-elle. Tu es toujours mon élève, mon enfant, ma fille, entends-tu ? Oui, je veux sécher tes larmes d'enfant !

Et elle se mit à l'embrasser avec transport.

— Maximilienne, reprit-elle d'une voix presque impérieuse, si je n'ai pas perdu votre confiance, si vous m'aimez encore, je vous en supplie, parlez !

La jeune fille se redressa brusquement.

— Louise, dit-elle, tu le veux ?

— Mais tu le vois bien, que je le veux !

— Oh ! non, fit la jeune fille en gémissant, je n'ose pas, c'est trop affreux !...

— Maximilienne, dit Louise avec tristesse, je n'ai jamais été sévère pour vous ; je vous ai toujours montré, au contraire, combien je suis indulgente.

La jeune fille resta un moment silencieuse, la figure cachée dans ses mains. Puis, relevant la tête, ses yeux enflammés se fixèrent sur Gabrielle.

— Me promets-tu, d'abord, de répondre à une question que je vais te faire ? demanda-t-elle.

— Oui, répondit Gabrielle.

— Franchement ?

— Oui.

— Il y a longtemps que tu fais partie de notre famille, presque depuis ma naissance ; si je suis pour toi comme une fille, ma mère est pour toi comme une sœur. Ah ! oui tu as le pouvoir de consoler, car je me suis aperçue plus d'une fois que tu consolais ma mère !... Maintenant, Louise, voici ma question : Tout à l'heure tu as prononcé : « Ce terrible secret ! » Eh bien, Louise, toi, à qui ma mère a dû confier bien des choses, sais-tu s'il existe dans la famille de Coulange quelque terrible secret ?

Gabrielle tressaillit et devint pâle comme une morte.

— Ah malheureuse enfant ! mais que sais-tu donc ? exclama-t-elle.

— Louise, répliqua la jeune fille d'un ton douloureux, vous ne répondez pas à ma question.

— Mais, mais... balbutia Gabrielle.

Elle était terrifiée.

— Louise, reprit Maximilienne, votre trouble vous trahit. Si vous voulez que je parle, et je vous promets d'avoir ce courage, répondez-moi !

Gabrielle eut un gémissement sourd et répondit d'une voix tremblante :

— Chercher à vous tromper en ce moment serait inutile, et je sens que cela serait dangereux. Oui, Maximilienne, il y a dans la famille de Coulange un secret terrible.

— Ainsi, c'est vrai, c'est vrai ! prononça la jeune fille d'une voix creuse.

Gabrielle se sentait défaillir.

— Louise, reprit Maximilienne avec force, quel est ce secret ?

— Ah ! elle ne sait rien ! exclama Gabrielle.

Et elle poussa un soupir de soulagement.

— Oui, Louise, je ne sais rien, mais vous allez me dire...

— Vous dire, quoi ?

— Ce que j'ignore.

— Jamais ! jamais !

— Louise, j'ai peut-être deviné.

— C'est impossible. Écoutez-moi, Maximilienne, un jour, probablement, on vous apprendra tout ; mais pendant longtemps encore vous ne devez rien savoir. Ne cherchez pas à deviner ce secret, Maximilienne, et, croyez-moi, ce serait pour vous un malheur de le connaître aujourd'hui.

Ainsi, Louise, si cette chose terrible que je dois ignorer était révélée, notre bonheur et notre honneur seraient en danger ?

— Oui, votre bonheur et votre honneur !

La jeune fille laissa échapper un gémissement et courba la tête.

— Je comprends, murmura-t-elle d'une voix étouffée, c'est ma mère...

— Votre mère ? fit Gabrielle ; que voulez-vous dire ?

— Hélas ! soupira Maximilienne, bien des choses me sont expliquées aujourd'hui : ma mère a commis une faute...

VII

LA DOULEUR

Gabrielle resta un instant comme pétrifiée, la bouche ouverte et les yeux hagards. Elle ne pouvait croire qu'elle eût bien entendu.

Soudain, elle bondit sur ses jambes, et la poitrine haletante, les lèvres frémissantes et les yeux étincelants, elle se dressa en face de la jeune fille.

— Ah ! malheureuse, malheureuse enfant ! s'écria-t-elle avec une douleur profonde, que viens-tu de dire ? quelles effroyables paroles as-tu osé prononcer !... Allons, relève la tête et regarde-moi !

La tête de la jeune fille s'inclina davantage.

— Ainsi, reprit Gabrielle d'une voix rauque, je ne me suis pas trompée, j'ai bien entendu... Et c'est toi, mon élève, une Coulange, c'est toi qui soupçonnes, qui accuses ta mère !... Mais quel horrible démon a donc soufflé sur ta pensée et versé son poison dans ton cœur et dans ton âme ! Ah ! malheureuse, malheureuse ! Vous avez grandi près de votre mère, vous avez senti pénétrer en vous le feu de son amour maternel, votre cœur est fait de son cœur, votre âme est faite de son âme, et vous ne la connaissez pas !

— Mais je l'aime, je l'aime ! s'écria la pauvre enfant d'une voix déchirante.

— Non, Maximilienne, non, vous ne l'aimez pas, puisque vous pouvez douter d'elle !

Elle continua en pleurant :

— Pauvre femme ! pauvre mère ! pauvre martyre !... Après tant de souffrances imméritées voilà sa récompense !... Après le devoir accompli, après le sacrifice, après avoir immolé son bonheur à elle, pour conserver le bonheur et l'honneur de sa famille, on va lui crier : Par vous notre bonheur et notre honneur sont en danger ! Et qui l'accuse, grand Dieu ! Sa fille, sa fille qu'elle adore, sa fille pour laquelle elle a enduré sans se plaindre toutes les tortures ! Eh bien, oui, voilà sa récompense ! Toutes les douleurs du passé devaient n'être rien ; il fallait que sa fille lui portât au cœur le coup le plus terrible ! Ah ! elle en mourra !

Maximilienne poussa un cri et tomba sur ses genoux en sanglotant.

Maximilienne poussa un cri et tomba sur ses genoux en sanglotant. (Page 200.)

Gabrielle reprit :

— Ah ! Dieu n'est pas seulement sans pitié, il est injuste !

— Louise, Louise ! cria la jeune fille, les bras tendus vers elle.

— Allez, mademoiselle, dit Gabrielle, en hochant la tête, vous la connaîtrez un jour cette faute commise par votre mère ; alors, si elle n'est pas morte, la sainte victime, c'est prosternée devant elle comme devant Dieu et le front à ses pieds que vous lui demanderez pardon, et vous n'aurez pas assez de toutes vos larmes pour laver l'injure que vous lui avez faite !

— Louise, pardon, pardon ! s'écria la jeune fille éplorée.

Elle avait joint ses mains et se traînait sur ses genoux.

— Oui, Louise continua-t-elle, vous avez raison, je suis une malheureuse !... Ah ! je ne suis pas seulement une fille ingrate, je suis une misérable !... Mais je me repens, Louise, je peux être pardonnée... Ah ! si vous saviez... Louise, vous avez étouffé en moi la mauvaise pensée qui me faisait tant souffrir ; il ne me reste plus que la douleur d'avoir pu douter de ma mère, de l'avoir outragée... Louise, je suis toujours votre élève, je ne suis pas méchante, pardon, pardon !

— Oui, je vous pardonne ! dit Gabrielle.

Elle se laissa tomber sur un siège, en murmurant :

— Ah ! comme j'ai bien fait de venir à Paris !

Puis s'adressant à Maximilienne :

— Allons, relevez-vous et venez vous remettre sur mes genoux comme tout à l'heure.

La jeune fille obéit.

Alors, en la serrant contre elle, Gabrielle reprit :

— Non, mon enfant, non, vous n'êtes pas méchante, mais il faut vous défier de votre imagination. Croyez-vous maintenant que vous avez bien fait de parler ? Ah ! vous ne saurez jamais tout ce que vous devez à votre noble mère ! c'est plus que du respect, c'est de l'adoration que vous devez avoir pour elle ! Écoutez bien ceci, Maximilienne : quoi qu'on puisse vous dire, quoi que vous puissiez entendre, que le doute ou le soupçon ne trouble plus votre pensée, ne pénètre plus dans votre cœur. Gardez votre bonheur, mon enfant, il est l'œuvre de votre mère, ne le détruisez pas.

Mais madame la marquise va bientôt rentrer, Maximilienne, et je sens que vous avez beaucoup de choses à me dire ; ne perdons pas une minute ; il faut que je sache tout, oui, j'ai besoin de tout savoir. Comment l'affreuse idée vous est-elle venue ! Ah ! pour naître dans votre esprit, il a fallu, comme je le disais tout à l'heure, que quelque démon fît passer sur vous son souffle empoisonné ! Maintenant, je vous écoute, parlez, et surtout ne me cachez rien.

Aussi brièvement que possible, la jeune fille fit à Gabrielle le récit qu'elle demandait. Ce fut une sorte de confession. Elle lui apprit comment son esprit avait été troublé par ces mots échappés à sa mère : « Seigneur, pardonnez-moi ! » Elle lui parla de sa tristesse, de ses préoccupations, des étranges réflexions qu'elle avait faites et enfin de ses vains efforts pour découvrir le sens des paroles mystérieuses.

Elle expliqua ainsi à Gabrielle dans quelle situation d'esprit elle se trouvait lorsqu'elle reçut la dame patronnesse. Les paroles de celle-ci étaient restées dans sa mémoire ; elle les répéta à Gabrielle presque mot pour mot. Ensuite elle lui fit connaître la décision qu'elle avait prise de hâter la conclusion de son mariage, afin d'écarter le danger qui menaçait sa famille.

— Lorsque vous êtes arrivée, Louise, dit-elle en terminant, je pleurais depuis plus d'une heure, et je venais de prendre la résolution de déclarer ce soir même à mon père et à ma mère que je désire être mariée d'ici un mois.

Gabrielle l'avait écoutée avec la plus grande attention et ne l'avait pas interrompue une seule fois.

La jeune fille ayant cessé de parler, il y eut un assez long silence.

La physionomie de Gabrielle avait pris une expression singulière ; il y avait dans son regard, illuminé de lueurs rapides, quelque chose de mystérieux où se dérobait une pensée insaisissable.

— Allons, dit-elle enfin, et comme se parlant à elle-même, ce n'est qu'un nuage un peu noir, il passera comme d'autres ont passé, et nous éviterons l'orage !

Puis embrassant fiévreusement Maximilienne :

— Va, dit-elle, tu es excusable, et le pardon était dû à ton repentir. Mais que ta mère ne sache rien, surtout ; tu entends, Maximilienne, rien, rien !

— Louise, ne faut-il pas que je lui demande aussi pardon ?

— Gardez-vous-en bien ! Ciel, si vous lui disiez !... Ah ! Maximilienne, vous tueriez votre mère !...

La jeune fille poussa un sourd gémissement.

— Ni à elle, ni à M. le marquis, ni à M. Eugène, vous ne devez parler de la visite de cette comtesse Protowska. Je ne devine pas quel motif a fait agir cette femme, Maximilienne, mais elle ne vous a point témoigné sa reconnaissance en vous parlant comme elle l'a fait. Le véritable intérêt se manifeste d'une autre manière. Je suis convaincue que cette femme est votre ennemie.

— Mais, Louise, ce danger dont elle m'a menacée, ce danger existe, vous me l'avez avoué.

— Oui, il existe.

— Ah ! vous voyez bien...

— Oui, je vois, Maximilienne, je vois ce que vous ne pouvez pas voir, vous... Ah ! je frissonne et je sens tout mon sang se glacer dans mes veines en pensant que, si au lieu de venir aujourd'hui, je n'étais venue que demain, je serais peut-être arrivée trop tard... Enfin, je suis là et je sais : avec l'aide de Dieu, nous nous défendrons et nous ne serons point frappés par de nouveaux malheurs.

Elle s'arrêta un instant et continua :

— Maximilienne, vous m'avez fait votre confidente ; mais ce n'est pas assez, il faut encore que vous suiviez mes conseils.

— Oh ! oui, oui, conseillez-moi, dites-moi ce que je dois faire.

— Maximilienne, vous ne devez rien faire.

La jeune fille la regarda avec surprise.

— Reprenez votre gaieté, reprit Gabrielle, et que la confiance et la paix rentrent dans votre cœur. D'abord, vous ne devez tenir aucun compte des paroles de la comtesse Protowska ; vous ne direz pas à vos parents que vous voulez vous marier dans un mois.

— Mais la menace, Louise, la menace ?

— Je ne peux pas vous dire toute ma pensée, Maximilienne ; contentez-vous de ces mots : Je veille sur votre bonheur à tous. Vous avez décidé que votre mariage aurait lieu le même jour que celui de votre amie Emmeline, ne revenez pas sur votre première résolution. J'ai des raisons pour vous donner ce conseil, et je les crois très sérieuses. Du reste, vous pouvez être tranquille, votre fiancé vous aime, il aura la patience d'attendre.

Je ne vous quitte plus, je reste à Paris, ma présence y est nécessaire. Je ne retournerai à Coulange que le jour où vous quitterez Paris tous pour y aller passer la belle saison. Si, d'ici là, la situation devait être modifiée, je vous le dirais ; nous agirions selon les circonstances. Mais, quoi qu'il arrive, ne faites rien sans me prévenir, ne prenez aucune détermination avant que je ne l'aie approuvée. Je n'ai plus rien à vous dire, Maximilienne ; vous m'avez comprise. Rassurez-vous, raffermissez votre cœur et n'oubliez jamais que vous êtes une Coulange. Le malheur peut vous frapper. Il n'épargne ni les plus nobles, ni les plus grands, ni les plus dignes ; mais allez, un honneur comme le vôtre, qui a des siècles d'existence, peut braver tous les attentats. La tache qu'on voudrait lui faire ne saurait s'imprégner sur lui ; aussitôt reçue, elle disparaîtrait comme une goutte d'eau sur ce tapis.

Ayez confiance, mon enfant ; il y a quelques mois Dieu détournait la balle d'un assassin ; il y a cinq jours il préservait votre père et votre frère, il vous préservera encore. Non, non, Dieu ne détruira point votre bonheur, qui est fait des larmes de votre mère.

— O ma mère ! prononça la jeune fille comme en extase.

Puis, laissant aller sa tête gracieuse sur l'épaule de Gabrielle elle continua :

— Il y avait une plaie dans mon cœur, et vous l'avez guérie, Louise, il me semble que vos paroles ont versé en moi un baume bienfaisant ; je ne sens plus un poids énorme qui pesait sur ma poitrine ; c'est un grand soulagement que j'éprouve dans tout mon être. Louise, s'il ne restait pas là, sous mon front, le souvenir de l'injure que j'ai faite à ma pauvre mère, je serais consolée, car la confiance en Dieu est rentrée dans mon âme. En vous aussi j'ai confiance, ma bonne Louise. Ah ! oui, restez près de nous pour me donner des conseils comme autrefois. Vous retrouverez en moi la même docilité, la même obéissance. Ce que vous me direz de faire, je le ferai. Louise, quelque chose me dit que vous êtes notre protectrice, la gardienne de notre bonheur.

— Si, pour vous le conserver, il ne faut que mon dévouement, je vous promets, ma chérie, que nul n'y touchera jamais, répondit Gabrielle.

A ce moment, la porte de la chambre s'ouvrit, et la marquise parut sur le seuil.

Gabrielle et Maximilienne se levèrent en même temps.

— Louise, ma chère Louise! prononça madame de Coulange

Les deux mères tombèrent dans les bras l'une de l'autre et s'embrassèrent avec effusion.

Maximilienne se tenait un peu à l'écart. Ses yeux, remplis de larmes, s'étaient fixés sur le visage de sa mère; elle croyait y voir l'empreinte de toutes ses douleurs, et elle se disait, prête à sangloter :

— Et c'est elle, c'est ma mère que ma pensée a outragée! Ah! j'en garderai le souvenir, et ce sera mon châtiment!

Cependant, après quelques paroles échangées avec Gabrielle, la marquise s'avança vers sa fille pour lui mettre un baiser sur le front. Elle vit ses larmes.

— Mais tu pleures! dit-elle; mon enfant qu'as-tu?

Maximilienne allait tomber à genoux. Heureusement, un regard impérieux de Gabrielle l'arrêta. Mais elle n'eut pas la force de se contenir, ses larmes coulèrent en abondance.

— Mon Dieu, mais qu'a-t-elle donc? s'écria la marquise saisie d'un effroi subit.

Gabrielle vint au secours de l'enfant et s'empressa de faire disparaître l'inquiétude de la mère.

— Ce n'est rien, madame la marquise, dit-elle, ne faites pas attention; c'est la suite d'une douce émotion. Quand vous avez ouvert la porte, je la tenais dans mes bras, sur mes genoux; je lui parlais de son enfance, de votre tendresse pour elle et des soins que vous lui avez prodigués.

— Oui, maman, dit Maximilienne, Louise me rappelait combien tu m'as aimée, me disait combien tu m'aimes!

La marquise prit l'enfant dans ses bras et l'étreignit fiévreusement

— Oui, va, murmura-t-elle, je t'aime... Tu es mon trésor, tu es toute ma vie!

VIII

QUE VEUT FAIRE GABRIELLE?

Avons-nous besoin de le dire, l'arrivée de Gabrielle à Paris fut une fête pour tout le monde à l'hôtel de Coulange.

— Chère madame Louise, lui dit affectueusement le marquis, vous voir est un bonheur pour nous; mais nous ne sommes pas surpris de votre visite; nous étions sûrs que le jour où vous apprendriez à quel effroyable danger nous avons échappé, mon fils et moi, vous accourriez ici.

On n'eut que le temps d'échanger quelques paroles. Un domestique vint annoncer que le dîner était servi, on se rendit dans la salle à manger.

Était-ce le plaisir de voir madame Louise, le marquis parvint à éloigner de sa pensée le souvenir des victimes belges et s'égaya peu à peu. La marquise elle-même était moins triste; on aurait dit qu'elle se sentait rassurée par la présence de Gabrielle.

Au dessert, le marquis raconta une aventure amusante qui lui était arrivée dans le voyage qu'il avait fait en Asie lorsqu'il était encore garçon. Il parla ensuite avec enthousiasme de son fils, qui, pendant le voyage qu'ils venaient de faire, avait étonné et rempli d'admiration les plus célèbres ingénieurs. Puis, revenant malgré lui au sinistre de Frameries :

— Je lui dois la vie, dit-il; sans son courage et sa présence d'esprit nous étions écrasés tous les deux.

— Mon père exagère, dit Eugène, c'est la Providence qui nous a protégés.

Les yeux brillants, fixés sur son fils, Gabrielle écoutait avec ravissement. Elle avait de la peine à contenir son émotion. Pauvre mère! que de force elle avait dépensée et dépensait encore pour ne pas se trahir!

La marquise devinait ce qui se passait en elle, et elle croyait sentir dans son cœur les palpitations du cœur de Gabrielle. Elle se disait :

— Ah! comme elle est plus vaillante que moi!

Pour passer de la salle à manger dans le salon, le marquis offrit son bras à Gabrielle.

— J'espère bien que vous aller rester quelques jours avec nous, lui dit-il.

Gabrielle parut embarrassée ; pourtant elle répondit :

— Je le regrette, monsieur le marquis, mais cela ne se peut pas.

— Comment, vous allez retourner si vite à Coulange?

— Non, monsieur le marquis, mon intention, au contraire, est de m'installer à Paris pour quelque temps.

— Ah! fit le marquis.

Et il n'osa plus rien dire. Mais la marquise avait entendu.

— Comment, ma chère Louise, dit-elle vivement, vous voulez rester à Paris quelque temps, et vous pensez aller ailleurs qu'ici? Vous savez bien, pourtant, que la chambre à côté de Maximilienne est toujours la vôtre.

— J'y coucherai cette nuit, madame la marquise ; mais demain je procéderai à ma petite installation. C'est peut-être une fantaisie : j'ai besoin de me trouver un peu seule et libre au milieu de Paris.

— Oh! Louise! fit la marquise avec un accent de reproche.

Le marquis reprit la parole.

— N'insiste pas, pas ma chère Mathilde, dit-il, nous ne devons pas contrarier madame Louise ; nous lui devons trop pour ne pas respecter sa volonté.

Un instant après la marquise dit à l'oreille de Gabrielle :

— Le comte de Sisterne est absent de Paris pour un mois.

— N'importe, répondit Gabrielle, également à voix basse, pour ce que je veux faire à Paris, je ne dois pas être à l'hôtel de Coulange.

La marquise la regarda attentivement comme si elle eût voulu fouiller au fond de sa pensée. Puis elle reprit :

— Tu viendras me voir quelquefois ?

— Aussi souvent que possible.

A dix heures, la marquise emmena Gabrielle dans sa chambre, et pendant une demi-heure, les deux amies, les deux mères causèrent intimement. Toutefois, Gabrielle ne dit point à la marquise ce qu'elle voulait faire à Paris et celle-ci ne lui parla point de ses pressentiments, de ses appréhensions, de ses cruelles angoisses. Le nom de Sosthène de Perny ne fut pas prononcé.

Le lendemain, avant que la marquise et Maximilienne fussent levées, Gabrielle sortit de l'hôtel de Coulange. Elle fut bientôt dans la rue Vanneau. Au coin de la rue Oudinot elle s'arrêta.

— Je ne veux pas aller me loger trop loin, murmura-t-elle.

Et elle se remit à marcher, cherchant des yeux un écriteau indiquant une maison meublée. Comprenant qu'elle ne trouverait rien rue Oudinot, elle prit la rue Rousselet. Vers le milieu de cette rue étroite et mal pavée, qu'on s'étonne de trouver dans ce grand quartier de Paris, l'écriteau qu'elle cherchait frappa sa vue.

Sur le papier jaune, couvert d'éclaboussures de boue, elle lut :

Petits logements et chambres meublés à louer.

— Je serai très bien ici, pensa-t-elle, à deux pas de l'hôtel de Coulange, et cependant suffisamment cachée.

Elle entra dans la maison, puis dans une espèce de bureau où se trouvait une grosse femme occupée à repriser du linge.

— Madame, lui dit-elle, je désirerais louer un de vos petits logements.

La femme posa sur une table le linge qu'elle tenait et se leva

— C'est facile, répondit-elle.

Puis jetant dans la rue un regard rapide :

— Vous arrivez de province, sans doute, reprit-elle ; est-ce que vous n'avez pas une malle, des effets ?

Gabrielle comprit.

— Je n'ai apporté qu'une petite valise que j'irai chercher tantôt, répliqua-t-elle. Mais vous pouvez vous rassurer, madame, continua-t-elle en souriant, si votre logement me convient, je vous payerai d'avance un mois de location.

Le visage de la femme devint aussitôt émérillonné.

— Il me faut deux chambres à côté l'une de l'autre, reprit Gabrielle, et dans chacune un lit.

— J'ai votre affaire, répondit la femme : deux belles chambres sur la rue, avec deux bons lits, glaces, fauteuils, canapé, table. La porte de la cloison est condamnée en ce moment; mais il n'y a qu'à pousser une armoire pour rétablir la communication. Je dois ajouter que le papier est très gai et presque tout neuf. Mais vous allez voir, venez.

Les deux chambres, ni jolies ni laides, étaient à peu près convenables. Gabrielle se trouva satisfaite. Elle paya le mois de location et prit possession du logement dont, séance tenante, la communication avait été rétablie.

— Voilà une installation qui ne m'a pas demandé beaucoup de temps, se dit-elle.

Quand elle eut touché les lits, examiné les meubles, enfin tout visité, elle descendit les deux étages.

— Je vais revenir, dit-elle à la maîtresse du garni en passant devant le bureau.

Rue de Sèvres, elle entra chez un petit libraire, qui vendait en même temps des livres, des journaux et du papier. Elle acheta trois ou quatre cahiers de papier à lettre, une petite bouteille d'encre, un porte-plume et des plumes d'acier.

Ses emplettes faites, elle s'empressa de rentrer chez elle.

Gabrielle avait une idée ; sans perdre de temps elle voulait la mettre à exécution.

Elle se plaça devant la table de la chambre qu'elle avait choisie pour elle, et écrivit les lignes suivantes :

« Mon cher Morlot,

« Je suis à Paris depuis hier. Dès que vous aurez reçu et lu cette lettre, prenez vos dispositions pour quitter immédiatement Chesnel et accourez vers moi.

« Le bonheur de ceux que nous aimons est en danger.

« C'est assez vous dire, n'est-ce pas?

« Vous me trouverez rue Rousselet, n° 24, dans une maison meublée. Est-il nécessaire d'ajouter que je continue à me faire appeler madame Louise ?

« Venez vite, mon cher Morlot, je suis sur des épines en vous attendant.

« J'embrasse Mélanie comme je l'aime, de tout mon cœur.

« Votre amie,

« GABRIELE. »

La lettre écrite, Gabrielle la lut :

— Oui, murmura-t-elle, c'est suffisant, il comprendra ; d'ailleurs, je ne pourrais pas mettre dans une lettre la centième partie de ce que j'ai à lui dire.

Elle glissa le billet dans une enveloppe et écrivit l'adresse. Cela fait, elle tira de sa poche un petit carnet afin d'y enfermer la lettre avant de la mettre dans une boîte de l'administration des postes.

— Ah! fit-elle, au milieu de mes préoccupations et de mes inquiétudes, j'ai

Sa course effroyable n'était qu'une suite de bonds prodigieux. (Page 215.)

oublié de remettre au cocher de M. le marquis la lettre que la nourrice de son enfant m'a confiée. Je la lui donnerai tout à l'heure.

Elle plaça la lettre adressée à Morlot à côté de celle de la nourrice.

La femme du cocher du marquis était également au service de la maison de Coulange. Elle était chargée de la lingerie et remplissait parfois les fonctions de femme de chambre. Du reste, elle avait été pendant cinq ans, jusqu'au jour de son mariage, la femme de chambre de la marquise, et c'est après avoir pris les conseils de sa maîtresse qu'elle avait épousé le cocher du marquis. De ce mariage était né un enfant, une petite fille, dont Maximilienne avait bien voulu être la marraine, et le bébé avait été mis en nourrice au village de Coulange. La nourrice écrivait simplement au cocher que la petite continuait à se porter comme un charme.

Gabrielle n'avait plus rien à faire chez elle. Elle sortit. Tout en se dirigeant vers l'hôtel de Coulange, elle se mit en quête d'une boîte aux lettres. Elle se disait :

— Morlot recevra ma lettre demain matin, aussitôt il prendra ses mesures pour partir le soir ou dans la nuit et après-demain, avant midi, il sera à Paris.

Gabrielle était sortie de l'hôtel de Coulange le matin à huit heures. Une demi-heure plus tard, le valet de pied du comte de Montgarin y arrivait. Il apportait pour mademoiselle Maximilienne, de la part de son maître, un magnifique bouquet de roses expédié de Nice.

Les fleurs furent remises à la femme de chambre de Maximilienne, qui s'empressa de les porter à sa maîtresse.

Sa commission faite, Gérôme ou plutôt Armand Des Grolles descendit à l'office où se trouvaient quelques domestiques. Des Grolles jouait son rôle en conscience et on pouvait le prendre pour le modèle des serviteurs. Il avait compris ce que son complice José Basco attendait de lui, et, non moins fourbe que son digne associé, par son air bon enfant il avait su capter la confiance et l'amitié de tous les serviteurs de la maison de Coulange. D'ailleurs, comment ceux-ci auraient-ils pu mal accueillir cet excellent Gérôme, le valet fidèle et dévoué du comte de Montgarin, le fiancé de leur jeune maîtresse ? Et puis ce brave Gérôme était une si bonne pâte. On pouvait le plaisanter, lui faire des niches, il ne se fâchait jamais. Constamment de bonne humeur, il avait toujours le mot pour rire.

L'entrée de Gérôme dans l'office fut saluée par de joyeuses acclamations.

Le maître d'hôtel, l'invita à s'asseoir, puis il fit un signe au sommelier. Celui-ci sortit et ne tarda pas à revenir avec deux bouteilles de vin blanc qui sortaient évidemment de la cave du marquis, à en juger par la couleur du cachet de cire, laquelle attestait sa vieillesse. Lestement des verres furent mis sur la table, les bouteilles débouchées et on trinqua.

— Je ne vois pas apparaître Nicolas, où donc est-il ? demanda Gérôme.

— Probablement dans son écurie, répondit le maître d'hôtel.

Nicolas était le nom du cocher du marquis.

— Je ne m'en irai pas sans lui serrer la main, dit Gérôme.

Au bout d'un instant, après la dernière rasade, le valet de M. de Montgarin se leva, serra la main de ses camarades et sortit de l'office, en leur disant :

— A bientôt !

Il suivit un couloir de service qui le conduisit dans une cour intérieure où se trouvaient les écuries ; nous disons les écuries, parce que l'écurie du marquis était séparée de celle de son fils. Depuis quelques mois le comte de Coulange avait sa voiture, ses chevaux, sa maison. Son père l'avait voulu.

En se rasant contre les murs, Des Grolles se dirigea vers l'écurie du marquis où il entra. Il y avait là huit chevaux d'un grand prix, des bêtes superbes. Des Grolles traversa l'écurie, regardant les chevaux, plongeant son regard dans tous les coins. Alors, certain que Nicolas n'était pas là et que personne ne pouvait le voir, il s'approcha de la mangeoire d'un bai-cerise, un cheval anglais d'une rare beauté, admirablement dressé, que le marquis montait de préférence à ses autres chevaux de selle. Rapidement, il sortit de sa poche une petite bouteille contenant une sorte de liquide jaunâtre qu'il répandit sur l'avoine mêlée de son que l'animal était en train de manger.

Il achevait son opération lorsque, tout à coup une femme parut sur le seuil de l'écurie. C'était Gabrielle.

Des Grolles effrayé, se rejeta en arrière en faisant disparaître précipitamment la bouteille qu'il tenait encore dans sa main.

Gabrielle vit le mouvement ; mais ne connaissant pas tous les domestiques du marquis, et croyant qu'elle se trouvait en présence d'un des palefreniers, elle n'y ajouta aucune importance.

— Je désire voir M. Nicolas, dit-elle, pour lui remettre une lettre de la nourrice de sa petite fille, est-ce qu'il n'est pas ici ?

Ces paroles rassurèrent Des Grolles.

— Elle n'a rien vu, pensa-t-il.

— Pas en ce moment ; mais il était là tout à l'heure et il ne peut pas être loin. Voyez dans l'autre écurie ; il cause probablement avec le cocher de M. le comte.

— Merci, dit Gabrielle.

Et elle s'éloigna.

Dans la seconde écurie, qui se trouvait au fond de la cour, elle rencontra, en effet, le cocher du marquis. Pendant qu'elle échangeait quelques paroles avec Nicolas, Des Grolles s'empressa de s'esquiver.

IX

LE BAI-CERISE

La marquise était très casanière. Préférant à tout la solitude, elle n'aimait à se montrer ni au théâtre, dans sa loge, ni sur les promenades publiques, à pied ou en voiture. La voir dans sa calèche au bois ou aux Champs-Élysées était chose extrêmement rare. Elle ne sortait guère que quand elle y était absolument forcée, pour rendre ou faire des visites obligatoires. Les convenances et la politesse ont leurs exigences. Il y a à Paris une foule de sujétions qu'il faut subir.

Le marquis, qui n'avait pas les mêmes raisons que sa femme pour trouver agréable la vie enfermée entre quatre murs, sortait tous les jours, dans la journée, ou le soir ne fût-ce que pour une heure ou deux. Du reste, un peu d'exercice était nécessaire à sa santé. Aussi voyait-il toujours arriver avec joie le moment de quitter Paris pour se rendre au château de Coulange.

Depuis que le temps était devenu plus doux et qu'il y avait de belles journées de soleil, le marquis faisait presque chaque jour une promenade au bois, entre trois et cinq heures du soir. A moins qu'il n'emmenât sa fille, ce qui était rare, Maximilienne préférant tenir compagnie a sa mère, le marquis faisait sa promenade à cheval. Et presque toujours il montait le bai-cerise, devenu son cheval favori.

Or, le jour où nous avons vu Des Grolles s'introduire dans l'écurie du marquis, celui-ci, vers trois heures, fit prévenir Nicolas qu'il se disposait à faire sa promenade habituelle, et lui donnait l'ordre, en même temps de seller Rubis. C'était le nom du bai-cerise.

Quand il descendit un instant après, le marquis trouva Rubis au bas du perron de l'hôtel, tenu par le cocher.

— Voyez donc, Nicolas, dit-il, Rubis ne m'a jamais paru aussi beau.

— Rubis a toujours été une bête superbe, monsieur le marquis, répondit le cocher, qui s'adjugeait la moitié du compliment fait au cheval.

Certes, le bai-cerise méritait l'éloge de son maître.

Sa belle tête se dressait haute et droite sur les plis gracieux de la partie supérieure de l'encolure. De ses yeux ardents semblaient s'échapper des étincelles. Sous sa magnifique robe brûlée et luisante son corps frémissait. Le même frémissement, plus visible, agitait ses oreilles attentives et gonflait ses naseaux fumants. Bien campé sur ses jambes fines, nerveuses, aux jarrets d'acier, il y avait de la fierté dans sa pose, comme s'il eût eu conscience de sa beauté et de sa valeur.

Le marquis passa sa main sur la crinière de l'animal, lui donna des petites tapes sur la croupe, saisit la bride, posa le pied dans l'étrier et se mit en selle.

Rubis, sentant à ses flancs les jambes de son maître, se redressa encore, en agitant sa tête, il eut un reniflement qui semblait témoigner sa satisfaction.

Le marquis fit claquer sa langue contre son palais et Rubis, après avoir caracolé un instant, se dirigea en sautillant vers la grande porte de l'hôtel qui venait de s'ouvrir. Dans la rue il partit au petit trot. Il descendit le boulevard des Invalides, prit la rue d'Iéna, le quai, traversa la Seine sur le pont des Invalides et gagna l'avenue des Champs-Élysées par l'allée d'Antin.

Alors le marquis commença à remarquer que son cheval n'avait pas son allure habituelle, Rubis était plus ardent, plus impétueux ; on aurait dit qu'il marchait sur du feu ; il avait des mouvements de tête singuliers, et de temps à autre un soubresaut capable de désarçonner un cavalier moins expérimenté que le marquis de Coulange.

— Eh bien, eh bien, Rubis, qu'est-ce que c'est ? disait le marquis pour rappeler le cheval à l'ordre.

Le noble animal entendait son maître et comprenait. Il faisait mouvoir ses oreilles, reniflait et reprenait une marche plus régulière.

— Un petit caprice de cheval gâté, de favori, pensait le marquis.

Mais au bout d'un instant, Rubis recommençait à piétiner, puis à bondir. Deux ou trois fois le marquis fut obligé de se servir de sa cravache.

Sur la place de l'Étoile, comme il faisait le demi-tour de l'arc de Triomphe, le cheval se mit à hennir d'une façon bizarre ; c'était une sorte de gémissement.

Cette fois, le marquis, étonné, serra la bride pour arrêter l'animal. Rubis fit un saut brusque en arrière et se dressa droit sur ses jambes de derrière. Puis reprenant son équilibre, et avant que le marquis eût eu le temps de sauter à terre il fit trois ou quatre bonds et, tout à coup, s'élança comme une flèche dans un galop furieux. On aurait dit qu'il avait des ailes, il volait. Sa course était plus rapide que le vol de l'hirondelle, il passait comme un vent de tempête. Le cavalier n'avait pas le temps de saisir l'air pour respirer.

C'est en vain que le marquis essayait de le retenir, de l'arrêter. Plus Rubis sentait le mors, plus il bondissait. Sa course effroyable n'était qu'une suite de bonds prodigieux. C'était un formidable bruit de fers frappant la terre. L'avalanche qui se détache, roule et tombe, n'est pas plus terrible. Ce n'était pas seulement un cheval emporté, mais un animal furieux, fou, atteint d'un accès de rage inconnue.

Voyant le danger que courait le cavalier, plus de vingt personnes se jetèrent successivement à la tête du cheval pour l'arrêter ; il renversa les uns et sauta par-dessus les autres.

— Coupez-lui les jambes ! criait le marquis...

On l'entendait ou on ne l'entendait pas. Mais ce moyen même d'arrêter l'animal était difficile à mettre à exécution.

Rubis traversa la barrière comme une bombe. Aveuglé, il ne voyait plus la route. Il s'enfonça dans le bois et continua son horrible course à travers les arbres, franchissant tout, les taillis, les buissons, les fossés, les rivières.

Les promeneurs du bois couraient affolés de tous les côtés en jetant des cris de terreur.

Cependant, les inutiles efforts faits par le marquis pour arrêter son cheval avaient épuisé ses forces. Ce qu'il avait redouté, dès le moment où l'animal s'était emporté, arriva. Bien qu'il fût un excellent écuyer, le cheval finit par se débarrasser de son cavalier.

Le marquis fut lancé violemment à une assez grande distance et il resta étendu sans mouvement sur le sol. Dans sa chute sa tête s'était heurtée à un arbre. Le sang coulait en abondance d'une large blessure.

Bientôt quatre ou cinq hommes accoururent à son secours; puis d'autres venant encore, il se trouva entouré d'une trentaine de personnes.

On avait reconnu que le cavalier n'était pas mort sur le coup; mais, comme il ne donnait aucun signe de vie, on pouvait craindre qu'il n'eût plus que quelques instants à vivre. Toutefois, du moment qu'il respirait encore, il y avait lieu d'admettre qu'il n'était pas blessé mortellement. Dans l'un ou l'autre cas, il était urgent que les soins réclamés par son état lui fussent donnés. Il fallait un médecin. Où le trouver? Il n'y a pas toujours un docteur en médecine faisant une promenade au bois.

A voir la coupe et la richesse de son vêtement, on ne doutait pas que le cavalier ne fût un homme riche.

— Je crois, dit un homme, que ce qu'il y a de mieux à faire est de le transporter à son domicile.

— Soit, répondit un autre, mais il faudrait savoir son nom et où il demeure.

— Ce serait bien étonnant qu'il n'eût pas quelques papiers sur lui.

— Vous avez raison.

Une des personnes présentes ne se fit aucun scrupule de fouiller le marquis. Inutile de dire qu'on n'eut pas la curiosité d'ouvrir son porte-monnaie. Dans la poche de sa jaquette on trouva un portefeuille dans lequel il y avait, avec quelques billets de banque, plusieurs cartes de visite. Sur une des cartes on lut, au-dessous d'une couronne :

Marquis Édouard de Coulange,
rue de Babylone.

Plusieurs voix prononcèrent successivement :

— C'est un marquis!

On connaissait le nom du blessé, on savait son adresse; mais comment le faire transporter chez lui? il fallait absolument qu'on trouvât une voiture. Il y en a toujours qui stationnent aux portes du bois; mais on était à une assez grande distance de la porte la plus rapprochée.

Un jeune homme, qui était venu faire une promenade au bois de Boulogne avec sa jeune femme, trancha la difficulté, en offrant sa voiture, qui était arrêtée à quelques pas, dans une allée. C'était un coupé de la C^e des petites voitures; mais la caisse était assez spacieuse pour qu'une personne pût s'y placer à côté du blessé.

Trois hommes robustes enlevèrent M. de Coulange et le portèrent dans la voiture.

Deux personnes s'offrirent pour l'accompagner. L'une grimpa sur le siège à côté du cocher, l'autre monta dans le coupé.

A ce moment le marquis poussa un long soupir et rouvrit les yeux. Les secousses données à son corps en le portant lui avaient fait reprendre connaissance. Il regarda autour de lui, se souvint aussitôt, comprit ce qu'on venait de faire pour lui, et d'une voix faible, assez forte cependant pour que tout le monde pût l'entendre, il prononça ce mot :

— Merci !

Le cocher fouetta son cheval et la voiture partit.

Quand la marquise vit arriver son mari, presque porté par deux domestiques, et suivi de deux hommes qui lui étaient inconnus, elle poussa un cri rauque, horrible et tomba évanouie dans les bras de Gabrielle. Les serviteurs étaient dans la consternation. Maximilienne, éperdue, folle de douleur, courait de son père à sa mère, donnant des ordres que nul ne comprenait. A l'exception de Gabrielle, qui donnait des soins à la marquise pour la faire revenir à elle, tout le monde semblait avoir perdu la tête. Le comte de Montgarin, présent à cette scène, était au moins aussi pâle que le marquis. Il restait debout, immobile, atterré, incapable d'articuler un mot.

Le marquis était dans sa chambre, on l'avait couché sur son lit. La marquise commençait à reprendre ses sens.

— Restez près de votre maîtresse et continuez à lui donner des soins, dit Gabrielle à la femme de chambre de madame de Coulange.

Puis s'adressant à un domestique :

— Courez chercher le médecin qui demeure le plus près d'ici, lui ordonna-t-elle

Elle dit à un autre :

— Courez chez le docteur Gendron, qu'il vienne immédiatement ; ne perdez pas une minute. Allez !...

Les deux hommes qui avaient accompagné le marquis étaient toujours là.

— C'est vous qui avez ramené monsieur le marquis de Coulange ? leur demanda-t-elle.

— Oui, madame, dans une voiture qui est dans la cour de l'hôtel. Le cocher attend.

— Je comprends, dit Gabrielle.

Elle se tourna vers le maître d'hôtel.

— Allez payer la voiture de monsieur le marquis, ordonna-t-elle ! donnez vingt francs.

Comprenant que les deux hommes n'étaient pas de ceux à qui l'on peut offrir une récompense, elle leur dit :

— Messieurs, veuillez me dire vos noms afin que la famille de Coulange sache à qui elle doit de la reconnaissance. En attendant que monsieur le marquis puisse vous en donner le témoignage, en son nom, au nom de madame la marquise et de ses enfants, messieurs, je vous remercie.

Chacun des deux hommes remit sa carte à Gabrielle, et l'un d'eux répondit :

— Ce que nous avons fait était un devoir, nous sommes heureux d'avoir pu être utiles à monsieur le marquis de Coulange. Nous reviendrons demain demander de ses nouvelles.

Ils saluèrent Gabrielle et se retirèrent.

Gabrielle se retourna. La marquise était debout, les yeux hagards et blanche comme un suaire.

Oubliant qu'elle n'était pas seule avec l'institutrice ou perdant toute réserve :

— Donne-moi ton bras, dit-elle, pour m'aider à marcher jusqu'à la chambre de mon mari.

Elles sortirent du salon, la marquise chancelante, s'appuyant sur son amie. Dans l'antichambre de M. de Coulange, la marquise dit à Gabrielle, en lui serrant le bras :

— Un mot, avant d'entrer : Qu'est-il arrivé à mon mari ?

— Je l'ignore, je n'ai rien demandé. Cependant, d'après quelques paroles que j'ai entendues, il paraîtrait que le cheval de monsieur le marquis s'est emporté et que c'est une chute.

— J'ai vu du sang sur son visage et ses vêtements ; le crois-tu dangereusement blessé ?

— Je n'ose répondre. Attendons le médecin.

— A-t-on couru prévenir le docteur Gendron ?

— Oui. J'ai également envoyé chercher le premier médecin qu'on trouvera.

— C'est bien. Ah ! Gabrielle, je suis brisée, écrasée comme autrefois, à chaque instant toutes mes forces m'abandonnent. Il fallait que tu fusses ici aujourd'hui pour me remplacer. Où est ma fille ?

— Près de son père avec son fiancé.

— Et Eugène, notre fils ?

— Il n'est pas encore rentré.

La marquise approcha sa bouche de l'oreille de Gabrielle et lui dit tout bas, d'une voix étranglée :

— Gabrielle, c'est la troisième fois qu'on tente d'assassiner mon mari !

La mère d'Eugène tressaillit.

— Oh ! quelle idée ! fit-elle.

La marquise rapprocha sa tête de celle de son amie, avec l'intention de prononcer quelques mots qu'elle avait sur les lèvres ; mais, se redressant brusquement :

— Non, non, gémit-elle je ne dois rien te dire.

Gabrielle fit semblant de ne pas avoir entendu.

— Venez, venez, dit-elle vivement. En vous voyant seulement monsieur le marquis sera soulagé.

Les deux mères entrèrent dans la chambre du blessé. A genoux devant le

LE FILS 217

Rubis avait été trouvé mort avec deux jambes cassées dans une propriété de Saint-James. (Page 220.)

lit, Maximilienne pleurait. Une des mains du marquis était posée sur la tête de la jeune fille comme s'il la bénissait. Un peu plus loin, debout, le comte de Montgarin regardait tristement M. de Coulange.

A la vue de sa femme, les traits du marquis s'animèrent et un peu de rose teinta ses joues.

— Mathilde, chère Mathilde! dit-il d'une voix affaiblie, en lui tendant la main.

La marquise se précipita sur cette main et, en sanglotant, elle tomba à genoux à côté de sa fille.

Cette scène muette, mais touchante, avait remué le comte de Montgarin jusqu'au fond du cœur. Gabrielle s'aperçut que de grosses larmes roulaient dans ses yeux.

— Il est bon et il a du cœur, se dit-elle, il est digne de Maximilienne, il la rendra heureuse.

X

LE BLESSÉ

Le docteur Gendron, qui demeurait rue Blanche, arriva presque en même temps que le médecin du quartier. Celui-ci s'empressait de donner au blessé les premiers soins nécessaires.

En voyant entrer M. Gendron, il le salua avec une grande déférence et dit :
— Cher maître, je suis à vos ordres.

Le docteur Gendron était très pâle et tout tremblant.

Nous savons qu'il avait pour le marquis et les siens une affection profonde. Il prit la main de son jeune confrère et répondit :
— Ne vous dérangez pas, continuez.

Puis il s'approcha du blessé. Il l'examina attentivement.

Du regard, la marquise l'interrogeait avec une anxiété que trahissaient tous les mouvements de son visage.

Depuis que le docteur Gendron, pauvre et inconnu, avait accompagné le marquis de Coulange à l'île de Madère, il avait fait dans la carrière médicale un chemin aussi rapide que brillant. D'abord, sa riche clientèle avait fait sa fortune. Ensuite quelques livres spéciaux qu'il publia attirèrent sur lui l'attention du monde savant. Il fut nommé médecin à l'hôpital Saint-Louis et peu de temps après professeur à l'École de médecine.

Le docteur Gendron était un des plus célèbres médecins de Paris, une illustration de la science.

Silencieusement, M. Gendron avait pris la main du blessé et il continuait à l'examiner, tout en approuvant par des mouvements de tête ce que faisait son confrère. Le premier soin de ce dernier avait été de faire prendre au marquis une décoction d'arnica. Maintenant, après avoir lavé la blessure de la tête, il faisait son pansement.

Quand il eut fini, le docteur Gendron se tourna vers madame de Coulange :
— Je prie mademoiselle de Coulange, madame Louise et ces messieurs de vouloir bien se retirer pendant quelques minutes, dit-il ; vous seule pouvez rester, madame la marquise.

Les autres personnes sortirent aussitôt.

Alors les deux médecins déshabillèrent le blessé et lui enlevèrent jusqu'à sa chemise. Cette opération fut immédiatement suivie d'un sérieux examen de toutes les parties du corps. Penché sur le blessé, le docteur Gendron le palpait, le secouait, le soulevait, le faisait respirer de différentes manières et l'auscultait.

Enfin, il se redressa, la figure toujours calme, mais il y avait de la joie dans son regard. La marquise comprit.

— Ah! mon ami! soupira-t-elle.

Et de nouvelles larmes jaillirent de ses yeux.

— Ainsi, reprit-elle d'une voix tremblante, rien de grave?

— Le choc a été violent, comme le prouvent ces contusions; mais je ne constate aucune lésion intérieure, il n'existe aucun désordre dans l'organisme. Il y a un peu d'irritation nerveuse, mais la circulation du sang est déjà rétablie. L'oppression diminue et dans quelques heures les poumons auront repris leur fonctionnement normal. Nul symptôme ne me fait prévoir un accident. Néanmoins nous devons prendre certaines précautions nécessaires. Si comme je l'espère, comme j'en ai presque l'assurance, rien ne vient aggraver la situation de notre cher blessé, dans quinze jours il ne sentira plus sa chute.

La marquise joignit les mains et tourna son regard vers le ciel. Prière muette adressée à Dieu!

Un instant après, le marquis était couché dans son lit et le docteur Gendron écrivait son ordonnance.

Soudain, la porte s'ouvrit. Eugène entra et s'élança vers le lit, en disant :

— Ah! mon père, mon père!

— Rassure-toi, lui dit le blessé, ce n'est rien. Demande au docteur et à ta mère.

— Mais cher père, reprit le jeune comte, comment ce terrible accident a-t-il pu vous arriver?

— Docteur, demanda vivement la marquise, n'est-il pas dangereux, en ce moment, de faire parler mon mari?

— Si M. le marquis ne se sent pas trop oppressé, il peut causer, je n'y vois aucun inconvénient, répondit M. Gendron.

Maximilienne, Gabrielle et le comte de Montgarin étaient près de la porte restée ouverte, ils n'osaient pas rentrer.

— Vous pouvez revenir, leur dit le docteur.

Alors, devant tous, le blessé fit le récit que, dans la crainte de le fatiguer, on ne lui avait pas encore demandé. Il raconta comment, en montant l'avenue des Champs-Élysées, il avait été étonné de l'allure singulière de son cheval; la façon dont l'animal s'était cabré sur la place de l'Étoile, puis subitement emporté; les efforts que des promeneurs courageux avaient faits pour l'arrêter; enfin comment sa chute avait eu lieu au milieu du bois de Boulogne.

— Dans notre course vertigineuse à travers les arbres, continua-t-il, je ne sais comment je n'ai pas eu les deux jambes brisées. Quand je suis tombé, j'ai été lancé avec une telle violence que je ne m'explique pas non plus comment ma tête n'a pas été broyée contre le tronc d'arbre qu'elle a rencontré. Je restai étendu sur le sol, sans connaissance. Quand je revins à moi, j'étais dans la voiture qui m'a ramené. J'ignore ce qu'est devenu le cheval. Il a renversé plusieurs de ceux qui ont voulu me secourir en l'arrêtant. Peut-être y a-t-il eu des blessés. Eugène, dès demain, il faudra savoir cela.

« J'ai vu, dans ma vie, beaucoup de chevaux prenant le mors aux dents ; mais ce n'était rien à côté de la fureur, de la rage qui ont saisi Rubis. C'était quelque chose d'effroyable. Si j'eusse eu un pistolet sur moi, à bout portant je l'aurais foudroyé... Ah ! pourvu qu'après ma chute il n'ait pas causé d'autres malheurs ! »

Ce n'est que plus tard, vers neuf heures du soir, qu'on sut ce qu'était devenu le cheval du marquis.

Le secrétaire d'un commissaire de police vint annoncer que Rubis avait été trouvé mort, avec deux jambes cassées, dans une propriété de Saint-James dont il avait franchi le mur de clôture.

Le secrétaire rassura ensuite le marquis en lui disant qu'on n'avait pas appris que quelqu'un eût été sérieusement blessé par l'animal. Enfin il demanda à M. de Coulange ce qu'on devait faire du cheval mort.

— Vous n'avez qu'à le livrer à l'équarrisseur, répondit le marquis.

Le secrétaire, se retira, en disant :

— Demain on rapportera le harnachement du cheval.

Les deux médecins et le comte Montgarin avaient dîné avec la famille. Ils restèrent près du marquis jusqu'à onze heures. En s'en allant, le docteur Gendron dit à madame de Coulange :

— Vous pouvez être complètement rassurée, madame la marquise, tout va bien.

Un instant après leur départ le marquis s'endormit. Son sommeil calme annonçait qu'il passerait une bonne nuit. Néanmoins il fut convenu qu'Eugène veillerait son père et que, sa présence pouvant être nécessaire, Gabrielle coucherait cette nuit encore dans sa chambre d'autrefois.

Il était près de minuit lorsque le comte de Montgarin rentra chez lui. Depuis plus de deux heures José Basco l'attendait, se promenant de long en large dans sa chambre avec une impatience fiévreuse.

— Enfin, vous voilà ! s'écria-t-il en accourant au-devant du jeune homme ; que vous est-il donc arrivé ? Vous n'avez plus l'habitude de rentrer aussi tard ; j'étais dans une inquiétude mortelle.

Tout en parlant, son regard interrogeait avidement la physionomie de Ludovic. Il n'y vit point, comme il s'y attendait, l'empreinte de la douleur.

— Eh bien, fit-il, vous ne me dites rien ?

— Que voulez-vous que je vous dise? La marquise m'a retenu à dîner et j'ai passé le reste de la soirée à l'hôtel de Coulange. Je ne pouvais moins faire, Quand ceux pour qui on a de l'affection éprouvent un chagrin, c'est un devoir de le partager avec eux.

— Un chagrin! Que voulez-vous dire?

— Le marquis a fait une épouvantable chute de cheval.

— Est-il blessé?

— Est-il nécessaire que vous me le demandiez? Vous savez bien, de Rogas, ce que c'est qu'un cheval emporté?

— Ainsi la vie du marquis est en danger?

— Non, heureusement! Il n'a aucune blessure grave et son état n'inspire plus d'inquiétude.

— Ah! fit Basco d'une voix étrange.

La figure de l'aventurier se trouvait dans l'ombre, ce qui empêcha Ludovic de voir l'horrible grimace qu'il faisait.

— Il paraît, continua le jeune homme, que le marquis devait être tué sur le coup. Après le danger qu'il a couru à Frameries et l'année dernière, lorsqu'un misérable braconnier a tenté de l'assassiner, il est évident que Dieu le protège!

Les yeux de José Basco lançaient de fauves éclairs.

— C'est égal, dit-il d'une voix sombre, le marquis de Coulange n'a pas de chance.

— Mais je trouve que dans ces trois circonstances il en a eu beaucoup, répliqua le comte de Montgarin.

José Basco eut le haussement d'épaules qui lui était familier. Ludovic continua :

— Des soins immédiats ont été donnés à M. de Coulange par deux médecins qu'on a appelés près de lui, dont l'un, le célèbre docteur Gendron, est un ami intime de la famille. M. Gendron nous a tous rassurés en disant à la marquise qu'il était certain que la chute du marquis n'aurait aucune suite fâcheuse.

« Maintenant, de Rogas, je me sens très fatigué et je vous demande la permission d'aller me mettre au lit. Bonsoir, à demain! »

Sur ces mots, le comte de Montgarin quitta José Basco.

Le Portugais resta un instant immobile, sombre, la tête baissée et comme écrasé. Soudain son front se redressa, un éclair de rage sourde sillonna son regard et il porta furieusement son poing en avant comme s'il menaçait un être invisible.

— Oui, murmura-t-il d'une voix caverneuse, il a raison; il faut que quelque génie infernal protège le marquis. Il a dit : Dieu, l'imbécile! Dieu! Est-ce que je crois en Dieu, moi !...

Le lendemain, le comte de Montgarin était levé depuis une heure lorsque son valet de pied Gérôme se présenta devant lui.

— Que me voulez-vous? demanda brusquement le comte, contrarié sans doute d'être dérangé.

Armand Des Grolles avait pris une figure piteuse.

— Je prie monsieur le comte de m'excuser, dit-il; je viens prier monsieur le comte de vouloir bien accepter mon congé.

— Ah! vous voulez me quitter? pourquoi?

— Ma pauvre vieille mère vient de mourir au fond du pays breton et je n'ai que le temps de faire le voyage si je veux assister à son enterrement.

— Alors c'est un congé de quelques jours que vous demandez?

— Monsieur le comte me pardonnera, mais je ne peux plus rester au service de monsieur le comte. Je quitte Paris pour n'y plus revenir. J'ai là-bas mon petit héritage, une pâture, quelques champs, une maisonnette et un jardin. Je ne suis pas ambitieux, j'espère pouvoir vivre au pays avec la rente de mes modestes économies à laquelle je joindrai le produit de mon petit bien.

— S'il en est ainsi, Gérôme, je n'ai plus rien à dire. François vous paiera ce qui vous est dû. Allez et bonne chance!

Le valet de pied fit trois saluts en reculant et sortit de la chambre du comte.

José Basco avait réfléchi et à la suite de ses réflexions il s'était dit :

— Des Grolles ne doit plus rester ici. On ne sait pas ce qui peut arriver.

Et en attendant que José lui donnât un nouveau rôle à jouer, Armand Des Grolles allait rejoindre Sosthène de Perny dans la masure de la butte Montmartre.

XI

UNE ANCIENNE CONNAISSANCE

La troisième nuit, Gabrielle avait couché dans sa chambre, rue Rousselet. L'état du marquis n'inspirant plus aucune inquiétude, elle avait pu s'éloigner de l'hôtel de Coulange. D'ailleurs, il fallait absolument qu'elle se trouvât chez elle pour recevoir Morlot.

Elle s'était levée de bonne heure, et dès que neuf heures eurent sonné au pensionnat des Oiseaux, elle commença à attendre avec une certaine impatience. Comme le temps lui paraissait long! il lui semblait qu'une heure avait la durée d'une année. Elle allait et venait d'une chambre à l'autre, marchant à grands pas, regardait constamment les pendules, dont les aiguilles restaient immobiles, et de temps à autre se mettait à une fenêtre ouverte pour plonger son regard dans la rue.

Enfin, un peu avant midi, elle entendit sur le pavé le roulement d'une voiture. Peut-être allait-elle encore avoir une déception. Elle courut à la fenêtre et regarda dans la rue. Elle vit un fiacre sur lequel il y avait deux grosses malles.

— Ce n'est pas lui, pensa-t-elle.

Cependant la voiture s'arrêta devant la maison meublée. La portière s'ouvrit et homme mit à terre. Aussitôt Gabrielle poussa un cri de joie, en reconnaissant Morlot. Elle bondit hors de la chambre et se précipita dans l'escalier. Mais déjà la maîtresse du garni était près de Morlot et lui disait :

— Vous êtes le monsieur que madame Louise attend, le garçon va aider le cocher à monter vos malles dans votre chambre.

Gabrielle arriva. Sans lui en demander la permission, Morlot l'embrassa sur les deux joues deux fois de suite, et lui dit en souriant :

— Pour Mélanie et pour moi.

Le cocher et le garçon d'hôtel s'occupaient des malles.

— Il paraît que vous m'avez loué une chambre ici? reprit Morlot.

— Oui. Qu'y a-t-il là-dedans? demanda-t-elle en montrant les deux caisses, qui paraissaient assez pesantes.

— Du linge et plusieurs habillements. C'est Mélanie qui a arrangé cela. Elle m'a dit : — « Si ton séjour à Paris doit se prolonger, il faut emporter tout de suite les choses dont tu pourras avoir besoin. »

Gabrielle lui saisit la main.

— C'est bien, dit-elle; j'étais sûre que sans vous rien expliquer, vous et Mélanie comprendriez ma lettre.

Morlot s'approcha du cocher, et lui mit cinq francs dans la main en disant :

— Pour la course et votre pourboire.

Gabrielle disait en même temps à la maîtresse du garni :

— Dès que les malles seront montées, le garçon ira chercher notre déjeuner comme c'est convenu.

Une demi-heure plus tard, Gabrielle et Morlot déjeunaient, assis en face l'un de l'autre à une petite table.

— J'avais faim tout de même, dit Morlot.

— Et moi aussi, car je n'ai rien pris ce matin pour mieux déjeuner avec vous.

Le repas terminé, le garçon leur servit le café accompagné d'un flacon de vieux kirsch, la liqueur préférée de Morlot. Ils n'avaient plus besoin du garçon, celui-ci se retira.

— Maintenant, dit Gabrielle, nous pouvons causer.

— C'est pour cela que nous sommes ici tous les deux. Si je ne vous ai pas déjà interrogée, Gabrielle, ce n'est point parce que j'ai l'esprit tranquille; je suis au contraire très inquiet et j'ai hâte de savoir...

— Vous saurez, mon ami, il faut que vous sachiez tout

Morlot alluma un cigare s'accouda sur la table et dit :

— Gabrielle, je vous écoute.

— L'année dernière, quand vous avez appris qu'un coup de fusil avait été tiré sur le marquis de Coulange, qu'avez-vous pensé?

— J'ai pensé que M. le marquis avait un ennemi aux environs de Coulange et que c'était une vengeance. D'ailleurs, Gabrielle, je n'ai jamais bien su ce qui s'était passé.

— Moi non plus. M. le marquis a étouffé l'affaire autant qu'il l'a pu. Vous avez connaissance de l'explosion de Frameries?

— Oui. J'ai su par les journaux que M. le marquis et votre fils, Gabrielle, avaient failli périr dans la mine. J'ai écrit à ce sujet, il y a quelques jours, une lettre à M. le marquis et une autre à M. le comte. C'était mon devoir.

— Eh bien, mon cher Morlot, avant-hier encore, après avoir écrit, le marquis de Coulange a été en danger de mort.

— Est-ce possible? s'écria Morlot, en faisant un mouvement brusque.

— Ce n'est que trop vrai, mon ami. Voilà donc trois fois que la vie de M. le marquis est menacée. Morlot, ne trouvez-vous pas cela bien étrange?

— Oui, Gabrielle, oui, c'est étrange.

— Et, maintenant, qu'est-ce que vous pensez?

— Ce que je pense?

— Oui.

Le front de l'intendant se plissa et un double éclair jaillit de ses yeux. Après être resté un moment silencieux :

— Gabrielle, dit-il, voulez-vous m'apprendre ce qui est arrivé avant-hier à M. le marquis?

Gabrielle lui raconta l'accident dans tous ses détails, en répétant souvent les paroles mêmes du marquis.

— Remarquez bien, ajouta-t-elle, que Rubis était le cheval favori de son maître, qui l'avait dressé lui-même et qui le montait journellement. Comme tous les chevaux de sang, il était un peu fougueux; mais, loin d'être capricieux et rétif, il avait au contraire une grande docilité.

« Rubis avait l'habitude d'obéir à ma voix, nous a dit M. de Coulange; il était très doux; il se serait laissé mener par un enfant; je n'avais jamais été forcé de lui donner un coup de cravache. »

Morlot était devenu très sombre.

— Vraiment, dit-il, je ne sais que penser, et je n'ose m'arrêter à une idée qui m'est venue.

— Quelle est cette idée?

— Je l'avais avant de quitter Chesnel. Ma première pensée en lisant votre lettre Gabrielle, a été celle-ci : Sosthène de Perny n'est pas mort, Sosthène de Perny est revenu à Paris.

Gabrielle se dressa debout.

— Morlot, s'écria-t-elle, les yeux étincelants, votre pensée est la mienne! Ah! nous ne pouvons en douter, mon ami, Sosthène de Perny est revenu. Le misérable a gardé sa haine!

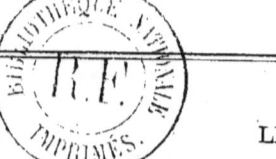

— Morlot, s'écria-t-elle les yeux étincelants, votre pensée est la mienne! (Page 224.)

— Ainsi, Gabrielle, vous croyez que c'est lui...
— Morlot, j'en suis convaincue. Le marquis de Coulange n'a qu'un seul ennemi : Sosthène. Après le coup de fusil tiré sur le marquis, on a d'abord accusé un malheureux braconnier; il était innocent. On a cherché ailleurs l'auteur de l'attentat, on ne l'a pas trouvé. Moi, aujourd'hui, je dis hardiment son nom : c'est Sosthène de Perny. Si ce n'est pas lui-même qui a tiré, c'est un complice. On a attribué l'explosion de Frameries à l'imprudence d'un mineur; on

dit toujours cela. Eh bien, non, l'explosion a eu une autre cause, elle a été préparée ; j'ignore comment elle s'est produite ; mais, croyez-le, Morlot, c'est une main criminelle qui a allumé le feu grisou. On voulait la mort du marquis et celle de son fils ! Avant-hier M. de Coulange a fait une chute ; c'est encore par un miracle qu'il n'a pas été tué. Il ne peut pas s'expliquer comment son cheval s'est emporté... Morlot, on a fait avaler quelque drogue qui l'a rendu furieux et lui a subitement communiqué la folie ou la rage. Voilà trois attentats dirigés contre la vie du marquis de Coulange ; un seul suffisait pour nous révéler la présence à Paris de Sosthène de Perny, car, je vous le répète, Morlot, lui seul au monde est capable d'assassiner le marquis de Coulange. Ah ! il ne se doute pas qu'on peut le reconnaître aux coups qu'il porte. Il a pris ses précautions, il se cache, et c'est dans l'ombre qu'il poursuit son œuvre infâme. Comme la plupart des scélérats, il est lâche !... Mais je vous ai appelé, mon ami ; vous êtes là, maintenant, pour vous placer entre lui et le marquis ; Morlot, notre devoir à tous deux est de défendre la famille de Coulange !

L'intendant avait laissé éteindre son cigare. Son front dans sa main il réfléchissait profondément.

— J'admets comme vous, Gabrielle, dit-il, que Sosthène de Perny est revenu ; mais pourquoi voudrait-il tuer le marquis de Coulange ? Voilà ce que je ne m'explique pas.

— Mais vous savez mieux que moi, Morlot, qu'il n'y a que de la haine dans le cœur de ce misérable ! Ah ! il est facile de deviner ce qui le fait agir : Morlot, c'est la vengeance !

L'ex-agent de police secoua la tête.

— Alors, répliqua-t-il, pourquoi ne cherche-t-il pas à frapper la marquise plutôt que le marquis, dont il n'a jamais eu à se plaindre ?

— Est-ce qu'on peut savoir ce qu'il y a dans la pensée d'un scélérat ?

— Ne nous laissons pas entraîner, Gabrielle, mais réfléchissons et raisonnons : Sosthène de Perny est un horrible scélérat, c'est convenu. Cependant ne l'accusons pas aussi facilement de trois tentatives de meurtre. Je le connais assez pour être certain qu'il n'est pas homme à assassiner le marquis de Coulange par esprit de vengeance seulement, afin de satisfaire sa haine pour sa sœur. Non, pour que Sosthène voulût commettre un pareil crime, il faudrait qu'il y eût profit pour lui. Or, j'ai beau chercher quel intérêt il peut avoir à tuer son beau-frère, je ne trouve rien.

« Je vous le répète, ma chère Gabrielle, Sosthène n'est pas homme à tuer pour le plaisir de tuer, c'est-à-dire pour rien. Malgré les précautions qu'il peut prendre, un assassin n'ignore pas qu'il risque sa tête.

— Ce que vous venez de me dire est très logique, mon ami, répondit Gabrielle ; malgré cela ma conviction reste la même. La marquise croit, comme moi, que son frère est l'auteur caché des trois attentats. Écoutez ceci : En apprenant le malheur de Frameries et l'effroyable danger que son mari et Eugène avaient couru, elle s'est écriée dans un moment de trouble devant sa fille : — « Monstre ! monstre !... » Puis elle a ajouté : « Seigneur, ayez pitié de moi ! Seigneur, pardonnez-moi !... »

Avant-hier, poursuivit Gabrielle, elle m'a dit, à moi, tout bas : « C'est la troisième fois qu'on tente d'assassiner mon mari. » Certes, je me suis bien gardée de lui répondre que c'était aussi ma pensée. Comme j'avais l'air de douter, elle murmura : « L'infâme ! l'infâme ! » Puis elle se pencha de nouveau vers moi avec l'intention évidente de me faire une confidence ; mais elle n'osa point parler. Elle laissa échapper un gémissement et prononça ces mots : « Non, non, je ne dois rien te dire. »

— D'après cela, ma chère Gabrielle, répliqua Morlot, je comprends que votre conviction soit profonde ; je ne veux essayer ni de la détruire ni même de l'ébranler ; je veux chercher, au contraire, afin de la partager, quel mobile peut pousser Sosthène de Perny à commettre un nouveau crime. Jusqu'à présent, je vous avoue que je suis au milieu des ténèbres.

— Eh bien, mon ami, cherchons la lumière. Quand vous aurez entendu ce que je vais vous dire, peut-être verrez-vous une clarté dans la nuit.

Alors, sans rien omettre, Gabrielle lui raconta la conversation singulière que Maximilienne avait eue avec une certaine comtesse Protowska, se disant dame patronnesse d'une œuvre de bienfaisance.

A mesure que Gabrielle parlait, les mouvements de la physionomie de Morlot et les lueurs de son regard trahissaient les diverses impressions qui naissaient en lui. Ce qu'il éprouvait était un mélange d'étonnement, de stupeur, d'inquiétude, de mépris et de colère.

— Oh ! oh ! fit Morlot quand Gabrielle eut fini de parler, voilà qui était important à savoir. Maintenant le doute n'est plus possible, Sosthène de Perny est à Paris. Il me paraît évident que cette comtesse polonaise — je parierais que c'est une aventurière qui n'est pas plus comtesse que je suis duc — s'est présentée à l'hôtel de Coulange envoyée par Perny. Ce qu'elle a dit à mademoiselle Maximilienne, la menace de la révélation du secret qu'en dehors de nous lui seul connaît, le prouvent surabondamment. Nous pouvons croire que cette femme, a choisi le moment où mademoiselle Maximilienne se trouvait seule pour faire sa visite. Elle s'est annoncée comme dame patronnesse. Parbleu, il lui fallait un prétexte, et celui-là était aussi bon qu'un autre. La coquine savait son rôle par cœur, et elle l'a si bien joué que mademoiselle de Coulange ne s'est point aperçue qu'elle avait affaire à une aventurière. Elle s'est présentée de la part de madame la marquise de Neuvelle. C'est bien. Nous saurons par madame de Neuvelle si elle connaît cette fameuse comtesse Protowska, qui mendie à domicile pour les orphelins.

« Mais, Gabrielle, ce qui rend la chose sérieuse et lui donne une gravité exceptionnelle, c'est que cette audacieuse visite faite à mademoiselle de Coulange paraît ne pas avoir d'autre but que de la contraindre à hâter son mariage avec M. le comte de Montgarin.

— C'est vrai, approuva Gabrielle.

— Et je suis perplexe et même anxieux, continua Morlot, car forcément je me demande quel lien peut exister entre M. de Montgarin et Sosthène de Perny.

Il resta un moment silencieux et murmura :

— C'est bien incompréhensible, je ne peux pas comprendre... Vouloir tuer le père, vouloir hâter le mariage de la fille... C'est tellement extraordinaire...

Ses mains fièvreuses serraient son front couvert de sueur.

Soudain, il tressaillit et se dressa sur ses jambes comme s'il eût été poussé par un ressort.

Sa figure s'était décomposée, et ses yeux, subitement agrandis, brillaient d'un éclat singulier.

— Eh bien? et bien? fit Gabrielle qui le dévorait du regard.

Mais Morlot était déjà parvenu à se maîtriser. Sa physionomie reprit son expression habituelle, la flamme de son regard s'éteignit, et, avec le plus grand calme, il se rassit.

— Ce n'est rien, dit-il, une pensée saugrenue, une idée bête !...

Et tranquillement, il alluma une allumette et remit du feu au bout de son cigare.

XII

AGENT DE POLICE REPARAIT

Il y eut un assez long silence.

Morlot réfléchissait, tout en suivant la fumée qui sortait de sa bouche et montait en spirales bleues vers le plafond. Sa pensée se livrait à un travail des plus actifs. Et Gabrielle, qui le connaissait bien, se disait :

— Il a découvert quelque chose.

Morlot reprit la parole.

— Gabrielle, vous avez vu le comte de Montgarin : comment est ce jeune homme? demanda-t-il.

— Fort bien.

— Physiquement et moralement ?

— Oui. Tenez, avant hier sa douleur était égale à la nôtre.

— Était-elle vraie?

— Si sa douleur eût été feinte, mon ami, je ne m'y serais pas trompée. Je l'ai examiné avec attention ; près du lit du marquis, je l'ai vu pleurer. Oui, sa douleur était réelle. « Il a beaucoup de cœur, me suis-je dit, Maximilienne sera heureuse avec lui. »

— Est-il riche?

— Assurément il l'est moins que Maximilienne le sera un jour. Sa mère et son père sont morts. Fils unique, il possède l'héritage de ses parents. Il a un château en Bourgogne et un hôtel à Paris.

— Gabrielle, êtes-vous sûre qu'il aime mademoiselle de Coulange?

— Oh! quant à ça, oui. Il ne faut que le voir regarder Maximilienne pour en être convaincu : l'amour pétille dans ses yeux et éclate dans son regard.

— Est-il aimé?

— Sans aucun doute. Vous devez bien penser, Morlot, que si Maximilienne ne l'aimait pas, il ne serait point son fiancé.

— Oui, vous avez raison, Gabrielle.

Morlot était dérouté.

Après être resté un instant silencieux, il reprit :

— Savez-vous comment le comte de Montgarin et mademoiselle de Coulange se sont connus ?

— C'est dans une fête à l'hôtel Coulange qu'ils se sont vus la première fois.

— Par qui le jeune homme a-t-il été présenté?

— Par madame la marquise de Neuvelle qui a fait de lui les plus grands éloges.

— Ah! fit Morlot, c'est bizarre !

— Qu'est-ce qui est bizarre? demanda Gabrielle.

— J'ai prononcé ce mot en pensant à la dame patronnesse qui vient voir mademoiselle Maximilienne de la part de la marquise de Neuvelle, pour lui conseiller, en l'effrayant de se marier au plus vite.

— Vous savez aussi bien que moi, Morlot, que madame la marquise de Neuvelle est la plus ancienne et la meilleure amie de la famille de Coulange.

— Soit, mais cela n'empêche pas d'être bizarre ou étrange, ce qui l'est. C'est madame de Neuvelle qui présente le fiancé en faisant son éloge, ce qui indique qu'elle désire ce mariage; et quand la fameuse comtesse polonaise se réclame d'elle pour arriver jusqu'à mademoiselle de Coulange, c'est pour lui faire aussi l'éloge du comte de Montgarin et lui dire que son bonheur court un grand danger si son mariage n'a pas lieu immédiatement. Voyons, Gabrielle, n'y a-t-il pas là, de quoi nous étonner?

— Oui, en effet, c'est assez singulier.

— Certes, je ne suppose même pas que madame la marquise de Neuvelle prête la main à une vile intrigue. Toutefois on dirait que, à son insu, sans doute, elle joue un rôle tout à fait en dehors de son caractère et peu en harmonie avec la sévérité de ses principes.

— C'est pourtant vrai, approuva Gabrielle.

— Avec tout cela, reprit Morlot, nous sommes toujours au milieu des ténèbres ; mais je crois y voir apparaître une lueur ; c'est vers cette lueur que je me dirigerai... Le bonheur et l'honneur de la famille de Coulange sont menacés ; c'est de toute évidence. Par qui ? Par Sosthène de Perny ; nous en sommes à peu près certains. Quelle trame le misérable a-t-il ourdie ? Quels sont ses projets ? Qu'espère-t-il ? Que veut-il ? Tout cela, jusqu'à présent, est impénétrable, voilà ce qu'il faut découvrir.

« Sosthène de Perny a des complices, ce n'est pas douteux. La dame patronnesse en est une ; la marquise de Neuvelle, sans s'en douter, en est peut-être une aussi ; nous en trouverons d'autres, si nous cherchons bien. Ah ! M. de Perny n'est pas un scélérat ordinaire ; il est fort, très fort. Nous n'avons qu'à nous rappeler le vol de votre enfant, Gabrielle, pour reconnaître qu'il est aussi habile que prudent. Son imagination est fertile quand il s'agit de faire le mal. Il a eu le temps, depuis quatorze ans bientôt, de méditer son plan ; aujourd'hui ses batteries sont dressées, et il a commencé l'attaque.

« Quand je pense aux machinations dont vous avez été la victime, Gabrielle, je me demande quelle effroyable chose il a pu inventer pour frapper d'un seul coup la famille de Coulange tout entière. Il veut tuer le marquis, me direz-vous. Oui, mais ce n'est pas seulement la mort de son beau-frère qu'il veut. Croyez-moi, Gabrielle, il y a ici autre chose qu'une lâche vengeance.

« Écoutez : malgré ce que vous m'avez dit tout à l'heure de M. de Montgarin, ce jeune homme m'apparaît comme un personnage mystérieux, me produit l'effet d'un point d'interrogation isolé sur une page blanche dans un livre.

— Quoi ! s'écria Gabrielle en pâlissant, vous penseriez...

— Mon Dieu, je ne peux rien dire encore, répondit Morlot ; mais nous nous trouvons dans une situation qui nous autorise à faire toutes les suppositions. Il faut voir et avancer dans ce dédale d'infamies, pas à pas, avec prudence. Nous devons porter nos investigations sur tout, et pour la même raison avoir le soupçon de ceci ou de cela.

« Autrefois, avec la patience et l'espoir, qui ne m'ont jamais abandonné, je suis parvenu à découvrir bien des choses ; je me souviens du passé, Gabrielle, et plein de confiance je vais me mettre en campagne. Tout en protégeant M. le marquis de Coulange contre la fureur sanguinaire de son ennemi, je chercherai dans l'ombre, et j'espère bien que je ferai jaillir la lumière. Je n'ai pas besoin de vous recommander, n'est-ce pas, de ne parler à qui que ce soit de ce que nous disons ici. On ne doit rien savoir à l'hôtel de Coulange.

« Vous avez loué à mon intention la chambre à côté, c'est bien. Mais un second domicile me sera nécessaire ; j'aurai une chambre dans un autre quartier de la ville. Il faut prendre d'avance toutes les précautions utiles afin d'empêcher l'ennemi de soupçonner qu'on s'occupe de lui et que la famille de Coulange a des amis dévoués prêts à la défendre.

— Merci, mon ami, dit Gabrielle avec émotion ; vous voyez que j'avais compté sur votre dévouement, puisque je n'ai pas hésité une seconde à vous appeler. Mais vous allez être éloigné de Chesnel pendant des mois, peut-être ; comment expliquerez-vous votre absence à M. le marquis ?

— D'abord, Gabrielle, répondit l'intendant, M. le marquis n'est plus mon maître. Depuis huit mois, c'est à M. Eugène que je rends compte de ma gestion.

« Aujourd'hui même je lui ferai une visite, et je lui demanderai simplement de m'accorder un congé.

— S'il refusait ?

— Je ne le crois pas. Mais, dans ce cas, Gabrielle, je n'hésiterais point à me démettre de mes fonctions.

— C'est bien, dit Gabrielle, voilà le vrai dévouement.

— Gabrielle, reprit Morlot, quand vous m'avez dit tout à l'heure comment le cheval de M. le marquis s'est emporté, vous avez émis cette opinion qu'on devait avoir fait avaler à l'animal une drogue ou un poison quelconque.

— Oui, mon ami, je crois cela.

— Eh bien, Gabrielle, je le crois aussi.

— Ah !

— Mais, en croyant cela, je dois admettre aussi qu'il y a parmi les serviteurs actuels de la maison de Coulange un complice de Sosthène de Perny.

— Cela ne me paraît pas douteux, répondit Gabrielle.

« Je n'ai pas oublié le rôle ignoble que jouait autrefois, près de madame la marquise, sa femme de chambre Juliette.

Une lueur subite traversa la pensée de Gabrielle.

— Morlot, Morlot, dit-elle d'une voix vibrante, je me rappelle quelque chose.

— Qu'est-ce ?

— Avant-hier, dans la matinée, — je ne saurais dire au juste l'heure qu'il était, — j'entrai dans l'écurie de M. le marquis pour donner au cocher une lettre que la nourrice de sa petite fille m'avait chargée de lui remettre. Le cocher n'était pas dans l'écurie, un autre domestique s'y trouvait penché sur la mangeoire, entre deux chevaux. Au bruit que je fis en entrant, cet homme se rejeta vivement en arrière, comme s'il eût été effrayé, et un de ses bras fit un mouvement que je m'explique maintenant ; il a certainement fait disparaître dans une de ses poches un objet qu'il avait à la main.

Le front de Morlot s'assombrit de nouveau.

— Gabrielle, avez-vous bien vu cet homme ? demanda-t-il.

— Oui, très bien ; je lui ai parlé, et il m'a répondu.

— Alors, vous êtes sûre de le reconnaître ?

— Oui.

— Eh bien, Gabrielle, il faut que ce soir ou demain au plus tard vous me disiez son nom et quel est son service à l'hôtel de Coulange.

— La mission dont vous me chargez est, je crois, facile à remplir. Aujourd'hui même, sans qu'ils puissent se douter de rien, je verrai tous les serviteurs de la maison.

— C'est ce qu'il y a à faire. Vous reconnaîtrez l'individu, et alors il vous sera facile de savoir son nom et les fonctions qu'il remplit. Grâce à vous, Gabrielle, bientôt peut-être je tiendrai le fil conducteur qui nous fera découvrir Sosthène de Perny. Du moment que nous saurons où le misérable se cache, nous ferons en sorte de pénétrer ses desseins. Car, je vous le répète, Gabrielle, Sosthène n'en veut pas qu'à la vie de M. Coulange ; le brigand médite autre chose d'également terrible. Oui, il faut que nous connaissions ses projets et que nous sachions à quels dangers la famille de Coulange est exposée. Dès demain, que dis-je ? dès ce soir, Gabrielle, le régisseur de Chesnel, redeviendra policier.

« Il me semble que j'ai encore quelque chose à vous dire. Ah!... il ne faut pas qu'on sache à l'hôtel de Coulange que c'est vous qui m'avez fait venir et moins encore la raison qui me fait demander un congé. On devra ignorer de même que je suis resté à Paris. A l'exception de M. Eugène et de madame la marquise, peut-être, — je verrai, — on doit croire que je suis toujours dans l'Allier, très occupé des fermages et de l'exploitation des carrières de Chesnel.

A propos, Gabrielle, avez-vous dit mon nom à la maîtresse de l'hôtel ?

— Non, mon ami, car j'ai pensé qu'il était prudent de le taire. Je vous ai seulement annoncé comme étant un de mes parents.

— C'est parfait ! Si vous le voulez bien, Gabrielle, je m'appellerai ici M. Robert.

— C'est entendu !

— Voyez-vous, Gabrielle, si nous voulons réussir dans notre entreprise, il faut nous défier des espions. Qui sait, à l'hôtel de Coulange, chaque domestique en est peut-être un. Mais nous verrons, nous verrons.

— Soyez tranquille, mon ami, je serai discrète.

— Maintenant, Gabrielle, je vais passer dans ma chambre et changer de vêtements pour me rendre à l'hôtel de Coulange.

— C'est cela, mon ami.

— Et vous, Gabrielle, qu'allez-vous faire ?

— Je vais aller aussi à l'hôtel de Coulange. Et comme nous ne devons pas y arriver ensemble, je pars immédiatement.

— Nous nous retrouverons ici ce soir, dit Morlot.

Et il entra dans sa chambre. Gabrielle mit son châle, son chapeau et sortit. En moins de vingt minutes, le régisseur de Chesnel eut changé de costume. Vêtu d'une redingote, d'un pantalon et d'un gilet noirs, il avait l'air d'un châtelain de province. Ses gros brodequins étaient remplacés par des bottines fines, et son chapeau de feutre rond par un chapeau de soie à haute forme. Il avait à la main une jolie canne à pomme d'or, un cadeau du marquis de Coulange. Avant

Morlot vêtu d'une redingote, d'un pantalon et d'un gilet noirs, avait l'air d'un châtelain de province.

de sortir, il se plaça devant la glace et resta un moment immobile, se regardant.

— Non, murmura-t-il, c'est impossible, quand même nous nous trouverions face à face, M. de Perny ne me reconnaîtrait point. On change en quatorze ans. J'ai pris de l'embonpoint, et je laisse pousser toute ma barbe. Baste ! Sosthène de Perny ne doit plus se souvenir aujourd'hui de l'agent de police Morlot !

La marquise de Coulange et Gabrielle étaient depuis un instant dans la chambre du marquis, quand un domestique annonça M. l'intendant de Chesnel.

— Faites entrer, dit le marquis.

— M. Morlot est à Paris ? fit Gabrielle jouant la surprise.

— Probablement pour la même cause qui vous y a amenée, chère madame Louise, répondit le marquis.

— Ce brave et excellent Morlot, dit la marquise, il n'a pas trouvé suffisant de nous avoir écrit deux lettres le même jour.

Morlot entra. Le marquis lui tendit la main en disant :

— Je devine ce qui vous amène, merci, mon ami.

Naturellement, Morlot eut l'air étonné de voir Gabrielle.

Au bout d'un instant, il voulut parler de Chesnel.

Le marquis l'interrompit et lui dit en souriant :

— Vous direz tout cela à mon fils ; vous savez que c'est lui seul, maintenant, qui s'occupe de Chesnel. Vous ne l'avez pas vu encore ; il était tout à l'heure avec moi ; vous le trouverez chez lui.

Morlot comprit que le marquis le congédiait, il se leva.

— Vous êtes à Paris pour quelques jours, sans doute, dit le marquis ; j'aurai le plaisir de vous revoir. Comme toujours vous coucherez et prendrez vos repas à l'hôtel.

— Je vous remercie, monsieur le marquis, j'ai l'intention de quitter Paris dans la nuit ou demain matin à la première heure. Je pensais ne voir M. le comte que dans six semaines, à Coulange ; mais j'ai cru devoir avancer mon voyage afin de ne pas attendre trop longtemps pour dire moi-même à M. le marquis et à madame la marquise que je prends ma part de leur peine et qu'ils peuvent toujours compter sur mon entier dévouement.

Sur ces paroles, Morlot salua respectueusement et se retira. Comme le lui avait dit le marquis, il trouva le jeune comte chez lui. Eugène le reçut avec affabilité.

Après avoir parlé un instant de l'explosion de Frameries et du cheval emporté, Morlot tira de la poche de sa redingote une forte liasse de billets de banque.

— Encore de l'argent ! fit le jeune homme.

— Oui, monsieur le comte, et j'espère bien que nos carrières de marbre nous donneront cette année dix-huit ou vingt mille francs de plus que l'année dernière.

— Décidément, monsieur Morlot, vous ne vous lassez point de faire des prodiges.

— Je fais mon possible pour justifier la confiance que vous avez mise en moi.

— Certes, nul n'en est plus digne. Mon père me disait il y a quelque temps que depuis que vous êtes à Chesnel, vous en avez doublé la valeur.

— Où est la richesse, monsieur le comte, il est facile de la trouver.

— A votre avis, combien Chesnel vaut-il aujourd'hui ?
— Deux millions.
— Oh ! vous exagérez.
— Si Chesnel était à vendre, on trouverait acheteur à ce prix.
— Peut-être, monsieur Morlot ; mais Chesnel n'est pas à vendre. Il me semble que vous m'apportez une grosse somme.
— Trente mille francs, monsieur le comte.
— J'ai donc raison de dire que c'est une grosse somme. Faut-il que je compte ?
— Certainement, puisque M. le comte va me donner un reçu.

Le jeune homme compta les billets de banque, fit le reçu et le remit à Morlot.

— Maintenant, monsieur le comte, dit l'intendant, j'ai quelque chose à vous demander.
— C'est accordé d'avance.
— Monsieur le comte, j'ai besoin d'un congé.
— Je ne pensais pas, monsieur Morlot, que vous eussiez à demander une autorisation pour vous absenter de Chesnel.
— C'est que, monsieur le comte, je serai peut-être éloigné de Chesnel pendant plusieurs mois.
— Ah! fit le jeune homme étonné. C'est donc un long voyage que vous voulez entreprendre ?
— Oui, monsieur le comte, un long voyage.
— Avec votre femme ?
— Non, seul. Mélanie restera à Chesnel.
— Et si je vous refusais ce congé, monsieur Morlot ?
— Alors je vous prierais respectueusement, monsieur le comte, de donner mes fonctions à un autre.

Le jeune homme saisit vivement une des mains de Morlot.

— Est-ce que vous pensez, dit-il, qu'on peut se séparer ainsi, pour toujours, d'un serviteur, d'un ami tel que vous, monsieur Morlot ? Non, non. J'ignore de quelle nature sont les services que vous avez rendus autrefois à mon père et à ma mère, mais je sais qu'ils sont grands. Le fils du marquis et de la marquise de Coulange serait ingrat s'il refusait quelque chose à l'ami de ses parents. Vous pouvez quitter Chesnel pour plusieurs mois, pour un an, s'il le faut, je vous le permets.
— Merci, monsieur le comte, j'étais certain d'avance que je n'aurais pas un refus. D'ailleurs vous pouvez être sans inquiétude, rien ne souffrira à Chesnel ; j'ai là un homme sûr, capable de me remplacer, sans compter la surveillance de Mélanie, qui est au courant de tout.
— C'est bien, monsieur Morlot : je sais que vous donnerez des ordres et

qu'ils seront exécutés. Ai-je le droit de vous demander où vous allez et ce que vous voulez faire ?

— Comme je ne veux pas mentir, monsieur le comte, je ne peux pas vous répondre.

— Dans ce cas, monsieur Morlot, je vous prie d'excuser ma curiosité.

— Oh! monsieur le comte!

Il y eut un moment de silence.

— Monsieur le comte, reprit Morlot, j'ai encore une chose à vous demander.

— Dites, répondit le comte.

— Dans l'intérêt de ce que je veux faire, il faut absolument qu'on ignore que j'ai quitté Chesnel pour quelque temps. Ni M. le marquis, ni madame la marquise, ni mademoiselle votre sœur, enfin personne ne doit savoir que vous m'avez accordé un congé.

Le jeune homme ne put cacher sa surprise.

— Monsieur le comte, reprit vivement Morlot, croyez que j'ai de puissantes raisons pour vous demander cette chose, qui doit vous paraître absurde et inexplicable. Mais, je vous le répète, il faut qu'on ne sache rien. Ne me demandez pas une explication que je ne pourrais vous donner. Vous avez confiance en moi, c'est une grande preuve de cette confiance, qui m'honore et dont je suis fier, que je réclame en ce moment.

Après avoir réfléchi un instant, le jeune homme répondit :

— Il suffit, monsieur Morlot, je garderai le silence.

Quand l'intendant sortit de l'appartement du comte de Coulange, il trouva sur son passage une femme de chambre qui l'attendait.

— Venez, lui dit cette femme, madame la marquise désire vous parler.

Tout en fronçant les sourcils, Morlot suivit la femme de chambre.

XIII

TROIS COUPS DE SONNETTE

La femme de chambre introduisit Morlot dans la chambre de la marquise, où elle le laissa seul. Mais, bientôt, une portière se souleva, et madame de Coulange parut.

Morlot, qui l'avait à peine vue dans la chambre du marquis, dont les doubles rideaux étaient tirés, fut frappé de sa pâleur et de l'éclat fiévreux de son regard.

La marquise lui fit signe de s'asseoir, et quand il eut pris place dans un fauteuil, elle lui demanda brusquement :

— Monsieur Morlot, pourquoi êtes-vous venu à Paris?

— Madame la marquise, j'ai eu l'honneur de dire à M. le marquis devant vous...

— Vous ne lui avez pas dit la vérité, l'interrompit-elle.

— Mais, madame la marquise...

— Avouez-le. Vous avez échangé avec Gabrielle un regard que j'ai surpris; vous vous êtes trahis...

Morlot resta tout interdit.

— Gabrielle vous a écrit, n'est-ce pas? C'est elle qui vous a dit de venir?... Mon Dieu! pourquoi vous cacher de moi?

Alors Morlot se redressa et, changeant de ton :

— Oui, madame la marquise, répondit-il, Gabrielle m'a écrit, et je suis ici parce qu'elle m'a appelé.

— Ah! vous voyez bien que j'avais deviné! Monsieur Morlot, que vous a dit Gabrielle?

— Ces mots que vous avez prononcés avant-hier à son oreille :
« C'est la troisième fois que l'on tente d'assassiner mon mari! »

— Le croyez-vous, monsieur Morlot?

— Oui, madame la marquise, je le crois.

— Alors vous supposez qu'il est revenu?

— Madame la marquise, j'en suis convaincu.

— Ah! vous avez raison! Moi aussi, j'en suis sûre; je le sens à la terreur qui est en moi! Oh! le misérable!... Mais pourquoi veut-il tuer mon mari? Je vous le demande, à vous, pourquoi?

— J'ignore quels sont ses projets.

La marquise poussa un gémissement et resta un instant la tête penchée sur sa poitrine.

— Monsieur Morlot, reprit-elle, avez-vous réellement l'intention de retourner cette nuit ou demain à Chesnel?

— Non, madame la marquise, je reste à Paris.

— Alors, vous voulez?...

— Vous protéger, vous défendre, et, si je le peux, vous sauver.

— Ah! mon ami, mon ami! murmura la marquise avec des larmes dans la voix.

Puis se dressant d'un seul mouvement :

— Oui, oui, reprit-elle avec énergie et le regard chargé d'éclairs, protégez la vie du marquis de Coulange et défendez le bonheur de nos enfants. Une fois encore, sauvez-moi, sauvez-nous!... Pour cela faites tout ce que vous voudrez; je ne me mettrai plus entre vous et lui... Je vous livre le maudit, vous entendez, je vous le livre!... Ah! je souffre trop; j'en ai assez de cette horrible existence!... Non, je ne redoute plus ce qui peut arriver, la vie de mon mari est au-dessus de tout!

« Gabrielle vous a appelé, c'est bien ; mais c'est moi qui aurais dû le faire... Ah! mon ami, plaignez-moi ; je sens que je retombe dans mon anéantissement d'autrefois ; la volonté me manque et je redeviens craintive et lâche! »

Elle s'affaissa sur son siège comme brisée.

— Ne perdez point courage, madame la marquise, dit tristement Morlot ; avec l'aide de Dieu nous éloignerons le danger qui vous menace.

— Ah! qu'il vous entende et qu'il veille sur ceux que j'aime, s'il ne veut rien faire pour moi!

— Madame la marquise me permet-elle de lui adresser une question? demanda Morlot.

— Certainement.

— Êtes-vous sûre de tous vos domestiques?

— Je devine votre pensée. Sosthène ne peut pas avoir un espion ici, parmi nos serviteurs, tous anciens et dont la fidélité est éprouvée.

Morlot secoua la tête d'un air de doute.

— Pourtant, madame la marquise, répliqua-t-il, si nous admettons que M. de Perny est l'auteur de l'explosion de Frameries, il faut qu'il ait su que M. le marquis irait visiter cette mine.

— C'est vrai, fit la marquise.

— Si nous admettons également que l'accident arrivé avant-hier à M. le marquis est un nouvel attentat contre sa vie, nous sommes forcés de croire qu'on a employé un moyen quelconque pour que le cheval prît le mors aux dents.

— Mais oui, mais oui, vous avez raison! s'écria la marquise. Et pourtant aucun de nos serviteurs ne peut être soupçonné.

— Si je vous disais, madame la marquise, que Gabrielle, avant-hier, dans la matinée, ayant à parler au cocher de M. le marquis, et étant allée à l'écurie, y a trouvé un domestique près de la mangeoire d'un cheval. En la voyant, le domestique a paru effrayé et a vite fourré dans une de ses poches un objet qu'elle n'a pu voir. Malheureusement, Gabrielle, sans défiance, n'a eu sur le moment aucun doute. C'est aujourd'hui, en causant avec moi, qu'elle s'est rappelé ce fait, d'où j'ai conclu que Gabrielle était entrée dans l'écurie au moment où le domestique faisait prendre au cheval de M. le marquis une substance préparée à l'avance.

La marquise était atterrée.

— C'est épouvantable, c'est horrible! prononça-t-elle sourdement.

Soudain, ses yeux se remplirent d'éclairs, elle se leva d'un bond et jeta sa main sur le cordon d'une sonnette.

— Madame la marquise, que faites-vous?... s'écria Morlot.

— Vous allez voir.

— Pour Dieu, madame la marquise, pas d'imprudence ou vous perdez tout.

— Rassurez-vous, je n'ai pas encore tout à fait perdu la tête.

La porte s'ouvrit, et la femme de chambre parut.

Déjà la marquise avait eu le temps de se remettre, et c'est d'une voix calme qu'elle dit à sa femme de chambre :

— Rose, savez-vous où est en ce moment madame Louise?

— Tout à l'heure elle était en bas, dans l'office, madame la marquise; elle causait avec Nicolas et Angélique.

— Voyez si elle y est encore et dites-lui que je désire lui parler; qu'elle vienne tout de suite.

La femme de chambre disparut.

Deux minutes après Gabrielle entra dans la chambre de la marquise, où elle ne s'attendait pas à trouver Morlot.

— Ma chère Gabrielle, dit madame de Coulange, je sais pourquoi M. Morlot est à Paris; il m'a tout dit. C'est bien, ce que vous avez fait; je l'approuve et je vous remercie. M. Morlot m'a appris ce que vous avez vu avant-hier matin dans l'écurie. Gabrielle, il faut que nous connaissions ce misérable. Nous allons trouver un prétexte, et je vais faire appeler, devant vous, tous nos domestiques.

— C'est inutile, répondit Gabrielle, l'homme que j'ai vu n'est pas un serviteur de la maison de Coulange.

— Ah! fit la marquise, c'est un soulagement!

— C'est aussi une satisfaction pour moi, dit Morlot; mais le fait n'en existe pas moins. Il y a donc un domestique étranger, ami de l'un des vôtres, madame a marquise, qui s'introduit dans la maison pour espionner et commettre d'autres infamies.

— Hélas! c'est trop évident. Pourtant, depuis quelque temps, mon mari est très sévère sur ce point. Au dehors, nos gens sont libres, ils font ce qu'ils veulent; mais ici, nous ne voulons aucune fréquentation.

— Vous voyez, madame la marquise, que vos gens ne tiennent pas suffisamment compte de vos défenses.

— Mais comment savoir...

— Interrogez le concierge, madame la marquise.

Madame de Coulange se frappa le front.

— Où ai-je donc la tête? murmura-t-elle.

Un second coup de sonnette retentit. Nouvelle apparition de Rose.

— J'ai un renseignement à demander à Dubois, lui dit la marquise, allez me le chercher.

La femme de chambre ferma la porte sur elle. Mais elle la rouvrit aussitôt, et, avançant la tête :

— Pardon, dit-elle, j'avais oublié de prévenir madame la marquise que M. de Montgarin vient d'arriver.

— C'est bien, répondit la marquise.

Un instant après, le concierge de l'hôtel était devant madame de Coulange.

— Dubois, lui demanda-t-elle, est-ce que nos domestiques reçoivent ici, quelquefois, d'autres domestiques, leurs amis?

— Plus, madame la marquise, plus du tout, depuis que M. le marquis l'a absolument défendu, répondit le concierge, en roulant sa calotte de velours noir entre ses doigts.

— Rappelez-vous bien, Dubois; il me semble que, avant-hier, dans la matinée, vous avez ouvert à un domestique qui n'appartient pas à notre maison.

Dubois se gratta l'oreille.

— Avant-hier, dans la matinée... murmura-t-il.

Puis sa bonne grosse figure s'épanouit.

— Madame la marquise a raison, dit-il, avant-hier matin j'ai ouvert la porte à Jérôme, le valet de pied de M. le comte de Montgarin, qui apportait, de la part de son maître, un superbe bouquet pour mademoiselle.

Morlot et Gabrielle échangèrent un regard rapide. Tous deux avaient tressailli.

— Ainsi, Dubois, reprit la marquise, vous n'avez vu avant-hier matin que le domestique de M. de Montgarin?

— Lui seul, madame la marquise.

— C'est bien, Dubois, je n'ai plus rien à vous demander, vous pouvez vous retirer.

Quand la porte se fut refermée derrière le concierge, la marquise se retourna vers Gabrielle et Morlot.

— Je ne sais plus que penser, dit-elle, je suis comme folle! Mon Dieu, mon Dieu, de quelles choses monstrueuses sommes-nous donc entourés!

— Madame la marquise ne doit pas se plaindre en ce moment, dit Morlot; le misérable est découvert, et j'espère bien que, par lui, si nous nous y prenons adroitement, nous saurons bientôt quels sont les projets de M. de Perny.

— Et c'est près de M. de Montgarin, le fiancé de Maximilienne, que se cache la trahison! reprit la marquise d'un ton douloureux. Mais l'infamie est donc partout! Vais-je donc être forcée de douter de tout, de ne plus croire à rien!...

« Voyons, monsieur Morlot, et toi aussi, Gabrielle, que pensez-vous? Dites, que se passe-t-il? Voyez-vous? Comprenez-vous?

Il ne faut pas qu'elle ait un doute, pensa Morlot.

Il répondit :

— Oui, madame la marquise, je comprends.

— Eh bien?

— C'est très simple, madame la marquise : M. de Perny a senti qu'il lui serait impossible de corrompre un de vos fidèles serviteurs, et c'est dans la maison de votre futur gendre qu'il a su trouver un complice.

Le valet de M. de Montgarin apportait, de la part de son maître, un superbe bouquet.

— Oui, c'est cela, c'est bien cela, dit vivement la marquise. Ah! le misérable! le misérable!

Elle resta un moment silencieuse et reprit :

— Le comte de Montgarin est là, je veux savoir tout de suite...

Elle allait sonner. Morlot lui saisit brusquement la main...

— Qu'allez-vous faire? dit-il. Prenez garde! madame la marquise, prenez garde! M. le comte de Montgarin ne doit rien savoir de ce qui se passe. Ah! je vous en supplie, pas d'imprudence!... Si nous voulons surprendre l'ennemi et détruire son œuvre, laissons-le s'avancer avec confiance. Imitons-le, madame la marquise, agissons dans l'ombre; et s'il veut porter un coup, soyons là, sans qu'il le sache, pour l'en empêcher.

— Oui, mon ami, je serai prudente, je vous le promets; j'aurai la force de me contenir, je saurai cacher mes angoisses et ma terreur... Mais, en ce moment, j'ai mon idée, laissez-moi faire. Entrez là tous les deux, dans mon cabinet de toilette, vous pourrez entendre.

La marquise souleva elle-même la portière, derrière laquelle passèrent Morlot et Gabrielle, et elle sonna aussitôt sa femme de chambre. Celle-ci accourut.

— Rose, lui dit la marquise, je me sens un peu fatiguée; si M. de Montgarin veut bien venir me dire bonjour dans ma chambre, il me fera plaisir.

Rose alla prévenir Ludovic, qui s'empressa de se rendre au désir de la marquise.

— Rose vient de me dire que vous êtes un peu souffrante, madame la marquise, dit le jeune homme, après avoir salué respectueusement la mère de sa fiancée.

— C'est vrai, monsieur le comte, j'éprouve une grande lassitude dans tous les membres, je suis comme brisée.

— C'est la suite de vos cruelles émotions.

— Oh! oui, cruelles, soupira la marquise.

Le jeune homme la regardait tristement.

— Monsieur le comte, reprit la marquise, êtes-vous venu en voiture, aujourd'hui?

— Non, madame, à pied.

— Ah!... Je le regrette.

— Pourquoi, madame?

— Voici : je désire prendre un nouveau domestique, qui nous sera très utile à Coulange. Mais nous n'acceptons un serviteur que s'il a d'excellentes références. Or, ce matin, un garçon, qui m'a paru tout à fait convenable, s'est présenté en se recommandant de Jérôme, votre valet de pied. Avant de lui donner une réponse définitive, je désire voir votre domestique, et puisqu'il n'est pas venu avec vous, vous m'obligerez en me l'envoyant demain à onze heures.

— Voilà ce que je redoutais, dit Morlot tout bas à Gabrielle, madame la marquise commet une faute.

— Je suis désolé de ne pouvoir répondre à votre désir, répondit Ludovic : mais Jérôme n'est plus à mon service.

— Comment, fit la marquise, laissant paraître sa surprise, vous l'avez renvoyé?

— Non, madame, c'est lui qui m'a quitté.

— Pourquoi cela?

— Pour aller rendre les derniers devoirs à sa vieille mère qui vient de mourir.

— Alors il reviendra?

— Non, madame. Il m'a annoncé qu'il avait l'intention de se fixer dans son pays où, avec ses petites rentes et le modeste héritage qu'il va recueillir, il espère pouvoir vivre.

— De quel pays est-il? demanda négligemment la marquise.

— Jérôme est Breton, madame; mais je ne sais pas le nom de la localité où il est né.

— Autant que j'ai pu en juger, monsieur le comte, vous aviez en Jérôme un bon serviteur.

— C'est vrai, madame, je n'ai qu'à me louer de lui et de son service.

— Vous l'aviez depuis longtemps?

— Seulement depuis quelques mois.

— Qui vous l'avait donné?

— Le comte de Rogas, à qui un de ses amis l'avait chaudement recommandé.

— Je vous remercie, monsieur de Montgarin. Sur ce que vous venez de me dire, je me déciderai probablement à prendre ce garçon qui s'est présenté de la part de Jérôme.

Morlot demandait à Gabrielle :

— Qui est-ce, ce comte de Rogas?

— Un Portugais très riche, dit-on; c'est un petit cousin du comte de Montgarin. Le comte de Rogas habite avec son parent.

Morlot resta silencieux. Mais il se disait :

— Il faudra savoir ce que c'est que ce comte de Rogas.

Un instant après, le comte de Montgarin prit congé de madame de Coulange. Morlot et Gabrielle sortirent du cabinet.

— Vous avez entendu? dit la marquise.

— Oui.

— Eh bien?

— Eh bien, madame la marquise, ce misérable Jérôme a eu peur, et il a pris la fuite. M. le comte de Montgarin a été la dupe de cet affreux coquin, et les personnes qui l'ont si chaudement recommandé à M. le comte de Rogas ont indignement abusé de sa confiance. Enfin, madame la marquise, ce Jérôme a été placé chez M. le comte de Montgarin de la même façon que Juliette, une autre coquine de la pire espèce, a été autrefois placée près de vous. Par qui? nous n'avons pas à nous le demander.

— Si seulement M. de Montgarin avait pu me dire où cet homme est allé.

— Je le saurai, madame la marquise; soyez tranquille, je ne tarderai pas à retrouver maître Jérôme. Autre chose, madame la marquise : vous avez dit tout à l'heure à M. de Montgarin que votre intention était d'augmenter le nombre de vos serviteurs.

— Je me suis servie de ce prétexte pour interroger le comte.

— C'est ce que j'ai compris, répliqua Morlot ; mais, continua-t-il en souriant, il est réellement nécessaire que vous ayez un domestique de plus. C'est moi qui le choisirai. Son service de valet laissera beaucoup à désirer ; mais madame la marquise voudra bien être indulgente pour mon protégé.

— J'ai compris, monsieur Morlot.

— Madame la marquise, reprit l'ancien inspecteur de police d'une voix grave, nous devons prendre toutes nos précautions ; il me faut ici deux yeux pour voir et deux oreilles pour entendre, un homme qui soit le garde du corps de M. le marquis de Coulange.

XIV

COMMENT ON DEVIENT BARON

Le soir, quand après avoir souhaité une bonne nuit à Gabrielle, Morlot se trouva dans sa chambre, il se mit à réfléchir profondément.

Il examinait les événements et les faits, il les interrogeait, les sondait, les commentait, les rapprochait les uns des autres, les liait ensemble et les classait successivement dans sa mémoire.

Il ne se dissimulait pas qu'il allait entreprendre une tâche ardue ; mais, en même temps, il sentait son courage redoubler sous sa volonté.

La marquise et Gabrielle lui avaient dit : « Nous comptons sur vous ! » C'était assez. D'ailleurs il aimait à se dévouer ; c'était un besoin de sa nature. Chez lui le dévouement était une passion. Pour sauver la marquise et sa famille d'un danger, il était capable de lutter même contre l'impossible. Et puis il éprouvait comme des frémissements de plaisir en pensant qu'il allait se retrouver aux prises avec Sosthène de Perny.

— Le combat sera terrible, se disait-il, car le brigand est d'une force peu commune. Je l'ai vu à l'œuvre, ses débuts promettaient.

Il continuait à réfléchir et reprenait :

— Cette fois encore, il s'agit de quelque chose de ténébreux. Quel but poursuit-il ? Que veut-il ? Mystère à pénétrer... Ah ! le mystère, il aime cela ! S'en était-il assez bien servi pour envelopper le vol de l'enfant !... Quand je pense qu'il m'a fallu sept ans, à moi, Morlot, pour arriver à voir clair dans cette affaire. Mais, alors, j'étais complètement dans la nuit, aucune trace à suivre... Aujourd'hui, je sais quelque chose, et quand j'aurai cherché, fouillé, si je ne découvre pas, je devinerai ! Oui, je devinerai ! Est-ce que déjà ?... Mais non, n'allons pas si vite, je pourrais m'égarer.

« Mon idée est là, continua-t-il en se frappant le front, elle y restera ; et si je ne trouve pas autre chose, j'y reviendrai. En attendant, il faut veiller sur le marquis. »

Ainsi que Morlot l'avait dit à Gabrielle, le comte de Montgarin lui apparaissait comme un personnage mystérieux. Ludovic le gênait, le troublait, l'égarait dans ses appréciations et ses calculs. Tout le monde, Gabrielle comprise, s'accordait à faire l'éloge de ce jeune homme. Il avait du cœur, des sentiments élevés ; il aimait mademoiselle de Coulange, il en était aimé, il était son fiancé... Lui-même avait trouvé très correctes ses réponses lorsque la marquise l'avait interrogé sur son valet de pied. En vérité, comment admettre que ce jeune homme pût être le complice de Sosthène de Perny? ne serait-ce pas absurde?

Là se détruisaient ses calculs, se brisaient ses déductions et s'arrêtait le travail de sa pensée.

Pourtant, malgré tout, il sentait que l'ennemi qu'il avait à combattre s'agitait autour du comte de Montgarin, et quelque chose lui disait que le fiancé de Maximilienne était comme le pivot ou la cheville de l'intrigue. Mais il avait beau mettre son esprit à la torture, l'intrigue restait dans l'ombre, et il ne parvenait pas à en saisir le fil. Morlot ne comprenait pas encore.

Cependant, quand il crut avoir suffisamment réfléchi pour le moment, se trouvant d'ailleurs accablé de la fatigue, il se décida à se mettre au lit.

Vers six heures du matin, après n'avoir fait qu'un somme, Morlot se leva frais, dispos et parfaitement reposé. Il avait songé déjà à l'emploi qu'il ferait de sa journée.

Son premier travail fut d'écrire à Mouillon et à Jardel, ses anciens amis, deux agents supérieurs de la police de sûreté, lesquels étaient spécialement attachés à M. Macé, commissaire de police aux délégations judiciaires, aujourd'hui chef de la police de sûreté.

Il leur annonçait à tous deux son arrivée à Paris. Il disait à Mouillon de l'attendre chez lui le jour même entre cinq et six heures du soir ; à Jardel de se trouver également chez Mouillon entre cinq et six heures. Au bas de chaque lettre il avait ajouté : « Je vais avoir besoin de vous ! »

Les lettres écrites et mises sous enveloppes, Morlot revêtit l'habillement qu'il avait la veille à l'hôtel de Coulange.

Pendant ce temps, Gabrielle s'était levée.

— Avez-vous bien dormi? cria-t-elle à Morlot de sa chambre.

— Oui, parfaitement bien. Est-ce que je puis entrer?

— Mais certainement, venez.

— Est-ce que vous sortez déjà? lui demanda Gabrielle, voyant que, sauf ses gants, il était vêtu comme pour faire des visites.

— J'attendais que vous fussiez levée pour vous dire bonjour et partir.

— A l'œuvre dès aujourd'hui?

— Nous n'avons pas de temps à perdre.

— Déjeunons-nous ensemble?

— J'aurai probablement beaucoup à faire, je ne peux pas vous promettre.

— Je vous reverrai ce soir?

— Oui, à moins d'un événement imprévu.

— Allons, courage, mon ami, courage!

— Ce n'est pas ça qui me manquera.

Ils se serrèrent la main. Ensuite Morlot prit son chapeau, sa canne et sortit. Il glissa ses deux lettres dans la première boîte qu'il rencontra sur son passage et se dirigea vers la rue de Richelieu. Sur la place Louvois il s'arrêta, parut se consulter et marcha vers l'hôtel Louvois. Il s'annonça comme un propriétaire du département du Doubs, qui venait passer quelque temps à Paris pour se distraire.

Quand il fut convenu du prix d'un petit appartement composé de trois pièces : une chambre à coucher, un cabinet de toilette et un petit salon, on lui demanda son nom.

— Je suis le baron de Ninville, répondit-il.

On salua respectueusement M. le baron.

— J'ai beaucoup d'amis à Paris, dit-il, j'ai mis pied à terre chez l'un d'eux ; mais je tiens à être libre et surtout à rentrer aux heures qui me conviennent ; c'est pour cela que je prends un appartement à l'hôtel, pour cela également que je n'ai pas amené à Paris mon valet de chambre. Demain ou après-demain je ferai apporter ici une partie de mes effets.

Il tira son portefeuille de sa poche, l'ouvrit, et, tout en regardant, laissa voir qu'il était bourré de billets de banque, comme il convient à un haut et puissant baron franc-comtois.

— Tiens, fit-il, je n'ai plus une seule carte de visite. Je vous serai reconnaissant de vouloir bien m'en commander un cent, beau bristol.

Il prit une plume et écrivit sur un feuillet de papier blanc : « Baron H. de Ninville. »

— Avec une couronne et un tortil de baron, cela va sans dire.

Il mit le papier dans la main du maître d'hôtel, en y joignant un billet de cinq cents francs, et ajouta :

— Je vous prie de payer cette petite dépense ; vous inscrirez le reste de la somme à mon crédit.

— On va donner un reçu à monsieur le baron.

— Par exemple! est-ce que je n'ai pas confiance en vous? Au crédit de mon compte, voilà tout. Je vais faire mon tour de promenade sur les boulevards pour me préparer à bien déjeuner au café Anglais... Ah! ah! je connais l'endroit. J'y ai plus d'une fois joyeusement soupé en douce et gracieuse compagnie. Service parfait, vin exquis. Ah! ah! ah!...

Et Morlot, se donnant des airs de vieux roué, s'en alla, laissant le maître et les garçons de l'hôtel ahuris.

— De sorte que me voilà baron, se disait-il, en montant la rue de Richelieu. Baste! je jouerai ce rôle aussi bien que beaucoup d'autres piètres barons de ma connaissance. Autrefois, il n'y a pas si longtemps de cela, un intendant pouvait être en même temps grand seigneur et ministre.

Morlot ne déjeuna point au café Anglais. A dix heures, il entra dans un petit restaurant du passage Jouffroy où il déjeuna rapidement et très modestement.

A onze heures et demie, il sonnait à la porte de l'appartement de la marquise de Neuvelle.

— Madame la marquise est à table, lui dit le domestique qui vint lui ouvrir.
— Est-elle seule?
— Oui, monsieur.
— Alors, je vais attendre... Veuillez remettre ma carte à madame la marquise.

Le domestique le fit entrer dans un salon où il le laissa en lui disant :
— Voilà des journaux et des albums.

Morlot n'attendit pas longtemps. Au bout d'un quart d'heure la vieille marquise parut. Morlot se leva et fit un salut respectueux.

— Madame la marquise, dit-il, je n'ai pas l'honneur d'être connu de vous, mais j'ai pensé, en vous faisant remettre ma carte, que vous vous rappelleriez mon nom.

— En effet, on a parlé souvent devant moi de M. Morlot. Ainsi vous êtes....

— Un des serviteurs dévoués de la maison de Coulange.

— Je sais. Le marquis vous a en haute estime. Asseyez-vous, monsieur, et veuillez me dire l'objet de votre visite.

— Madame la marquise, dit Morlot avec gravité, parmi les nombreux amis de la famille de Coulange, vous êtes l'amie la plus ancienne, la meilleure, la plus dévouée.

— C'est vrai, monsieur.

— Eh bien, madame la marquise, je viens, dans l'intérêt de M. le marquis, de madame la marquise et de leurs enfants, vous prier de me donner divers renseignements. Seulement madame la marquise, avant notre conversation, je vous demande de me faire la promesse que tout ce que nous allons dire restera un secret entre nous et que vous ne prononcerez mon nom devant personne.

— Je n'ai pas à vous cacher, monsieur, que je suis surprise de votre langage, mais vous invoquez les noms d'êtres qui me sont chers; je vous promets donc, et, si c'est nécessaire, je vous jure de ne révéler à personne ce que vous allez me dire.

— Merci, madame la marquise, M. le marquis de Coulange et les siens courent un danger.

— Encore! s'écria la vieille dame en pâlissant.

— Oui, encore. Quel est ce danger? Je l'ignore. Mais il existe et je cherche à le connaître afin de le conjurer.

— Ah! mais vous m'effrayez, monsieur!

— Moi aussi, madame la marquise, je suis effrayé.

— M. et madame de Coulange savent-ils?...

— Madame de Coulange seule sait pourquoi je suis à Paris.

— Si je vous ai bien compris, monsieur Morlot, le marquis et les siens seraient menacés par un ou plusieurs ennemis.

— Oui, madame.

— Inconnus?

— Inconnus.

— Et c'est vous qui entreprenez la tâche de les découvrir?

— Madame la marquise n'a-t-elle pas entendu dire que j'étais autrefois agent de la police de sûreté?

— Non, je ne savais pas cela. Maintenant, monsieur, je vois ce que vous pouvez faire. Je suis prête à vous répondre; quels renseignements avez-vous à me demander?

— Madame la marquise connaît-elle une dame polonaise qui porte le nom de comtesse Protowska?

La vieille dame resta un moment silencieuse, ayant l'air de chercher dans sa mémoire.

— Non, répondit-elle, non, je ne connais point cette comtesse, et je ne crois pas que jamais son nom ait été prononcé devant moi.

— Je savais d'avance votre réponse, madame la marquise.

— A mon tour, puis-je vous demander?...

— Dans quel but je vous ai adressé cette question? Non, madame la marquise, car je ne pourrais pas vous répondre.

— Vous êtes bien mystérieux, monsieur.

— Je suis forcé de l'être. Je me suis donné une tâche qui m'impose des devoirs de diverses sortes et une grande réserve, aussi bien vis-à-vis de vous que vis-à-vis de madame de Coulange.

— Il suffit, monsieur. Vous pouvez continuer.

— C'est vous, madame la marquise, qui avez présenté M. le comte de Montgarin à l'hôtel de Coulange?

— Oui, et j'ajoute que son mariage avec Maximilienne sera un peu mon œuvre.

— Madame la marquise connaît beaucoup ce jeune homme?

— Beaucoup, monsieur. Mais, pardon, verriez-vous en lui un de ces ennemis que vous cherchez?

— Non, certes.

— A la bonne heure. Ce que j'ai fait pour le comte de Montgarin, monsieur,

LE FILS 249

Morlot se donnant des airs de vieux roué, s'en alla, laissant le maître d'hôtel et les garçons ahuris.

vous dit l'estime et l'amitié que j'ai pour lui. Une personne que la marquise de Neuvelle estime est à l'abri de tout soupçon.

— Madame la marquise, répondit Morlot, vos paroles me font éprouver une grande satisfaction.

Et tout bas il se dit :

— Je n'ai plus à m'occuper du comte de Montgarin.

— Ainsi, reprit la vieille dame, vous aviez quelque doute à l'égard de mon protégé ?

— Non, madame, non ; mais... je cherche.

— En vous disant que je l'estime et que Maximilienne l'aime, je pourrais me dispenser de vous faire son éloge. Cependant écoutez.

Et la marquise de Neuvelle raconta à Morlot l'espèce de confession que lui avait faite un jour le comte de Montgarin.

— Eh bien, ajouta-t-elle, êtes-vous convaincu, maintenant, que le comte est un brave et digne jeune homme.

— Morlot s'inclina en signe d'assentiment.

— Si vous le voulez bien, madame la marquise, dit-il, nous parlerons de M. le comte de Rogas.

— Je le vois assez souvent ; mais je ne puis rien vous dire de son passé. Ce ue je sais, c'est qu'il a une grande affection pour son jeune parent ; il semble ne vivre que pour lui. C'est un homme froid, grave et même austère ; il parle peu ; il est poli, fort aimable et ne manque pas d'une certaine distinction. Il possède, paraît-il, une grande fortune.

— Ah ! fit Morlot. — Diable, diable, pensait-il, je ne vois pas du tout sur quel terrain je marche.

A ce moment on frappa à la porte du salon.

— Qu'y a-t-il ? demanda la marquise.

La porte s'ouvrit et un domestique annonça :

— Monsieur le comte de Rogas.

Morlot se dressa comme poussé par un ressort.

La marquise le regarda et dit au domestique :

— Priez M. de Rogas d'attendre un instant.

La porte se referma.

Alors la marquise dit à Morlot :

— Si vous avez intérêt à ne pas être vu ici par M. de Rogas, passez dans cette chambre et, quand j'aurai fait entrer le comte, vous pourrez vous en aller.

Mais, déjà, Morlot avait réfléchi.

— Madame la marquise, dit-il, je désire voir M. le comte de Rogas. Seulement, je vous prie de me présenter à lui sous le nom de baron de Ninville, un baron de province, propriétaire dans le département du Doubs, qui est venu vous faire une visite.

— Pour la famille de Coulange, je peux faire ce mensonge, répondit la marquise.

Elle appela le domestique et lui dit :

— Faites entrer M. le comte de Rogas.

XV

DEUX VRAIS AMIS

Quand, un instant après, Morlot sortit du salon de la marquise, où il laissait le comte de Rogas, son front devint sombre et ses sourcils se froncèrent.

Il avait eu le temps de bien examiner le Portugais, et tout de suite après son premier examen il s'était dit :

— Cet homme a un masque sur le visage.

Il descendit l'escalier tout rêveur. Dans la rue il se mit à marcher rapidement. Au bout d'un instant il s'arrêta brusquement.

— Ce personnage est une énigme vivante, murmura-t-il.

Puis, se frappant le front :

— Oui, reprit-il, une énigme; mais rien ne m'ôtera de l'idée que j'étais tout à l'heure en présence d'un coquin !

Il se remit à marcher, continuant ses réflexions. Il se demandait :

— Quel est le passé de cet homme? Est-il le parent du comte de Montgarin? A-t-il réellement une grande fortune? Voilà ce qu'il faudra savoir... En attendant, reprit-il avec une sorte de dépit, Sosthène de Perny reste perdu dans l'obscurité d'une nuit profonde.

A cinq heures un quart, Morlot entrait chez l'inspecteur de police Mouillon. Celui-ci l'attendait. La façon dont il accueillit le régisseur de Chesnel disait assez l'amitié qu'il avait pour lui. Ils venaient à peine de s'asseoir lorsque Jardel arriva. Quelques paroles amicales furent échangées ; puis Mouillon demanda à Morlot ce qu'il attendait de son camarade et de lui.

— Je n'ai pas besoin de vous dire, monsieur Morlot, ajouta-t-il, que Jardel et moi nous sommes entièrement à vous ; quoi que vous puissiez nous demander, nous sommes vos hommes.

— Et sincèrement dévoués, amplifia Jardel.

— Nous serons heureux si vous nous offrez enfin l'occasion de payer la dette de reconnaissance que nous avons contractée envers vous.

— Vous êtes de braves cœurs, répondit Morlot, en serrant en même temps la main aux deux agents. Vous le voyez, sachant que je pouvais compter sur votre amitié, je n'ai pas hésité à m'adresser à vous. Vous vous souvenez de ce que nous avons fait autrefois ensemble?

— C'est une de ces choses qu'on n'oublie jamais, répondit Mouillon. Quel magnifique coup de filet ! Nous n'avons rien eu de pareil depuis, monsieur Morlot. Souvent encore, à la préfecture, on parle de la fameuse enveloppe de lettre à moitié brûlée, trouvée par vous, et au moyen de laquelle nous avons pincé cette formidable bande de brigands.

— Malheureusement, dit Morlot, nous ne les avons pas pris tous.

— Deux ou trois avaient échappé, nous les avons retrouvés.

Morlot secoua la tête.

— Il en reste encore, dit-il.

— Des hommes de la bande Blaireau? fit Mouillon.

— Oui.

— Tonnerre ! ils ont la vie dure, grommela Mouillon...

— Vous savez tous deux, Jardel surtout, puisqu'il était avec moi, ce qui s'est passé une certaine nuit au château de Coulange. Deux scélérats, ayant pour complice une femme chambre, s'étaient introduits dans le château où, sans Jardel et moi, deux crimes auraient été commis : un vol et un assassinat. La victime désignée était la marquise de Coulange.

— Quelle effroyable nuit ! murmura Jardel.

— Ces deux misérables faisaient partie de la bande de Blaireau, continua Morlot, puisque l'un d'eux était précisément ce Jules Vincent à qui appartenait le morceau d'enveloppe. Jardel se souvient que celui-ci parvint à nous échapper; nous nous emparâmes de l'autre après une vigoureuse résistance. Trois jours après, la bande presque tout entière était arrêtée, vous savez comment. Le fameux Jules Vincent, qui s'appelait de son vrai nom Armand Des Grolles, était cette fois entre nos mains. Pour des raisons que je n'ai pas pu vous faire connaître alors et que je dois vous cacher encore, il n'a point été parlé de l'affaire du château de Coulange dans le procès de la bande des voleurs, de sorte que Des Grolles n'a été condamné qu'à cinq ans de prison.

— Et quinze ans de surveillance, dit Jardel.

— Sait-on ce qu'il est devenu?

— Peu de temps après qu'il fut sorti de prison, il a disparu. Toutefois, on a pu suivre sa trace jusqu'au Havre, où on a à peu près acquis la certitude qu'il s'était embarqué pour l'Amérique.

— Ah ! fit Morlot.

Et il resta un instant pensif.

— L'autre brigand, reprit-il, le complice de Des Grolles dans la tentative de vol et d'assassinat du château de Coulange, aurait dû passer devant la cour d'assises comme les autres ; mais pour ces mêmes raisons dont je parlais tout à l'heure, madame la marquise de Coulange, trop sensible et trop bonne, lui a fait grâce. Et moi, Morlot, agent de police, manquant à mon devoir, j'ai laissé prendre la clef des champs à l'homme que Jardel et moi avions arrêté.

— Je n'ai jamais pu m'expliquer cela, dit Jardel.

— Ma démission, que j'ai immédiatement donnée, a été la conséquence de cette faute que j'ai commise. Que voulez-vous, j'ai été faible devant une femme.

— Baste ! fit Mouillon, vous n'avez rien à regretter.

— Vous vous trompez, mon ami, répliqua vivement Morlot ; j'ai un regret, un grand regret.

— Quel est ce regret ?

— De ne pas avoir tué raide, comme un chien enragé, l'homme à qui la marquise de Coulange a fait grâce. Vous verrez tout à l'heure que je peux avoir ce regret. Qui était cet individu ? je l'ignore. Je ne veux pas le savoir. J'ai appris qu'après être sorti d'entre mes mains, il s'était empressé de quitter la France, comme sa sûreté l'exigeait. Où est-il allé ? En Amérique, je suppose. Depuis cela, près de quatorze ans se sont écoulés, et il peut croire que, maintenant, lui et son passé sont ensevelis dans l'oubli.

« Mouillon disait tout à l'heure en parlant des hommes de la bande Blaireau : « Ils ont la vie dure. » Oui, ils ont la vie dure ; et leur audace reste la même, et pour le mal ils ont toujours la même ardeur.

« Mouillon, Jardel, écoutez : Ce misérable, que je regrette de ne pas avoir tué comme une bête immonde, quand je tenais mon revolver à la hauteur de sa tête, ce lâche coquin, dont la marquise de Coulange a eu pitié, est revenu à Paris malgré la promesse qu'il avait faite de ne remettre jamais les pieds en France.

— Vous l'avez rencontré ? demanda Jardel.

— Non, car, comme tous les bandits, il se cache. Mais, je vous le dis, il est à Paris, j'en ai la certitude.

— Alors je vois ce que vous venez nous demander, dit Mouillon : il s'agit de trouver cet individu.

— Oui.

— Vous avez déjà quelques renseignements ?

— Je ne possède que certaines indications vagues. Mais je vais rester à Paris et, si vous le voulez bien, nous travaillerons ensemble.

— S'il en est ainsi, dit Mouillon, je suis sûr que l'individu ne nous échappera point.

— Lui et les autres.

— Ah ! ils sont plusieurs ?

— J'en ai la conviction, fit Morlot. Quand Jardel m'a appris que Des Grolles s'était embarqué pour l'Amérique, je me suis dit aussitôt : il est allé rejoindre son ancien complice. Donc, nous pouvons être à peu près certains qu'ils sont revenus ensemble à Paris, afin de mettre à exécution les projets qu'ils ont conçus là-bas. Nous pouvons admettre aussi qu'ils ont d'autres complices et qu'ils forment ainsi une bande parfaitement organisée. Ah ! ils sont les dignes élèves de leur maître Blaireau de sinistre mémoire !... Où se cachent-ils ? Nous le saurons. Mais il importe, avant tout, de découvrir quels sont leurs projets ténébreux. C'est pour cela, mes amis, que je redeviens policier ; c'est pour cela que j'ai besoin de votre concours. Nous connaîtrons leur plan et nous le battrons en brèche ; à tout prix il faut que nous empêchions leur œuvre de s'accomplir.

— C'est très bien, dit Jardel, mais encore faut-il que nous sachions quelque chose.

— Sois donc patient, répliqua Mouillon, laisse parler M. Morlot.

— Vous devez bien penser, reprit ce dernier, que je ne reprendrais pas mon métier d'autrefois, si je n'y étais forcé par une raison exceptionnelle. Vous savez quels liens m'attachent à la famille de Coulange, à laquelle je dois tout : ma position, ma tranquillité, ma fortune. Eh bien, c'est à cette noble famille que je tiens à donner une preuve de ma reconnaissance et de mon dévouement.

« C'est encore le marquis et la marquise de Coulange que menacent aujourd'hui les deux misérables dont nous nous occupons et les autres coquins qu'ils ont pris pour complices. »

Les deux agents ouvrirent de grands yeux et se rapprochèrent de Morlot. Il continua :

— Comme je viens de vous le dire, je ne connais pas leurs projets. La fortune du marquis de Coulange s'élève peut-être actuellement à trente millions ; veulent-ils s'emparer de quelques-uns de ces millions ? On peut le supposer. Par quel moyen ? c'est ce qu'il faut savoir... Mais on peut supposer également que le mobile qui fait agir l'ennemi ou les ennemis de la famille de Coulange est la haine, et que l'acharnement avec lequel ces misérables poursuivent le marquis et la marquise n'a pas d'autre but que la vengeance. Quoi qu'il en soit, un et peut-être plusieurs membres de la famille de Coulange sont en danger de mort !

— Oh ! firent les deux agents.

— Depuis quelques mois, trois tentatives d'assassinat, auxquelles il a miraculeusement échappé, ont été dirigées contre le marquis de Coulange.

— Mais c'est épouvantable ! s'écria Jardel.

— Terrifiant ! ajouta Mouillon.

— Bien que mes renseignements n'aient encore rien de précis, c'est à divers indices que j'ai pu recueillir, que j'ai deviné le retour en France et la présence à Paris de l'homme que la marquise de Coulange n'a pas voulu livrer autrefois à la justice. Maintenant, mes amis, si vous m'avez bien compris, vous savez ce que j'attends de vous.

— Jardel et moi nous sommes entièrement à votre disposition, dit Mouillon.

— Monsieur Morlot n'a qu'à nous dire ce que nous devons faire, dit Jardel, c'est-à-dire à nous donner ses ordres.

— La besogne sera difficile, car je prévois les obstacles qui se dresseront devant nous ; mais je vous connais, je sais ce que vous valez, rien ne vous arrêtera. D'ici deux trois jours j'aurai complètement étudié la situation, alors je vous donnerai mes instructions et nous nous mettrons sérieusement en campagne. Mais ce à quoi je dois songer tout d'abord, c'est à protéger la vie du marquis de Coulange ; car trois attentats successifs ne prouvent point, malheureusement, que les scélérats ont renoncé à leur projet de l'assassiner.

« Or, je voudrais avoir un homme sûr, intelligent, discret, adroit, pour le faire entrer chez le marquis en qualité de domestique. Le marquis ne sait rien et ne doit rien savoir ; la marquise seule est prévenue. Il va sans dire que c'est un agent de police qu'il me faut. Il serait spécialement attaché à la personne du marquis ; toujours armé et l'œil au guet, il l'accompagnerait partout. Dans la maison, son service serait des plus faciles ; bien payé et bien traité, d'ailleurs on ne le considérerait point comme un serviteur ordinaire. Pouvez-vous me procurer cet homme-là dès demain, si c'est possible ?

— J'espère que nous le trouverons facilement, répondit Mouillon.

— Sans doute, on peut le trouver, dit Jardel ; mais ce n'est pas une mission ordinaire que veut lui confier M. Morlot. C'est bien important et bien délicat. Je ne parle pas du danger à courir ; notre métier, à nous autres, est de le braver, comme les soldats qui marchent à l'ennemi. Avec l'intelligence et le courage, l'homme qu'il faut à M. Morlot doit être dévoué et avoir en plus beaucoup de tact.

— Jardel, il me semble que vous ne dites pas toute votre pensée.

— C'est vrai.

— Vous avez une idée, faites-nous la connaître.

— Eh bien, monsieur Morlot, mon idée est que la besogne qu'on fait soi-même est toujours meilleure.

— Ce qui veut dire ?

— Que si rien ne s'y oppose, c'est moi qui entrerai chez M. le marquis de Coulange.

— Quoi, Jardel, vous voulez ?...

— Monsieur Morlot, c'est un homme dévoué qu'il vous faut ?

— Oui, Jardel, un homme dévoué.

— Eh bien, monsieur Morlot, il y a à Paris deux hommes qui, pour vous, se feraient couper en quatre : ils sont devant vous.

— C'est entendu, mon cher Jardel, c'est vous qui veillerez sur le marquis de Coulange.

— Et puis, monsieur Morlot, madame la marquise aura d'autant plus confiance que je ne lui suis pas tout à fait inconnu.

— Oui, oui, vous avez raison. Cependant je vois une difficulté.

— Laquelle ?

— Votre service à la préfecture.

— Nous voulons être entièrement à vous, dit Mouillon ; demain matin nous demanderons, Jardel et moi, un congé de trois mois.

— Peut-être aurai-je besoin de vous plus longtemps.

— Nous le demanderons de six mois.

— Et si on ne vous l'accorde point.

— Dans ce cas, nous saurons ce que nous aurons à faire.

— Allons, c'est bien, dit Morlot avec émotion ; je suis heureux, je suis fier d'avoir deux amis tels que vous. Je n'ai pas besoin de vous dire que vous serez tous deux généreusement récompensés et que, dès maintenant, vous pouvez me demander tout l'argent dont vous aurez besoin.

— M. Morlot, répondit vivement Mouillon, vous pouvez croire que l'espoir d'obtenir une récompense n'entre pour rien dans le plaisir que nous avons à vous servir.

— Oui, Mouillon, je le crois.

— Ainsi, c'est entendu ; dès demain nous nous tenons à votre disposition et nous attendons vos ordres.

— Le plus souvent, c'est ici, chez vous, que nous nous verrons, afin de bien nous entendre sur ce que nous devons faire. Toutefois, il est bon que vous sachiez où me trouver, l'un et l'autre, à certaines heures du jour et de la nuit. J'ai deux domiciles, et à chaque endroit j'ai cru devoir changer de nom. Rue Rousselet, n° 11, je me fais appeler M. Robert, et à l'hôtel Louvois, place Louvois, je suis le baron de Ninville.

Les trois hommes causèrent encore un instant, et Morlot les quitta en leur disant.

— A demain.

XVI

JARDEL DOMESTIQUE

Ainsi que l'avait annoncé le docteur Gendron, au bout de quinze jours le marquis fut complètement guéri. Dès le sixième jour il avait pu faire d'assez longues promenades en voiture ; mais toujours accompagné de la marquise ou de Maximilienne. Madame de Coulange ne voulait pas qu'il sortît sans elle ; pour ne pas le quitter un seul instant elle abandonnait sa chère solitude.

Le cocher du marquis avait toujours à côté de lui, sur son siège, un nouveau domestique de la maison de Coulange. C'était Jardel, auquel la marquise avait donné le nom de Firmin, en souvenir sans doute du vieux valet de chambre du marquis, qui était mort depuis quelques années. Le nouveau venu avait été recommandé par la marquise elle-même au maître d'hôtel d'abord et ensuite au cocher d'une façon toute particulière.

Aussi, bien qu'il ne fît guère que boire, manger, dormir et se promener dans les cours de l'hôtel, Firmin était, de la part de ses camarades d'antichambre, l'objet d'une certaine considération. C'était toujours avec la plus grande poli-

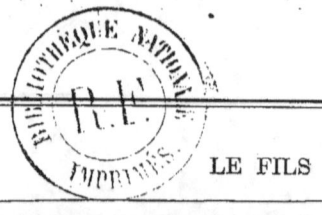

Firmin faisait tout ce qu'il pouvait pour jouer convenablement son rôle de valet.

tesse que le maître d'hôtel lui donnait un ordre. Du reste, Firmin faisait tout ce qu'il pouvait pour jouer convenablement son rôle de valet. Le cocher et lui étaient déjà une paire d'amis. Nicolas lui parlait souvent des beaux jours qu'ils passeraient bientôt au château de Coulange.

— C'est une résidence délicieuse, comme il n'y en a pas deux en France, disait-il; vous verrez cela, vous serez émerveillé. Comme c'est convenu, je vous apprendrai à monter à cheval. Tous les matins, avant que les maîtres soient levés, nous ferons ensemble le tour du parc. Je veux qu'en moins de deux mois vous soyez capable de suivre M. le marquis dans une chasse à courre. Je sais que cela fera plaisir à madame la marquise.

En effet, madame de Coulange avait dit au cocher :

— Nicolas, je désire que Firmin sache monter à cheval. Dès que nous serons à Coulange, vous lui donnerez tous les jours une leçon d'équitation ; j'espère que vous en ferez un bon cavalier.

Jardel s'était présenté seul à l'hôtel de Coulange avec une lettre de Morlot. En le voyant, la marquise eut un mouvement de surprise.

— Est-ce que madame la marquise me reconnaît ? demanda Jardel.

— Votre figure ne m'est pas inconnue, monsieur, je cherche à me rappeler...

— Où vous m'avez vu déjà ?

— Oui.

— Je suis un ami dévoué de M. Morlot, madame la marquise ; c'est moi qui étais avec lui au château de Coulange cette nuit où deux scélérats...

— Ah! je vous reconnais ; vous êtes monsieur Jardel.

— Oui, madame la marquise. Mais veuillez lire la lettre de M. Morlot.

— Ainsi, monsieur Jardel, dit la marquise après avoir lu, vous avez bien voulu consentir à jouer ce rôle de domestique ?

— Pour moi, madame, c'est un poste d'honneur, je l'ai sollicité.

— M. Morlot vous a dit ce que vous auriez à faire ?

— J'ai reçu ses instructions.

— Il faut que mon mari, mes enfants et nos gens croient que vous êtes réellement un domestique.

— Vous me présenterez comme tel, madame la marquise, le reste me regarde. Soyez tranquille, je me mettrai vite au courant du service qui me sera confié. D'ailleurs, on peut toujours faire de moi un laveur de vaisselle.

— Oh ! fit la marquise.

Après avoir réfléchi un instant :

— C'est bien, dit-elle, j'arrangerai cela moi-même.

Et Jardel, sous le nom de Firmin, fut immédiatement présenté au maître d'hôtel.

Le lendemain matin, ce fut Jardel qui apporta au marquis ses lettres et ses journaux. La marquise était près de son mari.

— Tiens, fit M. de Coulange, en voyant cette figure qui lui était inconnue.

Et il se tourna vers la marquise, une interrogation dans le regard.

— C'est vrai, Édouard, dit-elle, j'ai oublié de te dire que, sur la recommandation de M. Morlot, j'ai pris un nouveau serviteur. Je te le présente ; il se nomme Firmin, comme ton vieux valet de chambre.

Jardel s'inclina respectueusement.

Après l'avoir regardé un instant, le marquis lui dit de ce ton affectueux qui lui attirait tous les cœurs :

— Vous portez le nom d'un brave et digne homme qui fut pour moi, en même temps qu'un serviteur fidèle, un ami dévoué. Vous avez été recommandé à madame la marquise par M. Morlot, nous sommes donc sûrs d'avoir en vous un bon serviteur ; j'espère que vous appartiendrez longtemps à la maison de Coulange.

— Je remercie monsieur le marquis de ses bonnes paroles, répondit Jardel ; je ferai tout ce qui dépendra de moi pour mériter la confiance de monsieur le marquis et de madame la marquise.

Sur ces mots, il salua et se retira.

— Est-ce que nous avions besoin d'un nouveau domestique ? demanda le marquis à la marquise.

— A Paris, non, répondit-elle ; mais il nous sera très utile à Coulange. Après l'éloge que M. Morlot m'a fait de lui, je n'ai pas hésité à le prendre immédiatement.

— Il a l'air intelligent et sa figure me plaît. Et puis il s'appelle Firmin.

« Un nom que j'aime.

— C'est pour cela, Édouard, que Firmin sera spécialement attaché à ton service.

— Est-ce que tu trouves que je n'ai pas assez d'un valet de chambre ? fit le marquis en souriant.

— Tu verras, mon ami, que tu seras très heureux d'avoir Firmin.

— Enfin, comme toujours, ce que tu veux, je le veux.

C'est ainsi que, sans se douter de rien, le marquis avait accepté l'homme qui était chargé de veiller sur sa personne.

Ayant Jardel près de son mari et sachant que Morlot, de son côté, s'occupait aussi de conjurer le danger, la marquise se sentait presque rassurée.

Pour ne pas inquiéter sa femme, le marquis ne montait plus à cheval. Quand il sortait en voiture, Jardel, comme nous l'avons dit, l'accompagnait, assis à côté de Nicolas. Mais il lui arrivait aussi de faire des visites ou une promenade à pied. Alors, un homme ayant une canne à la main et souvent un cigare à la bouche, le suivait à distance, en ayant l'air de flâner.

Si le marquis eût soupçonné la surveillance dont il était l'objet, il n'aurait eu qu'à se retourner et à regarder derrière lui : dans l'homme qui le suivait il aurait reconnu celui qu'il appelait Firmin.

— Je voudrais qu'il ne sortît jamais qu'avec moi, en voiture, disait la marquise à Jardel ; mais il aime beaucoup à marcher ; comment l'empêcher de sortir à pied ? Je ne peux pas lui dire quelles sont mes craintes. Je vous en prie, monsieur Jardel, veillez bien sur lui, ne le quittez pas des yeux un seul instant.

— Soyez tranquille, madame la marquise, répondait l'agent de police, rien de fâcheux n'arrivera à M. le marquis ; je suis là pour le défendre au péril de ma vie ; c'est une consigne... D'ailleurs, si audacieux qu'il soit, un bandit n'attaque pas un homme en plein jour, dans la rue, au milieu des passants.

La douleur et les inquiétudes de la marquise et de ses enfants avaient été partagées par le comte de Montgarin. On l'avait vu empressé auprès du marquis, lui témoignant l'affection et la tendresse d'un fils. Depuis le danger que le marquis et Eugène avaient couru à Frameries, son attitude était parfaite. Le marquis et la marquise se persuadaient de plus en plus qu'il était digne de Maximilienne, et Eugène revenait peu à peu de ses préventions.

— Décidément, se disait-il, ma sœur avait raison ; je suis forcé de reconnaître, maintenant, que j'étais injuste envers M. de Montgarin.

Un soir, se trouvant seul avec la marquise et ses enfants, le marquis leur dit :

— Il faut que je vous fasse un aveu : le jour de ma chute, quand je repris connaissance dans la voiture qui m'a ramené ici, pour la première fois de ma vie j'ai eu peur de mourir.

La marquise tressaillit.

— Oh ! Édouard ! fit-elle d'une voix plaintive.

— Heureusement, reprit le marquis, ma peur n'a pas été de longue durée, notre excellent ami, le docteur Gendron, s'est empressé de nous rassurer tous. Cependant, cette crainte de mourir que j'ai eue un instant, m'a fait faire certaines réflexions. Je me disais : « La vie tient vraiment à bien peu de chose. Un homme sort de sa maison plein de santé et de gaieté au cœur ; un accident quelconque lui arrive et on le rapporte mort à sa femme et à ses enfants. » Et en me disant cela, je pensais que c'est une bien terrible chose d'être séparé pour toujours de ceux qu'on aime !

Je me disais encore : « Si j'étais blessé mortellement, jusqu'au moment de mon dernier soupir, j'aurais un grand regret, celui de ne pas avoir complètement assuré l'avenir et le bonheur de mes chers enfants. » Oui, Eugène, oui, Maximilienne, je serais sorti de ce monde avec le regret de ne pas vous avoir mariés. A la suite de mes réflexions, mes enfants, j'ai pris la résolution de vous marier le plus tôt possible, si toutefois vous y consentez. Eh bien, voulez-vous que nous voyions ensemble, ce soir, à quelle époque pourraient avoir lieu les deux mariages ?

Eugène se tourna vers sa sœur comme pour lui dire :

— A toi de répondre.

Alors Maximilienne prit la parole.

— Dieu merci, cher père, dit-elle, votre vie, si précieuse pour nous, n'est plus en danger, et je ne vois pas qu'il soit nécessaire de rien changer à ce qui a été décidé. Nous n'avons plus un an à attendre, puisque c'est dans le mois de février prochain que doit avoir lieu le mariage de mon frère et que je désire me marier le même jour que lui.

— Eugène, est-ce que tu approuves les paroles de ta sœur ?

— Absolument, mon père.

— S'il en est ainsi, mes enfants, je n'ai plus rien à dire. Je croyais vous faire éprouver une grande joie en vous proposant d'avancer l'époque du double mariage ; je me suis trompé. Mais je suis heureux de constater que nous pouvons encore, votre mère et moi, suffire à votre bonheur.

En achevant ces mots, le marquis se pencha vers la marquise et lui dit tout bas :

— N'est-ce pas, Mathilde, qu'ils s'entendent bien ?

— Ils sont sûrs du bonheur qu'ils ont près de nous, répondit-elle.

Eugène s'était rapproché de sa sœur et ils échangeaient quelques paroles à voix basse.

Le marquis et la marquise restèrent un moment silencieux, les regardant.

— Nous voici à la fin de mai, reprit madame de Coulange, beaucoup de nos amis ont déjà quitté Paris ; il est temps, je crois, que nous nous occupions de notre départ.

— C'est vrai, approuva le marquis.

— Après-demain nous pouvons être prêts, dit Maximilienne.

— Pour cela, il faudrait passer la journée de demain tout entière à faire des visites, répondit le marquis.

— Nous pouvons toujours, dès ce soir, fixer le jour où nous partirons pour Coulange, reprit la marquise.

— Rien ne s'y oppose.

Alors il fut décidé que le 2 juin on quitterait Paris.

XVII

RECHERCHES.

Morlot cherchait. Morlot ne trouvait rien. Il était sûr que Sosthène de Perny était à Paris ; mais où se cachaient-ils, lui et ses complices ? Quel moyen employer pour les découvrir ? Depuis trois semaines que Jardel était à l'hôtel de Coulange, il n'avait rien vu et rien entendu qui pût mettre Morlot sur la trace de Sosthène ou d'un de ses complices.

Mouillon surveillait l'hôtel de Montgarin, d'où il voyait sortir tranquillement Ludovic et le comte de Rogas, où n'entrait aucun individu à figure suspecte. D'ailleurs, Mouillon avait déjà causé avec François, le vieux domestique du comte de Montgarin. Et François, persuadé que son maître avait changé de conduite, grâce aux bons conseils de son cousin, avait parlé du comte de Rogas avec admiration, en faisant de lui les plus grands éloges. Il ne doutait pas qu'il ne fût le parent du comte de Montgarin ; il croyait aussi qu'il possédait une immense fortune.

Grâce au vieux domestique, qui aimait à parler de ses maîtres, Mouillon savait à peu près tout ce qui se passait dans l'intérieur de ce ménage de garçons. Le comte de Rogas était un homme d'ordre et d'habitudes régulières ; il ne rentrait jamais passé minuit. Le comte de Montgarin recevait rarement, de temps à autre quelques amis seulement.

Quant à M. de Rogas, ayant à Paris très peu de connaissances, il ne recevait jamais personne. Il semblait ne vivre que pour son jeune cousin ; en effet, il avait pour Ludovic une grande affection, qui ressemblait à la tendresse d'un père pour son fils. A une époque, le jeune homme s'était fortement endetté ; il avait même été poursuivi par ses créanciers ; c'est alors que M. de Rogas était venu et qu'il avait dit à son cousin : « Si vous voulez que je fasse quelque chose pour vous, que j'agisse comme un bon parent doit le faire, il faut que vous commenciez par vous éloigner de vos faux amis, de toutes les mauvaises connaissances que vous fréquentez. » Aussitôt, la conduite de M. de Montgarin était devenue exemplaire, et pour lui donner un premier témoignage de son amitié, le comte de Rogas avait payé toutes ses dettes. Depuis, François n'avait plus vu venir à l'hôtel un seul créancier. Du reste, son maître n'avait plus aucun embarras d'argent. Les domestiques et les fournisseurs étaient payés très exactement à la fin de chaque mois.

Tout cela, Morlot le savait déjà. C'était la confirmation de ce que lui avait dit la marquise de Neuvelle.

— Et pourtant, se disait-il, en se frappant le front, j'en suis sûr, c'est là, à l'hôtel de Montgarin, qu'est le nœud de l'intrigue... C'est autour du fiancé de Mlle de Coulange que tourne et rôde l'ennemi. Oh ! ce comte de Rogas !... Non, non, mille fois non, cet homme n'est point ce qu'il paraît être !... Ah ! si je n'étais pas forcé d'être circonspect, d'agir avec une extrême prudence, je saurais vite à quoi m'en tenir sur ce sombre personnage.

« Je suis forcé de le reconnaître, j'ai affaire à forte partie ; c'est à croire que Blaireau est encore de ce monde, et que c'est lui qui dirige ces misérables. Comme eux, je dois m'entourer des plus grandes précautions, rester dans l'ombre, avancer lentement et bien sonder le terrain avant d'y poser le pied. Sans doute, ils ont les oreilles et les yeux partout ; la moindre imprudence que je commettrais pourrait avoir des conséquences fâcheuses. Non, certes, il ne faut pas qu'ils se doutent qu'on les guette, que je cherche leur piste, qu'ils sont menacés. Ils sont dans la nuit, soit ; mais il faudra bien qu'ils en sortent. Il faut les laisser s'avancer et bien prendre mes dispositions pour qu'ils ne puissent m'échapper. »

C'est ainsi que raisonnait Morlot. Néanmoins, il n'était pas content. Le froncement de ses épais sourcils grisonnants révélait sa mauvaise humeur.

Cependant, bien qu'il eût la ferme volonté de n'agir qu'avec une extrême prudence, il ne crut pas devoir se contenter des renseignements donnés par la marquise de Neuvelle et recueillis, d'autre part, par l'inspecteur de police Mouillon. Il fit lui-même son enquête et se livra à de nombreuses investigations. Mais José Basco était un coquin d'une rare habileté ; il avait su prendre de telles précautions et s'entourer si bien de mesures de sûreté, qu'il fut impossible à Morlot de découvrir autre chose que ce qu'il savait.

Il vit les trois principaux créanciers du comte de Montgarin. Ceux-ci, prévenus sans doute par le Portugais, pensèrent que le marquis de Coulange, agissant comme un bon père de famille, leur faisait demander des renseignements sur le fiancé de sa fille. Ayant intérêt, d'ailleurs, à ne pas nuire au comte de Montgarin, ils firent à peu près la même réponse à Morlot.

— « Nous avons été en relations avec M. le comte de Montgarin il y a quelques années et nous n'avons qu'à nous louer de lui. Il serait à souhaiter que tous les fils de famille lui ressemblassent. Nous lui avons prêté d'assez fortes sommes et il a toujours rempli fidèlement ses engagements. Il nous devait encore, il y a quelques mois, mais nous avons été intégralement payés par son cousin, M. le comte de Rogas. »

On comprend que de semblables paroles devaient dérouter Morlot. En effet, il était perplexe, il devenait de plus en plus soucieux et ne savait plus que penser. Mais il était tenace dans ses idées ; malgré tout il persistait à croire que le comte de Rogas était un des complices de Sosthène de Perny.

Enfin, ce Portugais qui passait pour être millionnaire, était-il réellement comte de Rogas ?

Morlot n'en était pas à apprendre que pour mieux tromper les gens, un aventurier n'hésite pas à se parer d'un nom et d'un titre qui ne lui appartiennent point. On lui parlait du noble Portugais en termes élogieux : mais personne n'avait pu lui dire ce que le comte de Rogas était ou avait été dans son pays. Cependant, c'était une chose essentielle à savoir. N'en voulant pas démordre, Morlot se présenta un jour à la légation de Portugal. Le ministre était absent, il fut reçu par un des secrétaires.

— Monsieur, lui dit Morlot, c'est une mission bien délicate et secrète que j'ai l'honneur de remplir auprès de vous. Une famille française des plus honorables désire avoir des renseignements sur une famille portugaise, la famille de Rogas.

— La maison de Rogas, répondit le secrétaire, compte parmi les plus illustres de Portugal ; les Rogas ont rendu de grands services à mon pays. Mais nul mieux qu'un membre de cette famille, justement honorée ne pourrait vous fournir les renseignements que vous me demandez. Cela vous serait facile, car vous pourriez vous adresser à M. le comte de Rogas lui-même, qui est actuellement à Paris.

— Ah ! fit Morlot jouant la surprise, M. le comte de Rogas est à Paris ?

— Depuis quelque temps déjà.

— Pardon, monsieur, est-il indiscret de vous demander si vous connaissez personnellement M. le comte de Rogas ?

— Nullement, monsieur. Je connais personnellement M. le comte de Rogas, et j'ai quelquefois le plaisir de le voir ici.

Morlot était très ému.

— Vous m'avez donné un excellent conseil, monsieur, dit-il, je vous remercie ; si on le juge nécessaire, j'aurai l'honneur de faire une visite à M. le comte de Rogas.

— Vous serez bien reçu.

— Voulez-vous avoir l'obligeance, monsieur, de me donner son adresse ?

Le secrétaire ouvrit un cahier, chercha un instant et répondit :

— M. le comte de Rogas demeure chez son parent, M. le comte de Montgarin, rue d'Astorg...

— Merci, monsieur, dit tranquillement Morlot.

Cependant il venait d'éprouver une déception.

Quand le secrétaire lui avait dit qu'il connaissait personnellement le comte de Rogas, il s'était tout de suite imaginé qu'il s'agissait d'un autre personnage que l'homme suspect dans lequel il voulait voir un complice de Sosthène de Perny.

Il n'avait plus rien à demander. Il se leva, salua le secrétaire et se retira.

— Ah ! çà, pensait-il, qu'est-ce que tout cela veut dire ? J'ai beau chercher, aucune clarté, aucune lueur n'apparaît. Loin de là, à mesure que je fais un pas en avant, l'obscurité, au contraire, s'épaissit autour de moi... Voyons, est-ce que je n'ai plus de jugement ? Est-ce que je manque de conception ? Pourtant, je l'ai vu, ce comte de Rogas ; je l'ai vu ! Non, non, je n'ai pu me tromper à ce point... Autant vaudrait dire que je vois noir ce qui est blanc et rouge ce qui est bleu... Allons donc, je suis toujours Morlot, je n'ai pas perdu le regard et le flair du policier !... C'est le comte de Rogas ! soit, je le veux bien. Mais j'ai ma conviction et personne ne la détruira : tout comte qu'il est, cet homme est un affreux scélérat !

Morlot couchait rarement rue Rousselet ; mais il déjeunait et dînait assez régulièrement avec Gabrielle. Celle-ci allant chaque jour à l'hôtel de Coulange, Morlot pouvait correspondre facilement avec Jardel, sans faire soupçonner sa présence à Paris.

En sortant de la légation de Portugal, Morlot se dirigea vers la rue Rousselet, tout en se livrant à ses réflexions. Il y arriva vers cinq heures. Gabrielle était rentrée depuis un instant. Déjà la table était mise ; mais le dîner, qu'on prenait le plus souvent chez un traiteur de la rue de Sèvres, ne devait être apporté qu'à six heures.

— Je ne vous attendais pas si tôt, dit Gabrielle ; mais si vous êtes pressé...

— Nullement, répondit Morlot ; je viens de bonne heure avec l'intention de rester toute la soirée avec vous.

La masure qui sert de repaire à Sosthène de Perny et à Armand Des Grolles.

— C'est me faire un grand plaisir, mon ami. Je vois que vous n'êtes pas content ; je connais depuis longtemps ce mouvement de vos sourcils et ces plis sur votre front.

— C'est vrai, Gabrielle, je ne suis pas content.

— Ainsi vous continuez à ne pas être heureux dans vos recherches ?

— Ah ! ne m'en parlez pas, Gabrielle, j'enrage... Au lieu d'avancer, je recule.

— Vous voulez aller trop vite, mon ami ; rappelez-vous votre patience d'autrefois.

— Vous avez raison, je ne devrais pas oublier que pendant sept longues années... Mais que voulez-vous, je ne puis pas changer ma nature. Quand je me vois impuissant, tout mon sang bout dans mes veines, et ce que j'éprouve est une véritable torture. Tenez, Gabrielle, parlons d'autre chose. Il n'y a rien de nouveau à l'hôtel de Coulange ?

— Rien. Le marquis ne se ressent plus de sa chute ; la marquise est toujours fort triste ; pourtant elle est tranquille depuis que Jardel est là ; celui-ci joue parfaitement son rôle, et le marquis l'a déjà pris en amitié.

— Et M. le comte de Montgarin ?

— On le considère absolument comme s'il était déjà le mari de Maximilienne. Je ne vous ai pas dit que le marquis avait eu l'intention d'avancer les deux mariages.

— Eh bien ?

— Maximilienne et Eugène ont déclaré qu'ils voulaient attendre jusqu'à l'époque qui a été antérieurement fixée.

— Ah ! ils ont bien fait ! s'écria Morlot, dont le regard avait des lueurs étranges.

— C'est après-demain que la famille part pour Coulange, reprit Gabrielle ; M. de Montgarin ira les rejoindre dans quelques jours.

— Avec son cousin, le comte de Rogas ?

— Non, M. de Rogas n'a pu accepter l'invitation qui lui a été faite ; des affaires importantes réclament sa présence à Lisbonne.

— Ah ! fit Morlot.

Il reprit après un court silence :

— Naturellement, Gabrielle, vous partez avec madame la marquise ?

— Non, répondit-elle, je reste à Paris.

— Vous restez !

— Oui, pour être près de vous. D'ailleurs, ma présence n'est pas utile à Coulange ; et puis je ne pourrais pas rester longtemps au château ; M. de Sisterne doit y passer presque toute la saison avec sa sœur et sa nièce. Qui sait, mon ami, vous aurez peut-être besoin de moi ? Oui, je puis vous servir, ne serait-ce qu'en vous instruisant de ce qui se passera à l'hôtel de Coulange en l'absence des maîtres.

— Vous avez raison, Gabrielle, vous faites bien de rester.

— Au mois de juillet, si c'est possible, nous irons voir Mélanie ensemble ; et alors, si vous croyez ne plus avoir besoin de moi à Paris, je resterai à Chesnel.

Morlot resta un instant pensif, la tête dans ses mains. Puis, se redressant brusquement :

— Gabrielle, dit-il, c'est entendu ; au mois de juillet, plus tôt peut-être, nous irons voir Mélanie. Mais je ne resterai que deux ou trois jours à Chesnel et je vous y laisserai.

— Vous savez donc que vous serez forcé de revenir si vite à Paris ?
— Gabrielle, je ne reviendrai pas immédiatement à Paris.
— Où donc irez-vous ?
Les yeux de Morlot brillèrent comme des tisons.
— J'irai faire un voyage d'agrément en Portugal, répondit-il.

XVIII

SCÈNES DE NUIT.

Transportons-nous à Montmartre et entrons dans la masure qui sert de repaire à Sosthène de Perny et à Armand Des Grolles.

La nuit est sombre. De gros nuages noirs cachent la lune et les étoiles. Dix heures viennent de sonner.

Sosthène et Armand sont assis à une table, en face l'un de l'autre. La lumière d'une lampe les éclaire. Les persiennes de la fenêtre fermées et un épais rideau de cretonne interceptent la lumière, de sorte qu'on pourrait croire la vieille maison inhabitée.

Il y a sur la table deux verres et plusieurs bouteilles qui contiennent des liqueurs fortes. Dans le verre de Des Grolles il y a de l'eau-de-vie, celui de Sosthène est vide. Le premier fume sa pipe, l'autre un cigare. Ils sont silencieux et de temps à autre ils échangent un regard rapide. Sosthène a le teint animé, de la bave aux lèvres, et ses yeux ont un éclat singulier. C'est l'effet produit par l'alcool, dont les vapeurs lui montent à la tête. Sosthène trouve que l'existence qu'il mène à Paris est affreusement monotone ; pour échapper à l'ennui, il boit. Il se couche rarement sans être en état d'ivresse. L'abus des liqueurs lui donne des rêves bizarres dans lesquels il savoure la plupart des jouissances qui lui sont défendues. C'est ainsi que, pour lui, le rêve de l'ivresse devient la réalité.

— Quelle heure est-il ? demanda-t-il à Des Grolles.
— Bientôt dix heures.
— Ah ! comme les jours sont longs !
Il s'étira les bras en bâillant à se démancher la mâchoire.
— Et ils se ressemblent tous, reprit-il d'une voix sourde. Quand je pense que je suis à Paris, la ville de tous les plaisirs !... Des Grolles, je m'ennuie à mourir !
— Je comprends cela.
— Toi, au moins, tu vas, tu viens, tu peux descendre vers les boulevards. Moi, parce que je puis être rencontré, reconnu, je suis obligé de rester enfermé ici comme un rat dans son trou. Des Grolles, est-ce que tu ne t'embêtes pas, toi ?

— A quoi cela m'avancerait-il ? Il y a longtemps que je suis devenu philosophe et que je suis habitué à prendre les choses comme elles sont. Certes, je ne peux pas dire que je m'amuse, mais, après tout, la situation pourrait être pire. J'ai de la patience, j'attends.

— Est-ce que je n'attends pas aussi, moi ? Les jours, les semaines, les mois se passent et nous ne sommes pas plus avancés que le jour où nous avons débarqué au Havre.

— Pourtant, tu ne peux pas dire que l'affaire est mal conduite.

— Je n'en sais rien. Assurément José est adroit, mais il manque d'audace.

— Il est prudent, voilà tout. Il prend ses précautions et il a raison, car il sait qu'il faudrait peu de chose pour compromettre l'affaire. Voyons, est-ce sa faute, est-ce la mienne, si le marquis est encore vivant ?

Sosthène prononça quelques mots inintelligibles qui ressemblaient à un grognement.

— Soyons patients, continua Des Grolles, sachons attendre, et les millions du marquis seront à nous. En somme, jusqu'à présent, nous n'avons pas à nous plaindre, les plus sérieux obstacles sont franchis ; le comte de Montgarin est au cœur de la place, le mariage est décidé et le marquis et la marquise prennent plaisir à entendre roucouler les amoureux.

Des Grolles parlait pour lui seul. Sosthène ne l'écoutait plus. Tout à coup il asséna sur la table un coup de poing qui fit danser les verres et les bouteilles.

— Mille tonnerres ! jura-t-il, est-ce que cela va encore durer longtemps ? J'en ai assez, j'en ai trop de cette vie de hibou qu'on me fait ici !... Pendant que je croque le marmot dans ce nid à lézards, José Basco va au spectacle, se pavane au bois, à cheval ou en voiture, et fait la roue dans les salons... il se prend au sérieux et finit par croire lui-même qu'il est comte de Rogas ! Enfin, savons-nous où nous en sommes ? Allons donc, nous ne savons rien du tout. José taille, rogne, et n'en fait qu'à sa tête. Il se croit supérieur à tout le monde et il ne daigne plus me consulter. Voyons, Des Grolles, réponds, me consulte-t-il ?

— Pour quoi faire, puisque tu as approuvé son plan ?

— Alors tu me donnes tort ?

— Tu te plains toujours sans raison.

— Ne te gêne pas, dis tout de suite que je suis un abruti.

Des Grolles répondit par un haussement d'épaules.

— C'est vrai, j'ai approuvé son plan, reprit Sosthène, mais non tous les moyens qu'il emploie pour arriver au but. Si j'avais dirigé l'affaire, moi, aujourd'hui nous tiendrions les millions.

— Allons donc ! fit Des Grolles, souriant ironiquement.

— D'abord, je n'ai jamais compris qu'il fût nécessaire de se débarrasser du marquis avant le mariage.

— José avait son idée.

— Elle était bonne, si tu n'avais pas manqué ton coup au mois de septembre dernier. Tuer le marquis maintenant, ce serait empêcher le mariage pour cause de deuil et nous condamner bêtement à attendre encore une année.

— José savait certainement comment il manœuvrerait pour que le mariage se fît malgré le deuil de la famille. Il ne nous dit pas tout.

— Mille tonnerres ! c'est surtout de cela que je me plains ! Je ne sais ni ce qu'il fait ni où il va.

— Je veux bien convenir avec toi qu'il marche lentement ; mais sois tranquille, je l'ai vu à l'œuvre, il va droit au but.

— Soit, mais nous ne savons toujours pas quand cela finira.

— Attendons !

— Attendons ! c'est ton mot ; vingt fois par jour tu me le lances à la figure Eh bien, je te répète que j'en ai assez ; oui, ça dure trop longtemps.

Une seconde fois Des Grolles haussa les épaules.

Après un moment de silence, Sosthène reprit :

— Il y a plus de quinze jours que nous n'avons vu José.

— Tu sais bien qu'il est extrêmement prudent, s'il venait ici trop souvent, cela pourrait être dangereux pour nous et pour lui. Dans tous les cas il ne nous laisse pas à court d'argent. Si tu ne peux te montrer nulle part, si tu es forcé de te cacher ici comme un renard dans son terrier, à qui la faute ? Je comprends que tu regrettes la joyeuse vie d'autrefois, bien que tu arrives à l'âge où les ardeurs commencent à être moins vives. Mais enfin, à part la liberté complète, que tu n'as pas, tu ne manques de rien. Tu peux fumer des cigarettes du matin au soir et même la nuit ; tu manges bien et tu bois encore mieux.

— Eh bien, oui, je bois. J'aime l'absinthe, l'eau-de-vie, tout ce qui est fort, tout ce qui brûle et monte au cerveau ; cela chasse les idées noires. Ces bouteilles renferment la gaieté, je la bois dans mon verre. Et puis, il faut bien que je fasse quelque chose. Quand je bois, les heures me paraissent moins longues. A la fin, ma tête s'alourdit, la pensée m'échappe, je m'endors. Oh ! ne plus penser à rien, la bonne chose ! Et comme le sommeil est délicieux quand le rêve vous emporte au milieu des splendeurs et des merveilles d'un monde inconnu !... Allons, Des Grolles, buvons...

Il saisit une bouteille et remplit son verre à moitié. C'était de l'absinthe.

— Des Grolles, avance ton verre.

— Non, je ne veux pas boire.

— Tu as tort. Va, l'ivresse a du bon. Elle engourdit les sens. Tu ne veux pas boire ?

— Non.

— Eh bien, moi, j'ai soif, je bois.

Il prit son verre, et le porta à ses lèvres.

Des Grolles n'eut que le temps de saisir son bras pour l'empêcher d'avaler la liqueur verte.

— Mais, fou que tu es, tu veux donc t'empoisonner? Ne vois-tu pas que c'est de l'absinthe que tu t'es versée?

— Qu'importe, pourvu que l'ivresse vienne!

— Sosthène, tu ne boiras pas cela, je ne le veux pas.

— Ah! çà, aurais-tu la prétention de m'imposer ta volonté?

— Oui, quand il s'agit de te défendre contre toi-même.

La discussion continua. Des Grolles ne lâchait point le bras de Sosthène. A la fin, celui-ci voulant repousser Des Grolles, ce que contenait le verre se répandit sur la table. Alors le regard de Sosthène prit une expression terrible; ses yeux injectés de sang lancèrent de sombres éclairs et la fureur qui grondait sourdement dans sa tête éclata subitement. Il bondit sur ses jambes en poussant un cri de rage et sauta sur Des Grolles qu'il saisit à la gorge.

Une lutte terrible allait s'engager entre les deux associés, quand, tout à coup, la porte s'ouvrit brusquement.

— Ah! çà, que se passe-t-il donc ici? dit une voix sonore.

C'était José Basco.

Son apparition produisit l'effet d'un coup de foudre.

La fureur de Sosthène s'apaisa aussitôt; il lâcha Des Grolles et, honteux, presque craintif, il recula jusqu'au fond de la chambre.

— Voyons, reprit José, en avançant, est-ce que vous êtes ivres?

En quelques mots, Des Grolles le mit au courant de ce qui venait de se passer.

Alors le Portugais se tourna vers de Perny et lui dit:

— Des Grolles a raison et vous avez tort. Je vous ai déjà dit plusieurs fois que l'abus des liqueurs fortes, de l'absinthe surtout, finirait par vous jouer un mauvais tour. Du reste, vous le savez aussi bien que moi, et je ne comprends point que vous n'ayez pas assez de raison et d'empire sur vous-même pour vous priver d'une satisfaction dangereuse.

— J'ai toujours la même réponse à vous faire, José: je m'ennuie; n'ayant rien à faire, je passe mon temps comme je peux.

— Au lieu de boire, dormez, répondit durement le Portugais.

— C'est facile à dire, répliqua Sosthène; seulement, je ne peux dormir que quand j'ai bu.

José Basco haussa les épaules.

— D'ailleurs, reprit-il, je ne suis pas venu ici ce soir pour vous faire de la morale; j'ai autre chose à vous dire. Voyons, êtes-vous en état de m'entendre?

— Vous pouvez parler, José, répondit Sosthène en se rapprochant, de quoi s'agit-il?

— Commençons d'abord par nous asseoir.

Des Grolles et Sosthène se placèrent en face de José.

Voyant que ses deux complices étaient prêts à l'écouter le Portugais reprit la parole.

— Depuis trois jours, dit-il, la famille de Coulange a quitté Paris pour aller passer l'été, comme chaque année, au château de Coulange. Le comte de Montgarin de plus en plus amoureux, — il l'est trop selon moi, — part après-demain pour aller rejoindre sa fiancée. Sauf les jours qu'il viendra à Paris, il passera une partie de l'été à Coulange. Le marquis et même la marquise l'ont pris en grande amitié et ne peuvent se passer de lui. De ce côté, je ne me suis point trompé dans mes prévisions. Quant au mariage, il faut que nous en prenions notre parti, il n'aura lieu que l'année prochaine, au mois de février.

— Encore neuf mois à attendre ! murmura Sosthène.

— Oui, neuf mois, reprit José ; c'est long, je le trouve comme vous ; mais nous devons avoir la patience d'attendre. Certes, si l'époque du mariage n'a pas été avancée, ce n'est pas ma faute ; j'ai fait pour cela tout ce que je pouvais ; j'ai même employé un moyen d'une certaine hardiesse. Ce moyen, que je croyais infaillible, n'a pas réussi, j'ai été déçu dans mon espoir. Maximilienne a une volonté de fer contre laquelle tout ce qui ne fléchit pas se brise. Dernièrement encore, elle a déclaré nettement à son père et à sa mère, qu'elle ne voulait pas se marier avant le mois de février prochain, c'est-à-dire à l'époque qui a été fixée pour le mariage de celui qu'elle croit son frère avec mademoiselle de Valcourt, nièce de l'amiral de Sisterne. Il est vrai, — je suis forcé de le dire, — que j'ai été dans tout cela mal secondé par le comte de Montgarin. Assurément il joue parfaitement son rôle ; il est adroit, audacieux ; il a du caractère et une volonté énergique ; malgré cela, en présence de mademoiselle de Coulange, il devient faible comme un enfant. Je n'ai pas autre chose que sa faiblesse à lui reprocher. Ah ! s'il avait pu se faire aimer sans aimer lui-même ! Voilà ce que j'aurais voulu. Quelle force, quelle puissance nous aurions ! Malheureusement, en plus de sa beauté, mademoiselle de Coulange possède le don de fasciner : elle est adorable et le comte de Montgarin l'adore !

« Enfin, voilà où nous en sommes. Pendant leur séjour à Coulange et après leur retour à Paris, jusqu'au mois de février prochain, nous sommes condamnés à un repos forcé.

— Ah ! fit Sosthène.

— Je crois que, dans notre intérêt, il est bon de leur accorder cette trêve.

— Que craignez-vous ?

— Quant à présent, rien. Mais, malgré les mille précautions que j'ai prises, un soupçon peut naître. Notre succès est assuré, redoublons de prudence. Or, je crois qu'il est utile que nous disparaissions complètement pendant quelque temps.

— Et le marquis ? demanda Sosthène, en regardant fixement José.

Le front du Portugais s'assombrit et un sombre éclair passa dans son regard.

— Sa fille sera mariée dans neuf mois, répondit-il d'une voix creuse, il a encore dix mois à vivre!

— Je vous conseille alors d'employer un moyen plus sûr que ceux dont vous vous êtes déjà servi.

Le Portugais devint blême et ses traits se contractèrent affreusement.

— Il faut que le marquis meure, il mourra, répliqua-t-il avec un accent féroce; s'il le faut, je lui plongerai moi-même un poignard dans la poitrine!

Ces horribles paroles furent suivies d'un silence lugubre.

— Est-ce tout ce que vous avez à nous dire ce soir? demanda de Perny au bout d'un instant.

— Non, ce n'est pas tout.

— Alors parlez, nous vous écoutons.

— Le marquis m'a invité à passer quelque temps à Coulange.

— Avez-vous accepté?

— Non.

— Pourquoi?

— Je vous l'ai dit : parce que je crois qu'il est prudent que je disparaisse pendant trois ou quatre mois.

— Où irez-vous?

— J'ai répondu au marquis que j'étais absolument forcé de me rendre à Lisbonne, où je serais probablement retenu jusqu'à la fin du mois d'octobre. J'ai dit cela aussi au comte de Montgarin. Mais ce n'est pas à Lisbonne, où rien ne m'appelle, que je veux aller. Néanmoins, j'ai résolu de passer l'été hors de France... Que pensez-vous d'un voyage en Allemagne?

— C'est un pays que je ne connais pas, répondit Sosthène.

— Et vous, Des Grolles?

— Je ne suis jamais allé plus loin que Bade.

— S'il en est ainsi, j'aurai le plaisir de vous faire voir un pays que vous ne connaissez ni l'un ni l'autre.

— Est-ce que vous nous emmenez? demanda vivement Sosthène.

— Oui, nous allons faire ce voyage ensemble.

— Enfin, fit Sosthène, je vais donc sortir de mon cercueil!

— Vous parlez l'allemand tous les deux; c'est une bonne chose. Vous, Des Grolles, vous endosserez de nouveau une livrée et vous passerez là-bas pour être notre domestique.

— Soit, répondit Des Grolles; je suis philosophe, je m'accommode de tout.

— J'ai encore quelques relations au pays d'outre-Rhin, reprit José; partout où nous irons, Sosthène, nous serons bien reçus. Nous visiterons les principales villes de Bavière, de Hanovre, de Prusse, d'Autriche et de Hongrie; si c'est nécessaire nous irons plus loin, jusqu'à Saint-Pétersbourg. J'ai l'espoir que nous

Des Grolles n'eut que le temps de saisir son bras pour l'empêcher d'avaler la liqueur verte. (Page 270.)

ne perdrons pas notre temps : il faut que ce voyage nous rapporte quelque chose. Vous comprenez?

— Parfaitement.

— J'ai acheté cher le comte de Montgarin, vous le savez, et ses dépenses de chaque mois sont énormes; c'est forcé, il faut ce qu'il faut, le comte doit tenir son rang. Malheureusement, notre caisse n'est pas inépuisable; à force d'y prendre, les fonds baissent. Les derniers cent mille francs sont entamés. Pendant quatre, cinq, six mois au plus, tout ira bien encore; mais après? Je ne veux point vous cacher que je suis inquiet, car il ne faut pas que le comte de Montgarin puisse soupçonner seulement que je manque d'argent. Pour cela, il faudra que je continue à payer les dépenses de sa maison et à lui donner toutes les sommes qu'il me demandera, sans avoir l'air de compter. Et ce n'est pas tout : il y aura la corbeille de mariage à acheter... Bref, tous mes calculs faits, pour arriver au jour du mariage, il nous faudrait deux cent mille francs, et il ne nous reste plus que quatre-vingt-dix mille francs.

De Perny et Des Grolles avaient l'air consterné.

— Je ne vous ai point caché que j'étais obligé de dépenser beaucoup ; aujourd'hui je vous fais connaître exactement la situation.

— Mais si nous manquons d'argent à la dernière heure, tout est perdu ! exclama Des Grolles.

— Si nous n'avions rien à redouter, je ne serais pas inquiet, dit José en hochant la tête.

Sosthène était devenu très sombre.

— Ainsi, dit-il d'une voix creuse, depuis que nous sommes à Paris nous avons dépensé près de deux cent cinquante mille francs.

— Oui, répondit José, en y ajoutant une cinquantaine de mille francs que j'ai pu ramasser sur des tables de jeu.

De Perny se leva brusquement, et d'un pas saccadé, martelant le parquet, il arpenta la chambre, en tournant comme un ours dans sa cage de fer. Il grinçait des dents, des sons étranglés sortaient de sa gorge enrouée et il lançait de tous les côtés des regards de fauve. Soudain il se rapprocha du Portugais.

— Ainsi, dit-il d'une voix rauque, nous pouvons échouer au moment de toucher au port ?

— Je vous ai fait connaître la situation pour vous montrer le danger.

— Mille tonnerres ! cela ne sera pas ! hurla Sosthène, en frappant du pied avec rage ; non, non, cela ne sera pas, quand je devrais...

— Soyez donc calme, de Perny, lui dit froidement José ; vos emportements ne changeront rien. Un danger nous menace ; eh bien, nous devons lui faire face, et, dès maintenant, nous préparer à l'éviter. Il nous manque cent mille francs, il faut que nous trouvions le moyen de les faire entrer dans notre caisse. Comme vous le voyez, notre voyage en Allemagne est absolument nécessaire. Nous partirons avec quarante mille francs, et j'espère bien que nous reviendrons avec cent cinquante mille.

— Et si nous ne trouvons rien à faire ? demanda Sosthène.

— Je connais le pays, répondit José, on joue comme partout, et plus gros jeu qu'en France.

— Eh bien, ne perdons pas de temps, quand partons-nous ?

— Dans trois jours. Nous prendrons le chemin de fer de Lyon, nous traverserons l'Italie et nous entrerons en Autriche par le Tyrol. Comme on ne saurait être trop prudent, nous voyagerons séparément jusqu'au delà de la frontière française. Je crois cependant que nous pouvons prendre le même train, Des Grolles en deuxième classe et nous dans deux compartiments des premières.

Tout étant bien convenu, les trois complices se donnèrent rendez-vous pour le samedi soir à la gare de Lyon.

XIX

LE RENDEZ-VOUS

L'été est passé. Pendant son long séjour au château, la tranquillité de la famille de Coulange n'a pas été troublée. Cependant les craintes de la marquise ne se sont pas dissipées ; elle garde ses appréhensions. Maximilienne aussi a des heures de tristesse et est souvent inquiète : elle n'a pas oublié les paroles menaçantes de la dame inconnue.

Notons, en passant, que Jardel a admirablement profité des leçons que lui a données Nicolas ; il est devenu un excellent cavalier. Maintenant, quand il plaira au marquis de faire une promenade à cheval, son fidèle serviteur Firmin pourra le suivre.

Il y a deux mois que la famille de Coulange est de retour à Paris. Nous touchons aux derniers jours d'automne.

Aucune fête ne sera donnée à l'hôtel de Coulange. La marquise l'a annoncé.

— Voilà qui est singulier, disent beaucoup de gens ; on ne croirait guère que M. et madame de Coulange sont à la veille de marier leur fils et leur fille.

Gabrielle a passé trois mois à Chesnel, près de son amie Mélanie. Elle est revenue à Paris et a repris possession de son petit logement de la rue Rousselet.

Tout en continuant de surveiller l'habitation du comte de Montgarin, l'inspecteur de police Mouillon, sur le conseil de Morlot, a repris son service à la préfecture.

José Basco, Sosthène de Perny et Armand des Grolles sont aussi de retour de leur voyage en Allemagne. Nous saurons bientôt s'ils ont ramassé sur les tapis verts, comme ils l'espéraient, la forte somme qui leur était nécessaire pour combler le déficit de la caisse sociale.

De Perny et Des Grolles sont rentrés dans leur repaire au sommet de la butte Montmartre, et le noble comte de Rogas dans son appartement à l'hôtel Montgarin.

Morlot, toujours paré du titre de baron de Ninville, est à l'hôtel Louvois. Il sait que la lutte va bientôt commencer et il se tient prêt pour la bataille.

Morlot a fait son voyage « d'agrément » en Portugal. Il est resté six semaines et il est revenu satisfait de son excursion. Quelle importante découverte a-t-il faite ? Jusqu'à présent, il n'a dit à personne, pas même à Gabrielle, ce qu'il a appris et ce qu'il sait. Or, que sait-il ? Une chose très importante pour lui. Il sait que le Portugais qui se fait appeler à Paris comte de Rogas n'est pas comte de Rogas, attendu qu'il n'existe plus de comte de Rogas en Portugal.

A environ cinquante lieues de Lisbonne, il y a un village et un vieux manoir fort bien conservé qui portent l'un et l'autre le nom de Rogas.

Après avoir recueilli à Lisbonne des renseignements qui, déjà, l'avaient suffisamment édifié, Morlot se rendit au village de Rogas. Il y resta huit jours, et il obtint, assez facilement, d'ailleurs, la permission de visiter le château.

Ce qu'on lui avait appris à Lisbonne lui fut confirmé à Rogas.

Il n'y avait jamais eu, en Portugal, depuis plusieurs siècles, qu'une famille de Rogas, et le nom s'était complètement éteint avec le dernier comte de Rogas, officier supérieur de marine, mort en mer, à bord du navire qu'il commandait. Le commandant de Rogas n'avait qu'une sœur née, comme lui, au château de Rogas. Celle-ci était décédée peu de temps après son frère. Des collatéraux, parents des de Rogas par les femmes, s'étaient partagé l'héritage du frère et de la sœur. Le château et le domaine de Rogas devinrent ainsi la propriété d'une communauté religieuse de femmes, dont une arrière-petite-cousine du feu comte de Rogas était la supérieure.

Morlot pouvait supposer que le faux comte de Rogas était au moins un des héritiers du commandant de Rogas ; mais, après des renseignements précis qu'il se fit donner sur chacun de ceux-ci, il fut convaincu que le soi-disant comte de Rogas n'était autre chose qu'un audacieux aventurier.

Comme on le voit, Morlot n'avait pas fait un voyage inutile. Quand l'idée lui était venue d'aller chercher au loin les renseignements qu'il ne trouvait pas à Paris, il avait donc été bien inspiré. Ah ! cette fois, il était content et même fier de lui ! Il pouvait s'écrier : « J'ai toujours le regard et le flair de l'agent de police ! »

Il ne s'était pas trompé ; sous son masque hypocrite il avait deviné l'aventurier. Et mieux que cela, n'avait-il pas dit tout de suite : C'est près du comte de Montgarin qu'est le nœud de l'intrigue ; c'est autour du fiancé de Maximilienne que s'agitent les ennemis de la famille de Coulange, et peut-être derrière lui qu'ils se cachent.

Toutefois, Morlot n'en était pas arrivé à ne plus froncer les sourcils, ce qui indiquait chez lui le travail difficile de la pensée.

Il savait à quoi s'en tenir sur le comte de Rogas ; c'était quelque chose, mais ce n'était pas assez. Dans les agissements de cet homme, il y avait un mystère. A tout prix il fallait le pénétrer. Pour le moment, il ne pensait pas à Sosthène de Perny ; il s'occuperait de lui plus tard.

Comme précédemment, le comte de Montgarin devenait pour lui un personnage énigmatique. Se croyait-il réellement le parent du Portugais ? Était-il dupe de ce misérable ? Quel rôle jouait-il dans ce drame mystérieux et sombre ?

Était-il un complice plus audacieux encore que les autres, ou bien était-il aussi une victime?

Vingt fois par jour, en proie à une grande perplexité, Morlot s'adressait ces questions sans y répondre. Il n'osait pas se prononcer. L'énigme l'effrayait. En allant trop loin il avait peur de s'égarer. Plus que jamais il sentait la nécessité d'être prudent. Mademoiselle de Coulange aimait le comte de Montgarin ; la fiancée défendait le fiancé, en le couvrant de son égide ; Maximilienne se dressait entre le comte de Montgarin et Morlot, comme autrefois la marquis entre lui et Sosthène de Perny.

Après tout, il n'avait qu'un doute. Avant d'accuser ce jeune homme, il devait être sûr, avoir des preuves. Il se rassurait, en se disant :

— J'ai encore plus de deux mois devant moi, car le mariage n'aura pas lieu avant le 25 février. D'ici là, j'ai le temps de savoir... D'ailleurs, s'il le faut absolument, le baron de Ninville fera une visite au comte de Montgarin. Alors, quand je le tiendrai sous mon regard, il faudra que je sache ce qu'il est, ce qu'il pense, ce qu'il veut. Dans tous les cas, mademoiselle Maximilienne ne se mariera pas sans mon consentement ; je veille sur son bonheur comme sur celui des autres. Je n'ai qu'un mot à dire pour empêcher le mariage.

En somme, si Morlot n'avait pas deviné pourquoi on avait tenté d'assassiner le marquis ; s'il en était encore à se demander quel but voulait atteindre le faux comte de Rogas, de complicité avec Sosthène de Perny, il commençait à avoir la certitude que le mariage de mademoiselle de Coulange avec le comte de Montgarin était l'acte principal du drame mystérieux qui déroulait depuis un an ses péripéties, et dont lui, Morlot, était devenu un des acteurs.

Les choses en étaient là lorsque la situation changea subitement.

De grandes affiches, apposées sur les murs de Paris, annonçaient le premier bal masqué qui a été donné au nouveau grand Opéra, cette huitième merveille du monde.

Lors de l'incendie qui détruisit complètement la salle de la rue Le Peletier, le magnifique monument édifié sur les plans de l'architecte Garnier n'était pas encore terminé. Aussitôt on redoubla d'activité afin d'achever rapidement les derniers travaux. En attendant, l'Académie nationale de musique dut se réfugier salle Ventadour, ancien Opéra-Italien, et ce n'est que plus d'un an après l'incendie qu'elle put prendre possession du superbe monument élevé en son honneur. Enfin, l'art avait un temple digne de lui, et Paris et la France comptaient une merveille de plus.

Les bals masqués à l'Opéra avaient été supprimés. Le public réclamait. Après avoir longtemps hésité, la direction décida enfin qu'il y aurait chaqu année quatre bals masqués au grand Opéra.

Comme nous venons de le dire, le premier bal était annoncé par de nombreuses affiches. Le célèbre Strauss devait conduire l'orchestre.

Un jour, Eugène et Ludovic causaient ensemble. Comme toujours, Eugène se contentait de répondre brièvement aux paroles que son futur beau-frère lui adressait. La conversation languissait. Pour la ranimer le comte de Montgarin trouva facilement un autre sujet.

— Monsieur Eugène, dit-il, vous devez savoir que, samedi prochain, il y bal masqué à l'Opéra?

— Oui, tous les journaux en parlent.

— C'est un véritable événement. Cela se comprend : c'est le premier bal masqué au nouvel Opéra. On prétend que tout ce qu'on a vu jusqu'à ce jour sera surpassé. Ce sera féerique. Il y aura foule. Tout Paris voudra admirer ces merveilles. Sans aucun doute le coup d'œil sera magnifique ; ce sera curieux à voir.

— Pour ceux qui recherchent ces sortes de spectacles.

— Est-ce que vous n'irez pas, samedi, passer une heure ou deux à l'Opéra?

— Je n'en ai pas l'intention.

— Je me serais fait un plaisir d'y aller avec vous.

— Un bal public, masqué ou non, pas plus à l'Opéra qu'ailleurs, n'a aucun attrait pour moi.

— En ce cas, monsieur Eugène, n'en parlons plus.

— Et puis, je n'aime pas assez les foules pour aller me perdre dans une cohue !

— Vous devez avoir raison, et je m'incline devant votre sagesse et votre dédain des plaisirs bruyants.

— On peut avoir raison aussi avec d'autres idées que les miennes. Chacun a le droit d'avoir ses goûts et de chercher les plaisirs qui lui conviennent, les amusements qui lui plaisent. Quand on veut la liberté pour soi, il faut la laisser aux autres. Mais si vous avez le désir d'aller au bal de l'Opéra, il ne faut pas que ce soit moi qui vous en empêche, monsieur de Montgarin.

— Oh ! je n'y tiens pas du tout, je vous assure, répondit Ludovic.

Et ils parlèrent d'autre chose.

Le soir, José Basco demanda à M. de Montgarin :

— Eh bien, mon cher Ludovic, irez-vous samedi au bal de l'Opéra avec le comte de Coulange?

— Non, nous n'irons pas au bal de l'Opéra.

— Ah ! ah ! fit José.

Il dissimulait sa contrariété.

— Vous avez tort, mon cher comte, reprit-il, car ce sera fort intéressant, et je suis sûr que si vous aviez proposé au comte de Coulange d'y aller avec lui...

— J'ai fait cette proposition à Eugène.

— Et il n'a pas accepté ?

— Sans doute, puisque samedi nous n'irons pas au bal de l'Opéra. Ah ! çà, de Rogas, vous teniez donc beaucoup à ce que nous allions à ce bal, le comte de Coulange et moi ?

— Moi ? pas le moins du monde !
— Pourtant...
— Qu'est-ce que cela peut me faire, que vous y alliez ou que vous n'y alliez point ? Absolument rien. Je me suis promis de voir ce bal, j'irai certainement samedi à l'Opéra ; il m'aurait été agréable de vous y rencontrer, ainsi que le comte de Coulange, voilà tout.

Un instant après, seul dans sa chambre, José Basco se disait :

— Diable, diable, voilà encore une difficulté que je n'avais pas prévue. Tout est préparé pour samedi et nous n'avons pas de temps à perdre. Il faut trouver le moyen de forcer le comte de Coulange à aller au bal de l'Opéra.

Le samedi matin, comme Eugène passait rue de Tournon, se rendant à l'École des mines, une vieille femme, vêtue de noir, enveloppée d'un grand manteau, dont le capuchon rabattu lui cachait presque entièrement la figure, l'accosta tout à coup.

Croyant avoir affaire à une mendiante, le jeune homme mit sa main dans sa poche pour y prendre une pièce de monnaie.

— Vous êtes monsieur le comte de Coulange ? lui dit la vieille.
— Oui, répondit Eugène étonné, que me voulez-vous ?

Alors la vieille femme sortit une de ses mains d'un pli du manteau et, tendant une lettre au jeune homme :

— Voici ce que je suis chargée de vous remettre.

Machinalement, Eugène prit la lettre.

La vieille se pencha vers lui, avançant la tête, et lui dit à voix basse, d'un air mystérieux :

— Soyez prudent et discret !

Sur ces mots elle s'éloigna rapidement, laissant le jeune homme immobile sur le trottoir, les yeux fixés sur l'enveloppe de la lettre, qui portait cette suscription :

« Monsieur le comte Eugène de Coulange. »

Au bout d'un instant Eugène releva brusquement la tête et murmura :

— Qu'est-ce que cela veut dire ?

Sa première pensée fut qu'il agirait sagement en déchirant la missive, en la mettant en morceaux avant de l'avoir lue. Déjà il la tenait entre le pouce et l'index de ses deux mains. Mais un sentiment de curiosité bien naturelle l'arrêta.

— Non, se dit-il, je veux savoir...

On est toujours attiré, entraîné par ce qui est mystérieux.

Tout en marchant, Eugène déchira l'enveloppe, déplia la lettre et lut les lignes suivantes :

« Monsieur le comte,

» Vous aimez mademoiselle Emmeline de Valcourt ; sans aucun doute le bonheur de votre fiancée vous est cher. Si vous voulez conjurer un danger qui la menace, empêcher un malheur qui vous frapperait tous les deux comme un coup de foudre, trouvez-vous ce soir au bal de l'Opéra, à minuit devant le foyer. Là, vous rencontrerez une personne qui désire vous être utile et qui vous dira ce que vous devez faire.
» A ce soir, à minuit.
» Soyez prudent et discret.

» UN DOMINO ROSE. »

Comme on le voit, cette lettre de rendez-vous se terminait par les mots prononcés par la vieille femme.

Eugène froissait le papier entre ses doigts frémissants. Son front s'était assombri, pendant qu'une légère crispation des lèvres exprimait son dédain.

— J'aurais bien fait de suivre ma première idée, murmura-t-il ; oui, j'aurais dû déchirer la lettre sans la lire.

Cependant il était devenu soucieux et triste, et il marchait lentement, pensif, la tête baissée.

Certes, il ne croyait pas qu'un danger quelconque pût menacer sa chère Emmeline. N'était-elle pas sous la garde et la protection de sa mère et de son oncle ?

— Sans doute, se disait-il, le malheur ne saurait atteindre Emmeline sans me frapper en même temps ; mais, j'ai beau chercher, je ne vois point d'où pourrait venir ce coup de foudre dont parle la personne qui signe un domino rose. Cela ressemble fort à une mauvaise et sotte plaisanterie.

Et pourtant, reprenait-il, aucun de mes amis n'est capable de se livrer à ce genre d'amusement.

Malgré lui, et bien qu'il voulût résister à ses diverses impressions, le jeune homme était sérieusement intrigué.

Chose bizarre, ce qui l'avait le plus frappé dans la lettre, ce qui le préoccupait davantage, c'étaient ces mots, que la vieille femme avait prononcés à son oreille d'une façon mystérieuse : « Soyez prudent et discret ! »

Après avoir longuement réfléchi, Eugène mit la lettre dans sa poche.

— C'est bien, se dit-il, je n'ai pas précisément l'esprit aventureux ; mais, pour avoir l'explication du mystère, je me lance dans cette aventure.

« J'irai ce soir au bal de l'Opéra.

La vieille se pencha vers lui et lui dit à voix basse, d'un air mystérieux : (Page 280.)

XX

LA DAME MASQUÉE.

Dans l'après-midi, le comte de Coulange alla faire une visite à madame de Valcourt. Il avait toujours dans sa poche la lettre du domino rose. Peut-être était-il venu avec l'intention de la faire lire à Emmeline. Cependant il ne lui en parla point. D'ailleurs, à quoi bon? Emmeline était très impressionnable. Pourquoi lui donner une inquiétude? Et puis, il n'avait pas oublié la recommandation qu'on lui avait faite :

« Soyez prudent et discret ! »

Il avait constamment ces quatre mots devant les yeux et dans les oreilles.

Ce jour-là, le comte de Montgarin dîna à l'hôtel de Coulange.

— Eh bien, allez-vous ce soir à ce fameux bal de l'Opéra? lui demanda Eugène.

— Non, répondit Ludovic, vos paroles de l'autre jour m'ont converti ; je veux imiter votre sagesse.

Eugène rougit légèrement. Mais il se garda bien de dire à Ludovic qu'i n'avait pas autant de sagesse qu'il le croyait.

A dix heures et demie il se retira dans son appartement. Peu de temps après le comte de Montgarin s'en alla. A son tour, Maximilienne rentra chez elle. Le marquis et la marquise causèrent encore un instant puis se séparèrent.

Pendant ce temps, Eugène s'était habillé et avait mis douze ou quinze louis dans sa poche. A onze heures un quart il sonna son valet de chambre.

— Monsieur sort? fit le domestique, en voyant son maître en toilette de soirée.

— Oui, et je désire qu'on ne le sache pas.

— Je comprends : monsieur le comte va au bal de l'Opéra.

— Vous avez deviné : une idée, une fantaisie.

— Monsieur le comte ne sort jamais, il a bien le droit de s'amuser un peu.

— Je ne resterai probablement pas longtemps ; je veux seulement voir le bal et jouir du coup d'œil de la salle. Vous m'attendrez en bas ; afin de ne réveiller personne je rentrerai par l'escalier de service de la cour des écuries.

— Ainsi, monsieur le comte ne commande pas sa voiture?

— Non.

— C'est juste, monsieur le comte ne veut pas qu'on sache...

— Vous m'avez bien compris, André ?

— J'attendrai monsieur le comte en bas, parce qu'il rentrera par l'escalier de la cour des écuries.

— C'est cela.

Sans faire aucun bruit, le jeune homme sortit de l'hôtel. Il n'eut pas de peine à trouver une voiture ; il y monta en disant au cocher de le conduire au grand Opéra.

Le monument était splendidement illuminé ; des milliers de becs de gaz l'entouraient d'un immense cercle de feu, qui éclairait les sculptures décoratives et faisait sortir de l'ombre, entre les colonnes et les colonnettes de marbre, les statues, les cariatides et les bustes des grands maîtres. La place était encombrée d'une foule énorme. Des acclamations, des cris divers saluaient chaque voiture qui arrivait lorsque celle-ci amenait une ou plusieurs personnes masquées et costumées.

On montait le grand escalier, qui est à lui seul une merveille, sous le feu de quinze cents regards qui se croisaient, et il fallait passer entre des grappes d'hommes qui semblaient attachées aux colonnes. Tout autour du balcon, on voyait comme une guirlande de têtes penchées sur les marches de l'escalier.

A chaque instant éclatait un bruit infernal : aux battements des mains, aux trépignements, aux exclamations se mêlaient des éclats de rire, des huées et toutes sortes de cris discordants et bizarres.

Ce charivari annonçait qu'un homme ou une femme dans un costume étrange, pittoresque ou grotesque, venait d'apparaître au bas de l'escalier.

Il y avait des escarmouches d'esprit, des attrapages burlesques, de véritables batailles de paroles bouffonnes et de gestes comiques ; le trait, la pointe, les lazzis fortement épicés servaient de projectiles. De temps à autre, un mot bizarre, inconnu, un de ces mots qui n'existent dans aucune langue, qui naissent dans les jours de folie, partait tout à coup comme une fusée.

Le comte de Coulange remarqua que peu de femmes portaient le masque et que beaucoup étaient là, comme dans un salon, en toilette de soirée. Celles-ci cachaient la moitié de leur figure seulement sous les plis d'un voile de tulle ou de dentelle. Il remarqua encore qu'il y avait beaucoup d'hommes décorés, ce qui semblait indiquer qu'on venait un peu au bal de l'Opéra comme on va à une fête dans le monde ou à une réception chez un ministre ou un grand personnage.

Eugène regarda l'heure à sa montre. Elle marquait minuit moins le quart.

— J'ai le temps de faire le tour du bal, pensa-t-il ; cette distraction calmera un peu mon impatience.

Dans la foule, de loin, il reconnut deux ou trois de ses amis. Il les évita. Le mouvement désordonné dans la salle, le va-et-vient, le pêle-mêle, le tohu-bohu, les bras battant l'air, les bonds, les pirouettes, les contorsions des danseurs amenèrent à peine un sourire sur ses lèvres. Derrière l'estrade de l'orchestre, il s'arrêta un instant pour admirer le foyer de la danse, qui avait été transformé en un parterre émaillé de fleurs.

Le quart d'heure étant presque écoulé, il s'empressa de remonter au premier étage. Il avait fait à peine dix pas dans la grande galerie qui précède le foyer, lorsque le bras d'une femme se glissa sous le sien. Il ne put s'empêcher de tressaillir et, presque aussitôt, un léger tremblement le saisit.

La personne qui venait de s'accrocher à son bras portait un domino rose. Un large loup, orné d'une guipure, qui descendait au-dessous du menton, cachait entièrement son visage. Mais le jeune homme pouvait voir les longs cils de deux grands yeux qui brillaient comme des escarboucles. La main petite, aux doigts effilés, était finement gantée. Le poignet avait un cercle d'or garni de pierres précieuses. La dame était blonde, on le reconnaissait à une petite mèche de cheveux frisés qui se montrait sur le front, contre la volonté du capuchon du domino qui enveloppait la tête ; toutefois, il était difficile de deviner si elle était jeune ou vieille.

— Venez, dit-elle à Eugène d'une voix harmonieuse et douce comme le son d'une flûte.

Et elle l'entraîna rapidement.

— Elle me connaît, se disait le jeune homme, puisqu'elle a pris mon bras sans hésiter.

Il n'avait pas remarqué qu'avant de s'approcher de lui la dame au domino rose se tenait à côté d'un personnage masqué coiffé d'un turban et enveloppé dans un burnous arabe. Or, aussitôt qu'il avait paru dans la galerie, l'Arabe avait dit à l'oreille du domino rose :

— Le voilà !

La dame masquée, tenant toujours le bras du jeune homme, lui fit monter un étage et s'avança vers une loge dont l'ouvreuse ouvrit immédiatement la porte. Ils entrèrent. Le salon de la loge était faiblement éclairé par un seul bec de gaz, dont la lumière avait été baissée, probablement avec intention. On avait eu soin, également, de tendre le rideau de reps qui sépare à volonté la loge de son salon.

Tout en entrant, Eugène jeta un regard furtif sur le rideau. La dame devina sa pensée.

— Voyez, lui dit-elle en écartant le rideau. Il n'y a personne dans la loge, nous sommes seuls.

Elle laissa retomber le rideau. L'ouvreuse avait fermé la porte.

— Nous ne pouvions pas causer devant tout le monde, reprit l'inconnue ; d'ailleurs, n'étant pas masqué comme moi, vous auriez pu craindre d'être vu par quelques-uns de vos amis. Pour éviter cela, j'ai cru bien faire en vous amenant dans cette loge. Est-ce que cela vous contrarie ?

— Nullement, madame.

— Nous ne manquons pas de sièges ; voilà un divan, des chaises ; asseyez-vous, monsieur le comte.

Il s'assit sur une chaise, elle prit place sur le divan.

Pendant un certain temps ils restèrent silencieux ; lui, cherchant à se rendre maître de son émotion ; elle, le regardant fixement. Elle se demandait sans doute comment elle devait entamer la conversation. Ils pouvaient entendre parfaitement une valse que l'orchestre jouait ; mais ils n'écoutaient pas. Ce fut le comte de Coulange qui parla le premier.

— Est-ce vous, madame, demanda-t-il, qui m'avez écrit la singulière lettre qu'une vieille femme m'a remise ce matin dans la rue ?

— Oui, monsieur le comte, c'est moi.

— Je ne vous ai adressé cette question que pour la forme, puisque votre déguisement est la signature de la lettre. Je suis venu au rendez-vous que vous m'avez donné, sachant que j'avais tort.

— C'est en ne venant pas que vous auriez eu tort.

Eugène secoua la tête.

— Permettez-moi d'en douter, répliqua-t-il. Enfin, je suis venu. La curiosité a été, dans cette circonstance, plus forte que ma raison. C'est un aveu que je vous fais, madame.

— N'est-ce pas aussi un peu, beaucoup, votre cœur qui vous a conseillé ?

— Mon cœur n'a rien à faire dans cette aventure à laquelle il veut rester étranger.

— Ah ! vous appelez cela une aventure ?

— Il me semble que c'en est une ; autrement il faudrait donner au fait un autre nom. Mais à quoi bon discuter sur un mot ? Nous ne sommes pas ici pour cela, je suppose ; j'attends, madame, que vous vouliez bien me donner l'explication de la lettre, tout à fait incompréhensible pour moi, que vous m'avez écrite.

— Avant de vous répondre, monsieur le comte, voulez-vous me dire ce que vous avez pensé en la lisant ?

— J'ai pensé, madame, que j'étais, de la part d'un mauvais plaisant, l'objet d'une mystification.

— Oh ! monsieur le comte !

— Je vous réponds avec franchise, j'ai pensé cela.

— Et maintenant, que pensez-vous ?

— Je n'ai pas l'honneur de vous connaître, madame ; mais vos questions m'autorisent à vous répondre, peut-être d'une façon impertinente : je pense en ce moment que tout ceci ressemble beaucoup à une farce de carnaval.

— En effet, monsieur le comte, c'est un peu vif ; et j'ai le droit de m'étonner que vous puissiez supposer qu'une femme comme moi !...

— Mon Dieu, madame, l'interrompit Eugène avec un mouvement d'impatience, je vous répète que je n'ai pas l'honneur de vous connaître ; je ne vois en vous qu'une femme en domino, qui se cache sous un masque.

— Prenez garde, monsieur le comte, ne me faites pas me repentir de la démarche un peu hardie que j'ai faite pour vous ce soir, au risque de me compromettre.

— Alors, madame, veuillez vous expliquer. Je suis tout prêt, s'il y a lieu, à vous remercier et à vous rendre grâce, ajouta-t-il d'un ton légèrement ironique.

— Je vous parle dans ma lettre d'un danger.

— Qui menace le bonheur de mademoiselle de Valcourt et le mien. Eh bien, madame, je ne crois pas à ce danger.

— Certainement, ne sachant rien, vous ne pouvez pas y croire.

— Est-ce que vous connaissez mademoiselle de Valcourt, madame?

— Voyons, monsieur, m'intéresserais-je à elle si ne la connaissais pas, la chère mignonne? répondit la dame masquée, d'un ton pénétré.

— Alors vous savez que mademoiselle de Valcourt et moi nous nous aimons depuis longtemps, que notre amour réciproque est approuvé par nos parents?

— Oui, oui, je sais cela.

— Et que, dans deux mois, mademoiselle Emmeline de Valcourt sera ma femme? En vérité, madame, si vous savez cela, je me demande comment vous pouvez voir notre bonheur menacé.

Depuis un instant, la dame masquée paraissait agitée, inquiète; elle avait des tressaillements et tendait l'oreille comme une personne qui écoute un bruit lointain.

— Monsieur le comte, répondit-elle, tout en continuant à prêter l'oreille, croyez que cela me coûte beaucoup d'être obligée de troubler votre sérénité, en ne vous laissant point votre grande confiance dans l'avenir. Mais, dans l'intérêt de mademoiselle Emmeline de Valcourt et dans le vôtre, monsieur le comte, il le faut... Eh bien, ce danger ou plutôt ce malheur, qui peut vous frapper tous les deux, n'est autre qu'un empêchement à votre mariage.

Le jeune homme se dressa debout, pâle, frémissant, un éclair dans le regard.

— Madame, dit-il d'un ton sévère, vous venez de prononcer des paroles d'une grande gravité; je demande, j'exige que vous m'en donniez l'explication.

— Monsieur le comte, répondit-elle très vite et en baissant la voix, ce que je viens de vous dire est exact, je vous le jure! Oui, il existe des papiers où se trouve une révélation qui serait une opposition absolue à votre mariage.

— Où sont ces papiers, madame?

— Je ne les ai pas sur moi, répondit-elle avec un trouble visible; mais je puis me les faire remettre pour vous les communiquer.

— Quand?

— Demain, si vous le voulez.

— Soit. En attendant, madame, je vous prie de me faire connaître cette terrible révélation.

Elle se leva brusquement, comme mue par un ressort, et saisissant le bras du jeune homme:

— Silence! fit-elle d'une voix effrayée.

Un tremblement convulsif secouait ses membres.

— Qu'avez-vous donc? lui demanda Eugène.

— Là, il est là, répondit-elle d'une voix oppressée, en indiquant de la main le côté de la loge où elle était assise.

— De qui parlez-vous?

— C'est bien lui, j'ai reconnu sa voix, balbutia-t-elle en se serrant contre Eugène, comme si elle lui eût demandé de la protéger, de la défendre.

Sa frayeur augmentait, car maintenant ses dents claquaient. Le jeune homme allait de nouveau l'interroger. Elle ne lui en laissa pas le temps. Mettant sa main sur la bouche du comte :

— Chut, fit-elle, écoutez !

Et avançant la tête, en allongeant le cou, elle tendit l'oreille.

A ce moment l'orchestre ne jouait pas. On entendait distinctement deux hommes qui causaient dans la loge voisine. Les paroles suivantes arrivèrent aux oreilles d'Eugène :

— Tu t'es peut-être trompé.

— Non, je suis sûr que c'est elle ; elle a passé devant moi, et bien qu'elle soit masquée, à sa taille, à sa tournure et surtout à la mèche blonde frisée qui caresse son front, j'ai parfaitement reconnu la comtesse.

— C'est bien étrange. Qu'est-elle venue faire au bal de l'Opéra ?

— Quant à ça, mon cher, c'est son secret.

— Comment est-elle habillée ?

— Elle a tout simplement un domino de satin rose...

— Je vais la chercher, il faut que je la trouve. Allons, c'est le fils de Vénus, le dieu des amoureux, qui l'a amenée ici.

On put entendre remuer des chaises, marcher, puis le bruit d'une porte qui s'ouvre et se referme.

La dame masquée se mit à pousser de gros soupirs ; elle tremblait toujours et paraissait en proie à une terreur folle.

— Ainsi, dit-elle d'un ton douloureux, en se tordant les mains, malgré les précautions que j'ai prises, j'ai été reconnue. Que faire ? que faire ? Ah ! j'ai été bien mal inspirée : au lieu de vous donner rendez-vous ici, j'aurais dû vous prier de venir chez moi... Mon Dieu, je n'ai plus une idée, tout se trouble dans ma tête, je suis comme folle !... Que faire ? que faire ?... Comment échapper à cet homme, à ce misérable, qui depuis un an me poursuit partout ? S'il me trouve ici, je suis perdue, oui perdue, car il est capable de tout !

La voix lui manquait ; elle s'arrêta pour respirer.

— Monsieur le comte, reprit-elle, sauvez-moi, sauvez-moi !

Elle s'était emparée d'une des mains d'Eugène et la serrait fortement dans les siennes.

— Je ne vois pas ce que je puis faire pour vous, madame, répondit le comte.

— Vous pouvez me délivrer de cet homme.

— Qui est cet homme ? Votre mari ?

— Non, mon mari est absent de Paris en ce moment. C'est un homme qui m'aime ou plutôt qui prétend m'aimer, car un homme qui aime une femme ne se fait point son persécuteur et ne la menace pas de la tuer si elle lui résiste. Il a été l'ami de mon mari et j'ai dû le chasser de ma maison. Monsieur le comte, j'implore votre protection ; offrez-moi votre bras, nous sortirons ensemble de l'Opéra. Vous êtes un homme, s'il me voit il n'osera pas m'arrêter, il ne me dira rien, car il est lâche, oui, il est lâche !...

Eugène hésitait. La dame masquée continua :

— Vous êtes brave, monsieur le comte, vous n'êtes pas comme moi, vous n'avez pas peur. Ah ! si j'étais un homme !

Elle joignit ses mains et poursuivit :

— Je vous en supplie, monsieur le comte, protégez-moi, accompagnez-moi jusqu'à mon domicile ; ce n'est pas bien loin ; d'ailleurs ma voiture est à quelques pas de l'Opéra, dans la rue Auber. En chemin, j'aurai le temps de me remettre de mon épouvante, et quand nous serons chez moi je vous parlerai des papiers ; tout ce que je sais, je vous le dirai.

— Pourquoi ne pas me le dire ici tout de suite ?

— Oh ! monsieur le comte, ne voyez-vous donc pas dans quel état je suis ?

Elle ouvrit la porte de la loge et, prenant le bras d'Eugène :

— Je vous en prie, dit-elle d'une voix suppliante, venez, venez vite.

XXI

SECRET A VENDRE

Emu, étonné, étourdi, le comte de Coulange se laissa emmener sans avoir eu le temps de réfléchir.

Comme ils descendaient les premiers degrés du grand escalier, la dame masquée se serra tout à coup contre lui.

— Le voilà, dit-elle d'une voix étouffée ; il m'a vue, il m'a reconnue, fuyons ! fuyons !

Ils descendirent rapidement.

— Par ici, dit la dame, dès qu'ils furent sur la place.

Et, presque en courant, elle l'entraîna dans la rue Auber. Au bout d'un instant elle s'arrêta près d'une voiture de maître. Le cocher, coiffé d'un chapeau galonné et orné d'une cocarde rose, était sur son siège. Le valet de pied, enveloppé dans son long manteau noir, dont le collet relevé lui cachait entièrement la figure, s'empressa d'ouvrir la portière du coupé.

La dame s'élança dans la voiture. Le jeune homme restait immobile sur le trottoir, se demandant s'il devait ou non accompagner l'inconnue. Celle-ci devina son hésitation, et elle lui dit vivement :

— Mais venez donc, monsieur le comte, venez donc.

Eugène n'hésita plus. Il prit place dans le coupé.

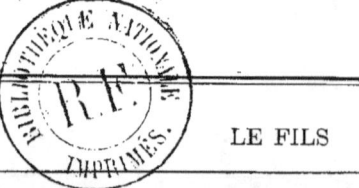

La dame au domino rose se tenait à côté d'un personnage masqué, coiffé d'un turban et enveloppé dans un burnous arabe. (Page 284.)

Après avoir refermé la portière, le valet de pied grimpa lestement à côté du cocher. Aussitôt, celui-ci toucha de la mèche de son fouet le flanc du cheval, qui partit comme un trait.

Vingt minutes après la voiture s'arrêta.

— Nous sommes arrivés, dit la dame masquée.

Elle ouvrit elle-même la portière et mit pied à terre sans attendre l'aide du laquais ; à son tour Eugène sauta sur le trottoir, puis il jeta autour de lui un regard rapide.

La nuit était claire et étoilée ; la lune venait de se lever. Il put voir à droite et à gauche de la chaussée de grands arbres, des murs de clôture, des grilles, de loin en loin quelques toits et des façades blanches de maisons. Toutefois il ne reconnaissait point l'endroit où il était.

L'inconnue prit son bras en lui disant :

— Monsieur le comte, nous sommes à Neuilly, boulevard Bineau, et voilà ma maison.

Elle lui montrait, au milieu d'un jardin, une villa d'assez belle apparence dont les quatre fenêtres du premier étage étaient éclairées.

Une petite porte pratiquée dans le mur de clôture, à côté de la grille, venait de s'ouvrir devant eux. Ils entrèrent dans le jardin et suivirent une large allée, bien sablée, qui les conduisit devant la maison.

— Je passe la première pour vous montrer le chemin, dit la dame, qui avait conservé son masque.

Eugène la suivit sans aucune espèce de défiance.

Dans le corridor, sur une console, elle prit un chandelier dont la bougie était allumée. Ils montèrent au premier étage. L'inconnue ouvrit une porte et fit entrer le jeune homme dans une petite pièce carrée, une espèce de boudoir, qu'une lampe de bronze éclairait.

— Veuillez vous asseoir, monsieur le comte, dit-elle ; je vous prie de m'accorder cinq minutes pour me débarrasser de ce domino et mettre un vêtement plus convenable.

Sur ces mots elle disparut.

Resté seul, Eugène fit deux fois le tour de la chambre, puis il se décida à s'asseoir dans un fauteuil. Bien qu'il n'eût pas la pensée qu'on pouvait l'avoir attiré dans un piège, il éprouvait une vague inquiétude ; sa poitrine était oppressée, et il avait à chaque instant une sorte de frémissement nerveux. Il pensait à Emmeline et à ces papiers mystérieux qui pouvaient être un obstacle à son mariage, c'est-à-dire détruire son bonheur et celui de mademoiselle de Valcourt. Il ne doutait pas qu'ils n'existassent, car il ne voyait point que la dame masquée pût avoir un intérêt quelconque à le tromper. D'ailleurs, ne l'avait-elle pas amené chez elle pour lui faire la terrible révélation ?

Quel secret renfermaient donc ces papiers dont il venait d'apprendre l'existence d'une façon si étrange ? Dans la voiture, il avait vainement tourmenté sa pensée pour essayer de deviner. Ne trouvant rien, pas même une supposition plus ou moins vraisemblable, il se demandait avec anxiété :

— Que vais-je apprendre ?

Il entendait marcher, le bruit de portes qu'on entr'ouvre et qu'on ferme ; il lui avait même semblé percevoir des chuchotements venant d'une pièce voisine. Mais il n'y avait rien dans tout cela qui fût de nature à l'effrayer. D'ailleurs le comte de Coulange était plein de bravoure, et même en face du danger il n'était guère accessible à la peur. Et puis, quelle crainte pouvait-il avoir ? N'était-il pas à Neuilly chez une femme du monde, une comtesse.

— Il me semble qu'elle est longtemps à venir, se dit-il. Elle m'a demandé de lui donner cinq minutes... Il est vrai que pour une femme cinq minutes c'est un bon quart d'heure. Attendons.

Soudain, une porte qu'il n'avait point remarquée s'ouvrit du côté opposé à celle par laquelle il était entré, et un homme de haute taille, vêtu de noir, ayant le visage masqué, parut sur le seuil.

Eugène laissa échapper un cri de surprise et, d'un seul mouvement, se dressa sur ses jambes.

— Un homme, un homme masqué ! s'écria-t-il. Ah ! çà, mais où suis-je donc ici ?

L'homme avait refermé la porte.

— Vous le savez bien, répondit-il d'un ton narquois, en avançant dans la chambre, vous êtes chez la belle comtesse au domino rose.

Puis, changeant de ton, il ajouta :

— Jeune homme, nous allons causer ensemble.

— Ah ! je comprends ! exclama Eugène, je suis tombé dans un guet-apens. Infamie !

— Permettez, cher monsieur, répliqua l'individu, vous êtes venu ici librement.

— Parce que, naïf et crédule, je me suis laissé prendre au piège qu'on m'a tendu.

— Vous voulez faire allusion, sans doute, à la promesse qu'on vous a faite de vous dire ce que contiennent certains papiers. Prenez patience, monsieur, nous parlerons de cela tout à l'heure.

Le jeune comte haussa les épaules et eut un regard de mépris.

— Je commence par vous dire, reprit l'autre, que vous ne devez pas vous effrayer.

— Et moi je m'empresse de vous répondre que je n'ai pas l'habitude d'avoir peur.

— On peut avoir peur sans cesser pour cela d'être brave. Mais, je vous le répète, n'ayez aucun effroi, je n'en veux pas à votre vie.

— Alors, je comprends : c'est l'argent que j'ai sur moi, ma montre et les diamants qui attachent ma chemise que vous voulez. Alors, je suis dans une caverne de voleurs. Allons, je suis sans arme, je ne me défendrai pas, dépouillez-moi vite, que je puisse m'éloigner de ce lieu où j'étouffe, où mon cœur se soulève de dégoût.

L'homme masqué eut un petit rire sec qui ressemblait à un bruit de crécelle.

— Eh bien, fit Eugène, qu'attendez-vous ?

— Jeune homme, répondit l'individu, je n'en veux pas plus à vos bijoux qu'à votre vie...

— Enfin, que me voulez-vous? s'écria Eugène avec impatience.

— Ne vous ai-je pas dit que nous allions causer ensemble?

— Oui, mais que signifie cette mascarade?

— Je vous ferai remarquer que nous sommes dans la période du carnaval où le masque est admis. Allons, monsieur, ne vous gênez pas, faites comme moi, asseyez-vous.

En parlant, l'homme s'était installé dans un fauteuil, près de la table où était posée la lampe. Voyant que le jeune homme restait debout :

— Eh bien, fit-il, est-ce que vous ne vous asseyez pas?

— Je me trouve bien ainsi, répondit Eugène, en se plaçant en face de l'inconnu et en croisant ses bras sur sa poitrine.

— A votre aise. Maintenant, si vous le voulez bien, cher monsieur, notre conversation va commencer.

— Et s'il ne me plaît pas de vous écouter?

— Vous m'entendrez quand même ; j'ai à vous dire certaines choses qui vous forceront à ouvrir vos oreilles.

Eugène jeta un regard sur la fenêtre, puis du côté de la porte. L'homme devina sa pensée.

— Je dois vous prévenir, dit-il, que, pour le moment, vous êtes mon prisonnier ; vous ne pourrez sortir d'ici qu'avec mon autorisation. Je n'ai pas besoin d'ajouter que les portes sont fermées et gardées. Inutile de crier, d'appeler. Ce quartier, paisible l'été, est l'hiver presque désert, surtout à cette heure de la nuit. Il ne passe pas de gendarmes sur le boulevard Bineau. Êtes-vous enfin disposé à m'écouter?

— Non. Je ne veux pas entendre les paroles d'un homme qui se cache sous un masque, probablement parce qu'il a peur de montrer son visage en pleine lumière.

D'un mouvement brusque l'inconnu arracha son masque qu'il jeta sur le parquet.

— Eh bien, êtes-vous satisfait? fit-il.

— Oui, répondit Eugène.

Il regardait avec un mélange de curiosité et de dédain la face terreuse de l'individu, son front chauve couvert de rides profondes, sa barbe blanche et ses yeux éraillés, luisants, qui lançaient des éclairs fauves.

— Maintenant, que vous m'avez bien regardé, dit l'homme, vous devez être convaincu que vous ne me connaissez pas, que vous ne m'avez jamais vu. Comme vous le voyez, cher monsieur, je ne m'étais pas caché parce que je craignais de vous montrer mon visage.

Le comte de Coulange approcha un fauteuil de la table, s'assit tranquillement et dit :

— Je vous écoute.

— A la bonne heure, fit l'inconnu, voilà qui prouve que vous êtes brave.

Il resta un moment silencieux et reprit :

— Monsieur le comte de Coulange, il s'agit d'une affaire que j'ai à vous proposer.

— Une affaire ?

— Un marché, le mot est plus juste.

— Je ne vois pas quelle affaire je puis traiter, quel marché je peux faire avec un homme que je ne connais pas.

— Oh ! pour ceci mon nom importe peu ; néanmoins, je veux bien vous dire que je me nomme Jacques Bailleul. On vous a parlé de papiers où se trouve un secret très précieux. On ne vous a point trompé, on vous a dit la vérité. Ces papiers existent, ils sont en ma possession ; c'est par un hasard des plus singuliers qu'ils sont tombés entre mes mains.

— On m'a dit aussi que ces papiers pouvaient empêcher un mariage

— Le vôtre avec Mlle Emmeline de Valcourt. On vous a encore dit la vérité.

— Non, non, répliqua le jeune homme avec force, c'est impossible, je ne vous crois pas ; aucune puissance humaine ne peut m'empêcher d'épouser Mlle de Valcourt.

— Alors, comment M. le comte de Coulange, qui est sensé, qui a l'habitude de réfléchir, de calculer, s'explique-t-il la lettre qu'il a reçue, la scène dans la loge, sa présence ici, en face d'un inconnu qui lui dit : J'ai en ma possession des papiers très précieux, lesquels renferment un secret, qui, s'il est révélé, empêche votre mariage ? Voyons, vous n'admettez pas que j'aie pris tant de peine à vous faire venir dans cette maison pour me donner seulement la satisfaction de vous regarder.

Ces paroles ne permettaient pas de réplique.

Eugène eut une sensation douloureuse et sa tête s'inclina sur sa poitrine. Mais, se redressant aussitôt :

— Vous pouvez parler, dit-il d'une voix ferme ; quelle chose épouvantable révèlent ces terribles papiers ?

— Doucement, doucement, n'allons pas si vite et procédons par ordre. Avant tout, cher monsieur, il faut que nous nous entendions…

— Oui, je comprends, l'interrompit Eugène, vous voulez me vendre ces papiers. Soit. A quel prix les estimez-vous ?

— Pour les posséder, pour anéantir le secret, le marquis de Coulange donnerait toute sa fortune.

Le jeune homme fit un bond sur son siège.

— Mais, continua l'individu, qui avait déclaré se nommer Jacques Bailleul, je m'empresse de vous dire que les papiers ne sont pas à vendre.

— Alors pourquoi m'avoir attiré ici ? Que me voulez-vous ? N'avez-vous pas parlé d'une affaire, d'un marché ?

— Parfaitement. Et c'est bien un marché que nous allons faire.

— Expliquez-vous donc.

— Ce que je veux faire acheter au comte de Coulange, c'est le secret; ce que je veux lui vendre ensuite, c'est le silence qui sera gardé afin qu'il puisse épouser Mlle de Valcourt.

— Combien dois-je acheter le secret ? Combien vendez-vous votre silence ?

— Le secret vaut deux cent cinquante mille francs et le silence une pareille somme.

Eugène fit un mouvement brusque et laissa échapper une exclamation.

— Je ne me suis pas trompé, pensa-t-il, je suis réellement tombé entre les mains d'affreux scélérats.

Redevenant aussitôt maître de lui :

— Ce n'est pas donné, répliqua-t-il.

— Un comte de Coulange n'est pas un petit négociant, un petit propriétaire ou un petit rentier, reprit Jacques Bailleul, je ne demanderais certainement pas à l'un ou l'autre de ceux-ci ce que je peux exiger du comte de Coulange. J'ai fixé mes prix pour qu'ils soient en rapport avec votre fortune.

— Vous me croyez donc bien riche ?

— Dame, vous n'êtes pas pauvre, vous pouvez donner cinq cent mille francs plus facilement que beaucoup d'autres dix mille. Vous possédez au bord de l'Allier une terre magnifique, d'un grand rapport, qu'on appelle, je crois, Chesnel. En outre, vous avez à la Banque de France, tant en numéraire qu'en valeurs mobilières, environ deux millions. Vous voyez que je suis parfaitement renseigné. Il y a seize ou dix-huit mois que le marquis de Coulange vous a fait entrer en possession de cette fortune. C'est un legs que vous a fait en mourant une vieille tante du marquis, la duchesse de Chesnel-Tanguy. Or, bien que vous ayez votre maison à vous, vos gens, votre voiture, vos chevaux, comme vous êtes un jeune homme modèle, qui pensez beaucoup plus à travailler qu'à vous amuser, j'estime que vous ne dépensez pas le sixième de vos revenus. Donc je considère que cinq cent mille francs pour vous sont une bagatelle.

Le jeune homme était stupéfié.

— Qui donc est cet homme ? se demandait-il. Comment peut-il être si bien instruit ?

— Eh bien, reprit Jacques Bailleul, reconnaissez-vous que la somme n'est pas exagérée ?

— Je n'ai pas à discuter, répondit Eugène froidement; vous me faites une proposition, je suis libre, je pense, de l'accepter ou de la repousser.

— Oh ! parfaitement.

— Mais du moment qu'il s'agit d'un marché à faire entre nous, il me semble que je ne puis m'engager à payer le prix demandé par le vendeur avant de connaître la marchandise qui est à acheter.

Jacques Bailleul resta un moment silencieux, interrogeant du regard la physionomie du jeune homme. Mais Eugène savait admirablement se contenir il gardait son attitude calme et sur son visage pas un muscle ne s'irritait.

— Au fait, vous avez raison, répondit l'homme, et je ne vois aucun inconvénient à vous livrer d'avance le secret.

— Eh bien, quel est ce secret si terrible ?

L'homme continuait à le regarder fixement.

— Cher monsieur, dit-il d'une voix qui sonna comme un cuivre, vous n'êtes pas le fils du marquis de Coulange.

XXII

UN COUP DE FOUDRE

Eugène sentit une douleur aiguë, comme si une lame eût traversé son cœur.

Il se dressa, pâle comme un mort, le regard chargé d'éclairs, frémissant de la tête aux pieds.

— Vous mentez, vous mentez ! exclama-t-il d'une voix vibrante, vous êtes un misérable, un lâche, un infâme !... Vous insultez une femme, la marquise de Coulange, ma mère !

Les poings fermés, menaçant, la fureur dans les yeux, il était prêt à bondir sur Jacques Bailleul.

Celui-ci tira de dessous son vêtement un poignard qu'il posa sur la table.

— Votre couteau de bandit ne m'épouvante pas, vous pouvez m'assassiner ! cria le jeune homme hors de lui ; mais vous ne m'empêcherez pas de vous dire que vous êtes un lâche et un infâme coquin !

L'homme se contenta de hausser les épaules.

La colère d'Eugène s'apaisa subitement. Il joignit les mains et, regardant le ciel :

— Oh ! ma mère, ma noble mère, dit-il avec un sanglot dans la voix, c'est vous, une sainte, qu'un misérable ose insulter devant moi !

— D'abord, jeune homme, dit Jacques Bailleul d'un ton rude, je n'ai pas insulté la marquise de Coulange ; c'est vous qui vous êtes imaginé cela. Comme vous le dites, elle peut être une sainte, je n'ai aucune raison pour prétendre le contraire. Quand vous serez plus calme et mieux en état de m'écouter...

— Parlez, parlez ! l'interrompit Eugène avec violence.

— Voyons, qu'avez-vous supposé ? Que j'accusais la marquise de Coulange d'avoir eu un amant duquel vous seriez né ? Mais je n'ai pas dit cela du tout. Vous avez mal interprété mes paroles. Je vais tâcher de me faire mieux comprendre : vous n'êtes pas le fils du marquis de Coulange et vous n'êtes pas davantage le fils de la marquise de Coulange !

Le jeune homme poussa un cri sourd; ses bras tombèrent lourdement, et, livide, la sueur au front et les yeux hagards, démesurément ouverts, il resta immobile, comme foudroyé.

— Voilà le secret, cher monsieur, continua Jacques Bailleul, je n'ai pas besoin de vous faire remarquer, n'est-ce pas, combien il est précieux pour moi et terrible pour vous?

— Je... je ne suis pas... leur fils! balbutia Eugène d'une voix étranglée, se parlant à lui-même.

— Non, vous n'êtes pas leur fils... Ah! dame, il y a là toute une longue histoire, un véritable drame.

Eugène s'agita convulsivement, en portant à plusieurs reprises ses deux mains sur son front.

— Mais cela n'est pas, cela n'est pas! s'écria-t-il en regardant autour de lui avec égarement; oui, c'est une imposture, une monstrueuse machination!

Et se tournant brusquement vers Jacques Bailleul:

— Mais avouez, avouez donc que vous mentez!

— Vous n'êtes pas le fils du marquis et de la marquise de Coulange.

— Je ne vous crois pas; où est la preuve?

— Vous oubliez qu'il y a des papiers.

— Ah! oui, les papiers, où sont-ils? Existent-ils seulement, ces fameux papiers? Et quand même, ils sont faux, ils ont été fabriqués par quelqu'un, par vous, peut-être...

Jacques Bailleul frappa deux coups dans ses mains.

Aussitôt une petite porte s'ouvrit, et un homme masqué se montra dans l'encadrement.

— Le manuscrit? dit Jacques Bailleul.

L'homme masqué s'éloigna et reparut presque aussitôt, tenant dans sa main un cahier ayant une couverture bleue. Silencieux, il s'approcha de la table, posa le cahier devant son compère, puis sortit de la chambre dont la porte se referma. Alors Jacques Bailleul reprit la parole.

— Les papiers existent, dit-il, les voilà; il vous reste à savoir si c'est là l'œuvre d'un faussaire.

Il ouvrit le manuscrit à une page qui avait été marquée à l'avance par une corne.

— Pour plusieurs excellentes raisons, continua-t-il, je ne vous mets pas ce cahier en mains; mais approchez-vous et vous verrez.

Machinalement, Eugène avança. Ses yeux tombèrent sur le manuscrit ouvert. Aussitôt il se rejeta en arrière, en sursautant, comme si une bête venimeuse l'eût piqué.

— L'écriture de ma mère! exclama-t-il affolé.

— Non, pas de votre mère, mais de la marquise de Coulange.

Bâtard, tu ne sortiras pas d'ici..... Maintenant c'est ta vie qu'il me faut.

— Ah! c'est à devenir fou! s'écria Eugène en serrant sa tête dans ses mains crispées; c'est un rêve horrible que je fais!

— Non, vous êtes bien éveillé. Allons, continua-t-il avec un accent demi railleur, lisez cette page, cette page seulement, et vous apprécierez la valeur de ma marchandise.

Le jeune homme se rapprocha, se pencha sur le manuscrit et lut avidement.

Soudain, il se redressa en poussant un cri rauque. Il avait la figure décomposée et le regard d'un insensé.

— Un enfant volé, introduit par fraude dans la maison de Coulange! murmura-t-il d'une voix qui ressemblait à un râlement... Et c'est moi, c'est moi!...

— Vous-même, jeune homme!

— Oh! oh! fit le malheureux.

Il était haletant, de grosses gouttes de sueur tombaient de son front et coulaient sur son visage.

Jacques Bailleul frappa de nouveau dans ses mains. L'homme masqué reparut. Il avait évidemment deviné pourquoi on l'appelait, car il apportait un petit paquet enveloppé dans un madras. Sur un signe de son complice, il se retira. Jacques Bailleul avait pris le paquet. Il l'ouvrit.

— Tenez, dit-il à Eugène, voici les langes que vous portiez le jour où vous êtes entré un matin, secrètement, au château de Coulange. Regardez : un petit bonnet, une brassière, une petite chemise...

Eugène se précipita sur ces objets, les prit dans ses mains fiévreuses, tremblantes, les tourna et les retourna, en les regardant comme un condamné à mort regarde l'instrument de son supplice. Puis, jetant les langes sur la table, il fit quelques pas en arrière en chancelant sur ses jambes. Un gémissement sourd s'échappa de sa poitrine, et il s'affaissa sur un siège, lourdement, comme une masse qui tombe.

Il y eut un moment de silence pendant lequel on n'entendit que le bruit de la respiration oppressée du jeune homme.

— Naturellement, reprit Jacques Bailleul, la marquise de Coulange sait que vous n'êtes pas son fils ; il n'en est pas de même du marquis... Oh! lui, il n'a jamais eu le moindre doute à cet égard. Il vous croit son fils et voit en vous l'héritier de son nom et de sa fortune. Comment est-on parvenu à le tromper? Pourquoi la marquise a-t-elle gardé le silence jusqu'à ce jour, c'est-à-dire pendant plus de vingt et un ans? Tout cela est écrit là, de la main de madame de Coulange. Je vous l'ai dit tout à l'heure, tout cela est une histoire qui serait longue à raconter. Du reste, que vous importe de la connaître? Ce qu'il est important que vous sachiez, je vous l'ai dit et vous l'avez lu là, sur cette page.

Comme s'il avait eu le temps de réfléchir et de prendre une résolution virile, Eugène se redressa brusquement. Il sortait de sa torpeur, de son écrasement.

— Comment ce manuscrit est-il tombé entre vos mains? demanda-t-il.

— Je crois vous l'avoir dit déjà : c'est tout simplement le hasard qui m'a fait faire cette heureuse trouvaille.

— Ce manuscrit, écrit tout entier de la main de madame la marquise de Coulange, dit-il qui sont mes parents ou tout au moins quelle est la femme qui m'a mis au monde?

— Rien de positif.

— Pourtant, puisque je suis un enfant volé, on m'a pris quelque part à quelqu'un?

— Sans aucun doute. D'après ce que raconte le manuscrit, vous devez le jour à une pauvre fille séduite et abandonnée par son séducteur. On vous aurait enlevé à votre mère quelques heures après votre naissance. Alors votre mère est devenue folle et est morte peu de temps après. Le manuscrit ne dit que cela, ce qui indique que la marquise ne savait pas autre chose.

Deux grosses larmes avaient jailli des yeux d'Eugène et descendaient lentement le long de ses joues.

Jacques Bailleul poursuivit :

— Je puis vous dire, si cela peut vous intéresser, que ce manuscrit est une sorte de confession que la marquise de Coulange fait à son mari, dans le cas où la mort serait venue la surprendre. Ce n'est donc qu'après son décès que le marquis devait prendre connaissance des faits. Comment le manuscrit est-il sorti des mains de la marquise ? Je n'en sais rien, et je n'ai pas à m'en préoccuper. Il est déjà ancien : il y a quatorze ou quinze ans qu'il a été écrit. Comme vous le voyez, je suis aussi explicite que possible. Qu'avez-vous encore à me demander ?

— Rien !

— Alors vous êtes suffisamment édifié ?

— Oui.

— Je n'ai pas besoin d'appuyer davantage sur le danger de votre situation ; ce danger ressort des faits que vous connaissez maintenant. Pour les raisons qui lui ont fait garder le silence jusqu'à présent, la marquise de Coulange continuera à se taire ; le secret restera enfermé au fond de son cœur, son mari ne saura jamais rien. Vous êtes aujourd'hui comte de Coulange ; plus tard vous partagerez avec celle qui se croit votre sœur l'héritage du marquis, et vous serez marquis de Coulange. Je vous en donne l'assurance, vous n'avez rien à redouter de la marquise ; elle vous a adopté, elle ne touchera pas à votre position. Il ne vous reste donc, pour être absolument tranquille et pouvoir dormir sur vos deux oreilles qu'à acheter mon silence. Si vous le voulez bien, nous allons conclure…

— Quoi ?

— Ah ! ça, à quoi pensez-vous donc ? Vous avez l'air de sortir d'un rêve. Ne sommes-nous pas en présence pour faire un marché ?

— Ah ! c'est vrai, un marché, fit Eugène.

Et un sourire singulier glissa rapidement sur ses lèvres.

— Je vous ai fait connaître mes conditions, reprit Jacques Bailleul, vous savez ce que vaut mon silence, c'est cinq cent mille francs qu'il me faut.

Le jeune homme se leva et se rapprocha de la table près de laquelle il resta debout les bras croisés. Il avait repris sa force et toute son énergie.

— Voyons, reprit l'autre, quelle somme avez-vous à la Banque de France ?

— Je n'ai rien à la Banque de France, répondit Eugène d'un ton froid.

— Alors votre argent et vos valeurs sont en dépôt dans une autre caisse.

— Je n'ai de l'argent et des valeurs nulle part.

Jacques Bailleul tressaillit, et un sombre éclair traversa son regard.

— Dites donc, fit-il d'une voix sourde, que signifie cette plaisanterie ?

— Je ne plaisante jamais, répondit Eugène.

— Si, vous vous moquez de moi quand vous dites que vous n'avez nulle part de l'argent ou des valeurs.

— C'est pourtant la vérité.

Jacques Bailleul frappa violemment sur la table.

— Jeune homme, prenez garde ! s'écria-t-il.

Et il lança à Eugène un mauvais regard.

Celui-ci répondit par un sourire de mépris.

— Vous savez bien, jeune homme, que je suis parfaitement renseigné, reprit Jacques Bailleul, en cherchant à paraître calme : lorsque le marquis de Coulange vous a mis en possession du legs de la duchesse de Chesnel-Tanguy, les quinze cent mille francs de valeurs mobilières de ce legs étaient à la Banque de France.

— C'est vrai.

— Où sont maintenant ces valeurs ?

— Toujours à la Banque de France ; seulement elles ne sont plus à moi.

— Hein ! je ne comprends pas !

Eugène se redressa fièrement, et, une flamme dans le regard, il répondit

— C'est pourtant bien facile à comprendre : la duchesse de Chesnel-Tanguy a fait un legs au fils du marquis de Coulange ; or le marquis de Coulange n'ayant pas de fils, le legs n'avait aucune raison d'être ; il n'existe plus !

— Qu'est-ce qu'il dit là ? Voyons, jeune homme, est-ce que vous êtes fou ? Que signifient vos paroles ?

— Que je ne possède rien, ni argent ni terre, répondit Eugène d'une voix grave ; il n'y a plus de comte de Coulange ; celui qui est devant vous n'est plus qu'un inconnu, un malheureux qu'on a pris à sa mère, un enfant volé !...

Jacques Bailleul devint très pâle. D'un seul mouvement il se dressa sur ses jambes.

— Voyons, voyons, ce n'est pas sérieux, ce que vous dites ! s'écria-t-il.

— Ah ! ça, mais pour qui donc me prenez-vous ? répliqua le jeune homme d'une voix éclatante ? Me supposez-vous assez infâme pour garder un nom qui ne m'appartient pas, une fortune à laquelle je n'ai aucun droit, pour devenir un voleur, en achetant le silence que vous voulez me vendre ?... Ah ! je n'ai pas tout perdu : il me reste l'honneur !...

Jacques Bailleul était stupéfié. La foudre tombant à ses pieds n'aurait pas produit sur lui un effet plus terrible.

A ce moment, les deux portes de la chambre s'ouvrirent, et deux hommes masqués entrèrent, celui qui s'était montré deux fois et un autre.

Soudain, la figure de Jacques Bailleul prit une expression hideuse ; son regard avait quelque chose de féroce. Le misérable ne pouvait plus en douter, l'affaire était manquée. Une rage horrible grondait dans sa tête. Cependant il parvint à contenir sa fureur.

— Ainsi, dit-il, d'une voix sifflante, vous repoussez ma proposition ?
— Avec indignation, avec dégoût !
— Vous n'aimez donc pas mademoiselle de Valcourt ?
— Je l'aime de toutes les forces de mon âme !
— Vous savez qu'elle ne sera pas votre femme.
— Je le sais. Je ne suis plus digne d'elle, elle ne me reverra jamais !
— Jeune homme, pendant qu'il en est temps encore, réfléchissez.
— Toutes mes réflexions sont faites. Je n'ai plus rien à vous dire. Ai-je maintenant le droit de m'en aller ?

Cette fois, la fureur de Jacques Bailleul éclata comme une bombe.

— Ah ! tu veux t'en aller, avec mon secret ! hurla-t-il. Bâtard, tu ne sortiras pas d'ici... Maintenant, c'est ta vie qu'il me faut.

Ses yeux s'étaient injectés de sang, il avait de l'écume plein la bouche, son regard était effrayant. Ce n'était plus un homme, mais une bête féroce. Il était horrible !

Il s'empara de l'arme qu'il avait posée sur la table, bondit sur le jeune homme comme un tigre sur sa proie, en poussant une sorte de rugissement, le saisit à la gorge et leva le poignard pour le lui plonger dans la poitrine.

XXIII

COMMENT FINIT LA NUIT

Eugène n'avait pas cherché à éviter son féroce adversaire. Pâle, frémissant, il était resté immobile, prêt à recevoir la mort.

Rapide comme l'éclair, l'un des hommes masqués s'était élancé sur son complice et l'avait empêché de frapper en arrêtant son bras.

Celui-ci recula, en faisant entendre un grognement qui n'avait rien d'humain.

— Il ne fallait pas l'empêcher de me tuer, dit tristement Eugène, en s'adressant à son libérateur masqué ; allez, je ne tiens guère à ma vie... pour ce qu'elle vaut maintenant !...

L'homme s'approcha de son camarade masqué et lui dit quelques mots à l'oreille. Alors ce dernier fit signe à Eugène de le suivre. Tous deux sortirent de la chambre, l'homme masqué ayant dans la main une bougie. Ils suivirent un couloir étroit au fond duquel l'inconnu ouvrit une porte. Puis, mettant le bougeoir dans la main d'Eugène, d'un geste impérieux il lui ordonna d'entrer. Le jeune homme pénétra dans la pièce ouverte devant lui. Aussitôt la porte fut fermée, et il entendit le bruit de la clef tournant dans la serrure.

— Tout n'est pas fini, se dit-il ; ils m'ont enfermé ici pendant qu'ils vont délibérer sur mon sort. Puisqu'ils ne veulent pas m'assassiner, que vont donc faire de moi ces trois misérables ?

Attendons ! soupira-t-il.

Il posa le bougeoir sur un guéridon et se laissa tomber sur un siège.

Les trois hommes causaient ou plutôt se disputaient dans la chambre où la scène que nous venons de raconter s'était passée. La fureur de Jacques Bailleul n'était pas encore calmée.

Le lecteur n'a pas oublié, sans doute, que ce nom de Jacques Bailleul était celui qu'avait pris Sosthène de Perny lors de son retour en France. Est-il besoin de dire que les deux hommes masqués étaient José Basco et Armand des Grolles ? On a également deviné que la dame au domino rose n'était autre que la soi-disant baronne de Waldreck, laquelle avait déjà joué, précédemment, auprès de Maximilienne, le rôle d'une comtesse polonaise, dame de charité.

Sosthène arpentait la chambre à grands pas, frappant du pied, grognant, gesticulant. Il s'arrêtait à chaque instant pour se retourner vers ses complices et leur crier, en agitant ses bras comme un insensé :

— Je voulais le tuer ! Je voulais le tuer !

Cela dura plus de dix minutes. Enfin il cessa de bondir sur le parquet. Il se rapprocha du Portugais et lui dit d'une voix creuse :

— Voilà ! tout est perdu !

— Non, répliqua José, tout n'est pas perdu.

— Ah ! si seulement vous ne m'aviez pas empêché de lui enfoncer ma lame dans la gorge.

— Mais insensé que vous êtes, vous ne comprenez rien quand la colère vous aveugle ? Si vous aviez fait cela, vous nous auriez mis dans un joli pétrin. Demain, toute la police eût été à nos trousses, et tout serait réellement perdu. C'est vous qui avez voulu faire cette tentative ; mais je connais le comte de Coulange, je craignais son insuccès. Voilà ce qu'on peut appeler une fausse manœuvre, une grande maladresse. Maintenant, il s'agit de la réparer.

— Mais il connaît le secret ! Que va-t-il faire ? dit de Perny.

— Nous verrons.

— Il y aura sûrement un éclat à l'hôtel de Coulange, et mon excellente sœur devinera que je suis à Paris.

— Eh bien, après ?

— Ainsi, vous ne voyez à cela aucun danger ?

— Aucun.

— Vous êtes étonnant, José !

— D'abord, je crois que votre sœur vous chercherait longtemps avant d'aller vous dénicher sur la butte Montmartre. Ensuite le comte de Coulange n'a reconnu ni des Grolles, ni moi. Nul ne peut deviner que don José, comte de Rogas le cousin du comte de Montgarin, connaît Sosthène de Perny. Si l'on vous cherche, tant mieux, à condition que vous resterez bien caché. Pendant ce temps je profiterai de l'effet produit par votre sottise de cette nuit pour dégager notre véhicule embourbé. Le comte de Coulange fera un coup de sa tête, j'en suis convaincu. Que se passera-t-il ? Je ne peux pas le deviner. Mais ce qui arrivera ne saurait changer en rien la situation du comte de Montgarin. Mlle de Coulange l'aime, elle l'épousera.

— Mais l'argent nous manque ! s'écria Sosthène !
— Oh ! il faudra bien que j'en trouve.
— Comment ?
— En cherchant, répondit sourdement José. Mais, continua-t-il, il n'est pas loin de quatre heures du matin, et, avant de rentrer chez moi, je tiens à faire une seconde apparition au bal de l'Opéra. Nous n'avons plus rien à faire ici, décampons.
— Et le comte de Coulange ? demanda Sosthène.
— Des Grolles sait ce qu'il a à faire, répondit José. Nous n'avons plus une minute à perdre, allons vite, partons.

Sosthène prit le manuscrit de la marquise et les autres objets qui étaient sur la table, et l'un derrière l'autre, les trois bandits sortirent de la chambre.

Au bout d'une demi-heure d'attente qu'il avait employée à faire de douloureuses réflexions, Eugène, n'entendant plus aucun bruit, se leva et fit le tour de la pièce transformée en une prison pour la circonstance. C'était une espèce de réduit, assez malpropre, sans cheminée, n'ayant pour tous meubles qu'une chaise et le guéridon sur lequel il avait placé sa lumière. Ce cabinet n'avait que deux ouvertures : la porte et un trou carré, bouché par une vitre et donnant sur le jardin.

Eugène ne doutait pas que la porte ne fût fermée ; cependant il essaya de l'ouvrir. Mais, après quelques efforts inutiles, il s'approcha de l'autre ouverture.

Il commençait à trouver qu'on abusait un peu trop de sa patience, et il ne lui plaisait point de rester plus longtemps dans sa prison.

Le trou n'était pas grand ; mais à la rigueur, sauf à s'écorcher un peu la peau, un homme mince y pouvait passer. Eugène venait de penser cela, lorsqu'il s'aperçut que le trou avait un barreau de fer.

— Oh ! oh ! fit-il, suis-je réellement dans une prison ?

Il revint près de la porte et la toucha de la main.

— Mais non, reprit-il, cette porte est mince et facile à briser.

A peine avait-il prononcé ces mots que, derrière lui, la vitre vola en éclats, et un objet tomba au milieu du cabinet en rendant un bruit métallique.

Eugène regarda. C'était une clef. Probablement la clef de la porte. Il la ramassa, la mit dans la serrure, la fit jouer, et la porte s'ouvrit.

— Je comprends, murmura-t-il, la maison est abandonnée.

Il prit le bougeoir pour s'éclairer jusqu'au rez-de-chaussée, et il sortit de la maison, puis du jardin par la petite porte du boulevard, qu'il trouva entr'ouverte. Bien qu'il eût hâte de s'éloigner, il prit cependant le temps de regarder au-dessus de la porte et sur les pilastres de la grille. Il n'y avait pas de numéro.

— N'importe, se dit-il, si c'est nécessaire, je saurai bien retrouver cette maison.

Il enfonça son chapeau sur sa tête, serra son pardessus contre lui et partit au pas gymnastique. Dès qu'il fut rentré dans Paris, son pas se ralentit. Il continua à marcher, allant droit devant lui, la tête baissée, absorbé dans mille pensées incohérentes, bizarres, que faisait naître le trouble de son esprit.

— Voyons, où vais-je? Que vais-je faire? se demanda-t-il, sortant brusquement de ses sombres pensées.

Il s'arrêta et regarda autour de lui. Il se trouvait au milieu du carré Marigny. Le long des allées, à travers les arbres, il voyait passer des silhouettes d'hommes et de femmes, probablement des personnes qui sortaient du bal de l'Opéra. Au bout de l'avenue, l'Arc de triomphe, éclairé par la lune, se détachait vigoureusement sur le fond gris clair du ciel étoilé. Le regard suivant la ligne droite indiquée par l'Obélisque, on apercevait sous ce grand arc une magnifique étoile; on aurait dit une lampe suspendue au milieu de la voûte du superbe monument.

Eugène traversa la place de la Concorde et s'arrêta de nouveau à l'entrée du pont, pour se demander une seconde fois :

— Que vais-je faire?

Il s'assit sur le parapet du quai.

L'air du matin était froid; il gelait. Eugène, pourtant, ne sentait pas la froidure; il est vrai que tout son sang était en ébullition.

Pendant un instant il prêta l'oreille aux rumeurs sourdes et lointaines qui sortaient du centre de Paris, principalement du côté des Halles. Sous la lumière du gaz les balayeurs silencieux achevaient le nettoyage des rues.

Le bruit des camions, des haquets, des charrettes, des tapissières, répercuté par les échos, ressemblait à un formidable grondement. En même temps, Eugène entendait le clapotis de l'eau sous les arches du pont.

— Oui, murmura-t-il, répondant à une de ses pensées, j'ai bien fait de lire la lettre, d'aller au rendez-vous qui m'était donné à l'Opéra et de me laisser conduire dans la maison d'où je sors. Je voulais savoir, je sais... Ah! je ne sais pas qui je suis; mais je sais ce que je ne suis plus!... C'est épouvantable, horrible... Autour de moi se creusent d'effroyables abîmes! Je me le demande encore, que vais-je faire? Ai-je le droit de rentrer là où je suis un étranger?... Et depuis près de vingt-deux ans je les appelle mon père, ma mère, ma sœur... depuis près de vingt-deux ans, je porte un nom qui ne m'appartient point...

Je suis le fils d'une pauvre fille séduite puis abandonnée, comme cela arrive

LE FILS 305

L'oubli est dans la mort, prononça-t-il, elle est là ouvrant ses bras au fond du gouffre.

souvent, par son séducteur, un misérable !... Quelle destinée pour la mère, quel triste sort pour l'enfant !... Au moins, elle ne souffre plus, elle; elle est devenue folle et elle est morte !... Oh! ma pauvre mère! Pourquoi donc lui a-t-on volé son enfant? Pourquoi? Parce qu'elle l'aimait et qu'elle n'a voulu ni l'abandonner ni le vendre. Voilà. Elle n'avait que son enfant pour la consoler dans son malheur et on le lui a volé! Il fallait un enfant, un fils à la noble maison de Coulange. Mais c'est un crime monstrueux qu'on a commis! Oh! madame la marquise!

Ah ! malheureux ! s'écria-t-il, en se frappant la poitrine, j'accuse ma bienfaitrice, la femme que j'honore, que je vénère et respecte le plus, celle que tout à l'heure je défendais et appelais une sainte ! Non, non, je ne veux pas avoir cette pensée. Non, la bonne marquise n'est pas coupable, le mal n'a jamais flétri son âme. Où il y a la bonté et la grandeur, il ne faut pas chercher la cruauté et la bassesse. Mais quel est donc cet horrible mystère ?

Sa tête s'inclina sur sa poitrine, et pendant quelques minutes, il pleura silencieusement.

Il pensait à son brillant passé, qui n'était plus qu'un rêve, à tous ceux qu'il aimait : le marquis, la marquise, Maximilienne, Emmeline, à madame Louise encore et aussi à la pauvre morte qui l'avait mis au monde.

— Pourquoi ne m'ont-ils pas tué ? reprit-il d'un ton navrant. Quel service ils m'auraient rendu !

Il se tourna du côté de l'eau et regarda les petits flots qui semblaient courir les uns après les autres.

— L'oubli est dans la mort, prononça-t-il tristement, et la mort est là, ouvrant ses bras au fond de ce gouffre. Je ferais peut-être bien d'aller lui dire :

— Prends-moi !

Il tressaillit.

— Non, murmura-t-il, le suicide est une lâcheté ! Puisqu'il le faut, je souffrirai. Est-ce que ma mère n'a pas souffert, elle !...

Alors il se demanda s'il lui était permis de s'éloigner de l'hôtel de Coulange, de disparaître sans avoir revu le marquis, la marquise et Maximilienne. Certes, il ne pouvait douter de la sincère affection de ces trois personnes. Quelle inquiétude pour elles, s'il quittait Paris, la France, comme il en avait l'intention, sans les prévenir ! Et puis, sous peine d'être un monstre d'ingratitude, ne devait-il pas au moins remercier le marquis de ce qu'il avait fait pour lui ?

Il comprit qu'il devait rentrer à l'hôtel de Coulange.

Mais, tout à coup, il lui vint une autre pensée. Ce manuscrit, dont on lui avait fait lire seulement une page, avait-il été réellement écrit par la marquise de Coulange ? Sans doute, il avait reconnu l'écriture ; mais n'existait-il pas des faussaires habiles imitant parfaitement toutes les écritures ? enfin les trois misérables auxquels il avait eu affaire n'étaient-ils pas capables d'avoir imaginé cette ignoble coquinerie, comptant qu'il serait aussi infâme qu'eux, et que, pour conserver le nom de Coulange et épouser mademoiselle de Valcourt, il n'hésiterait pas à acheter leur silence cinq cent mille francs ?

Eugène s'étonna que cette idée ne lui fût pas venue plus tôt.

Plus il l'examinait, la creusait, plus elle lui paraissait admissible. D'ailleurs elle lui fournissait une explication très nette, tandis que s'il ajoutait foi à l'histoire de l'enfant volé, il se trouvait en face d'un mystère impénétrable.

Peu à peu, en consultant sa raison et en interrogeant tous ses souvenirs, il arriva à se convaincre qu'on lui avait tendu, avec une audace rare, un piège dans lequel on espérait qu'il se laisserait prendre niaisement.

Aux premières lueurs de l'aube, comme les boutiques commençaient à s'ouvrir dans les rues, Eugène rentra à l'hôtel de Coulange.

TROISIÈME PARTIE

LES GRANDS CŒURS

I

EUGÈNE ET LA MARQUISE

A midi, comme d'habitude, trois coups de cloche annoncèrent le déjeuner.
Tout en rentrant, Eugène s'était mis au lit. Mais n'ayant pu dormir, il s'était levé à dix heures. Il vit dans une glace ses yeux battus et l'altération de ses traits. Il ne pouvait paraître ainsi devant le marquis et la marquise. Il pensa qu'un bain ferait disparaître les traces de fatigue de l'horrible nuit. Il descendit dans la salle de bains où il resta une heure. Ensuite il remonta chez lui et constata avec satisfaction que sa grande pâleur avait à peu près disparu et que ses yeux, moins rouges, avaient repris leur expression ordinaire. Il pouvait, sans être trop inquiet, attendre l'heure du déjeuner. Il se jeta sur une chaise longue et s'absorba dans une méditation profonde. Le son de la cloche l'arracha à ses pensées.

Il se regarda dans une glace, passa sa main sur son front pour relever ses cheveux et se rendit dans la salle à manger où il arriva le dernier.

Gabrielle était là. La marquise, qu'elle était venue voir le matin, l'avait retenue.

Comme d'habitude, Eugène embrassa la marquise et Maximilienne, et tendit son front au marquis. Ensuite il prit la main de Gabrielle, en lui disant :

— Bonjour, madame Louise.

On se mit à table. Le repas fut presque silencieux.

Gabrielle observait Eugène à la dérobée. Elle avait tout de suite remarqué qu'il n'était pas comme à l'ordinaire, bien qu'il fît de grands efforts pour paraître gai. Elle voyait de la tristesse dans son sourire et certains de ses mouvements lui faisaient deviner qu'il avait l'esprit préoccupé et inquiet. A son tour elle devint triste et inquiète. Une mère est toujours prompte à s'alarmer.

— Il a quelque chose, se disait-elle.

Le maître d'hôtel apporta le café, que la marquise servait elle-même lorsqu'ils n'étaient qu'eux.

— Eugène, dit le marquis, tu es bien silencieux aujourd'hui ; est-ce que tu ne nous dis rien ?

— Que voulez-vous que je dise, mon père ?

— Il me semble pourtant que tu as quelque chose à nous raconter.

Le jeune homme ne put s'empêcher de tressaillir.

— Tu pourrais, par exemple, continua le marquis en souriant, nous dire s'il y avait beaucoup de monde au bal de l'Opéra et quelles ont été tes impressions.

Eugène rougit jusqu'aux oreilles.

— Mon père, balbutia-t-il, vous savez donc ?...

Le marquis se mit à rire. La marquise et Maximilienne ne cherchaient pas à cacher leur surprise.

— Ainsi, reprit M. de Coulange, c'est bien au bal de l'Opéra que tu es allé. Je l'ai deviné en te voyant rentrer ce matin à six heures ; car je me suis dit aussitôt : c'est là seulement qu'il peut avoir passé la nuit. Ah ! ah ! tu ne te doutais pas que j'étais levé à six heures. Eh bien ! tu as l'air tout honteux. Mais je ne te blâme nullement d'avoir eu cette curiosité bien naturelle à ton âge. Certes, tu as parfaitement le droit de chercher quelques distractions, de t'amuser un peu.

— Comment, Eugène, tu es allé au bal de l'Opéra ? dit Maximilienne.

— Oui.

— Oh ! le vilain cachottier, fit la jeune fille en souriant.

— Tu as raison, Maximilienne, dit le marquis, c'est un cachottier ; gronde-le, non point parce qu'il est allé au bal de l'Opéra, mais parce qu'il ne voulait pas qu'on connût sa petite escapade.

— Il faut que vous sachiez, cher père, qu'Eugène avait déclaré à M. de Montgarin, devant maman et moi, qu'il n'irait pas au bal de l'Opéra.

— La curiosité lui est venue à la dernière heure.

— C'est vrai, mon père, c'est au dernier moment que j'ai changé d'idée.

— Eugène, répliqua Maximilienne, je crois plutôt que tu voulais aller seul au bal de l'Opéra.

— Enfin, reprit le marquis, t'es-tu amusé ?

— Non, mon père.

— Cela ne me surprend point ; il n'y a que certaines gens qui s'amusent dans ces sortes de fêtes.

Et ce fut tout. On parla d'autre chose.

A une heure et demie le marquis se leva. Il avait commandé sa voiture. Il allait sortir avec Maximilienne. La jeune fille passa dans son appartement pour mettre son chapeau, son manteau de fourrures, ses gants et prendre son manchon.

— Viens-tu avec nous ? demanda le marquis à Eugène.

— Non, mon père, je ne sortirai pas aujourd'hui.

— Je comprends, tu as besoin de te reposer.

Le marquis et sa fille partirent. Eugène laissa la marquise et Gabrielle causer ensemble. Au bout d'une demi-heure, celle-ci se retira. La marquise resta seule dans son boudoir.

Eugène guettait sans doute le départ de Gabrielle, car elle était à peine sortie de l'hôtel qu'il frappa à la porte du boudoir.

— Entrez, dit la marquise.

Il ouvrit la porte et entra. Son cœur battait violemment.

— Comment ! c'est toi, Eugène ? fit la marquise en se retournant.

Silencieux, il s'approcha d'elle. Elle le regarda.

— Tu as l'air bien agité, dit-elle ; et comme tu es pâle !...

— C'est que j'éprouve une violente émotion, ma mère, répondit-il.

— Ah ! fit la marquise étonnée et inquiète.

— Ma mère, pouvez-vous m'accorder un moment d'entretien ?

— Certainement, mon ami, assieds-toi là, à côté de moi.

— Merci, je préfère ce fauteuil. Comme cela je serai en face de vous.

— Soit, Eugène. Comme tu as l'air solennel ! Voyons, est-ce une confidence que tu as à me faire ?

— Oui, ma mère, une grosse confidence.

— Eh bien, je t'écoute. Mon Dieu, me voilà déjà inquiète !

Le jeune homme étouffa un soupir.

— Ma mère, dit-il, après m'avoir entendu déclarer qu'il ne me plaisait point d'aller au bal de l'Opéra, vous avez été étonnée en apprenant tout à l'heure que j'y suis allé.

— En effet, mon ami. Mais, comme l'a dit ton père, c'est une curiosité naturelle...

— Oui, c'est la curiosité qui m'a poussé ; mais pas celle dont mon père a voulu parler. Ma mère, je suis allé à un rendez-vous qu'on m'a donné à l'Opéra.

— Un rendez-vous ?

— Hier matin, une vieille femme m'arrêta dans la rue et, mystérieusement, me remit une lettre. Je l'ai conservée, cette lettre, la voici. Lisez-la, ma mère.

La marquise prit le papier qu'Eugène lui tendait déplié, et lut rapidement.

Le jeune homme s'aperçut qu'elle pâlissait.

— Eugène, dit-elle vivement d'une voix émue, tu sais bien que le bonheur d'Emmeline et le tien ne courent aucun danger ; tu as eu tort d'aller à ce rendez-vous d'un inconnu.

— Peut-être, ma mère. D'abord, j'ai pensé comme vous et j'ai hésité ; mais la curiosité l'emporta. Je trouvais l'aventure piquante, singulière ; je ne pus résister au désir de voir, de savoir...

— Qui as-tu trouvé à l'Opéra? Un homme?

— Non une femme en domino rose, dont je n'ai pu voir la figure parce qu'elle était masquée.

— Une folie de carnaval! fit la marquise.

— Ma mère, c'est plus sérieux que cela.

— Enfin, que s'est-il passé entre toi et cette femme?

Ici, Eugène raconta assez exactement la scène de la loge.

— Et tu t'es laissé entraîner par cette femme! exclama la marquise, dont l'inquiétude augmentait visiblement.

— Oui. Mais ce n'est pas précisément le domino rose qui m'entraînait; c'est une force irrésistible qui me poussait.

— Ah! Eugène, dit tristement la marquise, je ne reconnais plus là ta sage prudence.

— Je suivis donc la femme masquée, reprit le jeune homme. Elle avait une voiture qui l'attendait à quelques pas de l'Opéra; j'y pris place à côté d'elle, et, au bout d'un quart d'heure ou vingt minutes, nous mîmes pied à terre devant une maison du boulevard Bineau, à Neuilly, qu'elle me dit être la sienne. La porte d'entrée d'un jardin s'ouvrit devant nous; et après avoir fait trente ou quarante pas dans une allée, nous entrâmes dans la maison. La femme masquée m'introduisit dans une pièce où elle me pria de l'attendre un instant pendant qu'elle allait changer de costume. Je ne la revis plus.

— Après, après? lui demanda la marquise d'une voix frémissante.

Son instinct lui faisait pressentir quelque chose d'effroyable. Son cœur se serrait. Ce qu'elle éprouvait maintenant, ce n'était plus seulement de l'inquiétude, mais de la terreur.

Eugène continua :

— Après avoir attendu assez longtemps, une porte s'ouvrit et je vis entrer dans la chambre un homme.

— Oh! fit la marquise frissonnante.

— Un homme masqué, ajouta Eugène.

— Masqué! répéta Mme de Coulange comme un écho.

— L'effet que produisirent sur moi les premières paroles de cet homme, je ne vous le dirai point, ma mère.

— Pourquoi?

— Parce que, les ayant mal interprétées, je devins furieux et fus sur le point de lui sauter à la gorge.

— Que t'avait-il dit?

— Ma mère!...

— Eugène, que t'avait-il dit?

— Quelque chose d'épouvantable, ma mère, et, trop facilement, j'avais cru qu'il vous insultait.

— Et tu t'es indigné ! s'écria-t-elle, et tu as défendu la marquise de Coulange !... C'est bien, c'est bien !... Continue, Eugène, continue.

Se parlant à elle-même, elle ajouta :

— Mon Dieu, que va-t-il me dire ?

Le jeune homme hésitait à parler.

— Eugène, je veux tout savoir, reprit-elle ; parle, parle, je t'en supplie, et, s'il le faut, je te l'ordonne !

Voyant approcher l'orage, la malheureuse femme provoquait la foudre.

— Ma mère, dit alors Eugène, l'inconnu me proposa un marché.

— Un marché ?

— Oui, un marché étrange.

— Va, je t'écoute, fit la marquise, avec une impatience fébrile.

— Il m'offrit de me vendre un secret et son silence cinq cent mille francs.

La marquise fit entendre un gémissement. Eugène continua :

— Je lui répondis que je ne pouvais faire un marché semblable avec un inconnu, un homme qui cachait sa figure sous un masque.

— Ah ! ah ! fit la marquise.

— Alors l'inconnu enleva son masque.

— Tu l'as vu ! Comment est-il, cet homme ? Dis, dis !...

— Les traits sont assez réguliers ; mais il a le visage flétri et comme un stigmate de honte sur son front dénudé. Sa barbe et ses cheveux sont blancs ; ses yeux caves sont étincelants ; une crispation de ses lèvres est son sourire ; il a le regard méchant, haineux, la parole brève et la voix dure et gutturale. Il est de haute taille et doit avoir entre cinquante et soixante ans.

La marquise terrifiée se dressa sur ses jambes en s'écriant :

— C'est lui !

Eugène la regarda tout interdit.

Elle jeta autour d'elle des regards épouvantés ; puis, retombant toute tremblante sur le canapé :

— Et le secret de cet homme, l'as-tu acheté ? demanda-t-elle d'une voix étranglée.

Elle dut attendre que le jeune homme eût la force de parler.

— Non, dit-il au bout d'un instant, je n'ai pas acheté son secret, je n'ai pas acheté non plus son silence.

— Alors, tu ne sais rien, rien ?

— L'homme que j'ai vu cette nuit est un misérable !...

— Oh ! oui, un grand misérable !

— Je ne veux pas tenir compte des choses étranges, terribles qu'il m'a révélées ; c'est par vous que je dois apprendre la vérité.

Ces paroles pénétrèrent comme un fer rouge dans le cœur de la marquise. Elle s'agita convulsivement et laissa échapper une plainte sourde.

Il n'a pas menti, l'infâme! tu n'es pas le fils du marquis et de la marquise de Coulange. (Page 314.)

Le jeune homme baissa la tête et resta un moment silencieux. Puis, se redressant brusquement :

— Ah! je ne sais plus comment je dois vous parler! s'écria-t-il d'un ton douloureux ; faut-il vous appeler ma mère ou madame la marquise?

Elle poussa un cri affreux. Puis, d'une voix éteinte :

— Ah! il sait tout! murmura-t-elle.

— Non, répliqua-t-il, je ne saurai que quand vous aurez parlé.

— Mon Dieu, quelle horrible torture! gémit la marquise.

Elle passa rapidement ses deux mains sur son front, et, comme si elle eût eu honte de sa faiblesse, elle retrouva subitement son énergie.

— Voyons, voyons, reprit-elle, se parlant à elle-même, je ne peux pas rester ainsi devant lui comme une coupable.

Alors elle se redressa, belle et fière, et ses yeux ardents se fixèrent sur le jeune homme.

— Eh bien, dit-elle d'une voix affermie, interroge-moi, que veux-tu savoir?

— Suis-je le fils du marquis et de la marquise de Coulange?

— Ah! le misérable! exclama-t-elle, il a osé révéler ce secret qui aurait dû mourir avec lui comme j'avais juré qu'il mourrait avec moi!

— Ainsi, cet homme n'a pas menti?

— Non, il n'a pas menti, l'infâme! Tu n'es pas le fils du marquis et de la marquise de Coulange.

Le jeune homme poussa un gémissement, laissa tomber sa tête dans ses mains et s'abîma dans sa douleur, douleur profonde.

Au bout d'un instant, la marquise se leva et s'approcha de lui.

— Eugène, lui dit-elle d'une voix pleine de larmes, en lui posant la main sur l'épaule, tu souffres, n'est-ce pas, tu souffres beaucoup?... Va, tu ne souffriras jamais autant que la pauvre marquise de Coulange a déjà souffert.

Le malheureux se dressa debout. Il sanglotait, mais ses yeux étincelants n'avaient pas une larme.

— Pardonnez-moi, madame la marquise, dit-il.

— Madame la marquise! exclama-t-elle; tu m'appelles madame la marquise!

— Je n'ai plus le droit de vous appeler ma mère.

Elle poussa un cri déchirant et fondit en larmes.

Eugène s'empara d'une de ses mains et la porta à ses lèvres.

Puis, lentement, il se dirigea vers la porte.

La marquise s'élança entre lui et la porte.

— Où vas tu? lui demanda-t-elle.

— Attendre le retour de monsieur le marquis.

— Mais que veux-tu donc faire?

— Remercier monsieur le marquis de ses bienfaits.

— Et après?

— Je m'en irai où la volonté de Dieu me conduira.

— Ah! c'est impossible! Eugène, tu ne feras pas cela, s'écria-t-elle éperdue.

— Je ne suis plus ici qu'un étranger.

— Oh! un étranger! fit-elle avec un accent intraduisible.

— Je m'en irai, madame la marquise, c'est ce que je dois faire.

Elle resta un moment silencieuse et dit, en remuant tristement la tête :

— Oui, je comprends ce sentiment; c'est de la noble fierté. Ah! Eugène, vous êtes le digne élève du marquis de Coulange.

« Maintenant, continua-t-elle, vous allez me faire une promesse
— Je vous écoute.
— Vous ne direz rien au marquis de Coulange avant que vous n'y soyez autorisé par moi.

Et, comme si elle eût deviné la pensée de jeune homme, elle ajouta :
— Oh! rassurez-vous, si ce n'est pas ce soir même, demain matin vous pourrez annoncer à mon mari quelles sont vos intentions.

La marquise, est-il besoin de le dire, avait déjà pris une résolution suprême.
— Eh bien, Eugène, reprit-elle, me promettez-vous cela?
— Oui, je vous le promets.
— Merci!

Elle lui prit la main et le ramena au milieu du boudoir, près du fauteuil qu'il venait de quitter.
— Asseyez-vous, lui dit-elle. Il y a plusieurs choses que je tiens à savoir et qu'il faut que vous me disiez.

Eugène s'assit et attendit que la marquise l'interrogeât.

II

LA RÉSOLUTION

Mme de Coulange était redevenue absolument maîtresse d'elle-même. Il semblait qu'elle fût maintenant insensible à la souffrance, à la douleur. Elle s'étonnait de trouver en elle un aussi grand courage. La douleur excessive amène souvent de ces sortes de réactions. Elle devait sans doute la force extraordinaire dont elle faisait preuve à l'irritation de ses nerfs et à son état fébrile.

Après un court silence, elle reprit :
— Eugène, racontez-moi exactement tout ce qui s'est passé dans cette maison du boulevard Bineau où vous avez été conduit par la femme masquée.

Le jeune homme lui fit le récit qu'elle demandait. La scène était encore fraîche dans sa mémoire ; il put en retracer fidèlement tous les détails.

La marquise l'interrompit une seule fois : ce fut quand il parla du manuscrit dont il avait reconnu l'écriture et lu une page.

— Oui, dit-elle, ces pages sont bien écrites de ma main; c'est le récit aussi complet que possible de ce qui s'est passé. Si vous l'aviez lu tout entier, Eugène, ce manuscrit que j'ai arrosé de mes larmes, que j'ai commencé à écrire le lendemain du jour où je vous ai embrassé pour la première fois, vous connaîtriez toutes mes souffrances, vous sauriez quelles horribles tortures ont marqué tous les jours, toutes les heures de ma malheureuse existence.

« Il y aura bientôt quatorze ans que ce manuscrit m'a été volé par le misérable en présence duquel vous étiez la nuit dernière.

— Vous le connaissez donc ?

— Hélas ! oui, je le connais... Ah ! ne me demandez pas son nom, je ne puis vous dire qui il est, vous ne devez pas le savoir !... Oui mon manuscrit m'a été volé par cet homme. Je le croyais détruit, perdu ; je croyais qu'il avait été jeté dans la Marne ; je n'y pensais plus. Et après tant d'années écoulées, voilà l'usage qu'on en vient de faire ! Et c'est lui, lui, le maudit, qui a eu l'incroyable audace de vous révéler ce secret qui m'a coûté si cher à garder !

La marquise écouta ensuite silencieusement. Elle eut seulement un sourire doux et triste quand Eugène lui fit la description des langes de l'enfant. A ce moment, sans doute, elle pensait à la véritable mère, à Gabrielle, l'autre martyre.

Eugène cessa de parler.

— Ainsi, dit Mme de Coulange, sans compter la femme au domino rose, qui avait probablement disparu aussitôt sa mission remplie, il avait avec lui deux complices, deux hommes masqués. Pourquoi étaient-ils masqués ?

— Je l'ignore. Peut-être pour compléter la mise en scène et produire sur mon esprit une impression plus forte.

La marquise secoua la tête.

— Je ne comprends pas, fit-elle.

Après avoir réfléchi un instant, elle reprit :

— Je ne vous demande pas quelles ont été vos impressions en apprenant ce secret, je les devine, je les sens ; elles ne pouvaient être que douloureuses. Mais ce que je voudrais savoir, c'est ce que vous avez pensé à la suite de vos terribles émotions.

— J'ai pensé que ma vie était brisée et qu'il n'y avait plus pour moi de bonheur possible.

— Eugène, vous oubliez donc Emmeline ?

— Il le faut bien, madame la marquise.

— Pourtant...

— Je ne reverrai plus Mlle de Valcourt.

— Alors vous renoncez à tout ?

— A tout ce qui, pour moi, ne saurait plus être qu'un rêve.

— Pauvre enfant ! se dit la marquise, le coup l'a frappé au cœur, et la blessure est profonde.

Elle reprit à haute voix :

— Et de moi, Eugène, qu'avez-vous pensé ?

— Une pensée mauvaise m'est venue, madame la marquise ; mais je l'ai aussitôt repoussée, en me rappelant vos vertus et vos bontés pour moi.

— C'est bien, Eugène ; je vous remercie de n'avoir point douté de la marquise de Coulange.

Ils causèrent encore quelques minutes, puis le jeune homme se leva pour se retirer.

— Eugène, vous n'oublierez pas la promesse que vous m'avez faite, lui dit la marquise.

— Je veux toujours respecter votre volonté, répondit-il.

— Il est bien entendu que, jusqu'à nouvel ordre, M. de Coulange et Maximilienne ne doivent rien soupçonner. Je vous demande donc d'avoir la force de vous contraindre devant eux. Cette force, vous l'aurez, si vous n'oubliez pas que ce secret qui vous a été révélé est mon secret, à moi, et la cause de toutes les larmes que j'ai versées depuis vingt-deux ans.

— S'il le faut, madame la marquise, pour vous je saurai mentir.

— Ah! ce n'est pas mentir, cela, dit-elle tristement.

Sur ces paroles, Eugène quitta la marquise.

Il ne lui avait adressé aucune question au sujet de sa mère. Avait-il jugé inutile de le faire, la croyant morte, comme la marquise le croyait elle-même lorsqu'elle avait écrit son manuscrit? Ou bien avait-il espéré que, sans l'interroger, Mme de Coulange lui parlerait de la malheureuse femme à qui on avait volé son enfant pour le lui donner, à elle?

Mais, sur ce point, la marquise s'était tenue dans une réserve absolue. Assurément elle avait eu des raisons pour garder le silence; et nous pouvons supposer qu'elle ne voulait rien dire à Eugène avant de s'être d'abord entendue avec Gabrielle.

Comme nous l'avons dit, la marquise avait pris une résolution. C'était fini; elle ne pouvait plus garder le silence; quoi qu'il pût arriver, il fallait tout dire au marquis. L'heure terrible avait sonné.

Quand elle voyait la vie de son mari constamment menacée, quand son épouvantable frère, plus audacieux et plus redoutable que jamais, cherchait par tous les moyens à commettre de nouveaux crimes, pouvait-elle hésiter encore à révéler au marquis sa première infamie? Sans doute, elle allait être forcée de flétrir la mémoire de sa mère, qui était morte avec le repentir; mais qu'importe? Sosthène était là, menaçant, haineux; elle n'avait plus rien à ménager. D'ailleurs quelque chose lui disait que c'était la vie de son mari et le bonheur de Maximilienne qu'elle défendait, qu'elle sauvait peut-être !

Autrefois, elle n'avait pas osé se faire l'accusatrice de son frère et de sa mère; elle avait reculé avec terreur devant les conséquences de sa révélation; maintenant, sans crainte, sans défaillance, elle allait dire au marquis:

« Voilà le crime des miens; j'ai été coupable en vous le cachant, jugez-moi ! »

Elle était rentrée dans sa chambre et s'était mise à genoux devant un prie-Dieu.

La marquise était très pieuse. Que de fois elle avait trouvé la consolation dans la prière ! Que de fois elle avait demandé au Tout-Puissant de relever son courage, de ranimer ses forces éteintes et de l'inspirer! A ce moment encore, dans sa prière ardente, qui montait vers le ciel, elle demandait à Dieu de la soutenir en lui prêtant son aide.

Le roulement d'une voiture dans la cour la fit tressaillir. Elle se leva brusquement et alla soulever le rideau d'une fenêtre.

Comme elle l'avait pensé, c'étaient son mari et sa fille qui rentraient. Il n'était pas encore cinq heures.

— Mieux vaut tout de suite que plus tard, murmura la marquise.

Elle s'essuya rapidement le visage avec son mouchoir, puis elle sonna sa femme de chambre.

Celle-ci parut aussitôt.

— Rose, lui dit la marquise, M. le marquis rentre à l'instant ; je vous prie d'aller lui dire que je l'attends ici, dans ma chambre.

Rose s'inclina silencieusement et sortit en refermant la porte.

La marquise resta debout au milieu de la chambre. Les yeux tournés vers le ciel, une fois encore elle éleva son âme jusqu'à Dieu.

— Le voici, dit-elle, en entendant un bruit de pas...

Elle jeta les yeux sur une glace.

— Oh! comme je suis pâle! murmura-t-elle.

La porte de la chambre s'ouvrit. Le marquis entra.

Il s'approcha de sa femme, tout souriant, et lui tendit la main.

— Nous avons fait une agréable promenade, dit-il ; malgré le soleil il y avait peu de voitures au bois ; cependant, nous avons vu les dames de Montesson, le duc d'Hernil avec la duchesse et leurs enfants, la marquise de Sérisy avec sa vieille cousine de Préfontaine. Ah! nous avons rencontré aussi le comte de Rogas ; il était à cheval. L'air est assez vif, j'ai craint le froid pour Maximilienne, et, comme tu le vois, nous sommes rentrés de bonne heure.

« Comment, tu restes ici sans feu!

— Il y en a eu ce matin pendant deux heures. La chambre est chaude.

— C'est vrai. Tu m'as fait dire de venir te trouver. Est-ce que tu as quelque chose à me dire?

— Oui, Édouard, j'ai quelque chose à te dire, répondit-elle d'une voix émue.

— Mais comme tu as l'air triste ; serais-tu contrariée?

La marquise secoua la tête. Elle avait une grande oppression, tout frémissait en elle. La malheureuse femme se sentait prête à défaillir et, anxieuse, elle se demandait si elle aurait la force de parler. Certes, elle était résolue, elle ne voulait pas reculer. Mais l'émotion de la dernière minute était terrible ; elle sentait son cœur serré comme dans un étau, elle était reprise par la terreur.

— Eh bien, Mathilde, reprit le marquis, qui commençait à être inquiet, c'est donc bien grave ce que tu as à me dire?

— Oh! oui, c'est grave, c'est terrible, balbutia-t-elle.
— Mathilde, tu m'effrayes... Pourquoi cette émotion qui te rend ainsi tremblante et t'empêche de respirer? Je t'en prie, remets-toi.
— Oui, Édouard, je me remets, car j'ai besoin de toutes mes forces.
— D'abord, ne reste pas debout, assieds-toi.
Elle se laissa tomber à genoux devant lui.
— Mais que fais-tu donc? s'écria-t-il.
— Édouard, c'est la confession de ta femme, ce sont d'épouvantables choses que tu vas entendre!
— Eh bien, je les entendrai, ces épouvantables choses, répliqua le marquis devenu grave, mais restant maître de lui-même. Mais, continua-t-il, ce n'est pas à genoux que la marquise de Coulange doit parler à son mari. Relève-toi, Mathilde.

En parlant, il lui avait pris les deux mains. Il l'aida à se lever et il la conduisit près d'une causeuse où il la fit asseoir.
— Maintenant, lui dit-il en s'asseyant près d'elle, tu peux parler, je t'écoute.

La marquise resta encore un instant dans son affaissement, puis elle eut un mouvement brusque et se redressa.
— Il le faut, il le faut! prononça-t-elle.

Le marquis la regardait tristement, ne sachant que penser.
— Édouard, reprit-elle d'une voix pleine de sanglots, je vais frapper ton noble cœur d'un coup terrible; c'est une horrible souffrance que tu vas avoir; mais je ne peux plus me taire, l'heure de parler est venue; il le faut, il le faut!... Il va sortir de mon cœur, ce secret fatal, qui depuis vingt-deux ans m'étouffe et me martyrise, me châtiant sans cesse de l'avoir gardé!
— Voilà de bien étranges paroles, dit le marquis avec un calme apparent; elles font naître en moi un profond étonnement. Quel est donc ce terrible secret que tu gardes depuis vingt-deux ans, Mathilde? Pourquoi, après l'avoir si longtemps gardé, veux-tu me le faire connaître aujourd'hui?
— Parce que, aujourd'hui, je ne peux plus me taire. Édouard, tu dois tou' savoir, je te dirai tout! Édouard, je suis coupable...
— Coupable, toi! exclama-t-il.

Elle fit entendre un gémissement.
— Allons donc, reprit le marquis, tu te calomnies!

Toutefois, il était devenu très pâle et il éprouvait un grand trouble intérieur.

La marquise appela à son aide tout son courage.
— Édouard, dit-elle, j'ai peur que mes forces m'abandonnent, je veux t'apprendre tout de suite la chose terrible : Édouard, Eugène n'est pas notre fils!...

— Oh! fit le marquis, comme si un coup l'avait frappé en pleine poitrine.

Puis il se dressa debout, les yeux grands ouverts, les traits décomposés.

Pendant un instant il regarda sa femme, se demandant si elle ne venait pas d'être subitement frappée de folie.

— Mathilde, dit-il d'une voix frémissante, ai-je bien entendu? Que viens-tu de me dire? Viens-tu réellement de me déclarer qu'Eugène n'est pas notre fils?

— Je viens d'apprendre la vérité au marquis de Coulange; ce que j'ai eu la faiblesse ou la lâcheté de ne pas lui dire à son retour de l'île de Madère.

Le marquis laissa échapper une plainte sourde et retomba sur la causeuse comme un bloc.

— Hélas! reprit la marquise, je savais bien que j'allais vous frapper cruellement et briser votre cœur... Édouard, monsieur le marquis, pardonnez-moi!...

Et, de nouveau, elle s'agenouilla devant lui.

Maintenant, le marquis la regardait avec des yeux égarés. Il était sans voix; la stupeur avait paralysé sa langue.

— Vous allez tout savoir, monsieur le marquis, reprit la pauvre femme; écoutez-moi, et quand je vous aurai tout dit, vous me jugerez aussi sévèrement que vous le voudrez.

Le marquis se ranima.

— Et c'est toi, Mathilde, dit-il avec un accent douloureux où cependant éclatait toute sa tendresse, c'est toi qui, pendant vingt-deux ans, m'as trompé!...

Elle ne put retenir un sanglot.

— Maintenant, continua-t-il, je peux t'entendre; et puisque je dois tout savoir, parle, dis-moi ta confession.

III

LE SECRET RÉVÉLÉ

La marquise resta agenouillée sur le tapis, un de ses bras appuyé sur la causeuse, son autre main posée sur un des genoux de son mari.

D'une voix vibrante, mais ferme, entrecoupée de soupirs souvent, et parfois de sanglots, elle raconta l'infamie de son frère de complicité avec sa mère; la domination qu'elle avait subie, la pression exercée sur elle, ses longs jours de séquestration, pour qu'on pût croire à sa grossesse, et quel avait été alors son martyre.

Sans chercher à s'excuser ni vouloir atténuer en rien sa complicité par son silence, elle dit au marquis quelles raisons l'avaient déterminée à se taire, après avoir été cent fois sur le point de tout lui dire.

Maintenant, continua-t-il, je peux t'entendre parler, dis-moi tout. (Page 320.)

M. de Coulange avait ainsi l'explication de bien des choses qu'il n'avait pu ni comprendre, ni définir autrefois : son éloignement pour Eugène, ses tristesses, sa langueur, ses larmes, son air inquiet, préoccupé, sombre, son goût pour la solitude complète; enfin, ce qu'il croyait être chez elle une maladie du cerveau.

La marquise continua en disant comment elle avait appris que l'enfant avait été volé à Asnières à une pauvre fille qui en était devenue folle de désespoir; comment, alors, voulant, autant que possible, racheter le crime des siens, elle s'était juré d'aimer l'enfant et de lui faire retrouver en elle une mère.

Elle rappela à son mari cette nuit où il l'avait surprise dans la chambre du petit Eugène, lui mettant pour la première fois un baiser sur le front.

M. de Coulange avait toujours cette scène présente à la mémoire.

— Oui, dit-il, je me souviens très bien.

— C'est à partir de ce moment que, dans mon cœur, j'adoptai l'enfant, dit la marquise.

Elle parla ensuite de sa confession écrite et avec quelles pensées et dans quelles intentions elle avait confié son secret au papier. Puis elle fit connaître au marquis la cause de la mort de sa mère et comment elle lui avait accordé le pardon qu'elle lui demandait.

Elle poursuivit en racontant la visite que lui fit l'inspecteur de police Morlot, venant lui réclamer l'enfant au nom de sa mère; sa douleur, ses angoisses, ses terreurs jusqu'au moment où, comprenant son horrible situation, la mère d'Eugène, la bonne Gabrielle lui avait dit : « Gardez mon fils, je ne vous le réclame plus. »

Ici, le marquis l'interrompit.

— Et la mère d'Eugène, c'est Mme Louise? dit-il.

La marquise répondit par un mouvement de tête.

Le marquis continua :

— Et Mme Louise, qu'Eugène enfant appelait Figure de cire, se nomme de son vrai nom Gabrielle Liénard?

— Oui.

— Vous devez savoir quel est le père d'Eugène.

— Je le sais.

— Dites-le-moi.

— Je ne le puis, c'est le secret de Gabrielle.

— Eh bien, ce secret, je le connais : c'est mon ami, l'amiral de Sisterne, qui est le père d'Eugène.

— Quoi! vous savez?...

— Vos paroles ont fait naître dans mon esprit une clarté soudaine, et j'ai deviné... Avez-vous autre chose à m'apprendre?

— Oui, oui, écoutez encore. Je vous l'ai dit, il faut que vous sachiez tout.

— Pourquoi restez-vous dans cette position? Vous vous fatiguez, asseyez-vous.

— Non, non, répliqua-t-elle vivement, c'est ainsi que je veux être; il me semble que cela me rend plus forte.

Le marquis était accablé; mais c'est en vain que la marquise cherchait à surprendre sa pensée dans son regard et l'expression de sa physionomie. Ses yeux ne disaient rien, et sur son visage pas un muscle ne bougeait. Il était absolument maître de lui. Mais il ne s'apercevait probablement point que, depuis un instant, il tenait dans ses mains une main de sa femme.

La marquise reprit la parole.

Elle parla du coup de fusil tiré sur le marquis, du feu grisou et du cheval emporté, qui étaient également deux attentats contre la vie de son mari, dont Sosthène, revenu à Paris, était évidemment l'auteur.

Elle continua en apprenant au marquis comment le secret de sa naissance avait été révélé à Eugène, et termina par le récit de la conversation qu'elle venait d'avoir avec le jeune homme.

Elle s'arrêta, espérant que le marquis prononcerait quelques paroles. Mais il resta un moment silencieux. Il paraissait réfléchir profondément.

Alors, après avoir essuyé son front moite de sueur, elle reprit :

— Maintenant, monsieur le marquis, vous savez tout, vous pouvez juger la conduite de votre malheureuse femme et prononcer sa condamnation.

Le marquis sursauta comme un homme qu'on arrache brusquement au sommeil et respira avec force.

— Oui, dit-il, je peux juger la conduite de la marquise de Coulange ; mais je puis aussi me tromper dans l'appréciation de certains de ses actes. D'ailleurs, n'étant pas le seul intéressé dans cette grave, très grave affaire, je n'ai pas le droit d'être son seul juge.

— Mon Dieu, que voulez-vous faire? demanda la marquise avec effroi.

— Consulter ma fille unique, l'héritière de Coulange.

— Oh! de grâce, pas devant moi! s'écria la marquise d'une voix suppliante.

— Ma fille doit tout savoir aussi, répliqua le marquis avec une certaine solennité, et c'est devant vous que je tiens à lui tout dire.

— Faites donc comme vous le voulez, dit-elle tristement et avec résignation.

— Maintenant, Mathilde, relevez-vous et asseyez-vous.

Elle obéit.

Le marquis agita le cordon de la sonnette. Un instant après la femme de chambre ouvrit la porte.

— Rose, lui dit le marquis, veuillez aller dire à Mlle de Coulange que nous l'attendons ici.

— Le maître d'hôtel m'a déjà fait demander deux fois à quelle heure il faudrait servir le dîner, dit la femme de chambre.

— C'est bien, répondit le marquis, Mme la marquise vous appellera pour vous le dire. En attendant, vous pouvez prévenir Jean que nous dînerons très tard ce soir. Allez, Rose, allez dire à Mlle de Coulange qu'elle vienne immédiatement.

Maximilienne ne tarda pas à paraître.

Elle fit trois pas dans la chambre et s'arrêta tout interdite en voyant la pâleur du marquis et l'attitude douloureuse de sa mère.

— Mon Dieu, qu'avez-vous donc? demanda-t-elle.

— Ma fille, répondit le marquis, ta mère vient, à l'instant même, de me révéler un secret qui touche à ce que nous avons de plus cher au monde : notre honneur ! Ce secret ne doit pas t'être caché, Maximilienne ; il faut au contraire que tu le connaisses, et c'est pour cela que je t'ai appelée.

La jeune fille, elle aussi, était devenue blanche comme un lis.

— Ma fille, reprit le marquis, d'une voix qui trahissait son émotion, celui qui porte le nom et le titre de comte de Coulange n'est pas ton frère !

— Oh ! oh ! oh ! fit la jeune fille d'une voix étranglée, en portant ses deux mains sur son cœur.

Puis elle recula en chancelant comme si elle allait tomber. La consternation était peinte sur son visage.

— Maximilienne, dit le marquis, pas de défaillance, tu es une Coulange !

La jeune fille jeta sur sa mère un regard désolé.

La marquise pleurait et, à mesure que ses larmes coulaient, elle les épongeait avec son mouchoir.

Le marquis fit asseoir Maximilienne, puis après avoir attendu un instant.

— Ma fille, dit-il, puis-je parler maintenant ?

— Oui, mon père.

— Alors, écoute, écoute bien, et ne perds pas un mot de ce que je vais te dire.

Rapidement, mais en relatant tous les faits et en appuyant avec intention sur certains détails, il fit connaître à Maximilienne les terribles révélations de la marquise.

— Maintenant, ma fille, continua-t-il en la regardant fixement, ta mère demande que sa conduite soit jugée ; elle ne peut avoir d'autres juges que toi et moi ; ma fille, nous sommes un tribunal de famille, la marquise de Coulange est devant ses juges !... A toi de parler, Maximilienne, qu'as-tu à dire ?

La jeune fille bondit sur ses jambes.

— Ce que j'ai à dire, exclama-t-elle, vous allez l'entendre, mon père !

Elle se tourna vers la marquise et, le buste en arrière, le regard lumineux, le front irradié, superbe, elle s'écria :

— Ma mère, ma mère adorée, je vous admire, votre conduite est sublime !

— Ah ! ma fille ! ma fille ! exclama la marquise en lui tendant ses bras.

Maximilienne éclata en sanglots.

Mais, au lieu de se jeter dans les bras de sa mère, elle se mit à genoux devant elle.

— Mon Dieu ! mais que fais-tu donc ? s'écria la marquise éperdue.

La jeune fille courba la tête.

— Maman, dit-elle avec un accent intraduisible, je vous demande pardon !

— Tu me demandes pardon, à moi ! mais qu'ai-je donc à te pardonner ?

Maximilienne releva la tête.

— Ma mère, et vous, mon père, écoutez-moi, dit elle.

Le marquis, étonné, se rapprocha.

— Un jour, reprit Maximilienne, c'était peu de temps après l'explosion de Frameries, — une femme se disant dame patronesse d'une œuvre de bienfaisance, se présenta ici. Vous étiez absents l'un et l'autre. La dame ayant demandé à me voir, je la reçus. Elle me dit qu'elle était la comtesse Protowska, une Polonaise, et qu'elle recueillait des offrandes pour un orphelinat de jeunes filles. Je lui remis une petite somme. Elle me remercia et voulant, me dit-elle, me donner un témoignage de sa reconnaissance, elle me conseilla d'épouser M. de Montgarin dans le plus bref délai possible, afin de conjurer de grands dangers dont nous étions tous menacés. Elle me parla d'un secret qui existait depuis longtemps dans notre famille, dont la révélation détruirait notre bonheur et atteindrait même l'honneur du nom de Coulange. J'aurais bien voulu savoir quel était ce secret ; mais elle ne me le dit point. Peut-être ne le connaissait-elle pas, comme elle me l'affirma.

« La comtesse me quitta, me laissant en proie à une grande agitation ; j'étais dans un état affreux. Ses paroles avaient fait en moi une impression profonde et vivement surexcité mon imagination ; j'avais l'esprit troublé et toutes sortes de pensées se croisaient dans mon cerveau malade.

« Je voulais découvrir, deviner le terrible secret.

« Je m'étais enfermée dans ma chambre où je pleurais et sanglotais. Tout à coup j'eus une pensée épouvantable, horrible... Le jour où nous avons reçu le télégramme de Frameries, ma mère, sous le coup de votre effroi et dans un moment d'égarement vous vous étiez écriée : « Seigneur, ayez pitié de moi ! Seigneur, pardonnez-moi ! » Ces paroles m'avaient frappé, et bien des fois déjà je m'étais demandé ce que vous pouviez avoir à vous faire pardonner...

« Ah ! ma mère, ma mère ! votre fille a été assez malheureuse, assez dénaturée, pour oser croire un instant que vous aviez pu faillir à vos devoirs d'épouse.

— Oh ! c'est affreux ! gémit la marquise, en couvrant son visage de ses mains.

Maximilienne pleurait à chaudes larmes.

Le marquis debout, les bras croisés et les yeux fixés sur sa femme, restait immobile comme une statue.

— Ah ! ma punition ne s'est pas fait attendre, reprit la jeune fille. On frappa à ma porte. C'était Louise qui arrivait à Paris. Elle vit mes larmes, elle entendit mes sanglots. Surprise et inquiète, elle m'interrogea. D'abord, je ne voulus point lui répondre ; mais elle finit par vaincre ma résistance. Alors, je parlai et lui fis connaître toutes mes pensées.

« Oh ! ma mère, je crois voir encore Louise devant moi, frissonnante d'indignation et de colère ! il me semble que j'entends toujours sa voix éclatante me reprocher mon indignité. Chacune de ses paroles me frappait cruellement jusqu'au fond du cœur. Terrifiée, je courbai mon front rouge de honte et je suppliai Louise de me pardonner. Et Louise, voyant ma désolation et mon repentir, m'a pardonné.

« Ma mère chérie, si le soir même je ne suis pas tombée à vos pieds pour implorer aussi votre pardon, c'est que Louise me l'a défendu.

— Chère Gabrielle, murmura la marquise, je devine quelle a été sa pensée.

— Depuis ce jour-là, ma mère, reprit Maximilienne, j'ai gardé, pour en souffrir, le souvenir de l'outrage que je vous ai fait dans ma pensée.

Et d'une voix qui devint suppliante :

— Ma mère, ma bonne mère ! s'écria-t-elle, pardonnez-moi !

Aussitôt la marquise l'entoura de ses bras, l'obligea à se relever, l'attira sur sa poitrine et la serra fiévreusement.

— Maman, maman, disait Maximilienne, si tu savais comme depuis j'étais malheureuse !

La marquise l'embrassait avec une sorte de frénésie.

Quel délicieux tableau pour M. de Coulange !

— Oh ! les nobles cœurs, les grands cœurs ! se disait-il.

Et ravi, comme en extase, il contemplait sa femme et sa fille. Il les laissa un instant enlacées dans les bras l'une de l'autre. Ce doux épanchement de tendresse lui faisait éprouver une pure jouissance.

— Eh bien ! dit il avec une expression que rien ne saurait rendre, et moi, je suis donc oublié ?...

— Ah ! papa ! s'écria la jeune fille redevenue tout à fait enfant.

Elle s'échappa des bras de sa mère et, légère comme une gazelle, s'élança au cou du marquis qui, à son tour, l'étreignit fortement.

La marquise s'était levée.

— Mathilde ! cria le marquis, viens, viens aussi sur mon cœur !

Un sanglot s'échappa de la poitrine de la marquise en même temps qu'un cri de joie et, toute palpitante, elle tomba dans les bras de son mari à côté de sa fille.

— Mathilde, dit le marquis, nous n'avons pas oublié cette nuit mémorable dont tu parlais tout à l'heure. Pendant que, pour la première fois, tu embrassais Eugène endormi, j'avais pris Maximilienne dans son lit... C'était ici, dans ta chambre, j'étais assis là, sur un fauteuil et, comme en ce moment, je vous tenais toutes deux dans mes bras, serrées contre mon cœur.

— Que de doux souvenirs ! mais aussi que de douloureux souvenirs ! murmura la marquise.

— Mathilde, Maximilienne, dit M. de Coulange avec une tendresse indicible, vous êtes plus que jamais ma joie et mon orgueil !

— Édouard, tu ne m'en veux donc pas !

— Non, Mathilde, je ne t'en veux pas.

— Et tu m'aimes toujours ?
— Je t'aimerais davantage, si c'était possible.
— Comment, tu ne me trouves pas coupable ?
— Non, tu n'es pas coupable... Tu as entendu le cri échappé de l'âme de ta fille : « Ma mère, je vous admire, votre conduite est sublime ! » C'est la mère jugée par son enfant, et ce jugement je l'approuve avec bonheur, car moi aussi, Mathilde, je t'admire ! Va, tu es noble et grande ! Aujourd'hui, comme toujours, je te dis : « Ce que tu veux, je le veux ; tout ce que tu fais est bien ! »

— Oh ! Édouard, Édouard ! murmura la marquise d'une voix qui semblait sortir de son cœur.

— Si j'avais un reproche à te faire, reprit le marquis, ce serait de t'être condamnée à mentir, c'est-à-dire à vingt-deux années de souffrances atroces. Je te connais, Mathilde, et je me sens frissonner en pensant à ce que tu as souffert !

— C'est avant ton départ pour Madère que je devais te crier: « Ma mère ment, elle te trompe ; elle et mon frère sont des infâmes ! » Mais tu sais que je voulais te faire connaître l'horrible complot, tu sais aussi quelle crainte sérieuse a retenu les paroles sur mes lèvres... Hélas ! dans le triste état où tu étais je pouvais te frapper à mort !

— Je le crois, Mathilde. Mais ne revenons pas sur cet odieux passé, ne parlons plus jamais de ces douloureuses choses, laissons se fermer les blessures saignantes de ton cœur

Il y eut un moment de silence.

— Et Eugène ? demanda la marquise.
— Oui, Eugène, fit tristement le marquis.
— Nous l'oublions, le pauvre enfant !
— Non, Mathilde, je pense à lui.
— Édouard, tu sais la promesse qu'il m'a faite ?
— Oui. Il ne doit rien me dire avant d'y être autorisé par toi.
— Édouard, puis-je te demander ce que tu comptes faire ?

Le marquis resta un instant silencieux, regardant tour à tour sa femme et sa fille.

— Je n'ai rien à dire, maintenant, répondit-il ; mais c'est devant vous deux qu'Eugène me parlera et c'est devant vous que je lui répondrai.

En achevant ces mots, il jeta les yeux sur la pendule.

— Il est sept heures et demie, dit-il.

Et il ajouta :

— Mathilde, tu peux sonner ta femme de chambre pour lui dire de faire servir le dîner.

IV

LE CŒUR

Un dîner servi près de deux heures après l'heure habituelle, cela ne s'était jamais vu à l'hôtel de Coulange. Ce fait extraordinaire devenait presque un événement. Le maître d'hôtel et ses subordonnés de l'antichambre ne savaient que penser. Mais, comme leur profond respect pour leurs maîtres les rendait muets, ils se regardaient comme des chiens de faïence.

Toutefois, depuis le maître d'hôtel jusqu'au dernier marmiton, chacun faisait à part ses réflexions.

Sûrement il y avait eu entre M. le marquis et Mme la marquise quelque grave discussion, et Mlle Maximilienne, ayant été appelée par son père, celui-ci avait évidemment voulu la consulter ou l'interroger. De quoi s'agissait-il? Était-ce au sujet des deux prochains mariages qu'avaient lieu ces longues conversations qui retardaient le dîner?

Mais les domestiques ne pouvaient faire que des suppositions, car Rose était une honnête fille : absolument dévouée à sa maîtresse, elle ne se serait pas permis d'écouter aux portes.

Seul dans sa chambre, où il s'était retiré immédiatement après sa conversation avec Mme de Coulange, Eugène était en proie à une grande agitation. Il avait entendu le marquis et Maximilienne et il savait que, appelé par la marquise, M. de Coulange s'était immédiatement rendu près d'elle. Sans aucun doute il était le sujet de leur entretien. Il comprenait parfaitement que la marquise eût voulu révéler le terrible secret à son mari.

Le malheureux était dans un état pitoyable ; sa douleur était navrante.

Il savait ce que sa dignité, sa fierté, son devoir lui ordonnaient. Dès le premier moment il avait senti qu'il devait renoncer à tout et s'éloigner au plus vite de cette maison dans laquelle il n'était plus rien. Certes, la force ne lui manquait point. Mais quelle horrible douleur dans son cœur et dans son âme au moment de se séparer pour toujours de ces trois personnes qu'il aimait, le marquis et la marquise comme s'ils eussent été son père et sa mère, et Maximilienne autant qu'il est possible à un frère d'aimer sa sœur!

Sans doute, son amour pour Emmeline était grand ; mais, comprenant qu'il ne devait plus songer à elle, il faisait stoïquement le sacrifice de son amour et du bonheur qu'il avait espéré. Et ce sacrifice énorme, cette séparation lui coûtaient peu, en les comparant à l'autre sacrifice, à l'autre séparation.

Et quand il pensait à la grande tendresse que la marquise avait eue pour lui et à l'affection de Maximilienne, des larmes jaillissaient de ses yeux et des sanglots lui montaient à la gorge.

LE FILS 329

Le malheureux était dans un état pitoyable ; sa douleur était navrante. (Page 323.)

Après avoir vu ouvert devant lui un magnifique avenir, tous les horizons s'étaient brusquement fermés et ce qui l'attendait maintenant sur la route épineuse, pleine d'ombre, qu'il allait suivre, c'était l'inconnu !... Comme elle lui apparaissait triste, la vie, et comme il voyait le néant des choses de la terre !

Eugène avait eu une jeunesse heureuse, il avait travaillé avec ardeur pour être digne du nom qu'il portait et digne de l'homme qu'il croyait être son père. Il pouvait interroger sa conscience, il n'avait pas le moindre reproche à s'adresser ; il avait rendu avec usure toute l'affection qu'on lui avait donnée. L'amour, l'amour chaste et vrai, lui avait souri sur les lèvres parfumées d'une adorable jeune fille ; toutes les joies, tous les bonheurs, tous les succès, toutes les satisfactions d'une âme généreuse et grande lui avaient été promis... C'était là le passé. Et ce passé n'était qu'un rêve. Il venait de se réveiller comme on sort d'un sommeil provoqué par l'opium.

Ce soir-là, rien ne devait se faire comme à l'ordinaire. La cloche n'annonça point le dîner. Un domestique vint avertir Eugène qu'on l'attendait pour se mettre à table.

Il y avait un peu de désordre dans ses vêtements. Il le répara. Il passa le peigne dans ses cheveux et un linge mouillé sur sa figure. Cela fait, il descendit dans la salle à manger. Son cœur battait à se briser.

Le marquis, la marquise et Maximilienne ne s'étaient pas encore assis.

— Voilà Eugène, dit le marquis, sans que sa voix trahît la moindre émotion, allons, à table.

— Est-ce qu'il ne sait rien encore ? pensa Eugène.

Maximilienne s'avança vers lui.

— Eh bien, lui dit-elle de sa plus douce voix, en lui tendant sa joue, on n'embrasse donc pas sa petite sœur ?

Le marquis ne put s'empêcher de tressaillir.

Eugène, hésitant, regarda la marquise, qui lui fit un signe. Alors il approcha ses lèvres de la joue de la jeune fille.

Le repas fut silencieux. Chacun s'absorbait dans ses pensées. On mangea peu et le service se fit rapidement. Eugène levait à peine les yeux ; cependant, deux ou trois fois il surprit le regard du marquis attaché sur lui ; une fois même il crut voir M. de Coulange essuyer furtivement une larme.

Maximilienne aussi regardait beaucoup Eugène ; mais plus souvent encore elle avait les yeux fixés sur son père.

Le marquis se leva de table le premier.

— Si tu le veux bien, Mathilde, dit-il, nous passerons le reste de la soirée dans ta chambre.

— Je ne demande pas mieux, répondit-elle.

Le jeune homme restait assis.

— Eh bien, Eugène, est-ce que tu ne viens pas ? dit le marquis, qui avait déjà ouvert la porte.

Le jeune homme sursauta et se leva, en jetant sur la marquise un regard plein d'anxiété.

— Eugène ne nous quitte certainement pas, dit vivement Mme de Coulange.

Un instant après, nos quatre personnages entraient dans la chambre de la marquise. Celle-ci alla s'asseoir sur la causeuse ; Maximilienne prit place à côté d'elle. Le marquis et Eugène restèrent debout.

Il y eut un moment de profond silence. L'émotion de tous était grande ; on aurait pu entendre les battements des quatre cœurs.

Le marquis s'assura d'abord que la porte était bien fermée, en soulevant la lourde tapisserie qui la masquait ; ensuite il ouvrit et referma la porte du cabinet de toilette, après avoir plongé son regard à l'intérieur. Alors, certain qu'aucune oreille indiscrète ne pouvait entendre ce qui allait être dit, il revint lentement vers le jeune homme, qui, la tête et les yeux baissés, tremblait comme un criminel.

— Eugène, dit-il, avec une émotion facile à comprendre, je sais tout... la marquise de Coulange m'a appris ce secret qui vous a été révélé à vous-même la nuit dernière.

La tête du jeune homme se redressa. M. de Coulange continua :

— Après ce que vous avez dit à la marquise, vous avez dû réfléchir encore ; dites-moi quelles sont vos intentions, ne me cachez aucune de vos pensées.

— Monsieur le marquis... commença-t-il.

Mais sa voix s'éteignit subitement : quelque chose le serrait à la gorge, il étouffait.

— Eugène, reprit le marquis, je comprends votre émotion ; mais, pour vous comme pour moi, c'est le moment d'être forts. Parlez, Eugène, parlez !...

Le jeune homme tourna vers la marquise et Maximilienne un regard désespéré.

La jeune fille pleurait, la tête appuyée sur le sein de sa mère. Les yeux de la marquise étaient fixés sur lui, et de sa bouche ouverte semblaient sortir ces mots : Parle, parle !

— Vous pouvez parler sans crainte, Eugène, reprit le marquis, Maximilienne sait tout aussi.

Le pauvre désolé eut un long soupir et passa sa main sur ses yeux pour essuyer ses larmes prêtes à jaillir.

— C'est vrai, monsieur le marquis, dit-il, c'est pour moi le moment d'être fort. Vous me demandez quelles sont mes intentions... J'ai grandi près de vous monsieur le marquis ; vous m'avez appris ce qui était bien et vous m'avez montré toujours ce qui était grand ; dès mon plus jeune âge, c'est vous qui m'avez inspiré toutes mes pensées et ce sont vos enseignements qui ont développé mon intelligence... Comment pourrais-je vous cacher une seule de mes pensées, puisque toutes mes pensées sont les vôtres ?... Vous me demandez quelles sont mes intentions !... Ah ! pour les connaître, monsieur le marquis, vous n'avez qu'à interroger votre cœur !

« Mais, sans cela, vous les connaissez déjà, puisque vous savez ce que j'ai dit à madame la marquise.

« Quand on m'a volé à ma mère, quand un double crime m'a fait entrer dans votre maison, j'étais bien innocent ; plus de vingt et un ans se sont écoulés ; ne sachant rien, j'étais bien innocent encore ; mais aujourd'hui je sais...

— Eh bien ? fit le marquis.

— Oh! je ne vous dirai pas que je suis près de vous un étranger ; je ne suis pas un ingrat et je suis incapable de faire à l'homme qui m'a élevé ce sanglant outrage !... Ce que je sais, monsieur le marquis ? Je sais que je porte un nom qui ne m'appartient pas ; je sais que je ne dois pas garder plus longtemps le bénéfice du crime !

La tête en avant, attentives, la marquise et Maximilienne l'écoutaient, comme si elles eussent craint de perdre une seule de ses paroles.

Après un court silence il continua :

— Près de vous, monsieur le marquis, dans votre maison, j'ai connu toutes les joies, et j'ai été aimé autant qu'on peut l'être. Mais j'ai cette satisfaction de penser et de pouvoir vous dire que j'ai eu le bonheur de ne pas être indigne du bien que vous m'avez fait. Tout à l'heure, j'ai longuement interrogé ma conscience, et je n'ai rien trouvé, rien à me reprocher envers vous !... En me rappelant les heureux jours de ma jeunesse, en me rappelant tout mon passé, il m'a semblé découvrir que, dès mon enfance, je sentais ma position fausse auprès de vous et que je devais me la faire pardonner.

Après s'être arrêté de nouveau pour reprendre haleine, il poursuivit :

— Monsieur le marquis, je ne suis pas votre fils ; mais je sais ce que je vous dois, à vous et à madame la marquise ; j'en garderai précieusement le souvenir, et tant que mon cœur battra, ma reconnaissance y restera enfermée comme dans un sanctuaire !

Je ne suis pas votre fils, monsieur le marquis, je vous rends la fortune que vous m'avez donnée, je vous rends le titre et le nom que j'étais si fier de porter !... Ce que je garde, ce que je ne peux pas vous rendre, c'est l'instruction que vous m'avez fait donner; ce sont les sentiments élevés de dignité, de générosité, de grandeur, de patriotisme, de noble fierté et d'honneur que vous avez mis en moi... Je les conserverai dans toute leur pureté, monsieur le marquis, et c'est en cela que je veux vous prouver ma reconnaissance !

Soudain, le visage du marquis s'épanouit et ses yeux brillèrent d'un éclat étrange.

— Eugène, mon fils ! s'écria-t-il d'une voix vibrante, viens, viens dans mes bras !

— Monsieur le marquis, babutia le jeune homme éperdu.

— Viens dans mes bras, te dis-je, tu es toujours mon fils !... Si tu n'es pas né de mon sang, tu es l'enfant de mon cœur !... Un crime t'a fait comte de Coulange, ma volonté veut que tu restes comte de Coulange !

Le jeune homme, les yeux hagards, fixés sur le marquis, restait immobile comme pétrifié.

Alors, Maximilienne se leva brusquement, s'élança vers lui et le poussa dans les bras de M. de Coulange en s'écriant :

— Mais embrasse donc ton père !...
Comment décrire cette scène touchante ?

Il y a des tableaux grandioses que l'œil et le pinceau du peintre ne peuvent saisir ; il y a des sublimités que la plume de l'écrivain est impuissante à raconter.

Les joues du marquis étaient inondées de larmes ; Eugène sanglotait, la tête appuyée sur l'épaule de M. de Coulange ; et Maximilienne, revenue près de sa mère, lui disait, en l'embrassant :

— Je ne perdrai pas mon frère !

V

UN BILLET DE MORLOT

Le lendemain matin, le marquis venait de se lever et de s'habiller lorsque Eugène entra dans sa chambre. Le père mit un baiser sur le front de son fils comme à l'ordinaire. Il semblait qu'ils eussent déjà oublié ce qui s'était passé la veille.

— Avez-vous eu une bonne nuit, mon père ? demanda le jeune homme.

— Oui. D'abord, j'ai fait repasser dans ma mémoire tes paroles, celles de ta mère et de ta sœur ; puis, le cœur rempli d'une immense satisfaction, je me suis paisiblement endormi. Et toi, mon fils, as-tu bien dormi ?

Eugène secoua tristement la tête.

— Pourquoi ? l'interrogea le marquis.

— J'ai pensé toute la nuit à ce que je devais faire pour me rendre plus digne encore de votre grande bonté, pour mieux mériter ce nom de frère que Maximilienne ne m'a pas retiré.

— Enfant ! fit le marquis ; mais tu ne peux rien faire de plus que ce que tu as fait. Je te répète ce que je t'ai dit hier : « Si tu n'es pas mon fils par le sang, tu l'es par le cœur ! » Va, ce sont les sentiments d'un Coulange qui dirigent toutes tes pensées ; pour moi, c'est tout. Eugène, tu es un Coulange, et, comme toujours, je suis fier de toi !

— Oh ! mon père !

— Chasse de ton âme tout ce qui est triste et douloureux, continua le marquis de Coulange. Tu te demandes ce que tu dois faire pour être encore plus digne de moi ; le voici : Continue à porter avec grandeur le nom que je t'ai donné ; reste le gardien fidèle de l'honneur de Coulange. Eugène, mon honneur à moi est intact ; mais l'honneur de ta sœur et de ta mère a une tache, c'est toi qui la laveras !... Mais tu es venu me trouver ce matin, probablement parce que tu as quelque chose à me dire ?

— Oui, mon père.

— Eh bien, je t'écoute.

— Mon père, vous voulez que le crime d'il y a vingt-deux ans reste enseveli dans l'ombre du passé ; vous voulez que tout le monde ignore que je ne suis pas votre fils. « C'est un secret de famille que nul ne doit connaître », m'avez-vous dit.

— Eh bien ?

— Je dois donc ne plus penser à Mlle de Valcourt.

— Comment, tu ne veux plus épouser Emmeline ?

— Vous savez si je l'aime, mon père ; mais le secret que nous voulons garder se place entre elle et moi comme une barrière. Je dois renoncer à Mlle de Valcourt, je ne peux plus l'épouser.

— Je comprends tes scrupules, qui sont aussi les miens ; mais rassure-toi ; à moins que Mme de Valcourt ne s'y oppose, ce que je ne puis supposer, tu épouseras Emmeline. Aujourd'hui même je verrai l'amiral et lui apprendrai la vérité. Du reste, ajouta-t-il, dès hier j'avais pris cette résolution.

Le tantôt, en effet, le marquis se rendit chez le comte de Sisterne qui, nous le savons, habitait avec sa sœur et sa nièce.

Mais, le matin même, l'amiral était parti pour Brest. Il ne devait être de retour à Paris que le jeudi soir ou le vendredi matin.

Le marquis resta une demi-heure avec Mme de Valcourt et Emmeline, puis se retira. Naturellement, il n'avait point dit à la comtesse pourquoi il aurait vivement désiré voir M. de Sisterne.

Il fut convenu qu'Eugène ne ferait aucune visite à Mme de Valcourt et éviterait de rencontrer Emmeline tant que M. de Coulange n'aurait pas fait sa confidence à l'amiral. Ce n'était, d'ailleurs, que quatre ou cinq jours à attendre. Le marquis se proposait d'aller le vendredi matin, de bonne heure, chez son ami, pour être sûr de le voir avant la visite qu'il ferait certainement au ministre de la marine.

La journée du lundi se passa. La marquise avait vainement attendu Gabrielle. On avait eu la visite du comte de Montgarin et du comte de Rogas, qui étaient venus ensemble. Ils avaient été reçus comme d'habitude, avec beaucoup d'amabilité. Le marquis, l'esprit dégagé, causa même assez longuement avec le faux comte de Rogas. Celui-ci remarqua que Maximilienne était plus vive, plus enjouée qu'à l'ordinaire et que, pour la première fois, il voyait la marquise presque gaie.

José Basco était venu sans doute avec l'espoir qu'il pourrait juger de l'effet produit par la révélation faite au comte de Coulange. Il s'en alla convaincu que le marquis, sa femme et sa fille ne savaient rien. Évidemment, le jeune homme avait réfléchi ; il avait gardé le silence. Son amour pour Mlle de Valcourt et sa magnifique position à conserver l'avaient emporté sur ses sentiments honnêtes, et il avait transigé avec sa conscience.

Si fort que fût José Basco, il ne pouvait voir ni deviner ce qu'il y avait d'admirable, de grand et de sublime dans le cœur de ces quatre personnes, dont lui et Sosthène de Perny voulaient le malheur et la ruine. Si on lui eût dit ce qui s'était passé la veille à l'hôtel de Coulange, il n'aurait certainement pas voulu le croire. Malgré ses plus justes raisonnements, un scélérat est toujours porté à supposer que, sous certains rapports, les plus honnêtes lui ressemblent.

— Allons, se dit-il, me voilà complètement rassuré; de Perny n'a pas fait une aussi grosse sottise que je l'ai cru d'abord.

Il ne se doutait guère que, sans le prévenir, aveuglé par sa haine, Sosthène allait bientôt faire un autre coup de sa tête.

Cependant, le mardi, à dix heures, ne voyant pas arriver Gabrielle, la marquise perdit patience. Elle appela Jardel et lui dit :

— Je vous prie d'aller rue Rousselet ; vous direz à Mme Louise que j'ai absolument besoin de la voir et de lui parler. Qu'elle vienne immédiatement, je l'attends.

Jardel s'empressa d'exécuter l'ordre de la marquise. Il trouva Gabrielle chez elle.

— Est-ce qu'il y a quelque chose de nouveau à l'hôtel de Coulange? lui demanda-t-elle quand il lui eut transmis les paroles de la marquise.

— Rien, que je sache, répondit Jardel. Mais Mme la marquise vous a attendue hier toute la journée, car, dès le matin, elle avait donné l'ordre qu'on vous fît entrer dans sa chambre dès que vous arriveriez.

Vingt minutes après, la marquise racontait à Gabrielle, qui l'écoutait avec une émotion croissante, les événements du dimanche. Elle n'avait rien à lui cacher, elle lui dit tout.

— Ma chère Gabrielle, continua la marquise, le marquis et moi, nous avons cru devoir respecter ton secret en cachant à Eugène que sa mère existe.

— Il ne vous a même pas interrogée au sujet de sa mère? fit tristement Gabrielle.

La marquise sentit ce qu'il y avait de douloureux dans ces paroles et elle répliqua vivement :

— Ah! ne l'accuse pas ! Je suis sûre que depuis deux jours il pense constamment à la pauvre victime d'Asnières. Il croit que sa mère est morte et il la pleure dans son cœur. Mais, Gabrielle, nous devons te donner la joie et le bonheur de te faire connaître à ton fils, notre fils comme nous disions autrefois.

— Oui, ce serait une joie incomparable, le plus grand bonheur de tous. Mais puisque vous lui avez laissé ignorer que sa mère existe, il ne faut pas le détromper encore.

— Pourquoi, Gabrielle? Que crains-tu?

— Oh! je n'ai rien à craindre. Mais quelque chose me dit que, quant à présent, il ne faut pas qu'Eugène sache... Oui, oui, je veux attendre... Plus tard, quand il sera marié.

— Je n'insiste pas, mon amie ; agis selon les inspirations de ton cœur.

Gabrielle ne voulut point rester à déjeuner ; elle redoutait probablement de ne pouvoir se contenir en présence de son fils.

Le lendemain, mercredi, Eugène travaillait dans son cabinet, entouré de ses livres et de ses cartes, quand on frappa discrètement à sa porte.

— Entrez, dit-il.

La porte s'ouvrit, et il vit paraître celui que tout le monde à l'hôtel appelait Firmin.

— Eh bien ? l'interrogea le jeune homme.

Jardel sortit une lettre de sa poche.

— J'ai ceci à remettre à monsieur le comte, dit-il.

— Une lettre ! fit Eugène avec défiance. Qui l'a apportée ici ?

— Madame Louise.

Eugène, rassuré, prit la lettre, déchira l'enveloppe et lut ce qui suit :

« Il faut que je voie monsieur le comte demain. Je l'attendrai entre neuf et
« dix heures du matin. Je suis au grand hôtel Louvois. Monsieur le comte vou-
« dra bien demander le baron de Ninville.

« Son dévoué serviteur,

« MORLOT. »

Le jeune homme posa le billet sur son bureau et se tourna vers Jardel, qui était resté debout derrière lui.

— Est-ce que vous attendez une réponse ? lui demanda-t-il.

— Non, monsieur le comte ; j'ai pris la liberté de rester pour vous conseiller de détruire le billet que vous venez de lire.

— Pourquoi le détruire ?

— Parce que celui qui l'a écrit n'aime pas qu'on conserve ses lettres : un papier peut s'égarer, se perdre, être volé.

— Vous connaissez donc cette personne ? demanda Eugène en regardant fixement son interlocuteur.

— Beaucoup, et depuis longtemps, répondit Jardel. N'est-ce pas elle qui m'a recommandé à Mme la marquise ? ajouta-t-il en souriant.

— Firmin est-il réellement votre nom ?

— Non, monsieur le comte, je me nomme Jardel.

— Pourquoi M. Morlot vous a-t-il fait entrer ici ?

— Pardon, monsieur le comte, n'oubliez pas que M. Morlot est, à l'hôtel Louvois, M. le baron de Ninville. Maintenant, j'ai l'honneur de répondre à votre question : M. Morlot m'a fait entrer ici pour faire mon métier.

— Votre métier ?

Le comte de Coulange tendit la main à Jardel. (Page 337.)

— J'ai pour mission spéciale de veiller constamment, et sans qu'il s'en doute, sur la personne de M. le marquis de Coulange. Monsieur le comte, je suis un agent de police.

— Ah! je comprends, fit le jeune homme.

Et il tendit sa main à Jardel.

Ensuite, il prit le billet écrit par Morlot et le jeta sur le brasier de la cheminée.

— Êtes-vous satisfait? demanda-t-il.

Jardel s'inclina.

— Demain, reprit Eugène, je serai exact au rendez-vous que me donne M. le baron de Ninville.

— Je crois que je n'ai plus guère longtemps à rester domestique, se disait Jardel, en sortant du cabinet du comte de Coulange.

A dix heures un quart, le lendemain, Eugène entrait dans le petit salon du logement occupé par Morlot, à l'hôtel Louvois. Il y trouva le régisseur de Chesnel qui l'attendait.

— Monsieur le comte, lui dit Morlot, quand il se fut assis, je n'ai pas tenu à jouir de votre surprise. Ce que vous a dit hier l'ami dévoué que j'ai placé près de M. le marquis vous a fait deviner la tâche que je me suis imposée.

— Oui, monsieur Morlot, j'ai deviné que, dans votre dévouement, vous avez entrepris de nous protéger contre nos ennemis.

— Oh! mon ambition est plus grande, monsieur le comte, car j'espère bien les atteindre et les écraser.

— Avant de songer à cela, il faut les connaître et savoir où ils se cachent.

— Vous en avez vu trois, monsieur le comte, répondit Morlot.

— Quoi! vous savez?...

— Ce qui vous est arrivé dans la nuit de samedi à dimanche. Je n'ai pas à vous le cacher, monsieur le comte, il y a quinze ans que je connais le secret que les misérables vous ont révélé. Du reste, vous saurez un jour comment et pourquoi je me suis trouvé obligé de jouer un rôle dans ce drame intime de la famille de Coulange. Mais revenons à ces trois misérables, dont deux étaient masqués. Rien ne vous a fait soupçonner qui pouvaient être ces deux individus?

— Rien.

— Le timbre de leurs voix ne vous a point frappé?

— Ils n'ont pas prononcé un mot devant moi.

— Ah! fit Morlot.

— Ma... madame la marquise de Coulange...

— Dites « ma mère », monsieur le comte.

— Ma mère, paraît-il, connaît l'un de ces hommes, celui qui m'a parlé à visage découvert.

— Oh! celui-là, moi aussi, je le connais.

— Malheureusement, je n'ai aucun renseignement à vous donner qui puisse vous mettre sur la trace des deux autres.

— Je me crois suffisamment instruit, monsieur le comte, et je pourrais les nommer sans crainte de me tromper.

— Comment, vous les connaissez?

— Oui.

— Alors, vous allez me dire...

— Pas encore, monsieur le comte, fit Morlot en secouant la tête.

— Ma mère aussi n'a point voulu me dire le nom de celui qu'elle connaît.

— Madame la marquise a eu ses raisons pour se taire ; mais je puis être moins réservé qu'elle : l'homme en présence duquel vous vous êtes trouvé, monsieur le comte, est le personnage qui a payé la femme qui vous a enlevé à votre mère dans la nuit du 19 au 20 août 1853.

— Oh! fit le jeune homme.

— Comme vous le voyez, il n'avait pas besoin d'avoir en main le manuscrit de Mme la marquise pour vous révéler le secret de votre naissance. Enfin, monsieur le comte, ce misérable n'est autre que Sosthène de Perny, le frère de Mme la marquise de Coulange.

— Ah! s'écria Eugène, ce nom seul jette une vive clarté au milieu de mes pensées ! Maintenant, je comprends, tout m'est expliqué.

« Monsieur Morlot, continua-t-il avec émotion, est-ce que vous savez quelque chose de ma mère?

— Oui, monsieur le comte.

— Oh! alors, parlez-moi de ma mère, monsieur Morlot, dites-moi tout ce que vous savez.

— Je ne puis vous apprendre que peu de chose, monsieur le comte ; mais plus tard vous saurez tout.

— Plus tard... pourquoi pas immédiatement?

— Parce qu'il y a certaines choses que vous devez ignorer encore.

— Comment! s'écria le jeune homme ahuri, après la révélation qui m'a été faite, il y a encore des choses mystérieuses autour de moi!

Morlot resta silencieux.

— Enfin, monsieur Morlot, reprit Eugène, soyez assez bon pour me dire ce que vous pouvez m'apprendre.

— Comme on vous l'a dit, monsieur le comte, votre mère avait été séduite, puis abandonnée. Déjà victime, elle fut encore choisie par les complices de Sosthène de Perny pour être leur victime. Elle tomba dans le piège qu'ils lui tendirent habilement et se laissa conduire à Asnières dans une maison où, pendant plusieurs mois, elle vécut à peu près séquestrée. C'est dans cette maison d'Asnières que vous êtes né, monsieur le comte.

— Oh! j'irai la voir, cette maison, monsieur Morlot!

— Oui, un jour je vous y conduirai ; nous la visiterons, vous entrerez dans la chambre où votre mère vous a mis au monde. Vous savez pourquoi vous deviez entrer frauduleusement dans la maison de Coulange, pourquoi une fausse déclaration à la mairie devait vous faire le fils légitime du marquis et de la marquise de Coulange. Naturellement, tous ces crimes avaient été longuement prémédités.

« Le jour même de votre naissance, entre neuf et dix heures du soir, pendant que votre mère dormait, la femme qui demeurait avec elle vous prit dans le berceau d'osier où la sage-femme vous avait couché, où vous dormiez, et vous emporta.

Eugène semblait boire les paroles de Morlot. Celui-ci continua :

— Vous pouvez vous figurer quel fut l'horrible réveil de votre mère quand elle vit le berceau vide et découvrit que la femme avait disparu. Ce jour-là, monsieur le comte, j'étais à Asnières, faisant mon métier d'agent de police. J'accompagnai le commissaire de police qu'on était venu prévenir, et j'entrai avec lui dans la chambre de votre mère.

— Vous avez vu ma mère! exclama Eugène.

— Oui, monsieur le comte.

Le jeune homme saisit vivement les mains de Morlot.

Il voulut parler, les sanglots lui coupèrent la voix.

Morlot pensait :

— Gabrielle sera bien heureuse ce soir quand je lui dirai cela.

VI

UNE JOURNÉE PERDUE

Au bout d'un instant, le comte de Coulange put parler

— Ah! monsieur Morlot, dit-il, je suis heureux, bien heureux de savoir que vous avez vu ma mère ; c'est un autre lien qui nous unit. Comment était-elle ? Elle était jeune et belle, n'est-ce pas? Est-ce que je lui ressemble un peu ?

— Un peu, oui, monsieur le comte. Quand nous sommes entrés dans sa chambre, elle était étendue sans connaissance sur son lit, où des personnes qui avaient pénétré avant nous dans la maison l'avaient couchée, car elle était tombée presque nue, sans vie, sur le parquet. Le petit berceau était là, près de son lit, on voyait encore la place de votre petite tête sur l'oreiller blanc.

« La sage-femme était là, un médecin accourut. Ils s'empressèrent de donner des soins à la pauvre mère et la rappelèrent à la vie. Alors le commissaire de police voulut l'interroger ; on aurait tenu à savoir surtout qui elle était. A toutes les questions que lui adressa le magistrat, elle répondit par des paroles incohérentes, des mots sans suite, hachés. Hélas ! elle avait été frappée d'un effroyable coup, votre malheureuse mère était devenue folle, monsieur le comte

Le jeune homme poussa un sourd gémissement.

— On dut la laisser pendant plus de deux mois dans la maison d'Asnières. Ah ! ce ne sont pas les soins qui lui ont manqué... Mais on eut beau faire, on ne put pas lui rendre la raison ; il fallut se décider à la transporter dans un hospice d'aliénées.

— Je sais le reste, dit tristement Eugène : c'est dans un hospice que ma malheureuse mère est morte.

Morlot baissa la tête.

— Monsieur Morlot, quel âge pouvait-elle avoir? demanda le jeune homme.

— A peine dix-huit ans quand elle vous a mis au monde.

— C'était encore une enfant... Ah! l'homme qui l'a trompée était un grand misérable!

— Qui sait? fit Morlot.

— Monsieur Morlot, répliqua Eugène avec animation, séduire une jeune fille, briser sa vie, la perdre, est un crime que notre législation n'a pas fait assez grand. Oui, tout homme qui abandonne lâchement une pauvre jeune fille après avoir abusé de son innocence, devrait être puni comme un malfaiteur dangereux. Pour tous ces don Juan, qui se font un jeu de l'honneur et des larmes d'une femme, qui flétrissent sa jeunesse, la condamnent à une vie de douleurs et la précipitent le plus souvent dans le bourbier infect de la prostitution, nos lois ne sont pas assez sévères... Est-elle donc si grande la différence qui existe entre un voleur et un séducteur? L'un et l'autre prennent ce qui ne leur appartient pas. Le premier est un voleur d'argent, mais celui-ci vole l'honneur. Le misérable qui vole l'honneur d'une famille est à mes yeux plus infâme que le coquin qui vous arrête dans une ruelle sombre ou au coin d'un bois, en vous disant : « Ta bourse ou ta vie! »

— Je pense comme vous, monsieur le comte, et je déplore le mal en attendant qu'il y soit porté remède, si c'est chose possible.

Maintenant, monsieur le comte, je vais vous dire pourquoi je vous ai prié de venir me trouver ici aujourd'hui. Je n'ai plus à vous apprendre le motif pour lequel je vous ai demandé un congé. A part quatre ou cinq voyages que j'ai faits à Chesnel et un autre hors de France, je n'ai pas quitté Paris. Ce que je veux, monsieur le comte, je vous l'ai dit tout à l'heure : Atteindre vos ennemis et les écraser. Je ne sais pas bien encore quels sont leurs projets, car, dans ce qui se passe, il y a certaines choses qui me paraissent obscures. Mais je sais actuellement à quels hommes j'ai affaire. Si ce n'est pas assez, c'est déjà beaucoup. Je sais où est l'un de ces hommes, je ne le perds pas de vue : celui-là ne peut plus m'échapper. Il y en a un autre que je surveille également, bien que rien ne me prouve encore qu'il soit un complice. Mais il en reste deux que je ne vois pas agir; ils n'en sont que plus redoutables. Je vous avoue, monsieur le comte, que, de ce côté, je suis inquiet. Il faut absolument que je sache où se cachent ces deux individus. Grâce à vous, j'espère être bientôt sur leurs traces. Vous avez dû prendre le numéro de la maison où la femme masquée vous a conduit?

— Avant de m'éloigner de cette maison, monsieur Morlot, je voulus en effet connaître son numéro; mais il n'existait point.

— Ah! fit Morlot.

— Peut-être avait-il été enlevé.

— C'est possible.

— Toutefois, à certaines remarques qui j'ai faites, je suis sûr de reconnaître la maison et surtout le jardin.

— En ce cas, monsieur le comte, c'est bien. Mais il faut que nous allions ensemble à Neuilly.

— Je suis à votre disposition.

— Avez-vous pris une voiture pour venir ?

— Le chemin n'est pas trop long, je l'ai fait à pied.

— Vous ne supposez pas qu'on vous ait suivi ?

— Non, je n'ai rien remarqué.

— Je ne saurais prendre trop de précautions, monsieur le comte : avec les misérables contre lesquels j'ai à lutter, il faut être constamment sur ses gardes.

Morlot s'approcha d'une fenêtre, dont la jalousie était baissée et, du regard, il inspecta la place Louvois.

— Je ne vois aucun individu à figure suspecte, murmura-t-il.

Il se tourna vers Eugène, en disant :

— Monsieur le comte, nous pouvons partir.

Le jeune homme se leva.

— Si vous le voulez bien, continua Morlot, vous sortirez le premier; vous prendrez une voiture en bas et vous irez m'attendre boulevard Haussmann, au coin de la rue du Helder.

Eugène sortit. Morlot, de sa fenêtre, le vit monter dans un coupé qui ne tarda pas à disparaître. Alors, bien certain, cette fois, que le comte de Coulange n'avait pas été suivi, il sortit à son tour.

Une heure après, le coupé dans lequel se trouvaient Eugène et Morlot passait au petit trot sur la chaussée du boulevard Bineau.

Soudain, le comte saisit le bras de Morlot, et lui dit :

— Regardez : voilà le jardin et la maison ; je reconnais la grille, la petite porte et également cet arbre, qui doit être un polonia.

— J'ai vu, répondit Morlot.

Il laissa marcher la voiture pendant quelques minutes encore, puis il cria au cocher :

— Arrêtez.

— Est-ce que nous descendons ici ? demanda Eugène.

— Moi seul, monsieur le comte, et je vous demande la permission de vous quitter. Maintenant, vous pouvez rentrer dans Paris. Où le cocher doit-il vous conduire ?

— Rue de Babylone.

Morlot mit pied à terre et, après avoir refermé la portière, il dit au cocher :

— Vous allez aller maintenant rue de Babylone.

Une heure après, quand Morlot entra dans un restaurant pour déjeuner, il savait que la maison du boulevard Bineau appartenait à un riche et honorable commerçant de la rue du Mail, qui l'habitait chaque année avec sa femme et ses enfants, du commencement de mai à la fin de septembre.

On avait d'ailleurs donné à Morlot les meilleurs renseignements sur le propriétaire de la maison et sa famille. Le mari et la femme étaient très estimés. Bien qu'ils eussent déjà une belle fortune, ils continuaient à travailler afin de grossir les dots de leurs enfants, trois belles jeunes filles, dont l'aînée n'avait pas encore dix-sept ans.

Morlot ne pouvait pas supposer que cet honnête père de famille fût un complice de Sosthène de Perny. Mais il s'agissait de se mettre sur la piste de Sosthène et de Des Grolles, et il fallait que Morlot sût à qui le commerçant avait confié les clefs de la maison.

Or, le même jour, vers trois heures de l'après-midi, il entrait dans la maison de commerce de la rue du Mail et demandait à parler au commerçant.

Celui-ci le fit entrer dans son cabinet, et le pria de lui faire connaître le motif de sa visite.

— Vous allez l'apprendre, monsieur, répondit Morlot, par quelques questions que je vais vous adresser et auxquelles je vous prie de vouloir bien répondre. Vous êtes propriétaire d'une maison à Neuilly, boulevard Bineau?

— Oui, monsieur.

— Vous devez y aller souvent?

— Rarement l'hiver. Quelquefois le dimanche, quand la journée est belle, j'y vais, soit avec ma femme ou une ou plusieurs de mes filles, passer deux ou trois heures; c'est un but de promenade. Nous en profitons pour faire du feu dans les chambres et ouvrir les fenêtres.

— Vous n'êtes probablement pas allé à Neuilly dimanche dernier?

— Je n'y suis pas allé depuis un mois.

— Est-ce que, parfois, vous permettez à des personnes de votre connaissance d'aller visiter seules votre propriété?

— Jamais, monsieur.

— Pourtant, dans la nuit de samedi à dimanche, il y avait au moins cinq personnes dans votre maison.

Le commerçant ouvrit de grands yeux étonnés.

— C'est impossible!

— Ce que j'ai l'honneur de vous dire est absolument vrai, répliqua Morlot.

— Mais alors des voleurs se sont introduits chez moi, je suis volé!

— Quant à cela, monsieur, je l'ignore.

Le commerçant paraissait très agité. Morlot reprit :

— Une personne attachée à votre maison a peut-être, à votre insu, confié à quelqu'un les clefs de votre propriété de Neuilly.

Le commerçant secoua la tête.

— Non, non, dit-il, cela ne se peut pas.

Il ouvrit un tiroir de son bureau où il prit un trousseau de clefs.

— Voici les clefs de ma maison de Neuilly, dit-il, celles de la grille et de la porte du jardin ; les clefs des deux portes d'entrée de la maison et celles des pièces principales. Personne ne peut ouvrir mon bureau. D'ailleurs, je suis sûr que le trousseau de clefs était là samedi soir et dimanche matin.

— En ce cas, monsieur, on s'est servi de fausses clefs pour pénétrer dans votre maison.

— Je le saurai bientôt, car je vais aller immédiatement à Neuilly.

— Si vous le voulez bien, je vous accompagnerai.

— Volontiers. Mais je ne veux rien dire à ma femme et à mes enfants pour ne pas les inquiéter.

Morlot retourna donc boulevard Bineau en compagnie du commerçant.

Ils eurent vite constaté que les portes avaient été ouvertes avec de fausses clefs ou crochetés. Du reste, aucune n'avait été refermée à clef. Ils entrèrent successivement dans toutes les pièces. Morlot promenait partout son regard investigateur. Il se souvenait de l'enveloppe de lettre à moitié brûlée, ramassée autrefois dans l'espèce de prison où Gabrielle avait été enfermée et où elle avait failli mourir de faim. Mais il eut beau fureter dans tous les coins, il ne trouva aucun objet qui pût le mettre sur la piste qu'il cherchait.

Quelques meubles avaient été dérangés de leur place, des bougies avaient brûlé complètement dans les chandeliers ; mais rien n'avait disparu, et le commerçant déclara qu'aucun vol n'avait été commis. Il n'existait pour tous dégâts que la vitre brisée par la clef lancée du jardin dans le cabinet où le comte de Coulange avait été un instant prisonnier.

Dans la chambre où la scène s'était passée, Morlot trouva le masque de Sosthène ; dans le corridor, au bas de l'escalier, il ramassa encore deux autres masques. Voilà les seuls objets qui attestaient le passage des trois complices dans la maison. Morlot examina les masques l'un après l'autre. Instinct l'ancien policier. Mais c'était bien inutile, car, en supposant — ce qui n'existait pas, — qu'ils portassent une marque de fabrique, cela ne lui aurait pas beaucoup servi.

Maintenant qu'il était rassuré, le commerçant voulut interroger Morlot. Celui-ci coupa court à ses questions en lui disant :

— Je sais ce qui s'est passé dans votre maison, mais je ne peux rien vous dire ; il y a là un secret qui ne m'appartient pas. Je vous ai prévenu, vous savez que des inconnus se sont introduits dans votre propriété ; à vous, maintenant, de prendre les précautions que vous jugerez nécessaires contre n'importe quelle espèce de malfaiteurs.

Bien qu'il n'eût à se plaindre d'aucun dommage, le commerçant parla d'aller faire sa déclaration au commissaire de police.

Ils eurent vite constaté que les portes avaient été ouvertes avec de fausses clefs. (Page 344.)

— Je n'ai pas de conseils à vous donner, lui dit Morlot ; mais cette démarche que vous voulez faire me paraît absolument inutile.
— Au fait, monsieur, vous avez raison ; ce que j'ai de mieux à faire, c'est de mettre à ma porte des doubles serrures de sûreté.

Le soir, en rentrant chez lui, Morlot se disait, les sourcils froncés :
— Résultat de la journée : une déception.

VII

DEUX LETTRES

On avait dit au marquis de Coulange que l'amiral de Sisterne serait de retour à Paris le jeudi soir ou le vendredi matin. Or, le vendredi, à neuf heures du matin, le marquis sonnait à la porte de l'appartement que l'amiral occupait avec sa sœur et sa nièce, au premier étage. Un domestique vint lui ouvrir.

— M. de Sisterne est-il revenu de Brest? demanda le marquis.

— M. l'amiral est revenu hier soir, monsieur le marquis, répondit le domestique.

— Je suppose qu'il n'est pas encore sorti, veuillez m'annoncer.

— Monsieur le marquis ne pourra pas voir M. l'amiral aujourd'hui.

— Ah! fit M. de Coulange étonné, et pourquoi ne pourrai-je pas le voir aujourd'hui?

— Parce que M. l'amiral a prévenu qu'il rentrerait probablement très tard ce soir ou peut-être même dans la nuit.

— A quelle heure est-il donc sorti ce matin?

— A huit heures, monsieur le marquis. Il est allé accompagner madame et mademoiselle qui vont passer quelque temps dans le Midi, du côté de Cannes, de Nice ou de Menton.

— Comment! s'écria le marquis de plus en plus surpris, madame et mademoiselle de Valcourt ont quitté Paris ce matin?

— Comme je viens de le dire à monsieur le marquis, elles sont parties à huit heures avec M. l'amiral, qui doit les accompagner jusqu'à Joigny, peut-être jusqu'à Dijon.

— Savez-vous la cause de ce départ précipité?

— Non, monsieur le marquis.

— J'ai vu ces dames lundi, Mme de Valcourt ne m'a point dit qu'elle avait l'intention d'aller à Nice ou ailleurs.

— Hier, à midi, et même à quatre heures du soir, il n'était nullement question de ce départ.

— Mais que s'est-il donc passé? s'écria le marquis, que l'émotion commençait à serrer à la gorge.

— Je l'ignore, répondit le domestique. M. l'amiral est arrivé de Brest hier soir à deux heures.

— J'aurais dû venir hier, murmura le marquis.

— Il a causé assez longtemps avec madame et ensuite avec mademoiselle, continua le domestique; c'est alors, probablement, que le départ fut décidé, car, à quatre heures et demie, la femme de chambre de madame commençait à préparer les malles. On a servi le dîner comme d'habitude, à six heures. M. l'amiral n'avait pas l'air content, madame était pâle et paraissait inquiète; quant à mademoiselle, je crois bien qu'elle avait pleuré. A dix heures les malles étaient faites et fermées. Ce matin, une voiture du chemin de fer est venue les prendre. Les maîtres se sont rendus à la gare dans la voiture de M. l'amiral. Mais, tenez, monsieur le marquis, voilà la voiture qui revient.

On entendait, en effet, le bruit des roues et des sabots des chevaux sur le pavé de la cour.

Le front de M. de Coulange s'était assombri. Une sensation douloureuse succédait au saisissement et à la surprise. Il se dirigea lentement vers la porte.

— Dès que M. l'amiral rentrera, reprit le domestique, je lui dirai que M. le marquis est venu pour le voir.

— Et vous pourrez ajouter que j'ai été fort étonné.

— M. l'amiral devra-t-il attendre monsieur le marquis demain matin?

— Non, je ne reviendrai pas demain.

Il descendit rapidement l'escalier. Il avait comme un poids sur la poitrine, qui l'empêchait de respirer. Il avait hâte de se retrouver au grand air. Quand il eut fait une trentaine de pas dans la rue, ses poumons se dilatèrent, et il se sentit soulagé. Mais il avait des mouvements fébriles, et son front restait sombre.

— Qu'est-ce que cela veut dire?... se demandait-il.

Il cherchait à s'expliquer l'étrange conduite de son ami et de Mme de Valcourt. Pourquoi avoir ainsi quitté Paris sans le prévenir? Il se sentait profondément blessé, car, dans ce départ précipité, il trouvait quelque chose d'injurieux. Il devinait qu'il devait y avoir là une nouvelle infamie de Sosthène; mais, ce que devait faire avant tout M. de Sisterne, n'était-ce pas de venir loyalement lui demander une explication? D'ailleurs il avait annoncé sa visite. Pourquoi l'amiral ne l'avait-il pas attendu? Évidemment, il s'était dérobé à une explication. Et cela et le départ précipité de Mme et de Mlle de Valcourt, qui ressemblait à une fuite, rendaient sa conduite envers son ancien ami d'enfance tout à fait inexplicable. Qu'avait voulu l'amiral? Éloigner Emmeline d'Eugène. Cela ne laissait aucun doute... Ainsi c'était une rupture, une rupture aussi brusque que violente. Qu'avait-on pu dire à Mme de Valcourt et à M. de Sisterne pour qu'ils eussent pris une aussi grave détermination?

Mais qu'importe, l'amiral n'avait pas agi comme il devait le faire; il ne méritait pas, lui, le marquis de Coulange, d'être traité ainsi par son vieux camarade, son meilleur ami. L'amiral lui faisait une cruelle injure.

C'est en se livrant à ces tristes réflexions que le marquis rentra à l'hôtel de Coulange.

Dans son cabinet, sur un plateau de vermeil, il trouva trois ou quatre lettres. Sur l'une des enveloppes, il reconnut l'écriture de M. de Sisterne.

— Ah! fit-il, je vais donc savoir quelque chose.

D'une main qui tremblait légèrement il déchira l'enveloppe. La lettre ne contenait que quelques lignes écrites rapidement. Le marquis les lut, le front plissé. Les voici :

« Mon cher Édouard,

« Depuis assez longtemps déjà, la santé de ma nièce inspire à sa mère de sérieuses inquiétudes ; une irritation de la gorge et des bronches et une petite toux sèche, opiniâtre, sembleraient menacer Emmeline d'une maladie pulmonaire. Je ne me doutais de rien, car ma sœur avait cru devoir me cacher ses craintes.

« Hier soir, elle m'a parlé de ses appréhensions et s'est subitement décidée à aller passer avec Emmeline deux mois au bord de la Méditerranée.

« Elles partent aujourd'hui même ; je t'écris ces quelques lignes à la hâte. Je vais accompagner ma sœur et ma nièce un bout de chemin ; mon intention est d'aller jusqu'à Dijon.

« Ton vieux camarade,
« DE SISTERNE. »

Comme s'il n'avait pas bien compris, le marquis relut une seconde fois cet étrange billet, puis il resta un instant immobile, frappé de stupeur.

— Et c'est cela, c'est cela qu'il m'écrit, murmura-t-il sourdement en froissant le papier entre ses doigts ; voilà l'explication ridicule qu'il me donne !... Mensonge, mensonge ! exclama-t-il.

Il était frémissant, des lueurs sombres traversaient son regard. Il y avait en lui de la colère et de l'indignation.

— Qu'est-ce que cela ? Un prétexte grossier... Il n'a certainement pas supposé que nous croirions à cette prétendue maladie de sa nièce ; mais il fallait dire quelque chose, et c'est cela qu'il m'a écrit... Et voilà comment se conduit envers moi un homme de cœur qui est mon ami depuis plus de quarante années !... Oh ! c'est trop fort ! c'est trop fort !...

« Mais il ne s'aperçoit donc pas qu'il y a dans sa conduite quelque chose qui ressemble à de la lâcheté. Ah ! çà, mais que pense-t-il donc de moi, de ma femme, de ma fille ?... Et c'est le comte de Sisterne, un amiral de France, l'honneur même, qui m'offense aussi gravement !

Tout en parlant, le marquis marchait à grands pas dans son cabinet.

— Ah ! reprit-il, d'une voix creuse, il se contente d'un prétexte, le premier venu, et il recule devant une explication que son devoir l'oblige à me donner : mais il me la faut, cette explication, il me la faut et je l'aurai... Oui, je saurai le faire parler ; devrais-je l'y contraindre, il parlera... Je suis le gardien de l'honneur de Coulange !

A ce moment, on frappa à la porte du marquis.

— Entrez, dit-il.

Par un violent effort de sa volonté, son agitation se calma subitement et son visage reprit son expression habituelle.

La porte s'ouvrit et Eugène entra. Le jeune homme avait une figure de déterré. Ses lèvres crispées, frémissantes, révélaient une grande douleur. Il y avait du désespoir dans l'effarement de son regard. Il tenait entre ses doigts un papier une lettre ouverte. Lentement, il s'approcha du marquis et, sans prononcer une parole, il lui tendit lalettre.

Le marquis lut ce qui suit :

« Monsieur Eugène,

« Nous quittons Paris demain matin pour aller je ne sais où. Ah ! je n'ai pas eu le courage de demander où l'on voulait me conduire. Que se passe-t-il ? Je l'ignore. Je ne sais qu'une chose, c'est que je suis folle de douleur !

« On me dit que notre mariage est devenu impossible, que je ne dois plus penser à vous. Ne plus penser à vous ! Il faudrait alors empêcher mon cœur de battre... J'ai pleuré, je pleure encore. J'ai demandé à ma mère et à mon oncle pourquoi ils brisaient mon cœur et détruisaient mon bonheur, ils ne m'ont rien expliqué, je ne sais rien.

« Je ne peux douter de leur affection pour moi ; certainement ils ne veulent pas mon malheur ; pourtant, c'est par eux que je connais la souffrance.

« On nous sépare, monsieur Eugène ; mais si loin qu'on me mène, on n'empêchera pas mon âme de s'échapper pour aller vers la vôtre. On peut me dire et même m'ordonner de ne plus penser à vous, je ne peux pas obéir. On ne pourra pas éteindre ma pensée, m'ouvrir le cœur pour y prendre mon amour ; on ne pourra pas m'empêcher de vous aimer toujours !

« Je me souviens de ce que vous m'avez répété bien des fois pour vous le dire à mon tour : « Quoi qu'il arrive, Eugène, rien ne pourra nous désunir ! » Je suis à vous, je veux rester à vous. Je ne doute pas de votre cœur, ne doutez pas du mien !

« Je ne sais pas si je fais bien de vous écrire ; c'est peut-être mal ; mais, en prenant une plume, ce n'est pas ma raison que j'ai consultée.

« Eugène, une étoile vient de paraître dans le ciel ; je la vois briller à travers mes larmes, et je l'appelle Espérance ! »

« Votre fiancée,

« EMMELINE. »

— Oh ! la noble enfant, murmura le marquis.

— Vous le voyez, mon père, dit tristement Eugène, je dois renoncer à elle.

Ah! mes pressentiments ne m'ont pas trompé. Elle me dit de ne pas douter de son cœur... Chère Emmeline, je ne lui ferai pas cette injure. Son amour n'est pas moins grand que le mien. Hélas! nous souffrirons tous les deux. Et je ne peux rien faire pour elle, pas même la consoler, car je ne dois plus la revoir; nous sommes séparés pour toujours.

Le marquis prit la main du jeune homme et lui dit d'un ton affectueux:

— Et cette étoile qu'Emmeline appelle Espérance!...

Eugène secoua la tête.

— Elle ne brille pas pour moi, dit-il d'une voix oppressée; je n'ai plus rien à espérer: Mme de Valcourt et M. de Sisterne ne me trouvent plus digne d'Emmeline.

— Eugène, tu oublies que tu es le fils du marquis de Coulange!

— Non, mon père; mais l'amiral de Sisterne ne pense pas comme vous; il ne veut voir en moi que le fils d'une malheureuse fille qu'un crime a fait entrer dans votre maison...

— Oh! si cela était...

— Eh bien, mon père?

— L'amiral n'aurait plus en lui ni noblesse ni grandeur.

— Je juge autrement M. le comte de Sisterne, mon père: il n'est ni moins noble ni moins grand, parce qu'il a des scrupules faciles à comprendre.

— Non, non, fit le marquis, il y a autre chose.

— Il n'y a que cela, mon père, et, vous le voyez, c'est assez. Je pourrais, fort de l'amour d'Emmeline et sûr d'être approuvé par elle, ne tenir aucun compte de l'obstacle qu'on met entre nous; mais mon devoir, ma dignité et l'honneur me défendent de rien tenter contre l'autorité de Mme de Valcourt et de M. de Sisterne! Je dois forcément me soumettre à leur volonté.

— Malheureusement, quant à présent, je ne puis te donner aucun conseil, répondit M. de Coulange.

— Enfin, mon père, que vous a dit M. de Sisterne?

— Ce qu'il m'a dit? Rien.

Le marquis prit le billet de l'amiral, qu'il avait jeté, froissé, sur un meuble, et le remit à Eugène en disant:

— Tiens, voilà les belles raisons qu'il me donne, voilà comment il m'explique le départ de Mme de Valcourt et de sa fille.

— Oh! fit le jeune homme après avoir lu. Mais Emmeline se porte à merveille, mon père! s'écria-t-il. En vérité je ne comprends pas...

— Je ne comprends pas plus que toi.

— Hier, quand vous avez vu M. de Sisterne et que vous lui avez appris la vérité, que vous a-t-il dit? Qu'a-t-il répondu?

— Je n'ai pas vu l'amiral hier, et je ne l'ai pas trouvé chez lui ce matin quand je m'y suis présenté. Tu sais pourquoi, par la singulière lettre qu'il m'a écrite

Eugène laissa voir sa surprise.

— Et c'est hier soir, dans la nuit, qu'Emmeline m'a écrit, murmura-t-il comme se parlant à lui-même.

Soudain, il se frappa le front.

— Ah! je comprends, dit-il ; c'est un nouveau coup que nous ont porté nos terribles ennemis.

— Cela n'est pas douteux, dit le marquis.

— L'un de ces misérables, celui qui m'a parlé, m'a dit : « Vous n'épouserez pas Mlle de Valcourt. »

« Ce n'était point là une vaine menace.

— Je ne suppose pas, reprit M. de Coulange, que l'un de ces trois hommes, qui sont, en effet, de terribles ennemis, ait eu l'audace de se présenter devant Mme de Valcourt ou l'amiral ; mais ceux-ci ont évidemment reçu une lettre. Que contient-elle, cette lettre? Dénature-t-elle la vérité en y ajoutant quelque monstrueuse calomnie? Je suis porté à le croire. Sur ce point, je saurai bientôt à quoi m'en tenir. Oui, je veux savoir, je saurai... Quoi qu'il en soit, je ne pardonne point à M. de Sisterne de n'être pas venu me trouver hier soir, ayant à la main la lettre en question. Notre vieille amitié exigeait qu'il fît cette démarche avant de prendre une détermination que je considère comme une injure qui nous est faite à tous.

« On peut admettre que Mme de Valcourt et l'amiral aient certains scrupules, mais encore faut-il qu'ils les fassent connaître. Si tu dois renoncer à Emmeline, ton âme est assez forte pour pouvoir faire ce sacrifice. Sans doute, l'amiral et sa sœur ont le droit de penser autrement que moi; mais ils ne peuvent pas empêcher ton mariage avec Emmeline sans nous en donner au moins un motif acceptable. Ce que M. de Sisterne m'a écrit ce matin, avant de conduire sa sœur et sa nièce au chemin de fer, indique suffisamment qu'il a l'intention de se soustraire à une explication devenue nécessaire, mais il me la faut, cette explication. Je la provoquerai, et l'amiral ne pourra point se refuser à me la donner.

— Ah! je sais d'avance ce qu'il vous répondra.

— Ne préjugeons rien, Eugène, attendons.

— Soit; mais, mon père, que votre affection pour moi ne vous fasse rien perdre de votre noble fierté. Vous savez combien j'aime Emmeline, je ne l'oublierai jamais. Mais du moment qu'on ne me trouve plus digne d'elle, je suis prêt à faire tous les sacrifices. En cela comme en tout, mon père, je veux me montrer digne de vous. Dussé-je en souffrir toujours et même mourir, la force ne me manquera jamais.

VIII

LA LETTRE ANONYME

Disons, maintenant, ce qui s'était passé la veille chez le comte de Sisterne.

Mme de Valcourt et sa fille venaient de déjeuner; elles se levaient de table lorsqu'un domestique apporta une lettre dans une enveloppe cachetée de cire bleue. Cette lettre, adressée à Mme la comtesse de Valcourt, avait été remise chez le concierge, un instant auparavant, par un commissionnaire.

Avant de sortir de la salle à manger, Mme de Valcourt rompit le cachet, sortit de l'enveloppe la lettre pliée en quatre, l'ouvrit et commença à lire.

Emmeline, qui avait les yeux fixés sur elle, la vit pâlir tout à coup.

— Qu'est-ce donc, chère mère? Une mauvaise nouvelle? demanda la jeune fille avec inquiétude.

— Non, pas précisément, balbutia Mme de Valcourt; mais c'est... c'est bien singulier.

— Qui donc vous écrit? demanda encore la jeune fille.

— Je ne sais pas, répondit la mère dont le trouble augmentait.

— Chère mère, vous voulez me le cacher, un accident est arrivé à mon oncle! s'écria la jeune fille.

— Non, rassure-toi, il ne s'agit pas de ton oncle.

— Alors, chère mère, dites-moi...

— Je ne puis rien te dire, l'interrompit Mme de Valcourt. Je te laisse, continua-t-elle, j'ai besoin d'être seule pour lire cette lettre et la comprendre.

Sur ces mots elle quitta brusquement Emmeline et se retira dans sa chambre.

La jeune fille resta un instant immobile au milieu de la salle, le regard fixé sur la porte derrière laquelle sa mère avait disparu. Ses yeux se voilèrent de larmes. Elle les essuya rapidement.

— Ah! murmura-t-elle tristement, les angoisses de mon cœur me disent qu'un malheur vient de nous arriver.

Elle sortit à son tour de la salle à manger et rentra dans sa chambre.

Elle prit son travail, une broderie, et s'assit près de la fenêtre; mais, après le premier feston, l'aiguille resta immobile, piquée dans l'étoffe. Emmeline n'avait plus le courage de continuer ce travail, un cadeau destiné à sa mère, qu'elle voulait vite achever. Sa tête charmante restait inclinée, et des soupirs s'échappaient de sa poitrine. Elle sentait son cœur se serrer, et toutes ses pensées étaient tristes.

Croyant repousser ainsi ses pressentiments et calmer son inquiétude, elle

Emmeline s'absorba dans une rêverie profonde. (Page 353.)

prit un livre. Mais la lecture ne lui réussit pas mieux que la broderie. Elle lut une page et ne tourna pas le feuillet. Ses yeux restèrent fixés sur les caractères typographiques, qui prenaient des couleurs et des formes fantastiques, et, peu à peu, elle s'absorba dans une rêverie profonde.

Pendant ce temps, très agitée, bouleversée dans tout son être, Mme de Valcourt se livrait, de son côté, à de douloureuses réflexions.

Après avoir lu la lettre, elle était restée atterrée, en proie à une sorte de délire; elle l'avait relue une seconde fois, puis une troisième, comme si elle eût eu peur d'avoir mal compris, ou espéré qu'une nouvelle lecture lui ferait trouver moins épouvantable la chose qu'on lui apprenait. Ensuite elle avait remis la lettre dans son enveloppe, puis l'avait cachée dans le corsage de sa robe.

Voici le texte de cette lettre :

« Madame la comtesse,

« Quand on possède un secret bien caché, duquel peut dépendre le bonheur ou le malheur de plusieurs personnes qu'on estime et qu'on respecte, on interroge sa conscience et l'on se demande ce qu'on doit faire.

« La personne qui vous écrit pense que, connaissant un secret de cette nature, elle serait coupable de ne pas le révéler. C'est un devoir pénible à remplir. Il y a dans la vie de ces devoirs qui s'imposent.

« Je connais M. l'amiral de Sisterne depuis longtemps, j'ai l'honneur de vous connaître aussi, madame la comtesse, et je sais combien vous aimez votre fille unique, Mlle Emmeline de Valcourt. C'est de votre chère enfant qu'il s'agit, madame ; c'est son bonheur que je veux protéger contre les coups imprévus de l'avenir.

« Comme vous, M. l'amiral de Sisterne a des sentiments élevés ; pour vous l'honneur est tout, il est votre seul guide. Eh bien, madame la comtesse, vous ne pouvez pas consentir, M. l'amiral et vous, au mariage de Mlle de Valcourt avec le comte de Coulange ; votre honneur vous le défend. Voici pourquoi : le comte de Coulange n'est pas le fils du marquis de Coulange !

« Le marquis ne sait rien ; il n'a jamais soupçonné ce qui s'est passé dans sa maison il y a vingt-deux ans. La marquise, sous son apparente faiblesse, cache une force peu commune et une grande audace ; elle a su tromper son mari, garder admirablement son secret et imposer à M. le marquis de Coulange une paternité qui n'est pas la sienne. Du reste, la marquise lui a toujours fait voir blanc ou bleu ce qui est rouge ou noir.

« Si M. le comte de Sisterne veut bien se rappeler dans quel triste état se trouvait le marquis de Coulange à l'époque de votre mariage avec M. le comte de Valcourt, c'est-à-dire un an environ avant la naissance du comte de Coulange, il sera convaincu que ce dernier ne peut pas être son fils.

« Cependant, si monsieur l'amiral ne se trouvait pas suffisamment édifié, il n'aurait qu'à se rendre ce soir à dix heures dans le passage du Saumon. Là, il rencontrerait une personne qui lui donnerait toutes les preuves qu'il pourrait exiger.

« Agréez, madame la comtesse, l'hommage de mes sentiments respectueux.

« H. de B***. »

Dans l'auteur de cette lettre odieuse, anonyme malgré les initiales de la signature, le lecteur a certainement reconnu Sosthène de Perny. Il l'avait conque avec une intention de perfidie éclatante et chaque phrase révélait sa haine pour sa sœur.

On comprend l'effet terrible, foudroyant, qu'une lecture semblable devait produire. Le misérable s'était bien gardé de dire exactement la vérité; il avait employé, au contraire, tout ce qui lui restait de son intelligence funeste pour faire croire que le comte de Coulange était un fils adultérin de la marquise. Avec la calomnie, arme des lâches et des infâmes, il insultait sa malheureuse sœur, il la flétrissait et la déshonorait.

Comme on le voit, le marquis de Coulange ne s'était pas trompé en disant qu'une lettre avait été adressée à Mme de Valcourt ou à l'amiral de Sisterne, et en ajoutant : « Il faut que cette lettre dénature la vérité en y ajoutant quelque monstrueuse calomnie ! »

Toutefois, bien qu'il sût maintenant quel hideux personnage était Sosthène, il n'avait pas osé supposer qu'il fût assez ignoble pour salir sa sœur de sa bave immonde.

Mme de Valcourt était encore dans sa chambre et Emmeline dans la sienne lorsque l'amiral arriva. Alors la jeune fille sortit de chez elle et alla à la rencontre de son oncle pour l'embrasser.

L'amiral ne s'aperçut point qu'elle était moins joyeuse que d'habitude.

— Où est ta mère? lui demanda-t-il.

— Dans sa chambre.

— Serait-elle indisposée?

— Je ne le pense pas.

L'amiral se dirigea vers l'appartement de sa sœur. Emmeline le suivit, et tous deux entrèrent dans la chambre de la comtesse.

L'agitation de Mme de Valcourt ne s'était pas encore calmée. En l'embrassant, l'amiral sentit qu'elle tremblait légèrement. Il se recula un peu et la regarda. Il vit sa pâleur, ses traits tirés, l'expression douloureuse de son regard.

— Est-ce que tu es souffrante? lui demanda-t-il d'une voix inquiète.

— Oui, un peu, répondit-elle.

Et se tournant vers sa fille :

— Emmeline, reprit-elle, j'ai besoin d'être seule un instant avec ton oncle. Laisse-nous, je te prie ; quand tu pourras venir, je t'appellerai.

Comme si elle n'eût pas entendu ces paroles, Emmeline resta immobile, attachant sur sa mère un long regard où l'anxiété se mêlait à la tristesse.

Mme de Valcourt s'élança vers elle, l'entoura de ses bras et, la bouche sur son front, la serrant fortement :

— Oh! ma fille, s'écria-t-elle d'une voix vibrante, ma fille, ma pauvre fille !

Elle laissa échapper un gémissement. Des larmes jaillirent des yeux d'Emmeline.

Étonné, ne comprenant rien à cette scène, l'amiral ne savait que penser.

— Va, mon enfant, va, reprit la comtesse, laisse-moi causer avec ton oncle; tout à l'heure tu viendras.

La jeune fille jeta sur sa mère et sur son oncle un regard douloureux et sortit de la chambre en pleurant.

Alors l'amiral s'approcha de sa sœur, lui prit les deux mains et, la regardant fixement :

— Voyons, qu'y a-t-il? Que signifient les pleurs d'Emmeline et ton air désolé? demanda-t-il.

La comtesse eut un long soupir.

— Hélas ! dit-elle, Emmeline ne sait rien encore, oh! ma pauvre fille, ma pauvre fille!

— Mais tu me fais mourir d'anxiété ! s'écria l'amiral; dis-moi vite de quoi il s'agit.

Mme de Valcourt sortit la lettre de son corsage et, la tendant à son frère :

— Lis, dit-elle, lis !

L'amiral tira brusquement la lettre de l'enveloppe et en commença la lecture.

Dès les premières lignes, la main qui tenait le papier se mit à trembler.

— Oh ! fit-il tout à coup d'une voix rauque.

Ce n'était plus seulement la main, mais le corps tout entier, que secouait un tremblement convulsif.

Quand il eut fini de lire, il tomba dans un fauteuil, tout d'une pièce. Il était livide. Ses bras pendants, inertes, semblaient paralysés. Au bout d'un instant, il leva la tête et regarda sa sœur avec effarement.

— C'est épouvantable, horrible... murmura-t-il.

— J'ai reçu cette lettre vers une heure, dit la comtesse; tu dois comprendre ce que j'ai souffert depuis ce moment.

— Oui, je le comprends.

— J'en suis encore atterrée.

— Et moi je suis frappé comme d'un coup de foudre.

— Octave, c'est peut-être une calomnie infâme?

L'amiral secoua tristement la tête.

— Alors, tu crois que la marquise de Coulange...

— Oui, malheureusement, je crois que le comte de Coulange n'est pas le fils du marquis.

La comtesse cacha son visage dans ses mains.

— Bien des choses me reviennent à la mémoire, que je ne comprenais pas autrefois et que je m'explique parfaitement maintenant, continua M. de Sisterne. C'est d'abord la marquise ayant le monde en horreur, n'allant et ne se montrant nulle part, vivant dans une solitude complète ; son état maladif, sa langueur, ses tressaillements, ses poses extatiques. Évidemment, elle avait le repentir et sentait les déchirements du remords. Ensuite, c'est une espèce d'aversion étrange, inexplicable, qu'elle avait pour son fils.

Assurément, la personne qui t'écrit a commis une mauvaise action. Pourquoi ne suis-je pas indigné comme je devrais l'être? Parce que cette mauvaise action nous éclaire. Ma sœur, il y a là, écrit dans cette lettre, une pensée que j'ai eue autrefois. En effet, j'ai été étonné, et je me suis demandé, moi, qui avais vu le marquis de Coulange sans force, n'ayant plus qu'un souffle de vie, comment il pouvait être le père d'un aussi bel enfant que l'était Eugène à l'âge de trois ou quatre ans.

— Octave, dit la comtesse, il y a quelque chose en moi qui, malgré tout, proteste en faveur de Mme de Coulange.

— La bonté de ton cœur te rend indulgente.

— Je connais la marquise, mon frère, et j'hésite à croire...

— Malheureusement, il faut se rendre à l'évidence. La savoir indigne est, pour moi, comme pour toi, une véritable douleur...

— Elle a toujours été respectée, sa conduite a constamment défié la médisance; on a, au contraire, vanté ses vertus. Examine sa vie, depuis la naissance de Maximilienne, tu n'y trouveras rien qu'on puisse lui reprocher. Enfin, elle aime sincèrement son mari; la femme la plus hypocrite ne peut pas feindre pendant plus de vingt ans une affection qui n'est pas dans son cœur, des sentiments qu'elle n'éprouve point.

— Oui, tout cela est vrai. Mais, si instruit qu'il soit, le monde ne peut pas tout savoir. Il y a de sombres mystères dans la vie privée. Qu'a fait la marquise pendant la longue et cruelle maladie de son mari? Nul ne le sait. Elle vivait, disait-on, dans un isolement absolu. Que de monstruosités se cachent dans la solitude! Mme de Coulange a, aujourd'hui, une grande affection pour son mari, on ne saurait en douter; mais quand Édouard l'a épousée elle ne l'aimait point. Et pourtant il la prenait pauvre, sans un sou de dot, l'enrichissait et l'élevait jusqu'à lui. Qui sait si son affection tardive n'est pas née du repentir et du besoin de racheter sa faute?

L'amiral resta un moment silencieux, la tête baissée.

Soudain, il tressaillit et murmura :

— Oh! ce serait épouvantable!

IX

UN CŒUR BRISÉ

Mme de Valcourt se rapprocha brusquement de son frère.

— Octave, quelle est donc ta pensée? demanda-t-elle.

— Je pense que la marquise de Coulange pourrait bien être une misérable, plus coupable encore que je ne le croyais tout d'abord ; je pense qu'elle a trompé, trahi, déshonoré son mari par suite d'un calcul infâme ; je pense qu'elle a pris un amant pour donner un héritier au marquis et conserver la jouissance de l'immense fortune de Coulange.

— Oh ! je t'en supplie, Octave, ne crois pas cela ! s'écria Mme de Valcourt éperdue.

— Ma sœur, répliqua l'amiral, la clarté qui vient de m'éclairer subitement ne me permet pas de chercher une autre explication. Plus de six mois avant qu'il parte pour Madère, le marquis avait été successivement condamné par tous les médecins appelés près de lui. Toutes les personnes qui connaissaient alors M. de Coulange étaient persuadées qu'il ne pouvait guérir : comme tout le monde, la marquise en était convaincue. N'ayant pas d'enfant, son mari mort, elle retombait dans la pauvreté. Alors elle s'est dit, sans doute : « Il ne faut pas que cela soit ; à tout prix je veux garder la fortune du marquis de Coulange ! » Et la misérable, approuvée et peut-être même conseillée par sa mère et son frère, a pris un amant, et le marquis a eu l'enfant dont elle avait besoin.

— Horrible ! prononça Mme de Valcourt.

— Mais Dieu ne voulut point que la femme indigne eût le bénéfice de son infamie, reprit M. de Sisterne, et il ne lui fit pas attendre le châtiment qu'elle avait mérité.

Le marquis allait mourir, croyait-elle. Point, il guérit. Première punition. Elle met au monde Maximilienne. Autre châtiment. Maintenant je me demande jusqu'où ira l'expiation.

— L'auteur de cette lettre prétend qu'il a des preuves entre les mains ; iras-tu au rendez-vous qu'il te donne ? demanda Mme de Valcourt.

L'amiral secoua la tête.

— A quoi bon ? répondit-il. Que saurai-je de plus quand on m'aura fait lire une ou deux lettres écrites autrefois par la marquise de Coulange ? Non, je n'irai pas à ce rendez-vous. D'ailleurs je jouerais là un rôle qui me répugne.

— Je comprends cela ! Mais qu'allons-nous faire ?

— Nous nous trouvons dans une situation affreuse.

— Hélas !

— Ah ! tu avais raison tout à l'heure de plaindre Emmeline ; c'est elle, surtout, qui va beaucoup souffrir, car elle aime le comte de Coulange.

— Oh ! oui elle l'aime !... gémit la comtesse.

— Malheureusement, malgré ses grandes qualités, et bien qu'il ne puisse être responsable de l'indignité de sa mère, son mariage avec Emmeline est impossible.

— Quelle douleur pour ma pauvre enfant ! Elle peut en mourir !

— Nous la consolerons, reprit M. de Sisterne. Avec de la tendresse et des baisers, ton amour maternel guérira son cœur. Le temps est le maître de tout :

peu à peu elle oubliera le comte de Coulange. Elle est encore bien jeune pour être mariée ; dans un an, dans deux ans, quand sa douleur sera calmée, nous lui trouverons un mari.

— Sans doute, ma tendresse ne manquera pas à ma chère enfant, je ferai tout ce qui dépendra de moi pour la consoler ; mais n'importe, c'est pour elle un coup terrible dont je redoute les conséquences.

— Et c'est moi qui, le premier, ai eu l'idée de ce mariage ; ah ! je suis bien coupable !... Pourtant, je ne pouvais pas supposer, deviner... Comme souvent on est trompé !

— Je pense absolument comme toi, mon frère : Emmeline ne peut plus épouser le comte de Coulange ; malheureusement, les choses sont bien avancées, puisque nous arrivions à la veille des publications et du contrat. La rupture doit être immédiate.

— Oui, immédiate.

— Que dirons-nous au marquis de Coulange et au comte de Coulange ?

— Je ne sais pas encore, je réfléchirai ; ceci n'est pas le moins grave de la situation.

— Il nous est difficile, pour ne pas dire impossible, d'apprendre la vérité au marquis de Coulange.

— Oui, car ce serait une très mauvaise action. Dans cette circonstance, et quoi qu'il puisse arriver, notre devoir est de garder le silence. Mon estime et mon amitié pour le marquis restent les mêmes ; c'est une raison de plus pour que je ne lui porte point ce coup de massue ; non, non, ce n'est pas moi, son meilleur ami, qui peux lui dire : « Ta femme t'a trahi, elle n'a pas été la fidèle gardienne de ton honneur. Eugène n'est pas ton fils ! »

— Il faut donc trouver un prétexte.

— Absolument.

— Lequel ?

— J'y pense, je le trouverai.

— Et dès demain tu verras M. de Coulange.

— Non, je préfère lui écrire, d'abord ; je le verrai ensuite. Mais alors vous serez loin de Paris, toi et Emmeline.

— Tu penses que nous devons nous éloigner ?

— C'est nécessaire ; il faut absolument séparer Emmeline et Eugène par une grande distance.

— C'est vrai. Je comprends qu'il faut que nous partions.

— Demain, à neuf heures du matin, vous quitterez Paris.

— Viendras-tu avec nous ?

— Pas tout de suite ; mais dans dix ou quinze jours j'irai vous rejoindre.

— Où irons-nous ?

— Vous ne pouvez pas aller vous installer à Sisterne dans cette saison, le château n'étant pas préparé pour vous recevoir; vous irez à Menton, au milieu des violettes et des roses. M#me# de Rouvière sera enchantée de vous recevoir chez elle. Ce soir je lui annoncerai votre arrivée par un télégramme. Tu feras faire tes malles dans la soirée afin que vous soyez prêtes à partir d'ici demain matin à huit heures. Je vous conduirai à la gare.

— Il faut prévenir Emmeline.
— Sans doute.
— Est-ce que nous lui dirons?
— Non, non.
— Elle voudra une explication.
— Le meilleur est, je crois, quant à présent, de ne lui en donner aucune.
— Mon Dieu, que va-t-elle penser? Que va-t-elle dire? Octave, parle-lui, toi, je n'en aurais ni le courage ni la force. Elle attend, la pauvre enfant!
— Faire couler ses larmes, c'est pénible et cruel; mais le devoir ordonne. Ma sœur, tu peux faire venir Emmeline.

M#me# de Valcourt se leva, toucha le cordon d'une sonnette et se rassit en poussant un long soupir.

Un domestique se présenta.

— Veuillez prier M#lle# de Valcourt de venir, lui dit le comte de Sisterne.

Le domestique se retira et, presque aussitôt, Emmeline parut.

Tout en entrant, elle jeta les yeux sur sa mère et sur son oncle. La douleur peinte sur le visage de l'une, le front assombri et l'air grave de l'autre firent passer sur elle une sorte de frisson.

L'amiral s'était levé; il lui prit la main et la fit asseoir à côté de sa mère. La jeune fille se tourna vers M#me# de Valcourt comme pour l'interroger. Le regard de celle-ci, attaché sur sa fille, avait une expression de tendresse infinie.

— Emmeline, dit-elle d'une voix mal assurée, écoute ton oncle.

Brusquement, la jeune fille fit face au comte de Sisterne.

L'amiral était peut-être plus embarrassé qu'un certain jour de l'année 1854, où, dans la mer du Nord, il s'était emparé d'une frégate russe.

— Eh bien, mon oncle, qu'avez-vous à me dire? demanda la jeune fille.

Le comte hésitait toujours à parler.

— Emmeline, balbutia-t-il, pour la première fois de ma vie je manque de courage.

— Quelle chose terrible avez-vous donc à m'annoncer, mon oncle?

— Tu le vois, ta mère et moi nous sommes désolés.

— Oui, je vois votre douleur à tous deux, et j'attends que vous m'en fassiez connaître la cause.

— Emmeline, rassemble ton courage, toutes tes forces.

— Parlez, mon oncle, parlez, je serai forte, je vous le promets.

— Eh bien, ma chère enfant, voici la cause de notre grande douleur : un obstacle s'est dressé entre toi et le comte de Coulange.

Madame de Valcour sortit la lettre de son corsage et la tendit à son frère. (Page 356.)

— Un obstacle? fit Emmeline.
— Oui. Ou, si tu le préfères, un empêchement à votre mariage.
— Mon oncle, répliqua vivement la jeune fille, Eugène et moi nous nous aimons, rien au monde ne peut m'empêcher d'être sa femme!
— Rien au monde, dis-tu, Emmeline; et si je t'affirme que nous ne pouvons consentir à ce mariage, ta mère et moi, sans faillir à l'honneur?
Emmeline secoua la tête en murmurant :
— Je ne comprends pas.

— Non, tu ne peux pas, tu ne dois pas comprendre. Mais écoute-moi, Emmeline, et crois-moi, l'obstacle dont je viens de te parler te sépare à jamais du comte de Coulange.

Le visage de la jeune fille devint affreusement pâle, l'éclat de son regard s'éteignit, et elle resta sans voix, regardant l'amiral avec des yeux égarés.

— Tu sais combien est grande la tendresse de ta mère pour toi, continua M. de Sisterne d'un ton paternel ; tu ne doutes pas non plus de la profonde affection de ton oncle ; nous avons constamment cherché à te rendre heureuse ; dès tes plus jeunes années, ne songeant qu'à ton avenir, tout ce que nous avons fait était pour ton bonheur. Ah ! hier encore, nous ne pensions guère au chagrin qui t'attendait ; et nous, qui t'aimons plus que tout au monde, nous ne nous doutions pas que nous serions forcés de faire couler tes premières larmes.

Emmeline, tu vas souffrir, nous le savons, et c'est notre plus grande peine ; mais nous souffrirons avec toi et nous te consolerons. La grande douleur d'un enfant trouve toujours un refuge dans le cœur de sa mère. Va, mon enfant, tu n'as qu'à interroger ton cœur pour être sûre que nous n'agissons point, ta mère et moi, sans y être forcés par des raisons majeures ; tu comprends qu'elles doivent être bien puissantes, ces raisons, pour que nous ayons le courage de te dire, sachant que nous brisons ton cœur : Ton mariage avec le comte de Coulange est impossible, ne pense plus à lui, oublie-le !

La jeune fille se dressa d'un seul mouvement. Ses yeux avaient subitement repris leur éclat et un peu de rouge était revenu sur ses joues et son front. Il y avait dans son regard quelque chose de fier, de hardi.

— Mon oncle, dit-elle d'une voix frémissante, j'aime le comte Eugène de Coulange ; vous et ma mère, vous avez vu naître mon affection pour Eugène, vous l'avez approuvée, encouragée, et elle a grandi sous vos yeux. Vous avez trouvé le comte de Coulange digne de moi, comme le marquis et la marquise m'ont trouvée digne de lui, malgré la différence qui existe entre sa fortune et la mienne. Mais, comme vous me l'avez dit vous-même, mon oncle, dans cette noble famille, tout se fait par le cœur et pour le cœur.

Jusqu'à ce jour, je n'ai rien à me reprocher ; je ne crois donc pas avoir démérité ; quant à Eugène, je le connais, il est et restera digne de ce cœur que je lui ai donné. Le lien qui nous unit l'un à l'autre n'est pas de ceux que le choc peut briser. Avant l'union légale, un serment nous a unis devant Dieu. Notre amour résistera à toutes les épreuves ; il est assez fort pour durer jusqu'à notre dernier souffle de vie... Voilà, mon oncle, ce que je tenais à vous dire d'abord, ainsi qu'à ma bonne mère.

Oui, vous m'aimez tous les deux ; oui, je suis tout pour vous et je sais que vous souffrirez avec moi puisque je suis condamnée à souffrir. Je ne peux plus épouser le comte de Coulange, il y a un empêchement à notre mariage ? Je dois vous croire. Vous allez nous séparer ? Je connais assez votre tendresse pour moi et j'ai trop de respect pour vous pour ne pas me soumettre docilement à votre volonté. Je n'ai point le caractère d'une fille et d'une nièce rebelle. Vous m'avez dit, mon oncle, que j'allais être séparée d'Eugène pour toujours. C'est bien long, pour toujours ! Eh bien, non, laissez-moi espérer, laissez-moi croire qu'après nous avoir séparés vous nous réunirez. Vous voyez comme je suis raisonnable, mon oncle, comme je suis calme, malgré mon cœur qui saigne... Si vous saviez comme mon amour me rend forte !

Maintenant, voulez-vous me faire connaître ce qui met empêchement à mon mariage ?

— Emmeline, tu ne dois rien savoir, je ne peux rien te dire, répondit M. de Sisterne.

— Et vous, ma mère ?

— Rien, prononça la comtesse d'une voix faible.

— C'est donc bien épouvantable ?

M{{mo}} de Valcourt laissa échapper un gémissement.

— Emmeline, dit l'amiral, je te le répète, tu ne dois rien savoir ; il s'agit d'une de ces choses que l'oreille d'une jeune fille ne peut pas entendre.

— Ah! fit Emmeline avec un accent étrange.

Elle resta un moment silencieuse, regardant tour à tour sa mère et son oncle. Sa poitrine agitée trahissait la violence de son émotion. On voyait les efforts surhumains qu'elle faisait pour retenir ses larmes et étouffer ses sanglots. Soudain, elle se redressa, les yeux étincelants.

— Ma mère et vous aussi, mon oncle, écoutez-moi, dit-elle avec une sorte d'exaltation : je ne vous adresserai plus aucune question, puisque je ne dois rien savoir et que vous avez décidé que vous ne me diriez rien. C'est cette lettre, arrivée ici tantôt, qui détruit mon bonheur ; j'ai eu tout de suite le pressentiment d'un malheur... Ah ! je ne savais pas qu'il pût être aussi grand ! Gardez le secret que contient cette lettre, je ne chercherai pas à le connaître. Vous avez le droit de ne pas consentir à mon mariage avec Eugène de Coulange ; vous m'affirmez que vous accomplissez un devoir, je vous crois. Après avoir désiré ce mariage, vous ne le voulez plus, soit, je ne serai pas la femme du comte de Coulange. Mais ne me dites jamais de ne plus penser à lui ; oh ! cela, voyez-vous, c'est impossible ! Quant à l'oubli du bonheur perdu, il viendra, et j'espère que ce sera bientôt, à l'heure de ma mort !

M{{me}} de Valcourt poussa un cri déchirant.

— Ce jour-là, reprit la jeune fille d'une voix étranglée, je ne te demande qu'une chose, maman : tu me mettras toi-même ma robe, mon voile et ma couronne de fiancée avant qu'on me couche dans le cercueil !...

En achevant ces mots, sa douleur fit enfin explosion. Des larmes abondantes jaillirent de ses yeux et de nombreux sanglots s'échappèrent de sa poitrine.

Mᵐᵉ de Valcourt s'était levée précipitamment ; elle avait pris sa fille dans ses bras et la couvrait de baisers délirants.

L'amiral passait fiévreusement ses doigts dans sa barbe. Il était consterné.

— Ma fille, mon Emmeline, mon enfant adorée! répétait constamment Mᵐᵉ de Valcourt.

La pauvre mère était comme folle. Enfin elle parvint à calmer Emmeline ; elle-même essuyait les yeux de l'enfant avec son mouchoir. La crise avait duré un long quart d'heure.

La jeune fille éprouvait le besoin d'être seule, elle se retira dans sa chambre. Ce fut pour verser de nouvelles larmes et faire, hélas! de bien douloureuses réflexions.

Le vieux marin avait pleuré aussi ; à deux ou trois reprises il avait essuyé de grosses larmes qui roulaient dans ses yeux.

— Mon Dieu, mon Dieu, ma pauvre Emmeline peut en mourir! dit Mᵐᵉ de Valcourt, lorsqu'elle se retrouva seule avec son frère.

— Elle a ressenti sa plus violente douleur, répondit M. de Sisterne ; les larmes et les sanglots l'ont soulagée. Rassure-toi, nous la consolerons, nous la guérirons.

— Ma pauvre fille !

— Mais il ne faut pas qu'elle revoie le comte de Coulange.

— Veux-tu toujours que nous partions demain?

— Oui, certes, et plus que jamais !

Un instant après, Mᵐᵉ de Valcourt donnait l'ordre de préparer les malles.

Plus tard, vers huit heures, Emmeline apprit seulement que sa mère et elle partaient le lendemain matin.

Elle eut un profond soupir et murmura :

— C'est la séparation !

Elle paraissait tout à fait résignée.

A neuf heures, elle s'enferma dans sa chambre pour écrire au comte de Coulange. Ne pouvant porter elle-même sa lettre à la poste, elle la confia à un domestique qui lui promit de la jeter le soir même dans une boîte.

Nous savons que le serviteur avait fidèlement rempli sa mission, la lettre d'Emmeline étant parvenue à Eugène.

X

LA MÈRE

Nous avons laissé le comte de Coulange dans le cabinet du marquis, où il était entré tenant à la main la lettre d'Emmeline. Nous connaissons les paroles échangées entre le jeune homme et M. de Coulange.

Or, à l'instant même où Eugène quittait le marquis, l'âme désespérée, Gabrielle arrivait à l'hôtel de Coulange. Comme le jeune homme ouvrait une porte du grand salon, qu'il devait traverser pour rentrer chez lui, Gabrielle pénétrait dans le salon par une autre porte. Ils se trouvèrent face à face.

— Bonjour, monsieur le comte, dit Gabrielle en faisant deux pas de côté pour lui laisser le passage libre.

Eugène s'arrêta, marcha vers Gabrielle et, lui saisissant les deux mains :

— Ah! Louise, Louise, ma chère madame Louise! prononça-t-il d'une voix entrecoupée...

— Mon Dieu! s'écria-t-elle, mais qu'avez-vous donc? qu'y a-t-il encore?

Elle tremblait comme un roseau agité par le vent.

— Il y a, madame Louise, répondit-il tristement, il y a que mon malheur est aujourd'hui complet.

Elle le regarda fixement. Il y avait dans l'expression de sa physionomie quelque chose de si douloureux, de si navrant qu'elle se sentit bouleversée jusqu'au fond des entrailles.

— Ainsi, fit-elle d'une voix anxieuse, vous êtes malheureux?

— Tellement malheureux, Louise, que je voudrais être mort!

Ces mots furent prononcés avec un accent qui la fit frissonner.

— Monsieur le comte, quelle est la cause de votre douleur? lui demanda-t-elle, en le dévorant du regard.

— Non, non, je ne dois rien vous dire, répondit-il.

Et il la quitta brusquement.

Gabrielle resta un instant immobile, la tête inclinée sur sa poitrine. Soudain, sa tête se redressa. De ses yeux semblaient jaillir des étincelles.

— Ah! murmura-t-elle, je n'ai jamais aussi bien qu'en ce moment senti que je suis mère!

Après un silence elle s'écria :

— Mon fils souffre, c'est maintenant à moi de le consoler!

Elle s'élança hors du salon en sortant par la porte derrière laquelle Eugène avait disparu.

Le jeune homme venait de rentrer dans sa chambre et n'avait pas encore eu le temps de s'asseoir lorsqu'il entendit frapper à sa porte. Il n'eut qu'à se retourner et à faire un pas pour ouvrir. A la vue de Gabrielle, qui entra brusquement, il ne put réprimer un mouvement de surprise.

Gabrielle commença par refermer la porte, puis elle s'avança lentement vers Eugène. Celui-ci la regardait avec une sorte d'ahurissement.

— Je comprends votre étonnement, lui dit-elle; peut-être même êtes-vous mécontent de me voir prendre une pareille liberté.

— Non, madame Louise, je suis seulement surpris...

— Monsieur le comte, je vous demande la permission de m'asseoir, dit-elle d'une voix subitement affaiblie, je suis si émue... il me semble que je vais me trouver mal... j'étouffe!

En effet, elle était livide et chancelait sur ses jambes.

Le jeune homme s'était empressé d'avancer un fauteuil dans lequel il la fit asseoir.

— Eh bien, madame Louise, vous sentez-vous mieux? lui demanda-t-il au bout d'un instant.

— Oui, monsieur le comte, beaucoup mieux, un moment de faiblesse, c'est passé.

Elle respirait avec force. Eugène s'était mis à genoux devant elle sur un tabouret.

— Madame Louise, vous êtes toujours bien pâle, lui dit-il.

Elle répondit en essayant de sourire :

— Pâle comme je l'étais autrefois, quand vous veniez me voir au jardin des Tuileries, et que les enfants m'appelaient la Figure de cire. Vous souvenez-vous de ce temps-là, monsieur Eugène?

— Oui, Louise.

— Vous m'appeliez votre bonne amie.

— Vous n'avez jamais cessé de l'être.

— Monsieur Eugène, vous étiez un enfant et j'osais vous prendre dans mes bras, vous embrasser, vous serrer contre mon cœur!

— Je n'ai rien oublié de tout cela, ma bonne Louise; j'avais alors le cœur joyeux; j'aimais qui m'aimait; alors j'étais heureux!

— Oui, vous étiez heureux. Je le savais, et cela me consolait. Quand j'avais eu le bonheur de vous embrasser, pendant plusieurs jours la source de mes larmes était tarie.

— Louise, vous avez donc beaucoup souffert?

— Beaucoup.

— Est-ce la douleur qui vous rendait si pâle?

— Oui.

— Et maintenant, êtes-vous consolée?

Elle secoua la tête et répondit:

— Pas encore.

— Je comprends cela : il y a des douleurs qui doivent rester au cœur toujours, des plaies qui ne guérissent jamais.

— Peut-être, monsieur le comte. Et, tenez, si vous étiez complètement heureux, il me semble que ce serait la fin de mes souffrances.

— Louise, ma bonne amie, toujours, sans vous en apercevoir, vous me parlez comme une mère parle à son fils.

Gabrielle tressaillit.

— Monsieur le comte, balbutia-t-elle, excusez-moi.

— Vous excuser, Louise, pourquoi ? Vous me faites plaisir. Allez, en ce moment plus que jamais, j'ai besoin de toutes les amitiés.

Il s'empara d'une de ses mains et la serra affectueusement dans les siennes.

Pendant un instant ils restèrent silencieux, croisant leurs regards. Gabrielle reprit la parole.

— Il est temps que je vous dise, monsieur le comte, pourquoi je vous ai suivi jusqu'ici, dans votre chambre. Vous vous êtes éloigné de moi très vite, sans répondre à une question que je vous adressais. Alors, après un moment d'hésitation, je me suis décidée à venir vous trouver, pensant que vous ne repousseriez point celle que vous appeliez autrefois votre bonne amie. Monsieur le comte, je vous demandais tout à l'heure quelle est la cause de votre douleur ; permettez-moi de vous le demander encore. Ah ! ne croyez pas que je me laisse entraîner par une vaine curiosité : je ne pense qu'à votre bonheur, votre intérêt seul me guide. Mon Dieu, je vous apporte peut-être la consolation !... Autrefois, c'est vous qui me consoliez ; n'est-ce pas mon devoir de vous consoler aujourd'hui ?...

— Malheureusement, ma bonne Louise, répondit Eugène en remuant tristement la tête, vous ne pouvez rien contre ma peine.

— Pourquoi ?

— Parce qu'elle est la conséquence forcée de la position que j'occupe ici, position fausse, malgré tout.

Gabrielle se redressa, un éclair dans le regard.

— Quelqu'un se serait-il permis de chercher à vous humilier, en vous faisant sentir que vous n'êtes pas le fils du marquis de Coulange ? lui demanda-t-elle d'une voix vibrante.

— A côté de M. le marquis, de mon père, protégé par lui et fort de ma dignité, je n'ai à craindre aucune humiliation ; mais on me fait sentir, en effet, et d'une façon bien cruelle, que M. de Coulange n'est pas mon père.

— Mais, enfin, que s'est-il donc passé depuis hier ?

— Vous désirez le savoir ?

— Oui, dites-moi tout.

— Vous auriez appris cela demain ou dans quelques jours, autant que vous le sachiez tout de suite.

Il sortit de sa poche la lettre d'Emmeline et la mit dans la main de Gabrielle, en disant :

— Lisez, ma chère Louise, lisez cette lettre de Mlle de Valcourt, que j'ai reçue ce matin.

Gabrielle lut rapidement.

— Oh ! oh ! fit-elle.

La lettre était tombée sur ses genoux. Un tremblement convulsif agitait tous ses membres.

— Comprenez-vous, Louise, comprenez-vous ? dit Eugène avec douleur. Mon malheur est-il assez grand! Ah ! tous mes beaux rêves d'avenir sont finis !... Je suis un désespéré !

— Non, répliqua Gabrielle d'une voix forte, non, ne désespérez pas!

— Vous avez lu... Où est l'avenir, maintenant, où est le bonheur? Emmeline est perdue pour moi... Vous voyez bien que je n'ai plus rien à espérer.

— Et moi je vous dis encore que vous devez espérer.

— Ah ! vous n'avez pas bien compris ce que m'écrit Emmeline. Mme de Valcourt et M. de Sisterne ont appris que je ne suis pas le fils du marquis de Coulange. Ce qui s'est passé ensuite, je le devine : l'amiral, homme rigide, absolu dans ses principes, qui sacrifie tout au devoir et à l'honneur, l'amiral n'a plus trouvé que son mariage avec sa nièce fût possible. Je ne dis pas qu'il me trouve indigne ; non, sans doute; mais il ne veut pas donner pour mari à sa nièce un homme qui ne porte point le nom et le titre de comte de Coulange par droit de naissance.

Le marquis et la marquise m'ont ouvert leurs bras, en m'appelant leur fils, et Maximilienne, la plus noble créature qu'il y ait au monde, s'est jetée à mon cou, en me disant : « Tu es toujours mon frère ! » Ici, rien n'est changé pour moi ; c'est toujours la même affection, la même tendresse... Ce n'est pas assez, puisque là-bas on me repousse, on me chasse !...

Gabrielle sursauta.

— On me blâme peut-être, continua Eugène, de garder ce nom de Coulange qui n'est pas le mien ; et, dans ce cas, on m'accuse de vouloir conserver un rang et une fortune auxquels je n'ai aucun droit.

— Oh! ne croyez pas cela ! exclama Gabrielle.

— Dans ma situation, ma bonne Louise, je peux tout supposer et tout croire. Mais quand M. de Coulange m'a dit : « Je veux que tu restes mon fils, » pouvais-je lui répondre non? Je vous le demande, Louise, pouvais-je faire cette réponse ?

— Non, vous ne le pouviez pas.

— J'ai senti que je devais accepter. Dans cette circonstance, mon cœur seul a parlé... Je voulais m'en aller ; déjà j'avais renoncé à tout ; ils le savent tous les trois. Il a fallu toute l'affection qu'ils m'ont témoignée pour me retenir. Je vous le jure, Louise, si j'eusse entendu un mot ou surpris seulement un regard de l'un ou de l'autre qui eût pu me faire douter de la sincérité de cette affection, je serais parti à l'instant même. Je suis resté, je reste; c'est mon devoir... Je ne suis pas seulement lié à eux par la reconnaissance; je les aime, Louise, je les aime!

Quand ma conscience est tranquille et ne me reproche rien, quand je peux toujours marcher la tête haute, que m'importerait ce que d'autres peuvent penser de moi? Mais il y a Mme de Valcourt, le comte de Sisterne et Emmeline.. Être méconnu par eux !... Je ne sais pas quelles sont les pensées de l'amiral et de la mère d'Emmeline, je ne sais pas comment ils jugent ma conduite ; mais ils

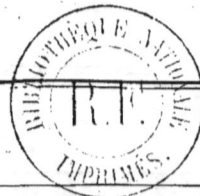

Eugène s'était mis à genoux devant elle sur un tabouret. (Page 366.)

me frappent aussi cruellement que s'ils me jetaient le mépris ou l'injure à la face.

Gabrielle eut un soupir étouffé.

— Il y a quelques jours encore, poursuivit Eugène, je voyais s'ouvrir devant moi l'avenir radieux, tout me souriait, tout m'apparaissait resplendissant de lumière. Un vent de tempête a soufflé, et tout a disparu... Ce que je voyais souriant est devenu grimaçant ; mon bonheur détruit, c'est mon avenir fermé ; tout se fait ombre autour de moi, je m'enfonce dans la nuit !

— Monsieur le comte, répliqua Gabrielle d'un ton grave, votre avenir ne s'est point fermé, votre bonheur n'est pas perdu, vous retrouverez les sourires de la terre et des cieux ; au lieu de porter vos yeux sur ce qui est ombre, tournez vos regards du côté de la lumière.

— Ma lumière à moi, Louise, c'était Emmeline. Ce matin, elle est partie avec sa mère ; on l'a éloignée de moi, je ne la verrai plus, ma lumière est éteinte !

Gabrielle reprit la lettre de Mlle de Valcourt et posant un doigt à un endroit du papier :

— Monsieur Eugène, dit-elle de sa plus douce voix, regardez, là, et lisez ce mot.

— Espérance.

— Oui, monsieur le comte !... C'est un des dons les plus précieux que Dieu a faits à ses créatures. Sans l'espérance, qui donne la patience, le courage et la résignation, combien de malheureux ne pourraient pas supporter le fardeau de l'existence ! Espérance ! ce mot, Mlle de Valcourt l'a vu sortir d'une étoile ; il est l'émanation d'un rayon céleste. Espérance, monsieur le comte, voilà la lumière que vous devez regarder.

En parlant, elle s'était levée. Les bras en avant et le regard tourné vers le ciel, elle paraissait transfigurée.

Le jeune homme la contemplait avec une surprise mêlée d'admiration

Lentement son regard s'abaissa et enveloppa son fils d'un rayonnement de tendresse.

— Maintenant, monsieur le comte, reprit-elle, écoutez-moi. Si je vous dis d'espérer, c'est que vous le pouvez, c'est que vous en avez le droit. Vous épouserez Mlle de Valcourt ; c'est moi qui vous le promets... On l'a emmenée bien loin, on la ramènera... Vous l'aimez, elle vous aime, vous serez l'un à l'autre... Oui, Emmeline sera votre femme, quand même vous renonceriez à votre nom de Coulange... Et ni la comtesse de Valcourt, ni le comte de Sisterne, ni personne n'oserait s'opposer à votre mariage !... Et si, dans sa pensée seulement, l'amiral avait mal jugé votre conduite, douté de votre honnêteté, malgré son âge, et si grand et si haut placé qu'il soit, il viendrait vous en demander pardon !

Eugène passait de la surprise à la stupéfaction.

— On toucherait à votre bonheur ! reprit Gabrielle dont l'animation rendait la voix si éclatante, non, non, je suis là pour le défendre !... Mais si l'on pouvait ainsi vous le prendre et le détruire, où serait donc la justice divine ?... Non, les innocents ne peuvent pas être toujours les victimes des méchants ! Vous malheureux ! Allons donc, est-ce que c'est possible ?... Est-ce que je n'ai pas assez souffert, moi ?... A quoi donc auraient servi toutes mes larmes !...

Elle s'arrêta effrayée de ce qu'elle venait de dire.

Eugène, frissonnant, la couvrait de son regard ardent et semblait suspendu à ses lèvres. Une lueur vive venait de jaillir de son cerveau et d'éclairer subitement sa pensée.

XI

SOUVENIRS

Après être restée un moment silencieuse, Gabrielle reprit, en changeant de ton et d'attitude :

— Pardon, monsieur le comte, pardon, je me suis oubliée ; ne faites pas attention à mes dernières paroles, c'est de la divagation.

— Oui, je crois en effet que vous êtes oubliée, répliqua Eugène d'une voix tremblante ; mais, madame Louise, votre grande amitié pour moi explique tout. Aussi je veux vous donner immédiatement une preuve de ma confiance en vous : je remonte à la lumière et je salue l'espérance !

Elle laissa échapper une exclamation de joie...

— Eh bien, êtes-vous contente de moi ?

— Oui, je suis contente.

— Vous voyez comme votre pouvoir est grand : vous me rendez l'espoir et je suis aussitôt consolé !

Sans cesser de la regarder, il s'approcha d'elle lentement :

— Maintenant, madame Louise, voulez-vous me permettre de vous parler d'autre chose ?

— D'autre chose ?

— Du passé.

— Je le veux bien, parlons du passé.

— Madame Louise, hier j'ai vu M. Morlot ; j'ai causé longuement avec lui ; si j'ai bien compris certaines de ses paroles, vous avez connu ma mère...

Gabrielle éprouva un saisissement qui lui coupa la respiration.

— Mais... mais, balbutia-t-elle.

— Madame Louise, je vous en prie, répondez-moi, je n'ai que cette question et une autre à vous faire.

— Eh bien, oui, j'ai connu votre mère.

— Beaucoup, n'est-ce pas ?

— Oui, beaucoup.

Voici ma dernière question : ma mère est-elle encore de ce monde ?

— Cette fois, Gabrielle arriva au paroxysme de l'émotion : elle resta sans voix, la bouche ouverte, écarquillant les yeux.

Le regard du jeune homme s'illumina d'une joie indicible.

— Eh bien, dit-il d'une voix douce, qui ressemblait à un gazouillement d'oiseau, madame Louise ne me répond pas... et ma mère ne m'ouvre pas ses bras pour que son fils l'embrasse !...

— Ah ! mon fils ! mon fils ! exclama-t-elle.

Déjà il l'avait enlacée, et il la serrait toute palpitante sur son cœur.

Ce fut un moment de folle ivresse. — Mon fils, mon fils ! Comme elle prononçait ce mot !... Mon fils ! Comme c'était bon ! Ce mot contenait tout, disait tout... Et lui, avec quels transports, quelle âme il l'appelait sa mère, sa mère bien-aimée, chérie, adorée, sublime...

Et les paroles, et les soupirs, les sanglots et les larmes avaient pour accompagnement un grésillement de baisers.

Ils étaient encore dans les bras l'un de l'autre, jouissant de leur joie, ne songeant qu'au bonheur présent, lorsque la porte de la chambre s'ouvrit. C'était la marquise de Coulange. Elle s'arrêta sur le seuil, vit le délicieux tableau et, le front rayonnant du bonheur de Gabrielle, elle fit un mouvement en arrière pour se retirer.

Mais au bruit que la porte avait fait en s'ouvrant, Eugène avait tourné la tête.

— Ah ! ne vous en allez pas, dit-il, venez, au contraire, venez ! N'êtes-vous pas aussi ma mère ?

Alors la marquise entra tout à fait dans la chambre.

— Oui, Eugène, dit elle d'une voix vibrante d'émotion, aujourd'hui comme autrefois, Gabrielle et moi nous sommes vos deux mères !

— Gabrielle, fit le jeune homme, ma mère s'appelle Gabrielle !

— Oui, répondit-elle, je me nomme Gabrielle Liénard. Vous saurez... tu sauras, mon fils, pourquoi j'ai cru devoir me cacher pendant si longtemps sous le nom de Louise. Ta mère n'aura rien de caché pour toi ; elle te dira ce qu'elle a été, ce qu'elle a fait ; tu connaîtras sa vie tout entière.

— Oh ! je devine déjà bien des choses. Mais je veux savoir tout ce que ma mère a souffert, afin de pouvoir mieux la glorifier dans mon cœur. Ainsi, ma mère, quand tu te rendais chaque jour au jardin des Tuileries, au milieu des petits enfants, c'est moi que tu cherchais ?

— Oui, car je te cherchais partout, et sans cesse mon cœur t'appelait. En ce temps-là, chaque enfant, pour moi, c'était toi que je croyais voir. Aussi comme je les aimais tous ces enfants des autres ! Comme j'étais heureuse quand j'en tenais un dans mes bras et avec quelle tendresse je le dévorais de baisers ! C'est dans ces instants que mon illusion devenait complète et que je croyais réellement tenir contre mon cœur l'enfant qu'on m'avait volé. Et, quand après l'avoir embrassé, il s'éloignait de moi, rappelé par sa mère ou sa bonne, quelle douleur ! Comme la réalité me paraissait cruelle !

Oui, je les aimais, tous ces chers petits êtres dont les cris joyeux, les jolis regards et les éclats de rire me faisaient oublier mon malheur et remplissaient mon âme d'allégresse ; pourtant, mes plus tendres caresses étaient toujours pour les petits garçons. Cela se comprend ; je savais que c'était un fils que j'avais mis au monde !

Tout de suite après ta naissance la sage-femme m'avait dit : « C'est un garçon ! » Ah ! il me semble que je ressens encore le tressaillement de joie qui passa dans tout mon être ! je désirais un garçon, un fils... Les filles, exposées à tant de dangers et de misères, sont souvent si malheureuses ! Je me prenais pour exemple. — « Donnez-le-moi, dis-je à la sage-femme. Elle te mit dans mes bras. Je te regardai longuement, les yeux pleins de larmes ; tu étais bien petit, mais déjà tu étais beau. Je te mis plusieurs baisers sur le front et te couchai à côté de moi. Tu dormis pendant quelques heures. Moi je ne fermai pas les yeux, pendant tout le temps je te regardai. Peut-être avais-je le pressentiment de ce qui allait arriver, je rassasiais ma vue, gravant tes traits dans ma mémoire, afin de garder ton image dans ma pensée.

La nuit vint. On te mit dans ton berceau et moi je m'endormis... Le lendemain, quand je me réveillai, tu n'étais plus là. On m'avait volé mon enfant, on m'avait pris mon âme !

Plus tard je te raconterai quelles suites eut mon réveil. Quand je fus guéri de cette longue et cruelle maladie, qui mit sur mon visage cette pâleur à laquelle j'ai dû mon nom de Figure de cire, que les enfants m'ont donné, j'entrepris la tâche difficile — on pouvait la croire impossible — de te retrouver. Pendant que Morlot te cherchait de son côté, je te cherchais du mien. De là mes promenades à travers les rues de Paris, et mes longues stations dans les jardins publics.

Chose étrange ! tu étais constamment devant mes yeux, mais tel que je t'avais vu un instant après ta naissance ; tu ne te présentais point ayant grandi. Dans une sorte de vision je revoyais ta petite tête, tes petites jambes, tes mains mignonnes, ton adorable petite figure rose, comme si ton portrait eût été sur une toile. Et je me disais : « Si je le rencontrais, je le reconnaîtrais sûrement. » Et puis il me semblait que mon cœur aurait des battements pour me crier :

« Le voilà, c'est lui ! »

— Ma pauvre mère ! fit Eugène.

La marquise pouvait à peine contenir son émotion.

Gabrielle continua :

— Un jour, un petit garçon et une petite fille, se tenant par la main, s'offrirent tout à coup à ma vue. C'était dans le jardin des Tuileries. J'éprouvai une sensation de plaisir indéfinissable. Je rencontrais ces deux beaux enfants pour la première fois. Ravie, charmée, je les mangeais des yeux. Il y avait beaucoup d'autres enfants autour de moi ; mais je ne pensais plus à eux, je ne voyais plus que ce petit garçon et cette petite fille qui m'étaient inconnus. C'étaient toi, Eugène, et Maximilienne.

— Je me souviens, ma mère.

— Tu compris sans doute que je désirais t'embrasser, car, tenant toujours ta petite sœur par la main, tu t'approchas de moi. Alors votre gouvernante voulut vous éloigner. Mais vous étiez là, madame la marquise, vous intervîntes aussitôt. Je n'ai jamais oublié vos paroles, et je crois entendre encore ces mots sonner délicieusement à mes oreilles : « Eugène, Maximilienne, embrassez la dame! »

— Ah! madame la marquise, de ce moment, vous avez eu votre place dans mon cœur!...

— Ma chère Gabrielle! murmura Mme de Coulange, en lui serrant la main.

— Je te pris sur mes genoux ainsi que Maximilienne, poursuivit Gabrielle, et tous deux serrés contre moi, je vous embrassai avec une sorte de frénésie. Ah! j'étais véritablement heureuse, je ne sentais plus aucune de mes douleurs! Va, je t'ai bien regardé, et pourtant je n'ai pas reconnu mon enfant... Et mon cœur qui battait bien fort, mon cœur ne m'a pas dit que tu étais mon fils!... Je ne pouvais pas savoir, je ne pouvais pas deviner... Pourtant, à partir de ce jour-là, tu fus mon petit ami le plus cher et je t'aimai autant, toi seul, que tous les autres.

Enfin, de notre première rencontre sortit pour moi une infinité de petites joies. Moins tourmentée, mon esprit avait plus de quiétude, ma souffrance était moins vive, une sorte d'apaisement se faisait en moi. Morlot et sa femme, l'excellente Mélanie, étaient heureux de me voir moins triste, moins absorbée ; ils me félicitaient du changement qui s'opérait dans tout mon être, au moral comme au physique. C'est à toi que je devais cette sève nouvelle qui circulait en moi, ce commencement de résurrection. M'était-il possible de supposer que tu pouvais être mon fils? Non. Cependant un sentiment vague, mystérieux, qui parlait à mon cœur, me faisait sentir que tu ne m'étais pas étranger comme les autres enfants.

La lumière de ton regard me pénétrait, ta voix produisait sur moi un effet magnétique ; en t'écoutant j'étais en extase, et chacune de tes paroles descendait dans mon cœur comme une rosée céleste.

Un jour, tu me rendis si heureuse, que je crus un instant devenir folle de joie.

Gabrielle s'interrompit, écarta le corsage de sa robe, sortit de son sein un étui de maroquin vert, un peu mince, un peu plus long que large, duquel elle tira une photographie.

— Regarde, reprit-elle : c'est ton portrait à l'âge de sept ans, et depuis bientôt quinze ans je le porte sur mon cœur attaché à un cordon de soie, et dans un étui pour le mieux conserver. Eugène, te souviens-tu de m'avoir donné ce portrait?

— Oui, ma mère, je me souviens, répondit le jeune homme avec une émotion profonde. Je te l'ai donné, ce portrait, la dernière fois que je t'ai vue au jardin des Tuileries. Tu m'avais dit : « Vous allez bientôt partir pour le château de Coulange ; vous vous amuserez beaucoup là-bas, vous serez heureux, et moi, ici, je serai bien triste, car je ne vous verrai plus. » Ces paroles m'avaient vivement impressionné, et il me vint cette idée d'enfant de vous donner ma photographie afin que vous puissiez me voir pendant que je serais à Coulange.

— Oui, oui, c'est bien cela! s'écria Gabrielle, ivre de bonheur.

S'adressant à madame de Coulange elle ajouta :

— Ah! madame la marquise, que de choses tristes et douloureuses un moment comme celui-ci fait oublier!

— Oui, ma chère Gabrielle, et espérons pour l'avenir le bonheur de nos enfants et le calme pour nous.

— Nos enfants seront heureux, madame la marquise, répliqua Gabrielle.

Puis, se tournant vers Eugène :

— Mon fils, mon fils bien-aimé, dit-elle, embrasse tes deux mères!

XII

REFUS DE PARLER

Toutes les horloges de Paris, même celles qui retardent de vingt minutes, avaient sonné huit heures.

Le comte de Sisterne était encore au lit, dormant d'un profond sommeil.

Ayant accompagné sa sœur et sa nièce jusqu'à Dijon, il était rentré tard dans la nuit, l'esprit fatigué, le corps courbaturé. De plus, il s'était tourné et retourné longtemps sur sa couche avant de fermer les yeux. Cela explique pourquoi le marin, qui se levait habituellement à six heures en hiver, dormait encore à huit heures et demie.

L'amiral rêvait qu'il était à bord d'un navire et faisait exécuter la manœuvre.

Quatre ou cinq coups frappés discrètement à sa porte produisirent sur le dormeur l'effet d'un sifflement de poulies.

— Hissez la voile! grand largue! cria-t-il.

Et il se réveilla.

Aussitôt la porte s'ouvrit, et il vit entrer son valet de chambre.

— Hein? fit-il en s'apercevant qu'il était grand jour, il me semble que j'ai dormi longtemps. Ambroise, quelle heure est-il donc?

— Monsieur l'amiral, il est huit heures et demie.

— Si tard? Oh! oh! je perds mes bonnes habitudes.

Il se frotta les yeux, bâilla, s'étira les bras, et finalement se mit sur son séant.

— Il était près d'une heure du matin quand M. l'amiral est rentré, dit Ambroise, il lui est bien permis, pour une fois, de faire la grasse matinée. J'aurais laissé dormir monsieur l'amiral pendant une heure encore, si je n'avais pas eu à lui annoncer la visite de M. le marquis de Coulange.

— M. de Coulange est ici?

— Dans le salon.

M. de Sisterne sauta à bas du lit.

— Vous avez dit à M. le marquis que j'étais encore couché? demanda-t-il.

— Oui, monsieur l'amiral, et M. le marquis m'a répondu qu'il n'était pas pressé; que, tenant à voir monsieur l'amiral ce matin même, il attendrait qu'il fût visible.

M. de Sisterne fit rapidement sa toilette et s'habilla très vite. Il était soucieux et sombre. Certains mouvements de ses lèvres indiquaient que la visite du marquis ne lui était pas précisément agréable.

— Diable, diable! se disait-il comment vais-je me tirer de là?

Nous devons dire que l'amiral ne s'était fait aucune illusion. En écrivant la veille au marquis, il savait que son ami ne verrait dans sa lettre qu'un prétexte pour rompre le mariage, et qu'il ne tarderait pas à avoir à répondre à une demande d'explications.

Quand il entra dans le salon, le marquis était debout, raide, grave, sévère, tenant son chapeau de la main gauche.

M. de Sisterne s'avança vers lui, la main tendue.

La main droite de M. de Coulange ne bougea point.

— Ah! fit l'amiral.

Et le rouge monta rapidement à son front.

— Tu ne dois pas t'étonner, lui dit froidement le marquis; je saurai tout à l'heure si ma main doit encore toucher la tienne.

— Je m'étonne, au contraire, répliqua M. de Sisterne, car je ne croyais pas que rien pût porter atteinte à notre vieille amitié.

— En vérité, je m'étonne à mon tour, dit M. de Coulange : n'est-ce pas le comte de Sisterne qui, le premier, ne l'a pas respectée, cette vieille amitié?

— Une bonne action mal interprétée peut être considérée comme une action mauvaise, répondit M. de Sisterne.

— Dans ce cas, il faut la dépouiller de l'ambiguïté qui a causé la fausse interprétation et lui rendre son caractère véritable.

— C'est quelquefois difficile. Mais je m'aperçois que je n'ai pas encore invité mon ami, le marquis de Coulange, à prendre un siège.

— Merci, je me trouve bien debout. Comte, tu ne t'attendais peut-être pas à me voir aujourd'hui, mais tu savais certainement que je viendrais te demander une explication de ta singulière conduite envers moi et envers mon fils. Tu me connais, tu sais que je suis toujours resté fidèle à mes principes, que je suis extrêmement sensible à tout ce qui peut ressembler à une offense, et à plus forte raison à une injure. Or je ne puis considérer le brusque départ de Paris de ta sœur et de ta nièce que comme une injure faite à ma famille et à moi personnellement.

— Tu as tort de juger sur les apparences, répondit M. de Sisterne.

Je te répète que je n'accepte pas le prétexte, riposta le marquis avec impatience. (Page 378.)

— Je veux bien l'admettre. Mais, alors, loyalement, donne-moi l'explication que je demande, et que j'ai le droit d'exiger.

— Je t'ai écrit hier matin ; n'as-tu pas reçu ma lettre ?

— Oh! ta lettre... Oui, je l'ai reçue. Un prétexte pour provoquer entre nous une rupture ; il est mauvais, le prétexte, mais il en vaut un autre.

— Édouard, je tiens à conserver ton amitié.

— Prouve-le-moi. Je ne viens pas te dire : Emmeline et Eugène s'aiment, c'est leur malheur, que tu veux? je ne viens pas te supplier au nom de leur bonheur. Il y a d'autres jeunes gens aussi instruits, aussi distingués et ayant autant et même plus de qualités que le comte de Coulange, comme Mlle Emmeline de Valcourt n'est pas la seule belle jeune fille à marier. Avant tout, je tiens à te déclarer que je vous rends votre parole, à toi et à Mme de Valcourt. Mais quand un mariage a été décidé, s'il y a rupture d'engagement, c'est à celui des deux fiancés qui se retire à en faire connaître le motif. Voilà ce que je viens te demander. Le tuteur de Mlle de Valcourt me doit une réponse que mon vieil ami ne peut non plus me refuser.

L'embarras de M. de Sisterne était visible.

— Ma nièce malade... commença-t-il.

— Je n'accepte pas ce prétexte, interrompit le marquis avec une certaine violence; c'est la vérité que je veux, la vérité tout entière.

— Édouard, je te le jure, je ne peux te dire autre chose que ce que je t'ai écrit.

— Je te répète que je n'accepte pas le prétexte, riposta le marquis avec impatience.

— Tu as tort d'insister.

— Ainsi tu refuses de me répondre?

— Je n'ai rien à te dire.

— Mais, alors, tu es donc un traître?

— Oh!

— Oui, un traître, car tu trahis l'amitié!

— J'y suis fidèle en gardant le silence...

— Ah! tu ne veux pas parler, tu l'avoues!

M. de Sisterne resta silencieux.

— Écoute, reprit le marquis, je sais peut-être ce que tu penses et je crois connaître la cause réelle de cette rupture que tu croyais pouvoir cacher en prétendant que ta nièce est atteinte d'une affection de poitrine, quand elle se porte à merveille. Oui, je pourrais te dire pourquoi ta sœur et ta fille ont quitté Paris hier matin, précipitamment, sans prévenir personne.

— Non, dit l'amiral, tu ne peux pas savoir cela.

— Mais après les quelques lignes que tu m'as adressées hier, c'est à toi et non à moi de parler. Encore une fois, tu me dois une explication. Nous traitons ici une question d'honneur. Ton devoir t'oblige à parler. Parle!

— Mon devoir m'ordonne de me taire, répondit l'amiral d'un ton ferme.

Le marquis comprit que M. de Sisterne était résolu à ne lui fournir aucune explication. L'attitude du marin lui parut une aggravation de l'injure.

— Ainsi, dit-il d'une voix vibrante, c'est un parti pris?

— De garder le silence? Oui.

— Pendant plus de quarante ans nous nous sommes aimés comme deux frères, et aujourd'hui voilà notre vieille amitié foulée aux pieds.

— Je resterai, malgré tout, l'ami du marquis de Coulange ; tu peux me retirer ton amitié, je te garderai la mienne.

Le visage de M. de Coulange était d'une pâleur livide ; sous ses pieds impatients, fiévreux, il martelait le tapis. Il avait la pensée de provoquer l'amiral, mais il sentait qu'un duel entre eux était impossible. Il voyait d'un côté le ridicule, de l'autre le scandale.

La situation des deux amis devenait difficile et pénible pour l'un comme pour l'autre. Des lueurs sombres traversaient le regard du marquis prêt à s'emporter. Heureusement, deux coups frappés à la porte du salon arrêtèrent l'explosion de sa colère.

— Que me veut-on ? demanda l'amiral.

Par la porte, qui s'entr'ouvrit, un domestique montra sa tête.

— Monsieur l'amiral, dit-il, c'est une dame qui demande à vous parler immédiatement.

— Vous deviez lui répondre que je suis occupé ; vous savez bien que quand je suis avec quelqu'un je ne veux pas être dérangé.

— Cette dame a insisté, disant qu'il fallait que monsieur l'amiral la reçût tout de suite. Je sais, a-t-elle ajouté, que M. le comte de Sisterne est en conférence avec M. le marquis de Coulange ; c'est une raison de plus pour que je veuille être reçue à l'instant même.

Le comte et le marquis échangèrent un regard rapide.

— Cette dame a-t-elle dit son nom ? demanda M. de Sisterne.

— Elle m'a prié d'annoncer Mme Louise.

Le marquis tressaillit.

— Oh ! fit-il, Louise ici !

Il se rapprocha de l'amiral et lui dit :

— Comte, tu peux recevoir immédiatement Mme Louise, l'institutrice de Maximilienne de Coulange. Quand tu l'auras vue, quand elle t'aura parlé, tu lui diras peut-être, à elle, ce que tu ne veux pas me dire, à moi... Ah ! elle arrive bien : j'allais me fâcher avec toi ; mais la colère qui grondait en moi s'est subitement apaisée. Nous resterons amis, j'en ai la conviction. Tiens, Octave, je te tends la main... Je ne reviendrai plus ici, mais je ne te dis pas adieu en m'en allant ; je t'attendrai toute la journée à l'hôtel de Coulange.

Sur ces mots, le marquis sortit du salon, laissant l'amiral stupéfié.

Gabrielle attendait, debout dans l'antichambre. Elle était vêtue d'une robe noire de cachemire à jupe traînante et d'un pardessus garni de bandes d'astrakan ; son chapeau de velours était bien simplement orné d'un bouillonné de faille et d'une plume noire. Un épais voile de tulle couvrait entièrement son visage.

Le marquis, traversant l'antichambre, s'arrêta devant elle.

— Monsieur le marquis, lui dit-elle à voix basse, il le faut !

— Oui, il le faut, répéta M. de Coulange.
Le domestique attendait les ordres de son maître près de la porte du salon.
— Faites entrer Mme Louise, dit l'amiral.

Ce nom de Louise, le comte de Sisterne le connaissait : bien des fois, à Paris et au château de Coulange, on l'avait prononcé devant lui ; il savait également que la personne qui portait ce nom de Louise était l'institutrice de Maximilienne ; mais il ne se souvenait pas que ce nom était aussi celui de la jeune femme au visage pâle qu'il avait rencontrée un jour au bord de la Marne, laquelle, en lui rappelant Gabrielle Liénard, lui avait causé une émotion extraordinaire. Il ne s'était pas étonné de ne voir jamais l'institutrice de Maximilienne ni à Coulange ni à Paris, et, en ce moment, ému et troublé par les dernières paroles du marquis, il ne songeait pas à se demander ce que pouvait avoir à lui dire cette femme qu'il ne connaissait point.

Toutefois, quand il vit Gabrielle s'avancer lentement vers lui, comme en glissant, un sentiment de vive curiosité s'empara de lui. Son regard profond se fixa sur cette figure voilée, dont il ne pouvait distinguer les traits, et parut ne plus vouloir s'en détacher.

Derrière Gabrielle le domestique avait refermé la porte du salon. A trois pas de l'amiral, la jeune femme s'arrêta. Elle était très émue, car elle tremblait comme la feuille au vent.

— Monsieur le comte, dit-elle d'une voix douce, puis-je parler dans ce salon avec la certitude que nul autre que vous ne pourra m'entendre ?

Si bas qu'eussent été prononcés ces mots, le timbre de la voix frappa M. de Sisterne et le fit tressaillir comme eût pu le faire un signal d'alarme à bord de son vaisseau amiral.

— Venez, répondit-il, venez dans mon cabinet.

Il ouvrit une porte et fit signe à Gabrielle de passer devant lui ; de la même façon il lui fit franchir une deuxième porte, puis une troisième qui était celle de son cabinet. L'ayant refermée, il fit tomber une lourde tapisserie, en la délivrant de son attache.

— Madame, dit-il en se retournant vers Gabrielle ; vous pouvez parler ici sans crainte ; aucune oreille indiscrète ne peut vous entendre. Voilà un siège près de vous, veuillez vous asseoir.

— Tout à l'heure, monsieur le comte.

Elle continua d'une voix oppressée :

— Tout à l'heure, avant qu'il vous quittât, j'ai entendu M. le marquis de Coulange vous dire que j'étais l'institutrice de sa fille. C'est à moi, en effet, que Mme la marquise de Coulange a bien voulu confier l'éducation de sa chère enfant. Ce sera peut-être intéressant pour vous, monsieur le comte, de savoir pourquoi, malgré mon faible mérite, j'ai été choisie parmi tant d'autres par madame la marquise. Mon intention est de vous le dire.

L'amiral écoutait, en proie à une grande agitation.

— Oh! cette voix, cette voix! se disait-il.

— Vous devez être surpris, monsieur le comte, poursuivit Gabrielle, qu'une pauvre femme comme moi ait eu la hardiesse de venir vous trouver et l'audace d'insister pour être reçue immédiatement. Ah! monsieur le comte, il fallait une raison bien puissante pour me décider ou plutôt me forcer à paraître devant vous. Ancienne institutrice de Mlle Maximilienne, je n'ai point quitté la maison de Coulange ; je suis presque un membre de cette noble famille ; c'est vous dire que de l'âme et du cœur je lui suis entièrement dévouée.

— Pardonnez-moi de vous interrompre, dit M. de Sisterne avec un accent singulier, mais votre voile vous gêne pour parler ; pourquoi le garder sur votre figure ?

— Vous avez raison, monsieur le comte, répondit Gabrielle ; du moment que je cesse de me cacher, je peux vous montrer mon visage.

Et elle releva son voile.

XIII

ELLE ET LUI

Aussitôt l'amiral laissa échapper un cri. Mais Gabrielle n'aurait pu dire si ce cri exprimait la surprise, la joie, ou toute autre impression.

Après être resté un instant immobile comme pétrifié, M. de Sisterne bondit vers la jeune femme et, lui prenant les deux mains :

— Ah! Gabrielle, ma pauvre Gabrielle! dit-il d'une voix brisée par l'émotion, c'est vous que je revois, vous que je retrouve, après vous avoir si longtemps cherchée!

Gabrielle n'eut plus la force de se contenir ; elle fondit en larmes.

Le comte avait entouré sa taille d'un de ses bras, il la serrait contre sa poitrine.

— Oh! monsieur le comte, fit-elle en se dégageant brusquement.

— Gabrielle, je ne vous offense pas! s'écria-t-il ; il y a vingt-deux ans que vous êtes ma femme devant Dieu!

— De grâce, monsieur le comte, ne parlons point du passé, dit la jeune femme en se laissant tomber dans un fauteuil.

— Parlons-en, au contraire, répliqua-t-il vivement ; mais avant tout, Gabrielle, le coupable qui est devant vous implore son pardon.

Puis, se mettant à genoux devant elle, il ajouta :

— Gabrielle, ma pauvre victime, délivrez-moi de l'unique remords de ma vie, pardonnez-moi!

— Il y a vingt ans que je vous ai pardonné, monsieur le comte; mais, je vous en supplie, relevez-vous; vous oubliez que je suis une pauvre fille et que vous êtes le comte de Sisterne, amiral de France.

— Gabrielle, répondit-il, il n'y a ici ni comte ni amiral, mais seulement un homme devant une femme qui a souffert par lui!

Il se releva et, se penchant vers elle, il lui mit un baiser sur le front, en disant :

— Si ce n'est pas le baiser de l'époux, c'est celui d'un ami respectueux et tendre, d'un malheureux qui vous a trompée, Gabrielle, mais qui ne vous a jamais oubliée et qui vous aime toujours!

— Je sais que vous n'avez pas oublié la pauvre demoiselle de magasin; je sais que vous vous êtes présenté un jour rue Montmartre, pensant que j'y étais encore; je sais aussi que vous avez fait de nombreuses recherches pour me retrouver.

— Quand vous étiez si près de moi!... Vous vous cachiez, vous venez de le dire; c'est pour cela que je ne vous ai jamais vue ni à Paris ni à Coulange. Vous vous cachiez... Et pourtant, Gabrielle, vous saviez que je ne demandais qu'à réparer le mal que je vous avais fait, que j'étais prêt à remplir la promesse faite par Octave Longuet, en vous donnant le nom de comtesse de Sisterne.

— Je le savais, monsieur le comte, mais quand je découvris que l'homme que j'avais aimé, Octave Longuet, était le comte de Sisterne, j'avais consacré ma vie à une œuvre unique. D'ailleurs, quand même j'aurais eu la pensée de réclamer l'exécution de votre promesse, je n'aurais point osé le faire. Et puis, c'est longtemps après que j'ai su que vous ne vous étiez point marié, parce que vous gardiez dans votre cœur le souvenir de Gabrielle Liénard... Le jour où vous m'avez rencontrée au bord de la Marne, près du parc de Coulange...

— Ainsi, c'était vous, l'interrompit-il, c'était bien vous! Et je ne vous ai pas reconnue, à cause d'une pâleur étrange qu'avait alors votre visage.

— Cette pâleur, qui n'a pas complètement disparu, m'est restée après une longue et cruelle maladie. J'ai passé seize mois dans un hospice d'aliénées, monsieur le comte.

— Oh!

— Je reviens à notre rencontre au bord de la Marne. Je vous reconnus immédiatement; du reste, les sept années écoulées ne vous avaient point changé; mais c'est quelques jours après que j'appris que vous étiez le comte de Sisterne, un ami de M. le marquis de Coulange. Alors, monsieur le comte, bien que ne sachant point l'accueil que vous me feriez, si j'avais eu mon enfant, mon fils à vous présenter...

— Un fils, c'était un fils! exclama l'amiral.

— Je n'aurais pas hésité, monsieur le comte, j'aurais eu la hardiesse de vous dire : Donnez un nom à notre enfant!... Hélas! je l'avais perdu!...

— Mort ! prononça l'amiral d'un ton douloureux.

Gabrielle baissa la tête.

Ils restèrent un moment silencieux, profondément émus tous deux. Le comte avait pris une des mains de la jeune femme et la serrait doucement.

— Pauvre mère ! murmura-t-il, comme vous avez dû souffrir !

Elle releva lentement la tête.

— Oui, monsieur le comte, dit-elle, j'ai souffert, beaucoup souffert ; mais Dieu, je l'espère, me tiendra compte des larmes versées. Mais il est temps que je vous dise pourquoi je suis venue vous trouver aujourd'hui. Comme vous le savez, j'ai entendu les dernières paroles prononcées par M. le marquis de Coulange en vous quittant. Ne pouvant être satisfait de la lettre que vous lui avez écrite hier, il était venu vous demander une explication que vous n'avez pas cru devoir lui donner. Et il vous a dit : « Tu diras peut-être à l'institutrice de ma fille ce que tu refuses de me dire, à moi. »

Le front de l'amiral s'assombrit subitement.

— Je juge d'après ces paroles, continua Gabrielle, que M. le marquis ne vous a point fait une grave confidence qu'il devait vous faire. Du reste, monsieur le comte, ce qu'il avait à vous dire, vous le savez, et ce n'est point la faute de M. le marquis si cette révélation n'a pas été faite par lui.

C'est dimanche soir qu'il a tout appris lui-même, et lundi matin il était ici, chez vous. Vous veniez de partir pour Brest.

Hier soir, M. de Coulange a dit devant moi : « Je verrai demain le comte de Sisterne ; mais après la lettre qu'il m'a écrite, je n'ai plus de confidence à lui faire ; c'est lui qui doit me parler et me fournir des explications. Alors, sur ce qu'il me dira, je répondrai. » Je pensais être ici avant M. de Coulange, il a été plus matinal que moi.

Monsieur le comte, après le coup de fusil tiré sur M. le marquis de Coulange, l'explosion de Frameries, où il a failli périr, et sa chute de cheval au bois de Boulogne, ne vous est-il donc pas venu à l'idée qu'un ennemi terrible, acharné, poursuivait la famille de Coulange de sa haine implacable ?

L'amiral ne répondit pas ; mais il s'agita sur son siège avec un malaise visible.

— Monsieur le comte, reprit Gabrielle, vous avez reçu, vous ou Mme de Valcourt, une lettre anonyme.

— C'est vrai.

— Eh bien, monsieur le comte, l'auteur de cette lettre est le féroce ennemi dont je vous parle ; cet homme est ce qu'il y a de plus vil, de plus hideux parmi les scélérats. Ah ! je n'ai pas à vous cacher le nom de ce monstre : il se nomme Sosthène de Perny !

— Le frère de la marquise ! exclama l'amiral.

— Oui, le frère de la marquise.

— C'est épouvantable ! murmura M. de Sisterne.

— Oh ! je sais ce que l'infâme a pu vous écrire, reprit Gabrielle, puisque je connais le secret qu'il vous a révélé.

— Et vous dites, Gabrielle, vous dites que le marquis sait...

— Tout, monsieur le comte. Frappé cruellement dans son amour paternel pour celui qu'il croyait son fils, comme il a été grand quand il a dit à Eugène : « Tu es le fils de mon cœur ; tu es comte de Coulange, tu resteras comte de Coulange ! » Et Maximilienne sait tout aussi, monsieur le comte. Et se jetant au cou d'Eugène, elle lui a dit : « Tu es toujours mon frère ! »

Vous êtes plus sévère, vous ; malgré son mérite et l'amour qu'il a pour Mlle de Valcourt, parce qu'il n'est pas le fils du marquis de Coulange, vous repoussez le malheureux et le trouvez indigne de votre nièce ! Maintenant, le cœur meurtri, désespéré, il voit son avenir perdu et ne croit plus au bonheur !... Monsieur le comte, c'est pour lui que je suis devant vous, c'est pour lui que je viens vous supplier ! Eugène et Mlle de Valcourt s'aiment, vous ne détruirez pas en même temps leur bonheur à tous deux. Non, vous ne ferez pas cela ; d'ailleurs, vous ne le pouvez pas... Ce que vous devez faire, monsieur le comte, c'est de rappeler immédiatement à Paris Mme de Valcourt et votre nièce, et d'aller dire au marquis de Coulange ces seuls mots : « J'ai eu tort ! »

— Non, ce mariage est impossible répliqua vivement l'amiral.

— Oh ! monsieur le comte, fit Gabrielle avec douleur.

— Gabrielle, ce que vous venez de me dire confond ma raison ; ce que j'éprouve est plus que de la stupéfaction, et je suis à me demander si je vous ai bien entendue, si je vous ai bien comprise. Comment ! le marquis et Maximilienne savent tout, et la marquise, l'épouse coupable, est encore à l'hôtel de Coulange ?

Gabrielle se dressa brusquement sur ses jambes.

— Monsieur le comte, mais que supposez-vous donc ? exclama-t-elle.

— Je ne suppose rien ; le comte de Coulange n'étant pas le fils du marquis, il est de toute évidence...

— Arrêtez, l'interrompit-elle avec force, je ne veux pas vous laisser prononcer des paroles que vous regretteriez amèrement dans un instant. Ainsi le misérable qui vous a écrit a osé vous dire que sa sœur, la marquise de Coulange, avait failli à ses devoirs ? Et vous, monsieur le comte, vous qui connaissez cette noble femme, vous avez pu ajouter foi à cette lâche et infâme calomnie !... Ah ! la pauvre femme, à quelles gémonies est-elle traînée !...

L'amiral regardait Gabrielle, tout interdit.

— Tenez, monsieur le comte, j'admets que vous ayez pu croire à la calomnie, continua Gabrielle ; les hommes, malheureusement, sont trop facilement disposés à douter de la vertu des femmes ; mais la voix de votre sœur devait s'élever en faveur de Mme de Coulange, Mme de Valcourt devait la défendre !

Gabrielle releva son voile. Aussitôt, l'amiral laissa échapper un cri. (Page 381.)

— Ne vous hâtez pas d'accuser ma sœur, Gabrielle ; sa conscience et son cœur ont protesté.

— Oui, mais faiblement, puisque sous prétexte qu'elle est malade, elle a, je ne dis pas emmené, mais enlevé sa fille.

— Écoutez, Gabrielle, nous avons fait, ma sœur et moi, ce que notre devoir nous ordonnait. Mon Dieu, si nous nous sommes trompés, si nous avons eu tort, je suis tout prêt à le reconnaître. Toutes vos paroles portent le trouble dans mon esprit, mes pensées deviennent confuses et s'échappent ; je vous en prie, expliquez-vous.

— C'est facile, monsieur le comte, écoutez : Le marquis était condamné par les médecins ; on supposait qu'il n'avait plus que quelques mois ou plutôt quelques semaines à vivre. Le marquis, mourant sans enfant et sans avoir testé en faveur de sa femme, c'était sa fortune passant aux mains de collatéraux. Mais Mme de Perny et son fils n'entendaient pas retomber ainsi dans la pauvreté d'où ils étaient sortis par le mariage de Mathilde

La marquise refusant d'une façon absolue de demander à son mari de faire son testament en sa faveur, Mme de Perny et son fils cherchèrent et trouvèrent un autre moyen de conserver l'héritage. Mme de Perny fit partir le marquis pour l'île de Madère, après lui avoir annoncé que Mathilde serait bientôt mère. Je ne vous dirai pas ce que la jeune marquise, presque une enfant encore, souffrit alors sous la dépendance de sa mère, emprisonnée dans sa chambre, condamnée à ne voir personne, n'ayant plus de femme de chambre et plus le droit de parler à ses domestiques. A tout prix, il fallait faire croire à sa grossesse. J'abrège, monsieur le comte. Un matin du mois d'août, Sosthène de Perny arriva mystérieusement au château de Coulange. La veille, tous les domestiques avaient été envoyés à Paris par Mme de Perny. Sosthène amenait avec lui une femme, laquelle portait dans un pli de son manteau un enfant né quelques heures auparavant. Le même jour, l'enfant fut inscrit à la mairie de Coulange sur les registres de l'état civil.

— Mais c'est horrible, c'est monstrueux ! exclama l'amiral.

— N'est-ce pas, monsieur le comte ? Ce n'est pas tout. Ce crime avait été précédé d'un autre. Cet enfant, qu'on introduisait ainsi dans la maison de Coulange, cet enfant avait été volé à une pauvre mère, qui l'adorait déjà avant sa naissance et qui n'avait que ce seul bien au monde.

— Volé, volé ! fit M. de Sisterne.

— Oui, monsieur le comte, volé, dans la nuit, près de sa mère, pendant qu'elle dormait.

— Et de pareils crimes sont restés impunis ! s'écria l'amiral.

— La marquise de Coulange seule pouvait livrer les coupables à la justice ; mais les coupables étaient son frère et sa mère. Le courage lui a manqué. Sa seule faute est de ne pas avoir immédiatement révélé l'infamie des siens à son mari. Comme je vous l'ai dit, monsieur le comte, c'est dimanche dernier que la marquise a tout appris à M. le marquis. M. de Coulange a examiné la conduite de sa femme, et après avoir pesé le pour et le contre, il lui a ouvert ses bras en disant : « Je n'ai pas à te pardonner, puisque je ne te trouve point coupable ! »

Gabrielle fit une pause et continua :

— Voilà, monsieur le comte, l'explication que vous m'avez demandée.

Puis lentement, d'une voix tremblante, elle ajouta :

— Vous savez ce que M. le marquis de Coulange, un homme de cœur et un homme d'honneur aussi, a dit à l'enfant volé ; maintenant, monsieur le comte, c'est à vous de prononcer.

XIV

LE PÈRE

L'amiral, tenant sa tête dans ses mains, garda un assez long silence.

Gabrielle attendait avec anxiété la réponse qu'il allait lui faire.

Enfin il releva lentement la tête.

— Bien que je ne connaisse pas exactement les faits qui ont précédé et suivi le crime de Sosthène de Perny, dit-il, je ne puis, moi, qui suis désintéressé dans cette grave affaire, me montrer plus sévère que le marquis de Coulange, qui en était le juge suprême ; donc, sans pouvoir apprécier les causes de son silence, je dis comme lui : « La marquise n'est point coupable. » Je vois, je comprends qu'elle a été une victime. En même temps, je suis forcé de reconnaître que j'ai eu tort ; j'ai jugé témérairement sur des apparences et j'ai agi avec une précipitation blâmable. Vous le voyez, Gabrielle, je n'hésite pas à me condamner. On n'a le droit d'être sévère pour autrui que si on l'est plus encore pour soi-même. Pourtant, tout autre à ma place eût été également trompé. N'importe, j'irai humblement porter mes excuses au marquis de Coulange.

— C'est bien, cela, monsieur le comte, dit Gabrielle. Mais j'attends votre réponse au sujet du comte de Coulange ; n'oubliez pas que je suis ici pour lui.

— Que puis-je vous dire, Gabrielle? Rien.

— Comment, rien? Est-ce que vous rendez l'innocent responsable du crime? Le trouvez-vous absolument indigne de votre nièce?

— Le comte de Coulange n'a jamais démérité à mes yeux.

— Eh bien?

— Mais il y a là une question de conscience.

— Je ne comprends pas, monsieur le comte.

— Le marquis et la marquise de Coulange peuvent l'adopter, c'est leur droit ; Mlle de Coulange peut aussi, grande et généreuse, le reconnaître pour son frère et lui donner la moitié de son immense fortune ; néanmoins, sa situation rend impossible son mariage avec Mlle de Valcourt.

— Ainsi, répliqua Gabrielle d'une voix frémissante, vous le repoussez à cause de sa naissance obscure?

— Non, Gabrielle, non. Le comte de Coulange est tout par lui-même. Pauvre et sans nom, Mme de Valcourt et moi nous lui donnerions Emmeline. Riche d'une fortune qu'il enlève à Mlle de Coulange, ma nièce ne peut être sa femme.

— Je comprends, monsieur le comte, vous lui reprochez de n'avoir pas immédiatement renoncé à tout.

— Non, mais...

— Il le voulait, monsieur le comte, car il a, lui aussi, ses susceptibilités, ses délicatesses et des sentiments élevés ; mais quand M. de Coulange lui a ouvert ses bras en lui disant : « Tu es toujours mon fils ! » pouvait-il s'éloigner, partir ? dites, le pouvait-il ? Voyons, est-ce qu'il ne les aime pas ? J'en appelle à votre cœur, monsieur le comte, Eugène peut-il être un monstre d'ingratitude ? Non, n'est-ce pas ? Ah ! ne le méconnaissez pas, monsieur le comte, le pauvre enfant a fait ce qu'il devait. Imitez M. de Coulange, je vous en prie, ne le repoussez point.

Gabrielle pleurait.

— Tenez, continua-t-elle, si vous croyez me devoir une réparation, je ne vous demande qu'une seule chose : ne vous opposez plus à son mariage avec Mlle de Valcourt. Vous savez bien qu'ils s'aiment, monsieur le comte, qu'ils sont désolés, désespérés tous les deux !

— Ceci ne serait point la réparation que je vous dois, Gabrielle, répondit l'amiral ; je tiendrai la promesse que je vous ai faite, promesse qui a la valeur d'un serment : vous serez ma femme !

Elle secoua tristement la tête.

— Hélas ! monsieur le comte, dit-elle, je suis maintenant une vieille femme, les souffrances, les douleurs ont usé mon corps ; il n'y a plus de vivant en moi que le cœur. Je n'ai plus à demander et à vouloir que le bonheur de ceux que j'aime.

Elle resta un moment silencieuse, ses yeux pleins de larmes fixés sur M. de Sisterne. Puis, se rapprochant de lui brusquement :

— Voyons, reprit-elle, vous ne me comprenez donc pas, vous n'avez donc pas deviné ?

— Quoi ?

— Que mon fils existe !

— Mon Dieu, que dites-vous ? s'écria-t-il.

— Que c'est moi la pauvre mère à qui Sosthène de Perny a volé son enfant !

— Eugène, Eugène est mon fils ! exclama l'amiral éperdu, en se dressant sur ses jambes.

— Oui, monsieur le comte, Eugène est notre enfant. Après l'avoir cherché partout, je l'ai retrouvé, au bout de sept ans, fils du marquis de Coulange. Je pouvais le reprendre, c'était mon droit. Mais j'étais en présence de la marquise, une victime, une martyre aussi. Je ne l'ai pas réclamé. Mme de Coulange accepta mon sacrifice, et, pour que je ne sois plus séparée de mon fils, elle me fit entrer chez elle sous le nom de Louise que je m'étais donné, et je devins l'institutrice de Maximilienne. Pendant quinze ans, j'ai gardé le silence, monsieur le comte, et M. de Coulange n'a vu en moi que l'institutrice de sa fille.

— Et aujourd'hui, sait-il?...

— Il sait que je suis la mère d'Eugène.

— Et lui, Eugène?

— Hier, pour la première fois, en le serrant dans mes bras, j'ai eu le bonheur de l'appeler mon fils!

— Gabrielle, lui avez-vous appris que le comte de Sisterne est son père?

— Non, monsieur le comte.

— Pourquoi?

— Pourquoi, monsieur le comte? Parce que je crois qu'il doit l'ignorer toujours.

Il y eut un moment de silence, pendant lequel l'amiral parut plongé dans des réflexions profondes.

— C'est bien, nous verrons, murmura-t-il, comme répondant à une de ses pensées.

S'adressant à Gabrielle, il reprit :

— Encore une question : Le marquis sait-il que vous vous appelez Gabrielle Liénard?

— Oui.

— Alors, il sait également que je suis le père d'Eugène.

— Oui, monsieur le comte.

A plusieurs reprises il passa sa main sur son front. Il était très agité, et ses yeux avaient un éclat fiévreux.

— Maintenant, monsieur le comte, reprit Gabrielle d'une voix gémissante, aurez-vous le courage de repousser mon fils? Je suis mère, c'est la mère malheureuse qui demande le bonheur de son enfant! Ah! songez à toutes mes douleurs... N'est-ce pas assez de mes souffrances et mes larmes?

— Gabrielle, je n'ai rien à vous dire en ce moment, répondit M. de Sisterne ; ce que vous venez de m'apprendre a mis la confusion dans toutes mes pensées; j'ai l'esprit troublé... Je vais m'habiller. Dans une heure, je serai à l'hôtel de Coulange ; je vous y retrouverai, n'est-ce pas?

— J'y serai, monsieur le comte. Mais puis-je vous demander ce que vous voulez faire?

— Je ne le sais pas encore, Gabrielle ; avant de prendre une détermination, j'ai besoin de réfléchir au moins pendant quelques instants.

— Eugène m'attend, monsieur le comte. Ne voulez-vous pas que j'aille le consoler?

— Si, Gabrielle, consolez-le.

— Ainsi, vous consentez?

— Oui, dites-lui que Mlle de Valcourt sera sa femme.

Gabrielle poussa un cri de joie.

— Vous êtes juste et bon, dit-elle : devant vous j'étais sûre de gagner la cause de mon fils!

Elle quitta l'amiral et rentra bientôt à l'hôtel de Coulange, où Eugène l'attendait avec impatience.

Gabrielle était avec son fils et n'avait pas encore eu le temps de voir le marquis et la marquise lorsque le comte arriva. Le valet de chambre de M. de Coulange le fit entrer dans le cabinet de son maître sans l'avoir annoncé. Les deux amis se serrèrent la main.

— Tu m'attendais? dit M. de Sisterne.

— Oui, répondit le marquis.

— Je ne veux pas essayer de m'excuser; je me suis laissé tromper par des apparences, et je n'ai pas agi comme je devais le faire; j'ai eu tort, je demande à mon vieil ami de me pardonner.

Une seconde fois le marquis lui tendit la main.

— Ai-je besoin de te dire, reprit l'amiral, que dans Mme Louise, l'institutrice de ta fille, j'ai reconnu Gabrielle Liénard?

— Gabrielle t'a-t-elle tout dit?

— Oui.

— Alors tu sais que le comte de Coulange...

— Est le fils de Gabrielle et le mien.

Le marquis resta un moment silencieux, hésitant; puis, regardant fixement l'amiral :

— Quelles sont tes intentions? demanda-t-il.

— Épouser Gabrielle, légitimer mon fils et lui donner le nom qui lui appartient.

— Tu veux me prendre Eugène! exclama M. de Coulange.

— Il est mon fils!

— Mais il est aussi le mien, et son acte de naissance en fait mon fils légitime, le comte de Coulange.

— Oui, mais cet acte est l'œuvre d'un faussaire, cet acte est un crime!

— Qu'importe, si, moi, marquis de Coulange, je le reconnais légal? Octave, Eugène est mon fils; voyons, n'est-ce pas moi qui l'ai élevé, qui l'ai aimé dès son enfance, qui ai fait de lui un homme?...

— Tout cela est vrai, tu as pris ma place

— Est-ce ma faute ou la tienne?

— Édouard, tu es cruel.

— Non, je ne suis que juste... Eugène est le fils de Gabrielle Liénard, une jeune fille séduite par un inconnu qui avait pris le nom d'Octave Longuet; toi, tu es le comte de Sisterne; Octave Longuet n'existe pas. Eugène n'a pas d'autre père que celui qui a pris soin de son enfance et veillé sur sa jeunesse. Et si les sentiments du cœur ne suffisaient pas, je pourrais invoquer d'autres droits que la loi reconnaît. Veux-tu que j'appelle la marquise? Tu lui diras que tu songes à nous prendre Eugène, et tu verras ce qu'elle te répondra. Veux-tu que j'appelle ma fille?... Non, pas Maximilienne, elle ignore cela, elle ne doit pas le savoir.

« Cependant, mon cher comte, je ne saurais te blâmer d'avoir eu la pensée d'épouser Gabrielle et de donner ton nom à son fils : tu as répondu à la voix de l'honneur. Mais si tu avais bien examiné la chose, si tu avais sérieusement réfléchi, tu aurais compris que ce que tu désires est impossible. Le mal que tu as causé autrefois est aujourd'hui réparé...

— Pas par moi.

— Qu'importe, s'il l'est? Gabrielle Liénard est aussi heureuse qu'elle peut l'être, et son fils, votre fils, si tu veux, est le comte de Coulange.

— Ce n'est pas le nom qui lui appartient.

— Il est le sien, puisque je le lui ai donné, et nul ne lui contestera le droit de le porter.

— Oh! je m'incline devant la grandeur de ta générosité, répliqua M. de Sisterne; ce que tu as fait est digne de ton noble cœur : c'est beau, c'est admirable... Mais j'ai un cœur aussi, moi. Depuis une heure, toutes les fibres de mon être sont en mouvement. Édouard, rends-moi mon fils!

— Mais c'est de la folie!

— Soit, c'est de la folie, une passion insensée!... Rends-moi Eugène, il te restera ta fille.

— Ma fille! Et qu'en fais-tu de ma fille? Tu la déshonores!

— Oh!

— Oui, tu déshonores ma fille! Aveugle et insensé, il ne voit rien, ne comprend rien... Sais-tu ce que tu veux, comte de Sisterne, le sais-tu? Non. Eh bien, je vais te le dire : Tu veux nous couvrir d'opprobre, tu veux traîner dans la boue le nom de Coulange! Pour pouvoir reconnaître ton fils et lui donner ton nom, il y a son acte de naissance à faire annuler. Qu'est-ce que cela? Un épouvantable scandale. Et quand la marquise de Coulange, reculant devant la flétrissure méritée par son frère et sa mère, s'est condamnée à garder le silence, tu veux, toi, révéler le crime qui a fait de ma pauvre femme une martyre !

Le comte laissa échapper un gémissement et courba la tête.

— Comprends-tu, maintenant, comprends-tu? fit le marquis.

— Oui, je comprends, répondit tristement M. de Sisterne. J'ai trompé Gabrielle. Voilà mon châtiment!

— D'ailleurs, reprit le marquis, je ne t'empêche pas d'aimer Eugène et d'avoir pour lui la tendresse d'un père. Certes, je ne te défends pas les sentiments paternels ; je les ai bien pour lui, moi, qui ne suis pas son père! Par son mariage avec Mlle de Valcourt, il entre dans ta famille, tu pourras le voir souvent, tous les jours, et l'aimer comme un fils en l'aimant comme un neveu. Va, mon cher Octave, tu n'es pas trop à plaindre!

Le comte soupira.

— Tu as raison, absolument raison, dit-il ; mais, vois-tu...

— Achève.

— Je souffre et je souffrirai. Oui, ajouta-t-il amèrement, il sera mon neveu, mais il ignorera que je suis son père !

— Oserais-tu le lui dire ?

L'amiral ne répondit pas. Mais deux larmes tombèrent sur ses joues.

Le marquis lui serra silencieusement la main.

Ce jour-là, le comte de Sisterne et Gabrielle déjeunèrent à l'hôtel de Coulange. Celle-ci avait déjà rendu l'espoir à son fils. En sortant de table, l'amiral dit au jeune homme :

— Mon cher Eugène, dans quatre ou cinq jours au plus tard, vous reverrez Emmeline.

La soirée était déjà avancée quand M. de Sisterne rentra chez lui. Il voulut écrire à sa sœur immédiatement, bien que sa lettre ne dût partir que le lendemain par le courrier du matin.

Entre autres choses, il lui disait :

« Tu avais raison de prendre la défense de la marquise de Coulange ; je l'ai indignement calomniée ; non seulement elle n'est point coupable, mais sa conduite a été admirable, sublime !... Console vite Emmeline, et revenez immédiatement à Paris.

« Annonce-moi votre départ de Menton et l'heure de votre arrivée à Paris par une lettre, ou mieux encore par un télégramme.

« Il y a eu du désespoir et des larmes à l'hôtel de Coulange.

« Je n'ai pas besoin de te dire que je ne suis pas seul à vous attendre avec impatience. »

XV

UNE MAUVAISE NOUVELLE

Trois jours s'écoulèrent. Le comte de Sisterne n'avait reçu de sa sœur ni lettre ni télégramme. Et pourtant il était sûr que sa lettre, à lui, était partie ; il l'avait portée à la poste lui-même. Mme de Valcourt n'était-elle donc pas arrivée à Menton ? Pourquoi ? Quelle chose imprévue l'avait forcée de s'arrêter en route ?

Il ne savait que penser et commençait à être très inquiet. Son service l'appelait tous les jours au ministère de la marine, sans cela il eût tout de suite quitté Paris.

Le comte de Coulange était venu quatre ou cinq fois pour avoir des nouvelles. Il lui avait répondu, lui cachant son inquiétude, qu'il n'attendait pas une réponse de sa sœur si tôt ; que le lendemain, certainement, il recevrait une let-

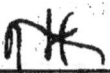

Eugène est mon fils! exclama l'amiral éperdu, en se dressant sur ses jambes. (Page 392).

tre, laquelle précéderait seulement de quelques heures l'arrivée à Paris de Mme de Valcourt et d'Emmeline.

Le lendemain, en effet, la lettre attendue arriva. Elle portait sur l'enveloppe le timbre de Menton. Donc les voyageurs étaient dans cette ville. Mais, hélas! la comtesse de Valcourt n'annonçait point son retour à Paris.

Qu'on juge de l'effet que produisit sur l'amiral la lecture des lignes suivantes :

« Mon cher frère,

« C'est une mère désolée, désespérée, qui t'écrit. J'ai reçu ta lettre, mais ce n'est pas en ce moment que je puis y répondre. Je ne pense qu'à ma fille et à la défendre contre la mort.

« Nous sommes arrivées à Menton sans avoir eu de retard, c'est-à-dire à l'heure que tu avais annoncée. Emmeline était pâle, bien triste et aussi très faible, car, pour sortir de la gare, elle dut s'appuyer fortement sur mon bras. D'abord, je crus pouvoir attribuer cela à la fatigue du voyage.

« En route, j'avais fait de vains efforts pour faire diversion à ses pensées et la distraire ; elle était restée dans une espèce de prostration ou de somnolence ; c'est à peine si, de temps à autre, elle m'avait répondu par un mot ou un sourire forcé.

« Tout en arrivant chez Mme de Rouvière, nous nous mîmes à table. Emmeline ne put, ou ne voulut rien prendre. J'avais constamment les yeux sur elle, j'étais très inquiète. Tout à coup, je la vis pâlir affreusement. Je n'eus que le temps de m'élancer près d'elle ; elle tomba dans mes bras, ne donnant plus signe de vie. Ses mains et son visage étaient glacés ; je la crus morte et je poussai un cri horrible. Mme de Rouvière et sa femme de chambre la portèrent dans une chambre et la couchèrent dans un lit, pendant qu'un domestique courait chercher le médecin le plus renommé de la ville. Moi, je n'étais capable de rien, j'étais comme folle.

« Voici la troisième nuit que je passe à pleurer au chevet de ma pauvre enfant. Le délire ne l'a pas quittée. Je lui parle, elle ne m'entend ou ne me comprend point ; elle me regarde avec des yeux où brûle la fièvre, me voit et ne me reconnaît pas !...

« Ah ! mon frère, mon frère, c'est affreux !

« Le médecin croit que c'est une fièvre cérébrale non encore déclarée. Il fait tout ce qu'il peut pour me rassurer. Mon Dieu, a-t-il seulement l'espoir de la sauver !

« Je n'ai pas besoin de te dire quelles angoisses cruelles sont les miennes. Je vois bien que la vie de mon enfant est en grand danger. Oh ! la mort, la mort, comme elle m'épouvante !

« Octave, si la mort m'enlève ma fille adorée, je ne veux plus de la vie, elle me frappera aussi.

« Ta malheureuse sœur,

« Ernestine de Valcourt. »

Après avoir lu, l'amiral bondit sur ses jambes et se mit à marcher à grands pas, tournant autour de son cabinet, s'arrêtant brusquement pour se frapper violemment la poitrine, et répétant sans cesse d'une voix rauque :

— Emmeline, ma pauvre Emmeline, ma pauvre Emmeline, ma pauvre Emmeline !

Il était dans un état horrible. Sa douleur était navrante.

— Malheur, malheur, je suis maudit! s'écria-t-il tout à coup; si elle meurt, c'est moi qui l'aurai tuée! Ma pauvre Emmeline!... Et l'autre, Eugène?... Que lui dire? Et quand il m'interrogera, que lui répondre?

Il continua d'une voix amère :

— On dirait qu'il y a dans mon affection pour les autres quelque chose de fatal : après Gabrielle, ma nièce, ma sœur, mon fils... le malheur frappe tous ceux que j'aime... Oui, il faut que je sois maudit! Et pendant quinze jours encore peut-être, je suis retenu à Paris, je ne peux pas partir! Emmeline, ma pauvre Emmeline!

Pendant une demi-heure l'amiral laissa errer sa pensée à travers toutes sortes de divagations.

Enfin il mit son chapeau, prit sa canne et sortit de chez lui en se disant :

— Il faut que j'aille à l'hôtel de Coulange.

Dans la rue, à quelques pas de la porte de sa maison, il rencontra le comte de Coulange. Le jeune homme venait pour savoir si l'amiral avait enfin reçu la lettre de Mme de Valcourt qu'ils attendaient. La figure attristée de M. de Sisterne lui fit ressentir une commotion douloureuse.

— Monsieur le comte, qu'avez-vous? lui demanda-t-il avec inquiétude.

— Venez, répondit l'amiral, je vous le dirai à l'hôtel de Coulange.

— Ah! monsieur le comte, je devine à l'expression de votre regard que vous avez reçu une mauvaise nouvelle.

L'amiral marchait très vite. Eugène avait de la peine à régler son pas sur le sien.

— Je vous en prie, monsieur le comte, reprit le jeune homme, ne me laissez pas l'angoisse de l'incertitude, dites-moi tout de suite...

— Non, non, tout à l'heure.

Eugène n'osa plus l'interroger, mais la frayeur l'avait saisi.

Ils arrivèrent à l'hôtel de Coulange.

Le marquis, les ayant vus traverser la cour, vint à leur rencontre. Il devina, comme Eugène, que l'amiral avait une mauvaise nouvelle à annoncer.

— Venez chez moi, dit-il.

Tous trois entrèrent dans le cabinet du marquis.

M. de Sisterne restait silencieux, regardant tristement le marquis et Eugène.

— Eh bien? l'interrogea M. de Coulange.

— Vous avez deviné la vérité, répondit-il, s'adressant au jeune comte, j'ai reçu une mauvaise nouvelle.

Eugène devint blême.

— De Menton? demanda le marquis.

— Oui.

— Mais qu'est-il donc arrivé?

— Emmeline est mourante.

Eugène laissa échapper une plainte sourde et s'affaissa sur un siège.

— Mourante! fit le marquis. Mais, enfin, qu'a-t-elle?

— Ma sœur m'a écrit une lettre navrante où sa douleur, son désespoir éclatent à chaque ligne. La voici, cette lettre, tu peux la lire.

— A haute voix, mon père, s'il vous plaît, dit Eugène.

Le marquis lut la lettre de Mme de Valcourt d'une voix tremblante.

— Vous le voyez, reprit l'amiral, c'est affreux; nous avons à craindre une catastrophe.

— Non, non, c'est impossible, s'écria Eugène en se dressant d'un seul mouvement. Emmeline ne peut pas mourir!

— Dans son inquiétude, sa douleur, Mme de Valcourt exagère sans doute, dit à son tour le marquis; nous pouvons admettre que la pauvre mère, près du lit de sa fille, voit le danger plus grand qu'il ne l'est.

— Tu cherches à me rassurer.

— Je veux espérer que les soins et le dévouement de sa mère sauveront Emmeline.

— Ah! Édouard, je suis bien coupable.

— Mon cher Octave, tu t'accuses inutilement.

— Si je pouvais m'absenter de Paris en ce moment, je partirais immédiatement pour Menton; mais je suis retenu, cloué à mon poste.

Eugène se rapprocha vivement.

— Si mon père le permet, et si vous m'y autorisez, monsieur le comte, dit-il, je partirai à votre place.

— Édouard, il a raison; oui, il faut qu'il aille à Menton et qu'il parte aujourd'hui. Ah! c'est une bonne inspiration... Qui sait? On dit que, souvent, l'amour accomplit des miracles. Sa présence seule près d'Emmeline peut la sauver!

— Eh bien, mon père? fit Eugène.

— Je ne veux pas te retenir ici, quand ta pensée est déjà là-bas; tu partiras ce soir.

Le regard du jeune comte s'illumina.

— Monsieur l'amiral, dit-il avec exaltation, Mme de Valcourt et moi, nous sauverons Emmeline, je vous le promets!

— Dieu le veuille!

— Mourir, elle, Emmeline?... Non, non, Dieu est bon, il ne le voudra pas! Elle entendra ma voix! elle me reconnaîtra, moi! Serait-elle déjà à son chevet, prête à la frapper, à nous la prendre, je lutterai contre la mort et je lui arracherai sa victime.

— Je suis convaincu que ton amour pour Emmeline peut faire beaucoup, répliqua le marquis, car je crois aussi à ces miracles ou plutôt à ces phénomènes physiologiques dont parlait tout à l'heure l'amiral. Mais je pense que, dans une aussi grave circonstance, nous ne devons pas hésiter à faire appel au dévouement et à l'amitié du docteur Gendron. Je vais lui écrire quelques lignes qu'un domestique lui portera immédiatement. Il faut qu'il ait le temps de se préparer à partir ce soir avec toi.

— Vous avez été au-devant de ma pensée, mon père; j'allais vous exprimer mon désir d'emmener notre cher docteur. Mais pourquoi lui écrire? N'est-il pas préférable que j'aille lui dire moi-même quel nouveau service nous réclamons de lui?

— En effet, cela vaut mieux. Vous pourrez convenir tout de suite de l'heure de votre départ.

— Devrai-je lui donner rendez-vous ici?

— Non. Pour ne pas inquiéter la marquise et Maximilienne, nous ne leur dirons point, quant à présent, qu'Emmeline est malade. Tu donneras rendez-vous au docteur à la gare de Lyon.

— Comment expliquer mon départ?

— Mme de Valcourt et sa fille étant forcées de rester quelques jours encore à Menton, nous t'avons autorisé, de Sisterne et moi, à aller les rejoindre pour les ramener à Paris.

— Il serait bon, si c'est possible, que nous prissions le train rapide de Lyon. Dans ce cas, nous serions à Menton demain de bonne heure.

— Cela dépend du docteur.

— Je cours chez lui, mon père.

Il donna une poignée de main à l'amiral.

— Revenez avec ma nièce, lui dit le comte d'une voix vibrante, ramenez votre femme.

Le soir, le comte de Coulange et le docteur Gendron, installés dans un coupé du train rapide, filaient à toute vapeur vers le midi de la France.

XVI

LE RAPPORT

Le même jour, Morlot vit Gabrielle. Celle-ci lui apprit le départ d'Eugène pour Menton, la cause de ce départ, et lui remit en même temps un billet du jeune comte à son adresse sous enveloppe cachetée.

Eugène lui disait :

« Ma mère vous apprendra pourquoi je quitte Paris, ayant à peine le temps de jeter ces quelques lignes sur le papier.

« Malgré ma vive inquiétude, je n'ai pas oublié que le baron de Ninville tient à assister à la fête que donne samedi Mme la duchesse de Commergue. A mon grand regret, je ne serai pas avec vous. Mais, peut-être, cela vaudra-t-il mieux. Pour voir et observer, vous serez plus à votre aise, tout à fait inconnu et perdu dans la foule.

« J'écris à Mme la duchesse pour la prier de m'excuser, et je lui demande comme un service personnel de vouloir bien vous faire envoyer une lettre d'invitation. Cette lettre, vous la recevrez certainement demain. Vous savez que, déjà, la duchesse m'avait autorisé à vous amener avec moi. Mon père, ma seconde mère et ma sœur n'iront pas à cette fête.

« Si vous faites quelque importante découverte, écrivez-moi à Menton chez Mme la comtesse de Rouvière. »

— Soit, dit Morlot, après avoir lu, j'irai seul.
— Où voulez-vous aller, mon ami? lui demanda Gabrielle.
— Est-ce que votre fils ne vous a pas dit de quoi il s'agissait?
— Non. Eugène est fort discret; d'ailleurs je n'ai su qu'au dernier moment qu'il partait; devant moi il a écrit à la hâte quatre ou cinq lettres, et nous avons à peine eu le temps de nous embrasser.
— En ce cas, Gabrielle, je vais vous faire connaître ce petit secret : Je devais aller avec M. le comte à une grande soirée que va donner Mme la duchesse de Commergue. Avant de partir, il a écrit à la duchesse pour s'excuser, d'abord, de ne pouvoir assister à sa fête, et ensuite pour la prier d'envoyer une lettre d'invitation au baron de Ninville.
— Alors, vous irez à cette soirée?
— Oui, si je reçois la lettre d'invitation comme me le fait espérer M. le comte.
— Morlot, ce n'est certainement pas la curiosité qui vous conduira chez la duchesse de Commergue.
— Vous vous trompez, Gabrielle; toutefois, j'ajoute que ma curiosité a un but : je verrai là le comte de Rogas, qui connaît déjà le baron de Ninville; je tiens à examiner de près et à loisir ce personnage; je rencontrerai également chez Mme la duchesse de Commergue le fiancé de Mlle de Coulange. Je tiens aussi à voir de près le comte de Montgarin. Peut-être même trouverai-je l'occasion d'avoir avec lui un bout de conversation, car j'ai quelques questions à lui adresser et une chose assez importante à lui communiquer.

— Avouez-le, Morlot, vous conservez un doute au sujet du comte de Montgarin.

— Oui, et il faut absolument que ce doute n'existe plus ou qu'il devienne une certitude.

— Mon cher Morlot, je crois que de ce côté vous faites fausse route.

L'ancien agent de police eut un sourire singulier.

— Tant mieux si je me trompe, répondit-il.

Il ne voulait pas dire encore à Gabrielle que de fortes présomptions lui désignaient le comte de Mongarin comme un complice de Sosthène de Perny.

Depuis quelques jours, Gabrielle avait repris possession de sa chambre à l'hôtel de Coulange ; mais elle conservait, néanmoins, son logement de la rue Rousselet où, comme nous l'avons dit, Morlot se rendait presque tous les soirs, afin de savoir exactement tout ce qui se passait rue de Babylone.

Le lendemain matin, à huit heures, Morlot reçut la lettre d'invitation de la duchesse de Commergue, adressée à M. le baron de Ninville.

Un instant après arriva l'agent de police Mouillon, qu'il n'avait pas vu depuis deux jours.

La figure de Mouillon exprimait le contentement.

— Eh bien? l'interrogea vivement Morlot.

— Je crois bien avoir trouvé le terrier.

— Enfin! exclama Morlot, laissant éclater sa joie.

Ils s'assirent en face l'un de l'autre.

— Maintenant, mon cher Mouillon, reprit Morlot, je vous écoute.

— Le comte de Rogas n'est pas précisément un homme facile à surveiller ; comme tous les individus qui n'ont pas la conscience tranquille, il est d'une prudence extrême et n'oublie jamais de s'entourer d'une infinité de précautions. Qu'il sorte à cheval, en voiture ou à pied, le suivre présente de nombreuses difficultés. Trois ou quatre fois, comme je vous l'ai dit, et bien qu'il n'ait pu soupçonner que je fusse à ses trousses, il est parvenu à m'échapper. On croirait vraiment qu'il a parfois la faculté de se rendre invisible.

— Oh! c'est un habile coquin.

— Hier soir, un peu avant neuf heures, continua Mouillon, étant à mon poste d'observation, rue d'Astorg, je vis s'ouvrir la porte de l'hôtel de Montgarin et sortir un homme chaudement enveloppé dans son paletot. Un instant après, l'individu, que je n'avais pu d'abord reconnaître, passa devant moi sans m'apercevoir. C'était le comte de Rogas. Évidemment, il ne va pas en soirée, pensai-je ; car j'ai oublié de vous dire qu'il était coiffé d'un chapeau de feutre rond. Quand il fut à une certaine distance de moi, je m'élançai sur ses pas, mais en ayant soin de maintenir entre nous la même distance, précaution utile, car à chaque instant il jetait un regard rapide autour de lui. Je supposai avec raison qu'il craignait d'être suivi, et je compris, dès lors, que, cette fois, je n'allais point perdre mon temps.

« Devant l'église Saint-Augustin il entra dans un débit de tabac où il acheta quelques cigares ; il en alluma un et monta le boulevard Malesherbes, marchant tranquillement, comme un homme qui se promène et flâne le nez au vent. Soudain, il s'effaça à l'angle d'une rue. Je hâtai le pas et mes yeux le retrouvèrent dans la rue de Rome. Il arriva au boulevard extérieur, et à travers un dédale de petites rues où dix fois je faillis le perdre de vue, il traversa les Batignolles. Nous nous retrouvâmes rue De Maistre, qui est, comme vous le savez, bordée des deux côtés par les murs du cimetière du Nord. J'étais de plus en plus convaincu que j'allais faire une découverte sérieuse. Ce ne pouvait être seulement dans un but de promenade qu'un élégant comme le comte de Rogas s'aventurait dans ce quartier excentrique.

Bref, nous grimpons le tournant de la rue Lepic, et nous voilà devant le moulin de la Galette. Nous descendons vers l'ancien abreuvoir. Là, mon homme prend une rue à droite et passe devant le cimetière de Montmartre, où il s'arrête pour plonger son regard dans la demi-obscurité ; mais j'avais eu le temps de me tapir contre une borne, tout en faisant cette réflexion que le comte de Rogas paraissait avoir un goût particulier pour les nécropoles.

Il se remet en marche. Depuis les Batignolles, il allongeait le pas ; maintenant il avance lentement, ne faisant aucun bruit. Il est de ceux qui pensent que quand on prend des précautions on n'en saurait trop prendre. — Allons, me disais-je, nous approchons. — Posant mes pieds doucement sur le sol, courbé, me rasant dans l'ombre, je pénétrai, derrière mon homme, dans une ruelle étroite et obscure qui traverse le haut de la rue du Ruisseau et avoisine celle des Rosiers, où furent fusillés les généraux Clément Thomas et Lecomte. Cette ruelle, où deux personnes se rencontrant auraient de la peine à passer, coupe des jardins ou des terrains plus ou moins incultes, qui s'étagent les uns sur les autres avec des clôtures de haies vives et de planches à moitié pourries. A droite et à gauche des arbres qui poussent comme ils veulent, les uns dans les autres, enchevêtrant leurs branchages, lesquels forment une espèce de voûte au-dessus de ce passage désolé et en augmentent encore l'obscurité. La nuit était si épaisse que je ne voyais pas à dix pas devant moi.

Tout en pensant que ce lieu pouvait être admirablement choisi pour un guet-apens, et que je risquais fort d'y recevoir un ou deux coups de couteau, je me demandais si, cette fois encore, le comte de Rogas n'allait pas trouver le moyen de me faire perdre sa piste. Ne pouvant voir, je jugeai que mes oreilles me serviraient mieux que mes yeux. Malgré l'humidité de la terre à peine gelée, je me couchai contre une palissade et, l'oreille sur le sol, j'écoutai ; je n'entendis rien.

— Pourtant, me disais-je, il ne peut pas être bien éloigné de moi ; pour que le bruit de ses pas n'arrive point à mon oreille, il faut qu'il se soit arrêté. Je ne me trompais pas. J'avais eu aussi une excellente idée en me couchant pour écouter.

Nous grimpons le tournant de la rue Lepic, et nous voilà devant le moulin de la Galette. (Page 400.)

Tout à coup, j'entendis un petit grincement de fer, puis, à ma gauche, des pas légers dans un bruissement de feuilles sèches, et enfin le bruit d'une porte qu'on ouvre et qu'on referme. Alors je me relevai et j'avançai, à tâtons pour ainsi dire, cherchant l'endroit où le comte de Rogas était entré. J'arrivai au bout du mur entièrement caché sous du lierre et des ronces, Un peu plus loin, dans ce mur, je trouvai une porte. Est-ce cette porte que mon homme avait ouverte pour pénétrer dans un jardin d'abord, et ensuite dans une habitation? Je ne pouvais que faire cette supposition; car, même en m'accrochant au lierre pour regarder par-dessus le mur, je ne pus voir que des arbres ou des massifs d'arbustes sans feuillage; pas un filet de lumière pour me révéler l'existence d'une maison. Mais le bruit de porte que j'avais entendu me prouvait que le comte de Rogas était entré dans une demeure quelconque. Je prêtai l'oreille. Rien. Le silence était complet. J'allai jusqu'au bout de la ruelle. Je trouvai encore deux portes semblables à la première, l'une dans un autre pan de mur, l'autre dans une haie, attachée à un poteau, et je finis par me convaincre que le comte de Rogas était entré par la première de ces portes. J'y revins. Faisant le moins de bruit possible, je me hissai sur le mur et me blottis dans le lierre.

Je pouvais assez facilement sauter dans le jardin; mais je me dis que vouloir être trop curieux serait manquer de prudence.

J'attendis plus d'une heure. Je commençais à ne pas avoir chaud et à perdre patience. Si doux que soit un lit de lierre, il ne vaut pas, en hiver surtout, un bon matelas de laine bien cardée.

Enfin j'entendis des pas résonner sur les marches d'un escalier; bientôt une porte s'ouvrit et un jet de lumière éclaira subitement une partie du terrain. Alors je pus voir le rez-de-chaussée de l'habitation, qui n'était qu'à vingt-cinq ou trente pas de moi. Le comte de Rogas et deux autres individus sortirent de la maison.

— Ce sont eux, murmura Morlot.

Mouillon poursuivit:

— L'un des deux individus portait une lanterne sourde. Ils se dirigèrent vers la porte du mur. Je ne suis pas peureux, monsieur Morlot, mais j'avoue qu'à ce moment je n'étais pas du tout à mon aise. Je comprenais le danger de ma position; si j'étais découvert, ces trois hommes étaient capables de m'assassiner. Je pouvais me laisser glisser dans la ruelle et fuir; mais si bien que je m'y prisse, le moindre bruit que j'aurais fait leur eût donné l'éveil. N'était-ce pas risquer de vous éloigner du but que vous poursuivez avec tant de patience? En dépit de mes craintes, je ne bougeai pas.

Le comte de Rogas et un des deux hommes causaient à voix basse, j'entendais un chuchotement. Arrivés près de la porte ils se turent, et il me sembla qu'ils écoutaient s'il n'y avait pas quelqu'un dans la ruelle. De son côté, l'homme à la lanterne sourde avait eu la précaution de coller le verre contre lui, de façon à intercepter presque complètement la lumière. Les deux autres se remirent à parler, mais toujours à voix basse. Cependant, comme j'étais tout près d'eux, si près qu'en étendant le bras j'eusse pu toucher la tête du comte de Rogas, je parvins à saisir quelques mots. Bien que ces mots n'eussent pour moi aucune signification, je les ai gardés dans ma mémoire afin de vous les rapporter:

LE COMTE DE ROGAS. — Pareille folie... perdre tout...

L'AUTRE. — Situation... toujours maître...

LE COMTE DE ROGAS. — Nouvelle difficulté... argent... retard forcé... maladie grave... parti... morte... plusieurs mois...

L'AUTRE. — Ma vengeance...

Ces deux mots, les derniers d'une réponse assez longue, arrivèrent seuls à mon oreille.

Ils causèrent encore un instant, mais si bas qu'il ne me fut plus possible d'entendre. Enfin l'homme à la lanterne ouvrit la porte, le comte de Rogas disparut dans l'obscurité de la ruelle, la porte se referma, et les deux habitants de la butte Montmartre rentrèrent dans leur demeure.

— Mouillon, avez-vous pu voir assez bien ces deux hommes pour me dire comment ils sont?

— Vous tracer leur signalement me serait impossible. Je n'ai pu faire que certaines remarques. Ainsi je puis vous dire qu'ils sont l'un et l'autre de haute taille, qu'ils portent toute leur barbe, que celle de celui qui causait avec le comte de Rogas est toute blanche, tandis que celle de l'autre m'a paru très noire; enfin, autant que j'ai pu en juger, il m'a semblé qu'ils étaient du même âge.

— Quel âge, selon vous?

— Entre cinquante et soixante.

— Eh bien, Mouillon, je suis sûr maintenant que ces deux hommes sont ceux que nous cherchons. Mon cher ami, je vous félicite et je vous remercie... Enfin, nous les tenons!

— Pas encore, monsieur Morlot, mais si vous m'en donnez l'ordre, la nuit prochaine...

— Malheureusement, répondit Morlot en secouant la tête, nous ne pouvons pas nous débarrasser d'eux aussi vite et avec cette facilité. Sans doute, nous pouvons les livrer à un juge d'instruction comme prévenus d'avoir commis deux et même trois tentatives d'assassinat contre la personne du marquis de Coulange. L'enquête parviendrait certainement à découvrir les preuves que nous n'avons pas encore; mais ils ont des complices que je veux également mettre entre les mains de la justice. L'un de ces complices, et celui-là n'est pas le moins redoutable, — est le comte de Rogas. Je dois y regarder à deux fois avant de faire lancer contre cet homme, connu dans le monde parisien, qui représente un personnage, un mandat d'amener.

Combien y a-t-il encore d'autres complices? Je l'ignore. Je veux le savoir. Il faut que je sache aussi jusqu'à quel point chacun d'eux est coupable.

D'ailleurs, mon cher Mouillon, je dois tenir compte de bien des choses; certaines considérations m'obligent à être très circonspect et à n'agir dans cette grave affaire qu'avec une extrême prudence. Donc, pour le moment, nous continuerons à nous tenir sur la défensive; mais soyez tranquille, Mouillon, je ne tarderai pas à vous dire: « L'heure est venue, marchez! »

Ah! j'ai encore à vous remercier de m'avoir rapporté les mots que vous avez pu saisir de la conversation à voix basse entre le comte de Rogas et l'autre individu. Le peu qu'ils disent est beaucoup pour moi. Entre deux mots j'en ai ajouté d'autres ; j'ai constitué des bouts de phrases ; cela me suffit. J'ai compris. Je sais ce que disaient les deux complices.

XVII

CHEZ LA DUCHESSE DE COMMERGUE

Il y avait beaucoup de monde chez la duchesse de Commergue. A peine pouvait-on circuler dans les magnifiques salons de son hôtel des Champs-Élysées. Beaucoup de personnes étaient forcées de se réfugier dans les galeries et les salons réservés pour le jeu et la conversation. On retrouvait là à peu près les mêmes invités qu'on avait pu voir l'année précédente à la grande fête donnée par le marquis et la marquise de Coulange, c'est-à-dire l'élite de la haute société parisienne. Sous tous les rapports, du reste, on pouvait comparer les deux soirées.

Dans un petit salon, un cercle épais d'hommes et de femmes de tous les âges s'était formé autour d'une table de jeu. On jouait le lansquenet. A cette table, grave, parfait de tenue, un sourire singulier stéréotypé sur les lèvres, était assis le comte de Rogas. Son regard clair et perçant passait à chaque instant sur les joueurs rapide comme l'éclair.

D'abord il avait perdu quinze cents ou deux mille francs ; puis son tour de tenir les cartes était venu, et maintenant il gagnait, il gagnait toujours.

Il n'y avait là que des joueurs naïfs, hommes et femmes du monde, que la chance admirable du noble Portugais émerveillait.

En voyant le tas d'or et les billets de banque étalés devant lui, on pouvait évaluer la somme qu'il gagnait à plus de quinze mille francs.

Cependant, depuis un moment, José Basco n'était pas à son aise. Devant lui, au premier rang du groupe des joueurs, un homme, qui ne jouait point, le regardait avec une persistance étrange. Il sentait son regard, non moins clair et perçant que le sien, peser sur lui, et s'il levait les yeux, il rencontrait la lueur sombre de ce regard qui le frappait en plein visage.

Or cet homme, il le connaissait, il l'avait vu une fois déjà chez la marquise de Neuvelle, et il savait qu'il se nommait le baron de Ninville.

Mais pourquoi avait-il constamment les yeux braqués sur lui, sur ses doigts quand il battait les cartes ? Avait-il deviné ou découvert à quelles manœuvres il devait sa chance au jeu ? Puisqu'ils ne jouait pas, que faisait-il là ?

Tout en faisant ces réflexions, le Portugais sentait l'inquiétude pénétrer en lui et son instinct l'avertissait que ce baron de Ninville était son ennemi. Avec le courage que la peur donne souvent, à son tour il regarda fixement le baron comme pour le braver ou le défier. Les deux regards se croisèrent comme deux éclairs dans la nue. José Basco tressaillit, et ce fut lui qui baissa les yeux.

Il mit les cartes dans la main de son voisin de droite, ramassa son or, ses billets de banque et s'éloigna de la table. Il voulut revoir le terrible baron ; mais celui-ci avait disparu, en se disant :

— Je m'en doutais, c'est un voleur !

— Quel est donc cet homme ? se demandait José Basco. Comment se fait-il que je le rencontre aujourd'hui seulement pour la deuxième fois ? Que fait-il à Paris ? Où demeure-t-il ? Il faut que je sache tout cela.

Tout à coup, il blêmit et, se frappant le front :

— C'est lui, c'est cet homme qui est allé demander à la légation de Portugal des renseignements sur la famille de Rogas ! Plus de doute, c'est un ennemi !...

Un quart d'heure après il savait que le baron de Ninville avait été invité par la duchesse de Commergue sur la demande du comte de Coulange. On lui avait dit également que le baron de Ninville demeurait à l'hôtel Louvois.

Dans le grand salon, on dansait.

Après une valse qui venait de finir, danseurs et danseuses prenaient place pour le quadrille.

— Mais nous n'avons pas de vis-à-vis, disait le comte de Montgarin, ayant sa danseuse à son bras.

Aussitôt il aperçut un jeune homme qui se trouvait dans la même situation que lui.

— Monsieur Lucien de Reille, dit-il, si vous le voulez bien, nous allons faire vis-à-vis.

Lucien de Reille jeta sur le comte de Montgarin un regard où il y avait autant de mépris que de dédain, lui tourna le dos brusquement et, se penchant vers sa danseuse, il lui dit quelques mots à l'oreille.

Plus de vingt personnes avaient pu voir le mouvement du jeune homme ; des yeux étonnés se fixaient les uns sur Lucien, les autres sur Ludovic. Celui-ci n'avait pu se méprendre sur l'intention de M. de Reille. L'injure était flagrante. Il avait pâli, d'abord, puis aussitôt il était devenu pourpre.

Se rapprochant de Lucien, il le toucha à l'épaule pour le forcer à se retourner.

— Monsieur de Reille, dit-il d'une voix sourde, je vous ai adressé la parole et vous ne m'avez pas répondu.

— C'est qu'il m'a plu de ne pas vous répondre, monsieur.

— Vous avez refusé de former le quadrille avec moi ?

— Oui.

— Pourquoi ?

— Je n'ai pas à vous le dire.

— Il le faut, pourtant.

— Assez, monsieur ! répliqua Lucien d'un ton hautain.
— Prenez garde !
— Qu'est-ce à dire ?
— Monsieur de Reille, je puis croire que vous m'avez insulté, et avant même de vous demander une réparation, j'ai le droit d'exiger que vous me fassiez connaître le motif...
— Vous voulez une explication ?
— Je la réclame impérieusement.
— Eh bien, monsieur le comte de Montgarin, je n'ai rien à vous dire.

A ce moment ils furent séparés par les danseurs. Le quadrille venait de commencer.

Mais un instant après ils se retrouvèrent dans une chambre faisant suite au salon, où Lucien était entré et où le comte de Montgarin l'avait suivi.

Comme les deux rivaux se dressaient en face l'un de l'autre, un homme s'arrêta à deux pas de la porte et resta immobile comme s'il se fût placé là pour défendre l'entrée de la chambre. C'était Morlot.

— Monsieur de Reille, dit le comte de Montgarin avec aigreur, vous ne devez pas être surpris de me voir entrer ici derrière vous. L'endroit est choisi comme si vous aviez deviné que j'allais venir vous y trouver, car je ne suppose pas que vous vous êtes réfugié dans cette pièce pour m'éviter. Peut-être y veniez-vous pour réfléchir sur les conséquences de votre inqualifiable conduite.

Lucien haussa dédaigneusement les épaules et fit un pas vers la porte, avec l'intention évidente de s'en aller. Ludovic se plaça devant lui.

— Vous ne sortirez pas, monsieur, lui dit-il d'un ton impératif, vous m'écouterez, je le veux !

— Soit, répondit froidement Lucien, vous pouvez me dire tout ce qu'il vous plaira ; je suis libre de vous répondre ou non.

— Tout à l'heure, monsieur de Reille reprit Ludovic, j'ai été assez maître de moi pour contenir ma colère ; plus prudent que vous, j'ai su éviter un scandale au milieu du bal. Ici, nous sommes seuls, et je ne crains plus de vous dire que vous êtes un mal appris, un impertinent.

— Moi, monsieur de Montgarin, riposta Lucien, je ne vous dirai pas ce que vous êtes, car je ne trouve aucun qualificatif qui puisse exprimer mon mépris.

— Tiens, tiens, se disait Morlot qui ne perdait pas un mot de la conversation, qu'est-ce que cela signifie ?

— Je comprends, reprit Ludovic d'un ton ironique : à peine sorti des bancs de l'école où il a, dit-on, beaucoup appris, M. Lucien de Reille éprouve le besoin de recevoir des leçons d'un nouveau genre ; encore inconnu, il veut se faire remarquer et attirer l'attention sur lui.

Devenant subitement très grave, il continua :

— C'est un duel que vous cherchez, n'est-ce pas? Eh bien, vous l'aurez; nous nous battrons!

— Je ne songeais nullement à un duel entre nous; mais vous me faites une proposition qui ne me déplaît point. Je ne suis pas comme vous un héros de salle d'armes, monsieur de Montgarin; mais n'importe, je serai à vos ordres quand vous voudrez.

— Vous n'attendrez pas longtemps. J'aurai l'honneur de vous écrire pour vous demander les noms de vos témoins.

— Je m'empresserai de vous les faire connaître.

— Voilà qui est entendu. Maintenant, vous plaît-il de me dire pourquoi vous m'avez insulté en refusant de me faire vis-à-vis?

Lucien resta silencieux.

— Est-ce parce que j'ai eu le bonheur de plaire à Mlle Maximilienne de Coulange et que je suis à la veille de l'épouser? continua Ludovic. Est-ce la jalousie qui vous aveugle et vous rend insensé?...

— Monsieur!...

— Permettez, je vous parle ainsi parce que je sais que, vous aussi, vous aimez Mlle de Coulange. Cela, vous ne le niez point; on ne renie pas le saint qu'on adore... Est-ce que je vous fais un crime l'aimer, moi? Ami du comte de Coulange, vous étiez reçu dans la famille depuis longtemps lorsque je lui fus présenté; pourquoi, puisque vous aimiez Mlle Maximilienne et désiriez obtenir sa main, vous êtes-vous retiré brusquement, me laissant la place libre?

— Vous le savez bien.

— Je l'ignore, monsieur.

— Oh! vous l'ignorez!

— Je vous répète que je l'ignore absolument, de même que Mlle de Coulange et ses parents; j'ajoute que vous me feriez plaisir en me l'apprenant.

Morlot écoutait de ses deux oreilles.

— Voilà qui devient tout à fait intéressant, pensait-il.

— Ainsi, répondit Lucien, regardant fixement le comte de Montgarin, vous n'avez pas connaissance d'une lettre qui fut adressée à mon père?

— Aucune connaissance, monsieur, je vous le jure! Que disait cette lettre?

— Une chose infâme!

— Oh!

— Elle calomniait lâchement Mme la marquise de Coulange. Par respect pour elle, je ne vous en dis pas davantage.

— Et monsieur votre père et vous, avez ajouté foi à cette calomnie? fit le comte de Montgarin.

— Malheureusement. Et voilà pourquoi je n'ai pas essayé de vous disputer le cœur de Mlle de Coulange, pourquoi j'ai même cessé de voir son frère qui était mon meilleur ami.

— Monsieur de Reille, vous pourriez ajouter : Et pourquoi, tout à l'heure, je vous ai insulté !... Je vous en prie, répondez-moi franchement : avez-vous réellement supposé que j'étais l'auteur de cette lettre calomnieuse ?

— J'ai cru qu'elle n'avait pas été écrite à votre insu.

— Quelle raison aviez-vous de me croire capable d'une pareille infamie ?

— Le but réel de la calomnie était de m'éloigner de Mlle de Coulange. A qui laissais-je la place libre, comme vous le disiez il y a un instant ? Au comte de Montgarin.

Ludovic tressaillit. Certaines paroles du comte de Rogas venaient de lui revenir à la mémoire.

— C'est vrai, dit-il ; oui, vous pouviez me soupçonner. Monsieur de Reille, encore une question : depuis un an, je vous ai souvent rencontré dans le monde pourquoi avez-vous attendu jusqu'à ce jour pour me faire sentir le juste mépris que vous inspire l'action dont vous me supposiez coupable ?

— Il y a quelques jours seulement que nous savons, mon père et moi, que la lettre en question contenait une ignoble calomnie. Je puis même vous dire qu'une seconde lettre à peu près semblable a été adressée récemment à une personne qui touche de près à la famille de Coulange.

Ludovic resta un moment silencieux, la tête baissée.

— Monsieur de Reille, reprit-il avec une émotion visible, croyez-vous encore que je sois de complicité dans ces infamies ?

— Non, je vois que vous êtes innocent et je regrette de vous avoir accusé.

— Merci. Vous devez comprendre que, maintenant, un duel entre nous est impossible. La réputation de Mlle de Coulange ne vous est pas moins chère qu'à moi, n'est-ce pas ?...

— Certes !

— Ni elle ni aucun des membres de sa famille ne doit être mêlé dans ce déplorable malentendu. Je ne vous demande pas de me faire publiquement des excuses : l'explication que vous m'avez donnée et vos dernières paroles me suffisent ; je me tiens pour satisfait.

— Si vous le désirez, monsieur de Montgarin, tout à l'heure je vous ferai vis-à-vis dans un quadrille.

Avant que Ludovic eût eu le temps de répondre, Morlot entra dans la chambre.

— C'est bien, messieurs, dit-il, c'est très bien ce que vous avez dit l'un et l'autre. C'est ainsi que devraient se terminer toutes les querelles.

Ludovic s'était retourné brusquement.

— Vous nous écoutiez donc, monsieur ? demanda-t-il, les sourcils froncés.

— Parfaitement. N'est-ce pas pour entendre qu'on a des oreilles ?

— Enfin, monsieur, pourquoi nous avez-vous écoutés ?

— Oh ! oh ! Si vous n'y prenez garde, monsieur le comte, votre curiosité va

L'un des deux individus portait une lanterne sourde. Ils se dirigèrent vers la porte du mur.

dépasser la mienne. Je vous ai écoutés parce que votre conversation m'a paru extrêmement intéressante. Et tenez, au lieu de me reprocher mon indiscrétion, vous devriez me remercier de m'être placé là, près de cette porte, car j'ai empêché d'entrer plusieurs personnes qui vous auraient dérangés.

Morlot se tourna vers Lucien.

— Monsieur de Reille, reprit-il, j'ai quelques mots à dire à M. le comte de Montgarin; voulez-vous être assez aimable pour me laisser une minute seul avec lui?

Le jeune homme s'inclina.

— Nous nous reverrons dans le bal, dit-il à Ludovic.

Et il sortit.

Le comte de Montgarin regardait Morlot avec un étonnement qui touchait à la stupéfaction. Ce fut lui qui rompit le silence.

— Vous avez quelque chose à me dire, à moi? demanda-t-il.

— A vous, monsieur le comte.

— Mais je ne vous connais pas, monsieur.

— Je le sais bien.

— Avant tout, veuillez me dire qui vous êtes.

— Je suis comme vous un invité de Mme la duchesse de Commergue. Si vous eussiez été là quand je suis arrivé, vous auriez entendu annoncer le baron de Ninville.

— Qu'avez-vous à me dire, monsieur le baron?

— Peu de chose aujourd'hui, monsieur le comte ; mais j'aurai l'honneur de vous revoir dans quelques jours. M. de Reille vous a appris que des lettres avaient été écrites pour calomnier odieusement Mme la marquise de Coulange, et vous l'avez convaincu de votre innocence. Assurément vous ne pouvez pas être l'auteur de ces lettres et, comme M. de Reille, je suis persuadé que vous ignoriez absolument cette infamie.

Morlot se rapprocha encore de Ludovic, et, plongeant son regard scrutateur dans les yeux du jeune homme :

— Monsieur de Montgarin, reprit-il, vous êtes le fiancé de Mlle de Coulange et vous l'aimez... Eh bien, la main sur votre cœur, votre conscience vous dit-elle que vous n'avez rien, absolument rien à vous reprocher envers elle et sa famille?

Ludovic sentit un frisson courir dans tous ses membres, et Morlot le vit pâlir.

— Aujourd'hui, monsieur le comte, continua-t-il, je ne vous interroge point, vous n'avez pas à me répondre ; je vous dis seulement : prenez garde et tâchez de voir clair dans ce qui se passe autour de vous. A bientôt!

Sur ces mots, Morlot s'élança hors de la chambre, laissant le comte de Montgarin sous le coup d'une invincible terreur.

Un quart d'heure plus tard, Morlot sortait de l'hôtel de Commergue.

— Maintenant, se disait-il, je sais à quoi m'en tenir au sujet du comte de Montgarin : entre les mains de Sosthène de Perny et du faux comte de Rogas, il n'est qu'un instrument. Enfin je tiens le nœud de l'intrigue, préparons le dénouement du drame.

XVIII

LE CONSEIL DES TROIS

Morlot se leva à dix heures, ce qui était tout à fait en dehors de ses habitudes. Il commença sa journée par écrire plusieurs lettres : une d'abord au comte de Coulange, puis une très longue à sa femme, où il lui donnait un certain nombre de renseignements qu'elle demandait. Il ne lui annonçait pas encore son retour prochain à Chesnel, mais il lui faisait espérer que leur séparation ne serait pas de longue durée.

A midi, il se fit servir à déjeuner dans son petit salon. Cela le conduisit jusqu'à deux heures. Alors il s'habilla et sortit.

Il avait à voir Mouillon, puis Gabrielle, à laquelle il avait donné rendez-vous rue Rousselet, à cinq heures.

Morlot était préoccupé. Un si grand nombre de pensées s'agitaient dans son cerveau ! Il savait qu'un homme dans sa position doit s'entourer constamment de certaines précautions ; pourtant, ce jour-là, il oublia que prudence est mère de sûreté. Il est vrai qu'il était à cent lieues de penser qu'on pût avoir intérêt à savoir ce que faisait ou ne faisait pas le baron de Ninville.

Ainsi, en sortant de l'hôtel, ayant négligé de lancer à droite et à gauche ce regard si habile à reconnaître une physionomie suspecte, il ne s'aperçut point qu'il avait attiré l'attention d'un individu qu'on pouvait prendre, à son air et à son costume, pour un ouvrier endimanché, et qu'il était aussitôt devenu, pour cet individu, l'objet d'une vive curiosité.

Enfin Morlot ne remarqua point que cet homme s'était mis à le suivre et que trois ou quatre fois il avait passé devant lui pour le regarder en face. Morlot réfléchissait. Il demandait à son imagination de lui indiquer le moyen de se débarrasser d'un seul coup de Sosthène de Perny, du faux comte de Rogas et de leurs complices.

Comment supposer que lui, ancien inspecteur de police, redevenu policier pour son compte, qui avait excellé dans l'art de filer les coquins, pouvait être filé à son tour par un de ces mêmes coquins qu'il avait fait asseoir sur les bancs de la cour d'assises ?

Il est neuf heures et demie. José Basco vient d'entrer dans la maison de la butte Montmartre. Les trois sont réunis.

Sosthène paraît atterré ; son regard farouche a des éclairs livides.

Assis dans un coin de la chambre, Des Grolles, silencieux et morne, regarde Sosthène.

Le Portugais a tout de suite compris que quelque chose d'extraordinaire s'est passé dans la journée.

— Ah çà! pourquoi restez-vous ainsi à vous regarder comme deux chiens de faïence? demanda-t-il.

— Vous le saurez tout à l'heure, répondit Sosthène d'une voix creuse.

— On croirait volontiers que vous venez de recevoir la visite de quelque fantôme. Au fait, continua-t-il en raillant, du cimetière voisin sortent peut-être des revenants.

— Je vous assure, José, que vous choisissez mal votre moment pour plaisanter.

— Enfin, de quoi s'agit-il?

— Réponds, Des Grolles.

— Est-ce que vous avez fait aujourd'hui une mauvaise rencontre? demanda José, s'adressant à Des Grolles.

— Non, répondit celui-ci, mais j'ai fait une découverte qui ne nous annonce rien de bon.

— Ah!

— Vous teniez à savoir ce que c'est que le baron de Ninville...

— Eh bien?

— Eh bien, José, l'homme que vous avez vu la nuit dernière, chez la duchesse de Commergue, n'est pas plus baron de Ninville que moi.

— Vous en êtes sûr?

— Absolument sûr. Et je n'ai questionné personne, je n'ai pris aucun renseignement, je m'en suis rapporté uniquement au témoignage de mes yeux. Cet homme, je l'ai reconnu.

— Cela ne me dit point qui il est.

— Il est évidemment aujourd'hui ce qu'il était autrefois, quand Sosthène et moi l'avons connu, un agent de la police de sûreté...

Malgré lui, José Basco sursauta.

— Il se nomme? demanda-t-il.

— Morlot.

Le Portugais eut un nouveau tressaillement.

Plus d'une fois ses complices lui avaient parlé de Morlot, en le lui représentant comme l'agent le plus terrible de toute la préfecture; d'autant plus redoutable pour eux qu'il connaissait la marquise de Coulange, laquelle avait dû certainement se l'attacher par ses bienfaits.

— Des Grolles, vous avez pu vous tromper, dit-il.

— Non. C'est l'agent de police Morlot qui se cache sous le nom de baron de Ninville.

— Alors un danger nous menace.

— J'en ai peur, dit Sosthène.

— Si nous n'avions qu'à nous défendre contre le danger, dit Des Grolles, ce serait peu; mais c'est la ruine de nos espérances.

— Pas encore, ami Des Grolles, je suis moins prompt que vous à crier : « Tout est perdu ! » Ne nous voyons pas vaincus avant d'être attaqués. Jusqu'ici rien n'est venu se mettre sérieusement en travers de nos projets. Si vous vous étiez tenu bien tranquille, Sosthène, nous n'aurions pas en ce moment sur les bras ce Morlot maudit. L'apparition de cet agent de police, — que le diable l'étouffe ! — est la conséquence de vos sottises.

Sosthène fit entendre une espèce de grognement.

— Au lieu de faire le mort comme la prudence l'exigeait, continua José, vous avez voulu agir. Qu'en est-il résulté? Votre sœur, qui ne pensait plus à vous, a compris que vous étiez revenu à Paris, et vous avez si bien brouillé mes cartes que j'ai de la peine à les remettre en ordre. Malheureusement, ce qui est fait est fait. Toutefois, rien n'est désespéré. Le comte de Montgarin a passé tout l'après-midi à l'hôtel de Coulange. L'accueil qu'on fait au fiancé de Maximilienne est toujours le même, ce qui prouve que, de ce côté, nous n'avons rien à craindre.

« Grâce aux précautions que j'ai su prendre et à certains parchemins que je me suis appropriés, il est impossible qu'on découvre que le comte de Rogas est un nommé José Basco, ancien serviteur de la maison de Rogas. D'ailleurs comment la marquise de Coulange et même Morlot, si fort qu'il soit, pourraient-ils deviner que le comte de Rogas, connu de tout Paris, cousin du comte de Montgarin, est le complice de Sosthène de Perny?

« Que s'est-il passé à l'hôtel de Coulange après la nuit du bal masqué? Le jeune homme a-t-il gardé le silence ou a-t-il parlé? Je n'ai pu rien savoir. Mais votre dernière équipée a eu un résultat déplorable. Depuis longtemps la marquise avait des soupçons, j'en conviens; dans sa pensée, c'est vous, son frère, qu'elle accusait d'avoir tenté d'assassiner le marquis dans le bois de Coulange; ses soupçons se sont changés en certitude.

« Maintenant, si, comme l'affirme Des Grolles, le baron de Ninville n'est autre que l'agent de police Morlot, la marquise l'a appelé dès l'année dernière, et il s'est immédiatement mis en campagne. Il a cherché, il cherche, et j'espère bien qu'il cherchera encore quand il n'aura plus rien à trouver.

« Comme vous le voyez, j'examine à fond la situation : quand on est menacé d'un danger, il faut voir, avant tout, comment on peut s'en garer. Si une attaque est possible, nous devons être prêts à nous défendre.

« Je reviens à l'agent de police. Comme un bon chien de chasse, il quête partout; mais une bête rusée peut mettre en défaut le plus fin limier. Je compare notre homme à un chien d'arrêt, qui quête jusqu'à ce qu'il rencontre le gibier : si le vieux roussin continue à chercher, c'est qu'il ne trouve rien. Pourtant, je ne doute pas de son habileté, et il ne manque point d'un certain flair.

« Il a l'expérience que donne la pratique du métier.

« J'ai quelque raison de croire que ses soupçons se sont aussi portés sur moi. Un jour, il y a déjà longtemps de cela, je l'ai rencontré chez la marquise de Neuvelle; elle me l'a présenté comme étant le fils d'un baron de Ninville, gentilhomme de province, que la vieille dame a connu dans sa jeunesse. Que faisait-il chez la marquise de Neuvelle? Il faudra le savoir. Pourquoi était-il hier chez la duchesse de Commergue? Il savait m'y trouver. Le comte de Coulange, qui l'a fait inviter, lui avait certainement dit que je serais à cette soirée. Ceci nous révèle que le comte et l'agent de police s'entendent ensemble et que les soupçons de ce dernier sur moi persistent. Nous ne devons pas nous dissimuler que le véritable danger serait là, si Morlot parvenait à découvrir que je suis un faux comte de Rogas. Mais je n'ai pas cela à craindre, ayant pris d'avance, comme je vous l'ai dit, toutes mes précautions de ce côté. Et puis, il lui est impossible de deviner nos projets.

« Mlle de Coulange aime le comte de Mongarin, son amour est ma protection. Malgré cela, je ne me fais aucune illusion, et je dis que, jusqu'à présent, le plus sérieusement menacé de nous trois, c'est moi. En effet, vous êtes aussi bien cachés ici qu'au milieu d'une forêt vierge. Ce n'est pas sur ces hauteurs, dans cette masure, au milieu de ces arbres, que Morlot viendra vous dénicher.

« Néanmoins, nous devons être, vous et moi, plus prudents que jamais. On se sauve du danger qu'on voit venir.

— Soit, dit Sosthène; mais tout ce que vous venez de dire ne me rassure point. Comme Des Grolles, je commence à douter du succès. Vous êtes très fort, José, il faut le reconnaître. Malheureusement, vous avez une trop grande confiance dans votre force et votre habileté. J'ai bien peur que vous ne voyiez point la situation telle qu'elle est. Prenez garde, José, défiez-vous. Ah! vous ne connaissez pas Morlot. Je l'ai vu à l'œuvre, moi, et je ne crains pas de l'avouer, cet homme m'épouvante.

Une raie profonde se creusa entre les sourcils du Portugais et de sombres éclairs sillonnèrent son regard.

Il resta un moment silencieux, la tête inclinée, réfléchissant. Puis il se redressa brusquement, et, s'adressant à Des Grolles :

— L'avez-vous suivi? demanda-t-il.

— Oui.

— Où est-il allé? Qu'a-t-il fait?

— D'abord, il était plus de deux heures quand il est sorti de l'hôtel Louvois. Il a monté la rue de Richelieu jusqu'au boulevard. En passant il a jeté plusieurs lettres dans une boîte aux lettres.

— Si l'on avait pu s'emparer de ces lettres...

— L'idée m'est venue de me jeter sur lui et de les lui prendre.

— Vous n'avez pas osé?

— J'ai craint de ne point réussir.
— Il vous eût fallu la folie de l'audace. Continuez.
— Il a suivi les boulevards jusqu'à la rue Mazagran. Il est entré au n° 3 de cette rue, où il est resté environ une heure. Revenant sur ses pas, il a de nouveau suivi les boulevards jusqu'à la Madeleine. Ensuite il a descendu la rue Royale, traversé la place de la Concorde, puis le pont. Alors, coupant le faubourg Saint-Germain presque en ligne droite, il m'a conduit...
— A l'hôtel de Coulange! dit vivement José.
— Non, un peu plus haut, rue Rousselet. Là, il est entré dans un garni. Il y est resté à peu près le même temps que dans la maison de la rue Mazagran. Il a reparu, accompagné d'une femme jeune encore, très jolie malgré son visage pâle, que je reconnus aussitôt pour l'avoir vue une fois à l'hôtel de Coulange.
— Cette femme était vêtue de noir?
— Oui.
— Alors c'est Mme Louise, l'institutrice de Mlle de Coulange. Tiens, tiens, est-ce que l'agent de police... Pourquoi pas? Elle est encore fort bien, cette institutrice... Après, Des Grolles?
— C'est tout.
— Comment, c'est ainsi que ce féroce agent de police a passé sa journée?
— L'homme et la femme se sont séparés au coin de la rue de Babylone, celle-ci pour rentrer très vite à l'hôtel de Coulange, l'autre pour aller dîner dans un restaurant du Palais-Royal. A huit heures, Morlot était rentré chez lui.
— Hum! hum! fit José, dont le front se rembrunit, voilà un agent de police qui me paraît bien tranquille; j'aimerais mieux savoir qu'il court aux quatre coins de Paris. Il se lève tard, comme un négociant qui s'est retiré des affaires, déjeune à midi, sort à deux heures, flâne sur les boulevards et dans les rues, fait deux visites, dîne au Palais-Royal et rentre se coucher à huit heures. Chargé d'une mission importante, il a l'air de se croiser les bras... Mauvais signe.
— José, quelle est votre pensée? demanda Sosthène.
— Je pense que vous m'avez donné un bon conseil en me disant : « Défiez-vous! »
— Je vous le dis encore, José, prenez garde à Morlot.
— Oui, murmura le Portugais, cet homme est plus redoutable que je ne le croyais.
Pendant quelques minutes, les trois complices gardèrent le silence.
José Basco se leva.
— Je m'en vais, dit-il.
— Quel jour viendrez-vous? lui demanda Sosthène.
— Peut-être demain. J'ai besoin de beaucoup réfléchir et de bien examiner la situation, afin de me rendre compte de tout exactement. C'est ce que je ferai

cette nuit au lieu de dormir. Si nous sommes sérieusement menacés, il faudra songer à nous défendre vigoureusement. La lutte sera terrible, je vous le promets. Jusqu'à nouvel ordre, ne bougez pas, restez cachés. S'il faut combattre, je me charge de trouver des armes.

Sur ces mots, il sortit avec Sosthène, qui l'accompagna jusqu'à la porte de la ruelle.

XIX

L'ENLÈVEMENT

Quatre jours plus tard, le jeudi, autour de la place et de l'église Saint-Sulpice, il y avait un grand mouvement de voitures. Des coupés de remise et même de simples fiacres pris aux stations se mêlaient aux brillants équipages de maîtres, aux superbes voitures armoriées.

Des gardiens de la paix allaient et venaient au milieu de ce brouhaha, agitant les bras, donnant des ordres à tous les cochers indistinctement pour les obliger à prendre la file.

Parmi les cochers, qui n'ont pas été élevés tous à l'école de la patience, il y avait bien de temps à autre quelques gros mots échangés; mais, grâce à la présence des agents de l'autorité, les voitures avançaient en bon ordre quand même et sans encombrement. D'ailleurs, selon qu'elles débouchaient sur la place par telle ou telle rue, les personnes qu'elles amenaient avaient la faculté de mettre pied à terre devant l'une ou l'autre porte de l'église. Toutefois, c'est devant le portail, sous le péristyle, que descendait le plus grand nombre.

Il y avait là une trentaine d'ouvreurs de portières. Ouvrir les portières des voitures devant les églises, les théâtres, les cafés, les restaurants et les monuments publics est une industrie parisienne. L'ouvreur de portières reçoit ce qu'on veut bien lui donner; la générosité de celui qu'il sert le paye. Ouvrir les portières est un métier comme un autre, puisqu'il fait vivre à Paris un certain nombre d'individus.

Or parmi ces ouvreurs de portières se trouvait des Grolles. Que faisait-il là? Rien. Il regardait travailler les autres, comme s'il fallait apprendre le métier avant de le faire.

De chaque côté du portail, formant la haie, il y avait une foule de mendiants, serrés les uns contre les autres comme des harengs dans une tonne. Aveugles, sourds-muets, culs-de-jatte, estropiés de toutes les manières, enfants hâves, chétifs et dépenaillés, vieilles femmes en guenilles courbées sur des bâtons, marmottant des prières en pinçant les grains d'un rosaire. Il y avait là un

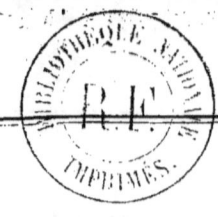

Mortot ne remarqua point que cet homme s'était mis à le suivre. (Page 411.)

assemblage de ce que la misère à Paris offre de plus triste et en même temps de plus hideux.

Seul, à l'écart, accroupi derrière une colonne du péristyle, on pouvait voir un autre mendiant couvert de vêtements sordides. Un vieux chapeau déformé, troué, couleur de rouille, pris peut-être dans la hotte d'un chiffonnier, couvrait son chef branlant, en s'enfonçant jusque sur ses yeux. L'homme paraissait avoir au moins quatre-vingts ans. Mais à chaque instant, quand il levait les yeux pour voir les personnes qui descendaient de voiture, c'est un bout de flamme qui s'allumait sous le bord de son chapeau ou un éclair sombre que lançait son regard.

Si Morlot se fût trouvé là, par hasard, et qu'il eût examiné ce mendiant avec un peu d'attention, malgré ses rides, son apparence de décrépitude et la coiffure qui masquait à demi son visage, il eût reconnu Sosthène de Perny.

Ce jour-là, à Saint-Sulpice, on célébrait un mariage. La mariée était la fille d'un très haut personnage. De nombreuses invitations avaient été faites, et à voir les invités, qui arrivaient de partout, on pouvait juger de la sympathie qu'inspiraient les mariés, de la considération dont jouissaient les deux familles.

D'une calèche attelée de deux chevaux, descendirent madame et mademoiselle de Coulange.

Sosthène et des Grolles échangèrent un regard rapide.

La mère et la fille entrèrent dans l'église.

Le faux mendiant et l'apprenti ouvreur de portières disparurent. Si on les eût suivis rue Férou, on aurait pu les voir entrer furtivement dans l'échoppe d'un savetier, dont le maître était absent, et en sortir au bout de quelques minutes, portant l'un et l'autre la livrée de domestiques de bonne maison : chapeau galonné, tunique bleue à grand collet rabattu orné de passementerie.

Pendant que s'opérait ce déguisement, les mariés et leur suite entrèrent dans l'église, salués par les chants de l'orgue, qui répandait sur les têtes des assistants des flots d'harmonie.

Après l'allocution du prêtre, la bénédiction nuptiale et la mise aux doigts des alliances, un autre prêtre, couvert de son riche vêtement sacerdotal, monta à l'autel. L'office commença.

Pendant le *Credo*, on vit un bedeau, paré de sa chaîne d'argent, ayant à la main sa badine noire à pomme d'ivoire, marcher lentement le long de la nef principale et se pencher à chaque instant vers une personne pour demander un renseignement.

— Pourriez-vous m'indiquer Mme la marquise de Coulange ? disait-il.

Enfin il arriva à une dame qui, connaissant la marquise, lui répondit :

— La voilà. Elle est la première sur le troisième rang de chaises devant moi ; Mlle de Coulange, sa fille, se trouve à côté d'elle.

Le bedeau remercia, et s'approchant de Mme de Coulange, il lui dit tout bas :

— Vous êtes madame la marquise de Coulange ?

— Oui, monsieur, répondit-elle en le regardant avec étonnement.

— Madame la marquise, reprit le bedeau, il y a, devant l'église, une personne que vous connaissez, qui désire vous parler immédiatement ; elle arrive de Menton et a une communication importante à vous faire.

La marquise ne prit pas le temps de réfléchir ; elle ne pensa qu'à Eugène et à Emmeline dont on lui apportait des nouvelles.

Elle se leva sans rien dire à Maximilienne, descendit la nef et sortit de l'église.

Elle s'avança sous le péristyle, en cherchant du regard à droite et à gauche. Elle ne vit aucune figure de connaissance. Bien qu'elle fût encore sans défiance, peut-être allait-elle rentrer dans l'église, lorsqu'une des vieilles mendiantes qui se trouvaient là, s'approcha d'elle et lui dit :

— C'est probablement vous, madame, qu'un monsieur a fait demander tout à l'heure par le bedeau?

— Oui, c'est moi ; mais je ne vois point la personne...

— Le monsieur a vu passer un autre monsieur sur la place ; alors il m'a mis dans la main la belle pièce de vingt sous que voilà, en me disant : « Je viens de faire demander une dame par le bedeau ; mais je vois quelqu'un à qui j'ai aussi quelque chose à dire ; si vous voyez la dame sortir de l'église avant que je sois revenu, priez-la de m'attendre une minute.

Tout cela paraissait si naturel que la marquise ne conçut aucun soupçon. D'ailleurs que pouvait-elle craindre, à midi, à Saint-Sulpice?

En promenant son regard autour de la place, elle vit sa voiture. Nicolas était gravement assis sur son siège, tenant les rênes de ses chevaux. A quelques pas, debout, les bras croisés sur la poitrine, le nez au vent, son valet de pied avait l'air d'admirer les tours de Saint-Sulpice.

La marquise de Coulange était à peine sortie de l'église qu'une jeune fille blonde, d'une grande beauté et élégamment vêtue, y entrait par une des portes latérales. Elle descendit le bas côté, remonta la nef et arriva près de Maximilienne qui, n'ayant pas entendu les paroles du bedeau, cherchait vainement à s'expliquer pourquoi sa mère était sortie de l'église.

Après avoir jeté un regard rapide du côté du portail, la jeune fille inconnue se pencha vers Maximilienne, et lui dit :

— Mademoiselle, Mme la marquise de Coulange m'envoie vous chercher ; venez, venez vite.

Maximilienne devint blanche comme neige.

— Mon Dieu, qu'y a-t-il donc? demanda-t-elle effrayée.

— Dans un instant vous le saurez ; mais venez, venez vite.

Comme sa mère, Maximilienne était absolument sans défiance. Elle quitta sa place et suivit la belle inconnue. Elles traversèrent l'église dans sa largeur et sortirent par une porte de l'aile droite.

Devant cette porte, il y avait une voiture de remise, attelée de deux forts chevaux. Le cocher était sur son siège ; un domestique, ayant un long cache-nez enroulé autour du cou et de la moitié du visage, se tenait près de la portière ouverte.

— Montez, mademoiselle, dit la jeune inconnue.

Maximilienne recula effarée, comme si son instinct l'eût avertie d'un danger.

— A qui est cette voiture? demanda-t-elle.

— C'est la mienne, ou plutôt celle de mon père ; montez, mademoiselle.

— Mais je ne vous connais pas.

— C'est vrai ; mais mon père, le comte de Vaudray, connaît beaucoup M. le marquis de Coulange.

Les deux domestiques restaient immobiles, l'un sur le siège de la voiture, l'autre debout près de la portière.

— Ma mère, où est ma mère? demanda encore Maximilienne.

— Mon Dieu, mademoiselle, je ne voulais pas vous dire... Eh bien, un grand malheur vient d'arriver...

— Un grand malheur? fit Maximilienne d'une voix étranglée.

— Hélas! oui, mademoiselle. En l'apprenant, Mme la marquise a complètement perdu la tête ; elle s'est jetée dans sa voiture et n'a eu que le temps de me crier : « Courez chercher ma fille! »

Maximilienne, haletante, à demi suffoquée, chancelait sur ses jambes.

— Allons, venez, mademoiselle, reprit l'inconnue ; nous allons rejoindre Mme la marquise. En chemin, je vous dirai ce qui s'est passé.

Tout en parlant, elle avait saisi le bras de Mlle de Coulange et la poussait vers la voiture.

Folle de terreur, inconsciente, Maximilienne n'opposa plus aucune résistance. Dans l'état où elle se trouvait, il lui était impossible de raisonner; son esprit troublé n'avait plus une pensée. Machinalement, elle enjamba le marchepied et entra dans la voiture où elle s'affaissa plutôt qu'elle ne s'assit.

La jeune fille blonde était déjà à côté d'elle.

Aussitôt la portière se referma. Celle-ci avait, comme l'autre, à la place de la vitre, un panneau de bois avec trèfle à jour au centre.

L'homme au cache-nez grimpa lestement sur le siège du cocher. Deux coups de fouet cinglèrent les flancs des chevaux qui montèrent rapidement la rue Garancière. La voiture tourna à droite dans la rue de Vaugirard, et piqués de nouveau par la mèche du fouet, les deux chevaux s'élancèrent avec la rapidité d'une flèche.

Après avoir attendu quatre ou cinq minutes seulement, Mme de Coulange rentra dans l'église, un peu surprise et assez mécontente, car elle trouvait que la personne qui l'avait fait demander était par trop sans gêne. Elle ne se doutait encore de rien.

Revenue à sa place, ne voyant pas Maximilienne, son regard erra autour d'elle avec un commencement d'inquiétude.

— Où est donc ma fille? demanda-t-elle à la dame près de laquelle Maximilienne s'était assise.

— Est-ce qu'elle n'est pas allée vous trouver?

— Non je ne l'ai pas vue.

— C'est étonnant.

— Vous êtes sûre qu'elle est sortie de l'église?

— Sans doute, puisqu'on est venu lui dire que vous la demandiez
— Mais je n'ai pas fait demander ma fille. Mon Dieu, que me dites-vous là ?
— Ce que j'ai vu et entendu.
— Ah ! je vous en supplie, dites-moi vite...
— Il n'y avait qu'un instant que vous aviez quitté votre place lorsqu'une jeune fille est venue dire à Mlle de Coulange : « Venez vite, Mme la marquise de Coulange m'envoie vous chercher. »
— Oh ! fit la marquise.
— Aussitôt Mlle de Coulange s'est levée et elle a suivi la jeune fille. Elles sont sorties par cette porte de côté.

Mme de Coulange se redressa brusquement, en faisant entendre quelques sons rauques, inarticulés. Son visage était blanc comme un suaire, de grosses gouttes de sueur froide perlaient sur son front, et ses yeux hagards, démesurément ouverts, avaient une expression effrayante.

Oubliant de remercier la personne qui venait de la renseigner, sans songer qu'elle était à ce moment le point de mire de tous les regards, elle s'élança vers la porte de l'église qu'on lui avait indiquée, et sortit en criant :

— Ma fille, ma fille !

Aucune voix ne répondit aux cris de la pauvre mère.

Son regard plongea dans toutes les directions. Elle ne pouvait plus voir sa fille ; mais elle aurait pu entendre sur le pavé de la rue Garancière le roulement de la voiture qui l'emportait.

A cette porte latérale, comme devant le portail, il y avait des mendiants. Ceux-ci regardaient la marquise avec autant d'étonnement que de curiosité. Malgré sa riche toilette et son grand air, peut-être la prenaient-ils pour une pauvre insensée. Il est vrai que dans ses mouvements nerveux et ses yeux égarés, il y avait de la folie.

S'adressant tout à coup aux mendiants :

— Voyons, voyons, dit-elle d'une voix sifflante, hachant les mots, vous étiez à, vous l'avez vue...

Ces paroles augmentèrent la curiosité des mendiants ; ils se rapprochèrent de la marquise, continuant à la regarder, bouche béante.

— Répondez-moi donc, dit-elle, vous l'avez vue ?

— Qui ?

— Maximilienne, ma fille... Elle vient de sortir par cette porte, avec une autre jeune fille.

— Mais, oui, deux belles jeunes filles sont sorties tout à l'heure de l'église, répondit une vieille femme ; je les ai vues, moi.

— Où sont-elles allées, dites ?... demanda la marquise en saisissant une des mains de la mendiante.

— Ah ! dame, je n'en sais rien. Elles ont monté dans la voiture qui les attendait, et la voiture, un beau carrosse à deux chevaux, est partie par là... J'ai remarqué que l'une de ces demoiselles, la plus grande et la plus jolie, était très pâle et se soutenait à peine. J'ai entendu l'autre qui lui disait : « Un grand malheur est arrivé ; nous allons rejoindre Mme la marquise. »

La malheureuse mère ne pouvait plus douter ; elle était bien en présence d'une épouvantable réalité : sa fille et elle étaient tombées dans un piège qu'on leur avait tendu ; des misérables venaient d'enlever Maximilienne. Qui accuser ? Ah ! elle n'avait pas besoin de chercher. Elle ne connaissait que trop le nom de l'auteur de ce rapt audacieux.

Elle poussa un cri déchirant et se dirigea en courant vers la place Saint-Sulpice. Elle fut bientôt près de sa voiture, dont le valet de pied s'était empressé d'ouvrir la portière.

— A l'hôtel, à l'hôtel ! cria-t-elle au cocher.

D'un bond elle se précipita dans la voiture qui, une seconde après, partit au grand trot des chevaux.

XX

PAUVRE MÈRE !

Quand la marquise descendit de voiture dans la cour de l'hôtel de Coulange elle était relativement plus calme. Gardant une lueur d'espoir, elle ne voulait pas croire encore à son malheur. Elle avait mal entendu ou mal compris ce qu'on lui avait dit. Elle était si troublée !... Maximilienne enlevée, presque sous ses yeux ! Non, non, c'était impossible. Inquiète, la croyant partie, sa fille était revenue seule, elle allait la retrouver.

Elle escalada pour ainsi dire les marches du perron et se précipita dans l'intérieur de l'hôtel, ses vêtements en désordre, ses cheveux dénoués et son chapeau en arrière, tombant sur son cou.

Dans le petit salon elle trouva le marquis causant avec le comte de Sisterne.

— Ma fille, où est ma fille ? s'écria-t-elle.

Tout de suite, en voyant entrer sa femme, le marquis s'était dressé comme mû par un ressort.

— Maximilienne ? Est-ce que tu ne la ramènes pas ? fit-il.

La marquise chancela comme si elle eût été frappée d'un coup de massue en pleine poitrine.

— Ah ! ma fille est perdue, ils m'ont pris mon enfant ! exclama-t-elle.

Aussitôt la lumière de son regard s'éteignit. Elle recula en battant l'air de ses bras, et, poussant un gémissement sourd, elle tomba à la renverse tout de son long sur le tapis.

Le marquis jeta un grand cri, se précipita au secours de sa femme, l'étreignit convulsivement, la releva et la porta sur un canapé. Elle était comme morte.

Pendant ce temps l'amiral avait saisi le cordon d'une sonnette qu'il agitait violemment.

Plusieurs domestiques accoururent. Rose et Angélique s'empressèrent de donner des soins à leur maîtresse.

M. de Coulange allait et venait, donnait successivement des ordres que nul ne comprenait ; il ne savait plus ce qu'il disait, ce qu'il faisait, il était fou.

Cependant on entendit qu'il demandait Mme Louise. L'institutrice était dans sa chambre. On l'appela. Elle vint aussitôt. La marquise était toujours dans le même état. Elle interrogea M. de Coulange. Il lui répondit par des mots inintelligibles, en lui montrant la marquise. Elle se tourna vers l'amiral. Il était resté debout près de la cheminée, atterré, immobile comme une statue. Gabrielle fut obligée de lui prendre la main, de le secouer pour le faire sortir de sa torpeur.

— Pour Dieu, dit-elle, parlez, répondez-moi, quel nouveau malheur nous arrive ?

— Mais je ne sais rien, nous ne savons rien encore.

— Comment ! vous ne connaissez pas la cause de cet évanouissement ?

— La marquise ne s'est pas expliquée. Nous causions ici tranquillement, le marquis et moi, lorsqu'elle est entrée brusquement, en criant : « Ma fille, où est ma fille ? » Sur la réponse que lui fit Édouard : « Ma fille est perdue, ils m'ont pris mon enfant ! » s'est-elle écriée, et elle est tombée sans connaissance.

Gabrielle resta un moment silencieuse, la main appuyée sur son front brûlant :

— Oh ! les misérables ! prononça-t-elle d'une voix rauque.

Elle continua sourdement :

— Je devine ce qui s'est passé ; que faire, mon Dieu, que faire ?

Et elle eut une sorte de rugissement.

— Ainsi, Gabrielle, vous croyez que Maximilienne a été enlevée ? demanda l'amiral.

— Hélas ! je suis forcée de le croire. Dans sa haine et sa soif de vengeance, l'infâme Sosthène ne recule devant rien, il faut qu'il commette tous les crimes.

Elle se rapprocha de la marquise, près de laquelle le marquis s'était mis à genoux. Maintenant, M. de Coulange paraissait plus calme ; il avait l'esprit moins troublé ; mais il pleurait comme un enfant.

Ce n'est qu'au bout d'une demi-heure que la marquise reprit ses sens. En rouvrant les yeux, elle vit son mari qui essuyait ses larmes, Rose, tenant un flacon de cristal, un peu plus loin, M. de Sisterne et Angélique, puis Gabrielle, qui avait passé un bras à la hauteur de ses épaules pour la soutenir.

Elle ne s'aperçut point que sa robe était ouverte, son corset dégrafé.

Pendant un instant elle promena autour d'elle ses yeux égarés, cherchant à ressaisir sa pensée. Tout à coup, elle se souvint. Alors, de toutes ses forces, elle appela :

— Maximilienne ! Maximilienne !

Un silence lugubre lui répondit. Elle regarda les personnes qui l'entouraient ; elle ne vit que des visages consternés. Sa poitrine se gonfla, et elle eut un tressaillement nerveux qui secoua tout son corps.

— Mais ce n'est donc pas un rêve, un rêve horrible que j'ai fait ? s'écria-t-elle.

Elle s'arrêta un instant et reprit :

— Ma fille, ma fille, ma fille !... Ah ! je n'ai pas su veiller sur mon enfant ; je suis une mauvaise mère. Oui, continua-t-elle en se dressant à demi, je suis une mauvaise mère, je suis une misérable !

— Mathilde, lui dit le marquis, tenant une de ses mains dans les siennes, remets-toi, rassure-toi, ne te désole point, nous la retrouverons.

— Non, répliqua-t-elle en frissonnant ; elle est perdue, vous dis-je, perdue, perdue... C'est lui qui a enlevé ma fille, lui, le voleur, l'assassin !

Gabrielle voulut aussi lui adresser des paroles d'espoir. Mais elle l'interrompit brusquement.

— Vous ne connaissez pas ce monstre, dit-elle ; j'aimerais mieux que ma fille fût au milieu des lions et des tigres.

A ce moment, le comte de Montgarin entra dans le salon sans avoir été annoncé.

Aussitôt, la marquise bondit sur ses jambes, et, les yeux sortant de leurs orbites, et le regard fulminant, elle se dressa en face de Ludovic.

— Comte de Montgarin, s'écria-t-elle avec une sorte de fureur, où est Maximilienne ? Qu'avez-vous fait de ma fille ?

Ce fut comme un coup de poignard qui traversa le cœur du jeune homme.

— Ma... Maximilienne, balbutia-t-il en regardant la marquise avec épouvante ; mais... je... je ne comprends pas.

Ses traits étaient décomposés, ses jambes fléchissaient. Il fit un pas en avant et voulut parler encore. Mais quelque chose le serrait à la gorge, l'étranglait ; il suffoquait. Un voile tomba sur ses yeux, il jeta ses deux mains en avant, comme pour chercher un point d'appui, fit entendre une espèce de râlement et s'affaissa au milieu du salon.

— Ah ! il ne sait rien, il ne sait rien ! s'écria la marquise en se tordant les mains.

Et elle retomba lourdement sur le canapé.

Les paroles qu'elle venait d'adresser au comte de Montgarin et qui semblaient l'accuser de l'enlèvement, avaient été mises sur le compte de sa douleur et de son égarement.

L'amiral aida le jeune homme à se relever et le fit asseoir dans un fauteuil.

Si Morlot eût examiné ce mendiant, il eût reconnu Sosthène de Perny. (Page 418.)

— Mais qui donc me rendra ma fille? reprit la marquise d'une voix déchirante. Elle est innocente, elle ne lui a fait aucun mal; pourquoi me l'a-t-il volée? Oh! l'infâme, le lâche, il a toutes les férocités... Il veut se venger, et c'est ma fille, c'est mon enfant qu'il choisit pour victime!... Quel supplice va-t-il inventer pour la torturer? Ah! il la tuera, il tuera ma fille!... Dieu du ciel, à quoi donc servent tes foudres vengeresses!

Elle déchirait ses dentelles, elle pressait son front dans ses mains fièvreuses, elle meurtrissait son visage, s'arrachait les cheveux. Elle était haletante, à chaque instant tout son corps frémissait : des spasmes nerveux soulevaient violemment sa poitrine ; la respiration lui manquait.

— Mathilde, lui dit le marquis d'un ton affectueux et désolé, dans l'état où tu es, je n'ose pas t'interroger ; pourtant, nous avons besoin de savoir...

— Ah ! c'est vrai, fit-elle, vous ne savez pas encore... Eh bien, écoute, Édouard, écoutez tous.

Alors, avec des larmes, des soupirs et des sanglots, hachant les mots, elle raconta ce qui s'était passé à l'église Saint-Sulpice.

Son douloureux récit fut suivi d'un assez long silence. Le marquis, accablé, paraissait anéanti. Mais gémir n'avance à rien ; il y avait autre chose à faire qu'à s'abîmer dans la douleur. Le marquis se leva et un double éclair jaillit de ses yeux.

— Je partage ta douleur, dit-il à sa femme en lui mettant un baiser sur le front ; mais nous devons réagir contre le désespoir, être forts au lieu de pleurer ; Mathilde, je te le jure, nous retrouverons notre enfant !

Il se tourna vers le comte de Sisterne.

— Veux-tu m'accompagner chez le préfet de police ? lui demanda-t-il.

— Oui, répondit l'amiral.

Ils allaient sortir. Gabrielle arrêta le marquis.

— Avant de faire cette démarche, dit-elle, nous avons quelqu'un à consulter.

— Qui ?

— Morlot.

— Morlot ? Est-ce qu'il est à Paris ?

— Oui, monsieur le marquis, il est à Paris.

Elle ouvrit brusquement la porte, et d'une voix forte elle appela :

— Firmin !

L'agent de police attendait dans l'antichambre, prêt à recevoir les ordres qu'on aurait à lui donner. Il s'avança vers Gabrielle.

— Vous savez que Mlle de Coulange a été enlevée ? lui dit-elle.

— Oui.

— Vous allez prendre une voiture et courir chez Morlot ; s'il est sorti vous le chercherez partout ; il faut que vous reveniez avec lui. Ne perdez pas une seconde, partez.

L'agent de police disparut.

A un autre domestique, Gabrielle demanda ce qu'il fallait pour écrire. Et, immédiatement, elle fit porter rue Rousselet un billet adressé à M. Robert, sur lequel elle avait écrit ces seuls mots :

« Venez vite à l'hôtel de Coulange. »

Rose et Angélique avait emmené la marquise dans sa chambre.

Le comte de Montgarin restait dans une prostration complète, les coudes sur ses genoux, la tête dans ses mains.

Dans un coin du salon, parlant tout bas, Gabrielle disait au marquis et à l'amiral pourquoi Morlot était à Paris depuis près d'un an.

Un quart d'heure s'écoula encore.

— Nous oublions le comte de Montgarin, dit le marquis, en regardant tristement le jeune homme.

— Le malheureux a été foudroyé, dit l'amiral.

Le marquis s'approcha de Ludovic et lui mit la main sur l'épaule.

Le jeune homme sursauta et sortit enfin de son engourdissement. Il releva lentement la tête. D'une pâleur livide, les traits décomposés, les yeux enflés, les lèvres amincies, sans couleur, il n'était plus reconnaissable.

Pendant un instant, le regard hébété, il regarda les trois personnes qui étaient devant lui. Soudain une lueur sombre brilla dans ses yeux. Il se dressa debout.

— Ah! monsieur le marquis, monsieur le marquis! dit-il avec une douleur poignante.

— Nous la retrouverons, monsieur.

— Oui, répondit sourdement Ludovic, nous la retrouverons; je vais me mettre à sa recherche, monsieur le marquis; je ne prendrai aucun repos, ni le jour ni la nuit, tant que je ne l'aurai pas retrouvée. Je le jure sur mon honneur et tout ce qu'il y a de plus sacré au monde, monsieur le marquis, je vous rendrai Mlle de Coulange.

Maintenant, ajouta-t-il, je vous demande la permission de me retirer.

Le marquis lui répondit par un mouvement de tête.

Il marcha vers la porte. Gabrielle se plaça devant lui.

— Où allez-vous? lui demanda-t-elle.

— Il y a une chose que je veux savoir tout de suite.

— Comme M. le marquis, comme nous tous, vous devez attendre.

— Mais...

— Restez ici, lui dit impérieusement Gabrielle.

Et comme il la regardait tout ahuri, elle ajouta :

— Monsieur Morlot aura certainement quelque chose à vous dire.

— Monsieur de Montgarin, restez, dit le marquis.

On attendit.

A chaque instant Gabrielle sortait du salon pour aller regarder dans la cour par une des fenêtres de la façade de l'hôtel.

Les domestiques avaient pris leur part de la douleur des maîtres ; tous étaient consternés. Ils se regardaient tristement, sans oser échanger une parole. Les cochers, prêts à mettre des chevaux à toutes les voitures, s'étonnaient de ne recevoir aucun ordre.

Un peu avant quatre heures, Gabrielle, en observation devant la fenêtre, vit entrer dans la cour Morlot et Jardel. Elle revint précipitamment dans le salon.

— Enfin, le voici, dit-elle.

Un instant après, Morlot parut. Il était très pâle. Son regard sombre sous ses sourcils hérissés, sa figure contractée, le frémissement de ses lèvres et de ses narines lui donnaient une expression terrible.

Après avoir salué le marquis et l'amiral, il se tourna brusquement vers Ludovic.

— Monsieur de Montgarin, dit-il, je suis heureux de vous trouver ici; tout à l'heure nous aurons à causer sérieusement.

Mais avant tout, continua-t-il en s'adressant au marquis, il faut que je sache comment a eu lieu l'enlèvement.

Ce fut Gabrielle qui prit la parole. Elle répéta à Morlot à peu près textuellement, ce qu'avait raconté Mme de Coulange.

— J'ai eu affaire autrefois à de bien grands scélérats, dit l'ancien policier, quand Gabrielle eut fini de parler; mais jamais je n'ai entendu parler de quelqu'un d'aussi audacieux.

— Je voulais aller prévenir le préfet de police, dit le marquis.

Morlot secoua la tête.

— Mme Louise m'a conseillé de vous attendre.

— Elle a eu raison.

— Quel est votre avis? que devons-nous faire?

— Monsieur le marquis, il s'agit de savoir d'abord où Mlle de Coulange a été conduite, et ensuite de l'arracher des mains de ses ravisseurs. Pour cela, avec deux hommes que j'ai sous la main, je ferai plus que tous les agents de la sûreté. D'ailleurs il y a certaines choses que vous ne pouvez pas faire connaître.

— C'est vrai.

— Et d'autres choses que vous ignorez et que je sais, moi. Ne soyez pas trop effrayé, monsieur le marquis, et rassurez Madame la marquise : Mlle de Coulange ne court aucun danger. Je me hâte de vous dire que je sais ce que je dois faire pour la retrouver, et j'espère bien que, d'ici à deux jours, elle vous sera rendue.

— Je ne demande qu'à vous croire, mon cher Morlot, répliqua le marquis; mais dans quel but les misérables ont-ils enlevé ma fille? Je me perds en conjectures.

— Je me trouve en présence de deux hypothèses, répondit Morlot : la première est que le misérable, dont je n'ai pas à prononcer le nom, a enlevé Mlle de Coulange afin de vous la rendre au bout de quelques jours moyennant rançon, c'est-à-dire en vous forçant à lui donner une forte somme d'argent.

Le marquis se frappa le front.

— Oui, Morlot, dit-il; c'est cela, c'est bien cela, vous avez raison.

— Cette supposition est d'autant plus facile à admettre qu'elle n'est pas en désaccord avec la proposition qui a été faite dernièrement à M. le comte de Coulange.

— C'est clair, il lui faut de l'argent, c'est de l'argent qu'il veut le misérable!

— De qui parlent-ils donc? se demandait le comte de Montgarin dans un ahurissement complet. Du reste, dès l'apparition de Morlot, il avait été frappé de stupeur, et il l'écoutait avec une angoisse dévorante. Dans ce sombre personnage, qu'on appelait Morlot, il reconnaissait le baron de Ninville. Qui donc était cet homme.

— Pourtant, monsieur le marquis, reprit Morlot, sans repousser absolument cette supposition, je m'arrête de préférence à ma seconde hypothèse.

— Qui est?

— Jusqu'à preuve du contraire, monsieur le marquis, je crois que Mlle de Coulange est un otage ou une sauvegarde entre les mains de vos ennemis.

— Mais alors, Morlot, c'est horrible, ils peuvent la tuer!

— Avec de pareils scélérats, monsieur le marquis, tout serait à craindre et j'aurais peur, moi aussi, si nous n'avions avec nous pour la protéger contre leur fureur, M. le comte de Montgarin.

— Moi, moi! exclama le jeune homme.

Tous les yeux s'étaient fixés sur lui.

— Monsieur de Montgarin, dit Morlot d'un ton solennel, c'est vous qui retrouverez Mlle de Coulange, et c'est vous qui la sauverez.

Ludovic s'était redressé, les yeux étincelants, superbe.

— Parlez, parlez, monsieur, dit-il d'une voix sonore; que dois-je faire? Je suis entièrement à vos ordres.

— Vous le saurez tout à l'heure, répondit Morlot.

Puis, s'adressant à M. de Coulange, il reprit:

— Je n'ai plus à dire à monsieur le marquis qu'il peut compter sur mon dévouement; l'heure de frapper ses ennemis a sonné. A demain!

Il salua et se dirigea vers la porte en disant:

— Venez, monsieur de Montgarin, venez.

XXI

SOCIÉTÉ ROGAS ET COMPAGNIE

Un quart d'heure plus tard, Morlot et le comte de Montgarin étaient assis en face l'un de l'autre dans la chambre de M. Robert, rue Rousselet.

On avait remis à Morlot le billet de Gabrielle. Après en avoir pris connaissance, il fit lire à Ludovic l'adresse écrite sur l'enveloppe et lui dit:

— Vous le voyez, je ne veux pas avoir de secrets pour vous. Ici, je me nomme Robert, à l'hôtel Louvois je suis le baron de Ninville. Morlot est mon véritable nom. Je suis l'intendant du domaine de Chesnel qui appartient, vous devez le savoir, à M. le comte de Coulange. Avant d'être un des fidèles et dévoués serviteurs de la maison de Coulange, j'étais agent de la police de sûreté. Inutile de vous dire, n'est-ce pas, que depuis près d'un an j'ai repris mon ancien métier?

« Nous nous reverrons », vous ai-je dit chez Mme la duchesse de Commergue. Le grave événement d'aujourd'hui me force à avancer de deux ou trois jours l'entretien que je désire avoir avec vous.

Maintenant, monsieur le comte de Montgarin, si vous le voulez bien, vous allez répondre à quelques questions que je vais vous adresser. Mais je vous préviens, pas de subterfuges ; vous devez me répondre franchement, sans faux-fuyants, sans réticences.

Depuis combien de temps connaissez-vous le comte de Rogas ?

— Depuis environ dix-huit mois.

— Alors vous le connaissiez déjà depuis quelque temps lorsqu'il est venu s'installer chez vous ?

— Oui.

— La maison des Rogas est une des plus nobles et des plus anciennes de Portugal ; pouvez-vous me dire exactement quel lien de parenté existe entre les Montgarin et les Rogas ?

— Non, car je ne connais pas entièrement la généalogie de ma famille ; mais la comtesse de Montgarin, ma mère, était la fille d'un Espagnol.

— L'Espagne et le Portugal se touchent ; on peut admettre que votre aïeul maternel soit un descendant de la famille de Rogas. Seulement, vous n'en avez pas la preuve. Le comte de Rogas vous a dit : Je suis votre parent, votre cousin, et vous l'avez cru.

— Oui, répondit Ludovic, visiblement troublé.

— Ce n'est peut-être pas tout à fait ainsi que cela s'est passé, reprit Morlot ; mais qu'importe ! Monsieur de Montgarin, quel est le véritable nom du comte de Rogas ?

— Mais... mais, balbutia le jeune homme, je ne comprends pas votre question ; on l'appelle toujours comte de Rogas et quelquefois don José seulement.

— Alors vous croyez que ce Portugais, qui habite avec vous, vit avec vous, est réellement le comte de Rogas ?

— Je le crois, monsieur.

Ces mots furent prononcés avec un accent de conviction qui ne permettait pas à Morlot de douter de la sincérité du jeune homme.

— Eh bien, répliqua-t-il, je vais vous étonner en vous apprenant que votre soi-disant cousin est comte de Rogas comme moi je suis pape.

Ludovic bondit sur son siège.

— Que me dites-vous là ? exclama-t-il, en écarquillant ses yeux effarés.

— La vérité, répondit Morlot.

— Mais non, c'est impossible, vous vous trompez!

— L'homme dont nous parlons n'est pas le comte de Rogas, répliqua Morlot, parlant lentement, accentuant chaque mot. Le dernier comte de Rogas officier supérieur de la marine royale portugaise, est mort il y a plus de quinze ans. Il n'avait qu'une sœur, qui l'a suivi de près dans la tombe. La famille de Rogas est aujourd'hui complètement éteinte. Le comte de Rogas et sa sœur possédaient une immense fortune que des collatéraux se sont partagée. Je peux vous dire comment je suis si bien renseigné; je suis allé chercher mes renseignements moi-même en Portugal, et c'est au village même de Rogas que je les ai trouvés. Comme beaucoup d'honnêtes gens, monsieur de Montgarin, vous avez été trompé par un misérable fourbe, un audacieux coquin!

— Oh! fit le jeune homme.

— Et, continua Morlot d'un ton sévère, on ne peut pas vous excuser d'avoir été la dupe de cet homme, car vous ne deviez point vous livrer à lui sans le connaître; vous auriez dû savoir que c'était un aventurier, un escroc, et qu'il volait au jeu.

Ludovic tressaillit et baissa la tête.

— Depuis un mois, poursuivit Morlot, j'ai découvert bien des choses; vous êtes coupable, monsieur de Montgarin, très coupable, moins cependant que je ne l'avais cru d'abord. Heureusement pour vous, vous êtes autant une victime qu'un complice. Assurément, vous ne savez pas quel sombre drame se joue autour de vous, bien que vous y remplissiez votre rôle. Au milieu de tout cela, vous êtes ce qu'on appelle au théâtre une utilité. On s'est servi et l'on se sert encore de vous comme d'un instrument. Et comme vous êtes entre les mains d'individus fort habiles, qui ne reculent devant aucun crime, vous pourriez, si je n'étais là, devenir l'instrument d'un effroyable malheur.

Vous pâlissez, vous tremblez, monsieur de Montgarin; mes paroles vous impressionnent, je le comprends. Ce n'est pas tout: j'ai d'autres choses encore à vous dire, attendez. Mais, avant de vous faire de nouvelles révélations, dites-moi quel marché honteux a été conclu entre vous et le faux comte de Rogas.

Ludovic regarda Morlot avec épouvante.

— J'écoute, monsieur de Montgarin.

Le jeune homme continuait à garder le silence. Il frissonnait sous le regard terrible de l'ancien policier.

— Mais parlez donc! s'écria Morlot d'une voix impérieuse.

— Il m'a promis de me faire épouser Mlle de Coulange, dit Ludovic d'une voix haletante.

— Après?

— Que je n'avais qu'à me laisser diriger par lui, qu'à me soumettre à sa volonté et que, quand même Mlle de Coulange ne m'aimerait point, elle serait ma femme.

— A quelle condition?

— Après mon mariage, je devais lui donner dix millions.

— Dix millions! exclama Morlot. Et vous avez promis?

— Oui.

— Ah çà! monsieur de Montgarin, quel est donc le chiffre de la dot que vous espériez recevoir?

— Il m'avait affirmé qu'après mon mariage la fortune entière de M. de Coulange appartiendrait à sa fille. Naturellement, je fus très étonné; je demandai des explications qu'il ne me donna point. « C'est mon secret », me répondit-il. Je n'ai jamais rien compris à cela.

— Je comprends, moi, se dit Morlot.

— D'ailleurs, continua Ludovic, je ne me préoccupai pas beaucoup, je l'avoue, de cette chose incompréhensible; je n'avais pris l'engagement de donner la somme qu'après l'avoir reçue. Il est clair qu'on ne pouvait me réclamer les dix millions, si la dot de Mlle de Coulange n'était que de deux ou trois millions...

— C'est égal, monsieur, l'interrompit Morlot, vous vous êtes lancé dans cette aventure d'une façon bien étrange.

De pâle qu'il était, Ludovic devint écarlate.

— Je le reconnais, monsieur Morlot, répondit-il, j'ai absolument manqué de prudence.

— Si vous n'aviez que cela à vous reprocher, répliqua Morlot assez durement, ce ne serait rien. Quand le démon tentateur s'est approché de vous et vous a dit: Voilà ce que je vous propose; si vous aviez pensé à l'honnête femme qui vous a mis au monde, à la mémoire honorée de l'homme dont vous portez le nom, de votre père, vous auriez repoussé l'offre avec horreur.

— C'est vrai, monsieur; mais je ne réfléchissais pas alors, j'étais pris de vertige. Laissez-moi vous dire dans quelle affreuse situation je me trouvais.

— C'est inutile, je le sais, fit Morlot. Vous étiez ruiné, à bout de ressources, poursuivi par d'impitoyables créanciers: on allait vendre votre hôtel, votre château bourguignon, tous vos biens... Cela ne vous excuse point: l'honneur est au-dessus de tout; et puis il y a la conscience... Je sais comment ont vécu vos ancêtres, monsieur: quand on est un Montgarin, on ne se déshonore pas, on meurt.

— J'ai voulu me suicider.

— Peut-être auriez-vous bien fait, monsieur de Montgarin.

Après être resté un moment silencieux, Ludovic reprit avec accablement :

— Vous êtes sévère, vous êtes terrible, mais les reproches que vous m'adressez sont justes, je les mérite... Ah! je me les suis souvent faits à moi-même; ce n'est pas d'hier que datent mes regrets et mon repentir; et si je ne me suis point débarrassé du joug qui m'écrase, qui m'étrangle, c'est que je

Morlot continua d'un ton sévère : — On ne peut vous excuser d'avoir été la dupe de cet homme. (Page 431.)

n'ai pas pu... Quand j'ai fait ce marché, vous dites honteux, je dis infâme, moi, je n'étais pas ce que je suis aujourd'hui. Je ne pensais plus à l'honnête femme qui m'a mis au monde, j'avais oublié que je suis le fils d'un homme dont la mémoire reste honorée !... j'avais traîné mon nom dans la boue : l'honneur, je n'en avais plus ; ma conscience était morte ; je m'étais dégradé moi-même, et, de chute en chute, j'étais tombé dans un abîme si profond que mes yeux ne voyaient plus aucune clarté.

« C'est alors qu'il est venu, le tentateur. Il me dit : — Vous êtes perdu, voulez-vous redevenir riche, avoir des millions? — Oui. — Eh bien, voilà la fortune à prendre. Et ébloui, étourdi, fou, je me laissai conduire, et je devins l'esclave de cet homme. Il me disait : — Mettez un masque sur votre visage, soyez hypocrite. Je fus hypocrite ! Il me disait : — N'ayez pas peur de tromper. Je fus trompeur ! Il me disait : — Feignez d'avoir de beaux sentiments, mentez, mentez toujours. Je fus menteur ! Il me disait encore : — Vous ne valez pas grand'chose, vous êtes un vaurien ; mais le monde est crédule, il faut qu'il croie à votre conversion. Je ne valais pas grand'chose, en effet, car je profitai admirablement de ses leçons et de ses conseils.

« Un jour, enfin, je fus mis en présence de Mlle de Coulange. Tout de suite, je l'aimai. Oh ! alors, monsieur Morlot, je vous le jure, je cessai de jouer le rôle odieux qui m'était imposé. Je ne fus plus ni hypocrite ni menteur. Mon cœur réveillé réveilla ma conscience ; je retrouvai ma dignité, et je découvris avec une joie infinie qu'il y avait encore de l'honnêteté en moi. Je n'avais plus besoin de mettre un masque sur mon visage, j'étais réellement converti.

« Toutefois, monsieur Morlot, je sentais bien que j'étais indigne de Mlle de Coulange. Souvent une voix terrible se faisait entendre et me criait : Entre toi et Maximilienne se dressent ton marché infâme et tout ton passé ; elle ne peut pas être ta femme, ton devoir est de t'éloigner d'elle ! Je suis resté sourd à cette voix. Ai-je besoin de vous dire pourquoi ? J'aime Maximilienne !... Plus d'une fois je fus prêt à tomber à ses genoux pour lui tout avouer. Je n'ai pas osé. J'ai craint sa colère et son mépris. Je l'aime, monsieur Morlot, je l'aime !

— C'est vrai, vous l'aimez et elle vous aime. Ah ! voilà bien pourquoi vous étiez redoutable, monsieur de Montgarin. Ainsi vous n'avez pas découvert ni même soupçonné par quel moyen le faux comte de Rogas pouvait arriver à vous mettre en possession de la fortune entière de la maison de Coulange après votre mariage avec Mlle Maximilienne?

— Je vous l'ai dit, monsieur Morlot, ceci est encore pour moi une énigme.

— Eh bien, monsieur de Montgarin, la chose était possible ; c'est vous dire que, tout en n'étant qu'un instrument, vous êtes le personnage important d'une intrigue savamment ordonnée et admirablement conduite. Ah ! l'aventurier qui se fait appeler comte de Rogas est un habile coquin. Une seule chose m'étonne, c'est qu'il vous ait demandé seulement dix millions pour prix de ses services. Il ne sait probablement pas qu'on peut évaluer aujourd'hui la fortune du marquis de Coulange à trente millions. Enfin, comme je viens de vous le dire, vous pouviez, après votre mariage avec Mlle Maximilienne, devenir le maître de cette immense fortune ; mais, pour cela, il eût fallu nécessairement que le marquis n'existât plus. Il va sans dire qu'on avait aussi le moyen de dépouiller la marquise et le comte de Coulange au profit de Maximilienne.

« Maintenant, écoutez bien ceci, monsieur de Montgarin. Il y a longtemps, des années peut-être, que le comte de Rogas, — je l'appelle ainsi n'ayant pas un autre nom à lui donner, — a conçu l'idée de s'emparer de la fortune du marquis de Coulange. Son plan dressé et longuement médité, il est passé à l'exécution. Il lui fallait absolument pour jouer le rôle d'amoureux un garçon intelligent, d'une figure agréable, de bonne tournure, de manières distinguées, marquis ou comte, se trouvant en même temps dans une situation à ne plus avoir aucun scrupule, c'est-à-dire à accepter son marché. Il vous a rencontré dans le monde interlope que vous fréquentiez alors, et c'est sur vous qu'il a jeté les yeux. Il a évidemment trouvé en vous les qualités et les défauts nécessaires pour le rôle qu'il avait à vous confier. Certes, ce n'est pas sa faute si vous n'êtes pas tout à fait l'homme qu'il croit avoir trouvé. Il n'a pas prévu que transporté dans un milieu honnête, placé sous le charme irrésistible d'une jeune fille adorable, l'amour vous convertirait. Non, il n'a pas prévu cela, ce qui prouve, monsieur de Montgarin, que les plus habiles peuvent se tromper.

« Enfin, c'est à vous qu'il a proposé son marché, et vous l'avez accepté. S'il n'avait pas mis la main sur vous, c'est un autre qu'il aurait choisi. On trouve tout dans le gouffre de Paris ; on n'a qu'à se donner la peine de chercher.

« C'est par la recherche de son amoureux que le comte de Rogas a commencé son œuvre ténébreuse. Dès qu'il vous eut trouvé, avant même de vous proposer d'être son associé, il tenta de mettre à exécution une autre partie de son plan, celle qui consiste à se débarrasser du marquis de Coulange, chose forcée pour s'emparer de ses millions après le mariage.

« Un jour, étant à la chasse, — vous devez savoir cela, — un coup de fusil fut tiré sur le marquis ; l'auteur de cette tentative d'assassinat est resté inconnu. Eh bien, monsieur de Montgarin, si ce n'est pas le comte de Rogas qui a tiré lui-même sur le marquis, c'est un de ses complices.

— Oh ! fit le jeune homme terrifié.

— Comme vous le voyez, reprit Morlot, vous vous êtes associé à des voleurs, à des assassins.

Ludovic laissa tomber sa tête sur sa poitrine.

— L'année dernière, continua Morlot, le marquis de Coulange et son fils quittent Paris pour faire un voyage d'agrément dans le nord de la France. Ils visitent nos principales mines de houille ; ils poussent leur excursion jusqu'en Belgique, à Frameries. Pendant qu'ils se promènent dans une des galeries souterraines de la mine, une formidable détonation se fait entendre. Autour d'eux tout s'ébranle, s'écroule ; c'est le feu grisou, ce feu terrible, qui vient de faire explosion. Vous savez comment le marquis et son fils furent sauvés.

« Eh bien, monsieur de Montgarin, cette explosion de Frameries a été une deuxième tentative d'assassinat sur la personne du marquis de Coulange. Oui, c'est lui qu'on voulait tuer, et non les pauvres mineurs qui ont été les victimes de l'épouvantable catastrophe. Le comte de Rogas savait que le marquis et son fils visiteraient la mine de Frameries. Si vous avez bonne mémoire, monsieur de

Montgarin, vous devez vous rappeler qu'à cette époque le faux comte de Rogas n'était pas à Paris. Il était parti, emmenant avec lui Gérôme, votre domestique, pour se rendre à Lisbonne, vous a-t-il dit. Ce n'est pas en Portugal, c'est en Belgique, à Frameries, qu'ils sont allés. »

Ludovic se dressa tout d'une pièce, en poussant un cri rauque.

Il se souvenait de ces deux hommes, habillés comme des campagnards, qu'il avait vus dans la cour du chemin de fer du Nord, et dans lesquels il avait cru reconnaître le comte de Rogas et son domestique.

— Ce n'est pas tout, monsieur de Montgarin, reprit Morlot, écoutez encore.

Le jeune homme retomba lourdement sur son siège, en laissant échapper un gémissement. Morlot poursuivit :

— Quelques jours après, le marquis de Coulange fit une épouvantable chute de cheval. Le marquis ne s'explique point comment il n'a pas été tué. Troisième attentat contre sa vie, monsieur de Montgarin. Le matin de ce jour où le cheval favori de M. de Coulange s'est emporté, votre domestique Gérôme se présenta à l'hôtel de Coulange, apportant de votre part un bouquet pour Mlle Maximilienne. Sa commission faite, après avoir causé un instant à l'office avec les domestiques, il entra dans l'écurie du marquis. Il descendit dans la cour des écuries sous le prétexte de serrer la main à Nicolas. Le cocher n'y était pas. Il s'approcha du bai-cerise, et sur la ration d'avoine que le cheval mangeait à ce moment, il versa une drogue quelconque, un poison. Vous savez l'effet qu'il a produit.

— Horrible, horrible ! murmura Ludovic.

Le malheureux n'osait plus regarder Morlot.

— Le lendemain, continua l'intendant de Chesnel, Gérôme vous a quitté, vous disant que sa vieille mère venait de mourir et qu'il retournait dans son pays pour y rester. Mensonge. Il a cessé de jouer près de vous le rôle de domestique et d'espion parce que le faux comte de Rogas jugea qu'il était prudent de le faire disparaître. Il n'a pas quitté Paris, il est comme par le passé un membre très actif de la société Rogas et Cie, et soyez certain qu'il n'est pas étranger à l'enlèvement de Mlle de Coulange.

— Les misérables, les infâmes ! prononça sourdement le comte de Montgarin.

XXII

OU IL EST PARLÉ DE LA BARONNE BLONDE

Pendant un instant les deux hommes restèrent silencieux.

Ludovic, accablé, tenait dans ses mains son front brûlant. Morlot réfléchissait en le regardant avec une sorte de pitié.

L'ancien agent de police reprit la parole.

— Eh bien, monsieur le comte, dit-il, êtes-vous suffisamment édifié?

Le jeune homme sursauta, et, relevant brusquement la tête:

— L'épouvante est en moi, répondit-il, je suis saisi d'horreur; il me semble que je vais devenir fou!

— Gardez votre raison, monsieur, vous en avez besoin. J'ai cru devoir vous faire ces terribles révélations afin de vous montrer vers quel effroyable abîme vous marchiez. Je n'ai plus rien à vous apprendre. Maintenant qu'allez-vous faire?

— Dénoncer moi-même le faux comte de Rogas; ce misérable appartient à la justice; il faut qu'il aille au bagne.

Morlot secoua la tête.

— Vos paroles répondent au cri de votre conscience indignée, répliqua-t-il, et comme vous je dis qu'il faut que le comte de Rogas aille au bagne. Mais le moment de le livrer à la justice n'est pas encore venu.

— Pourquoi attendre? Êtes-vous sûr qu'il ne vous échappera point?

— Monsieur de Montgarin, le faux comte de Rogas n'a pas encore renoncé à atteindre son but, c'est-à-dire à assassiner le marquis de Coulange, car il espère toujours que vous épouserez Mlle Maximilienne. C'est évidemment à la suite d'une modification de son plan que l'enlèvement de Mlle de Coulange a été décidé. Je ne devine pas encore quelles sont ses intentions; mais il a son idée, et nous pouvons être convaincus qu'il nous prépare quelque nouvelle surprise. Je suis persuadé, — je l'ai dit devant vous à M. le marquis, — que Mlle Maximilienne ne court aucun danger; toutefois, nous ne pouvons la laisser entre les mains de ce misérables. Avant tout, il faut la retrouver et la rendre à sa mère désolée. Nous songerons ensuite à demander à la justice le châtiment du comte de Rogas et de ses complices.

« Si le Portugais ne se doute point que nous l'avons démasqué, que nous connaissons ses projets, il ne quittera point votre hôtel, il restera près de vous et continuera à jouer son rôle, en attendant les événements. Dans ces derniers temps, afin de détourner les soupçons qui pouvaient se porter sur lui, il a fait agir un de ses complices et l'a pour ainsi dire livré. Il a mis en pratique cette vieille ruse, — elle réussit presque toujours, — qui consiste à faire prendre une fausse piste ou à attirer l'ennemi sur un point opposé à celui où doit avoir lieu l'attaque. Comptant sur son stratagème, je suis sûr qu'il ne croit pas qu'on puisse l'inquiéter. Quand vous rentrerez chez vous ce soir, vous le verrez aussi tranquille qu'il l'était il y a six mois, qu'il l'était hier.

« Revenons à Mlle de Coulange: elle se trouve en ce moment dans une situation douloureuse. Ne sachant point à quelles gens elle a affaire, ignorant ce qu'on lui veut, ce qu'elle a à craindre, elle doit être en proie à toutes sortes de terreurs. Vous êtes coupable envers elle et sa famille, monsieur de Montgarin.

— Oui, très coupable.

— Vous l'avez indignement trompée.

Le jeune homme poussa un sourd gémissement.

— D'autres que moi pourraient considérer ce que vous avez fait comme un crime, continua Morlot, je veux bien n'y voir qu'une faute ; mais cette faute grave, monsieur, vous devez l'effacer ; vous le pouvez.

— Que dois-je faire, monsieur Morlot, dites, que dois-je faire? je vous le répète, je suis entièrement à vos ordres.

Morlot plongea son regard clair dans les yeux du jeune homme.

— Oh! vous pouvez avoir confiance en moi!... s'écria Ludovic.

— Oui, j'ai confiance en vous, répliqua Morlot. Eh bien, il faut que dès ce soir, dès demain, enfin le plus tôt possible, vous sachiez où Mlle de Coulange a été conduite.

— Par quel moyen?

— Faites parler le comte de Rogas.

Ludovic secoua tristement la tête.

— Ah ! monsieur Morlot, dit-il, vous ne savez pas que, quand il le veut, cet homme est insensible et muet comme une statue.

— Je ne vous conseille point de lui crier d'un ton menaçant : Vous êtes un misérable, je vous somme de me dire ce que vous avez fait de Mlle de Coulange, vous allez me conduire près d'elle ou je vous fais arrêter par la police, en disant que vous êtes un aventurier, un voleur, un assassin ! Je vous recommande, au contraire, d'agir en cette circonstance de façon à lui faire croire qu'aucun soupçon ne plane sur lui. Laissons-lui la quiétude, endormons-le dans sa confiance.

L'un de ses complices, monsieur de Montgarin, est l'ennemi acharné du marquis et de la marquise de Coulange. On peut dire que celui-là accomplit une œuvre de vengeance. Mais il faut que vous le connaissiez, il est nécessaire que vous sachiez son nom. Eh bien, monsieur de Montgarin, ce lâche et féroce ennemi de la famille de Coulange est le frère de Mme la marquise.

— Oh ! fit le jeune homme.

— Il se nomme Sosthène de Perny. L'aventurier portugais, Gérôme, un repris de justice, dont le véritable nom est Armand Des Grolles, et Sosthène de Perny, voilà les trois coquins contre lesquels nous avons à lutter. Mais ne vous y trompez point, le plus redoutable, celui qui est le plus à craindre, c'est Sosthène de Perny.

Très brièvement, Morlot raconta au comte de Montgarin comment Sosthène avait tué sa mère pour la voler, en la précipitant par une fenêtre. Puis comment, une nuit, il l'avait surpris dans la chambre de la marquise, un poignard à la main, prêt à l'assassiner.

Ludovic était atterré.

— Je reviens au Portugais, reprit Morlot. C'est par la ruse seulement que vous pouvez le prendre. Devant lui accusez hardiment Sosthène de Perny d'être l'auteur de l'enlèvement de Mlle de Coulange. Prudemment, ne lui parlez point des attentats contre la vie du marquis. Il est bien entendu, d'ailleurs, que vous ne me connaissez point, que vous ne m'avez jamais vu.

Enfin, monsieur de Montgarin, il s'agit de tromper le comte de Rogas. Vous réussirez si vous savez mettre en pratique les leçons et les conseils qu'il vous a donnés autrefois. Vous avez un nouveau rôle à jouer, pour le bien, cette fois. Redevenez pour quelques jours seulement l'homme que vous étiez avant votre conversion. Mentez, soyez hypocrite, trompez, trompez sans cesse, vous répétait-il souvent. Eh bien, monsieur de Montgarin, faites-lui croire que vous êtes toujours son digne élève, que vous êtes resté le même mauvais sujet, un homme sans cœur et sans honneur. Alors, vous verrez. Ou je me trompe fort, ou le coquin se livrera.

Le jeune homme se leva, le regard sillonné d'éclairs.

— Monsieur Morlot, dit-il gravement, j'ai compris.

— Très bien. Surtout, soyez prudent, adroit; prenez garde!

— Ne craignez rien, monsieur Morlot, je sais maintenant ce que je dois faire.

— Soit. Mais n'oubliez pas un seul instant qu'il s'agit de Mlle de Coulange.

La figure du jeune homme prit une expression terrible.

— Il me dira où elle est, il me le dira, je vous le jure, prononça-t-il d'un air farouche, quand même je devrais tirer les paroles de sa gorge avec la lame d'un poignard!

— Je vous le répète, monsieur, prenez garde. Ce n'est pas un adversaire ordinaire que je vous donne à combattre. Pas de menace, pas d'emportement, pas de colère...

— Vous avez raison, monsieur Morlot, je saurai me contenir. Avez-vous encore quelque chose à me dire?

— Pour aujourd'hui, c'est tout.

— En ce cas, je vous quitte, dit Ludovic.

Et il ajouta d'un ton amèrement ironique:

— J'ai hâte de me trouver en face de mon cher cousin don José, comte de Rogas, grand de Portugal de première classe.

— Nous nous reverrons à l'hôtel de Coulange, dit Morlot; il est bon toutefois que vous sachiez que je suis ici tous les jours entre quatre et cinq heures. Mais si vous aviez demain quelque chose de pressé à me faire savoir, je recevrais votre communication par l'intermédiaire de Mme Louise.

Le comte de Montgarin s'en alla. Un instant après, Morlot quittait à son tour le garni de la rue Rousselet. Il prit une voiture de place et se fit conduire rue Mazagran. C'est dans cette rue que demeurait l'inspecteur de police Mouillon.

— Il y a environ deux heures que Jardel est venu chercher mon mari, lui dit la femme de l'agent.

— Je sais où ils sont allés, répondit Morlot; ils ne tarderont pas à revenir, je vais les attendre.

Après une attente d'une heure, les deux agents rentrèrent. Ils n'avaient pas l'air satisfaits.

— Eh bien? fit Morlot.

— Rien, répondit Mouillon. Les hiboux ont abandonné leur trou.

— Je m'en doutais. Cependant il fallait s'en assurer.

— Ils ont dû dénicher ce matin de très bonne heure ou peut-être même dans la nuit. Vous savez qu'il a neigé ce matin entre sept et huit heures. Là-haut une couche de neige couvre la terre, et nous n'avons vu aucune trace de pas dans le jardin.

— Il n'y a plus à en douter, ce sont eux-mêmes qui ont enlevé Mlle de Coulange. Quelle incroyable audace !

— Il faut croire qu'ils ne se trouvaient plus en sûreté sur la butte Montmartre.

— Non, ce n'est pas cela : ils ont trouvé hors Paris, j'en ai la conviction, un autre repaire ; c'est là qu'ils ont conduit Mlle de Coulange, et ils vont être ses geôliers.

— Dès demain nous nous mettrons à leur recherche.

Morlot hocha la tête.

— Ce serait trop long, dit-il ; j'espère que nous les retrouverons d'une autre manière.

— Le comte de Rogas ne sera pas sans leur faire quelques visites.

— Qui sait? C'est un coquin si prudent. Dans tous les cas, Mouillon, tenez-vous prêt ; demain, probablement, je pourrai vous dire ce que vous aurez à faire. Êtes-vous entrés dans la masure de Montmartre?

— Oui, avec Jardel et un autre.

— Vous avez cherché?

— Partout. Nous avons ouvert tous les tiroirs, tous les placards, fouillé jusque dans les paillasses.

— Et rien?

— Rien.

— Alors ils ont emporté les papiers, dit Morlot. Ces papiers, qu'ils ont volés autrefois à la marquise de Coulange, ont une très grande importance. Comme je j'ai dit tantôt à Jardel, il faut absolument que nous parvenions à nous en emparer. Ils doivent être rendus à Mme de Coulange. Il ne faut pas qu'ils soient livrés à la justice, vous entendez, Mouillon, et vous aussi, Jardel ? Il s'agit d'un secret de famille qui ne doit pas être révélé.

— Cela suffit, dit Mouillon, j'ai compris.

— Ce que nous avons trouvé dans la masure, dont l'intérieur malpropre et puant répond à son extérieur délabré et d'aspect sinistre, dit alors Jardel, c'est un nombre considérable de bouteilles vides jetées pêle-mêle les unes sur les autres dans tous les coins, puis, dans un placard, une dizaine de bouteilles d'ab-

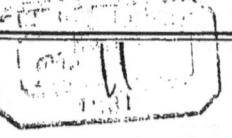

Ludovic, accablé, tenait dans ses mains son front brûlant,

sinthe et d'eau-de-vie. J'ai remarqué que le plus grand nombre de bouteilles vides ont contenu de l'absinthe, ce qui indique que les deux brigands ont un goût particulier pour cette liqueur verte.

— Mon cher Jardel, répondit Morlot, vous avez fait une remarque qui aura son utilité, si nous sommes obligés de nous mettre à la recherche des deux misérables. Quand on fait une pareille consommation de liqueurs, on n'est pas un client ordinaire pour celui qui les vend. Nous avons là un moyen de découvrir nos malfaiteurs.

— C'est ce que nous avons pensé, Mouillon et moi.

Morlot resta un moment silencieux.

— Enfin, il faut voir, attendons, dit-il, comme se parlant à lui-même.

Et la maison de la rue du Roi-de-Rome, où va souvent le comte de Rogas ? reprit-il, s'adressant à Mouillon.

— C'est vrai, fit l'agent, j'oubliais de vous en parler.

— Avez-vous appris quelque chose ?

— Oui.

— Eh bien ?

— C'est une riche étrangère, paraît-il, une Autrichienne, la baronne de Waldreck, qui demeure là. Cette baronne a deux filles très jolies de seize à vingt ans et pas de mari. On suppose qu'elle est veuve. Elle reçoit des hommes, principalement, et seulement quelques jeunes femmes. Les mardi, jeudi et samedi de chaque semaine, il y a chez elle nombreuse réunion. On fait de la musique, on joue du piano, on chante. Du reste, jamais de bruit. Les invités de ladite baronne doivent se trouver très bien chez elle, car ils y restent souvent jusqu'au jour.

— Ah ! fit Morlot. Quelle est votre opinion sur cette dame ? demanda-t-il.

— Cette baronne autrichienne pourrait bien n'être qu'une aventurière.

— Pourquoi supposez-vous cela ?

— Parce que les gens qu'elle reçoit ne vont certainement pas chez elle, et n'y passent point une partie de la nuit pour entendre tapoter du piano et entendre chanter plus ou moins mal.

— Alors ?

— Je pense que la maison de la baronne autrichienne est un tripot où l'on joue gros jeu.

— C'est aussi ce que j'ai pensé, Mouillon.

— Et puis, je ne voudrais pas jurer que la noble dame ne prête point la main à certaines vilenies d'un autre genre.

Une lueur qui s'éteignit aussitôt traversa le regard de Morlot.

— Mon cher Mouillon, dit-il, vous avez fait là, je crois, une précieuse découverte. Avez-vous pu voir la baronne de Waldreck ?

— Hier soir, vers quatre heures de l'après-midi, j'ai eu la satisfaction de la voir sortir de chez elle avec une de ses filles.

— C'est une femme d'une taille moyenne, qui ne paraît pas avoir plus de trente-cinq ans, n'est-ce pas ?

— En effet.

— Jolie encore et blonde ?

— Vous la connaissez donc, Morlot ?

— Je ne l'ai jamais vue.

— Pourtant...

— Est-ce parce que je vous dis de quelle couleur sont ses cheveux? répliqua Morlot en souriant; vous savez bien qu'en Allemagne comme en Autriche presque toutes les femmes sont blondes.

Mouillon comprit que, pour le moment, Morlot ne voulait rien dire.

— Maintenant, pensait l'intendant de Chesnel, je sais où trouver la dame masquée de l'Opéra et la comtesse Protowska, dame patronnesse.

— Dois-je continuer à surveiller la maison de la rue du Roi-de-Rome? demanda Mouillon.

— Oui, répondit Morlot; mais vous chargerez un de vos agents de cette besogne, car nous allons avoir ces jours-ci quelque chose de plus sérieux à faire.

— Je dois vous dire, Morlot, que j'ai laissé trois hommes à Montmartre, en observation autour de la masure; si l'un ou l'autre de ses locataires y revient cette nuit ou demain, il sera aussitôt empoigné et immédiatement conduit à l'hôtel de Coulange, à moins que vous ne changiez l'ordre que m'a transmis Jardel.

— Je vous confirme, au contraire, ce que vous a dit Jardel: si vous faites une arrestation, c'est à l'hôtel de Coulange que vous devrez conduire d'abord votre prisonnier.

Ils causèrent encore pendant un instant, puis ils se séparèrent.

Le lendemain matin, Morlot se leva de bonne heure après avoir passé une nuit très agitée. Toutefois, pensant qu'il aurait peut-être la visite de Mouillon ou que celui-ci lui enverrait une note quelconque, il était près de neuf heures lorsque, ayant inutilement attendu, il sortit de chez lui pour se rendre à l'hôtel de Coulange.

Comme d'habitude, il entra dans la loge du concierge pour demander s'il y avait quelque chose pour lui.

— Oui, monsieur le baron, lui répondit-on, une lettre que le facteur a apportée il n'y a qu'un instant.

— Merci, dit Morlot en prenant la lettre.

En traversant la place Louvois, les yeux sur la suscription de la lettre, il se disait:

— Je ne connais pas du tout cette écriture-là.

Au coin de la rue de Richelieu, il déchira l'enveloppe. Ses yeux cherchèrent immédiatement la signature de la missive, et il lut en toutes lettres *Sosthène de Perny*.

— Oh! oh! fit-il en tressaillant, je ne m'attendais pas à celle-là.

La lettre n'était pas longue. La voici:

« Je prie monsieur le baron de Ninville, gentilhomme de province, de dire
« à un personnage de sa connaissance, appelé Morlot, qu'il a tort de mettre son
« nez dans certaines choses qui ne le regardent point, et de le prévenir, chari-

« tablement, que s'il se permet la moindre tentative contre moi, on portera des « habits de deuil à l'hôtel de Coulange. »

— Tiens, tiens, se dit Morlot après avoir lu rapidement, comment peuvent-ils savoir?... Est-ce que la marquise de Neuvelle... Ne serait-ce pas plutôt chez la duchesse de Commergue que j'aurais été reconnu? Pourtant...

Après être resté un instant pensif, il reprit :

— Eh bien, non, je ne comprends pas. Ce qui est certain, c'est qu'ils ont découvert que le baron de Ninville et Morlot ne font qu'un seul homme, c'est qu'ils savent que Morlot leur fait la chasse. Après tout, qu'importe?...

Il fit une cinquantaine de pas, la tête inclinée, réfléchissant.

— Allons, je ne me suis pas trompé, pensait-il, le Portugais a modifié son plan, et il espère pouvoir nous jouer un nouveau tour de sa façon. Le comte de Montgarin étant toujours bien accueilli à l'hôtel de Coulange, il est convaincu que, en ce qui le concerne, je ne sais rien. Alors, pour éloigner mes soupçons, croyant me faire prendre l'ombre pour la proie, il oblige son complice à se découvrir, et il me lance sur lui. C'est assez bien imaginé, j'en conviens; mais on n'apprend plus à un vieux singe à faire des grimaces.

Du reste, Morlot n'était nullement effrayé de la menace contenue dans la lettre. Assurément, Sosthène était très capable d'égorger sa nièce dans un moment de rage pour satisfaire sa haine. Mais il y avait à côté de lui le comte de Rogas; celui-ci avait ses projets, son but à atteindre, il ne pouvait vouloir la mort de Maximilienne.

Il arriva à l'hôtel de Coulange. On l'introduisit immédiatement dans le cabinet du marquis.

— Comment va madame la marquise? demanda-t-il.

M. de Coulange secoua tristement la tête.

— Elle ne cesse de pleurer et de gémir, répondit-il ; sa douleur et son désespoir me font peur. Elle a passé une nuit affreuse. J'ai vainement essayé de la rassurer, elle ne veut rien entendre. Hélas! j'ai besoin moi-même de toutes mes forces pour ne pas laisser éclater ma douleur devant elle.

« Tenez, Morlot, continua le marquis, en lui tendant une lettre, voilà ce que nous écrit ce misérable Sosthène. Je n'ai pas osé montrer cela à la marquise. Lisez.

Morlot prit la lettre et lut :

« Maximilienne est en mon pouvoir. Maintenant ma charmante nièce me protège, elle me sert de bouclier. Elle sera traitée avec tous les égards qui lui sont dus, à condition que mon excellente sœur ordonnera à son agent de police de me laisser tranquille. De ma sûreté dépend la vie de Maximilienne. Quand je saurai que je n'ai plus rien à craindre, je ferai savoir à la marquise de Coulange à quelles conditions je pourrai consentir à lui rendre sa fille. »

— Eh bien, Morlot, que dites-vous de cela? l'interrogea M. de Coulange.

— Rien, en ce moment, monsieur le marquis. Cette lettre est à peu près la même que celle-ci que j'ai également reçue ce matin. Je ne suis pas étonné. Comme vous le voyez, monsieur le marquis, j'avais deviné pourquoi Sosthène de Perny a enlevé Mlle de Coulange.

Pendant que le marquis lisait à son tour la lettre adressée à Morlot, celui-ci examinait les timbres des deux enveloppes.

— Les deux lettres ont été mises à la poste à Bercy, se disait-il; est-ce pour faire croire qu'il a conduit Mlle de Coulange à Saint-Mandé, ou à la Varenne, ou à Joinville, ou dans une autre localité de ce côté de Paris? C'est bien possible. Dans ce cas, si nous devons nous mettre à sa recherche, c'est d'un autre côté que nous irons. Mais il faut savoir d'abord ce qu'a fait le comte de Montgarin.

FIN DE LA TROISIÈME PARTIE.

QUATRIEME PARTIE

MAXIMILIENNE

I

DANS UNE VOITURE

Pour ne pas trop anticiper sur les événements qui vont se succéder rapidement, revenons à Maximilienne.

La voiture dans laquelle on avait réussi à la faire monter filait de toute la vitesse des chevaux auxquels des Grolles, qui les conduisait, ne ménageait pas les coups de fouet.

Arrivée sur le boulevard extérieur, la voiture, continuant à rouler avec fracas, brûlant le pavé, descendit rapidement vers la Seine qu'elle traversa sur le pont de l'Alma.

Jusque-là, Maximilienne était restée silencieuse. Croyant qu'elle allait rejoindre sa mère, elle n'avait encore que l'inquiétude qu'on avait fait naître en elle ; elle ne soupçonnait rien. D'ailleurs, bien qu'elle ne connût point la jeune fille qui l'accompagnait, sa jeunesse, sa figure sympathique, sa voix au timbre caressant et son regard limpide et doux lui inspiraient la confiance.

— Mademoiselle, lui dit-elle, vous ne me parlez point ; ne deviez-vous point m'apprendre ce malheur qui vient d'arriver ?

— C'est vrai. Mais...

— Eh bien ?

— Il vaut mieux que Mme la marquise elle-même vous dise...

— Je vous en prie, je suis affreusement tourmentée, l'angoisse me dévore, je ne sais quoi m'imaginer... Parlez, mademoiselle, ayez pitié de ma situation.

— Je le voudrais, mais je ne sais comment vous dire... le courage me manque. Non, non, je ne peux pas.

Maximilienne poussa un cri douloureux.

— Je comprends, je devine, exclama-t-elle, prise d'un tremblement convulsif, mon père est blessé, mort peut-être !

— Non, mademoiselle, rassurez-vous, répliqua vivement l'inconnu, il ne s'agit pas de M. le marquis de Coulange.

— Alors c'est mon frère !...
— Il ne s'agit pas non plus de M. le comte de Coulange.
— Mais qu'est-ce donc, qu'est-ce donc?
— Vous le saurez quand nous serons arrivées.
— Arriverons-nous bientôt?
— Oui, dans un instant.
— Il me semble qu'il y a plus d'une heure que nous courons ; c'est plus de temps qu'il n'en faut pour traverser tout Paris.
— C'est votre impatience d'arriver, mademoiselle, qui vous fait trouver les minutes si longues.

Toutes ces paroles de la jeune inconnue avaient évidemment pour but d'occuper la pensée de Maximilienne d'une seule chose et de l'empêcher de réfléchir.

— On ne voit rien dans cette voiture, reprit Mlle de Coulange ; dans quel quartier sommes-nous? On est ici comme dans une prison ; pourquoi ces panneaux ne sont-ils pas baissés ?

Elle essaya de faire descendre le panneau du côté gauche où elle était assise, mais elle ne put y parvenir. Alors elle voulut ouvrir la portière entièrement. Impossible. Celle-ci devait être fermée par un ressort invisible ou ne s'ouvrir que du dehors.

— Ah! j'étouffe ici, s'écria-t-elle, en se tournant brusquement vers l'inconnue.

En la regardant fixement, elle s'aperçut qu'elle était troublée, inquiète, que son regard semblait craindre de rencontrer le sien. Aussitôt, une vive clarté éclaira sa pensée. Elle se rappela le piège qu'on avait tendu à son frère pour le conduire dans la maison du boulevard Bineau. N'était-elle pas, à son tour, tombée dans un piège semblable? Qui était cette jeune fille? Peut-être la même personne que la dame masquée de l'Opéra.

Elle saisit le bras de l'inconnue et la secouant avec violence :

— Où allons-nous? Répondez, je le veux, je vous l'ordonne! lui dit-elle impérieusement.

— Retrouver votre mère, répondit la demoiselle sans trop se déconcerter.

— Vous mentez !

Sous le regard enflammé de Maximilienne, l'inconnue baissa les yeux.

— Regardez-moi, mais regardez-moi donc! s'écria Mlle de Coulange.

L'autre commençait à trembler.

Sans s'en apercevoir, Maximilienne lui tordait le poignet.

— Vous me faites mal, dit-elle, essayant de se dégager.

Maximilienne lâcha prise et, avec une sorte de dégoût, la repoussa au fond de la voiture.

— Maintenant, je devine tout, lui dit-elle en la foudroyant du regard, vous êtes une misérable fille !

Puis elle se mit à frapper à coups redoublés contre les panneaux de la voiture, en criant de toutes ses forces :

— Arrêtez, arrêtez !

La voiture filait plus rapidement encore.

Après avoir traversé le pont de l'Alma, elle avait suivi les quais et était sortie de Paris par la porte du Point-du-Jour. Maintenant, elle se trouvait au milieu du bois de Boulogne qu'elle traversait.

Se croyant toujours dans Paris, espérant que des passants ou des gardiens de la paix entendraient ses cris et interviendraient, Maximilienne continuait à faire résonner les panneaux et à crier :

— Arrêtez, arrêtez !

Tout à coup, la voiture s'arrêta.

Maximilienne eut un soupir de soulagement. On l'avait entendue, on venait à son secours, de braves gens allaient la délivrer.

— Ouvrez, ouvrez ! cria-t-elle ; sauvez-moi !...

La portière s'ouvrit. Maximilienne prit son élan pour s'élancer hors de la voiture. Mais une figure grimaçante, sinistre, lui apparut, et une main brutale la repoussa violemment. Saisie de terreur, il lui sembla que son sang se figeait dans ses veines. Elle n'eut que le temps de voir le bord de la route déserte et une profondeur d'arbres dénudés et échevelés. L'homme sauta dans la voiture et la portière se referma. Aussitôt le véhicule repartit à fond de train.

L'homme s'était placé en face de Maximilienne. Sa main tenait un couteau-poignard.

— Maintenant, ma toute belle, dit-il d'une voix enrouée, je vous conseille de vous taire ; si vous poussez encore un cri, avec ce joujou j'arrêterai le second dans votre gorge.

Et il fit briller sous ses yeux la lame effilée du poignard.

Maximilienne était une nature vaillante. Possédant un courage viril, la faiblesse de la femme, chez elle, disparaissait en face du danger. Elle avait eu peur, cependant, mais elle n'avait point perdu sa présence d'esprit. Vite remise de son effroi, redevenue maîtresse d'elle-même, elle sentit se décupler ses forces. Elle avait regardé la lame du couteau, passant sous ses yeux, avec un dédain superbe. Maintenant hardie et hautaine, elle examinait le personnage assis devant elle, avec une curiosité pleine de mépris.

C'était l'homme au cache-nez, qui se tenait debout près de la voiture lorsqu'elle avait eu l'imprudence d'y monter. Mais qui était-il cet homme, qui, pour la circonstance, sans doute, avait endossé la livrée d'un valet de bonne maison ?

— Hé ! hé ! fit l'individu, comme vous me regardez drôlement ! Ma foi, je ne m'en plains pas, deux jolis yeux comme les vôtres ne m'ont jamais fait peur. Comme j'ai bien fait tout de même de venir vous tenir compagnie ; vous voilà calmée ; vous êtes maintenant douce comme un petit agneau et tout à faitgen-

La voiture avait traversé la Seine une seconde fois sur le pont de Neuilly. (Page 452.)

tille. Allons, allons, cela semble annoncer que nous ne ferons pas trop mauvais ménage.

La jeune fille ne voulut pas se donner la peine de remarquer ce qu'il y avait de grossièrement familier dans ces paroles.

— Où me menez-vous? demanda-t-elle d'un ton bref.

— Dans une charmante habitation où vous serez presque aussi bien qu'à l'hôtel de Coulange.

— Que voulez-vous faire de moi?

— Je n'en sais rien encore ; on vous dira cela plus tard.

— Plus tard! Est-ce que vous avez la prétention de me garder longtemps?

— Mon Dieu, oui!

— Malgré moi?

— Malgré vous!

— Ainsi, c'est dans une prison que vous allez me mettre; vous voulez me séquestrer?

— Du tout. Vous serez logée dans une très jolie chambre. Il ne vous sera point permis d'en sortir, voilà tout.

— J'avais deviné, c'est une séquestration...

— Je vois que pour vous être agréable il faut absolument dire comme vous.

— Et vous croyez cela possible?

— Parfaitement!

— Eh bien, je vous dis, moi, qu'on n'enlève pas ainsi une jeune fille à sa famille. Mon père me cherchera, et il me retrouvera.

— Le marquis de Coulange est assez riche pour pouvoir mettre sur pied tous les gendarmes et tous les agents de police de Paris; oui, il vous cherchera, il vous fera chercher, mais il ne vous trouvera point.

— Vous voulez donc m'assassiner?

— Pourquoi faire?

— Ah! vous êtes, vous et vos complices, d'une audace incroyable. L'acte que vous commettez est un crime, un crime, entendez-vous!... Je ne vous parle point de la justice de Dieu, vous n'y croyez pas... Mais il y a celle des hommes... Et vous ne tremblez pas! Ah! prenez garde! Il arrive un moment où le cri des victimes finit par se faire entendre. Qu'il vienne vite ou qu'il se fasse attendre, le châtiment est là, toujours prêt à frapper le criminel. Vous bravez tout. Soit. Mais, je vous le dis encore, prenez garde!... Vous parliez tout à l'heure des gendarmes et des agents de police; heureusement, il y en a, il y en aura toujours pour arrêter les malfaiteurs, et des magistrats pour les juger, et le bagne pour les recevoir, quand ils ne montent pas sur l'échafaud pour une suprême expiation.

— Joli, très joli! fit l'homme en accompagnant ses paroles d'un rire sardonique.

Maximilienne eut un haussement d'épaules de dégoût. Elle continuait à le regarder fixement.

— Eh bien, fit-il railleur, êtes-vous satisfaite de votre examen?

— Non, répondit-elle, car je n'aurais jamais cru qu'un homme qui a été bien élevé pût devenir ce que vous êtes.

— Tiens, tiens, on dirait que vous me connaissez.

— Oui, je vous connais, bien que je ne vous aie jamais vu.
— Allons donc!
— Vous êtes Sosthène de Perny.

Il sursauta malgré lui.

— Ah! çà, fit-il, est-ce que la marquise de Coulange a conservé une de mes photographies?

— Ma mère n'a conservé de vous que le souvenir du mal que vous avez fait.

— Eh bien, c'est déjà quelque chose, répliqua-t-il cyniquement.

— Voulez-vous que je vous dise à quoi je vous ai reconnu?

— Mais comment donc, j'en serai enchanté.

— Je vous ai reconnu à la haine que je vois dans vos yeux, aux lueurs farouches de votre regard, aux incessantes crispations de vos lèvres, qui ont quelque chose de sinistre, enfin à votre front qui porte la marque fatale que Dieu imprime lui-même sur le front des maudits.

— Merci, mademoiselle ma nièce, répliqua-t-il d'un ton ironique. Ah! vous êtes bien la fille de votre mère! Et je découvre avec satisfaction que ma bonne sœur Mathilde vous a souvent parlé de moi.

La jeune fille se dressa l'œil étincelant.

— Ne parlez pas de la marquise de Coulange, je vous le défends, s'écria-t-elle, car vous n'avez que ce moyen de la respecter devant sa fille! Pas une seule fois, vous entendez, Sosthène de Perny, pas une seule fois la marquise de Coulange n'a osé prononcer votre nom devant moi. C'est à croire que ce nom souillé, déshonoré, produit sur ses lèvres l'effet d'un fer rouge. Pourtant, je sais quel a été votre passé. Quelle ignoble vie, mon Dieu! Et vous n'êtes pas encore écrasé sous l'énorme fardeau de vos infamies, de vos crimes! Quelle espèce de monstre êtes-vous donc, Sosthène de Perny? Quoi, ce n'est pas assez pour vous d'avoir torturé ma mère, d'avoir tué la vôtre et essayé trois fois d'assassiner le marquis de Coulange, à qui vous n'avez à reprocher que ses bienfaits!...

D'où vient votre haine infernale, ce désir de lâche vengeance qui est en vous? Est-ce parce que la marquise de Coulange, votre victime, lasse de souffrir, vous a un jour chassé de sa maison? Ce n'est pas cela qu'elle aurait dû faire. Vous avez été sans pitié pour elle, elle devait être sans pitié pour vous; elle devait réclamer de la justice des hommes le châtiment que vous aviez mérité, afin de vous empêcher de commettre de nouveaux crimes. Elle ne l'a pas fait, elle vous a donné, au contraire, la possibilité de changer de vie, de vous relever, de revenir au bien.

Elle l'espérait. Comme elle s'est trompée! Et vous n'avez pas senti combien elle était généreuse et bonne, vous n'avez pas compris qu'elle pouvait encore oublier et pardonner! Ah! vous êtes un grand misérable! Tenez, je suis épouvantée en pensant à l'effroyable punition qui vous attend!

— Cela prouve votre bon cœur, dit-il avec une sombre ironie.

— Enfin, reprit Maximilienne d'une voix frémissante, après tant d'ignominies entassées les unes sur les autres, vous n'êtes pas satisfait. Mais que voulez-vous donc encore? Par vous, ma mère a connu toutes les douleurs, vous lui avez fait verser toutes ses larmes, vous lui avez fait endurer toutes les souffrances... Aujourd'hui votre haine veut une autre victime; c'est moi que vous avez choisie; il vous faut une seconde martyre!... Eh bien, Sosthène de Perny, vous pouvez me torturer; j'ai l'exemple de ma mère; je saurai souffrir en me rappelant ce qu'elle a souffert!

Je ne peux pas deviner quels sont vos projets infâmes; mais je suis en votre pouvoir et j'ai le pressentiment des douleurs qui m'attendent. Par exemple, ne vous attendez pas à me voir vous implorer, vous demander grâce... Vous implorer, vous, jamais! La pointe de votre couteau sur ma poitrine, je n'essayerais même point de défendre ma vie contre vous, tant est grand le dégoût que vous m'inspirez. Vous avez méconnu la mère, vous ne connaissez pas la fille. Sosthène de Perny, je suis une Coulange! Pour nous la vie n'est rien, l'honneur est tout!

Vous savez ce que je pense de vous; peut-être aurais-je été prudente en ne parlant point; mais je suis contente de vous avoir dit ce que vous venez d'entendre. Maintenant, si vous le pouvez, si rien ne vous en empêche, accomplissez votre œuvre.

Elle lui lança un dernier regard, qui exprimait toute son horreur, tout son dégoût, détourna brusquement la tête et se blottit dans le coin de la voiture où elle resta silencieuse, les yeux à demi fermés

II

LE CLOS DE LA BELLE-BONNETTE

La voiture avait traversé la Seine une seconde fois sur le pont de Neuilly, puis elle s'était engagée sur cette large et belle route qui mène de Paris à Marly-le-Roy. Après Courbevoie, tournant le Mont-Valérien, elle passa Nanterre, Rueil, et, continuant à suivre la route, elle longea le parc de la Malmaison jusqu'au chemin qui monte à la Jonchère, lequel coupe au nord le magnifique coteau de Bougival, couvert en été de verdure et de fleurs, ayant, échelonnées sur son flanc, ses villas, dont les blanches façades regardent la terrasse et la ville de Saint-Germain en Laye.

La voiture prit le chemin dont nous parlons, et les chevaux, déjà fatigués par la course rapide qu'ils venaient de faire, n'allèrent plus qu'au pas.

En hiver, les villas des coteaux de Bougival, comme celles de la Jonchère, sont presque toutes inhabitées: leurs propriétaires les ont quittées dès les premières gelées pour rentrer à Paris; il faut attendre, pour qu'ils reviennent, que le printemps fasse renaître les frais ombrages, jette des nids dans les haies et mette sur son front une première couronne de roses. Et ces jolis sentiers bordés de haies fleuries, où les chèvrefeuilles se mêlant aux clématites poussent et grimpent dans le lierre; et tous ces chemins agrestes, ombreux, qui se croisent, ournent, s'allongent ou serpentent, si fréquentés pendant les beaux jours de l'été, sont en hiver jonchés de feuilles mortes. Ils ne sont plus égayés par les chants d'oiseaux, les cris joyeux des enfants, le refrain d'une chanson, le rire argentin d'une fillette, le bruit des baisers d'un couple amoureux qui jette à la brise parfumée les pétales blancs d'une marguerite.

C'est le désert. Les arbustes sont tristes. Les grands arbres semblent s'ennuyer; à entendre le craquement de leurs branches, on croirait qu'ils s'étirent les bras. Bien qu'ils restent toujours verts, les pins, les ifs, les lauriers et les lierres eux-mêmes ont l'air de pleurer; les vieux châtaigniers montrent leurs troncs creux couverts de plaies, avec des trous où l'aquilon siffle d'une façon lugubre; on dirait que leurs branches énormes se tordent dans une horrible convulsion.

Quand Maximilienne s'aperçut, au ralentissement de la marche des chevaux et à l'inclinaison de la voiture, qu'on montait une côte, elle calcula qu'il y avait près de deux heures qu'elle était sortie de l'église Saint-Sulpice et qu'elle devait être, à ce moment, à trois ou quatre lieues de Paris, en admettant qu'on n'eût pas fait plusieurs détours. Mais il lui était impossible de savoir si elle se trouvait au nord, au midi, à l'est ou à l'ouest de Paris. Par le trèfle à jour, elle avait pu voir que de temps à autre on passait devant une habitation; mais le plus souvent son regard n'avait rencontré que des arbres ou un coin du ciel gris. Du reste, comprenant à l'attitude de Sosthène et à la façon dont il surveillait chacun de ses mouvements, qu'il ne reculerait devant aucune espèce de violence pour étouffer ses cris, elle avait renoncé à appeler à son secours. Résignée à son sort, élevant son âme jusqu'à Dieu, elle lui demandait de la protéger.

Elle était habillé chaudement, de plus elle avait ses mains gantées dans un manchon; malgré cela, peu à peu le froid l'avait saisie, elle commençait à grelotter; ses pieds délicats, chaussés de fines bottines de chevreau, étaient glacés. Elle souffrait cruellement; mais, de même qu'elle avait empêché ses larmes de couler, elle se roidit contre la douleur et elle ne fit entendre aucune plainte.

Cependant la voiture avait gravi la pente du coteau, et dans l'avenue de l'Impératrice Joséphine, les chevaux s'étaient remis à trotter. A droite et à gauche, des châtaigniers énormes, des taillis épais, des hautes futaies. On est au milieu d'un bois. Mais partout on a tracé des avenues, de larges routes pour les voitures; les unes se dirigent vers Rueil, d'autres vers Villeneuve-l'Étang; celles-ci du côté de la Celle-Saint-Cloud; celles-là conduisent à Ville-d'Avray et à Saint-Cloud. Tout cela est désert. Mais de grands carrés de terrain ont été achetés et sont déjà entourés de haies vives. Il y aura là, un jour, un nouveau village, peut-être une ville. En attendant, c'est un endroit silencieux et sauvage. Si, hâtivement, une maison a été construite dans un des enclos, ses volets hermétiquement fermés disent qu'elle est inhabitée.

La voiture quitta l'avenue de l'Impératrice Joséphine, suivit pendant un instant l'avenue des Châtaigniers, puis, tournant brusquement à droite, elle prit un autre chemin, sans que des Grolles fît attention à cet écriteau *Allée interdite aux voitures*. On était dans le sable, les roues s'y enfonçaient jusqu'aux moyeux et les chevaux essoufflés pouvaient à peine avancer; heureusement, les pauvres bêtes, bien innocentes de la besogne qu'on leur faisait faire, n'avait plus loin à aller. Au bout d'un instant elles s'arrêtèrent. On était arrivé.

Des Grolles descendit de son siège. Il commença par ouvrir une barrière qui fermait l'entrée d'un enclos, puis il revint à la voiture dont il ouvrit la portière. Sosthène mit pied à terre le premier; il tendit la main à la jeune fille inconnue, sa complice, l'aida à descendre, et voulut ensuite rendre le même service à Maximilienne.

— Non, lui dit-elle, je ne veux pas que votre main touche la mienne.

— Soit, répondit-il sourdement en faisant un pas en arrière.

Maximilienne n'avait pas l'air de vouloir sortir de la voiture. La tête hors de la portière elle regardait; l'aspect de ce lieu solitaire et sauvage la fit frissonner. Elle avait peur. Elle se demandait si les misérables ne l'avaient pas amenée dans cet endroit désert pour l'assassiner.

— Eh bien, est-ce pour aujourd'hui ou pour demain? dit une voix qui la fit tressaillir, car il lui sembla qu'elle la reconnaissait.

— Descendez donc, lui ordonna Sosthène d'un ton impératif, presque menaçant.

— Est-ce qu'elle rechigne? dit des Grolles.

Sosthène se rapprocha, les bras en avant, prêt à saisir Maximilienne.

— Non, non, j'obéis! s'écria la jeune fille avec effroi.

Et elle mit pied à terre.

Mais ses pieds étaient comme gelés, elle ne les sentait plus, elle avait également les jambes engourdies par le froid. Elle fit trois ou quatre pas en chancelant et tomba sur le sol.

— Allons, bon, fit des Grolles, est-ce qu'elle se pâme maintenant?

— C'est le froid, dit Sosthène.

— Oui, en effet, c'est le froid: elle grelotte, elle a la figure toute bleue; il est vrai qu'il fait par ici un froid de loup. Pourtant, nous ne pouvons pas rester ainsi jusqu'à ce soir.

— Il n'y a qu'une chose à faire, répondit Sosthène: du moment qu'elle ne peut pas marcher, il faut la porter.

— Je m'en charge.

— Vite, vite, alors !

Des Grolles se précipita sur Maximilienne comme un fauve sur sa proie. Dans le mouvement qu'il fit pour la prendre à bras le corps, le foulard qui masquait une partie de son visage tomba sur son cou comme un collier. La jeune fille reconnut Gérôme, l'ancien valet de pied du comte de Montgarin.

— Oh ! fit-elle.

Elle essaya de repousser le misérable. Mais, malgré sa résistance, il parvint à l'enlacer et à se redresser en l'étreignant fortement.

Maximilienne se débattait furieusement ; ses forces, un instant paralysées, lui étaient revenues. Elle se mit à pousser des cris perçants en appelant : Au secours ! au secours !

Il y avait sans doute à craindre que ses cris fussent entendus, car Sosthène se débarrassa lestement de son cache-nez dont il se servit pour la bâillonner.

Alors, des Grolles pénétra dans l'enclos et, suivi de Sosthène, marcha rapidement vers une petite maison assez jolie, bâtie en forme de pavillon, qu'on apercevait à travers les arbres.

Aussitôt descendue de voiture, la jeune fille blonde s'était élancée dans l'enclos et avait couru jusqu'à la maison où une autre jeune fille également blonde attendait.

— Eh bien, demanda vivement celle-ci, avez-vous réussi ?

— Oui.

— Où est-elle ?

— Ils vont l'amener. As-tu fait du feu dans la chambre qui lui est destinée ?

— J'en ai allumé partout ; cette maison est une véritable glacière.

— Allons, c'est bien. La demoiselle a été saisie par le froid ; cela me faisait de la peine de la voir grelotter et d'entendre claquer ses dents ; moi aussi je suis transie. Ah ! ma chère, j'ai appris une chose bien étrange.

— Quoi donc ?

— L'un des deux hommes s'appelle Sosthène de Perny.

— Tu trouves étrange qu'il se nomme ainsi ?

— Non, mais ce Sosthène de Perny est l'oncle de la demoiselle, le frère de la marquise de Coulange.

— Vraiment ?

— Puisque je te le dis.

— On apprend tous les jours des choses bien étonnantes.

— C'est égal, je voudrais bien savoir ce qu'ils veulent faire de Mlle de Coulange.

— Ça, ma chère Élisabeth, c'est le secret du comte de Rogas. Mlle de Coulange n'a rien à redouter, puisque c'est nous qui allons être ses gardiennes. D'ailleurs le comte de Rogas nous a juré qu'il ne lui serait fait aucun mal.

Élisabeth secoua la tête.

— N'importe, dit-elle, je suis inquiète.

— Pourquoi?

— Charlotte, nous avons eu tort de nous fourrer dans cette vilaine affaire.

— Est-ce que nous pouvions refuser? Quand don José dit : Je veux, il faut qu'on lui obéisse. Après tout, il y aura cent mille francs pour toi et autant pour moi.

— Nous ne les tenons pas encore, répliqua Élisabeth, en secouant de nouveau la tête. Quelque chose me dit que tout cela finira mal.

— Oh! la peureuse!

— Oui, c'est vrai, j'ai peur!

Sosthène et des Grolles portant Maximilienne arrivaient.

Après avoir poussé quelques sourds gémissements, la jeune fille n'avait plus fait aucun mouvement. Sa tête s'était renversée en arrière, ses yeux s'étaient fermés, elle avait perdu connaissance.

— Il me semble que je tiens un cadavre, dit des Grolles, en entrant dans la maison.

— Elle s'est évanouie, répondit Sosthène, s'empressant d'enlever le cache-nez qui avait évidemment provoqué la syncope en empêchant la jeune fille de respirer.

— Elle est lourde tout de même, reprit des Grolles. On a raison de dire que petite charge pèse de loin. Voyons, où faut-il la mettre?

— Portez-la tout de suite dans sa chambre, répondit Charlotte.

— Où cela?

— Venez, suivez-moi.

Ils montèrent au premier étage et entrèrent dans une petite chambre carrée, basse de plafond, éclairée par une fenêtre garnie de barreaux de fer. Un grand feu flambait dans la cheminée.

— Excellente attention, grommela Sosthène.

Maximilienne fut étendue sur un canapé, espèce de chaise-longue, qu'on fit rouler devant la cheminée.

Sosthène examinait la chambre et paraissait satisfait.

— C'est bien, murmura-t-il, la cage est convenable, la colombe sera bien ici, on ne l'entendra pas roucouler.

Il se plaça en face de Maximilienne, et pendant un instant il resta silencieux, en contemplation devant la pauvre jeune fille qui ne donnait plus signe de vie. Des éclairs livides jaillissaient de ses yeux éraillés. On aurait dit qu'il éprouvait une jouissance à voir ce corps glacé, inanimé, cette figure pâle, bleuie par le froid, et malgré cela toujours ravissante. Il ne pouvait être ému, car jamais un sentiment de pitié n'était entré dans son cœur. En présence de cette innocente enfant, dont il connaissait l'ineffable bonté, devant laquelle, s'il n'eût pas été un monstre, il se serait agenouillé pour lui demander pardon, son regard restait chargé de haine. Il aimait à se rassasier de la douleur des autres; les faire souffrir avait toujours été pour lui une sorte de volupté.

Maximilienne se débattait furieusement; ses forces, un instant paralysées, lui étaient revenues. (Page 455.)

Il souriait, et son horrible sourire grimaçait sur ses lèvres crispées. A ce moment, sans doute, il pensait à la douleur, au désespoir de sa sœur, de la pauvre mère à laquelle il avait enlevé sa fille. Oui, il était content, le misérable. Il se vengeait : de quoi? Il n'aurait su le dire vraiment. N'importe, il était content de la satisfaction qu'il donnait à sa haine.

Charlotte et Élisabeth s'étaient mises avec empressement à soigner Maximilienne. Pendant que l'une, après lui avoir ôté son paletot de velours doublé de fourrures, dégrafait sa robe, l'autre lui faisait respirer des sels et lui passait sur le front et les tempes un mouchoir de batiste imbibé de vinaigre.

— Vous savez ce que vous avez à faire? leur dit Sosthène.

— Oui, répondit Charlotte, don José nous a donné ses instructions.

— En ce cas, je n'ai rien à vous dire.

S'adressant à des Grolles, il reprit :

— Viens ; laissons ces demoiselles s'arranger comme elles l'entendront.

Ils sortirent de la chambre. Sosthène montra une porte à des Grolles.

— C'est là, dit-il, que coucheront les deux gardiennes de notre prisonnière.

— Alors, qu'est-ce que nous ferons ici, nous?

— Nous les garderons toutes les trois.

— Soit. Mais je ne comprends pas bien encore pourquoi José exige que nous demeurions ici.

— Il a jugé que nous n'étions plus en sûreté à Montmartre.

— Et puis il a probablement son idée, car, selon son habitude, il ne nous a pas tout dit.

— C'est ce que je lui reproche toujours.

— Voilà une autre porte qui indique une troisième chambre?

— Oui, une chambre réservée.

— Pour quoi faire?

— Ma foi, je n'en sais rien. Nous ne devons point monter au premier étage ; il est nécessaire, paraît-il, que ma nièce croie qu'elle est seule dans la maison avec les deux filles de la baronne de Waldreck.

— Est-ce que cette propriété lui appartient?

— Elle n'en est que la locataire, les meubles même ne sont pas à elle.

— Louer une maison au milieu d'un désert, quelle singulière idée !

— Eh, mon cher, l'Autrichienne avait évidemment ses raisons pour faire cette location. On n'a qu'à regarder autour de soi pour comprendre que cette habitation isolée, perdue au milieu des arbres, peut servir à bien des choses.

— C'est vrai, approuva des Grolles.

Ils étaient descendus au rez-de-chaussée.

— Tiens, voilà ta chambre, dit Sosthène ouvrant une porte ; et voici la mienne, ajouta-t-il, en ouvrant une seconde porte.

— Des barreaux à toutes les fenêtres, fit Des Grolles.

— On a le droit de craindre les voleurs, répliqua Sosthène avec un gros rire.

— En définitive, où sommes-nous ici? Comment appelle-t-on cet endroit?

— Le clos de la Belle-Bonnette.

— D'où vient ce nom?

— Il faudrait le demander au propriétaire du clos, qui peut-être te répondrait comme moi : Je l'ignore.

— Après tout, cela m'est tout à fait indifférent.

— Et à moi donc! Ce que je puis t'apprendre, c'est que tous ces **immenses** terrains, qui commencent à la Malmaison et s'étendent jusqu'au dessus de la Celle-Saint-Cloud, s'appelaient, il y a quelques années encore, le domaine des Bruyères. Ne pouvant acquérir la Malmaison, c'est Napoléon III qui créa le domaine des Bruyères, probablement en souvenir de sa grand'mère, l'impératrice Joséphine. Il en fit don à l'impératrice Eugénie. Aujourd'hui, coupé de routes et d'avenues, comme tu peux le voir, le domaine est vendu par parcelles.

Au-dessus de nous se trouvent les Malards, encore un nom bizarre, estropié sans doute par le patois, car il doit dériver de maladrerie. Il y avait autrefois un hôpital de lépreux à Bougival.

Malgré l'isolement de cette maison, elle n'est qu'à vingt minutes de la Celle et à peu près à la même distance de Bougival et de Rueil. C'est principalement dans ces trois localités que tu iras chercher nos provisions, un jour à Rueil, le lendemain ailleurs ; il ne faut pas éveiller l'attention des gens trop curieux.

Mais nous perdons un temps précieux à causer. Les chevaux impatients doivent piétiner dans le sable.

— Sois tranquille, ils ne prendront pas le mors aux dents.

— Je n'ai pas cette crainte, car ils sont éreintés. Mais il faut que tu rentres à Paris de bonne heure pour être de retour ici à la tombée de la nuit.

— Alors je n'irai pas à Montmartre ?

— Tu n'as rien à y faire.

— C'est vrai.

— Tu pourras t'arrêter à Rueil ou à Nanterre afin de faire manger à chacune de tes bêtes un picotin d'avoine, cela leur donnera des jambes.

— As-tu quelque chose à me dire ?

— Non.

— Et tes deux lettres ?

— José les a, il les fera mettre à poste ce soir. Ah ! n'oublie pas d'apporter deux ou trois bouteilles d'absinthe.

— C'est bon, répondit des Grolles en faisant la grimace, on fera ta commission.

Il s'en alla et Sosthène entra dans sa chambre.

— Ce n'est qu'un changement de trou, murmura-t-il : ici comme sur la butte Montmartre, je vais m'ennuyer à mourir.

Son regard était redevenu sombre et farouche.

— Tonnerre, jura-t-il, je voudrais bien savoir ce que José va encore manigancer !

Pendant ce temps, grâce aux soins qui lui étaient donnés et à la bienfaisance chaleur du feu devant lequel on l'avait placée, Maximilienne commençait à se ranimer.

III

L'ÉLÈVE DEVIENT UN MAÎTRE

Après avoir quitté Morlot, le comte de Montgarin prit une voiture de place et se fit conduire rue d'Astorg.

Éperdu de honte, fou de douleur, il était en proie à une agitation fébrile.

Il entra chez lui comme un forcené, ouvrant et refermant les porte avec violence, faisant craquer et résonner le parquet sous ses pieds.

En entendant ce vacarme dans la maison, le vieux François accourut et s'arrêta étonné et tout interdit en face de son maître.

— Où est M. de Rogas ? lui demanda Ludovic d'un ton bref.

— Je pense qu'il est dans sa chambre, répondit le vieillard, qui s'était mis à trembler.

Et pendant que le jeune homme s'élançait vers la chambre du Portugais, le vieux domestique, hochant la tête, murmurait tristement :

— Qu'est-ce que cela signifie ? Oh ! il faut qu'un malheur soit arrivé à M. le comte.

Ludovic entra chez le Portugais comme une bombe.

— Ah ! ah ! fit-il avec un accent étrange, vous êtes là, vous voilà !

José Basco s'était dressé tout d'une pièce ; il regardait cet homme avec effarement.

Celui-ci, essoufflé, avait besoin de reprendre haleine ; il respirait à pleins poumons.

Les deux hommes, face à face, restèrent un moment silencieux, croisant la flamme de leurs regards. Dans celui de Ludovic, il y avait de la fureur ; celui du Portugais dissimulait mal une grande inquiétude. Toutefois il ne perdait pas contenance.

— Voyons, mon cher Ludovic, dit-il de sa voix mielleuse, qu'avez-vous ? En vérité, vous êtes dans un état pitoyable, que vous est-il donc arrivé ?

Le comte de Montgarin poussa un long soupir.

— Ah ! c'est épouvantable ! exclama-t-il.

— De quoi parlez-vous ? Pour Dieu, expliquez-vous !

— De Rogas, oh ! mon cher de Rogas, je crois que je vais devenir fou !

— Oh ! oh ! pensa José Basco, il m'appelle son cher de Rogas.

Complètement rassuré, son inquiétude disparut.

— Vraiment, mon cher Ludovic, en vous regardant je suis tenté de le croire, répondit-il. Allons, calmez-vous, et faites-moi connaître la cause de l'état de surexcitation dans lequel je vous vois. Si vous avez besoin du comte de Rogas, vous savez que vous pouvez compter sur lui.

Le jeune homme secoua la tête avec un air découragé.
— De Rogas, prononça-t-il sourdement, tout est perdu !
— Hein que voulez-vous dire ?
— De Rogas, je n'épouserai pas Mlle de Coulange.
— Que dites-vous là ? s'écria le Portugais, ayant l'air très effrayé.
— La vérité.
— Ah ! çà ! êtes-vous réellement fou ?
— Oui, répliqua Ludovic avec emportement, je suis fou de rage.
— Je ne comprends pas du tout, murmura José Basco.

Ludovic raidissait ses bras, les talons de ses bottines martelaient le parquet ; ses yeux, roulant dans leurs orbites, lançaient des éclairs fauves ; sa figure avait pris une expression horrible.

— Et nous étions à la veille du mariage, reprit-il d'une voix rauque, et les millions du marquis allaient être à moi !

José s'approcha de lui et le regarda fixement dans les yeux.

— Oui, poursuivit Ludovic, j'allais avoir des millions, car vous me les aviez promis, de Rogas, ces millions du marquis. Plus rien ; tout s'effondre ; nous avions bâti des châteaux en Espagne ou dans les brouillards de l'Océan. Mes rêves de plaisirs, de jouissances s'en vont en fumée... Tenez, il me semble qu'en ce moment j'étranglerais quelqu'un avec volupté !

Ses yeux continuaient à lancer des éclairs farouches, et ses pieds battaient le parquet avec fureur.

Maintenant le regard du Portugais exprimait l'étonnement, la stupéfaction.

— Vous m'avez retiré du fond d'un abîme, de Rogas, reprit Ludovic, je vais y retomber, et cette fois pour n'en plus sortir. Le jour où vous êtes venu me trouver pour me proposer de marcher avec vous à la conquête d'une nouvelle toison d'or, ruiné, à bout de ressources, j'allais me tuer ; aujourd'hui, je me retrouve comme il y a dix-huit mois, en face du suicide. Vous avez voulu me sauver, de Rogas, vous n'avez pas réussi. Vous avez eu tort de me prendre pour associé ; vous avez dépensé pour moi deux ou trois cent mille francs peut-être... je sais que vous êtes immensément riche ; mais qu'importe, votre argent n'en est pas moins perdu, puisque je ne pourrai jamais vous le rendre. Allez, de Rogas, vous auriez bien fait de me laisser me brûler la cervelle.

Malgré son agitation un peu factice, le comte de Montgarin parlait avec un tel accent de vérité que José Basco s'y laissa tromper.

— Vous voyez, mon cher Ludovic, dit le Portugais, que je vous écoute avec beaucoup de complaisance ; mais j'attends vainement une explication que vous ne me donnez point. Vous me dites que vous n'épouserez pas Mlle de Coulange. Pourquoi ? Maximilienne vous aime ; ce n'est certainement pas elle qui vous repousse. Vous seriez-vous querellé avec le comte de Coulange ? Mais non, puisqu'il n'est pas à Paris en ce moment... Le marquis et la marquise vous auraient-ils mal reçu ? Enfin, pour que vous soyez si désespéré, que s'est-il passé aujourd'hui à l'hôtel de Coulange ? Je ne sais quoi supposer, et il est important que je sache...

— Vous allez savoir, de Rogas : Mlle de Coulange a disparu.

— Oh ! fit José.

— Oui, et par certains renseignements qu'on a pu obtenir, on a acquis la certitude qu'elle a été enlevée.

— Enlevée ! la fille du marquis de Coulange ! Mais c'est impossible ! exclama José.

— Oui, cela paraît impossible, et pourtant c'est vrai.

Le Portugais se donna un air consterné.

— Voilà un malheur bien imprévu, murmura-t-il.

— Et qui détruit toutes nos belles espérances. Tout ce que nous avons fait et rien c'est la même chose. Après avoir si admirablement manœuvré, vous et moi, nous touchions au but, et voilà : nous avons travaillé, pris de la peine, vous avez dépensé votre argent, et tout cela inutilement. Vous réfléchissez, de Rogas, mais allez, je lis dans vos yeux : vous pensez comme moi que tout est perdu, tout, tout !

— Je réfléchis, en effet, mon cher comte, et je me dis qu'il est impossible qu'on ne retrouve pas Mlle de Coulange.

— Illusion, de Rogas.

— Permettez, Ludovic, dit de Rogas, je n'ai pas l'esprit troublé comme vous ; je cherche à m'expliquer ce rapt vraiment singulier, j'examine la situation. Vous ne voyez, vous, que votre fiancée disparue. Moi, je tâche de voir autre chose dans cet événement. Quand vous êtes incapable d'avoir une pensée, il faut bien que je réfléchisse. Mon pauvre Ludovic, vous êtes amoureux, et...

— Amoureux, allons donc ! fit le jeune homme avec un haussement d'épaules qui doublait la valeur de sa négation.

Nouvelle stupéfaction de José Basco.

— Comment, vous n'adorez pas Maximilienne ? s'écria-t-il.

— Elle ne me déplaît pas, voilà tout, répondit froidement Ludovic.

— Vous m'avez dit cent fois que vous en étiez amoureux fou.

— Parbleu ! à vous, à elle et aux autres, j'ai dit bien des choses dont je ne pensais pas un mot. Je jouais mon rôle, j'étais tout entier dans la peau du personnage exigé pour la circonstance. Après tout, je pouvais faire un mari tout comme un autre. J'aurais eu des maîtresses ; où sont les maris qui n'en ont pas ? Les seules femmes que j'aime réellement, ce sont celles avec lesquelles on s'amuse. L'honnête femme est prude, maniérée, poseuse, bégueule... Parlez-moi des filles de théâtre ; ah ! elles ont du sang celles-là, de la vie ; voilà les vraies femmes de feu ! Ou bien encore d'une de ces adorables pécheresses à chignons jaunes, comme Zozo la Folle, ma première maîtresse, qu'on rencontre aux Folies-Bergère, à Frascati ou à Mabille... J'aurais eu les plus beaux chevaux de France et d'Angleterre, j'aurais brillé sur le turf. J'ai la passion du jeu, j'aurais joué, mon immense fortune me l'eût permis. Mais j'aurais voulu, surtout, éblouir Paris par mon luxe, écraser de mon dédain, de mon mépris et par mon insolence tous mes lâches amis d'autrefois, qui m'ont abandonné à l'heure de ma ruine. De Rogas, ce que j'adorais dans ma belle fiancée, c'étaient les nombreux millions du marquis de Coulange. Quelle magnifique affaire manquée ! Et dire que je les tenais, ces millions... Ah ! tenez, de Rogas, c'est à crever de rage !

Le jeune homme jouait si merveilleusement son rôle que José Basco n'eut pas même la pensée que tout cela pouvait n'être qu'une comédie. Tant il est vrai que les plus fins, les plus habiles sont quelquefois plus faciles à tromper que ceux qui ont seulement pour se défendre leur défiance naturelle.

— Bravo ! mon cher Ludovic, s'écria-t-il. Ah ! je retrouve mon jeune comte de Montgarin !

Il avait pris les mains du jeune homme et les serrait à les briser. Ses yeux noirs brillaient comme des tisons.

Ludovic parut profondément touché de ce témoignage d'affection.

— Mon cher de Rogas, dit-il avec une émotion parfaite, vous ne m'en voulez point, n'est-ce pas ? Ah ! vous êtes toujours généreux et grand... D'ailleurs, vous ne pouvez pas m'en vouloir. Si, en ce moment, quelque chose pouvait me consoler, ce serait de n'avoir rien à me reprocher envers vous ; j'ai suivi vos conseils pour vous prouver que je méritais votre amitié, j'ai étouffé mes désirs les plus ardents, j'ai enchaîné mes passions toujours prêtes à se révolter, je me suis violenté de toutes les manières. De Rogas, vous me rendrez cette justice que j'ai fait tout ce que j'ai pu.

— Oui, mon cher comte, oui, vous avez été parfait.

— Certes, ce n'est pas ma faute si...

— Allons, allons, l'interrompit José, ce n'est pas le moment de perdre courage. D'abord, je pense autrement que vous et je ne dis pas encore : Tout est perdu !

— Quand vous saurez, de Rogas, vous verrez que nous ne devons plus avoir aucun espoir.

— Ludovic, asseyez-vous et causons. Avant tout, tâchons de nous rendre exactement compte de la situation.

— Cette fois, je le tiens, l'infâme, pensait le comte de Montgarin.

Il s'assit en face du Portugais, ayant l'air accablé.

— Comme je vous le disais tout à l'heure, reprit José, il est impossible qu'on ne retrouve pas Mlle de Coulange. Une jeune fille d'un rang élevé comme Maximilienne ne disparaît pas ainsi. Vous n'admettez point, je suppose, qu'elle vous ait trompé sur la nature de ses sentiments à votre égard et qu'elle se soit fait enlever, — comme cela se voit souvent, — par un rival préféré ? Oh ! si cela était, je dirais comme vous : Tout est perdu... Mais non. Il faut donc chercher autre chose pour expliquer l'enlèvement. Tenez, Ludovic, je suis convaincu que d'ici à huit jours votre fiancée sera retrouvée.

— On retrouvera son cadavre, prononça le jeune homme d'un ton lugubre.

— Oh ! fit le Portugais ayant l'air effrayé, vous me faites frissonner jusque dans la moelle des os.

— Vous pouvez avoir peur, de Rogas, car, à l'heure qu'il est, Mlle de Coulange a peut-être été déjà assassinée.

— Mais c'est insensé, ce que vous dites. Pourquoi faire cette horrible supposition ? Pourquoi, je vous le demande, en voudrait-on à la vie de Mlle de Coulange ?

— Une vengeance !

— Une vengeance ! exclama José.

— Oui, la vengeance d'un homme aussi lâche que féroce, qui est l'ennemi mortel du marquis et de la marquise de Coulange.

— Et vous croyez que c'est cet ennemi dont vous parlez, qui a enlevé Mlle de Coulange ?

— Le marquis et la marquise en ont la certitude.

— Hum ! hum ! fit José, dont les yeux étincelèrent sous ses épais sourcils noirs hérissés. Est-ce que le marquis et la marquise ont parlé de cet homme devant vous ? demanda-t-il.

— Vous savez bien que je suis à l'hôtel de Coulange comme si j'étais de la famille. Tantôt le marquis m'a tout dit.

— Alors, vous savez...

— Je sais que le frère de la marquise de Coulange, Sosthène de Perny, est un misérable.

— C'est vrai, c'est un misérable, si c'est réellement lui qui a enlevé Maximilienne.

— C'est lui, de Rogas, n'en doutez point. Et pourquoi l'a-t-il enlevée ? Pour satisfaire sa haine contre sa sœur, pour l'assassiner !

— Ludovic, je vous en prie, ne croyez pas cela.

— Ah ! vous ne savez pas que cet homme est capable de tout. Déjà il a voulu assassiner le marquis, en tirant sur lui, à balle, comme sur un sanglier ou un loup.

— En vérité cet attentat dont j'ai entendu parler...

— C'est Sosthène de Perny qui l'a commis.

— Je reste confondu. Comment le marquis a-t-il pu découvrir que son beau-frère était l'auteur de ce crime ?

— En apprenant, par une lettre anonyme, adressée à Mme de Valcourt, qu'il était revenu à Paris, d'où ses crimes d'autrefois l'avaient chassé.

— Hein ! ses crimes d'autrefois ?

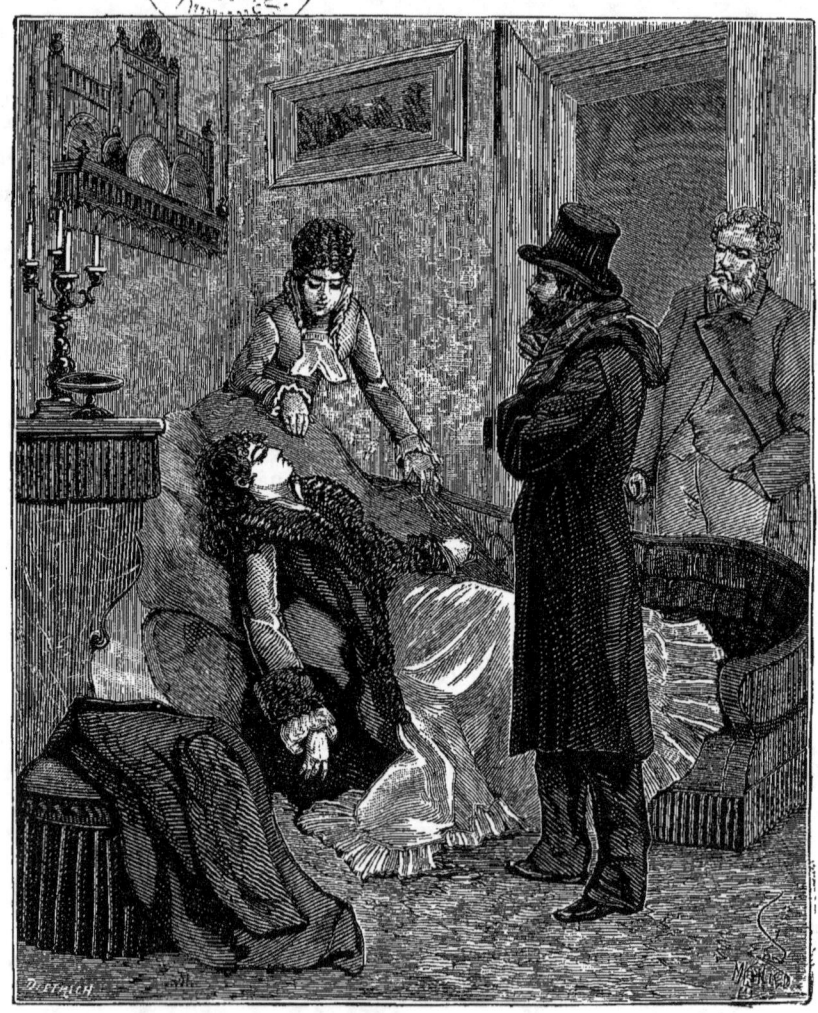

Sosthène se plaça en face de Maximilienne et pendant un instant il resta silencieux. (Page 456.)

— Il a volé au jeu, il a volé le marquis, il a volé et tué sa mère.
— Est-ce là tout ce qu'on lui reproche?
— Ne trouvez-vous pas que c'est assez, de Rogas?
— Certes, on en livre au bourreau de moins criminels que lui, répondit José.
Et tout bas il se disait :
— Ou le marquis ignore encore que le comte de Coulange n'est pas son fils, ou il n'a pas cru devoir révéler ce secret à Ludovic.
Après un court silence, il reprit :

— Ainsi, le marquis et la marquise accusent Sosthène de Perny de l'enlèvement de Maximilienne?

— De même qu'ils n'ont pas hésité à l'accuser d'être l'auteur de l'attentat contre le marquis, dès qu'ils ont su qu'il était revenu à Paris. Le marquis et la marquise n'ont qu'un seul ennemi, lui !

— Allons, se dit le Portugais, ce Morlot, dont ils m'ont parlé comme étant si fort, si terrible, n'a rien découvert, rien deviné. Maintenant, si réellement il m'a soupçonné, le voilà dépisté. Il fallait cela. Plus que jamais, je reste maître de la situation.

— Vous continuez à réfléchir, de Rogas ; pourtant, il me semble que ce que je viens de vous apprendre...

— C'est précisément cela qui me force à réfléchir, mon cher comte. Dites-moi, Mme de Coulange doit être désolée ?

— Et le marquis aussi. Leur douleur est navrante. La marquise ne cesse pas de sangloter et de gémir. Elle est prise à chaque instant d'une attaque de nerfs. C'est un immense désespoir. Je vous le répète, ils sont persuadés que Sosthène de Perny tuera Maximilienne.

— Il n'osera pas.

— Il a bien osé tuer sa mère !

— Encore une question, Ludovic, est-ce que le marquis n'a pas fait immédiatement quelques démarches pour qu'on se mette à la recherche de sa fille ?

— Il est allé trouver le préfet de police. Dès ce soir, sans doute, de nombreux agents seront lancés dans tous les quartiers de Paris. Mais où trouver Sosthène de Perny? Où a-t-il caché sa victime? Pendant combien de temps cherchera-t-on le misérable ? Et encore arrivera-t-on à le trouver ? Mais, en admettant que la police mette la main sur lui dès demain, il aura eu le temps d'assouvir sa haine, en accomplissant son œuvre de vengeance ; ses mains seront teintes du sang de Maximilienne.

— N'est-il venu aucun agent de police à l'hôtel de Coulange, pour prendre les ordres du marquis ou de la marquise?

— Il en est venu un ; c'est Mme Louise, l'institutrice, qui est allée le chercher et l'a amené. Il est arrivé à l'hôtel de Coulange comme je me disposais à partir. Il se nomme Morlot.

— On lui a parlé devant vous ?

— Oui.

— Que lui a-t-on dit?

— Il s'est fait raconter dans quelles circonstances l'enlèvement avait eu lieu à une des portes de l'église Saint-Sulpice. Il était consterné, il avait une mine fort piteuse. D'après ce qui s'est dit devant moi, j'ai compris que depuis longtemps déjà Morlot est à la recherche de Sosthène de Perny et que, malgré tous ses efforts, il n'a pu parvenir à découvrir l'endroit où il se cache.

— Vous a-t-on nommé devant lui?
— Parfaitement, la marquise lui a dit que j'étais le **comte de Montgarin**, le fiancé de Maximilienne.
— Ah!
— Alors, sachant qui j'étais, il m'a salué avec beaucoup de respect.

Les yeux de José Basco s'illuminèrent, et son front devint rayonnant.

— Cette fois, plus de doute, se disait-il mentalement, le fameux Morlot est enfoncé.

— Ma parole d'honneur, de Rogas, dit Ludovic d'un ton aigre, on dirait vraiment que vous êtes content...

— Eh bien, oui, je suis satisfait, répondit José Basco.

Le jeune homme bondit sur ses jambes.

— Satisfait, vous êtes satisfait! s'écria-t-il avec fureur.

IV

PLUS FIN QUE LE RENARD

Loin de s'émouvoir de l'emportement du comte de Montgarin, José Basco eut un sourire singulier.

— Là, là, calmez-vous, mon cher Ludovic; vous devez bien penser que, si je suis satisfait, j'ai mes raisons pour cela.

Le jeune homme le regarda avec un air de complet ahurissement. José gardait son sourire sur ses lèvres.

— Satisfait, murmura le comte de Montgarin, quand c'est l'anéantissement de nos espérances, ma ruine, quand je retombe dans la misère!

José haussa les épaules.

— Ah! ça, fit-il, vous n'avez donc plus confiance en moi?

— Je ne crois plus rien, répliqua brusquement le jeune homme.

— Ne vous ai-je pas promis que vous épouseriez Mlle de Coulange?

— Tenez-la donc, votre promesse! exclama Ludovic, en donnant à son regard une expression farouche.

— En vérité, mon cher comte, on dirait que vous ne me connaissez pas encore; pourtant vous m'avez vu à l'œuvre. Mlle de Coulange sera votre femme, et nous palperons les millions du marquis.

— Vous dites?

— Eh! morbleu, vous m'avez bien entendu.

— Oui, mais je ne vous comprends pas.

— En ce cas, votre esprit a perdu sa lucidité.

— De Rogas, oui ou non, est-ce une plaisanterie?

— Vous savez bien que je ne plaisante jamais, répondit froidement le Portugais.

— Ah! tenez, avec vos airs mystérieux vous me rendrez fou! Voyons, de Rogas, mon cher de Rogas, n'est-ce pas un faux espoir que vous cherchez à faire entrer en moi? Avouez-le, vous voulez m'éloigner de la pensée du suicide.

— Allons donc, le suicide! Vous savez ce que je pense de cette façon bête de quitter la vie, et je n'admets pas que vous puissiez revenir à vos idées d'autrefois. Moi, mon cher comte, je suis un homme positif; ne me berçant jamais d'aucune illusion, je ne saurais pas en faire naître chez les autres. Pourquoi diable vous donnerais-je un faux espoir? A quoi cela nous avancerait-il, vous et moi? Dans huit jours, vous entendez bien, dans huit jours, vous ramènerez vous-même Mlle de Coulange dans les bras de la marquise et du marquis; dans quinze jours vos bans seront publiés, et dans un mois vous serez l'époux d'une des plus riches héritières de France.

Pendant un instant, Ludovic regarda le Portugais d'un air hébété. Soudain, il lui sauta au cou.

— Ah! tenez, de Rogas, s'écria-t-il comme affolé, je finirai par croire que vous êtes réellement un démon ou un génie.

— Un génie bienfaisant pour vous, répliqua José en riant.

— Ainsi, vous dites que dans huit jours... Et c'est moi, c'est moi qui ramènerai Maximilienne à l'hôtel de Coulange?

— Oui.

— Vous ne craignez donc pas que Sosthène de Perny...

— Il ne touchera pas à un cheveu de sa tête.

— Vous êtes sûr?

— Oui.

— Mais pour la rendre à ses parents, il faut la retrouver.

— Nous la retrouverons.

— Comment?

— C'est mon affaire.

— Comme toujours, mon cher de Rogas, vous ne doutez de rien.

— Surtout en ce moment.

— Vraiment, de Rogas, si vous n'étiez pas mon ami, mon associé, j'aurais peur de vous.

José laissa échapper un petit rire aigu.

— Pourquoi? demanda-t-il.

— Parce que vous possédez un pouvoir surnaturel.

— Mon pouvoir, mon cher comte, est tout entier dans mon intelligence, c'est-à-dire dans les conceptions de mon esprit.

— Oui, vous êtes un homme d'imagination. De Rogas, une question.

— Faites-la.

— Vous êtes sûr de retrouver Mlle de Coulange?

— Oui.

— Vous savez donc où nous devons la chercher?
— Peut-être.
— Pourquoi, alors, ne la retrouverons-nous que dans huit jours? En nous mettant à sa recherche cette nuit même, nous pourrions peut-être dès demain...

José Basco secoua négativement la tête.

— Pas avant huit jours, dit-il.
— Quel homme singulier! murmura Ludovic; ce n'est pas demain, ni dans trois jours, ni dans cinq, ni dans six, c'est dans huit jours.
— Oui c'est le temps qu'il faut.
— Pour faire quoi?
— Eh! parbleu, pour la retrouver.
— Comme vous le disiez tout à l'heure, mon cher José, mon esprit a perdu sa lucidité; je cherche vainement à comprendre... Après tout, que m'importe? Je n'ai qu'une chose à faire : me laisser diriger par vous. Pourvu que vous retrouviez Mlle de Coulange, qu'elle soit ma femme et que je mette la main sur les millions du marquis, au diable tout le reste!
— Ah! ah! vous ne comprenez pas, fit le Portugais; eh bien, asseyez-vous et écoutez-moi. Vous allez comprendre.
— Que va-t-il me dire? se demanda le jeune homme en reprenant sa place sur son siège.

Après un court silence José Basco reprit :

— Je vous promets que, demain, je saurai où Sosthène de Perny a conduit Mlle de Coulange. Certainement, vous pourriez dès demain la ramener au domicile paternel. Mais il ne le faut pas. Il ne le faut pas parce que la marquise, le marquis, l'institutrice, Morlot, tout le monde enfin, doit croire que nous nous sommes mis à sa recherche pendant les huit jours qui vont s'écouler, que nous avons eu le bonheur de découvrir l'endroit où elle était enfermée et de l'arracher des mains de son ennemi.
— Et si les hommes de la police, si Morlot la retrouvent avant nous?
— Ils ne la retrouveront pas. Je vous le répète, c'est vous qui la ramènerez triomphalement à l'hôtel de Coulange. Je vois d'ici la scène touchante qui aura lieu. Le marquis vous serrera dans ses bras à vous étouffer, et la bonne marquise se prosternera à vos genoux comme devant un Dieu sauveur.
— Superbe! exclama le jeune homme.
— Vous n'étiez qu'un amoureux ordinaire, vous vous élevez du coup au rang des héros.
— C'est vrai; mais pardon, mon cher José, comment pourrez-vous savoir demain où se trouve Mlle de Coulange?
— Curieux, va.
— Ma curiosité est bien naturelle, José.
— Vous voulez tout savoir, quoi; il faut qu'on vous dise tout.

— Excusez-moi, mon cher de Rogas ; mais je ne vous demande point de me dire ce que vous croyez devoir me cacher.

— Je le sais. Mais le moment est venu de vous apprendre une chose que vous sauriez depuis longtemps déjà si je n'eusse craint de troubler vos amours, en effarouchant certains scrupules que je croyais en vous.

— Moi, scrupuleux, allons donc !

— Eh bien, je commence par vous dire, d'abord, que je verrai demain Sosthène de Perny et que c'est lui-même qui me dira où il a conduit Mlle de Coulange.

— Mais vous le connaissez donc ? s'écria Ludovic, laissant voir un grand étonnement.

— Oui, je le connais.

Les yeux de Ludovic, démesurément ouverts, restaient fixés sur José Basco. Il paraissait stupéfié.

— Ah ! tenez, de Rogas, dit-il d'un ton de reproche, je vous en veux. Pourquoi ne m'avez-vous pas dit cela tout de suite ? Vous m'avez laissé me tourmenter quand il vous était si facile de me tranquilliser !

— J'ai pour principe, mon cher comte, de ne dire jamais que ce que je dois dire, et seulement quand je le veux.

— Soit. Mais je croyais avoir depuis longtemps mérité toute votre confiance.

— S'il en était autrement, je ne vous dirais rien. Quand je vous ai tendu la main pour vous retirer du gouffre où vous étiez englouti et que je vous ai parlé de l'immense fortune que nous pouvions conquérir, je ne vous ai point caché, en vous proposant une association, que j'avais déjà deux associés.

— C'est vrai. Vous m'avez même dit, ce jour-là : il y aura dix millions pour nous, le reste sera pour vous.

— Parfaitement.

— Et j'ai accepté l'association avec joie, avec enthousiasme ; et j'ai fait tout ce que vous avez voulu. Ah ! mon cher José, ajouta-t-il les yeux étincelants, que ne ferait-on pas pour posséder des millions !

— J'évaluais alors la fortune du marquis à vingt-deux ou vingt-trois millions, et nous savons aujourd'hui qu'elle est de trente millions.

— Ce chiffre merveilleux m'éblouit, me donne le vertige... Et cette fortune princière nous échapperait ! Non, non... Tenez, de Rogas, je vous le dis, si l'on osait me disputer Maximilienne, ou plutôt les millions du marquis, je serais capable...

— Vous seriez capable !...

— Eh bien, oui, je serais capable de devenir assassin !

José Basco le regarda avec des yeux où il y avait presque de la tendresse.

— J'espère bien que vous ne serez pas forcé d'en venir là, répondit-il avec un hideux sourire.

— Entre nous, de Rogas, répondit le comte, j'aime mieux cela. Moi, je suis né pour les plaisirs ; je ne suis pas un homme de sang, mais un homme de joie.

Pourtant, je comprends qu'il y ait des moments où l'on devient féroce. Le chien le plus doux grogne et mord quand on veut lui prendre l'os qu'il est en train de ronger.

Mais revenons à nos deux associés, Sosthène de Perny est l'un d'eux, n'est-ce pas?

— Vous avez deviné.

— Et l'autre?

— Vous le connaissez.

— Je le connais?

— Vous l'avez eu pendant quelque temps comme domestique.

— Gérôme?

— Lui-même.

— Et je ne me suis douté de rien. Je suis ébahi, mon cher José. Ce diable de Gérôme, a-t-il assez bien joué son rôle!

— C'est à la suite d'un service important que Gérôme m'a rendu que je l'ai pris pour associé, sachant, d'ailleurs, qu'il me serait très utile. Et puis, il est un ami de jeunesse de Sosthène de Perny. C'est à la suite d'une révélation étrange que m'a faite ce dernier que j'ai conçu l'idée de vous faire épouser Mlle de Coulange et de vous mettre, presque aussitôt après le mariage, en possession de l'immense fortune du marquis.

— Je comprends : il vous fallait absolument un troisième associé pour remplir le rôle d'amoureux.

— Nous ne pouvions rien faire sans un amoureux.

— Vous pouviez en trouver des centaines dans Paris.

— Assurément. Mais c'est vous que j'ai choisi.

— Quand je pense que j'ai longtemps douté de la sincérité de votre amitié. Ah! mon cher José!...

— Sosthène de Perny possède des papiers qui contiennent un secret d'une importance exceptionnelle. Or, grâce à ce secret, que vous ne devez connaître qu'après votre mariage, notre association est toute-puissante ; il nous permet d'écarter tous les obstacles qui pourraient entraver la réussite de notre entreprise.

Cependant je n'ai pas à me louer de Sosthène de Perny. La haine profonde qu'il a pour sa sœur et son beau-frère l'empêchent de raisonner sainement. De plus, il a le défaut de boire ; il boit comme une brute qu'il est, et toujours des liqueurs fortes ; son corps est devenu une outre d'alcool. Il n'est pas de jour qu'il ne tombe ivre-mort, ce qui arrive aussi fréquemment à son ami des Grolles, — c'est le véritable nom de Gérôme. Déjà surexcité par sa haine, vous voyez quelles fumées doivent lui monter au cerveau. Deux ou trois fois déjà, par des actes d'insensé, il a failli tout compromettre. Il veut bien avoir sa part des millions du marquis; mais il n'en cherche pas moins, et cela par tous les moyens qu'il peut imaginer, à assouvir sa haine et sa soif de vengeance.

Malheureusement, aidé de des Grolles, son âme damnée, il agit sans me consulter, et je n'ai connaissance de ses actes de folie que quand ils sont accomplis. C'est ainsi que, maladroitement, bêtement, il a écrit à Mᵐᵉ de Valcourt cette lettre anonyme qui a révélé sa présence à Paris. Aujourd'hui, il fait pire : par suite de je ne sais quelle pensée folle qui a trotté dans sa tête, il enlève Mˡˡᵉ de Coulange. Pourquoi ? Oh ! le fou ! le fou !... Ah ! il s'est bien gardé de me faire connaître son stupide projet.

— José, nous avons là un associé bien dangereux.

— Hé ! je ne le sais que trop.

— Malgré ce que vous m'avez dit tout à l'heure, je ne suis pas rassuré. Dans un moment d'ivresse et de folie, poussé par sa haine, il put égorger Maximilienne.

— Non, n'ayez point cette crainte. Ah ! si c'était sa sœur, je ne dis pas... Mais il n'a pas de haine pour sa nièce. Savez-vous ce que je crois, Ludovic ? Je crois qu'il a enlevé Maximilienne pour jouir stupidement de la douleur et de la désolation de la marquise et du marquis.

— Mais, s'il en est ainsi, José, il est fou à lier.

— C'est ce que, prudemment, nous serons forcés de faire, afin de mettre un terme à ses coups de tête. Cependant, tout en n'approuvant point l'enlèvement de Mˡˡᵉ de Coulange, quand je vois la marquise et le marquis vous acclamer comme le sauveur de leur enfant, je le considère comme une chose heureuse.

— Au fait, vous avez raison, mon cher José.

— Dans la vie, voyez-vous, la plus grande habileté consiste à savoir tirer profit de tous les événements.

— José, répliqua le jeune homme d'un ton convaincu, je vous promets que je saurai tirer parti de celui-ci.

Et un éclair qui s'éteignit aussitôt sillonna son regard.

— Ainsi, reprit-il après un court silence, c'est bien convenu, dans huit jours, en triomphe, nous ramènerons ma fiancée à l'hôtel de Coulange...

— Oui, dans huit jours.

— José, il me vient une idée. Est-ce que vous ne pourriez pas, demain ou après-demain, me présenter à Sosthène de Perny?

— A quoi bon?

— D'abord, je désire le connaître. Et puis, du moment que nous sommes quatre associés, il me semble que nous devons nous trouver tous ensemble au moins une fois avant le mariage.

— Est-ce bien utile ?

— Mon cher José, il est toujours utile de se connaître quand on a des intérêts communs.

— Quelquefois.

Pendant un instant, Ludovic regarda le Portugais d'un air hébété.

— Toujours. D'ailleurs, je serais enchanté de revoir Gérôme. Je m'étais attaché à lui. Après l'avoir traité en domestique, lui serrer amicalement la main, ne trouvez-vous pas, José, que ce sera drôle? Eh bien, nous rirons!

José Basco resta un moment silencieux.

— Sérieusement, reprit-il, est-ce que vous tenez réellement à vous trouver avec Sosthène et des Grolles?

— Mais oui, mais oui.

— Eh bien, soit. Demain, nous dînerons tous les quatre ensemble.

— Bravo! Nous irons d'ici tous les deux au lieu du rendez-vous?
— Non. Il faudra vous trouver à six heures du soir à Bougival.
— A quel endroit?
— Devant le pont. Nous dînerons dans un des restaurants de l'île de la Chaussée, au bord de la Seine.

V

LE RÉVEIL D'UNE CONSCIENCE

Le comte de Montgarin et José Basco avaient causé pendant plus d'une heure. Avertis que le dîner était prêt, ils passèrent dans la salle à manger.

Tout en faisant son service, le vieux François interrogeait la physionomie de son maître. Ne voyant plus aucune trace d'agitation, il se sentit rassuré. Évidemment les paroles de M. de Rogas avaient calmé Ludovic. Quel bon parent! il avait vraiment pour son jeune maître l'affection et la tendresse d'un père. Grâce à son heureuse influence, Ludovic s'était corrigé, et maintenant, s'il avait un ennui, un chagrin quelconque, c'est encore cet excellent comte de Rogas qui le consolait.

Telles étaient les pensées du vieux domestique. Pourtant il aurait bien voulu savoir ce qui avait mis son maître dans l'état de surexcitation où il l'avait vu lorsqu'il était rentré. Quand il s'agissait du comte de Montgarin, François était curieux; mais sa curiosité faisait partie de son dévouement.

Immédiatement après le dîner, le comte de Rogas quitta Ludovic en lui disant:

— A demain matin!

Il regrettait de ne point passer le reste de la soirée avec son cher cousin; mais il était forcé de répondre à une invitation pressante.

Depuis environ deux mois, José Basco sortait presque tous les soirs, et il lui arrivait souvent de ne rentrer que vers trois ou quatre heures du matin. Nous n'avons pas besoin de dire qu'il passait toutes ses soirées chez la soi-disant baronne de Waldreck, où il était toujours sûr de rencontrer quelques riches étrangers.

Dès que le faux comte de Rogas fut parti, Ludovic se retira dans sa chambre. Aussitôt son visage prit une expression douloureuse.

— C'est horrible, horrible! murmura-t-il.

Il fit trois ou quatre fois le tour de sa chambre, d'un pas lourd, tenant sa tête dans ses mains. Puis s'arrêtant:

— Non, non, reprit-il, rien ne saurait m'excuser. Ah! Morlot me l'a dit, je suis le complice de voleurs et d'assassins... Les infâmes ! Et comme eux je suis un misérable ! Quel écrasement et quelle honte !

Il poussa un gémissement et, accablé, il alla s'asseoir sur une causeuse.

Il était brisé et comme anéanti. Tout à l'heure, en présence de son complice, il avait employé tout ce qu'il y avait de force en lui pour se contraindre. Il avait fait taire son indignation, il avait dompté sa fureur. Ah! comme il aurait préféré cracher à la face du misérable tout son dégoût!... Mais il fallait sauver Maximilienne, et pour cela, pendant quelques jours, il devait jouer son rôle de scélérat. Oui, il fallait qu'il hurlât avec les loups. Il avait réussi à tromper de Rogas, n'était-ce pas merveilleux? Certes, il était content de lui; pourtant sa victoire lui faisait éprouver de la honte... Il ressemblait donc bien à un bandit? Cette pensée le terrifiait.

Depuis le jour où il s'était senti relevé par l'amour, depuis le jour où le regard divin de Maximilienne avait purifié son cœur et éclairé sa conscience, il avait trouvé lourd le joug qu'il portait. Il aurait voulu s'en débarrasser, mais comment? Hélas! il était sous la domination de José Basco, et celui-ci le tenait enchaîné. Il avait les boulets aux pieds et le carcan rivé à son cou. Il n'aurait eu qu'un seul moyen de sortir de son esclavage, de rompre le pacte dont il avait signé les conditions honteuses: renoncer à Maximilienne. Mais il l'aimait... Et le malheureux s'étourdissant, ne voulant ou n'osant plus reporter sa pensée en arrière, était arrivé jusqu'à ce jour sans se demander comment il ferait pour remplir les conditions de son funeste marché.

Maintenant, éclairé par Morlot, qui lui avait montré le faux comte de Rogas et ses complices agissant dans l'ombre, poursuivant avec une audace inouïe leur œuvre infernale, il voyait dans quelle horrible situation il se trouvait. Un effroyable abîme était sous ses pieds. Mais déjà il avait pris une résolution ; ce qu'il avait à faire, ce qu'il devait faire, il le savait.

Pendant près d'une heure, la tête appuyée contre le dossier du canapé, il resta plongé dans l'amertume de ses sombres pensées.

Soudain, il s'agita convulsivement et se redressa.

— Et voilà ce que j'ai été, et voilà ce que je suis, dit-il d'une voix étranglée. Malheur, malheur!... Quelle triste vie que la mienne! C'est ma faute. O ma mère, si j'avais pieusement gardé ton souvenir, je ne me serais pas roulé dans toutes les fanges!... Je suis dans la vie un être inutile, moins que cela encore, un parasite... Je peux me comparer à l'ivraie dans un champ de blé. Je pouvais être quelque chose et je ne suis rien. Ah! maudit soit le jour où j'ai rencontré de Rogas, ce démon échappé de l'enfer !... J'étais perdu, c'est vrai ; mais je n'étais pas encore ce que je suis devenu, un misérable! Heureusement, mon père et ma mère dorment dans la tombe, ils ne peuvent pas voir ma honte. Ils ont été bons pour moi, ils m'ont aimé. Comme pour moi la vie était facile! Oui je pouvais être heureux, je ne l'ai pas voulu. Deux chemins s'ouvraient devant moi ;

sur l'un, je croyais voir des fleurs, je le pris; c'était le mauvais chemin. J'arrive au bout, l'horizon s'efface, tout est dans la nuit. J'ai beau regarder en arrière, ce n'est pas sur des fleurs que j'ai marché; j'ai passé à travers des épines et des ronces où je me suis déchiré, dans des flasques bourbeuses où je me suis souillé... Et j'entends des ricanements, des éclats de rire, des huées; ce sont mes compagnons de route qui me crient: Prends garde au fossé, casse-cou!

Mon père, dont la mémoire est vénérée, mon père m'avait transmis un nom honoré et sans tache... Il comptait sur moi pour le porter dignement. Il ne se doutait guère que son fils, un jour, piétinerait sur ses cendres!

Ah! malheureux! malheureux! s'écria-t-il en se frappant le front, qu'as-tu fait de ton nom et de ton honneur?

Après être resté un moment silencieux, son visage changea subitement d'expression. Il y avait dans son regard une sorte de rayonnement.

Il joignit les mains et se mit à genoux comme devant une image sainte
— Maximilienne, ma chère Maximilienne! prononça-t-il.
Il y avait dans sa voix une tendresse infinie.
— Oh! comme je t'aime, comme je t'aime!
Un sanglot s'échappa de sa poitrine, et de grosses larmes coulèrent lentement le long de ses joues.

Il se releva et se jeta sur le canapé où il se roula et se tordit dans les convulsions d'un affreux désespoir. Il poussait des gémissements, parfois des cris de fureur, et pleurait à chaudes larmes.

Un silence profond régnait dans la maison. Ses serviteurs étaient couchés depuis longtemps. Il ne songeait pas à se mettre au lit; il sentait sans doute qu'il lui serait impossible de dormir.

Vers une heure il entendit rentrer le comte de Rogas. Il se dressa brusquement comme poussé par un ressort. Ses yeux se fixèrent sur une panoplie et plus particulièrement sur un couteau catalan, sans gaîne, dont la lame longue et effilée, luisait, à la clarté de la lampe, avec des reflets d'arc-en-ciel.

— D'où vient-il? De faire son métier de grec, de voleur! murmura-t-il sourdement. Ah! ah! il faut bien: la fin du mois approche, et le comte de Montgarin a besoin d'argent!

On ne saurait dire ce qu'il y avait d'amertume, de douleur profonde dans la façon dont il prononça ces derniers mots.

Il entendit José Basco traverser le salon.

— S'il vient ici, l'infâme! reprit-il en se rapprochant de la panoplie, je suis capable de lui plonger la lame de ce couteau dans la poitrine.

Mais le bruit des pas du Portugais cessa de se faire entendre. Il venait de rentrer dans sa chambre.

Une flamme passa dans le regard du comte de Montgarin, et il eut un sourire étrange.

Il se jeta tout habillé sur son lit, et il passa le reste de la nuit laissant tourbillonner dans sa tête toutes sortes de pensées désordonnées.

A huit heures il sortit de sa chambre et alla s'asseoir dans le salon où François venait d'allumer du feu.

José Basco était déjà levé; un instant après il vint rejoindre Ludovic. Ils se serrèrent la main.

— Aujourd'hui, mon cher comte, vous êtes le chevalier de la Triste Figure, dit José; je parie que vous n'avez pas fermé l'œil de la nuit. Vous êtes toujours inquiet, avouez-le.

— Si je disais le contraire, je mentirais.

— Après ce que je vous ai dit hier soir, vous devriez être rassuré.

— Mon cher José, répondit Ludovic avec un sourire forcé, je n'aurai plus aucune inquiétude quand Maximilienne et moi nous aurons signé notre acte de mariage devant M. le maire paré de son écharpe tricolore.

— Nous y arriverons, encore un peu de patience.

— Vous savez bien que je n'en manque point. J'ai un conseil à vous demander.

— Je suis prêt à vous le donner.

— Dois-je aller aujourd'hui à l'hôtel de Coulange?

— Mais tous les jours, mon cher comte, tous les jours. D'abord, c'est pour vous un devoir d'aller prendre des nouvelles de la marquise. Et puis il est bon que vous sachiez un peu ce qui se passe. Au fait, vous avez une physionomie de circonstance, elle ne manquera pas de produire son effet.

— Vous avez la même pensée que moi, José; je me disais cela tout à l'heure en me regardant dans une glace.

— Naturellement, vous direz au marquis et à la marquise que, de notre côté, nous nous sommes mis à la recherche de Mlle de Coulange. Comme un homme très pressé, qui sait combien les instants sont précieux, ne restez que quelques minutes à l'hôtel de Coulange; ne vous asseyez même pas. Vous êtes trop tourmenté. Vous ne pouvez pas rester en place. Vous n'avez plus qu'une pensée : retrouver Maximilienne. Vous avez passé la nuit à visiter les quartiers excentriques de Paris. Malgré votre répugnance, vous n'avez pas hésité à pénétrer dans toutes sorte de bouges, dans de véritables coupe-gorge. Mais vous avez réfléchi, et vous êtes à peu près convaincu que ce misérable Sosthène de Perny a conduit Mlle de Coulange aux environs de Paris. Vous allez vous mettre à fouiller toute la banlieue, rien n'échappera à vos investigations, vous irez partout quêtant pour ainsi dire des renseignements.

De cette façon, ils seront prévenus, et il ne leur paraîtra pas extraordinaire que vous ayez retrouvé Maximilienne.

Ah! tâchez, si c'est possible, de savoir ce que fait cet agent de police qu'on appelle Morlot.

— Je le saurai. Si j'allais tout de suite faire une visite au marquis et à la marquise ?

— Rien ne vous en empêche.

— Vous retrouvrrai-je ici ?

— Non.

— Alors, à ce soir.

— Oui, à ce soir.

— Au pont de Bougival.

— Je vous attendrai à six heures.

Le comte de Montgarin arriva à l'hôtel de Coulange comme Morlot sortait du cabinet du marquis. Ils se rencontrèrent dans l'antichambre.

— Eh bien, avez-vous quelque chose à me dire? demanda Morlot.

— Oui, beaucoup de choses.

— Alors, vous avez réussi ?

— Oui.

— Nous ne pouvons pas causer ici, reprit Morlot; vous ne verrez pas Mme de Coulange, qui est toujours dans une sorte de délire; faites votre visite à M. le le marquis et venez vite me retrouver rue Rousselet.

Ludovic ne resta que quelques minutes avec le marquis. Il lui demanda comment se trouvait la marquise, s'il avait reçu une lettre du comte de Coulange et se retira.

Le marquis lui avait répondu que Mme de Coulange était dans un état qui lui inspirait de grandes inquiétudes ; que depuis son départ de Paris Eugène n'avait pas encore écrit.

Disons que le comte de Montgarin ignorait qu'Eugène avait quitté précipitamment Paris pour se rendre à Menton près de Mlle de Valcourt mourante.

Ludovic s'empressa de rejoindre Morlot.

— Monsieur le comte, lui dit l'intendant, M. le marquis vous a appris quelles étaient ses craintes au sujet de Mme la marquise : la pauvre mère a reçu un coup terrible ; ce n'est pas seulement Maximilienne, c'est encore la marquise de Coulange que nous devons sauver. Qu'avez-vous fait, monsieur le comte? Que savez-vous? Ah! j'ai hâte de l'apprendre.

— Monsieur Morlot, répondit Ludovic, vos paroles d'hier m'avaient à peu près indiqué ce que je devais faire. En rentrant chez moi je trouvai le comte de Rogas. Maître de moi, malgré les révoltes de ma conscience, et mon cœur qui bondissait de dégoût, j'ai eu le courage de jouer devant lui le rôle d'un ignoble coquin. Il peut croire aujourd'hui que je suis plus infâme que lui-même. Je suis allé jusqu'à renier mon amour pour Maximilienne, c'est-à-dire ma foi, ma religion, toutes mes croyances... Ah! c'est à en mourir de honte. Mais il faut arracher Maximilienne des mains de ces scélérats, il faut la rendre à sa mère. Je dois racheter mon crime.

Après s'être interrompu un instant, le jeune homme reprit la parole et raconta à Morlot la longue conversation qu'il avait eue avec le faux comte de Rogas.

— Ainsi, dit Morlot, quand Ludovic cessa de parler, il a prétendu qu'il n'était pour rien dans l'enlèvement?
— Oui.
— Vous l'avez cru?
— J'ai eu l'air de le croire.
— Maintenant, je vois clair dans son jeu. Comme je l'avais parfaitement deviné, il a voulu me dépister en me lançant sur Sosthène de Perny. Évidemment, il croit que j'ignore qu'il est le complice de Sosthène. Il faut lui laisser sa conviction. Quant à vous, monsieur de Montgarin, continuez sans défaillance ce que vous avez si heureusement commencé. Je comprends toutes vos répugnances; mais ne voyez que le succès. N'ayant pas de temps à perdre, nous n'avons pas le choix des moyens. Mlle de Coulange seule peut vous absoudre, méritez son pardon. Surtout, monsieur le comte, tenez-vous constamment sur vos gardes: vous avez affaire à d'habiles coquins. Défiez-vous, car, avant de se livrer complètement, ils peuvent vous soumettre à certaines épreuves. Je n'ai pas à vous cacher que si, maintenant, ils éventaient votre ruse, nous aurions beaucoup à craindre.

Dans huit jours vous rendrez Maximilienne à sa mère, vous a-t-il dit. C'est long, huit jours, bien long, si nous songeons à la douleur de Mme de Coulange, aux inquiétudes de Mlle Maximilienne. Je trouverai, je l'espère, le moyen de ne pas attendre si longtemps. Mais, avant tout, il faut que nous sachions où ils ont enfermé leur prisonnière. Ce soir vous allez vous trouver avec eux. Qui sait? ils vous le diront peut-être. Mais, pour cela, il faut que vous sachiez leur inspirer une entière confiance. Vous avez pu tromper le faux comte de Rogas; c'est bien. Oh! celui-là, vous le tenez. Mais ce n'est pas assez, il faut réussir également près des autres. Ne craignez pas de vous mettre à leur niveau: il faut aboyer avec les chacals, rugir avec les hyènes et les tigres.

Je vous le répète, ne voyez que le but à atteindre. C'est par vous que Mlle de Coulange doit être sauvée. De Rogas et les autres se sont servis de vous pour leurs crimes, moi je vous emploie pour leur châtiment!

Après un silence, Morlot reprit:
— C'est à Bougival que vous vous trouverez ce soir avec eux. Comme ce serait facile de s'emparer des trois bandits! Me voyez-vous, escorté d'une demi-douzaine d'agents de la sûreté, faire irruption tout à coup dans la salle du festin En un clin d'œil, ils seraient terrassés, bâillonnés, garrottés. Un joli coup de filet! C'est bien tentant, n'est-ce pas?
— Eh bien, venez, monsieur Morlot, venez! s'écria le jeune homme.
— Non, je résiste à la tentation.

— Pourquoi
— Parce que j'ai peur pour Mlle de Coulange. Ah! si nous savions où elle est!

— Je comprends, dit tristement Ludovic.

Morlot continua :

— Le faux comte de Rogas vous a donné rendez-vous devant le pont de Bougival; c'est donc à Bougival même ou dans une des communes avoisinantes que Sosthène de Perny a conduit Mlle Maximilienne. Je connais parfaitement tous les environs de Paris; or, de ce côté, à Rueil, à Chatou, à Croissy, à Bougival, il y a, plus que partout ailleurs, de nombreuses maisons isolées, de charmantes villas que leurs propriétaires n'habitent que l'été. A n'en pas douter, c'est dans une de ces maisons isolées, où peuvent se commettre tous les crimes, que Mlle de Coulange est enfermée et gardée par Sosthène de Perny et Armand des Grolles.

Maintenant, supposons que je m'empare ce soir des trois complices et qu'ils refusent de parler. Que devient votre fiancée? Assurément, on peut envoyer dans le pays vingt-cinq et même cinquante agents chargés de visiter l'une après l'autre toutes les habitations suspectes; mais deux, trois, quatre jours et plus peuvent se passer en recherches inutiles. Pendant ce temps, Mlle de Coulange, qui ne voit plus personne, qui n'entend plus aucun bruit autour d'elle, comprend que ses ravisseurs l'ont abandonnée. Elle essaye vainement de sortir de prison, si ce n'est pas un cachot. Elle appelle à son secours, ses cris ne sont pas entendus. Alors de nouvelles terreurs la saisissent. Elle se voit condamnée à mourir de faim. Que faire? Rien. Elle est comme dans un sépulcre. Bientôt toutes ses forces sont épuisées, elle éprouve des tortures sans nom. Oh! la faim et la soif, deux épouvantables choses!... Enfin elle s'affaisse ou tombe, peut-être pour ne plus se relever.

Monsieur de Montgarin, poursuivit Morlot, une jeune femme que je connais, une autre victime de Sosthène de Perny, s'est trouvée dans la même situation que Mlle de Coulange. Ah! je me sens encore frissonner en me rappelant le récit qu'elle m'a fait de ses souffrances morales et physiques.

— C'est horrible, monsieur Morlot, et j'en suis épouvanté.

— Eh bien, voilà pourquoi je ne veux point profiter ce soir de l'occasion qui m'est offerte de m'emparer des trois misérables que je poursuis et dont je veux le châtiment. Encore une fois, ne pensons, quant à présent, qu'à Mlle de Coulange et à sa pauvre mère. Monsieur de Montgarin, il faut, avant tout, délivrer votre fiancée.

— Ah! pour cela, vous pouvez compter sur moi.

— Je le sais.

— Avez-vous encore quelque chose à me dire?

— Non, puisque vous savez ce que vous devez faire.

S'il vient ici, l'infâme! je suis capable de lui plonger la lame de ce couteau dans la poitrine. (Page 466.)

Le jeune homme se leva pour s'en aller.
— Allons, bonne chance, monsieur de Montgarin! dit Morlot.

VI

L'ESPRIT TROUBLÉ

Nous avons quitté la maison de la Belle-Bonnette au moment où Maximilienne commençait à reprendre ses sens. Peu à peu son corps s'était réchauffé devant la flamme du foyer et l'engourdissement de ses membres, causé par le froid, avait disparu.

Elle rouvrit les yeux, se souleva et regarda autour d'elle avec étonnement.

— Où suis-je donc? murmura-t-elle d'une voix affaiblie. C'est singulier, il me semble que j'ai les jambes brisées.

Elle porta ses mains à son front, puis se frotta les yeux. Elle cherchait à ressaisir sa pensée, à se rappeler.

— Voyons, dit-elle, est-ce que ce n'est pas un rêve, un affreux cauchemar ! Ah! mais que m'est-il donc arrivé? Je ne me souviens pas!

Alors ses yeux, devenus hagards, commencèrent à se fixer sur les objets qui l'entouraient. Elle ne pouvait voir Charlotte et Élisabeth, qui se trouvaient derrière elle, presque cachées par les rideaux du lit.

— Ce n'est pas ma chambre, reprit Maximilienne: je ne reconnais rien ici, je ne suis pas à l'hôtel de Coulange.

Par suite de plusieurs mouvements qu'elle avait faits, elle s'était assise. Une seconde fois elle passa ses deux mains sur son front, rejetant en arrière quelques boucles de ses cheveux qui tombaient sur ses joues.

Presque aussitôt la mémoire lui revint. Elle poussa un cri rauque et se dressa debout, frémissante, le regard épouvanté. Elle resta un instant immobile, puis elle s'élança vers la fenêtre. Elle chercha à l'ouvrir. Impossible. Par surcroît de précautions on avait cloué les deux croisées. D'une main fébrile elle écarta les rideaux. Alors elle vit les barreaux de fer.

— Ah! ah! ah! fit-elle en reculant.

Elle se retourna. Ses yeux cherchaient une porte. Elle vit ses deux gardiennes.

— Que faites-vous là? demanda-t-elle.

— Rien, vous le voyez bien, répondit Charlotte avec effronterie.

— Qui êtes-vous?

— Vos deux servantes.

— Oh! fit Maximilienne, en lançant à Charlotte un regard de dédain

— Vous aviez perdu connaissance, vous étiez glacée, presque morte; c'est nous qui vous avons donné des soins, qui vous avons réchauffée et rappelée à la vie.

— Si vous aviez fait cela par pitié pour moi, je vous remercierais, répondit Maximilienne. Les plus méchantes gens ne laissent pas mourir une bête sans la secourir. Allez, je comprends: si l'on ne veut pas que je meure, c'est que ma vie peut servir à quelque chose.

En parlant, elle s'était approchée des deux jeunes filles blondes.

Sous le regard de Maximilienne, Élisabeth baissa la tête.

— Ainsi vous êtes toutes deux les complices des deux hommes? dit Mlle de Coulange. Pourtant vous êtes bien jeunes pour être des misérables. Êtes-vous les deux sœurs ? Non, vous ne vous ressemblez pas. Vous, qui m'avez répondu et qui levez audacieusement la tête, vous avez quelque chose dans le regard qui me fait frissonner ; votre compagne baisse les yeux, et la honte a rougi son front. Voyons, ai-je le droit de faire quelques questions ?

— Si vous le voulez !

— J'ai été amenée ici par deux hommes, où sont-ils ?

— Ils sont partis.

— Quand reviendront-ils ?

— Nous ne le savons pas.

— Où suis-je ici ?

— Dans votre chambre.

— Dites ma prison. Mais vous ne m'avez pas comprise ; je vous demandais le nom de l'endroit où nous sommes.

— Il nous est défendu de vous le dire.

— Ah ! vous est-il aussi défendu de me dire à quelle distance je suis de Paris ?

— Nous en sommes à trois ou quatre lieues.

— A qui appartient cette maison ?

— Je n'en sais rien.

— Ce n'est donc pas ici que vous demeurez ?

— Non.

— Vous habitez à Paris ?

— Oui.

— Pourquoi êtes-vous ici ?

— Pour vous servir.

— Je comprends : vous êtes mes gardiennes.

— Oui.

— Alors, vous devez savoir ce qu'on veut faire de moi ?

Charlotte se contenta de secouer la tête.

— Enfin, quels ordres vous ont été donnés ?

— Nous devons nous tenir constamment à votre disposition pour vous servir; nous devons veiller sur vous et vous empêcher de franchir le seuil de la porte de cette chambre.

— Ainsi je suis réellement dans une prison ?

Charlotte ne répondit pas.

— Et si je voulais m'échapper ? fit Maximilienne.

— C'est impossible.

— Pourquoi ?

— Parce que après cette porte il y en a d'autres que vous ne pourriez pas ouvrir. Quant à la fenêtre, si vous n'avez pas vu, regardez.

Après être restée un moment silencieuse, Maximilienne reprit :

— Vous êtes bien jeunes l'une et l'autre pour le vilain métier qu'on vous fait faire. Mais vous n'avez donc ni père, ni mère, ni frère, ni sœur? Comment et par qui avez-vous été jetées dans la vie? Dans quelle fange vous traînez-vous? Quelles malheureuses créatures êtes-vous donc? Ah! tenez, mon cœur se serre en pensant à votre destinée, et je sens s'apaiser la colère qui, tout à l'heure, grondait en moi. Je ne vous connais point, je ne sais pas à quel monde vous appartenez; mais, qui que vous soyez, je vous plains; oui, je vous plains de tout mon cœur. J'ignore ce qu'on veut faire de moi, je ne sais pas encore quelles seront mes souffrances; n'importe, celle qu'on vous a donnée à garder est moins malheureuse que vous!

Après ces paroles, Maximilienne s'éloigna lentement et alla s'asseoir près de la cheminée.

— Viens, dit Charlotte à Élisabeth.

Et elles sortirent de la chambre.

Maximilienne entendit le grincement d'une clef dans la serrure.

— Mes geôlières prennent leurs précautions, murmura-t-elle. Me voilà seule... J'aime mieux cela.

Elle se leva, alla à la fenêtre, écarta les rideaux et regarda. Aussi loin que sa vue pouvait s'étendre, elle ne vit que des arbres, et sous les branches, des troncs énormes de châtaigniers, et le sol aride couvert de bruyères.

— Je suis au milieu d'une forêt, pensa-t-elle.

Elle poussa un long soupir et revint tristement près de la cheminée. Il y avait une glace. Elle se plaça devant.

— Comme je suis pâle, défaite! dit-elle tristement.

Elle répara autant qu'elle le put le désordre de son vêtement. Sa belle chevelure s'était dénouée, une longue tresse descendait jusqu'à ses hanches. Elle la ramena sur sa tête, l'enroula et la fixa sous le peigne. Elle détacha quelques épingles et les replaça en refaisant sa coiffure.

Elle s'aperçut qu'on lui avait ôté ses bottines et qu'on avait mis ses pieds dans des pantoufles.

Autre attention: elle vit, jeté sur le lit, un peignoir de molleton.

— Mon costume de prisonnière, murmura-t-elle.

Et elle eut en même temps un sourire et un regard dont rien ne saurait rendre l'expression douloureuse.

— Oh! les misérables! prononça-t-elle sourdement. Que me veulent-ils? Quelles sont leurs intentions? A quoi suis-je donc condamnée!

Elle laissa échapper un gémissement et s'affaissa sur la chaise longue. Alors sa tête tomba dans ses mains. S'oubliant complètement, elle ne pensa plus qu'à sa mère et à son père, à leur douleur et à leur désespoir. Elle voyait sa mère bien-aimée dans les larmes, et il lui semblait qu'elle entendait ses cris déchirants; elle voyait aussi le marquis, essayant vainement de rassurer et de consoler la marquise.

— Hélas ! se disait-elle, ils me croient perdue, perdue pour toujours ! Mon Dieu, mon Dieu, pourvu qu'ils aient la force de supporter le coup qui les frappe ! Si seulement mon frère était près d'eux, leur douleur serait moins vive, car il les consolerait, lui.

Les sanglots lui coupèrent la voix.

Au bout d'un instant, comme si la marquise avait été là, près d'elle, ou qu'elle eût pu l'entendre, elle reprit :

— O ma mère chérie, ma mère adorée, ne sois pas désespérée ! Dieu protégera ta fille contre les méchants et lui donnera, comme à toi, la résignation et la force de souffrir. Ah ! ne te rends pas malade ; si tu allais mourir, mon Dieu !... Maman, maman, je ne veux pas que tu meures !

La nuit vint, Maximilienne pleurait toujours. Dans le foyer de la cheminée il n'y avait plus que des charbons qui achevaient de se consumer sous les cendres. Mais, à côté, se trouvait une caisse remplie de morceaux de bois. Du reste, elle n'avait pas froid, la chambre était chaude. Un profond silence régnait autour d'elle ; aucun bruit, ni rapproché ni lointain, n'arrivait à ses oreilles.

Quand la nuit se fut épaissie autour d'elle, un vague effroi pénétra en elle ; elle éprouvait un malaise indéfinissable : elle était oppressée, elle sentait un poids énorme sur sa poitrine. Peut-être avait-elle réellement peur. Certes, la situation dans laquelle elle se trouvait pouvait justifier toutes les terreurs. Ne connaissant point les projets de ses ennemis, pouvant tout supposer, tout admettre, ce silence lugubre au milieu de l'obscurité avait quelque chose d'effrayant.

Elle resta ainsi pendant près de deux heures, tourmentée par les fantômes que créait son imagination.

Enfin elle entendit un bruit de pas légers. On venait, on allait entrer dans la chambre. Était-ce bien une de ses gardiennes ? Son cœur se mit à battre très fort ; elle frémissait, elle était haletante. La clef tourna dans la serrure. Elle se dressa, effarée, un éclair dans le regard, prête à se défendre contre un danger inconnu. La porte s'ouvrit, la lumière d'une lampe éclaira la chambre. Une de ses gardiennes entra. C'était Élisabeth. Rassurée, Maximilienne poussa un soupir de soulagement et retomba sur son siège.

Après avoir fermé la porte, Élisabeth posa la lampe sur une table et se débarrassa d'un panier qu'elle avait à son bras, en le mettant sur le parquet. Alors, tout en jetant de temps à autre un regard furtif du côté de Maximilienne, qui lui tournait le dos, elle plaça sur la table, en vidant le panier, d'abord une assiette et un morceau de pain, puis une bouteille de vin, une carafe d'eau et une fourchette. Sur l'une des assiettes il y avait des pommes de terre frites, sur l'autre une aile de poulet froid. C'était le dîner de la prisonnière.

Cela fait, la gardienne s'approcha de Maximilienne.

— Mademoiselle, lui dit-elle d'une voix qui tremblait légèrement, votre dîner est sur la table.

Maximilienne leva les yeux sur elle et, sans rien dire, la regarda d'une façon singulière.

— Mademoiselle, vous devez avoir faim, reprit Élisabeth.

Toujours silencieuse, Maximilienne continuait à la regarder fixement.

— Est-ce que vous ne voulez pas manger? Je vous ai apporté des pommes de terre frites dans le beurre et un morceau de volaille; je ne peux vous donner que cela ce soir; mais j'aurai demain quelque chose de meilleur à vous servir.

Maximilienne gardant toujours le silence, elle devint inquiète.

— Vous avez froid, bien sûr, vous avez froid, dit-elle, le feu est presque éteint; voilà du bois, vous auriez pu... Mais non, c'est ma faute... Si j'avais su, si j'avais pensé... Je devais venir... Je n'ai pas osé; j'ai craint de vous déplaire, de vous déranger. Quand on est triste, on aime à être seule. On peut réfléchir, on peut pleurer. On n'aime pas à montrer ses larmes.

Tout en parlant, elle avait remué les cendres et rassemblé au milieu de l'âtre les derniers tisons sur lesquels elle mit quatre ou cinq morceaux de bois.

— Étrange fille, pensait Maximilienne; c'est une misérable, une vile créature, et pourtant il y a encore quelque chose de bon en elle.

Le bois commençait à s'enflammer au milieu d'un pétillement d'étincelles.

— Mademoiselle, dit Élisabeth, vous pouvez approcher vos pieds du feu.

Maximilienne fit un mouvement et allongea ses jambes.

— Vous avez froid, n'est-ce pas?

Cette fois encore Maximilienne ne répondit point.

Élisabeth s'éloigna, alla jusqu'à la porte, puis revint.

— Mademoiselle, dit-elle tristement et presque à voix basse, comme si elle eût craint d'être entendue, je vous demande pardon!

Maximilienne tressaillit.

— Ah! fit-elle, vous me demandez pardon; vous vous repentez donc de ce que vous avez fait?

— Oui.

— Alors vous n'êtes pas tout à fait une misérable,

— On m'a dit: Vous ferez cela ; c'était un ordre, il fallait obéir.

— Vous pouviez refuser.

— Hélas! non.

— Pourquoi?

— Parce que, dans ma position, je ne puis avoir une volonté.

— Quelle est donc votre position?

— Je ne puis vous le dire, mademoiselle; il y a des choses que vos oreilles ne peuvent pas entendre.

Je ne suis pas libre, je suis une esclave.

— L'esclave des deux hommes?

— Oui.

— Comment vous appelez-vous?
— Élisabeth.
— Et votre compagne?
— Charlotte.
— Est-elle votre sœur?
— Non.
— Est-ce que sa position est pareille à la vôtre?
— Oui.
— Vous êtes donc sans famille, l'une et l'autre?
— Charlotte et moi nous n'avons ni mère ni père, nous ne savons même pas où nous sommes nées.
— Enfin que faites-vous?

Élisabeth secoua tristement la tête.

— Ah! voilà ce que je ne peux pas vous dire.
— Eh bien, ne parlons plus de cela.

Après un moment de silence, Maximilienne reprit :

— Vous devez savoir pourquoi on m'a amenée ici.
— Je l'ignore, mademoiselle, je vous le jure!
— Ainsi j'ai tout à redouter, tout à craindre?
— On nous a dit qu'il ne vous serait fait aucun mal.
— Qui vous a dit cela?
— Lui.
— Ce mot désigne un homme. Est-ce celui que j'ai reconnu dans la voiture et ai appelé Sosthène de Perny?
— Non.
— C'est l'autre, alors?

Élisabeth secoua la tête.

— Mais il y en a donc un troisième?
— Oui.
— Son nom, dites-moi son nom?
— Je ne le peux pas, mademoiselle; si je vous disais son nom, il me tuerait!
— Oh! fit Maximilienne.

Et sa tête s'inclina sur sa poitrine.

— Oui, ils sont trois, pensait-elle; mon frère s'est trouvé devant eux dans la maison du boulevard Bineau. Deux sont restés masqués. Pourquoi cachaient-ils leur visage? C'est facile à deviner. J'en connais deux, l'autre, l'autre... Qui donc est-il?

Elle releva brusquement la tête.

— Il y a autour de moi un mystère qui m'épouvante, dit-elle; j'ai peur, oui j'ai peur!...

Elle se leva et, saisissant la main d'Élisabeth :

— Pour l'horrible métier que vous faites, lui dit-elle, on doit vous payer; je ne vous demande pas quelle somme on vous a donnée ou promise, cela ne me regarde pas; mais si, au lieu d'être contre moi, avec mes ennemis, vous voulez être avec moi et me servir, je vous tirerai de la servitude où vous êtes et vous ferai riche; oui, je vous donnerai une fortune. Mon père et ma mère sont en ce moment dans des angoisses mortelles... Tout à l'heure je pleurais et sanglotais en pensant à leur douleur, à leur désespoir. Il faut qu'ils soient consolés. Élisabeth, vous allez m'aider à m'échapper de cette maison.

— Hélas! mademoiselle, c'est impossible; quand même je le voudrais, je ne le pourrais pas.

— Est-ce Charlotte que vous craignez?

— Non. Mais Charlotte ne vous a pas dit la vérité, mademoiselle. Les deux hommes ne sont pas partis, ils sont ici. Ce sont eux qui vous gardent réellement. Vous n'avez qu'une chose à faire : vous résigner. Si je savais ce qu'on veut faire de vous, je vous le dirais; mais Charlotte et moi nous ne savons rien.

— Les misérables, les misérables! murmura Maximilienne.

De grosses larmes jaillirent de ses yeux.

— Mon pauvre père! ma pauvre mère! gémit-elle.

— Mademoiselle, dit Élisabeth très émue, il ne faut pas vous effrayer, vous n'avez rien à craindre, j'en suis sûre. D'ailleurs Charlotte et moi nous sommes ici pour veiller sur vous, et s'il le fallait pour vous défendre. Votre oncle ou l'autre homme ne pourrait entrer dans cette chambre avec une mauvaise intention qu'après m'avoir tuée... Mais non, je vous le dis encore, vous n'avez rien à craindre.

Maximilienne s'était remise à pleurer, la figure cachée dans ses mains.

— Allons, mademoiselle, venez manger un peu, reprit Élisabeth, cela vous fera du bien.

La jeune fille n'eut pas l'air d'avoir entendu.

— Tenez, pour que vous n'ayez pas à vous déranger, je vais avancer la table près de vous.

Maximilienne se dressa, les yeux étincelants.

— Non, dit-elle avec brusquerie, je ne mangerai pas.

— Je vous en prie, mademoiselle !

— Non, vous dis-je, je ne mangerai pas, je ne veux pas manger.

— Pourtant...

— Assez. Retirez-vous, laissez-moi !

Le ton dont ces paroles furent prononcées fit comprendre à Élisabeth qu'elle ne devait plus insister.

Elle se dirigea lentement vers la porte, jeta un dernier regard sur Mlle de Coulange et sortit de la chambre.

De Perny et des Grolles venaient de sortir du clos de la Belle-Bonnette. (Page 491.)

Aussitôt Maximilienne bondit en avant comme si elle eût voulu éviter l'approche d'une bête venimeuse. Elle était toute frémissante.

— Oh! l'horrible pensée! prononça-t-elle d'une voix étranglée. Lui!... lui!... Mais c'est impossible; si je croyais cela, il faudrait douter de tout, de Dieu lui-même; il faudrait admettre que le mal est partout, le bien nulle part, qu'il n'y a plus sur la terre que déloyauté, tromperie, trahison, perfidie, que tout est laid, vil, corrompu; enfin, qu'il n'existe plus que des infâmes!...

Elle était haletante; elle s'arrêta pour reprendre haleine.

— Et pourtant, reprit-elle, je me souviens... quand je suis descendue de la voiture, j'ai voulu marcher ; mais mes jambes fléchirent, je suis tombée... L'homme s'approcha de moi pour me prendre et m'emporter. Déjà sa voix m'avait causé une sensation douloureuse. Tout à coup, je vis son visage, et je le reconnus ; oui, oui, c'était bien Gérôme, le domestique du comte de Montgarin.

Ah ! c'est à devenir folle ! s'écria-t-elle éperdue. Le comte de Montgarin complice de Sosthène de Perny !... Mais pourquoi, mon Dieu, pourquoi?... Lui, lui, un misérable, un lâche, un infâme !...

Maximilienne avait l'esprit troublé. Parmi les fantômes que son imagination faisait naître autour d'elle, elle venait de voir apparaître son fiancé, tenant la main de Sosthène de Perny. Maintenant elle doutait de lui, elle l'aimait, et elle l'accusait, et, chose étrange, son cœur qui aurait dû protester et se réveiller, son cœur ne défendait pas Ludovic. Il y avait trois hommes dans la maison du boulevard Bineau ; elle les nommait : Sosthène de Perny, Gérôme, le comte de Montgarin. Ces deux derniers étaient restés masqués et n'avaient pas prononcé une parole, pour que le comte de Coulange ne les reconnût point.

Elle ne songeait pas au comte de Rogas, elle l'avait complètement oublié.

Le jour où Gérôme avait empoisonné Rubis, le cheval favori de son père, n'était-ce pas le comte de Montgarin, qui, le matin, avait envoyé son domestique à l'hôtel de Coulange sous le prétexte de lui offrir un bouquet?

Et puis, elle se rappelait aussi la visite de la soi-disant comtesse Protowska, dame patronnesse. Cette femme ne lui avait-elle pas dit : « Si vous voulez éviter de grands malheurs dont vous êtes menacée, il faut que vous soyez mariée au comte de Montgarin avant un mois. » Cette femme ne lui avait-elle pas dit encore : « Le comte de Montgarin a rendu un service important à la personne qui possède ce secret terrible, dont la révélation détruirait votre bonheur ; épousez le comte de Montgarin, et l'ennemi de votre famille est désarmé. »

Tout cela et beaucoup d'autres choses encore revenaient successivement à la mémoire de la jeune fille ; et tout lui faisait voir le comte de Montgarin complice de Sosthène de Perny.

Elle croyait excore entendre les paroles mielleuses de la fausse comtesse.

« Épousez le comte de Montgarin, et l'ennemi de votre famille est désarmé ! »

Il lui semblait voir ces mots écrits en lettres lumineuses sur le mur de sa prison.

Soudain, une nouvelle clarté éclaira sa pensée.

Alors elle frissonnait d'horreur ; son cœur bondissait dans sa poitrine, son sang montait rapidement à sa tête et battait ses tempes, il y avait comme un bruit de cloches dans ses oreilles.

Elle venait de deviner le plan si habilement conçu par José Basco.

Complice de Sosthène de Perny, le comte de Montgarin voulait l'épouser pour avoir sa fortune et la partager ensuite avec de Perny. Trois fois on avait tenté de tuer le marquis de Coulange pour la faire héritière. Si le comte de Coulange n'avait pas de lui-même renoncé à ses droits, le manuscrit de la marquise en mains, on lui aurait intenté un procès afin de le faire déclarer étranger à la famille de Coulange; on aurait trouvé aussi, sans doute, le moyen de dépouiller sa mère. Pour de pareils misérables qu'importe le scandale et la honte !

Ainsi, c'est sa fortune que le comte de Montgarin convoitait. Et ce misérable fourbe avait pu la tromper !... Elle avait mis sa main dans la main d'un assassin ! Plus que cela encore, elle l'avait aimé !...

Maintenant, pourquoi l'avait-on enlevée? Dans quel but? C'est en vain qu'elle se le demandait. Évidemment, les misérables allaient commettre une nouvelle infamie. Mais que voulaient-ils faire? Sur ce point ses pensées devenaient confuses. Impossible de deviner, elle ne comprenait pas !.

— C'est épouvantable, c'est horrible ! s'écria-t-elle.

Un tremblement convulsif secouait ses membres.

— Dieu puissant, Dieu juste et bon, reprit-elle, les mains jointes, la tête en arrière et les yeux levés vers le ciel, protégez-moi, secourez-moi !

Aussitôt, le comte de Montgarin, Sosthène de Perny et Gérôme s'effacèrent, et sa pensée fit passer devant ses yeux une autre figure.

C'était un beau jeune homme de vingt-cinq ans. Son visage pâle portait l'empreinte d'une douleur contenue, profonde. Il la regardait tristement.

— Ah ! fit-elle en tressaillant.

Et de ses lèvres tomba comme un soupir, ce nom:
— Lucien de Reille

VII

A BOUGIVAL

Il pouvait être cinq heures et demie du soir. La nuit avait déjà enveloppé la terre de ses ombres; mais le ciel était constellé d'étoiles, et au-dessus de l'horizon la lune montrait sa face pâle.

Sosthène de Perny et des Grolles venaient de sortir du clos de la Belle-Bonnette. Ils se dirigeaient rapidement vers Bougival, en suivant un sentier que des Grolles avait découvert le matin en allant acheter des provisions de bouche. Ils avaient d'abord monté, puis marché un instant sur un terrain plat. Maintenant, ils descendaient une pente rapide, qui aboutit à une voie de communication où les charrettes des cultivateurs et des pépiniéristes ont creusé de profondes ornières, et qu'on nomme le Chemin-Vert.

Ils longeaient un mur de clôture de deux mètres de hauteur qui bordait le sentier à droite; à gauche, des champs. Devant eux, dans la masse sombre de ses arbres, Bougival, qu'ils allaient traverser en descendant le coteau jusqu'à la Seine.

Ils marchaient, côte à côte, les mains dans leurs poches, la tête enfoncée entre les épaules. Ils ne parlaient pas. Mais à chaque instant Sosthène grommelait quelques mots inintelligibles. Il était dans ses pensées sombres, sans doute, comme cela lui arrivait souvent.

Tout à coup il fit un faux pas en glissant sur un caillou qu'il envoya rouler à dix mètres devant lui. Il perdit l'équilibre et tomba, la tête contre le mur. Sans le secours de des Grolles, qui lui tendait la main, il se releva tout étourdi, et ramassa son chapeau en vomissant d'effroyables jurons.

— Est-ce que tu es blessé? lui demanda des Grolles.

— Hein! je n'en sais rien, répondit-il bêtement.

Il se toucha à plusieurs endroits du corps, puis il porta sa main à sa tête.

— Oui, là, j'ai une bosse, dit-il. Quel coup! J'en ai vu trente-six chandelles. Je pouvais m'assommer tout de même. Heureusement, j'ai le crâne solide.

Puis, faisant face au mur:

— Imbéciles, crétins, idiots, grogna-t-il, comme voilà bien la sottise de leur orgueil!

— Ah! çà, à qui en as-tu donc?

— A ces stupides bourgeois de Paris ou d'ailleurs, anciens épiciers ou marchands, ou fabricants de n'importe quoi, parvenus idiots, qui achètent une propriété, une maison de campagne pour l'entourer de murs... Comme ils se gonflent de leur vanité bête! Vessies, va!... mon mur! c'est mon mur! voilà mon mur! Quand ils ont dit cela, ils ont tout dit. Leur mur est l'apothéose de leur orgueil. Tu vois ça, c'est un mur, c'est bien un mur. Eh bien, je te parie qu'il y avait là, autrefois, une haie superbe, une haie vive, d'aubépine encore... On l'a arrachée, et maintenant voilà le mur. Une haie, ça pousse tout seul, ça ne coûte rien, tandis qu'un mur... Oh! un mur, c'est autre chose: il faut acheter la pierre et le plâtre, payer le maçon, ça revient cher. Ne faut-il pas qu'on sache que M. Gogo s'est enrichi à vendre de la marmelade?

Sosthène avait débité cette tirade d'un ton furieux si comique, que des Grolles ne put s'empêcher de rire.

— Tu ris, toi, fit Sosthène en haussant les épaules; parbleu! tu ne comprends pas.

— Je comprends très bien, au contraire. Mais cela ne m'empêche pas de dire que chacun a le droit de clore son jardin comme il l'entend, et que celui-ci peut préférer un mur à une haie, même d'aubépine, et celui-là une haie à un mur.

Que m'importe la haie? Je n'ai rien à clore. Tu as une bosse à la tête, parce qu'en tombant ta tête a rencontré le mur. On ne peut pas faire des enclos avec des matelas. Si au lieu du mur il y avait la haie, tu serais tombé la face dans les épines, et tu aurais la figure déchirée... Conclusion: Console-toi, et garde ta bosse.

— Il le faut bien. Mais ce que j'ai dit est dit; je n'en retire pas un mot.

— Soit. Mais je t'assure que tout cela n'empêchera point M. Gogo de bâtir des murs. Et qui sait, toi-même un de ces jours...

— Jamais!

— C'est entendu; tu as une sainte horreur des murs, tu aimes mieux les billets de mille. Maintenant, hâtons le pas; tu sais que José nous a recommandé d'être là-bas avant six heures.

Ils descendirent rapidement, et en moins de dix minutes ils arrivèrent au pont.

— Hé! les deux hommes, leur cria la voix grêle d'une petite vieille par un vasistas qui venait de s'ouvrir dans une fenêtre carrée.

Aussitôt, la porte d'une cabine qui se trouve à l'entrée du pont s'ouvrit, et un vieux bonhomme se montra, prêt à s'élancer sur les deux intrus qui avaient l'audace de vouloir passer le pont sans payer le péage.

Sosthène et des Grolles s'étaient arrêtés.

— Qu'est-ce que c'est? demanda ce dernier.

— Un sou par personne, ou on ne passe pas, répondit le péager.

— Vous devriez vous tenir à l'entrée du pont et annoncer cela à son de caisse, lui dit des Grolles en lui mettant dix centimes dans la main.

L'homme rentra dans sa cabine, et le vasistas se referma.

— Première maison à gauche, après avoir traversé le pont, dit Sosthène.

— Hôtel et restaurant de la Terrasse, dans l'île de la Chaussée, ajouta des Grolles. Voilà l'île. A droite se trouve le fameux bal des canotiers.

— Et voici l'hôtel de la Terrasse.

Sur une planche coupée en arc et fixée sur deux poteaux, Sosthène venait de lire, en grosses lettres noires:

Hôtel et Restaurant de la Terrasse.

— Entrons, dit des Grolles.

Ils passèrent sous l'arc qui couronnait une porte ouverte, en treillis, et entrèrent dans la maison.

Une femme d'un certain âge, de taille moyenne, grassouillette, à l'air avenant, coiffée d'un bonnet de linge sans rubans, s'avança vers eux en souriant.

— Vous êtes la patronne? lui demanda Sosthène.

— Pour vous servir. Vous êtes peut-être deux des quatre messieurs qui doivent dîner ici ce soir?

— Vous ne vous trompez pas. Est-ce que nos deux camarades sont déjà arrivés ?

— Non, pas encore.

L'hôtesse appela une servante.

— Conduisez ces messieurs au numéro 2, lui dit-elle.

— Qu'elle nous monte en même temps un flacon d'absinthe, dit Sosthène.

— Tu entends, Lucette, de l'absinthe et des verres.

Un instant après, Sosthène et des Grolles, installés dans le salon numéro 2, se disposaient à faire honneur au festin offert par José Basco, en dégustant chacun un verre d'absinthe pure de tout mélange d'eau.

Un bon quart d'heure s'écoula.

— Je ne sais pas si c'est la faim qui me fait trouver le temps long, dit des Grolles, mais il me semble que José et mon très honoré maître, le noble comte Ludovic de Montgarin, tardent bien à arriver.

— Des Grolles, encore un verre.

— Non, c'est assez pour le moment. L'absinthe fait dire des bêtises, et tu sais que ce soir...

— Il ne faut pas effaroucher notre tourtereau. Allons, je t'écoute. Une fois par hasard je puis te montrer ma sagesse.

— Je la connais, ta sagesse: elle est dans la peur que tu as de José.

— Tu m'embêtes, répliqua Sosthène avec humeur; je n'ai peur de personne et de rien, entends-tu? de rien.

— Tiens, je te laisse tranquille ; ce n'est pas le moment de nous quereller. Si tu veux boire, bois.

Il s'approcha de la fenêtre et l'ouvrit. Aussitôt le vent de bise s'engouffra dans le salon.

— Ah! çà, est-ce que tu veux que nous gelions ici? fit Sosthène.

— Frileux, va. Lève-toi, et viens regarder.

— Regarder quoi?

— Approche, et tu verras.

Sosthène alla s'accouder sur l'appui de la fenêtre.

— Eh bien, dit-il, je regarde et je ne vois rien...

— Comment, tu ne vois pas devant nous cet amphithéâtre de maisons que la lune éclaire? Ne dirait-on pas qu'elles sont jetées pêle-mêle les unes sur les autres? Et ces demi-clartés dans les arbres, qui se croisent, se heurtent, ces blancheurs qui grimpent, ces traînées lumineuses, ces ombres qui s'épaississent, s'enfoncent et se perdent dans les profondeurs noires ; et, çà et là, ces lumières qui apparaissent pareilles à des étoiles?

— C'est pour me montrer cela que tu m'as dérangé?

— Et à nos pieds la Seine, sur laquelle flotte ou nage un brouillard blanc, floconneux, qui monte, descend et roule, semblable aux vagues de la mer?

Sosthène haussa les épaules.

— Est-ce que tu deviens fou? fit-il; qu'est-ce que ça me fait à moi, tout cela?

— Alors tu n'admires pas la belle nature? répliqua des Grolles en riant.

— Je m'en moque, de ta belle nature. Je la laisse tout entière aux âmes rêveuses et contemplatives : aux peintres, c'est leur métier de regarder des paysages, aux fous qui sont amoureux de la lune et des étoiles; aux poètes qui écoutent parler les fleurs, font chanter les ruisseaux et tombent en extase devant un scarabée endormi sur une rose.

— Je croyais te faire...

— Geler, l'interrompit Sosthène d'un ton aigre; tu as réussi.

Des Grolles le poussa légèrement.

— Sur le pont, dit-il, vois-tu?

— Oui. Ce sont eux; je reconnais José.

— Et moi, le comte de Montgarin.

— Ils nous ont vus.

— Et je ferme la fenêtre. Mon cher Sosthène, je suis content.

— De quoi?

— Je n'ai pas réussi à te faire admirer Bougival la nuit, sous la lune, couché dans les arbres; mais je t'ai empêché de boire un deuxième verre d'absinthe.

— Ainsi, c'est pour cela...

— Parbleu!

— Traître!

— Quand un enfant veut une chose qu'on ne doit pas lui donner, on l'amuse avec une autre.

— Chut! les voici, dit Sosthène.

On entendait un bruit de pas dans l'escalier.

— Enfin, murmura de Perny, je vais avoir le plaisir de voir mon futur neveu.

La porte s'ouvrit. José et Ludovic entrèrent en même temps.

— Bonsoir, camarades, dit le Portugais.

Le comte de Montgarin s'était arrêté, pris subitement d'un malaise étrange. Son cœur avait cessé de battre, et il lui sembla que tout se retournait en lui. Les yeux fixés sur Sosthène, il se disait :

— C'est lui, je le vois, voilà le monstre!

— Eh bien? fit José, en lui mettant la main sur l'épaule.

Cette interrogation produisit sur le jeune homme l'effet d'un coup de fouet, et ces deux mots de Morlot: « Prenez garde! » sonnèrent à ses oreilles. Son cœur se remit à battre, et il redevint aussitôt maître de lui-même.

— Croiriez-vous, mon cher José, dit-il, que je ne reconnais pas l'ami Gérôme?
— Cela se comprend, dit des Grolles: monsieur de Montgarin m'a toujours vu sans barbe et fraîchement rasé, comme il convient à un serviteur de bonne maison.
— Hé! nous ne sommes pas rue d'Astorg, répliqua Ludovic en riant; au diable les cérémonies et l'étiquette des gens qui se croient bien élevés et qui ne sont que ridicules et bêtes.

Et s'avançant vers Sosthène et des Grolles, il leur tendit ses deux mains en disant:

— Touchez là.

Des Grolles prit une main et Sosthène l'autre.

— Touchante fraternité, fit José.

— Camarades, dit Ludovic d'un ton solennel, les philanthropes ont mis à la mode une devise qui doit être la nôtre: « Tous pour chacun et chacun pour tous! »

— Bravo! approuva des Grolles.

— Nous faisons de la philanthropie à notre manière, dit le Portugais.

— Nous allons nous mettre à table pour bien boire et bien manger, dit Sosthène de sa voix enrouée; nous ne saurions moins faire pour l'humanité.

— Voilà d'admirables paroles, mon cher oncle, répliqua Ludovic en riant, on peut les méditer en faisant sa digestion.

— Mon cher neveu, répondit Sosthène, je suis enchanté de votre approbation.

Ludovic se tourna vers des Grolles.

— Eh bien, Gérôme, lui dit-il, êtes-vous arrivé à temps pour enterrer votre bonne vieille mère? Vous avez recueilli votre héritage, vous cultivez votre lopin de terre; êtes-vous content de votre récolte de l'année dernière?

Des Grolles se mit à rire. Puis, prenant un sérieux comique:

— Monsieur le comte est trop bon, répondit-il, de s'intéresser à son fidèle serviteur; je n'ai pas trop à me plaindre; pourtant, je n'ai pas pu rester au pays où j'espérais vivre tranquillement en cultivant mon champ et mon jardin. Le champ et le jardin ont été culbutés par un tremblement de terre; quant à la maisonnette, un coup de vent l'a enlevée, sans plus de difficulté qu'une feuille morte, et en a dispersé les débris à vingt-cinq lieues à la ronde. Que voulez-vous, monsieur le comte, il faut savoir se faire à tout et prendre les choses comme elles viennent.

— Vous avez raison, mon pauvre Gérôme, et je vois avec plaisir que vous êtes un sage.

Puis, lui frappant sur l'épaule et changeant de ton, il reprit:

— C'est égal, mon cher des Grolles, vous avez parfaitement rempli votre rôle de domestique; vous étiez superbe. Je vous ai regretté, vraiment. Quand

LE FILS 497

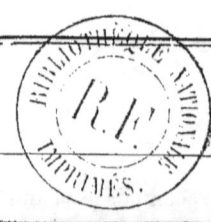

Ludovic se leva et fit quelques pas en titubant prêt à tomber. (Page 502.)

vous m'avez dit : « Ma vieille mère vient de mourir, je retourne au pays, » vous parliez d'un ton si naturel, que j'ai cru tout cela. Je ris en pensant à la drôle de tête que j'aurais faite si vous m'aviez dit ce jour-là : Es-tu bête, mon cher Ludovic; comment, tu ne devines pas que je suis un des trois qui travaillons pour te faire épouser la belle Maximilienne! Ah! ah! ah! j'en rirai longtemps! Diable de des Grolles, va!

— Quand on joue une partie comme la nôtre, il faut être tout à son jeu, répondit des Grolles. Et je vous félicite, monsieur de Montgarin, vous avez été merveilleux dans votre rôle.

— Bah! fit Ludovic avec un air de fatuité inimitable et en se dandinant, je n'ai rien eu à faire, moi; la belle aux millions s'est mise tout de suite à m'adorer.

— Plaignez-vous donc, répliqua des Grolles en le poussant du coude.

Tous deux se mirent à rire.

— Tiens, fit le jeune homme en riant toujours, voilà mon cher oncle Sosthène qui éprouve le besoin de faire une confidence à mon cher cousin José...

Le Portugais et de Perny s'étaient retirés à l'écart, à l'extrémité du salon.

— A-t-elle mangé dans l'après-midi? demanda José Basco à voix basse.

— Non, répondit Sosthène; elle continue à ne vouloir prendre aucune nourriture.

— Diable, diable! c'est inquiétant, fit José...

— Oui, car j'ai peur que la faim elle-même ne puisse dompter sa volonté... Tonnerre! c'est une crâne fille tout de même! C'est à croire qu'elle s'est imaginé qu'on veut l'empoisonner.

Le Portugais tordait fiévreusement sa moustache.

— S'il le faut, nous la ferons manger de force, reprit Sosthène.

— Mauvais moyen, répliqua José en secouant la tête.

— Pourtant...

— Eh bien?

— Si elle a juré de se laisser mourir de faim, elle est capable de tenir bon jusqu'au bout.

— Non, non, elle mangera.

— Aujourd'hui, Élisabeth a fait inutilement ce qu'elle a pu pour lui faire avaler un verre de vin. Elle s'est heurtée contre une force d'inertie ou de volonté de fer, que rien ne peut vaincre. Depuis hier elle n'a pas desserré les dents. Elle ne répond aux paroles qu'on lui adresse ni par un mouvement de tête ni par un regard. Hier soir, elle a pleuré, mais depuis elle n'a plus versé une larme. Elle ne fait entendre aucune plainte, aucun gémissement. On dirait qu'elle est devenue insensible à tout.

— Ce n'est probablement qu'un état de prostration dont la terreur qu'elle a éprouvée est la cause.

— Peut-être.

— N'importe, il ne faut pas qu'elle reste dans cet engourdissement dont les suites pourraient être funestes. A-t-elle dormi?

— Je n'en sais rien. Dans tous les cas, elle ne s'est pas couchée.

— Ah!

— Elle est restée sur la chaise longue, devant la cheminée où l'on a soin d'entretenir le feu, et depuis vingt-quatre heures elle n'a pas fait un mouvement.

Elle est comme pétrifiée. Il me semble qu'il n'y a plus de vivant en elle que le regard, qui s'éclaire subitement quand on l'approche et se remplit de sombres éclairs.

Le Portugais resta un moment pensif, les traits contractés.

— Tout cela est grave, très grave, murmura-t-il. Voilà encore une chose que nous n'avions point prévue.

— Que faut-il faire ?

— Je me le demande. La reconduire dès demain à l'hôtel de Coulange est impossible, car nous risquerions fort de tout perdre en croyant tout sauver. J'ai calculé qu'il fallait au moins huit jours pour que la chose dont Ludovic doit être le héros ait toute l'apparence de la vérité. Il ne faut donc pas qu'un doute puisse naître dans l'esprit du marquis, de la marquise ou de Morlot, votre bête noire.

— Je comprends cela. Mais si elle tombe sérieusement malade ?

— Voilà précisément où est la gravité de la situation.

— Et c'est à craindre.

— Il ne le faut pas, fit José les lèvres crispées.

— Non, il ne le faut pas pas. Pourtant...

— Je réfléchis, je cherche... Évidemment nous devons aviser, et sans retard. Il faut la tranquilliser, la rassurer.

— Élisabeth lui a dit et répété je ne sais combien de fois qu'elle n'avait rien à craindre, qu'il ne lui serait fait aucun mal, qu'on aurait pour elle, au contraire, toutes sortes de petits soins et de prévenances.

— Oui, mais elle ne le croit pas. Elle a l'esprit inquiet, troublé ; elle ne se rend compte de rien, elle est épouvantée, elle se croit perdue, à jamais séparée de sa mère. L'état de prostration dans lequel elle se trouve et qui a succédé à une grande irritation nerveuse, indique un profond découragement. A tout prix il faut qu'elle sorte de sa torpeur.

— Quel moyen employer ?

— Je le trouverai.

VIII

IL EST IVRE

Pendant que Sosthène de Perny et José Basco causaient à voix basse, un garçon était entré dans le cabinet. Il avait apporté les hors-d'œuvre et le vin, du vieux bourgogne. Le Portugais, traitant ses associés, tenait à faire magnifiquement les choses.

— Ah ça ! mon cher de Rogas, dit le comte de Montgarin, voilà bien dix minutes que vous et le comte de Perny chuchotez comme dans un confessionnal ; nous ne vous demandons point; Gérôme et moi, de nous faire connaître les petits secrets que vous vous confiez ; mais vous abusez un peu de notre patience. Voyons, est-ce qu'on ne se met pas à table ? Qu'est-ce que nous attendons ? J'ai une soif de templier et une faim à vous dévorer tous les deux comme des petits pâtés.

José s'était retourné.

— Eh bien, mettons-nous à table, dit-il.

— A table ! à table ! s'écria Ludovic. Je me place en face de vous, José, entre mon oncle et mon ami Gérôme.

— Soit !

Les quatre hommes s'assirent autour de la table.

En un instant les hors-d'œuvre disparurent.

Ludovic s'était chargé de remplir les verres.

— Je vous ai prévenus, disait-il chaque fois qu'il vidait son verre ; j'ai soif, je bois. Faites comme moi, si le cœur vous en dit.

— Prenez garde, mon cher Ludovic, lui disait José, vous allez vous griser : vous parlez beaucoup, et puis le vin est traître.

— Me griser, moi ? Allons donc ! fit Ludovic. Est-ce que vous me prenez pour une poule mouillée ? Croyez-vous que je ne sais plus boire ? Morbleu ! il n'y a pas si longtemps que je faisais sauter joyeusement les bouchons de champagne au milieu de belle filles échevelées.

> Le vin, le vin
> Est un nectar divin.

Buvons, buvons ! D'ailleurs, qu'importe si je me grise ! Ici, tout m'est permis. Je ne suis pas à l'hôtel de Coulange, où le comte de Montgarin est forcé de s'observer constamment pour empaumer belle-maman et papa beau-père. Vertudieu ! comme dit la marquise de Neuvelle, vieille tourterelle déplumée, une fois par hasard je puis bien être moi ! Il y a assez longtemps que j'étouffe dans ma sagesse. Cornes du diable ! je ne suis pas en ce moment sous l'œil de Croquemitaine. Ah ! mes amis, je respire à l'aise.

— Quel entrain, quelle verve ! fit des Grolles.

— Mon neveu, vous êtes charmant, dit Sosthène.

— Superbe ! amplifia des Grolles.

— Je le sais bien, répliqua Ludovic avec fatuité et en secouant le col de sa chemise ; la belle Maximilienne de Coulange l'a pensé et dit avant vous. José, qu'est-ce que nous mangeons maintenant ?

— Une belle carpe de Seine.

— Vive la carpe ! Gérôme, servez. Bon, voilà que je me trompe... Gérôme, vous êtes prêt du cordon de la sonnette, sonnez.

Il resta un instant silencieux, regardant fixement José Basco, puis il se mit à rire aux éclats.

— Qu'est-ce qui vous fait rire ainsi ? demanda le Portugais.
— Vous parbleu !
— Moi ?
— Ou plutôt la drôle de mine que vous avez. Quelle singulière figure vous faites, mon cher José ! Je demande l'avis de ces messieurs : José a-t-il l'air, oui ou non, d'un joyeux amphitryon ? Regardez-le. Il est soucieux et sombre comme la porte d'une prison. On dirait un croque-mort remplissant ses délicates fonctions.

Pourquoi sommes-nous réunis ici ? Pour boire, manger, causer, rire et chanter si nous en avons envie. En vérité, je vous le dis, mon cher José, si vous ne vous déridez pas, je vais me mettre à pleurer.

Le jeune homme partit d'un nouvel éclat de rire. Il riait de si bon cœur que le Portugais laissa courir sur ses lèvres un froid sourire.

— Messieurs, s'écria Ludovic, José a souri, oui, je l'ai vu sourire ! Je ne veux pas pleurer.

Le garçon servit la carpe. Pendant un instant, on n'entendit que le bruit des fourchettes et des mâchoires mastiquant la chair blanche du poisson. Le garçon reparut, apportant un nouveau plat de quatre bouteilles pleines pour remplacer les vides.

Ludovic ne laissait jamais les verres à sec ; il versait, versait toujours.

Sosthène et des Grolles étaient deux buveurs de première force ; le jeune homme leur tenait tête.

Pendant tout le temps du dîner il fut étourdissant d'entrain et de gaieté ; il semblait s'abandonner complètement ; il disait toutes les bouffonneries qui lui passaient par la tête, en les émaillant de pointes, de saillies et de mots pittoresques ou étranges qu'on ne trouve dans aucun vocabulaire. Il était évidemment surexcité, un peu fou ; mais il ne disait absolument que ce qu'il pouvait dire ou plutôt ce qu'il voulait dire. Jamais peut-être il n'avait montré autant d'esprit, et s'il étonnait les autres, il s'étonnait lui-même.

— Il a le diable au corps, disait Sosthène.
— Quand nous avions son âge, nous étions ainsi, disait des Grolles.

José Basco ne disait rien ; peut-être même n'écoutait-il point. Il faisait un effort pour prononcer un oui ou un non, et c'était tout. Il gardait son air soucieux. Tout en parlant, riant, gesticulant, versant à boire et buvant, Ludovic l'observait à la dérobée.

— Qu'a-t-il donc ? se demandait-il à chaque instant, après avoir lancé un de ces mots qui émerveillaient Sosthène et qu'il faisait suivre d'un rire sonore.

Il n'en pouvait douter, le faux comte de Rogas était préoccupé, quelque chose l'avait contrarié. Quoi? Il voyait ses sourcils se froncer; il paraissait inquiet. Pourquoi? Il était facile de voir que José réfléchissait. Quelles pouvaient être ses pensées? Assistait-il à l'éclosion d'une nouvelle infamie? Il savait que pour cela le cerveau du Portugais était fécond.

A son tour, le jeune homme se sentit dévoré d'inquiétude. Il n'avait pu entendre les paroles que José et Sosthène avaient échangées à voix basse, mais il était sûr que Maximilienne avait été l'objet de leur conversation. Que se passait-il donc?

Quelque chose lui serrait le cœur et il avait la force de se contenir; il continuait à causer et à rire. Impossible de sortir de son rôle. Quel supplice! Il pensait alors au fou de François Ier et il se comparait au pauvre Triboulet qui, pour amuser le roi, était obligé de rire aux éclats malgré les sanglots qui lui montaient à la gorge et l'étranglaient.

Cependant, après le champagne et les desserts, le garçon avait servi le café et apporté sur la table plusieurs flacons de liqueurs.

Depuis un instant, Ludovic était moins loquace. Sa tête lourde vacillait à droite et à gauche et tombait sur ses épaules; ou bien, les deux coudes sur la table, il la tenait dans ses mains. Parfois encore il essayait de rire, il ne pouvait plus. S'il voulait parler, il bredouillait. Les yeux démesurément ouverts, mais sans éclat, il regardait José ou les autres d'un air hébété.

Il prit sa tasse pour la porter à ses lèvres. Elle s'échappa de sa main, tomba sur la table, se brisa et le café se répandit sur la nappe. Alors, furieux, il saisit la soucoupe et la lança contre le mur. Les éclats volèrent de tous les côtés.

— Cela devait arriver, dit José, il est ivre.

Ludovic se redressa brusquement.

— José, mon ami, répliqua-t-il d'une voix avinée, vous n'êtes pas gentil; vous dites que je suis ivre... Ivre, moi? Pour qui me prenez-vous? Vous allez voir si je suis ivre.

S'appuyant sur le bord de la table, il se leva et fit quelques pas en titubant, prêt à tomber. Heureusement des Grolles le soutint.

— Hein, hein, fit-il, c'est l'ami des Grolles; non... c'est mon vieux Gérôme... Vous voulez m'embrasser? Eh bien, pourquoi pas? Embrassons-nous, mon brave Gérôme... Moi, d'abord, j'aime les amis. Gérôme, n'écoute pas José, il dit des bêtises. Tiens, donne-moi un petit verre de chartreuse. N'est-ce pas que c'est bon la chartreuse? Hé, hé, comme c'est drôle, tout danse autour de moi...

Puis faisant le moulinet avec ses bras:

— Ça tourne, ça tourne, ça tourne!... Mais, non, je ne veux pas, je ne veux pas tomber.

Et il s'affaissa comme une masse dans les bras de des Grolles, qui le porta sur le divan, où il s'étendit et resta sans mouvement comme s'il eût été ivre-mort.

Sosthène et José s'étaient levés à leur tour.

— C'est la première fois que je le vois dans cet état, dit le Portugais. Est-ce qu'il dort? demanda-t-il à des Grolles qui était resté près du jeune homme.

— Non, il a les yeux grands ouverts.

José s'approcha du divan.

— Ludovic, Ludovic! l'appela-t-il en le secouant.

Une sorte de grognement lui répondit.

— Je crois que ce que nous avons de mieux à faire est de le laisser reposer une heure ou deux, opina des Grolles.

José Basco haussa les épaules. Il était visiblement contrarié.

— Quelle heure est-il? demanda-t-il.

— Pas encore dix heures, répondit des Grolles.

— C'est bien, nous partirons quand nous pourrons. Le garçon nous trouvera facilement une voiture de louage. Dans tous les cas, nous sommes dans un hôtel : il y a des lits.

Ludovic venait de faire un mouvement. On l'entendait marmotter.

— Chut! fit José.

Tous trois se penchèrent sur le jeune homme, tendant l'oreille. Au milieu de paroles incohérentes, de bouts de phrases inintelligibles, ils saisirent les mots suivants :

— De Rogas, quel homme!... Ce n'est pas vingt, c'est trente millions... José, trois millions de dot... Monsieur le notaire, voilà la plume, signez... Tiens, elle n'a pas l'air content, la mariée... Hein, des reproches? Taisez-vous, madame. José, mon cher José, tout est fini, je suis marié... A nous les millions!...

— Il rêve, dit des Grolles.

— C'est le rêve de l'ivresse, un rêve d'or, dit Sosthène, je connais ça.

— Des rêves, des rêves! dit José Basco d'une voix sourde ; ce qu'il nous faut c'est la réalité. Laissons-le dormir et rêver, ajouta-t-il.

Ils se remirent à table.

— Le garçon n'a pas oublié les cigares, dit José, en prenant un londrès qu'il alluma.

Sosthène s'empressa d'en faire autant.

— Baste! fit des Grolles, je fume ma pipe, moi ; pour un vrai fumeur, le meilleur cigare ne vaut pas une vieille pipe culottée.

— Chacun son goût, dit Sosthène.

Puis, s'adressant à José Basco :

— Eh bien, reprit-il, vous avez réfléchi toute la soirée, avez-vous décidé quelque chose?

— Oui.

— Alors, dites-moi ce que nous devons faire.

— Vous ne ferez rien, vous. Ludovic seul peut sauver la situation ; c'est lui que je ferai agir.

— Pas ce soir, je suppose.

— Non, mais demain.

— Peut-on vous demander quelle est votre idée ?

— Demain, je serai au clos avant midi, et je vous donnerai mes instructions. Ce que j'ai imaginé est hardi, mais je n'ai pas d'autre moyen ; j'ai cherché autre chose, je n'ai pas trouvé.

— Je crois comprendre.

— Ah !

— Vous voulez tout simplement mettre en présence les deux amoureux. Hé, hé, la scène sera touchante !

Étendu sur le divan, les jambes écartées, les bras pendants, le comte de Montgarin avait les yeux fermés et ronflait. Mais il ne dormait pas. Les deux oreilles bien ouvertes, il écoutait. Les dernières paroles de Sosthène le firent tressaillir. Il eut une espèce de râlement d'ivrogne ; puis, pour mieux entendre, il cessa de ronfler.

Les trois complices jetèrent sur le jeune homme un regard rapide.

— J'ai cru qu'il se réveillait, dit José.

Des Grolles se leva, s'approcha de Ludovic, le regarda un instant, et revint s'asseoir, en disant :

— Il dort comme une souche.

— Décidément, nous ne pourrons pas rentrer à Paris, fit José. Nous coucherons ici. Au fait, j'aime autant cela.

Les trois hommes causèrent encore pendant un quart d'heure ou vingt minutes. Les noms de Maximilienne, de Charlotte et d'Élisabeth avaient été souvent prononcés ; mais ils n'avaient rien dit qui pût apprendre à Ludovic ce qu'il tenait tant à savoir : où se trouvait Mlle de Coulange. Le jeune homme avait pensé que, le croyant ivre et endormi, les trois misérables se trahiraient. Il s'était trompé. Mais il avait entendu autre chose, et aussitôt la joie était entrée dans son cœur. Il allait voir Maximilienne. José l'avait décidé. Il ne savait pas pourquoi. Qu'importe ? Le lendemain on allait le conduire près de Mlle de Coulange, il pourrait lui parler, il pourrait lui dire... Il ne savait pas encore ce qu'il lui dirait. D'ailleurs, n'était-ce pas déjà beaucoup de pouvoir la rassurer, en lui apprenant dans quel but on l'avait enlevée ?

José Basco se leva et agita le cordon de la sonnette. Puis, se tournant vers ses complices :

— Il est l'heure de nous séparer, leur dit-il.

Le garçon parut.

Sosthène et des Grolles s'en allèrent.

Le comte de Montgarin feignait toujours de dormir d'un profond sommeil.

A huit heures du matin le faux comte de Rogas entra dans la chambre de Ludovic. (Page 506).

— Vos vins étaient bons, dit José au garçon, et, comme vous voyez, ils ont produit leur effet; mon jeune ami a bu un peu trop et il s'est endormi. Je ne crois pas qu'il puisse retourner à Paris ce soir. Comme je ne veux pas le quitter, je suis forcé de rester ici avec lui.

— Mais, monsieur, rien ne s'y oppose, répondit le garçon; nous avons une ou deux chambres à vous offrir.

José s'approcha de Ludovic. Celui-ci se laissa secouer et appeler pendant un instant, puis se décida à ouvrir les yeux.

— Eh bien quoi? qu'est-ce? grogna-t-il.

— En effet, fit le garçon, il a bu un coup de trop. C'est sûrement le champagne. D'ailleurs, tous les vins blancs montent à la tête.

Pris sous les bras par José et le garçon, Ludovic fut dressé sur ses jambes et conduit, nous pourrions dire porté, dans une chambre voisine du cabinet. Voulant jouer jusqu'au bout sa scène d'ivresse, il se laissa déshabiller et mettre au lit.

Un quart d'heure après, José Basco s'endormait dans une autre chambre.

IX

LA PRISONNIÈRE

A huit heures du matin, le faux comte de Rogas entra dans la chambre du comte de Montgarin.

— Tiens, tiens, fit-il, il dort encore. Ludovic! Ludovic! l'appela-t-il.

Le jeune homme ne dormait pas. Il eut l'air de se réveiller en sursaut.

— Qui m'appelle? Est-ce vous, François? dit-il en se frottant les yeux.

José se mit à rire et s'approcha tout près du lit.

— Ah! c'est vous, mon cher comte, fit le jeune homme en se mettant sur son séant.

Puis, ouvrant de grands yeux étonnés, il regarda de tous les côtés de la chambre.

— De Rogas, où sommes-nous donc? demanda-t-il.

— Où nous avons dîné hier, hôtel et restaurant de la Terrasse.

— Ah! oui, je me souviens, J'ai la tête lourde, la langue épaisse, la bouche pâteuse... Que s'est-il donc passé, mon cher de Rogas? Que m'est-il arrivé?

— La lourdeur de votre tête doit vous le dire : vous vous êtes grisé.

— Et c'est pour cela que nous ne sommes pas rentrés à Paris?

— Oui.

— Oh! c'est trop bête ce que j'ai fait là... J'en suis tout honteux. Que doivent penser Sosthène et des Grolles?

— Je vous assure qu'ils ont trouvé cela tout naturel.

— Est-ce qu'ils étaient gris aussi, eux?

— Quand je suis avec eux, ils ne se grisent jamais.

— C'est égal, mon cher José, je suis vivement contrarié.

— C'est une leçon ; une autre fois...

— Je ne boirai plus, José. Vous deviez être vexé, furieux ; pourquoi ne me faites-vous pas des reproches?

— Parce que c'est inutile. Mais assez sur ce sujet ; nous avons à causer de choses plus sérieuses.

— Ah ! fit Ludovic, arrêtant sur le Portugais son regard interrogateur.

— Mon cher comte, on voit que vous avez encore des vapeurs dans la tête ; allons, réveillez-vous !

— C'est vrai, dit Ludovic en passant ses mains sur son front, il y a là comme un brouillard.

Il s'étira les bras et se secoua. Puis, sautant à bas du lit :

— Mon cher José, dit-il, je ne me gêne pas devant vous.

— Faites.

Il mit son pantalon et remplit d'eau une cuvette dans laquelle, pendant un instant, il baigna son visage et la moitié de sa tête.

— Je me sens mieux, dit-il en s'essuyant la figure, ma tête se dégage. Maintenant, mon cher José, je me crois bien éveillé.

— Alors, vous allez pouvoir m'écouter et me comprendre.

— Je l'espère. J'endosse mon pardessus, José ; il ne fait pas chaud dans cette chambre. Voilà ! Je suis tout à vous, mon cher de Rogas. Qu'avez-vous à me dire ?

— Aujourd'hui, dans l'après-midi, vous verrez votre fiancée.

Le jeune homme regarda fixement José, ayant l'air ahuri.

— Hein ? fit-il, vous dites que je verrai Maximilienne aujourd'hui ?

— Oui.

— Où cela ?

— Où elle est.

— En vérité, mon cher José, je ne comprends plus rien. Votre idée d'aujourd'hui est tout à fait opposée à celle que vous aviez hier. En effet, que me disiez-vous hier ? Que nous ne pouvions pas rendre Maximilienne à ses parents avant huit jours. Vous m'avez expliqué vos raisons, je les ai trouvées excellentes, et en ce moment vous changez tout cela ! Je vous le répète, je ne comprends plus.

— Alors je vais tâcher de vous faire comprendre. Premier point : il ne s'agit pas de rendre aujourd'hui la liberté à Mlle de Coulange.

— S'il en est ainsi, pourquoi voulez-vous que je la voie ? Je n'y tiens pas du tout.

— Écoutez-moi donc ! Vous devez la voir, il faut que vous lui parliez, c'est nécessaire. Après, nous verrons s'il y a lieu de la renvoyer à sa famille avant les huit jours écoulés. Voici ce qui ce passe : avant-hier et hier, Maximilienne a absolument refusé de manger ; elle n'a pas même voulu approcher ses lèvres d'un verre de vin qu'on lui présentait.

Le jeune homme ressentit au cœur une douleur aiguë. Cependant il resta impassible.

— C'est qu'elle n'a ni faim ni soif, répondit-il froidement.

— Mon cher Ludovic, répliqua José, ce n'est pas ainsi que nous devons prendre la chose. Que ce soit pour une raison ou pour une autre, Maximilienne n'a pris aucune nourriture depuis deux jours ; voilà le fait.

— Eh bien, elle mangera aujourd'hui avec plus d'appétit.

— Vous la connaissez ; vous savez qu'elle a une force de volonté qui résiste à tout ?

— Eh bien ?

— Eh bien, Ludovic, elle peut avoir résolu de se laisser mourir de faim.

— Vous croyez cela, vous ? s'écria le jeune homme avec un rire forcé.

Il avait pâli. Il se leva brusquement, et fit quelques pas dans la chambre. La respiration lui manquait. Il étouffait.

— Qu'avez-vous donc ? lui demanda José.

— Un haut-le-cœur, je ne sais pas ce que j'ai dans le gosier.

Ludovic versa de l'eau dans un verre et y mouilla ses lèvres. Cela fait, il revint s'asseoir en face de José. Il n'y avait plus sur son visage aucune trace de la violente émotion qu'il venait d'éprouver.

— Mon cher José, dit-il, en y réfléchissant, je trouve que ce que vous venez de me dire n'a rien de rassurant pour nous. Je ne crois pas encore que Maximilienne veuille nous jouer ce vilain tour, qui mettrait à néant tous nos projets. Toutefois, je deviens inquiet et je ne ris plus.

— Moi aussi je suis inquiet, et plus que vous. Votre fiancée est ce que nous avons de plus précieux. Ne parlons pas de sa mort, elle ne mourra pas ; mais elle peut tomber malade d'inanition.

— C'est vrai.

— Vous voyez, si cela arrivait, dans quelle situation embarrassante nous nous trouverions.

— Mais tout serait perdu, mon cher José.

— Maintenant, comprenez-vous pourquoi vous devez voir aujourd'hui Maximilienne ?

— Oui, seulement...

— Eh bien ?

— Que lui dirai-je ? Elle peut se douter de quelque chose, elle peut deviner...

— Elle ne devinera rien, elle croira ce que vous lui direz.

— Est-ce que vous serez là pour me souffler ?

— Non, mais tantôt je vous apprendrai ce que vous avez à faire et à dire. Je ne vous aurais pas réveillé tout à l'heure, je vous eusse, au contraire, laissé dormir jusqu'à midi, si je n'avais pas eu besoin de causer avec vous avant de partir.

— Comment ! vous allez me quitter ?

— Il faut que je prépare votre entrée en scène. Nous devons nous arranger de façon à faire croire à Maximilienne que vous avez pu pénétrer près d'elle en trompant la surveillance de Sosthène de Perny, grâce à la trahison d'une jeune fille appelée Élisabeth, que vous avez soudoyée. Mais, comme je viens de vous le dire, je vais préparer votre entrée en scène. Quand Mlle de Coulange vous aura vu, quand vous lui aurez dit comment vous avez eu le bonheur de découvrir la maison où elle est enfermée, et que vous lui aurez annoncé sa prochaine délivrance, elle sera complètement rassurée ; toutes ses terreurs disparaîtront. Elle est accablée, anéantie, et dans un état de prostration qui, s'il se prolongeait, pourrait avoir des conséquences terribles. Mais, rassurez-vous, l'espoir fait vite renaître ce que la douleur et le désespoir ont détruit. Vous la verrez sortir de son accablement et se ranimer à votre voix. Elle retrouvera son courage et son énergie, en vous entendant prononcer ce mot magique : Liberté !

José Basco se leva.

— Vous partez? dit Ludovic.

— Oui.

— Déjà?

— Pour ce que j'ai à faire, je n'ai que le temps nécessaire, car je veux être de retour ici à midi afin de déjeuner avec vous. Il est bien entendu que vous m'attendrez, que vous ne sortirez pas. Si vous avez envie de dormir, dormez. Il faut que je vous retrouve frais et dispos. Cette chambre est froide, je vais dire qu'on monte vous allumer du feu. A bientôt, ajouta-t-il, en sortant de la chambre.

— A bientôt, répondit le jeune homme, qui l'avait suivi jusqu'à la porte.

Il resta un instant immobile, écoutant le bruit des pas du Portugais, qui résonnaient sur les marches de l'escalier.

— Enfin, murmura-t-il, le dénouement approche.

Un double éclair jaillit de ses yeux, et un sourire singulier effleura ses lèvres crispées. Lentement, il revint auprès du lit et se laissa tomber sur un siège.

— Chère adorée, comme elle doit souffrir! dit-il tristement.

Et un long soupir s'échappa de sa poitrine.

Il prit sa tête dans ses mains, et peu à peu, il s'absorba dans une méditation si profonde qu'il n'entendit point qu'on entrait dans la chambre. Il resta ainsi pendant plus d'une heure. Quand il releva la tête, un feu clair flambait dans la cheminée.

— Et voilà ma destinée, murmura-t-il, répondant à une de ses sombres pensées ; c'est ainsi que je devais finir!

Ses yeux hagards se fixèrent sur les flammes blanches et bleues, qui montaient en jetant des étincelles rouges.

— Ah! on me soigne bien, on ne veut pas que je m'enrhume, reprit-il avec un sourire navrant, je suis la poule aux œufs d'or!

Après un instant de silence, il s'écria tout à coup :

— Ah! ma mère, ma mère, pourquoi m'avez-vous mis au monde!

Et de grosses larmes jaillirent de ses yeux.

. . . .

Vers deux heures de l'après-midi, Élisabeth entra, sans bruit, dans la chambre où était enfermée Maximilienne, et s'approcha mystérieusement de la jeune fille, qui n'avait pas fait un mouvement.

— Mademoiselle, dit-elle, j'ai quelque chose à vous dire.

— Je ne veux pas écouter, je ne veux rien entendre, répliqua Mlle de Coulange d'un ton sec.

— Pourtant, mademoiselle, il faut que vous sachiez...

— Rien. Laissez-moi.

— Mais c'est une bonne nouvelle que je vous apporte. Si j'en crois ce que la personne m'a dit tout à l'heure, dans deux ou trois jours, peut-être même demain, vous ne serez plus ici.

Maximilienne se retourna, et ses yeux brillants se fixèrent sur Élisabeth.

— Je vous vois venir, dit-elle ; vous vous préparez à me faire quelque mensonge à l'aide duquel vous espérez vaincre ma résistance. Eh bien, vous prenez une peine inutile...

— Mademoiselle, je vous le jure...

— Je sais que les serments ne vous coûtent rien. Jurez tout ce que vous voudrez, je ne vous crois pas. Je ne mangerai pas, je ne veux pas manger, entendez-vous? Vous avez beau faire, vous ou les autres, vous ne verrez pas fléchir ma volonté.

— Assurément, mademoiselle, je serais heureuse de vous voir prendre quelque chose, car vous devez beaucoup souffrir de la faim ; mais je ne veux plus contrarier vos idées. D'ailleurs, je suis bien sûr qu'après avoir vu la personne...

— De quelle personne parlez-vous?

— Du monsieur avec lequel je viens de causer.

— Quel est ce monsieur?

— Il ne m'a pas dit son nom et je ne me suis pas permis de le lui demander.

— Et vous dites que je verrai cet inconnu?

— Oui.

— Où cela?

— Ici même.

— Qu'est que cela signifie ? pensa Maximilienne.

Elle reprit à haute voix :

— Je ne comprends pas bien ; voyons, expliquez-vous.

— Je ne demande pas mieux, puisque mademoiselle veut bien m'écouter maintenant. D'abord, je dois vous dire que les deux hommes et Charlotte ne sont pas ici en ce moment. Oh ! sans cela, je n'aurais pas osé... Charlotte est allée à Paris ; je ne sais pas si elle reviendra aujourd'hui. Quant aux deux hommes je ne sais pas où ils sont allés, mais ils ne rentreront qu'à la nuit.

Donc, tout à l'heure, après leur départ, je sortis de la maison pour me promener un instant dans le jardin. Tout à coup, à une distance de cinquante pas, je vis un homme se dresser devant moi comme s'il sortait de dessous terre ou du tronc creux d'un châtaignier. Je ne vous cache pas que cette brusque apparition me fit grand'peur ; je devins toute tremblante et je me disposais à rentrer vite dans la maison, quand l'inconnu se mit à agiter ses bras, me faisant signe de venir près de lui. Il faut vous dire, mademoiselle, que la propriété où nous sommes est entourée d'une haie d'épines très forte, très épaisse, à travers laquelle il est impossible de passer. Or, l'homme qui m'appelait se trouvait de l'autre côté de la haie. Droite, immobile, je restai indécise, ayant plutôt envie de me sauver que de répondre aux signes que l'homme me faisait. — Il a peut-être besoin qu'on lui porte secours, pensai-je. Alors, je me sentis plus hardie. Je fais un vilain métier, c'est vrai ; mais je ne suis pas une méchante fille. Je m'avançai vers la haie. Quand je fus près de l'homme, il me dit : — Depuis ce matin je suis ici, couché contre la haie, guettant le moment de m'introduire sans danger dans cette propriété et ensuite dans cette maison. Je me sentis frissonner, croyant avoir affaire à un voleur. — Une jeune fille a été enlevée par d'infâmes coquins, continua-t-il ; depuis deux jours je la cherche ; ce matin, le hasard m'a fait découvrir qu'elle est enfermée dans cette maison.

— Vous êtes fou, m'écriai-je, ou l'on s'est moqué de vous ; il n'y a pas de jeune fille enfermée ici. — Ma belle, répliqua-t-il en fronçant les sourcils et presque avec colère, tu es encore trop jeune pour savoir bien mentir, ton air effaré dément tes paroles. Ne nie pas, c'est inutile. Mes renseignements sont précis ; la jeune fille que je cherche, que cinquante agents de police cherchent en ce moment dans les environs de Paris, cette jeune fille est ici.

Après avoir écouté d'abord avec une défiance instinctive, Maximilienne commençait à croire que l'étrange récit que lui faisait Élisabeth était la vérité. Qu'était cet homme, cet inconnu ? Le nom de Morlot jaillit de sa pensée. Aussitôt son cœur se mit à battre très fort et, subitement, elle se sentit ranimée à la lueur de l'espoir qui pénétrait tout son être. Elle se redressa ; ses joues pâlies se colorèrent, son regard s'illumina et son front devint rayonnant.

— Comment est-il, cet homme ? demanda-t-elle.

— Dame, mademoiselle, je ne saurais trop vous dire ; j'ai à peine osé le regarder.

— Vous avez bien vu s'il est jeune ou vieux ?

— C'est un beau grand jeune homme d'une trentaine d'années, répondit étourdiment Élisabeth.

— Ah ! fit Maximilienne d'une voix rauque.

Elle venait d'éprouver une cruelle déception.

— La misérable fille, pensa-t-elle, elle ment, elle veut me tromper! Pourquoi? Une nouvelle infamie, sans doute.

La teinte rose de ses joues disparut et la flamme de son regard s'éteignit. Elle reprit sa pose langoureuse et, d'une voix qui ne trahissait aucune émotion, elle dit à Élisabeth:

— Continuez.

— Mademoiselle, est-ce que vous ne me croyez pas?

— Si, si, je vous crois. Mais continuez donc. Je vous écoute avec la plus grande attention.

— Je ne sais plus où j'en étais.

— L'homme vous a dit qu'étant parfaitement renseigné, il avait la certitude que la personne qu'il cherche était enfermée ici.

— Alors je ne sus plus que dire, impossible de nier.

— C'est vrai.

— Je veux la voir, me dit-il; je ne m'éloignerai pas d'ici sans l'avoir vue, sans lui avoir parlé. — Prenez garde, lui répondis-je, si vous entrez dans cette propriété, vous risquez votre vie : on peut vous tuer! — Qui? Il y a une demi-heure, j'ai vu sortir deux hommes de la maison ; je les ai suivis des yeux, ils sont loin maintenant. — Puis, prenant un ton plus doux : — Veux-tu me servir? reprit-il, veux-tu m'aider à entrer dans la maison? — Il tira de sa poche une poignée d'or. — Tiens, continua-t-il, en attendant mieux, je te donne cela. — Les pièces d'or brillaient sous mes yeux. Je pensais à vous, mademoiselle, à votre grande douleur, à votre désespoir, et je me disais qu'il m'était bien facile de vous consoler. Mais je pensais aussi qu'en faisant ce que le jeune homme me demandait je trahirais ceux que je sers, et que, si ma trahison était connue, ce serait ma mort. J'étais très embarrassée et je n'osais répondre ni oui ni non. Impatienté, le jeune homme reprit d'un ton menaçant : Si tu refuses de me servir, misérable fille, j'entrerai dans la maison malgré toi, malgré tout. Regarde — Il me montrait un pistolet. La vue de cette arme me fit peur : — Ne me tuez pas, ne me tuez! lui criai-je ; je consens, je ferai ce que vous voudrez !

— Quelle comédienne! pensait Maximilienne ; on croirait vraiment que ce qu'elle raconte lui est arrivé.

Elle reprit à haute voix :

— Et c'est pour moi, Élisabeth, c'est pour moi que vous trahissez vos terribles maîtres?

— Oui, mademoiselle, c'est pour vous.

— Est-ce que vous n'avez pas accepté l'or qu'on vous offrait?

— Le jeune homme me l'a mis dans la main, je n'ai pu refuser...

— N'importe, Élisabeth, je vous remercie de ce que vous faites pour moi ; cette fois, je n'en doute plus, vous vous intéressez réellement à mon triste sort.

Le comte de Montgarin, José Basco et ses complices tenaient conseil sous le hangar. (Page 514).

Plus tard, quand je le pourrai, je saurai vous prouver ma reconnaissance.
— C'est étonnant, fit Élisabeth.
— Qu'est-ce qui est étonnant?
— Votre calme, mademoiselle. Moi qui croyais vous rendre toute joyeuse!
Le regard de Maximilienne eut un éclair qui s'éteignit aussitôt.
— Avant de me livrer à la joie, je veux savoir ce que j'ai à espérer, répondit-elle.

— Mais vous n'avez donc pas compris qu'on veut vous arracher des mains de vos ennemis ?

— C'est la seule chose que je demande.

— Mais c'est cela, mademoiselle, c'est cela !

— Allons, je veux bien vous croire. Où est ce jeune homme qui veut bien me parler ?

— Tout près d'ici, caché sous un hangar. J'ai cru devoir vous prévenir avant de l'introduire dans la maison.

— Vous avez craint de me causer une émotion trop vive. J'apprécie l'intention. Maintenant il peut venir.

— Je cours le chercher.

Élisabeth disparut.

Aussitôt Maximilienne se dressa sur ses jambes, comme poussée par un ressort, et s'avança au milieu de la chambre. Elle s'arrêta, faisant face à la porte :

— Il peut venir, le misérable, il peut venir, prononça-t-elle d'une voix sourde, je suis prête à le recevoir.

Et immobile comme une statue, pâle, la tête haute et le regard chargé d'éclairs, elle attendit.

X

UN MALHEUREUX

Pendant que Maximilienne écoutait la fable que lui débitait Élisabeth, le comte de Montgarin, José Basco et ses complices tenaient conseil sous le hangar. Cette construction, qui se trouvait à environ cinquante pas de la maison, avait servi autrefois d'écurie et de remise. Depuis longtemps abandonnée, elle tombait en ruines.

— Ainsi, voilà qui est bien entendu, dit José Basco, s'adressant au comte de Montgarin : dès que vous avez appris son enlèvement, vous vous êtes mis à sa recherche ; c'est le hasard, — un dieu pour les amoureux, — qui vous a conduit hier soir à la Celle-Saint-Cloud. Il faisait nuit noire ; vous aviez couru toute la journée, vous étiez rompu de fatigue, vous aviez faim. Vous êtes entré chez un traiteur, qui tient en même temps une maison meublée, et vous vous êtes fait donner à manger. Votre repas terminé, vous vous êtes dit que, voulant continuer vos recherches de ce côté, il était inutile de retourner à Paris. Vous avez couché à la Celle-Saint-Cloud. Ce matin, vous vous êtes levé de bonne heure. Avant de vous en aller, vous êtes descendu dans une salle du rez-de-chaussée pour payer ce que vous deviez. Dans cette salle, deux hommes assis à une table causaient en vidant une bouteille de vin blanc. L'un de ces hommes était un garde-chasse ; on le voyait à son costume. Le garde disait à son compagnon que la maison de la Belle-Bonnette était habitée depuis deux jours.

Et il raconta : L'avant-veille, vers deux heures de l'après-midi, comme j'étais en embuscade, espérant surprendre des braconniers, je vis une voiture attelée de deux chevaux s'arrêter à la porte d'entrée du clos de la Belle-Bonnette ; un domestique, ayant un chapeau galonné d'or mit pied à terre, d'abord, puis une jeune fille sortit de la voiture et ensuite une autre. Cette dernière devait être souffrante, car, après avoir fait quelques pas, elle tomba. On fut obligé de la porter jusque dans la maison.

Or, ce récit que faisait le garde-chasse, avait attiré votre attention et excité votre curiosité. Vous vous êtes approché de lui et l'avez interrogé.

Placé à une grande distance, et des arbres gênant sa vue, il n'avait pu voir qu'imparfaitement les personnages et ce qui s'était passé. Toutefois, quand il eut répondu à toutes vos questions, ce qu'il fit avec beaucoup de complaisance, vous avez été convaincu que cette jeune fille souffrante, qu'on avait dû porter dans la maison, était votre bien-aimée Maximilienne.

Immédiatement vous vous êtes fait indiquer le clos de la Belle-Bonnette. Si, ce qui n'est pas probable, elle vous interrogeait au sujet d'Élisabeth, vous lui confirmeriez le récit que celle-ci vient de lui faire, car la voici qui accourt. Mais, heureuse de vous voir et de vous entendre lui annoncer sa délivrance prochaine, elle ne songera pas à vous questionner ; elle croira tout ce que vous lui direz.

Élisabeth entra.

— Eh bien ? l'interrogea José Basco.

— C'est fait.

— Qu'a-t-elle dit ?

— Qu'elle voulait savoir ce qu'elle avait à espérer avant de se livrer à la joie.

— Alors le conte que j'ai imaginé a produit son effet ?

— Elle n'en a pas perdu une syllabe.

— Maintenant qu'on lui a annoncé un libérateur, mon cher Ludovic, vous n'avez plus qu'à paraître devant elle.

— Je suis prêt, répondit le jeune homme.

— N'oubliez aucune de mes recommandations ?

— Soyez tranquille.

— Montrez-vous très amoureux, plein d'ardeur ; plus que jamais soyez tendre et passionné. Pourtant, n'allez pas trop loin. Allez, mon cher comte, suivez Élisabeth.

— Le moment terrible approche, se disait Ludovic, marchant derrière Élisabeth, qui se dirigeait rapidement vers la maison.

Sur le seuil de l'habitation, la jeune fille s'arrêta.

— Au fait, dit-elle, il est inutile que je monte avec vous ; je vous attendrai dans la cuisine. Si vous aviez besoin de moi, vous n'auriez qu'à m'appeler. Voici la clef de sa chambre, continua-t-elle en la lui remettant ; sur le palier vous verrez trois portes ; c'est la porte à droite que vous ouvrirez.

— C'est bien, répondit simplement Ludovic.

Il monta lentement les marches de l'escalier. Son cœur battait à se rompre, des flots de sang lui montaient à la tête, ses jambes fléchissaient, dans sa gorge quelque chose l'étranglait.

Sur le palier il s'arrêta pour respirer, pour se remettre et s'armer de courage.

Comment allait-elle l'accueillir ? Que lui dirait-elle ?

— Allons, se dit-il, pas de faiblesse, c'est le moment d'être fort.

Et il rejeta brusquement sa tête en arrière.

Il était devant la porte qu'on lui avait indiquée. En mettant la clef dans la serrure sa main trembla ; mais il se raidit en lui-même et tout signe extérieur d'émotion disparut. Cette fois, il était tout à fait maître de lui. D'une main ferme, il ouvrit la porte et entra.

Maximilienne avait attendu sans faire un mouvement.

A la vue de son fiancé ses traits se contractèrent et un sourire nerveux crispa ses lèvres.

— Je ne m'étais pas trompée, c'est bien lui, le misérable ! se dit-elle, en faisant trois pas en arrière.

Après avoir refermé la porte, Ludovic se retourna et ils se trouvèrent face à face.

— Monsieur le comte de Montgarin, s'écria Maximilienne d'une voix frémissante, le bras tendu vers lui et le regard fulgurant, vous êtes un lâche, un infâme ! Je vous aimais, maintenant je vous hais !

Ces paroles frappèrent Ludovic au cœur comme un coup de poignard.

Il eut un soupir et sa tête tomba sur sa poitrine.

— Monsieur le comte de Montgarin, reprit Maximilienne, voilà ce que je tenais à vous dire. Les scélérats qui sont vos complices peuvent m'assassiner maintenant, j'ai fait le sacrifice de ma vie. Je ne vous connais plus, vous me faites horreur, et à votre vue mon cœur se soulève de dégoût. Sortez d'ici !

Le jeune homme releva lentement la tête. Ses yeux étaient remplis de larmes.

— Mademoiselle de Coulange, prononça-t-il d'un ton douloureux, vous ne m'aimez plus, vous me haïssez, je vous fais horreur ! Vos terribles paroles sont entrées dans mon cœur et vont y rester à côté de mon amour. Ah ! de tous les châtiments, voilà le plus épouvantable !

Il fit quelques pas en chancelant et tomba à genoux devant la jeune fille stupéfiée.

— Oui, reprit-il, je suis un misérable, et sans vous, mademoiselle, sans l'amour que vous m'avez inspiré, cet amour béni qui m'a purifié, je serais aujourd'hui un infâme ! Vous ne m'aimez plus, c'est bien ; vous ne pouvez plus m'aimer ! Mais quand même vous m'aimeriez encore, je vous dirais : Repoussez-moi, méprisez-moi, je vous ai trompée, parce que le jour où, pleine de confiance, vous avez mis pour la première fois votre main dans la mienne, je ne vous ai pas dit quel marché infâme j'avais conclu avec un vil aventurier. Ah ! vous ne me jugerez pas aussi sévèrement que je me suis jugé moi-même.

Après un court silence, il continua :

— Quand on vous a dit tout à l'heure qu'un inconnu désirait vous voir, vous parler, et qu'il allait paraître devant vous, vous avez deviné que cet inconnu, c'était moi. Vos paroles m'ont fait comprendre qu'une partie de la vérité vous est connue ; mais ce que vous ignorez encore je vous le dirai, je ne vous cacherai rien, vous saurez tout.

La colère de Maximilienne s'était subitement apaisée ; en même temps la force qu'elle avait trouvée dans une grande surexcitation nerveuse et la fièvre qui la brûlait intérieurement, s'était éteinte. Elle s'affaissa lourdement sur un siège en laissant échapper un gémissement, ses yeux se fermèrent et sa tête se renversa en arrière. C'était une première faiblesse causée par l'inanition.

Ludovic poussa un cri rauque et se releva saisi d'épouvante.

— Ah ! mon Dieu, j'oubliais ! gémit-il, en jetant autour de lui des regards effarés, et prêt à appeler au secours.

Il vit la table, sur laquelle il y avait une bouteille de vin, des biscuits sur une assiette, un morceau de viande froide et du fromage, ce qu'on avait servi à Maximilienne pour son déjeuner.

— Ah ! ah ! fit-il.

Il s'élança vers la table, versa du vin dans un verre, prit un biscuit, puis revint près de la jeune fille.

— Vous n'avez rien pris depuis deux jours, lui dit-il, je le sais... Ah ! je vous en supplie, buvez un peu de ce vin et mangez ce biscuit.

Il avait approché le verre des lèvres de Maximilienne.

Elle secoua la tête et fit un mouvement pour le repousser.

— Mais vous voulez donc mourir de faim ? exclama-t-il avec désespoir. Non, vous ne voudrez pas que votre mère, qui a déjà tant souffert, meure de douleur !... Mademoiselle de Coulange, il faut vivre, vous devez vivre pour votre mère, pour tous ceux qui vous aiment !

La jeune fille rouvrit les yeux.

— Ma mère ! ma mère ! murmura-t-elle d'une voix faible.

— C'est en son nom que je vous supplie.

Et de nouveau il mit le bord du verre entre ses lèvres.

Elle le regarda fixement.

— La reverrai-je ? demanda-t-elle.

— Demain soir vous serez dans ses bras, je vous le jure ! répondit-il d'un ton solennel.

— Eh bien, je bois !

Il ne put retenir un cri de joie.

Maximilienne vida, à petites gorgées, la moitié du verre. Puis Ludovic trempa le biscuit dans ce qui restait de vin et le lui fit manger tout entier.

— Encore un ? dit-il.

— Oui, répondit-elle.

Et le jeune homme lui fit manger le deuxième biscuit, trempé dans le vin comme le premier ; il lui en offrit un troisième.

— Non, tout à l'heure, répondit-elle.

Ils restèrent un moment silencieux, se regardant, lui avec tendresse, elle avec autant de surprise que de commisération.

— Comment vous trouvez-vous maintenant ? lui demanda-t-il.

— Mieux, beaucoup mieux ; le peu que je viens de prendre m'a ranimée.

— C'est donc vrai, Maximilienne, vous vouliez mourir ?

— Oui.

— Pourquoi ?

— J'étais désespérée. Et maintenant encore, malgré le serment que vous venez de faire, je n'ose espérer. Vos paroles ne m'ont point rassurée, car je connais l'homme qui m'a amenée ici.

— Vous le connaissez ?

— Oui. Ce monstre a tué sa mère, martyrisé sa sœur et tenté trois fois d'assassiner mon père. Il se nomme Sosthène de Perny ; c'est mon oncle !

— Comme tous les criminels, Sosthène de Perny aura son châtiment, dit Ludovic d'une voix sourde.

— Pendant plus de vingt ans, c'est par lui que ma pauvre mère a souffert ; il lui a fait verser toutes ses larmes ; aujourd'hui il lui faut une nouvelle victime, moi !... Vous parlez de son châtiment ; viendra-t-il, seulement ?

— L'heure en est fixée.

— Qui le punira ?

— De tous les côtés vont apparaître les vengeurs.

Maximilienne secoua tristement la tête.

— Les vengeurs ! murmura-t-elle, où sont-ils ?

— J'en suis un.

— Vous ? dit-elle avec un accent de doute qui fit courir un frisson dans tous les membres de Ludovic.

— Hélas ! répondit-il d'une voix plaintive, vous ne me croyez pas, vous doutez de moi.

Il resta un instant silencieux, la tête baissée. Puis, se redressant brusquement :

— Je n'ai plus qu'un instant à rester près de vous, reprit-il, et cet instant est précieux. Vos terribles ennemis ne sont pas loin d'ici, ils peuvent s'impatienter et peut-être me soupçonner... Ah! je frémis et tout mon sang se glace dans mes veines en pensant à ce qu'ils feraient s'ils se doutaient que je les trahis. Maximilienne, je vous ai dit que vous sauriez tout, écoutez-moi. Je m'approche tout près de vous pour pouvoir parler à voix basse, car, ici, les murs peuvent avoir des oreilles.

Alors, brièvement, et avec une émotion croissante, il raconta à Maximilienne la conversation qu'il avait eue avec le faux comte de Rogas le jour où celui-ci était venu lui promettre de lui faire épouser une des plus riches héritières de France, à condition qu'il partagerait avec lui la fortune acquise par ce mariage. Il parla ensuite de son étonnement quand il apprit que la jeune fille qu'on voulait lui faire épouser était Maximilienne de Coulange.

Et le rouge de la honte au front, courbé devant la jeune fille, il lui dit d'une voix étranglée :

— J'ai signé ce marché infâme, je suis devenu l'esclave de cet aventurier qui se fait appeler de Rogas, et, après cela, j'ai eu l'audace de vous aimer. Voilà mon crime !

Elle l'écoutait avec effarement.

Il lui apprit ensuite ce qui s'était passé l'avant-veille entre lui et Morlot.

— Je ne savais rien encore, poursuivit-il, M. Morlot m'a ouvert les yeux en me faisant connaître les infamies de Sosthène de Perny et du faux comte de Rogas ; je ne vous parle pas de l'autre scélérat, qui n'est que l'exécuteur de leur volonté. Ainsi, j'étais le complice de voleurs et d'assassins !... Grâce à vous, Maximilienne, j'étais devenu meilleur ; vous aviez fait de moi un autre homme ; je pus comprendre dans quelle horrible situation je me trouvais et quelle effroyable responsabilité pesait sur moi... Étant leur complice, la machine qu'ils faisaient mouvoir pour réussir dans leur misérable entreprise, j'étais aussi un voleur et un assassin ! En ce moment encore je suis sous le coup de l'épouvante dont je fus saisi.

— Horrible ! horrible ! murmura Maximilienne.

— Cependant, voulant à tout prix vous arracher des mains de ces misérables, j'ai suivi le conseil que m'avait donné M. Morlot. Oui, Maximilienne, pour vous j'eus le courage et la force, malgré mes répugnances et mon dégoût, de me mettre au niveau des trois misérables, d'approuver leurs projets, de les appeler mes amis, de leur serrer la main, de leur faire croire, enfin, que je suis comme eux un ignoble bandit.

Il s'arrêta un instant pour reprendre haleine et continua :

— Vous deviez rester enfermée ici pendant huit jours. Puis, après le simulacre d'une lutte contre Sosthène de Perny et votre autre gardien, nous vous enlevions de cette maison, de Rogas et moi, pour vous ramener à l'hôtel de Coulange. Sans vous en douter, Maximilienne, c'est vous qui avez annoncé l'heure de votre mise en liberté... Votre refus absolu de prendre aucune nourriture a effrayé les misérables ; ils ont eu peur que vous ne tombiez malade.

Ah ! vous le savez maintenant, ce n'est pas votre mort qu'ils veulent !... Il fallait vous rassurer. Comment faire ? Vous savez ce que de Rogas a imaginé par ce que vous a dit tout à l'heure la jeune fille qu'on a placée près de vous pour vous servir de femme de chambre.

Que de choses j'aurais encore à vous dire ; mais je suis forcé d'être bref.

Je vous ai promis et je vous promets encore que demain vous embrasserez votre mère. Je ne puis vous dire à quelle heure vous serez délivrée, mais vous pouvez attendre vos libérateurs.

Mademoiselle de Coulange, continua Ludovic d'une voix vibrante d'émotion, je suis coupable envers vous, bien coupable... Je ne vous demande pas, maintenant, de me pardonner ; non, il faut d'abord que j'aie mérité votre pardon !... Vous m'absoudrez, j'en ai l'espoir, car vous êtes bonne et généreuse. Dans quelques jours vous prononcerez ces mots : « Le malheureux ! Je lui pardonne ! »

D'une voix subitement raffermie, il continua :

— Vous ne m'aimez plus, vous me l'avez dit, et je vous ai répondu : « Vous ne devez, vous ne pouvez plus m'aimer parce que je suis indigne de vous, parce que je suis un misérable ! »

Il y a à Paris un jeune homme qui vous aime de toute son âme ; il vous pleure, car il vous croit à jamais perdue pour lui. Ah ! celui-là est honnête, il ne commettra jamais une mauvaise action ; celui-là est digne de mademoiselle Maximilienne de Coulange ! Une lettre calomniatrice, une lettre infâme, dans le genre de celle qu'a reçue madame la comtesse de Valcourt a été adressée au père de ce jeune homme. Et celui-ci, gardant toujours son amour dans son cœur brisé, s'est éloigné de vous. Ai-je besoin de le nommer ? Non, n'est-ce pas ? Vous savez que je parle de Lucien de Reille.

Maximilienne ne put s'empêcher de tressaillir.

— C'est lui, reprit le comte de Montgarin, c'est Lucien de Reille que vous devez aimer ! C'est à Lucien de Reille que vous devez confier la douce mission de vous rendre heureuse !

La jeune fille avait baissé la tête. Étonnée, troublée, toutes sortes de pensées confuses se heurtaient dans son cerveau. Elle avait écouté Ludovic avec la plus grande attention. Tout ce qu'il lui avait dit, elle l'avait compris. Tour à tour, elle avait été stupéfiée, indignée, effrayée et prise de pitié pour ce malheureux qui s'accusait lui-même. Elle ne pouvait douter de son repentir ; il s'était humilié devant elle, elle avait vu des larmes dans ses yeux. Mais, était-ce assez ? D'ailleurs, elle ne se trouvait pas en état, pour le moment, de juger sa conduite. Elle ne pouvait le repousser quand il lui donnait une preuve éclatante de son

Ces messieurs sont là, lui dit Élisabeth, en lui montrant la chambre de Sosthène.

dévouement. Et pourtant une force invincible l'empêchait de lui tendre la main. Elle évitait de le regarder, comme si elle eût craint que sa vue ne l'effrayât. Depuis deux jours son cœur s'était subitement refroidi. Elle avait vu Ludovic à ses genoux, elle avait vu ses soupirs, et son cœur n'avait point battu plus fort. Sans se rendre encore exactement compte de ses impressions, quelque chose lui faisait sentir que le comte de Montgarin n'était plus l'homme qui pouvait répondre aux aspirations de son âme, l'époux au bras duquel, rayonnante, elle serait fière de s'appuyer, l'être idéal qu'elle avait vu si souvent lui sourire dans ses rêves de jeune fille.

Comme nous l'avons dit, elle tenait la tête baissée et, ne trouvant rien à répondre au jeune homme, elle restait silencieuse

XI

UNE REPENTIE

Debout devant elle, tremblant, la poitrine oppressée, le comte de Montgarin attendait un mot ou un regard. Une bonne parole ou un regard affectueux lui aurait tant fait de bien !

« Je vous aimais, maintenant je vous hais ! » Ces mots terribles résonnaient à ses oreilles comme un glas funèbre. Ah! il ne s'était fait aucune illusion. Il connaissait Maximilienne, il savait d'avance qu'elle le jugerait sévèrement et le condamnerait.

Comme il souffrait, le malheureux !

Déjà son cœur s'est fermé pour moi, pensait-il ; pour elle je ne suis plus rien ; elle ne voit plus en moi qu'un être dégradé, avili, sans honneur ! Je sens qu'elle me méprise et qu'elle a honte de m'avoir aimé !

Il y avait près d'une heure qu'il était près de Maximilienne: il ne pouvait rester plus longtemps.

— Mademoiselle de Coulange, prononça-t-il d'une voix tremblante, je n'ai plus rien à vous dire, je vous quitte. Les hommes qui m'attendent peuvent s'impatienter et je tremble de voir apparaître Sosthène de Perny. S'il soupçonnait une trahison, le misérable serait capable de vous assassiner !

La jeune fille releva la tête.

— Avant de vous en aller, monsieur de Montgarin, dit-elle, donnez-moi des nouvelles de ma mère et de mon père.

— Ils sont dans la désolation; madame la marquise est désespérée; elle pleure et vous appelle sans cesse. Votre père a essayé vainement de la rassurer, de la consoler; du reste, il est lui-même dans une anxiété cruelle.

Maximilienne eut un long soupir.

— Ma pauvre mère, mon pauvre père ! gémit-elle.

Et des larmes jaillirent de ses yeux.

— Demain, vous leur serez rendue, reprit le jeune homme; demain ils seront consolés. Mais, ce soir même, ils sauront que je vous ai vue ; ce sera un adoucissement à leur immense douleur.

— Mon frère est-il près d'eux ?

— Hier, le comte de Coulange n'était pas encore revenu.

— Savez-vous si mon père a reçu une lettre de lui?

— J'ai vu monsieur le marquis de Coulange hier vers dix heures du matin; il était encore sans nouvelles de votre frère.

— Hélas! soupira Maximilienne, la douleur est partout!

Elle essuya ses yeux et se leva.

— Monsieur de Montgarin, dit-elle, vous pouvez me quitter maintenant; je n'ai plus rien à vous demander.

Il s'inclina respectueusement.

Elle reprit :

— Monsieur de Montgarin, après ce que je viens d'apprendre, mon attitude ne doit ni vous étonner ni vous paraître étrange; je ne sais ce qui se passe en moi; dans ma pensée tout se confond; c'est une sorte de délire. J'ai besoin de réfléchir longuement. Vous m'avez rassurée, l'espoir m'est revenu; malgré cela, je reste sous le coup d'une épouvante que je ne peux m'expliquer.

— Ce qui se passe en vous, mademoiselle, je le comprends, répondit-il d'un ton douloureux: vous me méprisez, et ce qui vous épouvante, c'est l'horreur que je vous inspire.

— Non, dit-elle en secouant la tête.

Et elle ajouta :

— Monsieur de Montgarin, je vous plains!

Il fit entendre un gémissement et marcha vers la porte.

— Mademoiselle de Coulange, dit-il, adieu!

Et il s'élança hors de la chambre.

Maximilienne resta un instant pensive.

— Oui, murmura-t-elle, je le plains, car il est réellement à plaindre.

Puis, une de ses mains appuyée sur son cœur, elle prononça lentement ces mots :

— Je le sens là, je ne l'aime plus.

Le comte de Montgarin trouva Élisabeth au bas de l'escalier.

— Eh bien, a-t-elle mangé un peu? lui demanda la jeune fille.

— Oui, un peu. Dans un instant vous monterez près d'elle, et elle vous dira sans doute ce que vous devez lui donner pour son dîner.

— Ces messieurs sont là, lui dit Élisabeth, en lui montrant la porte de la chambre de Sosthène.

Ludovic tressaillit et sa figure se décomposa.

Il pensait que l'un ou l'autre des misérables pouvait avoir écouté, l'oreille collée contre la porte de la chambre de Maximilienne. Dans ce cas, n'aurait-il entendu qu'une partie de ce qu'il avait dit, Maximilienne, qu'il voulait sauver, était perdue.

Comme si elle eût deviné sa pensée, Élisabeth se rapprocha de lui, et le regardant fixement, avec un air singulier, elle lui dit à voix basse :

— Vous êtes resté longtemps près de la demoiselle, ils avaient froid sous le hangar. Mais, rassurez-vous, ils se sont chauffés tranquillement en vous attendant.

Ludovic était si troublé qu'il ne comprit point le sens mystérieux de ces paroles.

La porte de la chambre de Sosthène s'ouvrit et le jeune homme se trouva en face de José Basco.

— Eh bien ? interrogea le Portugais ?

— Tout s'est passé comme vous l'aviez prévu, mon cher José, répondit-il ; j'ai facilement dissipé toutes ses craintes. Elle va attendre patiemment que nous venions faire le siège de cette maison. Enfin, nous n'avons plus rien à redouter : je lui ai fait avaler deux biscuits et boire un verre de vin. Ce soir elle dévorera ce qu'on lui présentera.

Le visage sombre de José Basco s'épanouit.

— Dans ce cas, dit-il, tout va bien.

— J'ai des œufs frais, dit Élisabeth ; je vais tout de suite en faire cuire deux sur le plat.

— Mettez-en trois, dit Ludovic.

Le Portugais prit la main du jeune homme et le fit entrer dans la chambre. On causa pendant quelques minutes. Il fut décidé que, le surlendemain, le comte de Rogas et le comte de Montgarin reviendraient au clos, entre neuf et dix heures du soir, accompagnés de leurs domestiques ; qu'il y aurait au rez-de-chaussée de la maison le bruit d'une lutte simulée à la suite de laquelle Sosthène et des Grolles vaincus prendaient la fuite. Alors on pénétrerait près de Maximilienne, en enfonçant la porte fermée à clef, et le comte de Montgarin, armé d'un revolver, conduirait la jeune fille à une voiture qui attendrait dans l'avenue des Châtaigniers sous la garde du vieux François.

Tout cela étant bien entendu, bien compris, José et Ludovic quittèrent Sosthène et des Grolles pour rentrer à Paris.

Élisabeth ayant fait cuire ses œufs sur le plat, s'empressa de les porter à Maximilienne. Elle trouva la jeune fille assise près de la table, croquant un biscuit. Il n'y en avait plus un seul sur l'assiette.

— A la bonne heure, dit Élisabeth. Mais je vous apporte quelque chose qui vous plaira mieux sans doute : des œufs, ils sont frais...

Élisabeth mit le plat devant Maximilienne

— Oui, dit la jeune fille, je vais faire un excellent repas.

Elle se mit à manger presque avidement.

— Comme vous devez avoir l'estomac délabré ! reprit Élisabeth. Vraiment, mademoiselle, vous n'étiez pas raisonnable. J'avais beau vous répéter sans cesse : Vous n'avez rien à craindre, on ne vous fera pas de mal ! vous ne vouliez pas me croire. Enfin, vous voilà complètement rassurée. Si vous saviez comme je suis contente !... J'ai encore quelques biscuits, je cours les chercher.

— C'est inutile, pas maintenant. Vos œufs me suffisent. Voyez comme je les mange avec plaisir.

— C'est vrai. Ah ! dame, après être restée deux jours sans rien prendre... Buvez encore un peu...

C'est elle qui tenait la bouteille et versait à boire à Maximilienne.

— On croirait qu'elle me porte un véritable intérêt, pensait Mlle de Coulange. Quelle singulière créature !

Quand elle eut achevé son frugal repas, elle se leva et alla s'asseoir devant le feu qu'Élisabeth venait de faire flamber. Celle-ci prit un tabouret et se plaça sous les yeux de Maximilienne.

— Vous êtes moins pâle, dit-elle ; votre regard n'a plus le même éclat fiévreux, vos belles joues vont redevenir fraîches et roses. Vous vous sentez mieux, plus forte, n'est-ce pas ?

— Oui.

— Dans une heure ou deux vous prendrez encore quelque chose et puis vous vous coucherez.

Maximilienne fit un mouvement brusque.

— Ah ! voilà encore que vous vous effrayez. Eh bien, je resterai près de vous, je passerai la nuit sur cette chaise, ou bien je me coucherai là, sur un tapis, en travers de la porte. Comme cela vous n'aurez pas peur.

Elle s'était accroupie devant le feu. Maximilienne la regardait curieusement.

— Certainement, se disait-elle, cette fille n'est pas méchante ; elle est, comme elle me l'a dit, l'esclave des hommes qu'elle sert.

Pendant un instant elles restèrent silencieuses.

Élisabeth paraissait songeuse. Elle avait quelque chose à dire à Mlle de Coulange, mais elle hésitait, elle n'osait pas parler.

Tout à coup, Maximilienne s'aperçut qu'Élisabeth pleurait à chaudes larmes.

— Qu'avez-vous donc ? lui demanda-t-elle, pourquoi pleurez vous ?

— Je voulais retenir mes larmes, je n'ai pas pu. Je ne saurais vous dire ce qui se passe en moi, mademoiselle, je suis toute bouleversée... Allez, depuis deux jours je suis bien changée ; oui, je ne suis plus la même. J'ai entendu vos gémissements, j'ai vu votre douleur ; cela m'a remuée jusqu'au fond du cœur. J'ai souffert de vous voir souffrir, vous si belle, si noble, si bonne ! Je n'ai dormi ni la nuit dernière ni l'autre nuit ; je pensais à vous et je réfléchissais et je pleurais... Je ne sais quelle chose délicieuse, exquise on respire près de vous ; c'est comme un parfum d'innocence et de pureté qui fait naître en moi des pensées que je n'avais jamais eues. Je voudrais être toujours près de vous et pouvoir passer ma vie couchée à vos pieds comme un chien fidèle. Hélas ! cela ne se peut pas. Si vous saviez ce que j'ai été, ce que je suis encore, vos beaux yeux qui me regardent avec douceur se détourneraient avec dégoût... Mais non, vous êtes bonne, vous me plaindriez... Je vois de la pitié dans votre regard et il me semble que je vous entends murmurer : Pauvre fille !

— Vous ne vous trompez pas, Élisabeth, j'ai dit pauvre fille ! et j'ai pitié de vous !

— Je suis encore bien jeune ; je ne saurais vous dire mon âge ; mais je ne dois pas avoir vingt ans. Eh bien, j'ai déjà assez de l'existence. Ah ! je voudrais ne pas être venue au monde ! Il y a sur la terre des pauvres jeunes filles bien malheureuses, mademoiselle ; je suis une de celles-là. Si vous saviez, si vous saviez...

— Est-ce une confidence que vous désirez me faire ?

— Non, non, répondit vivement Élisabeth, je ne peux rien vous dire. Vous faire connaître mon horrible passé, c'est impossible. D'ailleurs vous boucheriez vos oreilles pour ne pas entendre. Tout ce que je peux vous dire, mademoiselle, c'est que j'ai honte de ce qu'on m'a fait faire... Oh ! le passé ! si je pouvais ne pas me souvenir !

— Il faut qu'on se souvienne pour avoir des regrets, dit Maximilienne ; le repentir sincère efface bien des fautes. Dieu est miséricordieux ; revenez au bien et il vous pardonnera.

— Dieu, Dieu ! murmura Élisabeth.

— Oui, Dieu, répondit Maximilienne ; c'est lui qui soutient les faibles, console les désolés, donne l'espoir à ceux qui ne l'ont plus, protège les innocents, sauve les victimes et punit les méchants. Malgré le mal que vous avez fait, Élisabeth, vous avez encore le droit d'espérer ; si bas que vous soyez tombée, vous pouvez vous relever. Heureusement les bons sentiments ne sont pas morts en vous.

— Mademoiselle, c'est vous qui les avez fait renaître.

— Je vous ai rendu le bien pour le mal.

— C'est vrai, pardonnez-moi, pardonnez-moi !

— Oui, je vous pardonne. Que Dieu à son tour, vous accorde le pardon de vos autres fautes !

Élisabeth saisit une des mains de Maximilienne et la porta à ses lèvres.

— Mademoiselle, dit-elle, des reproches me feraient peut-être moins souffrir que votre grande bonté ; elle me fait sentir cruellement combien je suis coupable envers vous. Si j'avais connu les abominables projets de vos ennemis, j'aurais refusé de les servir ; oui, je me serais fait tuer plutôt que de vous attirer dans le piège qui vous était tendu.

— Une autre se serait chargée de cette mauvaise action. Et, qui sait ? j'aurais peut-être ici, à votre place, une cruelle ennemie.

— Oui, Charlotte.

— Est-elle réellement allée à Paris comme vous me l'avez dit ?

— Oui, mademoiselle, elle est partie depuis hier.

— Ah! depuis hier? fit Maximilienne.

— Écoutez, mademoiselle, il ne faut pas m'en vouloir de ce que je vous ai raconté tantôt ; on m'avait ordonné de vous dire cela... Du reste, j'ai bien vu à la façon dont vous m'écoutiez que vous preniez mes paroles pour ce qu'elles valaient. Si j'eusse connu les desseins de vos ennemis, je vous aurais dit simplement la vérité.

Je connais le comte de Montgarin ; mais je ne pouvais croire qu'il était le complice des autres ; dans votre intérêt même il fallait que je fusse très prudente. Toutefois, j'avais bien l'intention de vous dire ce soir : Je ne sais quelle chose nouvelle trament vos ennemis ; défiez-vous, prenez garde, on vous trompe !... Mais je n'ai rien à vous apprendre. Ce que le comte de Rogas et les autres voulaient faire, vous le savez.

— Hein! fit Mlle de Coulange.

Et elle plongea son regard clair et perçant dans les yeux d'Élisabeth.

— Pendant que le comte de Montgarin vous parlait, j'étais là près de la porte, reprit Élisabeth ; j'ai tout entendu.

— Ah! ce que vous avez fait là est ignoble! s'écria Maximilienne, ne pouvant contenir son indignation.

— Ne m'accusez pas, mademoiselle, répondit Élisabeth d'une voix suppliante. Cette fois encore j'ai obéi à un ordre. Si j'avais refusé, c'est un de vos persécuteurs qui aurait écouté. Alors, que serait-il arrivé? Furieux contre M. de Montgarin, les misérables eussent été capables de le poignarder sous vos yeux. Quant à vous... ah! ils vous auraient peut-être assassinée aussi!

Si je vous avais espionnée pour vous nuire, ce serait ignoble, en effet ; mais non... ce que j'ai entendu, je le garde ; un couteau dans la poitrine ne me le ferait pas dire. Moi, vous trahir! Ah! vous ne le pensez pas! Mademoiselle, ajouta-t-elle en se redressant, les yeux étincelants de fierté et d'audace, comme M. de Montgarin, je suis avec vous contre vos ennemis.

— C'est bien! je vous crois, dit Maximilienne.

Il y eut dans le regard d'Élisabeth comme un rayonnement.

— Ah! mademoiselle, dit-elle avec un accent intraduisible, vous ne savez pas quelle puissance vous avez sur ceux qui vous approchent, quand vous daignez faire tomber sur eux un de vos regards si doux. On est fasciné, on sent comme une lumière pénétrer en soi et tout de suite on vous aime. On devient meilleur, si l'on est coupable on se repent, et si on l'osait on se mettrait à genoux devant une divinité! Comment peut-on vous vouloir du mal, à vous qui, sans même vous en douter, faites tant de bien aux autres!

Quand le comte de Rogas m'a dit : « Il faut que je sache ce qu'ils diront ; tu écouteras! » J'ai vite répondu : oui. J'avais mon idée. Vous comprenez, je voulais savoir... Jugez de ma surprise, de ma joie, quand j'entendis M. de Montgarin vous dévoiler les projets des misérables dont je le croyais le complice. Au moment où il vous a dit : « Demain, vous serez libre, demain vous reverrez votre mère, » je fus tentée d'ouvrir brusquement la porte pour lui crier : Très bien ! monsieur de Montgarin !

Je n'écoutai pas la fin de votre conversation, continua-t-elle ; j'en savais assez. Je descendis toute joyeuse pour rendre compte de mon... espionnage. Quand j'eus dit au comte de Rogas que sa petite comédie avait admirablement réussi, il eut le regard superbe d'un général à qui on annonce une victoire.

— Ainsi, il ne se doute de rien ?

— De rien, mademoiselle. Il se croit si fort, si habile, qu'il ne suppose même pas qu'il puisse être trompé !

— Est-il encore ici ?

— Non, il est parti avec le comte de Montgarin.

— Et les autres ?

— Ils ne s'en vont pas eux.

— Mon Dieu, s'ils nous écoutaient !

Élisabeth secoua la tête.

— Ils ont autre chose à faire, répondit-elle ; ils boivent.

Cependant elle alla ouvrir doucement la porte et descendit jusqu'au milieu de l'escalier, sur lequel elle resta un instant, l'oreille tendue. Ensuite elle revint près de Maximilienne.

— J'en étais sûre, dit-elle, ils sont en train de vider une bouteille d'absinthe. Dès qu'ils ont le verre à la main, ils ne s'occupent plus de rien. Ce qu'ils consomment de liqueurs fortes est effrayant... Mais qu'avez-vous donc, mademoiselle ? Vous frissonnez.

— J'ai peur ! Dans leur ivresse, les deux misérables sont capables de venir dans cette chambre.

— Oh ! rassurez-vous, la porte est solide et bien fermée ; elle n'a qu'une clef, la voilà.

— N'importe, j'accepte l'offre que vous m'avez faite tout à l'heure. Élisabeth, vous ne me quitterez pas cette nuit.

— Ah ! mademoiselle, vous me rendez bien heureuse !

— Quand votre compagne revient-elle ?

— On a besoin d'elle à Paris, elle ne reviendra pas.

— Tant mieux.

— D'ailleurs, elle n'avait rien à faire ici ; c'est moi seule qu'on a chargée de vous servir et de veiller sur vous. Demain soir ce sera fini : on viendra vous chercher, vous serez délivrée... Mon Dieu, que va-t-il se passer ?

D'un seul mouvement elle se dressa sur ses jambes en jetant un cri de terreur. Elle avait subitement pâli, ses traits s'étaient contractés, un tremblement convulsif secouait ses membres.

— Élisabeth, qu'avez-vous ? lui demanda Maximilienne.

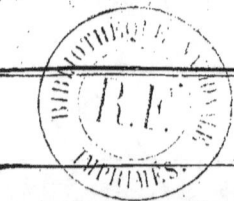

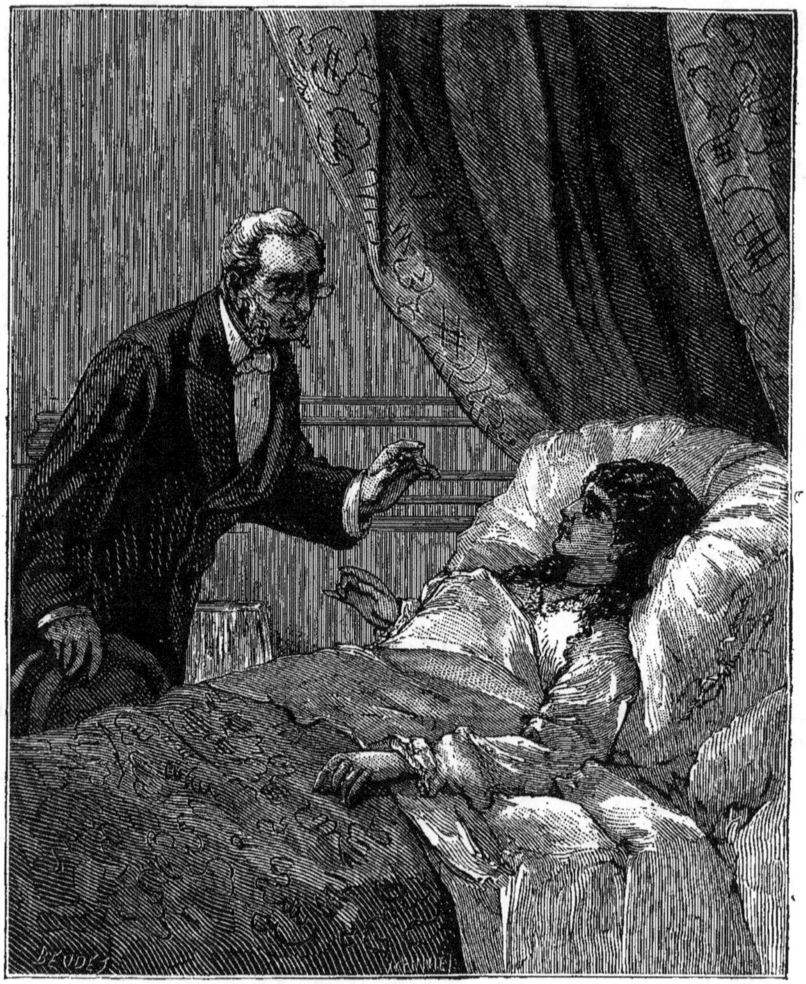

Ah! fit Emmeline avec surprise, c'est M. le docteur Gendron. (Page 534.)

La malheureuse se mit à sangloter.

— Élisabeth, vous m'effrayez; je vous en prie, répondez-moi.

— C'est affreux, affreux! prononça Élisabeth d'une voix entrecoupée, je n'avais point pensé à cela. On arrêtera les deux hommes, on m'arrêtera aussi... Oh! oh! la prison.

Maximilienne se leva, posa sa main sur l'épaule d'Élisabeth, et, radieuse comme l'ange de la rédemption, elle lui dit de sa plus douce voix :

— Je vous ai pardonné; vous vous dévouez pour moi; vous me protégez jusqu'au moment de ma délivrance. Alors, à mon tour, je vous prendrai sous ma protection.

Les yeux d'Élisabeth rayonnèrent dans les larmes. Elle joignit ses mains et s'agenouilla devant Mlle de Coulange.

XII

SAUVÉE !

Nous nous transportons à Menton, où le comte de Coulange et le docteur Gendron sont arrivés depuis quelques jours.

Une dépêche télégraphique de l'amiral les avait annoncés, et aussitôt Mme de Rouvière avait fait préparer les deux plus belles chambres de sa maison pour ses nouveaux hôtes.

En les voyant arriver, Mme de Valcourt ne put retenir ses larmes. Elle prit les mains du docteur en s'écriant :

— Ah ! sauvez ma fille, sauvez mon enfant !

Puis elle avait jeté ses bras autour du cou d'Eugène et l'avait embrassé en sanglotant.

Ensuite elle conduisit M. de Gendron dans la chambre d'Emmeline.

Pendant une demi-heure environ, silencieux, méditatif, le célèbre médecin examina la malade avec la plus grande attention, comptant les pulsations du pouls.

Pendant ce temps, debout et immobile au pied du lit, retenant ses larmes, comprimant ses sanglots, Mme de Valcourt ressemblait à une statue de la Douleur. Ses yeux ardents allaient constamment du docteur à sa fille, de la figure pâle, amaigrie d'Emmeline au visage calme et réfléchi de l'illustre praticien. Mais c'est en vain que la pauvre mère cherchait à surprendre la pensée de M. Gendron dans un de ses regards ou les mouvements de sa physionomie.

Enfin, après avoir examiné et reconnu les signes diagnostiques de la maladie, le docteur s'éloigna du lit, fit un signe à Mme de Valcourt, et ils entrèrent dans une chambre contiguë où les attendaient Mme de Rouvière et Eugène.

Du regard, on interrogea anxieusement le docteur.

— Je ne puis rien vous dire, fit-il.

— Ah ! ma fille est perdue ! s'écria Mme de Valcourt avec désespoir.

Eugène fit entendre un sourd gémissement.

— Calmez-vous, reprit vivement M. Gendron. Si je ne puis vous dire aujourd'hui : Mlle de Valcourt est sauvée, je ne vous dis pas non plus : elle est perdue.

— Docteur, vous la sauverez ! exclama Eugène.

— Oui, si Dieu le veut, répondit le médecin.

Mme de Valcourt s'approcha de lui, et s'emparant d'une de ses mains.

— Ainsi, dit-elle, vous ne l'avez pas condamnée, tout espoir n'est pas perdu?

— Il faut toujours espérer, madame.

— Quand pourrez-vous dire?...

— Dans quatre ou cinq jours.

Mme de Valcourt eut un long soupir.

— Je comprends vos angoisses, madame.

— Elles sont horribles, monsieur Gendron ; tenez, si je devais vivre pendant quinze jours encore dans l'état où j'étais avant de recevoir la dépêche de mon frère m'annonçant votre arrivée, j'aimerais mieux être morte !... Oh ! vivre ainsi, c'est épouvantable ! Je me demande comment j'ai pu résister à une pareille douleur, comment je ne suis pas devenue folle ! Je vous le dis, monsieur Gendron, si Mme de Rouvière n'eût pas été près de moi pour me dire sans cesse : Espérez ! je n'aurais pas eu assez de force pour supporter ce coup terrible.

— Eh bien, madame la comtesse, répondit le docteur, comme Mme de Rouvière, je vous dis aussi : Espérez ! Ma présence ici vous donne l'assurance que je ferai tout ce qui dépendra de moi pour sauver Mlle de Valcourt. C'est une lutte terrible que je vais avoir à soutenir contre le mal ; il faut combattre la fièvre, la dompter, la tuer... J'espère que l'excellente constitution de Mlle de Valcourt me sera d'un grand secours. La maladie est grave ; mais, heureusement, le sang est bon ; il n'y a pas d'anémie ; et parmi les symptômes que j'ai observés, quelques-uns semblent me promettre un de ces phénomènes physiologiques sur lesquels nous comptons toujours lorsque nous avons épuisé toutes les ressources de la science médicale.

Dans un instant, je vais m'installer au chevet de Mlle de Valcourt, et ne la quitterai plus. Je ne vous demande pas, madame, comment elle a été prise par cette fièvre, qui met ses jours en danger, je l'ai deviné. Le mal est venu à la suite d'un violent chagrin qu'elle a éprouvé et par la compression de la douleur qui a produit une grande irritation de tout le système nerveux. De là les transports au cerveau. Couper immédiatement la fièvre serait dangereux ; il ne faut pas rendre la force au corps en affaiblissant l'esprit. Il s'agit, d'abord, de calmer progressivement l'irritation des nerfs ; ensuite, nous verrons.

— Faites ce qu'il faut, faites tout ce que vous voudrez, monsieur Gendron, dit Mme de Valcourt. Ah ! je me sens moins désespérée, quelque chose me dit que vous sauverez ma fille !

Se tournant vers le comte de Coulange, elle reprit :

— Eugène, vous avez été bien inspiré en amenant avec vous notre cher docteur ; merci, merci ! Monsieur Gendron, je vous remercie aussi d'avoir bien voulu quitter Paris pour venir soigner mon enfant. C'est une grande preuve de votre amitié et de votre dévouement que vous nous donnez. Monsieur Gendron, ce n'est pas seulement la vie de ma fille, c'est aussi la mienne que vous avez à sauver!

— Et la mienne, ajouta le comte de Coulange.

— En me chargeant d'une si grande responsabilité, vous m'effrayez, répondit le docteur avec un sourire doux et triste.

. . . .

Quatre longs jours s'écoulèrent. Le docteur Gendron n'avait pas quitté d'une minute la chambre de son intéressante malade. Il y prenait ses repas, et quand, accablé de fatigue, ses yeux se fermaient malgré lui, il se jetait sur un canapé et dormait un peu. Alors Mᵐᵉ de Valcourt le remplaçait au chevet de sa fille. Du reste, M. Gendron se trouvait suffisamment reposé après une heure ou deux de sommeil.

A l'exception de Mᵐᵉ de Valcourt, la porte de la chambre de la malade était absolument fermée à tout le monde. Eugène n'avait obtenu qu'une seule fois la permission de voir sa chère Emmeline, avec défense expresse de prononcer un seul mot.

Or, le quatrième jour, vers cinq heures du soir, le docteur dit à Mᵐᵉ de Valcourt :

— Vous êtes brisée, c'est à peine si vous pouvez vous tenir sur vos jambes ; il faut aller prendre le repos qui vous est nécessaire.

— Pas maintenant, plus tard, répondit-elle.

— Je vous en prie, madame, insista le docteur.

La pauvre mère arrêta sur lui son regard scrutateur.

— Ah! vous me cachez votre pensée, je le vois, je le sens. Docteur, vous êtes inquiet.

— Pas plus en ce moment que je ne l'étais hier.

— Vous redoutez un dénouement fatal et vous ne voulez pas que je sois là.

— Encore une fois, madame, je vous prie, et, s'il le faut, j'exige que vous alliez prendre du repos. Si j'ai besoin de vous, je vous ferai appeler! Tâchez de dormir au moins deux bonnes heures. Ce soir vous aurez besoin de toutes vos forces.

— J'obéis, monsieur Gendron, dit-elle en poussant un long soupir.

Et elle se retira, le cœur serré comme dans un étau, et prête à suffoquer. La pauvre mère comprenait que M. Gendron tenait surtout à l'éloigner de sa fille.

En effet, le moment suprême approchant, le docteur voulait être seul près du lit de la jeune fille... Il ne savait pas encore quel serait le résultat des médications qu'il avait employées; mais une émotion un peu vive pouvant être funeste à la malade, il prenait ses précautions pour la lui éviter. Après avoir tout fait pour sauver Emmeline, il espérait. Sans doute, il avait une grande confiance dans son expérience; mais, si habile qu'il fût, il n'était pas infaillible, il pouvait se tromper ; la toute-puissance n'appartient qu'à Dieu seul. Il espérait ; mais son espoir n'était pas assez grand, assez complet pour chasser l'inquiétude...

Depuis quatre jours il luttait contre le mal. L'avait-il réellement vaincu ? Il l'ignorait. La mort était toujours là, prête à frapper. Allait-elle prendre sa victime ? Ou bien allait-elle s'éloigner, laissant à l'homme et à la science une nouvelle victoire ?

Resté seul, le docteur ouvrit la fenêtre de la chambre. Il faisait encore grand jour. A l'ouest, des nuages blancs, floconneux, qui se découpaient sur l'horizon dans le fond bleu du ciel, annonçaient un magnifique coucher de soleil.

Quelques chauds rayons entraient obliquement dans la chambre, traçaient des raies lumineuses sur les rideaux du lit, et l'un d'eux, plus audacieux que les autres, miroitait sur le front pâle de la malade et semblait verser une poussière d'or sur sa blonde chevelure.

Une brise indiscrète, mais douce et légère, pénétrait aussi dans la chambre, apportant un délicieux parfum de roses. Et comme si elle eût été jalouse du soleil, elle soulevait quelques cheveux fins sur le front de la jeune fille et caressait son visage de son souffle tiède et embaumé.

Debout près du lit, immobile, la tête légèrement inclinée, le regard fixe, le docteur contemplait Emmeline.

Le visage de la malade était tourné de son côté ; elle avait les yeux demi-clos, la bouche entr'ouverte. Sa respiration était faible, oppressée par instants, mais assez régulière. Elle avait retiré ses bras de dessous la couverture ; l'un reposait sur sa poitrine ; l'autre, allongé, laissait pendre au bord du lit la main diaphane. De temps à autre, une sorte de tremblement convulsif secouait son corps ; en même temps ses mains s'agitaient, ses lèvres frémissaient et les muscles de son visage avaient une légère contraction.

Le docteur ne perdait pas un mouvement de sa physionomie ; il les saisissait tous ensemble, les étudiait. Pour lui, chaque tressaillement, chaque battement des paupières étaient des symptômes.

— Quelle belle soirée ! se disait M. Gendron, les yeux toujours fixés sur le visage de la jeune fille ; l'air s'est imprégné des plus suaves parfums, tout rayonne ; on dirait que le soleil a choisi cette heure redoutable pour entrer dans cette chambre en joyeux visiteur. Si j'étais superstitieux, je croirais que la nature entière se réjouit et s'est mise en fête pour saluer de son plus radieux sourire le réveil, le retour à la vie de cette chère enfant !

Au bout d'un instant, il reprit :

— Moi, qui ai vu la mort frapper tant de victimes, comme je suis ému ! Je ne sais ce que je ressens ; c'est la première fois que je subis une semblable impression. Est-ce parce qu'elle est jeune et belle ? Non, j'en ai vu mourir d'autres aussi jeunes, aussi belles, et comme elle adorées. Tout leur souriait également à celles-là : l'amour, la famille, l'avenir, le bonheur... Toutes les joies semblaient leur être réservées... Pour vous, rien de tout cela, leur a dit la mort. Et la mort impitoyable les a précipitées dans la tombe avant qu'elles aient eu le temps de cueillir les premières fleurs qui s'épanouissaient pour elles !

Aujourd'hui, c'est une dette de reconnaissance que je voudrais payer. Dieu le voudra-t-il ? Emmeline sera-t-elle rendue à sa mère et à son fiancé ? Pauvre petite ! pauvre petite !

Ses yeux se voilèrent de larmes.

— Voyons, est-ce que je vais pleurer, maintenant? murmura-t-il, en passant rapidement son mouchoir sur ses yeux. Craignant les larmes de la mère, je l'ai éloignée et c'est moi qui pleure... je suis prêt à sangloter... Oh ! comme les hommes les plus forts sont faibles parfois ! Vais-je donc douter de moi ? Non, non. O science, je t'ai consacré ma vie tout entière !... Récompense-moi aujourd'hui... Je t'ai demandé la vie de cette enfant ; tu dois la sauver !...

Plus d'une heure s'était écoulée. Le soleil se couchait lentement, ses derniers rayons étaient sortis de la chambre. Toutefois, le visage de la jeune fille restait éclairé par une réverbération de lumière qui produisait autour de sa tête l'effet d'une auréole.

Dans la chambre comme au dehors régnait un profond silence.

Anxieux, respirant à peine, le docteur attendait. Il avait la poitrine oppressée et son cœur battait avec violence.

Tout à coup la malade poussa un long soupir, ses bras se levèrent en même temps et ses deux mains se posèrent sur son front.

Le docteur se pencha vers elle. Il entendit sa respiration devenue plus forte, il vit ses lèvres remuer comme si elle se parlait tout bas.

Presque aussitôt ses yeux s'ouvrirent et elle jeta autour d'elle le regard étonné d'un enfant qui se réveille.

Le docteur s'était redressé, le front rayonnant.

Les yeux d'Emmeline s'arrêtèrent sur lui.

— Ah ! fit-elle avec surprise, c'est monsieur le docteur Gendron !

— Elle m'a reconnue, elle est sauvée ! se dit le docteur.

Il reprit tout haut, en adoucissant le timbre de sa voix :

— Oui, ma chère enfant, c'est votre ami, le docteur Gendron, qui est près de vous.

— Je suis donc bien malade ?

— Vous ne l'êtes plus, répondit-il vivement.

— Pourtant, je me sens bien faible.

— Dans quelques jours vous aurez retrouvé toutes vos forces.

— Docteur, où est maman ?

— Elle va venir vous embrasser.

Il versa dans une tasse trois cuillerées d'une liqueur rose qu'il avait préparée d'avance ; puis, soutenant la tête de la malade, il lui fit boire cette mixtion lentement, par petites gorgées.

Instantanément, Emmeline sentit une douce chaleur passer dans tous ses membres.

— Merci, dit-elle en laissant retomber sa tête sur l'oreiller.

Ses yeux se fermèrent.

— Elle dort, murmura M. Gendron.

Il marcha vers la porte, l'ouvrit sans bruit et sortit de la chambre. Aussitôt le comte de Coulange se dressa devant lui, blanc comme un suaire. Le docteur mit un doigt sur sa bouche et prononça tout bas ce mot : Silence !

Puis, saisissant le bras d'Eugène, il l'entraîna dans une autre pièce.

Le jeune homme le regarda fixement.

— Parlez, docteur, parlez, dit-il d'une voix tremblante.

— Vous n'avez donc pas compris ? Vous ne voyez donc pas la joie qui brille dans mes yeux ?

— Sauvée ! exclama Eugène.

— Oui, elle est sauvée !

Fou de joie, le jeune homme se jeta au cou de M. Gendron, et l'embrassa sur les deux joues.

— Ah ! docteur, ah ! docteur ! fit-il.

Et il se mit à pleurer.

La joie a aussi ses larmes.

— Maintenant, reprit M. Gendron, après un moment de silence, il faut annoncer la bonne nouvelle à Mme de Valcourt et lui faire partager notre joie.

— Ah ! la pauvre mère ! s'écria Eugène, je l'oubliais !

Et il s'élança hors de la chambre.

XIII

L'ÉTOILE

A genoux, les mains jointes, les yeux levés vers le ciel et le visage baigné de larmes, Mme de Valcourt adressait à Dieu une prière fervente.

— Dieu tout puissant, disait-elle, ne soyez pas sourd à ma voix qui vous implore, exaucez-moi... Vous me l'avez donnée, ne me la reprenez pas. Ayez pitié de sa jeunesse, de son innocence... Seigneur, vous voyez ma douleur et mes larmes ; vous entendez mes sanglots qui montent vers vous avec ma prière. Ah ! ne détournez point vos yeux d'une mère éplorée qui vous demande la vie de son enfant ! Faites descendre des cieux un de vos célestes messagers. Qu'il vienne dire à la mort : Éloigne-toi, le maître du monde te défend de frapper cette jeune fille. Elle entre seulement dans la vie et le Seigneur a dit : « Je ne veux pas qu'elle meure ! »

A ce moment, Mme de Valcourt entendit qu'on frappait discrètement à sa porte. Elle tressaillit, un frisson courut dans tous ses membres. Venait-on lui annoncer que sa fille avait rendu le dernier soupir? Prise aussitôt d'un tremblement convulsif, elle se dressa péniblement sur ses jambes. Elle voulut marcher vers la porte, mais elle ne put avancer ; ses pieds étaient comme cloués sur le parquet.

On frappa de nouveau. Alors, d'une voix presque éteinte, Mme de Valcour cria :

— Entrez !

La porte s'ouvrit et le comte de Coulange parut sur le seuil.

— Ah! ma fille est morte, ma fille est morte ! s'écria Mme de Valcourt d'une voix étranglée.

— Non, madame, non, elle vit !... répondit Eugène, et elle est sauvée, elle est sauvée !

— Ah! ah ! ah! fit Mme de Valcourt.

Moins forte pour la joie qu'elle ne l'avait été pour la douleur, elle ferma les yeux et s'affaissa dans les bras du jeune homme.

Mais ce ne fut qu'un moment de faiblesse. Elle rouvrit les yeux, sa tête se redressa et son regard s'illumina. Alors, le visage tourné vers le ciel, les bras en croix et le front irradié, elle resta un moment immobile, silencieuse, comme en extase.

Eugène gardait aussi un silence respectueux.

— Mon Dieu, je vous remercie ! dit-elle avec un accent de reconnaissance intraduisible.

Son visage avait une expression de joie indicible.

— Madame la comtesse, M. Gendron vous attend, lui dit Eugène.

— Ah ! je ne veux pas qu'il attende plus longtemps mes remerciements, répondit-elle ; il a vu ma douleur, je dois lui montrer aussi ma joie. Venez, Eugène, mon fils, venez.

Deux heures plus tard, quand Emmeline se réveilla, sa mère était près de son lit, attendant qu'elle ouvrît les yeux.

— Maman ! maman ! prononça doucement Emmeline.

— Ma fille, ma fille adorée ! répondit la mère avec un tressaillement de joie.

Emmeline lui tendit ses bras, ainsi qu'un enfant qui demande à sortir de son berceau.

Mme de Valcourt se pencha sur le lit et ses lèvres se collèrent sur le front de la malade.

La nuit était venue ; mais elle était tiède, sereine et parfumée comme une belle nuit d'été. Le docteur avait laissé la fenêtre ouverte. Une lampe posée sur une table éclairait la chambre. M. Gendron se tenait debout derrière Mme de Valcourt. Au pied du lit, caché derrière un rideau, le comte de Coulange atten-

LE FILS 537

Eugène se retourna et jeta son long regard sur la fenêtre de la chambre où dormait sa chère Emmeline.
(Page 542).

dait pour se montrer que le docteur lui fît un signe. Mme de Rouvière était assise près de la fenêtre dans un fauteuil.

— Maman, dit la malade, il me semble que j'ai dormi bien longtemps.

— Pas plus de deux heures, ma chérie, répondit Mme de Valcourt.

— Je ne parle pas de mon dernier sommeil; mais de l'autre... Quand je me suis réveillée, j'étais comme paralysée.

Le bon docteur Gendron était près de moi. — Je suis donc bien malade? lui dis-je. — Vous ne l'êtes plus, me répondit-il. — Alors il m'a fait boire quelque chose et aussitôt je me suis rendormie... Oh! le bon sommeil! Comme il m'a fait du bien! L'autre était affreux... Des monstres grimaçants, hideux, hurlaient autour de moi. Ils me faisaient subir d'effroyables tortures; les uns arrachaient mes bras et broyaient mes jambes, ils piétinaient sur ma poitrine et m'écrasaient; les autres me déchiraient avec leurs ongles crochus; je voyais mon sang ruisseler, mon corps n'était plus qu'une plaie; ils prenaient mes cheveux à pleines mains et les arrachaient; leurs doigts s'enfonçaient dans mes yeux; leurs dents féroces me mordaient jusqu'au cœur. J'essayais de les repousser, je voulais fuir. Impossible. Je ne pouvais faire un mouvement; j'étais comme liée avec des cordes... Horrible rêve!... Et ce n'est pas tout... j'ai encore rêvé...

Elle resta un moment silencieuse, ayant l'air d'interroger sa mémoire.

— Oui, reprit-elle, j'ai rêvé... Je ne me rappelle pas bien, je cherche...

Elle appuya ses deux mains sur son front.

— Mais non, mais non, s'écria-t-elle, je n'ai pas rêvé cela, c'est la réalité! Nous avons quitté Paris, nous sommes à Menton; je ne dois plus le voir, nous sommes séparés pour toujours, pour toujours... Oh! oh! oh!...

Des larmes jaillirent de ses yeux, et un sanglot s'échappa de sa poitrine.

Mme de Valcourt, effrayée, se tourna vers le docteur.

— J'attendais impatiemment ces larmes, lui dit M. Gendron avec calme; maintenant je réponds de tout, elle a retrouvé la sensibilité!

Il s'approcha du lit et, prenant la main de la jeune fille :

— C'est vrai, lui dit-il, vous avez quitté Paris, emmenée par votre mère; vous êtes à Menton. Mais on ne vous a pas séparée pour toujours de votre fiancé, vous allez le voir.

— Venez, monsieur le comte, ajouta le docteur.

Le jeune homme s'avança lentement.

— Emmeline, ma bien-aimée! dit-il.

Le regard de la jeune fille devint rayonnant.

— Eugène! Eugène! murmura-t-elle...

Et ses yeux se tournèrent vers sa mère comme pour l'interroger.

— Ma chérie, lui dit Mme de Valcourt, dans quelques jours, quand tu seras plus forte, tout à fait guérie, nous t'apprendrons ce qui s'est passé. Aujourd'hui, je te dis seulement ceci : ton oncle et moi nous avions été trompés...

Emmeline eut un long soupir.

— Eugène, reprit Mme de Valcourt, embrassez-la, embrassez votre fiancée!

Le comte de Coulange mit un baiser sur le front de la jeune fille.

La comtesse de Rouvière s'était approchée.

— Ma chère Emmeline, dit-elle gaiement, vous savez, j'assisterai à votre mariage. Retrouvez vite votre belle santé afin que nous puissions partir tous pour Paris.

Un doux sourire effleura les lèvres de la malade. Puis, tendant sa main à sa mère :

— Maman, dit-elle, je ne veux plus mourir !

— Tu vivras, ma fille adorée ! s'écria Mme de Valcourt, tu vivras pour être heureuse et pour notre bonheur à tous !

— Le bonheur ! murmura Emmeline, les yeux fixés sur son fiancé, je croyais l'avoir perdu.

— Chère Emmeline, lui dit Eugène, quand la foudre a grondé, l'orage passe et le soleil reparaît ; à notre douleur a succédé la joie. Devant vous, dans ce beau ciel d'azur, regardez... Comme elle est belle, comme elle brille, cette étoile ! on dirait qu'elle nous regarde et que son rayonnement est un sourire qui nous vient du ciel. Emmeline, est-ce que vous ne la reconnaissez pas, cette étoile ? N'est-ce pas celle-là que vous avez vu briller à travers vos larmes et à laquelle vous avez donné ce nom : Espérance !

— Eugène, répondit-elle, montrant l'étoile de la main, c'est celle-là, n'est-ce pas, celle qui brille et paraît plus grande que toutes les autres ? C'est vrai, on dirait qu'elle nous sourit et que ses rayons lumineux viennent jusqu'à nous. Ah ! je veux la bien regarder afin de la reconnaître.

Elle resta un moment silencieuse, puis d'une voix douce comme un gazouillement d'oiseau, elle murmura :

— Espérance ! Espérance !

Le lendemain matin, Eugène allait sortir pour porter une dépêche au bureau du télégraphe, lorsque le facteur de la poste apporta les lettres de la première distribution. L'une de ces lettres était adressée au comte de Coulange, elle lui fut remise immédiatement.

Eugène n'eut qu'à jeter les yeux sur la suscription pour reconnaître l'écriture du marquis de Coulange ; il remarqua en même temps que la main avait fortement tremblé en écrivant. Aussitôt il fut saisi d'un vague pressentiment ; d'une main fébrile il déchira l'enveloppe et lut rapidement ce qui suit :

« Mon cher fils,

« Notre cruel ennemi ne cesse de nous poursuivre de sa haine ; il vient de
« nous porter un nouveau coup, le plus terrible de tous. Maximilienne a disparu
« et nous avons acquis la certitude qu'elle a été enlevée par ce misérable Sos-
« thène. Dans quel but ? Hélas ! nous l'ignorons. N'ayant pas réussi à m'assas-
« siner, l'infâme a-t-il choisi ta sœur pour victime ? Nous sommes tous terrifiés.
« La marquise ne cesse de pleurer et de gémir. L'état de la pauvre mère nous
« inspire de grandes inquiétudes : écrasée par ce nouveau malheur, elle peut
« mourir ou perdre la raison. Tout est à craindre.

« Que te dirai-je encore, mon fils? Les pensées m'échappent; il me semble « que, moi aussi, je vais perdre la raison; je n'ai plus ma tête à moi; je ne vis « plus...

« Reviens près de nous, reviens vite; ta présence nous aidera à supporter « notre malheur.

« L'amiral partage notre grande douleur. Gabrielle, ta mère, est bien désolée « aussi; mais elle seule n'est pas désespérée, elle seule est forte. Elle ne quitte « pas la marquise d'une minute. Elle lui parle comme à un enfant. Elle essuie « ses larmes. L'affection de ta mère nous est bien précieuse; si Gabrielle n'était « pas près de nous en ce moment, je ne sais pas ce que nous deviendrions.

« Nous oublions Emmeline; nous ne pensons plus qu'à notre chère Maxi- « milienne.

« Je n'ai pas besoin de te dire que Morlot ne reste pas inactif. Il prétend que, « avec l'aide du comte de Montgarin, il retrouvera Maximilienne et l'arrachera des « mains de Sosthène de Perny. Mais, hélas! je tremble, je frémis, et tout mon « sang se fige dans mes veines, en pensant que le misérable peut avoir accompli « déjà son œuvre de vengeance, et que Morlot ne retrouvera qu'un cadavre « sanglant!

« Ma main tremblante ne peut plus tenir la plume, mes yeux se voilent de « larmes, je ne vois plus.

« Arrive vite, mon fils; mets-toi immédiatement en route. Nous t'attendons » avec impatience.

« Ton père désolé
« DE COULANGE. »

Le jeune homme poussa un cri rauque, horrible, et s'élança hors de la chambre.

Pâle, frissonnant, les yeux hagards, les traits contractés, presque fou de douleur, il se précipita dans le salon de Mme de Rouvière où la comtesse de Valcourt causait avec le docteur.

A la vue d'Eugène, qui avait véritablement l'air d'un fou, Mme de Valcourt et M. Gendron se levèrent brusquement.

— Mon Dieu, qu'avez-vous donc? s'écria la mère d'Emmeline effrayée.

Déjà le docteur avait saisi une des mains du jeune homme.

— Voyons, voyons, lui dit-il, que vous est-il arrivé? Calmez-vous, vous nous effrayez.

— Ah! ah! si vous saviez...

— Eh bien, parlez, expliquez-vous.

— Je n'en ai pas la force.

Il fit entendre un gémissement et s'affaissa lourdement sur un siège.

Mme de Valcourt et le docteur le regardaient avec stupeur.

M. Gendron s'aperçut que sa main gauche tenait une lettre.

— Je comprends, dit-il, vous venez de recevoir une mauvaise nouvelle.

— Oui, une très mauvaise nouvelle. Tenez, lisez, lisez !

Et il tendit la lettre à M. Gendron.

M. Gendron commença à lire tout bas.

— Lisez à haute voix, docteur, dit Eugène, nous ne devons pas cacher ce malheur à Mme de Valcourt. Emmeline seule ne doit pas savoir... Si elle apprenait que Maximilienne... Ah! ce serait pour elle un coup mortel.

— Oh! fit Mme de Valcourt.

— Puisque monsieur le comte le veut, écoutez, madame, dit le docteur.

Et lentement, d'une voix vibrante d'abord, puis oppressée, il lut la lettre du marquis.

Mme de Valcourt avait écouté comme une personne qui n'est pas sûre d'être bien éveillée. Maximilienne disparue, enlevée... Elle ne pouvait croire qu'une pareille chose fût possible. Mais il fallait se rendre à l'évidence. Elle n'avait pas eu la force d'interrompre la lecture par un cri ou une exclamation ; elle était restée immobile, la gorge serrée, sans voix, les yeux démesurément ouverts fixés sur M. Gendron.

Sans rien dire, le docteur plia la lettre et la rendit au comte de Coulange. Il avait affreusement pâli, son émotion était poignante.

Mme de Valcourt restait toujours immobile, sans voix, comme pétrifiée ; mais de grosses larmes coulaient le long de ses joues.

— Eh bien, monsieur le comte, qu'allez-vous faire ? demanda M. Gendron.

— Partir, répondit Eugène.

— Oui, il le faut.

— Il le faut, répéta Mme de Valcourt comme un écho.

— Je suis terrifié et je ne sais que penser, reprit le docteur ; que puis-je vous dire en présence d'un pareil malheur ? Rien. Vous adresser en ce moment de banales paroles de consolation serait ridicule, et cela ressemblerait presque à une raillerie. Je ne puis que prononcer le nom de l'étoile de Mlle Emmeline : Espérance.

— Oui, oui, espérons toujours, dit Mme de Valcourt : Le dévouement de M. Gendron a sauvé Emmeline, le dévouement d'un autre ami sauvera Maximilienne.

— Donc, reprit le docteur, vous allez partir aujourd'hui même.

— Tout à l'heure, par le premier train.

Le docteur jeta les yeux sur la pendule.

— En ce cas, vous n'avez plus qu'une demi-heure à rester ici.

— Me permettez-vous de voir Emmeline avant de partir ?

— Non, vous ne seriez pas maître de vous, vous pourriez l'effrayer. D'ailleurs, elle dort et il serait dangereux de troubler son sommeil. Elle ne se réveillera que vers midi, quand déjà vous serez à Marseille. Elle s'étonnera sans doute de ne pas vous voir; nous lui dirons alors que, rappelé à Paris, vous avez été obligé de partir immédiatement. Si elle nous questionne, nous lui parlerons d'un examen ou d'une inspection à l'École des mines. Du reste, n'ayez plus aucune inquiétude sur la santé de Mlle de Valcourt. Moi, je vais rester ici deux ou trois jours encore. Alors votre fiancée ne sera plus une malade, mais une convalescente. Mais le temps passe vite; il vous reste à peine le moment de prendre quelque chose avant de vous mettre en route.

Eugène secoua tristement la tête.

— Je n'ai pas faim, dit-il.

— Eh bien, vous déjeunerez à Cannes ou à Toulon. Si vous le voulez bien, je vais vous accompagner au bureau du télégraphe et ensuite à la gare.

— Je n'osais pas vous le demander.

Un instant après, le comte de Coulange embrassait Mme de Valcourt et remerciait la comtesse de Rouvière de son hospitalité. Le docteur Gendron lui prit le bras et ils sortirent de la maison, suivis d'un domestique portant la valise du voyageur.

Quand il eut fait une vingtaine de pas dans la rue, Eugène s'arrêta, se retourna et jeta un long regard sur la fenêtre de la chambre où dormait sa chère Emmeline. Deux larmes tremblaient au bord de ses paupières, brillantes comme deux gouttes de rosée. Un gémissement s'échappa de sa poitrine.

M. Gendron lui prit la main et la serra affectueusement ; puis, tout bas, il lui dit à l'oreille :

— Espérance !

Ce mot, devenu magique, produisit son effet. Le jeune homme se redressa et de ses yeux mornes deux éclairs jaillirent.

— Marchons, dit-il d'une voix ferme; je ne veux pas, je ne dois pas manquer de courage.

Pendant un instant ils restèrent silencieux.

— Docteur, reprit Eugène, je vous ai dit que Mme de Valcourt était partie précipitamment de Paris afin de mettre entre sa fille et moi une grande distance. Je vous ai dit que l'amiral de Sisterne et sa sœur avaient déclaré à Emmeline que son mariage avec moi n'était plus possible.

— Oui, vous m'avez dit cela. Eh bien ?

— La chose vous a certainement paru bien étrange. Pourquoi ne m'avez-vous demandé aucune explication ?

— Parce que je ne suis pas capricieux, monsieur le comte; et puis je ne cherche jamais à savoir ce qu'on croit devoir me cacher.

— Docteur, je regrette de vous avoir témoigné si peu de confiance, à vous, qui êtes un des meilleurs amis de mon père. Avant de vous quitter, je veux vous dire...

— C'est inutile, l'interrompit M. Gendron, ce que vous voulez me dire, je le sais.

Le jeune homme s'arrêta brusquement et regarda le docteur avec surprise.

— Monsieur le comte, reprit M. Gendron d'un ton grave, il y a vingt ans que je connais le secret de toutes les douleurs de la marquise de Coulange.

— Ainsi, vous savez?...

— Oui. Mais c'est absolument comme si je ne savais rien. Garder un secret de famille est, pour le médecin, un devoir professionnel. Ce que le médecin observateur découvre, ce que le médecin penseur devine, doit rester enfermé en lui comme dans un tombeau.

— Vous me fermez la bouche, docteur, vous ne voulez pas que je parle, répliqua Eugène; mais, bientôt, mon père vous dira lui-même pourquoi je suis toujours le comte de Coulange.

Ils étaient devant le bureau télégraphique. Eugène y entra et donna sa dépêche.

— Venez vite, lui dit M. Gendron, ou vous allez manquer le train.

On appelait les voyageurs lorsqu'ils arrivèrent à la gare. Le comte de Coulange n'eut que le temps de prendre son billet et de serrer la main du docteur. Une minute après le train se mettait en marche.

XIV

MORLOT INQUIET

Le jour où José Basco avait conduit le comte de Montgarin au clos de la Belle-Bonnette, Morlot s'était levé de bonne heure. A huit heures il avait pris une voiture à la station de la place Louvois et s'était fait conduire à l'hôtel de Coulange.

Il savait que, la veille, le comte de Montgarin avait dîné à Bougival avec le faux comte de Rogas, Sosthène et des Grolles. Que s'était-il passé? Il avait hâte de le savoir. Trompés par Ludovic, les trois misérables lui avaient-ils fait connaître l'endroit où ils avaient conduit Maximilienne? Sans aucun doute, le comte de Montgarin allait venir à l'hôtel de Coulange ou bien, comme c'était convenu entre eux, il enverrait une lettre à l'adresse de Mme Louise.

On comprend quelle devait être l'impatience de Morlot.

— Vous ne savez rien encore? lui demanda Gabrielle.

— Non, répondit-il; mais je compte absolument sur M. de Montgarin, et j'espère qu'il ne tardera pas à venir avec de précieux renseignements.

— Hélas! soupira Gabrielle, il peut ne pas réussir.

Le regard de Morlot eut un sombre éclair.

— En ce cas, dit-il, j'agirai d'une autre manière.

— Soit, mais le temps passe, voilà déjà deux jours... La pauvre mère est toujours dans le même état; sa douleur est épouvantable.

— Pourtant, Gabrielle, ce que vous lui avez dit aurait dû la rassurer.

— Elle ne veut rien entendre. Elle pousse des cris déchirants et constamment elle appelle sa fille... Cette nuit, elle a eu une crise nerveuse horrible; j'ai cru qu'elle allait s'éteindre entre mes bras. C'est affreux, affreux! Il est impossible qu'elle puisse vivre ainsi, avec une pareille douleur, seulement pendant huit jours.

A dix heures, le comte de Montgarin n'ayant pas paru, Morlot commença à être inquiet.

— Qu'est-ce que cela veut dire? se demanda-t-il?

Il attendit vainement jusqu'à onze heures.

— Je ne m'explique pas cela, se dit-il, il faut qu'il se soit passé hier soir quelque chose d'extraordinaire.

Jamais le froncement de ses sourcils n'avait été aussi menaçant.

Comme il avait donné rendez-vous à Mouillon à midi, rue Rousselot, il ne pouvait attendre plus longtemps le comte de Montgarin.

— Je suis dans une grande anxiété, dit-il à Jardel; pour que M. de Montgarin se fasse attendre ainsi, il faut que quelque chose de grave lui soit arrivé. Vraiment, je ne sais quoi m'imaginer.

— C'est une rude besogne que vous lui avez donnée, dit Jardel.

— Oui, mais j'ai pensé que son amour pour Mlle de Coulange la lui rendrait facile.

— Alors, pourquoi vous inquiéter?

— Est-ce que je sais?... Il peut ne pas avoir eu la force de jouer son rôle jusqu'au bout... S'il s'était laissé deviner?... Avec un misérable comme Sosthène de Perny, tout ce qu'il y a de plus effroyable est à craindre.

— C'est vrai.

— Je lui ai bien dit : Prenez garde, soyez prudent; mais en face des trois misérables il a pu ne pas être maître de son indignation, de sa colère... Enfin, mon cher Jardel, je ne sais que penser.

— Moi, répondit Jardel, j'ai en M. le comte de Montgarin une entière confiance; il saura remplir la difficile mission que vous lui avez confiée.

— Je le souhaite.

— Croyez-moi, Morlot, attendez et ne soyez pas si prompt à vous inquiéter.

— Eh, répliqua Morlot avec humeur, je m'inquiète parce que je bous d'impatience, parce que je voudrais pouvoir rendre aujourd'hui même Mlle de Coulange à sa mère, qui se meurt douleur.

Après un court silence, Morlot reprit :

— Je vais voir Mouillon dans un instant, rue Rousselot; peut-être m'apprendra-t-il quelque chose concernant le comte de Montgarin et le faux comte de

Alors, c'est à vous que je dois remettre cette lettre, dit l'homme, en tendant à Morlot un pli cacheté.
(Page 548).

Rogas. Je resterai rue Rousselet tout l'après-midi. Si M. de Montgarin vient ici, envoyez-le moi; si Mme Louise reçoit une lettre de lui, vous me l'apporterez aussitôt. Il reste entendu que, si quelque chose d'extraordinaire se passait à l'hôtel de Coulange, vous vous empresseriez de me le faire savoir.

Sur ces mots, Morlot quitta Jardel pour se rendre rue Rousselet, où il n'arriva que quelques minutes avant Mouillon.

Celui-ci, tout en abordant Morlot, s'aperçut qu'il était soucieux.

— Je vois à votre air que vous êtes contrarié, lui dit-il.

— C'est vrai.
— Je crois savoir pourquoi.
— Ah!
— Vous pensiez voir le comte de Mongarin ce matin, et comme vous l'avez attendu inutilement...
— Ah! vous savez cela... Eh bien, oui, voilà pourquoi je suis inquiet. Ainsi vous êtes allé ce matin rue d'Astorg?
— Oui.
— Qu'avez-vous à m'apprendre?
— Peu de chose. J'ai à vous dire seulement que le vieux domestique de M. de Montgarin, avec lequel j'ai causé un instant, m'a appris que son maître et le comte de Rogas n'ont point passé la nuit à l'hôtel Montgarin.
— Et ils ne sont pas rentrés ce matin?
— Non.
— C'est singulier.
— En sortant hier, à quatre heures et demie du soir, le comte de Montgarin avait prévenu son domestique qu'il rentrerait tard dans la nuit. Une chose imprévue les a certainement empêchés de revenir à Paris.
— Il faut bien que cela soit. Maintenant je comprends pourquoi le comte de Montgarin n'est pas venu ce matin à l'hôtel de Coulange.

Après un court silence :

— Diable, diable, murmura-t-il en se grattant l'oreille, tout cela ne dissipe pas mon inquiétude. Que s'est-il donc passé? Que se passe-t-il? Impossible de deviner. Je ne puis que faire des suppositions. Après tout, rien n'indique, jusqu'à présent, que le comte de Montgarin n'ait pas réussi. Comme me le disait tout à l'heure Jardel, je n'ai pour le moment qu'une chose à faire : attendre.

Il resta un instant la tête baissée, réfléchissant.

— Mon cher Mouillon, reprit-il, il est important que vous ne perdiez pas de vue aujourd'hui l'hôtel de Montgarin.
— Soit, je vais aller reprendre mon poste d'observation.
— On surveille toujours la masure de la butte Montmartre?
— Oui, j'ai là un homme sûr. Par votre ordre, un autre agent ne quitte pas la rue du Roi-de-Rome.
— C'est très bien.
— L'une des deux jeunes filles est revenue hier soir.
— Ah! et l'autre n'a pas reparu?
— Pas encore.
— Je suis persuadé qu'elle joue en ce moment un rôle auprès de Mlle de Coulange. Comme je l'ai immédiatement deviné, ce qui d'ailleurs était facile, les deux filles qui vivent avec la baronne de Waldreck sont comme elle les complices du comte de Rogas. Évidemment, c'est l'une de ces malheureuses qui a

attiré Mlle de Coulange dans le piège qu'on lui a tendu à l'église Saint-Sulpice.

— Oh! ce n'est pas douteux.

— Je n'ai pas de nouveaux ordres à vous donner, mon cher Mouillon, puisque je n'ai pas vu le comte de Montgarin. Mais ce soir, peut-être... La situation ne peut se prolonger ; nous sommes à la veille de la bataille.

— Mes hommes et moi nous sommes prêts.

— Nous nous reverrons ce soir.

— Où ?

— Ici. Je reste rue Rousselot pour ne pas m'éloigner de l'hôtel de Coulange.

— A quelle heure m'attendrez-vous ?

— Venez dès que vous aurez vu rentrer le comte de Montgarin et le faux comte de Rogas.

— Et s'ils ne rentrent point ?

— Dans ce cas, vous viendrez quand même entre sept et huit heures.

— C'est convenu, dit Mouillon.

Et il s'en alla.

Un instant après, le garçon de l'hôtel apporta à Morlot le déjeuner qu'il avait commandé.

— C'est égal, se disait-il, on change beaucoup en vieillissant : je n'ai plus la même patience qu'autrefois.

Il était encore à table lorsqu'on frappa à la porte.

— C'est lui, pensa-t-il.

Il se leva précipitamment et courut ouvrir.

Ce n'était pas le comte de Montgarin, c'était Jardel.

— Eh bien ? l'interrogea-t-il.

— Vous devez savoir que M. le marquis a écrit à son fils pour lui apprendre l'enlèvement de sa sœur ?

— Oui.

— Le jeune comte n'a pu recevoir la lettre que ce matin.

— Eh bien ?

— Il a répondu immédiatement par un télégramme que M. le marquis a reçu il y a à peine une heure. M. Eugène annonce son arrivée à Paris pour demain. A ce moment il est déjà loin de Menton. J'ai pensé qu'il vous serait agréable de savoir cela et je suis venu...

— En effet, je suis content d'apprendre le retour à Paris du comte de Coulange. Est-ce que sa dépêche ne parle pas de Mlle de Valcourt ?

— Au sujet de Mlle de Valcourt, la dépêche contient ces trois mots : « Emmeline est sauvée ! »

Le front de Morlot s'éclaira subitement.

— Ah! voilà une bonne, une heureuse nouvelle! s'écria-t-il. Allons, allons, il ne faut jamais désespérer. Emmeline est sauvée, nous sauverons Maximilienne! On a dû prévenir tout de suite M. l'amiral.

— Il était justement avec M. le marquis quand je lui ai remis la dépêche. Après l'avoir parcourue des yeux, M. le marquis la lui passa en disant : « Lis, voici enfin une joie au milieu de notre douleur. » L'amiral lut la dépêche et resta silencieux; mais deux grosses larmes tombèrent sur ses joues. J'ai compris qu'il ne voulait pas faire paraître sa joie en présence de la désolation de son ami.

Morlot et Jardel causèrent encore un instant, puis ce dernier retourna à l'hôtel de Coulange.

Resté seul, Morlot se mit à rêver, laissant courir sa pensée vagabonde. N'ayant que cela à faire, il réfléchissait. Il avait besoin de tromper son impatience. Toutefois, malgré tous les raisonnements qu'il s'adressait, il conservait son inquiétude. N'avait-il pas eu tort de trop compter sur le comte de Montgarin? Cet après-midi lui parut long comme un siècle. Chaque fois qu'un bruit de pas retentissait dans l'escalier, il tressaillait et son cœur se mettait à battre très fort; il espérait toujours qu'il allait voir apparaître M. de Montgarin. Quand il était las d'être assis, il se levait et faisait plusieurs fois le tour de la chambre en marchant d'un pas saccadé, fiévreux; il se mettait à la fenêtre et plongeait à droite et à gauche son regard dans la rue.

— Mais il ne viendra donc pas! murmurait-il en tordant sa moustache et en frappant du pied avec une sorte de fureur.

Cinq heures sonnèrent. La nuit commençait à venir.

— Si la prudence ne m'obligeait pas à me tenir dans l'ombre, se disait-il, je ne resterais pas ici à me morfondre, en écoutant sonner les heures, j'irais attendre à l'hôtel de Montgarin.

Une demi-heure s'écoula encore.

Soudain, un bruit de pas se fit encore entendre dans l'escalier. Nouveau tressaillement de Morlot. Cette fois, la personne qui montait s'arrêta sur le palier et frappa. Morlot bondit vers la porte et l'ouvrit. Nouvelle déception. Il se trouva en face d'un commissionnaire.

— Que voulez-vous? demanda-t-il.

— N'est-ce pas ici que demeure M. Robert?

— Oui, c'est ici, et M. Robert c'est moi.

— Alors c'est à vous que je dois remettre cette lettre, dit l'homme en tendant à Morlot un pli cacheté.

L'adresse était écrite au crayon. Morlot reconnut l'écriture de Mouillon.

— Enfin je vais savoir quelque chose, pensa-t-il.

Il mit deux francs dans la main du commissionnaire et le congédia.

Il faisait tout à fait nuit. Morlot alluma une bougie. Voici ce que lui disait Mouillon :

« Il est cinq heures. Le comte de Montgarin et le comte de Rogas viennent
« de rentrer. Ils paraissent être les meilleurs amis du monde. M. de Montgarin
« a l'air joyeux. Ils ont évidemment passé la nuit hors Paris. J'ai remarqué
« qu'il y avait sur leurs chaussures une sorte d'enduit de terre jaunâtre, ce qui
« indiquerait qu'ils n'ont pas marché seulement sur des routes ou des chemins
« bien frayés. Jugeant qu'il est nécessaire de garder à vue le comte de Rogas,
« et sûr que vous m'approuverez, je ne quitte pas mon poste d'observation. Je
« vous écris ce billet sur le bout d'une table, et je vais vous le faire porter par
« un commissionnaire. Un de mes hommes est avec moi. Si le comte de Rogas
« sort ce soir, n'importe à quelle heure, je le filerai. Si vous aviez un ordre à me
« donner, envoyez Jardel. Dans tous les cas, je serai demain matin de bonne
« heure rue Rousselet. »

— En effet, se dit Morlot après avoir lu, il a aussi bien fait de me faire parvenir ce billet par un commissionnaire que de venir lui-même. L'essentiel pour moi est de savoir que le comte de Montgarin et le faux comte de Rogas sont rentrés ensemble et qu'ils ont l'air de parfaitement s'entendre. Cela prouve que rien de fâcheux n'est arrivé. Allons j'avais tort de m'inquiéter.

XV

AMERTUME

En rentrant à Paris, José Basco avait dit au comte de Montgarin :

— Il est inutile que vous alliez à l'hôtel de Coulange, on ne s'étonnera point de ne point vous voir, car on sait que vous vous êtes mis à la recherche de Maximilienne. Vous ne devez reparaître devant le marquis et la marquise qu'en tenant votre fiancée par la main.

A cela le jeune homme avait répondu :

— Vous avez raison, de Rogas, il faut qu'on croie que je suis occupé la nuit comme le jour à explorer les environs de Paris. Pourquoi irais-je à l'hôtel de Coulange? Je n'ai rien à y faire. Et puis ce n'est pas amusant du tout de voir et d'entendre des gens désolés. Je me réserve pour le grand effet. Je serai superbe quand je dirai au marquis et à la marquise, en leur montrant leur fille : Je vous ramène Mlle de Coulange que j'ai arrachée des mains de l'infâme Sosthène !

En parlant ainsi, le jeune homme pensait à Morlot et il se disait :

— Il doit m'avoir attendu toute la journée avec une grande impatience.

Il comptait que, selon son habitude, le Portugais irait passer la soirée quelque part et qu'il pourrait courir rue de Babylone et rue Rousselet. Mais, soit qu'il se sentît fatigué ou pour toute autre cause, José Basco ne sortit pas. Ludovic se vit obligé de remettre au lendemain la visite qu'il aurait voulu faire à Morlot le soir même.

Il avait réussi à tromper José Basco et les autres ; mais il devait redoubler de prudence, car un rien pouvait faire naître un soupçon dans l'esprit du Portugais.

D'un autre côté, il était brisé, rompu de fatigue. Nous savons comment il avait passé les deux précédentes nuits : tourmenté par les plus cruelles appréhensions, il n'avait pu trouver seulement une heure de repos. Il avait l'esprit plus malade que le corps. En proie à une grande surexcitation nerveuse, il était depuis trois jours dans une espèce de vertige. En lui tout était irrité ; la fièvre seule le soutenait en lui donnant une force factice.

Il sentait qu'il avait besoin de se calmer, de se retrouver complètement maître de lui. Pour cela quelques heures de sommeil lui étaient absolument nécessaires. Maintenant, il lui fallait tout son courage, toute son énergie, une force vraie, car pour lui la journée du lendemain allait être terrible.

A dix heures, il dit à José Basco :

— Mes yeux se ferment malgré moi, je suis exténué.

— Eh bien, mon cher Ludovic, il faut aller vous reposer.

— C'est en effet, ce que j'ai de mieux à faire.

— Cinq ou six heures de bon sommeil vous remettront de toutes vos fatigues.

— Que ferons-nous demain ?

— Vous, rien. Si vous voulez suivre mon conseil, vous ne sortirez pas de la journée.

— Vous avez peut-être raison, de Rogas : je verrai. Est-ce que vous sortirez, vous ?

— Demain matin de bonne heure. Il ne faudra pas m'attendre pour déjeuner. J'aurai beaucoup à faire : plusieurs visites à rendre, des visites importantes.

Et d'un ton confidentiel il ajouta :

— Il faut que je prenne certaines dispositions en vue de votre prochain mariage.

Le jeune homme ébaucha un sourire.

Mais les paroles du Portugais avaient produit sur son cœur l'effet d'une brûlure.

— Alors, à demain, dit-il.

— Oui, à demain soir, je rentrerai sûrement pour avoir le plaisir de dîner avec vous.

Ludovic serra la main que lui tendait José et se retira dans sa chambre. Aussitôt des larmes brûlantes jaillirent de ses yeux.

— Ah ! ah ! murmura-t-il, les lèvres crispées, il pense à mon prochain mariage !

— Il resta au milieu de sa chambre, debout, immobile, la tête baissée.

Soudain, il tressaillit et tout son corps trembla comme un arbre prêt à tomber sous la cognée.

— Comte de Montgarin, vous êtes un lâche, un infâme ! Je vous aimais, maintenant je vous hais ! »

Ces terribles paroles de Mlle de Coulange retentissaient lugubrement à ses oreilles.

Et il lui semblait qu'il la voyait encore se dresser devant lui, pâle, frémissante, hautaine, indignée et menaçante.

— Cela devait être, prononça-t-il d'une voix étranglée, elle ne pourra jamais me pardonner de lui avoir inspiré un amour dont j'étais indigne ; mon nom seul fera monter à son front le rouge de la honte. Oh ! son mépris... Elle m'a dit : « Je vous plains ! » Non, elle me méprise, et maintenant je lui fais horreur... Oh ! Maximilienne, chère Maximilienne, vous ne saurez jamais quel effroyable châtiment vous avez infligé au misérable qui vous a trompée !... Ah ! j'aurais moins souffert si elle m'eût arraché le cœur de la poitrine !

Il s'approcha lentement de la cheminée et resta un instant comme en extase devant une photographie de Maximilienne accrochée au mur dans un cadre d'argent ciselé.

— Comme elle est belle ! murmura-t-il d'un ton douloureux ; c'est bien là son air de grandeur ; la bonté éclate dans son regard, la noblesse rayonne sur son front superbe. Je la voyais ainsi quand elle m'accueillait avec son doux sourire.

Il eut un soupir étouffé. Puis il détacha le portrait, l'approcha de ses lèvres et le baisa pieusement.

— Hélas ! voilà tout ce qui me reste d'elle, reprit-il en gémissant, son image. Et c'est à cette chose insensible, qui me regarde sans me voir, qui ne peut pas m'entendre, que je demande de me donner force et courage. Toi, chère image, tu ne me défends pas de te regarder ; je puis te dire que je t'aime, que je t'adore, sans que tu cesses de me sourire, sans que ton regard se détourne de moi avec dédain et colère. Laisse-moi te contempler et t'admirer... C'est presque une consolation de pouvoir penser près de toi au bonheur que j'ai perdu !

Plusieurs fois encore il porta la photographie à ses lèvres. Enfin il la remit à son clou. Il se sentait plus calme, il éprouvait en lui une sorte d'apaisement. C'était peut-être l'excès de la fatigue qui adoucissait sa douleur, l'amertume dont son cœur était abreuvé.

Il se coucha. Un quart d'heure après il s'endormit d'un profond sommeil, ayant sur les lèvres le nom de Maximilienne.

Quand il se réveilla il était grand jour. A travers les doubles rideaux de la fenêtre, le soleil faisait une trouée et traçait une raie lumineuse sur le tapis. Il se frotta les yeux, allongea ses bras et jeta les yeux sur la pendule. Elle marquait huit heures.

— Déjà ! fit-il.

Et il s'élança hors du lit.

— J'ai encore la tête un peu lourde, se dit-il, mais je me sens mieux. Même pour les malheureux comme moi, le sommeil est une bonne chose ; il apporte l'oubli. Oui, mais la mort vaut mieux encore que le sommeil ; elle nous berce dans le repos sans fin et l'éternel oubli des misères et des monstruosités humaines.

Il achevait de s'habiller lorsque son vieux domestique entra dans la chambre.

— Ah ! c'est vous, François, dit-il.

Et il regarda le vieillard avec une expression indéfinissable.

— Monsieur le comte, je viens prendre vos ordres, dit François.

— Je n'en ai aucun à vous donner ce matin, répondit Ludovic. M. de Rogas est-il chez lui ?

— Il est sorti depuis environ un quart d'heure.

— Que vous a-t-il dit ?

— Qu'il ne rentrerait pas pour déjeuner.

— Je vais sortir aussi, François, et, comme M. de Rogas, je ne déjeunerai pas ici. Si, par extraordinaire, M. de Rogas rentrait dans la journée, il ne faut pas qu'il sache que je suis sorti dès le matin. Vous lui diriez que je suis allé faire un tour de promenade au bois dans un coupé de remise que vous êtes allé chercher.

— J'ai compris, monsieur le comte.

— A propos, François, ne désirez-vous pas voir le nouvel Opéra ? On joue ce soir.

— Oh ! monsieur le comte, à mon âge...

— Le nouvel Opéra est une merveille, François. A tout âge on aime à voir et à admirer ce qui est magnifique. Tantôt vous irez prendre le coupon de ma loge, et ce soir vous et votre femme, Jean et Auguste, vous irez tous les quatre à l'Opéra. C'est une soirée agréable, une petite fête que je veux offrir à mes fidèles serviteurs.

— Monsieur le comte est mille fois trop bon.

— C'est pour vous prouver à tous que je suis content de vos services. Encore une recommandation, François ; il ne faut pas que M. de Rogas sache que vous irez ce soir à l'Opéra. Vous servirez votre dîner à six heures et aussitôt après vous partirez.

— Oui, monsieur le comte.

— François, reprit Ludovic après un moment de silence, devons-nous beaucoup à nos fournisseurs ?

— Cinq ou six cents francs, pas plus.

— Et à vous et aux autres domestiques, combien est-il dû ?

— Les deux derniers mois.

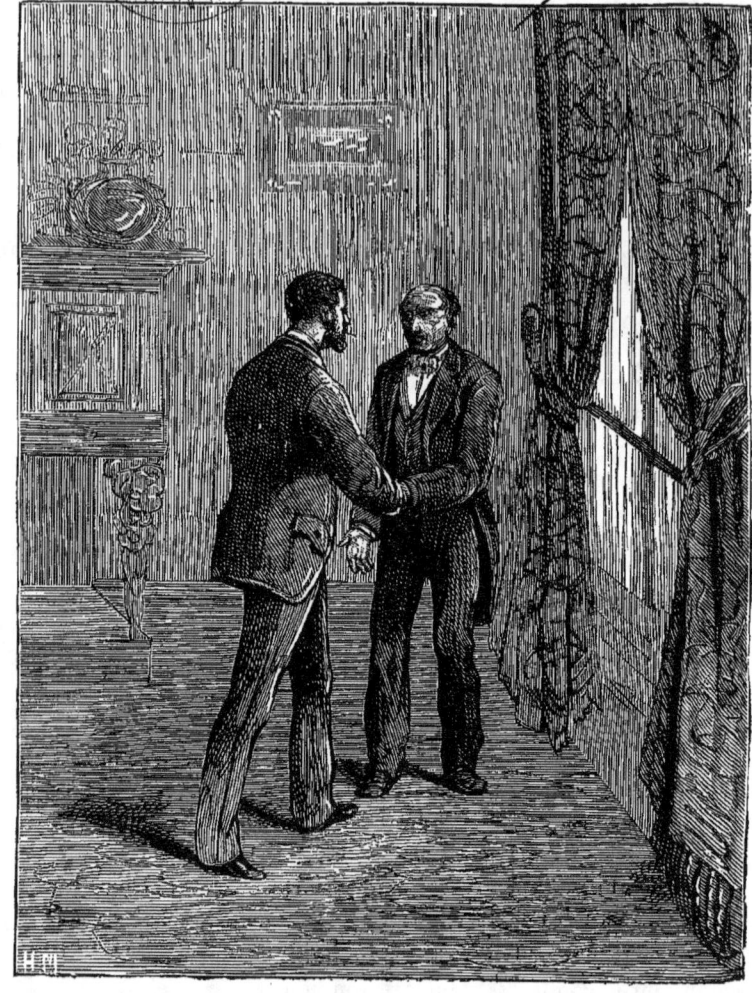

Le comte de Montgarin saisit une des mains du vieillard et la serra affectueusement. (Page 554.)

— Ah ! et que vous reste-t-il d'argent ?
— Une centaine de francs. Monsieur le comte m'a remis trois mille francs, il y a quinze jours : mais nous devions et j'ai payé ; je n'aime pas que monsieur le comte ait des dettes, et, si je le pouvais, tout serait acheté au comptant.
— Enfin, jusqu'à ce jour, il vous faudrait environ quinze cents francs pour payer les dépenses de ma maison ?
— A peu près, monsieur le comte.
— François, si vous étiez forcé de me quitter, pour une cause ou pour une

autre, la rente du petit capital que vous et votre femme avez économisé suffirait-elle pour vous mettre à l'abri du besoin ?

— Certainement, monsieur le comte, mais tant que nous pourrons le servir, nous ne penserons pas à quitter monsieur le comte. Nous espérons bien qu'après son mariage, monsieur le comte nous gardera une place dans sa maison.

Ludovic eut un sourire amer.

— Puis-je vous demander, François, reprit-il, à combien se monte votre capital ?

— Nous possédons une quarantaine de mille francs. Pardon, monsieur le comte, à la veille de votre mariage vous pouvez être gêné : il y a tant de choses à acheter.... Vous avez peut-être besoin d'une somme assez forte... Nos quarante mille francs sont à la disposition de monsieur le comte.

Le jeune homme saisit une des mains du vieillard et, la serrant affectueusement.

— Ah ! vous êtes un noble cœur, François ! s'écria-t-il très ému, des larmes dans les yeux ; non, je n'ai pas besoin d'argent, mais je vous remercie du nouveau témoignage d'affection que vous venez de me donner. Je suis heureux de savoir que vous et votre brave femme avez du pain pour vos vieux jours.

— Oh ! je connais monsieur le comte : je suis bien sûr que si nous n'avions rien économisé, il ne nous laisserait pas dans la misère.

Le jeune homme essuya furtivement une larme. Puis il s'approcha d'un joli petit meuble de Boule et ouvrit un tiroir où il prit l'argent qui s'y trouvait : une petite liasse de billets de banque et deux rouleaux d'or.

— Tenez, dit-il au domestique, en lui remettant le tout, je ne sais pas quelle somme je vous donne, vous compterez. Demain vous payerez ce que nous devons.

— Mais, monsieur le comte...

— François, l'interrompit-il avec un sourire doux et triste, vous n'aimez pas que votre maître ait des dettes ?

— C'est bien, monsieur le comte, répondit le vieillard ; demain je solderai tous les comptes. Monsieur le comte a-t-il autre chose à me dire ?

— Non, vous pouvez vous retirer.

François sortit de la chambre.

Le jeune homme resta un instant immobile, les yeux fixés sur le tapis. Puis relevant brusquement la tête :

— Allons, se dit-il, c'est la dernière étape, et je n'ai pas une minute à perdre.

Il se plaça devant le portrait de Maximilienne, et l'enveloppa de son regard rayonnant d'une tendresse indicible.

— Il faut que je mérite son pardon ! murmura-t-il.

Il prit son chapeau et s'élança hors de la chambre

XVI

LES DEUX RIVAUX

Dix minutes plus tard, le comte de Montgarin descendait de voiture devant une maison de la rue de Saint-Florentin. Il entra.

— M. Lucien de Reille est-il chez lui? demanda-t-il à la concierge.
— Oui, monsieur.
— A quel étage?
— Au premier, la deuxième porte.

Ludovic monta l'escalier et sonna à la porte qu'on lui avait indiquée. Un domestique vint lui ouvrir.

— Je désire parler à M. Lucien de Reille, dit-il.
— Qui dois-je annoncer?
— Voici ma carte.

Le domestique le fit entrer dans le salon et disparut.

On venait de prendre le café au lait. Lucien était avec ses parents; il causait avec sa mère pendant que M. de Reille lisait son journal.

Le domestique entra dans la salle à manger et remit la carte à son jeune maître en disant:

— Ce monsieur demande à vous parler; il attend dans le salon.

Le jeune homme jeta les yeux sur la carte et tressaillit.

— Le comte de Montgarin!... murmura-t-il.

A son tour, Mme de Reille tressaillit.

— Le comte de Montgarin ici! s'écria-t-elle effrayée.

M. de Reille jeta son journal sur la table et se leva brusquement.

— Voilà une visite aussi singulière qu'inattendue, dit-il.

Mme de Reille était devenue très pâle.

— Lucien, que se passe-t-il? demanda-t-elle à son fils, en le regardant fixement. Ah! tu nous caches quelque chose.

— Mais rien, ma mère, absolument rien, je vous le jure!
— Alors, que te veut-il, ce comte de Montgarin?
— Je l'ignore. Comme vous, je ne m'explique pas sa présence ici.
— Mon Dieu, il vient peut-être te provoquer?
— Me provoquer? Pour quel motif?
— Est-ce que je sais, moi? Je hais cet homme, son nom seul m'épouvante. Ah! je n'oublie pas que tu as failli mourir de ton fatal amour pour Mlle de Coulange et que tu es une victime des machinations infâmes de ce comte de Montgarin.

— Nous ne savons pas bien encore ce qui s'est passé, chère mère ; prenons garde d'être injustes.

— Comment, tu prends sa défense ?

— Oui.

— Et je t'approuve, Lucien, dit M. de Reille ; quand on a le cœur haut placé, on doit se montrer généreux, même envers un ennemi.

— C'est vrai, dit Mme de Reille en baissant la tête.

— Je vous quitte, reprit Lucien, je ne veux pas faire attendre plus longtemps M. de Montgarin.

— Va, dit M. de Reille.

Un instant après, Lucien entrait dans le salon où l'attendait Ludovic.

Les deux jeunes gens se saluèrent et restèrent un instant silencieux, se regardant.

— Monsieur Lucien de Reille est surpris de me voir, dit le comte de Montgarin.

— En effet, monsieur ; j'étais si loin de m'attendre...

— A la visite que j'ai l'honneur de vous faire, acheva Ludovic.

Lucien s'inclina. Et, montrant un siège au comte de Montgarin.

— Veuillez vous asseoir, monsieur, dit-il.

— Merci, répondit le comte, je resterai debout. D'ailleurs je n'ai qu'un instant à rester avec vous.

Ces paroles furent suivies d'un moment de silence.

On aurait dit que Ludovic hésitait à parler...

— Monsieur de Montgarin, reprit Lucien, j'attends que vous vouliez bien me faire connaître l'objet de votre visite.

Par un mouvement brusque, Ludovic rejeta sa tête en arrière, et se rapprochant de Lucien :

— Monsieur de Reille, dit-il, vous êtes surpris de me voir chez vous, je le comprends ; peut-être vous semble-t-il que c'est un acte de folie. Vous vous demandez ce que je peux avoir à vous dire. Ah ! je vais encore augmenter votre étonnement. Vous ne savez probablement pas ce qui se passe à l'hôtel de Coulange ?

— Je ne sais rien, monsieur.

— Eh bien, je suis ici pour vous l'apprendre.

— Cela ne peut guère m'intéresser, répliqua Lucien avec une froideur qui dissimulait mal son émotion.

— Vous croyez ?

— Je le crois.

— Écoutez-moi : le marquis et la marquise de Coulange sont dans la désolation.

Lucien changea aussitôt d'attitude.

— Mon Dieu, mais qu'est-il donc arrivé ? s'écria-t-il d'une voix frémissante.

— Vous savez que le marquis et la marquise de Coulange ont un ennemi terrible, implacable, qui ne recule devant aucune infamie pour donner satisfaction à sa haine. Je ne vous dis pas le nom de cet ennemi, monsieur de Reille, vous le saurez plus tard. Je ne vous explique rien ; il ne m'appartient pas de vous faire certaines révélations qui sont le secret de la famille de Coulange. Le misérable dont je viens de vous parler, après avoir tenté trois fois d'assassiner le marquis, a trouvé un autre moyen d'assouvir sa haine. Monsieur de Reille, Mlle de Coulange a été enlevée il y a trois jours.

— Oh ! fit le jeune homme, en portant ses deux mains sur son cœur.

Son visage était devenu d'une pâleur livide.

— Je m'empresse de vous rassurer sur le sort de Mlle Maximilienne, reprit Ludovic ; quant à présent, elle ne court aucun danger ; elle est emprisonnée, séquestrée, voilà tout. Vous avez deviné que l'ennemi de sa famille est l'auteur de ce rapt audacieux. Dans quel but le misérable a-t-il commis ce nouveau crime ? Ah ! ne me le demandez pas, à moi... On vous le dira, monsieur de Reille ; dans quelques jours vous saurez tout.

— Mais ce que vous m'apprenez est horrible, horrible ! exclama Lucien terrifié.

— Oui, horrible... Ah ! si vous saviez ce que trois scélérats ont imaginé contre la famille de Coulange, quelle trame infernale ils ont ourdie, vous seriez épouvanté. Mais, comme je vous l'ai dit déjà, plus tard vous saurez tout. Je sais où elle a été conduite ; je l'ai vue hier et je lui ai annoncé sa prochaine délivrance ; je lui ai promis que ce soir elle serait rendue à sa mère.

Lucien avait laissé tomber sa tête sur sa poitrine.

Après un court silence, le comte de Montgarin reprit :

— Je ne vous ai pas tout dit, monsieur de Reille : allons, relevez la tête et écoutez-moi. Comme vous le pensez sans doute, je ne suis pas venu vous trouver pour vous apprendre seulement que l'ennemi de la famille de Coulange a enlevé Mlle Maximilienne. Mais je devais vous dire cela avant de vous faire connaître le but de ma visite.

Lucien regarda le comte de Montgarin avec l'air d'un homme à qui l'on parle une langue qu'il ne comprend point.

— Monsieur de Reille, continua Ludovic, vous aimez toujours Mlle de Coulange ?

Le jeune homme ne put s'empêcher de tressaillir.

— Vous le savez bien, répondit-il d'une voix presque éteinte.

— Eh bien, monsieur de Reille, je viens vous dire que vous pouvez l'aimer ; vous êtes digne d'elle et elle vous aimera, car elle ne m'aime plus, moi. Je suis un misérable et elle le sait. Elle ne m'aime plus, elle me méprise... Mes paroles sont étranges, n'est-ce pas ? Vous ne comprenez pas, vous ne pouvez pas comprendre. Mais, qu'importe, quand je viens vous rendre l'espoir et vous parler d'un bonheur sur lequel vous ne comptiez plus. Il faut à Mlle de Coulange un homme dont elle ait le droit d'être fière, dont l'honneur soit sans tache comme le sien ; monsieur de Reille, vous êtes cet homme-là. Mlle de Coulange vous confiera sans aucune crainte le soin de la rendre heureuse. Elle sait que l'amour qu'elle vous a inspiré est resté dans votre cœur ; elle sait que vous avez souffert, que vous l'avez pleurée... La pureté de votre amour sera pour elle la garantie de son bonheur.

« Monsieur de Reille, ne soyez pas jaloux de l'amitié qu'elle m'a témoignée ; que cela ne trouble jamais votre sérénité. Elle avait cru trouver en moi l'époux entrevu dans ses doux rêves de jeune fille... Elle a été trompée par son imagination, son cœur le lui a dit. Vous la connaissez, vous savez tout ce qu'il y a d'adorable en elle ; nulle autre ne mérite mieux d'être aimée et adorée !

« Aimez-la, monsieur de Reille, aimez-la. Ah ! en pensant à votre bonheur à tous deux, au bonheur que vous lui donnerez, à celui qu'elle vous rendra, je sens une joie ineffable pénétrer tout mon être. D'où vient cela ? Est-ce le contentement de moi-même ? Je le crois. Oui, cette sensation que j'éprouve est la satisfaction de pouvoir réparer aujourd'hui le mal que je vous ai fait. »

Lucien restait immobile, sans voix. Les yeux démesurément ouverts, fixés sur le comte de Montgarin, il écoutait avec stupéfaction. Il ne pouvait en croire ses oreilles et il se demandait si le comte de Montgarin n'était pas devenu fou.

Quant à Ludovic, sachant parfaitement se contenir, il était très calme en apparence ; c'est à peine si, par instants, on aurait pu remarquer une légère altération dans le timbre de sa voix. Mais il était affreusement pâle et de grosses gouttes de sueur perlaient sur son front.

— Monsieur de Reille, continua-t-il, le jour où j'ai été présenté à la famille de Coulange, plusieurs jeunes gens du meilleur monde aspiraient à la main de Mlle Maximilienne, mais un seul pouvait avoir l'espoir de l'emporter sur ses rivaux : c'était vous. En effet, vous étiez l'ami intime du comte de Coulange, on vous considérait depuis longtemps comme un enfant de la maison, et parmi tant de prétendants, qui pensaient moins à elle qu'à l'immense fortune du marquis, Mlle Maximilienne avait su vous distinguer. Peut-être vous aimait-elle déjà ! Je suis venu, et peu de temps après vous vous êtes retiré. Vous m'avez dit pourquoi. Agissant pour moi, les ennemis de la famille de Coulange ont mis tout en œuvre pour vous éloigner ; ils ont eu recours à une monstrueuse calomnie. Bien que je sois innocent de cette manœuvre infâme, j'en dois porter la peine.

« Tous vos anciens rivaux ont disparu, monsieur de Reille ; moi, je ne suis plus rien. Vous allez pouvoir rentrer à l'hôtel de Coulange et vous ne trouverez plus le comte de Montgarin entre vous et Mlle Maximilienne. Vous pouvez être plein de confiance ; elle ne vous a pas oublié, elle a gardé votre souvenir dans un coin de son cœur. Vous serez accueilli avec joie et le marquis et la marquise vous ouvriront leurs bras.

« Aucun doute ne doit effleurer votre pensée, monsieur de Reille ; je vous le répète, Mlle de Coulange vous aimera ; je dis plus, elle vous aime déjà ! »

— Ah ! je ne sais que penser ! s'écria Lucien éperdu ; ce que vous me dites est si étrange, si incroyable, monsieur de Montgarin, que je me demande si je suis bien éveillé. Il me semble que tout cela est une raillerie odieuse et que vous exercez sur moi une atroce vengeance.

— Ah ! je n'ai pas à me railler de vous, répliqua lentement Ludovic, de vous, qui êtes comme moi victime d'une abominable intrigue. Mais vous êtes innocent, vous, et moi je suis coupable. Je vous l'ai dit, monsieur de Reille, je suis un misérable !... Est-ce que vous ne comprenez pas que je m'humilie devant vous après m'être humilié devant elle ? Je sais ce que j'ai fait ; mais je sais comment je laverai ma honte ! Je m'inflige moi-même le châtiment que j'ai mérité ! Il faut qu'elle me pardonne, entendez-vous ? Il faut qu'elle me pardonne d'avoir eu l'audace de l'aimer ! Ah ! vous vous souviendrez que j'ai fait devant vous le sacrifice de mon amour.

« J'ai l'air d'être calme, eh bien, non : si je ne savais pas me contenir, si je n'avais pas appris à me maîtriser, j'éclaterais en sanglots. Ah ! vous ne savez pas quelles effroyables tortures sont en moi ! Je l'aime, je l'adore ! Et je suis indigne d'elle, et elle me méprise, et je viens vous dire, à vous, elle sera votre femme... Comprenez-vous, comprenez-vous ? Est-ce un châtiment, cela, dites ? »

Il s'arrêta un instant pour reprendre haleine.

Il était haletant, tout son corps frémissait.

— Eh bien, oui, je veux souffrir, reprit-il d'un ton farouche, je veux que mon cœur déchiré ne soit plus qu'une plaie saignante. Vous lui direz que vous m'avez vu pantelant, écrasé devant vous ; vous lui direz que j'ai bien racheté toutes mes fautes et elle me pardonnera !... Ah ! je ne connais rien de plus terrible que le mépris de la femme qu'on aime, c'est une chose qui tue ! Et elle me méprise, elle me méprise !

Maintenant, Lucien le regardait avec une profonde pitié.

— Le malheureux, pensait-il, il souffre réellement.

Ludovic se calma subitement, et d'une voix qui trahissait à peine un reste d'agitation intérieure, il reprit :

— Mais c'est pour vous parler de Mlle de Coulange seulement et non de moi que je suis ici. Elle attend avec anxiété l'heure où des amis dévoués viendront l'arracher des mains de son cruel ennemi. Comme je vous l'ai dit, c'est ce soir qu'elle doit être délivrée. Monsieur de Reille, êtes-vous prêt ?

Lucien se redressa brusquement.

— Prêt ? fit-il pour faire quoi ?

— Pour aller ouvrir la porte de la prison où Mlle de Coulange est enfermée.

— Monsieur de Montgarin, répondit Lucien d'une voix vibrante, j'ai donné mon cœur à Mlle de Coulange ; pour elle, s'il le faut, je me sens prêt à sacrifier ma vie. Que dois-je faire ? Parlez !...

— Rendez-vous dans une heure rue Rousselet, n° 11. Vous demanderez M. Robert.

— Dans une heure je serai rue Rousselet.

— Je vous y attendrai. C'est là que vous saurez ce qui sera décidé pour sauver Mlle de Coulange. Vous devez être au nombre de ses libérateurs ; il faut que son regard s'arrête sur vous quand elle poussera le cri de joie de la délivrance. Monsieur de Reille, c'est vous qui la ramènerez dans les bras de sa mère éplorée. C'est ainsi que je veux que vous rentriez à l'hôtel de Coulange. Je n'ai pas besoin de vous faire connaître toute ma pensée ; vous m'avez compris.

« Je vous offre l'occasion de donner à Mlle Maximilienne une preuve de votre amour et de votre dévouement. Il peut se faire qu'il y ait un danger à courir. »

— Je ne crains rien, répliqua Lucien, un éclair dans le regard ; monsieur de Montgarin, vous me verrez à l'œuvre.

— Moi, dit tristement Ludovic, je ne serai pas là ; mais d'autres amis de la famille de Coulange seront avec vous. Que se passera-t-il ? Je l'ignore. Mlle de Coulange est gardée par deux terribles bandits ; il y aura lutte, sans doute, et peut-être du sang répandu ; mais ne vous effrayez pas, monsieur de Reille, le succès est certain.

— Monsieur de Montgarin, répondit Lucien, les yeux étincelants, quand Mlle de Coulange court un danger, la seule chose dont on doit avoir peur, c'est de ne pas pouvoir la sauver !... Je vous l'ai dit, ma vie lui appartient ; mourir pour elle serait un bonheur suprême !

Ludovic eut un tressaillement qui remua toutes les fibres de son cœur.

— Monsieur de Reille, dit-il avec un sourire doux et triste, pour vous, aujourd'hui, le bonheur suprême doit être de vivre pour l'aimer et la rendre heureuse. La mort ne peut être douce que pour les désespérés ! Vous ne devez pas penser à la mort, quand pour vous la vie est si belle ! Regardez en avant et voyez comme ils sont grands et ensoleillés les horizons qui s'éclairent sous vos yeux ! Monsieur de Reille, vous touchez à l'aurore ; moi je marche vers la nuit. L'avenir, qui s'est fermé devant moi, s'ouvre devant vous ; il vous sourit, il vous appelle, prêt à vous combler de ses joies infinies.

Lucien secoua la tête et passa rapidement ses deux mains sur son front :

— Non, murmura-t-il, se parlant à lui-même, cela n'est pas naturel.

Il reprit à haute voix :

— Monsieur de Montgarin, je vous l'avoue, je suis stupéfié, permettez-moi de vous adresser quelques questions.

— Non, monsieur de Reille, ne m'interrogez pas. Tout ce que je pouvais

Soudain le roulement d'une voiture se fit entendre. Il courut à la fenêtre. (Page 564).

vous dire, je vous l'ai dit. D'ailleurs, je n'aurais pas le temps de vous répondre, il faut que je vous quitte.

Et tendant sa main à Lucien :

— Monsieur de Reille, reprit-il, voulez-vous mettre votre main dans la mienne ?

— De grand cœur !

— Vous ne m'en voulez plus, n'est-ce pas ?

— J'ai été injuste envers vous, monsieur de Montgarin ; je vous avais mal jugé, je le regrette.

— Merci !

Il jeta les yeux sur la pendule.

— Déjà dix heures, murmura-t-il, comme le temps passe !

Puis, élevant la voix :

— Je n'ai plus rien à vous dire, monsieur de Reille, reprit-il ; soyez exact au rendez-vous que je vous ai donné.

— Rue Rousselet, 11 ; j'y serai dans une heure.

— N'oubliez pas ce nom : M. Robert.

— Il est gravé dans ma mémoire.

— A tout à l'heure, monsieur de Reille !

Il le salua de la main et sortit précipitamment.

Lucien resta immobile, les yeux fixés sur la porte qui venait de se refermer.

— Étrange, étrange ! murmura-t-il.

Un bruit de pas légers se fit entendre derrière lui. Il se retourna brusquement et se trouva en face de son père et de sa mère.

— Ah ! s'écria-t-il, il me semble que je viens de faire un rêve.

XVII

RUE ROUSSELET

Transportons-nous rue Rousselet. Mouillon est avec Morlot. Celui-ci est en proie à une grande agitation que trahissent son regard sombre, les plis creusés sur son front et un mouvement continuel de ses sourcils hérissés.

Mouillon vient de lui dire qu'il est est resté la veille en faction, rue d'Astorg, jusqu'à une heure du matin, et qu'il n'a vu sortir de l'hôtel Montgarin ni le comte de Rogas, ni Ludovic.

— Et pourtant, il sait que je l'ai attendu hier toute la journée ! s'écria Morlot ; il n'est rentré à Paris que vers cinq heures, soit ; mais il pouvait venir dans la soirée. Est-ce l'autre qui l'a empêché de sortir ? C'est la seule supposition que je puisse admettre. Qu'il ait réussi ou non, il sait bien qu'il faut que je le sache. Nous ne pouvons pas attendre indéfiniment, il faut en finir avec ces misérables !

« J'ai passé une nuit horrible, continua-t-il, je me suis couché à deux heures ce matin et il m'a été impossible de fermer les yeux. Tout éveillé, j'avais le cauchemar ; il me semblait que les gémissements de la marquise et les cris désespérés de sa fille arrivaient jusqu'à moi. A chaque instant je voyais apparaître le faux comte de Rogas et ses complices. Ils étaient grimaçants, hideux ; il avaient le regard railleur et sinistre ; je croyais entendre leurs éclats de rire sardonique ; leurs bras s'allongeaient et ils agitaient au-dessus de ma tête des mains rouges de sang. Et au fond d'un grand trou noir, je voyais le cadavre de Mlle de Coulange égorgée.

« Si je suis ainsi tourmenté, moi, si j'ai de pareilles visions, jugez, Mouillon, jugez dans quelle horrible situation se trouve la malheureuse marquise de Coulange. Non, non, cela ne peut pas durer plus longtemps. Le billet que vous m'avez envoyé hier soir par un commisionnaire m'avait presque rassuré ; mais quand j'ai entendu sonner dix heures, puis onze heures, puis minuit, ne voyant pas arriver le comte de Montgarin, j'ai senti renaître toutes mes inquiétudes. Je suis comme sur des charbons ardents. Après avoir fait toutes les suppositions imaginables, aussi absurdes les unes que les autres, je n'ose plus réfléchir, je n'ai plus de pensées.

« Et il faut que j'attende encore, je suis cloué dans cette chambre, entre ces quatre murs. »

Il resta un moment silencieux ; puis, bondissant sur ses jambes :

— Ah çà ! il ne viendra donc pas ! s'écria-t-il.

Il fit trois ou quatre fois le tour de la chambre, à grands pas, en grommelant des mots sans suite et en agitant ses bras comme un insensé. Puis, s'arrêtant brusquement devant Mouillon :

— Il faut que cela finisse, lui dit-il ; pas plus tard que ce soir nous agirons.

— Vous savez que je suis prêt à exécuter vos ordres.

— Ah ! si je vous avais écouté, nous ne nous trouverions pas aujourd'hui dans cette affreuse situation ; mais je ne pouvais pas, non, je ne pouvais pas... Voyons, est-ce qu'il était possible de prévoir qu'ils enlèveraient Mlle de Coulange ? Tenez, on serait venu me dire : Voilà ce qu'ils ont imaginé, voilà ce qu'ils veulent faire, je n'aurais pas voulu le croire ; j'aurais haussé les épaules et répondu : C'est aussi impossible que de prendre la lune avec les dents. Et pourtant ils avaient cette idée, les scélérats, et ils l'ont mise à exécution avec audace et avec une adresse merveilleuse. Mouillon, que pensez-vous du comte de Rogas ?

— Moi, rien !

— Eh bien, Mouillon, cet ignoble coquin est tout simplement un homme de génie.

— Oui, comme Cartouche ou Mandrin.

— Soit ; mais si de pareils hommes consacraient leur vie à de grandes et belles choses, ils honoreraient le monde au lieu d'être la honte de l'humanité.

— Malheureusement, il n'en est pas ainsi, répliqua Mouillon, et je trouve que vous faites beaucoup d'honneur à ce Portugais, en admettant qu'il aurait pu être autre chose qu'un exécrable bandit.

Morlot regarda sa montre pour la vingtième fois depuis une heure.

— Dix heures dix, fit-il en frappant du pied avec impatience.

Il alla ouvrir la fenêtre et la referma aussitôt après avoir plongé son regard dans la rue.

— Rien, murmura-t-il, rien encore!

Mouillon s'était levé.

— Je m'en vais, dit-il; à quelle heure dois-je revenir ?

— Restez encore un instant, répondit Morlot; il est impossible qu'il ne vienne pas et il ne peut tarder à arriver. Ah! j'ai oublié de vous dire que le marquis de Coulange a reçu hier une dépêche de son fils; le jeune homme annonce son départ de Menton; il n'est pas loin de Paris en ce moment, s'il n'est pas déjà à l'hôtel de Coulange.

« Retour sans joie, ajouta subitement Morlot; la douleur sous ses yeux, autour de lui des gémissements et des larmes. »

Une fois encore il allait tirer sa montre de son gousset lorsque, soudain, le roulement d'une voiture se fit entendre. Il courut à la fenêtre. Aussitôt, il poussa un cri de joie.

— C'est lui? fit Mouillon.

— Oui, répondit Morlot.

Il referma la fenêtre, alla ouvrir la porte et attendit sur le seuil. Son front s'était éclairci, ses yeux étincelaient. Ludovic parut.

— Enfin! s'écria Morlot.

Et, saisissant la main du jeune homme, il l'attira au milieu de la chambre. Alors, il se plaça devant Ludovic et plongea dans ses yeux son regard clair et profond.

— Vous avez réussi? exclama-t-il.

— Oui.

— Ah! c'est bien, c'est bien, fit Morlot avec une émotion visible.

Il avait pris les mains du jeune homme et les serrait à les briser. Il reprit:

— Vous n'avez pas couché chez vous l'autre nuit, vous êtes rentré hier à cinq heures, je sais cela. Je n'ai pas besoin de vous dire avec quelle impatience, quelle anxiété je vous ai attendu. Enfin, vous voilà et vous avez réussi. Je ne veux même pas demander pourquoi vous n'êtes pas venu hier soir.

— D'abord, je tombais de fatigue; pourtant je serais venu quand même; mais, contre son habitude, il n'est pas sorti; j'ai craint d'éveiller sa défiance...

— Oui, oui, je comprends. Où est Mlle de Coulange?

— Entre la Jonchère et la Celle-Saint-Cloud, tout près de Bougival, mais je ne saurais vous dire si la maison où elle est enfermée se trouve sur le territoire de l'une ou de l'autre de ces trois communes. Ladite maison est bâtie au milieu d'un assez vaste terrain entouré de haies vives qu'on nomme le clos de la Belle-Bonnette.

— Tout cela me paraît assez précis; mais êtes-vous sûr qu'en cherchant à les tromper, ils ne vous ont pas trompé vous-même?

Ludovic secoua la tête.

— Je suis entré dans la maison et j'ai vu Mlle de Coulange, répondit-il.

— Vous l'avez vue ! exclama Morlot.

— Ne comptant sur aucun secours, ayant tout à redouter, désespérée, elle avait pris la funeste résolution de se laisser mourir de faim.

— Oh ! la pauvre enfant ! s'écria Morlot en frissonnant.

— Eh bien, monsieur Morlot, cette résolution que Mlle de Coulange avait prise est une inspiration qui lui est venue du Ciel.

— Que voulez-vous dire ?

— Si son refus de prendre aucune nourriture n'avait pas effrayé de Rogas et les autres, ils ne m'auraient point conduit eux-mêmes près d'elle et je ne pourrais pas vous dire en ce moment : Mlle de Coulange est enfermée dans une chambre de la maison du clos de la Belle-Bonnette.

Alors, très brièvement, Ludovic raconta à Morlot et à Mouillon ce qui s'était passé l'avant-veille dans le restaurant de Bougival et la veille dans la maison du clos.

— Mon cher Mouillon, vous avez entendu, dit Morlot ; M. le comte de Montgarin a promis à Mlle de Coulange que, ce soir, elle serait rendue à sa famille.

— Nous ne ferons pas mentir M. le comte, répondit Mouillon ; mes hommes et moi nous sommes prêts.

— Avec nous et Jardel, deux suffiront, dit Morlot.

Et s'adressant à Ludovic :

— Monsieur le comte, reprit-il, vous serez le chef de l'expédition.

— Monsieur Morlot, je décline cet honneur, répondit le jeune homme ; j'ai une autre mission à remplir ce soir.

— Comment, vous ne serez pas avec nous ? s'écria Morlot, laissant voir son étonnement.

— Je ne le puis, balbutia Ludovic.

— Monsieur de Montgarin, je ne vous interroge pas, je n'en ai pas le droit ; mais permettez-moi de vous dire que je trouve singulier...

— Oh ! je comprends votre surprise, l'interrompit le jeune homme, dont le regard s'éclaira d'une lueur sombre ; mais ne vous hâtez pas de me blâmer ; j'obéis à un sentiment qui, d'accord avec ma volonté, me dit ce que je dois faire.

— S'il en est ainsi, je n'insiste pas.

— Monsieur Morlot, vous connaissez Lucien de Reille, vous savez qu'il aime Mlle de Coulange ?

— Eh bien ?

— Vous le verrez dans un instant, je lui ai donné rendez-vous ici. Ce soir, Lucien de Reille sera avec vous, à ma place.

— Ah! fit Morlot.

Et son regard scrutateur interrogea la physionomie du jeune homme. Mais il ne put deviner sa pensée. Il se tourna vers Mouillon et lui dit :

— Du moment que M. de Montgarin ne sera pas avec nous pour nous conduire directement au clos de la Belle-Bonnette, il faut que nous ayons un autre guide.

— Absolument, répondit l'agent de police.

— Comme vous ne pouvez pas aller vous-même reconnaître les lieux et le chemin que nous aurons à suivre, il faut faire partir dans une heure le plus intelligent et le plus adroit de vos agents.

— Il se rendra à la Jonchère, dit Ludovic ; là, on lui indiquera le clos de la Belle-Bonnette ; du reste, on pourrait également le renseigner à Bougival.

— La maison est-elle plus rapprochée de Bougival que de la Jonchère ? demanda Morlot.

— Autant que j'ai pu en juger, la distance est à peu près égale, mais il est beaucoup plus facile d'y arriver par la Jonchère. Une large et belle route à laquelle on a donné le nom d'avenue de l'Impératrice-Joséphine, conduit presque directement au clos de la Belle-Bonnette.

— Alors on peut y arriver avec une voiture?

— Parfaitement, bien que le chemin qui mène à la barrière qui ferme le clos soit à peine frayé.

— A la rigueur, dit Morlot, Mlle de Coulange fera bien à pied quelques centaines de pas ; nous pourrons laisser la voiture sur la route.

A ce moment, Lucien de Reille et Jardel arrivèrent en même temps.

— M. de Montgarin vous avait annoncé, monsieur, dit Morlot à Lucien, et nous vous attendions. Vous savez de quoi il s'agit?

— M. le comte de Montgarin m'a appris l'enlèvement de Mlle de Coulange, répondit Lucien ; je comprends, en vous voyant réunis, que vous prenez vos dispositions pour la délivrer. M. de Montgarin m'a dit que vous pourriez avoir besoin de moi ; me voilà. Prêt à vous servir, j'attends vos ordres.

— Rien n'est encore décidé ; vous saurez dans un instant ce que vous aurez à faire.

— Monsieur Morlot, dit Ludovic, n'oubliez pas que M. de Reille me remplace ; je désire qu'il ramène Mlle Maximilienne à l'hôtel de Coulange.

— J'ai compris, répondit Morlot.

Et se tournant vers Jardel :

— Je n'ai pas besoin de vous apprendre, lui dit-il, que, grâce à M. de Montgarin, nous savons où Mlle de Coulange a été conduite. J'allais vous envoyer chercher, mon cher Jardel, car vous serez avec nous ce soir, et vous devez savoir ce que nous allons décider.

— Il resta un moment silencieux, réfléchissant, puis il reprit :

— Il est bien entendu, Mouillon, que, tout à l'heure en sortant d'ici, vous ferez partir votre agent après lui avoir donné vos instructions. Quand il aura rempli sa mission, c'est-à-dire reconnu les lieux et suffisamment étudié le pays afin de pouvoir nous guider, il se rendra à la gare de Rueil où il nous attendra. Je vous donne rendez-vous à sept heures et demie à la gare Saint-Lazare.

— C'est bien, dit Mouillon.

— Naturellement, vous aurez prévenu le commissaire de police, qui voudra voir de ses yeux ce qui se passe rue du Roi-de-Rome.

— A propos, monsieur de Montgarin, vous devez connaître une certaine dame étrangère qui se fait appeler baronne de Waldreck?

— Oui, je la connais, répondit Ludovic en rougissant.

— Êtes-vous allé chez elle?

— Oui, autrefois.

— Cette dame reçoit une société fort mélangée, n'est-ce pas? Et sa maison n'est pas autre chose qu'un tripot, où des grecs dans le genre du comte de Rogas sont particulièrement bien accueillis, car elle a sa part de l'argent qu'ils volent au jeu. Vous avez dû perdre là de grosses sommes?

— C'est vrai.

— C'est chez cette baronne que vous avez rencontré pour la première fois le Portugais?

— Oui.

— Eh bien, monsieur de Montgarin, ladite baronne est une complice du comte de Rogas; comme lui, elle appartient à la justice. Savez-vous que le comte de Rogas passe presque toutes ses soirées chez elle?

— Je l'ignorais.

— Eh bien, c'est là que l'aventurier portugais, le grec émérite, remplit sa bourse quand elle est vide.

— Oh! fit Ludovic, en courbant son front rouge de honte.

Lucien de Reille écoutait avec stupeur. Il commençait à comprendre.

— Ce soir, reprit Morlot, il y a grande réception chez la baronne de Waldreck; le comte de Rogas ne manquera pas de s'y rendre afin de ramasser quelques billets de mille francs sur la table de jeu. Ce sera le dernier de ses exploits. Il sortira du petit hôtel de la rue du Roi-de-Rome entre deux agents de police. Nous voulons vous éviter le désagrément de le faire prendre chez vous, monsieur le comte.

— Merci, dit Ludovic d'une voix sourde.

Et un sourire singulier passa rapidement sur ses lèvres.

— A vous, Jardel, reprit Morlot; voici ce que vous avez à faire : quand vous aurez instruit M. le marquis de Coulange de ce qui se passe, vous irez louer une voiture de remise à deux chevaux. Nous n'avons pas besoin du cocher :

c'est vous qui conduirez. A sept heures précises la voiture devra être prête. Vous connaissez le chemin de Paris à Rueil ?

— Oui.

— Donc, à sept heures, remplissant les fonctions de cocher, vous vous mettrez en route. Au-dessus de l'avenue des Champs-Élysées, devant l'Arc de triomphe, vous vous arrêterez. Alors, M. Lucien de Reille, qui se trouvera là, vous attendant, montera dans la voiture. Ayez de bons chevaux; il faut que vous soyez sur la route de Marly, en face la Malmaison, avant neuf heures. Mouillon et moi nous serons à Rueil à huit heures vingt; nous vous attendrons sur la route.

— C'est bien, dit Jardel.

— Ainsi, monsieur de Reille, reprit Morlot, il faut que vous vous trouviez à sept heures place de l'Étoile.

— J'y serai, répondit Lucien.

— Nous voulons délivrer Mlle de Coulange; mais nous voulons aussi, en même temps, nous emparer des deux scélérats qui se sont faits ses geôliers. Il est plus que probable qu'ils essayeront de se défendre; mais chacun de nous sera armé d'un revolver.

« Pour le moment, messieurs, continua Morlot, après un court silence, je n'ai pas autre chose à vous dire. Quand nous serons devant le clos de la Belle-Bonnette, nous verrons ce que nous devons faire. Maintenant, nous pouvons nous séparer. A ce soir.

— Oui, à ce soir, prononça tout bas le comte de Montgarin.

Il donna une poignée de main à Lucien, salua Morlot et les autres, et sortit le premier de la chambre.

Un instant après, Morlot était seul. Les bras croisés, la tête inclinée et les yeux fixes, il réfléchissait. Il pensait au comte de Montgarin.

— C'est incompréhensible, inexplicable, se disait-il; j'ai vainement cherché à lire dans ses yeux; son visage était de marbre. Il a évidemment dans la tête une idée fixe. La démarche qu'il a faite auprès de M. de Reille indique qu'il se trouve indigne de Mlle de Coulange et qu'il renonce à elle en faveur de son rival. Je comprends cela : oui, mais après ? Que va-t-il faire, le malheureux ? Que va-t-il devenir ?

XVIII

LES COMPAGNONS

A sept heures vingt-cinq, dix minutes avant le départ du train, Morlot, Mouillon et un autre agent entraient dans l'intérieur de la gare de l'Ouest par la grande porte de la rue d'Amsterdam. Ils se dirigèrent rapidement vers le train

LE FILS

Mouillon s'élança au milieu de la route, où il resta immobile. C'était la voiture louée par Jardel.
(Page 573.)

de Saint-Germain et prirent place dans un compartiment de première classe réservé. Ils n'avaient point cru devoir passer, comme les autres voyageurs, par les salles d'attente. Les employés qui se promenaient sur le quai de départ avaient sans doute été prévenus, car ils ne s'étonnèrent point de voir ces trois hommes s'enfermer dans le compartiment réservé avant l'ouverture des portes aux voyageurs.

Au même instant, un jeune homme parcourait les salles d'attente, jetant à droite et à gauche des regards rapides ; il paraissait très agité et il était facile de voir qu'il cherchait quelqu'un. N'apercevant point la personne qu'il attendait ou qu'il pensait trouver dans les salles d'attente, son air impatient et soucieux indiquait qu'il éprouvait une vive contrariété.

Cependant les portes s'ouvrirent et les voyageurs se précipitèrent vers la sortie, en se pressant, en se bousculant, comme s'ils eussent craint de manquer le train ou de ne pas y trouver place.

Le jeune homme laissa passer tout le monde et sortit le dernier.

— C'est singulier, pensait-il ; on m'a bien dit sept heures et demie précises et j'étais en avance d'un quart d'heure. Je suis sûr qu'il n'était pas dans les salles d'attente... Qu'est-ce que cela veut dire?

Il marchait lentement la tête baissée. Il arriva comme on fermait les portières.

— Dépêchez-vous, lui cria un employé.

Il se jeta dans un compartiment ouvert devant lui. Aussitôt le sifflet de la locomotive se fit entendre et le train partit.

A la station de Rueil, avant l'arrêt complet du train, le jeune homme sauta sur le quai et marcha rapidement vers la sortie ; mais en descendant la pente qui tombe sur la route de Rueil, une réflexion lui vint : la personne qu'il avait vainement attendue et cherchée à Paris dans les salles d'attente pouvait être dans le train ; il devait s'en assurer.

Une trentaine de personnes étaient descendues à la station ; elles sortirent les unes après les autres. Enfin, un homme parut ; puis deux autres, puis un quatrième. Dans ce dernier, le jeune homme reconnut Morlot. Il retint une exclamation prête à lui échapper, et quand Morlot passa devant lui, il le saisit par le bras, en disant :

— C'est moi !

Morlot avait fait un brusque mouvement.

— Vous ici, monsieur le comte ! dit-il, revenu de sa surprise.

— J'arrive à l'instant.

— Vous m'avez presque effrayé.

— Presque, car vous n'êtes pas de ceux à qui l'on fait peur.

— Cela dépend des circonstances, monsieur le comte

— J'ai su par Jardel que vous seriez à la gare Saint-Lazare à sept heures et demie ; je vous ai attendu ; comment se fait-il que je ne vous aie pas vu dans les salles d'attente ?

— C'est facile à expliquer ; deux de ces messieurs qui marchent devant nous et moi, nous avons obtenu la faveur de ne point passer par les salles d'attente. Une mesure de prudence que j'ai cru devoir prendre.

— Alors, je comprends. Maintenant, monsieur Morlot, veuillez me dire pourquoi, sachant que j'étais de retour à Paris, vous ne m'avez pas invité à me joindre à vous ce soir ?

— Mon Dieu, monsieur le comte, répondit Morlot avec un embarras visible, j'ai pensé que vous seriez très fatigué.

— Fatigué, quand il s'agit de ma sœur ! répliqua vivement le jeune homme ; oh ! je croyais que vous aviez meilleure opinion de mon courage... Mais non, vous ne me dites pas la vérité. Il y a un autre motif, avouez-le.

— Eh bien, oui.

— Voyons, monsieur Morlot, qui donc, dans cette circonstance, a plus que moi le droit de se dévouer ? Comment, Maximilienne est entre les mains de deux misérables et vous ne sentez pas que je dois marcher en avant de ceux qui veulent la sauver ? Pourtant, vous savez ce qu'elle a fait pour moi. Mais, pour elle, je suis prêt à verser jusqu'à la dernière goutte de mon sang ! Monsieur Morlot, vous avez eu tort si vous avez douté de moi.

— Oh ! monsieur le comte !

— Pourquoi ne m'avez-vous pas appelé ? Dites-le moi, je veux le savoir.

— Monsieur le comte, nous allons, je l'espère, nous emparer de Sosthène de Perny, pour le livrer à la justice, et j'ai pensé qu'il vous serait pénible...

— Ah ! oui, je comprends... Je ne veux pas vous reprocher cet excès de délicatesse, mais ce misérable, qui est le frère de la marquise de Coulange, ne m'est rien à moi, il n'est pas mon parent. D'ailleurs, par ses crimes, il a brisé tous les liens qui l'unissaient à la famille de Coulange, elle ne le connaît plus. Croyez-vous, par exemple, que je vais avoir pitié de ce monstre, qui m'a volé à ma mère et a condamné la pauvre Gabrielle à de longues années de souffrance ; qui a fait de la marquise de Coulange une martyre ; qui a tenté trois fois d'assassiner le marquis et qui, pour que rien ne manque à ses forfaits, a enlevé Maximilienne et la tient enfermée dans une prison ? Non, non, pas de pitié pour cet infâme, il faut qu'il reçoive le châtiment de ses crimes ? L'heure de l'expiation est venue... Avoir pitié de lui, moi ? Allons donc ! Mais pour ce qu'il a fait souffrir à ma mère seulement, je le traînerais moi-même devant ses juges ! Quand je pense à cet être sans cœur et sans âme, qui n'est plus qu'une chose immonde, mon sang bout dans mes veines, et je sens qu'en face de lui je puis devenir cruel et féroce.

« Ah ! je n'ai pas vos scrupules, monsieur Morlot, aucune considération ne peut me retenir. Tenez, il faut que vous sachiez ceci : le marquis de Coulange n'ignore pas que je suis venu vous rejoindre ; il voulait m'accompagner et j'ai eu beaucoup de peine à lui faire comprendre qu'il devait rester près de la marquise. La douleur de la pauvre mère est navrante ; c'est horrible à voir. Pas un instant de calme. Toujours des gémissements, des pleurs, c'est à croire que tout son sang se change en larmes. Elle a été un instant sans me reconnaître, puis, soudain, elle m'a étreint dans ses bras et m'a embrassé en poussant des cris déchirants. On espérait la calmer un peu en lui apprenant qu'on savait où Maximilienne a été conduite ; elle n'a pas eu l'air de comprendre. Une pareille douleur est une véritable agonie ; on ne peut la comparer à aucune autre. Ah ! il est temps que sa fille lui soit rendue. Dans deux jours il serait trop tard, la marquise de Coulange n'existerait plus !

Il y avait des larmes dans ses yeux ; il les essuya rapidement.

— Maintenant, monsieur Morlot, reprit-il, que décidez-vous ? Dois-je retourner à Paris ?

— Non, venez, répondit Morlot.

Et ils rejoignirent les trois agents de police, qui marchaient à trente pas devant eux.

Après avoir échangé quelques paroles avec Mouillon, Morlot fit signe au comte de Coulange de le suivre, et ils passèrent de l'autre côté de la route. Alors, Morlot raconta au jeune homme, qui l'écouta avec le plus vif intérêt, tout ce qui s'était passé à Paris pendant son absence ; la scène entre Lucien de Reille et le comte de Montgarin chez la duchesse de Commergue ; le rôle que ce dernier avait joué avec succès vis-à-vis du faux comte de Rogas, Sosthène et des Grolles ; comment ceux-ci l'avaient conduit au clos de la Belle-Bonnette ; enfin la démarche que le comte de Montgarin avait faite, le matin même, près de Lucien de Reille, ce qui indiquait que, honteux et désespéré d'avoir été le complice et l'instrument des trois misérables qui voulaient s'emparer de la fortune du marquis, il avait pris la résolution de ne plus reparaître à l'hôtel de Coulange.

— Tout cela est bien, dit Eugène. Le comte de Montgarin a compris que lui-même avait creusé un abîme entre Maximilienne et lui. Autant qu'il le pouvait, il a racheté son crime. Sa conduite vis-à-vis de Lucien de Reille montre de la grandeur. Il est mal entré dans la vie. Aucune voix ne lui a crié : Prends garde ! Et le chemin qu'il a pris l'a conduit où il est. C'est dommage ! Je ne veux plus voir en lui qu'une victime de la fatalité, et comme vous, Morlot, je plains le malheureux comte de Montgarin.

Ils étaient sur la route de Paris à Marly. Bientôt ils arrivèrent à l'extrémité du parc de la Malmaison, au bas du chemin tournant qui mène à la Jonchère.

— Comme je l'avais prévu, dit Morlot, nous arrivons les premiers. Il faut attendre.

Il fit un signe et aussitôt les trois agents disparurent dans l'ombre, sous les grands ormes qui bordent la route. Lui-même et le comte de Coulange s'effacèrent derrière le tronc d'un arbre.

— Je ne crois pas que nous ayons à craindre quelque surprise, dit tout bas Morlot ; mais il est toujours bon de prendre certaines précautions.

Vingt minutes s'écoulèrent. Tout à coup, on entendit le bruit encore éloigné d'une voiture qui arrivait au grand trot des chevaux.

— Ce sont eux, sans doute, dit Morlot.

Au bout d'un instant, la lumière des lanternes de la voiture perça l'obscurité de la nuit profonde. Alors Mouillon s'élança au milieu de la route où il resta immobile. Morlot ne s'était pas trompé. C'était bien la voiture louée par Jardel qui arrivait. Elle s'arrêta à quelques pas de Mouillon. La portière s'ouvrit et Lucien de Reille sauta sur la chaussée. Il se trouva en face du comte de Coulange, qui lui tendait la main. Mais Lucien se jeta au cou de son ami et ils s'embrassèrent. Pendant ce temps, l'agent qui allait guider la petite troupe avait grimpé lestement sur le siège à côté de Jardel.

Tout cela s'était fait en un clin d'œil, sans qu'une seule parole eût été prononcée.

Un instant après, la voiture gravissait la montée de la Jonchère. Mouillon marchait seul derrière la calèche, à une distance d'environ trente pas, suivi par l'autre agent de police. Venaient ensuite Eugène et Lucien. Morlot, en arrière-garde, fermait la marche.

C'est dans cet ordre qu'on traversa silencieusement la Jonchère. Quand la voiture eut dépassé les dernières maisons du village et qu'elle se trouva au milieu du bois, sur une des avenues désertes du domaine des Bruyères, Jardel éteignit ses lanternes et les chevaux n'allèrent plus qu'au pas. On marcha encore pendant vingt minutes, puis la voiture s'arrêta. Elle était arrivée à l'endroit où elle devait attendre.

Le guide descendit du siège et rejoignit Mouillon ; nos autres personnages arrivèrent successivement, et la petite troupe se reforma.

Toujours silencieux et faisant le moins de bruit possible en marchant, on suivit le guide, qui, au bout de quelques minutes, s'arrêta devant une barrière, espèce de porte en bois fermée par un cadenas.

— Voilà l'entrée du clos, dit-il à voix basse, en se tournant vers Morlot.

Depuis un instant, un vent du nord-est soufflait avec une certaine violence, chassant la brume épaisse qui obscurcissait le ciel. Çà et là apparaissaient quelques pâles étoiles. A son tour, la lune se montra à demi voilée par les brouillards et une faible clarté diminua l'obscurité de la nuit.

Maintenant, à travers les châtaigniers séculaires, on pouvait apercevoir l'habitation qui, à cinquante mètres de distance, se détachait sur le fond gris du ciel.

Morlot avait déjà examiné la barrière. De chaque côté de la claire-voie deux grands poteaux étaient plantés dans la haie. La porte tournait sur l'un et se fermait sur l'autre avec un cadenas, comme nous l'avons dit, lequel tenait les deux extrémités d'une forte chaîne de fer. Une fermeture tout à fait primitive ; mais solide, néanmoins.

Le cadenas étant à l'intérieur, et une main ne pouvant passer entre le poteau et la porte, il était impossible de l'ouvrir du dehors. Il fallait donc pénétrer dans le clos par escalade ou en se frayant un passage à travers la haie. Il paraissait difficile d'escalader la barrière sans faire de bruit. Or, la nuit, le moindre bruit a un écho et s'entend de loin ; on pouvait donner l'éveil aux deux misérables que Morlot tenait à surprendre endormis ou non, pour qu'ils n'eussent pas le temps de préparer une résistance désespérée.

Morlot pensa qu'il était préférable de s'ouvrir un passage dans la haie. On en serait quitte pour quelques déchirures. D'ailleurs, si forte et si épaisse que soit une haie vive, elle a toujours des endroits faibles.

Il s'approcha de Mouillon et lui dit quelques mots à l'oreille. Celui-ci s'éloigna en longeant la haie. Il reparut au bout de cinq minutes.

— Eh bien? l'interrogea Morlot.

— Vous ne vous êtes pas trompé ; on peut passer facilement ; j'ai découvert une trouée qui a été faite probablement par un braconnier.

— Alors, marchons, dit Morlot.

Et tous se dirigèrent vers le passage découvert par Mouillon, à l'exception d'un agent qui resta près de la barrière, son revolver à la main.

Un instant après, les cinq hommes pénétraient dans le clos de la Belle-Bonnette, et marchant à dix pas l'un de l'autre, formant un arc de cercle, ils avançaient comme des ombres.

Morlot arriva le premier devant la maison, dont tous les volets étaient hermétiquement fermés. Il écouta ; il n'entendit rien. Il regarda ; pas un filet de lumière ne s'échappait de l'intérieur de la maison. On aurait pu croire qu'elle était inhabitée.

— Pourtant, elle doit attendre, pensa-t-il.

Il jeta autour de lui des regards rapides.

— Voilà le hangar dont le comte de Montgarin m'a parlé, dit-il ; cette fenêtre, à droite, doit être celle de la chambre où est enfermée Mlle de Coulange. Les deux hommes ont leur chambre au rez-de-chaussée. Ces deux fenêtres me les indiquent.

Il s'approcha de la première fenêtre et colla son oreille contre les volets. Il entendit le bruit d'une voix sourde, qui semblait venir d'une autre pièce. Il marcha vers la seconde fenêtre. Alors la voix qu'il avait entendue arriva plus distinctement à ses oreilles.

— Ils sont là, pensa-t-il, ils causent. J'espérais qu'ils seraient couchés.

Pendant un instant, il parut réfléchir.

— Faut-il attendre? se demanda-t-il.

Il se trouvait, maintenant, en présence de la plus grande difficulté. Comment allait-il pénétrer dans la maison? En voyant toutes les fenêtres si bien fermées, il devait supposer qu'il en était de même des portes.

Des Grolles et Sosthène continuaient à causer. La voix rauque, enrouée de ce dernier arrivait à lui comme un grognement.

Il fit le tour de la maison. Devant une porte de derrière, il trouva Lucien de Reille.

— Fermée, lui dit le jeune homme.

Un peu plus loin, à l'angle du bâtiment, se tenait le comte de Coulange.

Morlot passa devant une porte basse, qui devait être l'entrée extérieure des caves.

Supposant qu'elle devait être fermée comme les autres, il ne prit pas le temps de s'en assurer. Il revint devant la façade de la maison. Mouillon et l'autre agent gardaient la porte d'entrée.

— Tout est fermé, lui dit Mouillon.

Ils s'éloignèrent de quelques pas.

— Vous voyez ce hangar? dit Morlot.

— Oui.

— Je sais qu'il y a là une échelle avec laquelle on peut monter sur le toit.

— Alors c'est par une des lucarnes de la toiture que nous entrerons?

— Le toit est plat; on peut s'y aventurer sans danger.

Mouillon et l'agent allèrent chercher l'échelle.

Comme Morlot se rapprochait de la maison, le comte de Coulange s'avança vers lui. Sans rien dire, Eugène lui prit la main et le conduisit à l'entrée des caves. Voulant voir si cette porte était fermée comme les autres, le comte l'avait poussée avec le pied et elle s'était ouverte.

Les yeux de Morlot étincelèrent. Il voyait les premières marches d'un escalier de pierre qui s'enfonçait dans un trou noir.

Comment cette entrée de la maison se trouvait-elle ouverte? Disons-le.

Élisabeth, toute dévouée maintenant à Mlle de Coulange, s'était demandé comment les libérateurs de Maximilienne pourraient arriver jusqu'à elle. La jeune fille savait que les deux portes de la maison, armées de lourds fléaux, étaient d'une solidité à l'épreuve de toutes les attaques du dehors. Une fois fermées, la maison, avec ses barreaux de fer à toutes les fenêtres, devenait une véritable forteresse. Elle savait également que, aussitôt la nuit venue, des Grolles fermait lui-même les deux portes après avoir fait le tour de l'enclos. Elle s'était dit :

— On aura beau frapper, Sosthène de Perny et des Grolles n'ouvriront point.

Puis un frisson de terreur avait passé dans tous ses membres en pensant que les deux misérables, à moitié ivres d'absinthe et fous de rage, seraient capables d'égorger leur victime pendant que ceux qui venaient pour la délivrer feraient le siège de la maison.

Alors elle chercha par quel moyen elle pourrait concourir de son côté, à l'œuvre de la délivrance.

Elle se disait avec raison que les amis de Maximilienne essayeraient d'ouvrir une des portes sans bruit afin de surprendre Sosthène et des Grolles. Elle ne pouvait songer à ouvrir une des deux portes dont des Grolles avait toujours les clefs sur lui. Elle pensa à l'entrée du sous-sol, en se disant que les libérateurs ne manqueraient pas d'essayer de s'introduire dans la maison par cette porte, trouvant les autres fermées.

Le soir, pendant que Sosthène et Des Grolles dînaient, elle descendit dans le sous-sol et tira les deux verrous de la porte.

Morlot ne resta pas longtemps à regarder le passage ouvert devant lui. Sans songer à prévenir Mouillon et les autres, ce qui eût été une perte de temps, il descendit rapidement l'escalier. Sans hésiter, Eugène le suivit. Au bas de l'escalier, ils se trouvèrent dans une obscurité profonde. Morlot chercha dans ses poches. Au milieu de ses préoccupations, il avait oublié de se munir, avant de partir, d'un bout de bougie filée; mais, heureusement, il trouva une boîte d'allumettes dans une de ses poches. Il en alluma une et en garda plusieurs autres dans sa main, destinées à se remplacer successivement.

Ainsi éclairés, Morlot et Eugène suivirent un couloir voûté qui les conduisit au bas du second escalier du sous-sol, beaucoup plus étroit que le premier. Au-dessus des vingt marches qu'il fallait monter, ils virent une porte qui s'ouvrait évidemment sur le palier du rez-de-chaussée.

Morlot s'était arrêté, tendant l'oreille. Le son de la voix enrouée de Sosthène arriva jusqu'à eux.

— C'est lui, c'est Sosthène de Perny qui parle, dit tout bas Eugène, je reconnais sa voix.

— Chut! fit Morlot.

Il alluma une nouvelle allumette et tous deux montèrent à pas de loup.

Comme Morlot mettait le pied sur la dixième ou douzième marche, le courant d'air éteignit l'allumette. Morlot ne jugea pas à propos d'en allumer une autre. Il monta encore quelques marches, les deux mains en avant, cherchant la porte du pallier. Tout à coup, il fit un faux pas et tomba. En même temps, cinq ou six bouteilles vides qu'on avait placées sur une marche de l'escalier, pour s'éviter la peine de les descendre dans la cave, et que Morlot renversa dans sa chute, dégringolèrent sur les marches, roulant les unes sur les autres.

Le comte de Coulange s'était arrêté brusquement.

Morlot se releva, le corps contusionné.

— Maladroit, imbécile! murmura-t-il, s'injuriant lui-même.

XIX

LA LUTTE

Comme nous l'avons dit, Sosthène et Des Grolles causaient

Après avoir dîné, pris leur café et chacun une forte ration d'eau-de-vie, Des

— Sosthène de Perny, cria le comte, si tu fais un mouvement, je te tue comme un chien enragé.
(Page 581.)

Grolles, sur la demande réitérée de Sosthène, avait apporté sur la table une bouteille d'absinthe. Le frère de la marquise de Coulange appelait cette funeste liqueur le nectar de consolation.

Après le premier verre, des Grolles voulut faire disparaître la bouteille; mais Sosthène lui ordonna impérieusement de la remettre sur la table.

— Je ne veux pas, ce soir encore, me quereller avec toi, dit des Grolles mais laisse-moi te dire que tu as tort. Si, comme moi, tu te contentais d'un verre d'absinthe, ce ne serait rien ; malheureusement, tu en bois un deuxième, puis un autre, puis un autre encore et tu vides la bouteille! c'est de la folie.

— Es-tu bête! répliqua Sosthène, c'est une satisfaction, un plaisir que je me donne.

— Soit ; mais tu sais aussi bien que moi que l'absinthe est un poison qui tue lentement.

— Des phtisiques, des anémiques, pas des hommes bâtis comme moi, répondit Sosthène en haussant les épaules.

— Certainement, tu es fort, tu es solide ; pourtant, ce matin encore, tu as eu un étourdissement; pendant plus d'une heure j'ai pu croire que tu étais paralysé.

— Eh bien, après? Un étourdissement, qu'est-ce que cela? Tout le monde en a, des étourdissements.

— Il n'y a rien à te dire, pas d'observation à te faire. Pourtant, ces étourdissements, que tu as fréquemment depuis quelque temps, et dont tu parles si légèrement, devraient te donner à réfléchir.

— Hein, à réfléchir?

— Oui, car ce sont des avertissements.

— Va-t'en au diable avec tes avertissements. Est-ce la fin de ton sermon ?

— Oui.

— J'en suis bien aise. Puisque tu ne bois pas, laisse-moi tranquille. J'aime l'absinthe, j'adore l'absinthe, je bois.

Ils parlèrent de José Basco.

— Il n'est pas assez communicatif, dit des Grolles. Ainsi, nous ne savons pas s'il a l'argent nécessaire pour nous permettre d'aller jusqu'au jour du mariage.

— Sous ce rapport je suis sans inquiétude, répliqua Sosthène; José est un homme de ressources; il ne se laissera jamais prendre au dépourvu. Du moment qu'il ne nous dit rien, c'est qu'il est sûr de se tirer d'embarras. Toutefois, je suis de ton avis, des Grolles : s'il a de grande qualités il a aussi ses défauts

— L'homme n'est pas parfait, dit sentencieusement des Grolles.

— Parbleu, je le sais aussi bien que toi. Ce que je reprocherai toujours à José, c'est d'être trop autoritaire: il n'y a jamais de bonnes idées que les siennes, il veut être tout; enfin il nous absorbe. Devant tout ce qu'il dit, il faut s'incliner ; il faut approuver tout ce qu'il fait.

— Tu dois reconnaître qu'il a une puissante imagination ?

— Sans doute, répondit Sosthène, en grimaçant un sourire.

— Tout ce qu'il a fait faire au comte de Montgarin est merveilleux.

— Oui, mais il s'est entiché de ce jeune homme. Une sottise !

— Eh, mon cher, ce Montgarin était une pâte molle qu'il a pétrie de ses mains ; il est son œuvre ; on aime toujours la chose qu'on a créée. Bref, José a admirablement conduit cette grande affaire

Sosthène hocha la tête et haussa les épaules.

— Si, pour les causes que tu connais, je n'avais pas été forcé de rester dans l'ombre, dit-il, si j'eusse pu prendre le gouvernail en main, on aurait vu de quelle manière j'aurais rondement mené tout cela.

— Oh! oh! de l'orgueil! fit des Grolles, en ébauchant un sourire railleur.

— C'est de l'orgueil si tu veux, riposta Sosthène ; mais je te le dis et ne craindrais pas de le répéter devant José, si j'eusse agi en toute liberté, au bout de six mois nous aurions eu les millions du marquis.

— Allons donc!

— Moi aussi j'avais mon idée, mon plan.

— Pourquoi ne l'as-tu pas fait connaître à José?

— Pourquoi? Parce que, seul, je pouvais le mettre à exécution.

— Alors, mon cher Sosthène, ton plan peut aller en rejoindre un autre aussi fameux, et non moins inconnu, dont on a beaucoup parlé dans ces dernières années.

En somme, en dehors de certaines petites choses qu'ils croyaient pouvoir reprocher à José Basco, Sosthène et des Grolles s'accordaient à dire que le chef de leur association avait rempli, aussi bien que possible, la tâche difficile qu'il s'était imposée. Du reste, ayant en lui la plus grande confiance, ils ne doutaient pas du succès de l'affaire. Pour eux, le mariage du comte de Montgarin, avec Mlle de Coulange, était comme un fait accompli. Encore quinze jours, un mois, deux mois au plus, et chacun n'aurait plus qu'à prendre sa part des millions.

— Ce qui se passera ici demain sera fort intéressant, dit des Grolles ; c'est dommage que nous ne puissions pas assister à cette scène touchante. Le comte de Montgarin se précipitera dans la chambre de ta charmante nièce, en criant : Vous êtes sauvée! L'infâme Sosthène de Perny et son complice ont pris la fuite. Venez, venez! Je vais vous rendre à votre mère ! La belle Maximilienne poussera un cri de joie et d'amour, tombera à demi pâmée dans les bras de son cher Ludovic. Joli, joli !

Sosthène était devenu pensif.

— A quoi penses-tu? lui demanda des Grolles.

— Hein, à quoi je pense?

— Oui.

— Eh bien, je me dis qu'avant de me séparer de ma charmante nièce, il faut que j'aie le plaisir de la voir et de causer un quart d'heure avec elle.

— Tu sais que José t'a absolument défendu...

— José, José, toujours José! l'interrompit Sosthène d'une voix irritée ; José a dit ceci, José veut cela... Est-ce que je n'ai pas ma volonté, moi? Oui, demain je causerai un instant avec ma nièce. L'autre jour elle m'a dit des choses fort drôles ; je veux l'entendre encore. Elle est magnifique quand elle est en colère. C'est vrai tout de même, elle ressemble à sa mère, à ma bonne, à ma généreuse, à ma bien-aimée sœur... Elle a ses traits, son front altier, sa bouche dédaigneuse. C'est la même voix, le même regard...

Un double éclair de haine jaillit de ses yeux.

— Je la verrai demain, reprit-il, j'ai quelques petites choses à lui dire. C'est ma nièce, ajouta-t-il d'un ton sardonique, je tiens à lui adresser, avant son mariage, un discours de circonstance.

Après un court silence il reprit :

— Au fait, j'ai envie de lui faire ma visite ce soir même.

— Tu es fou, Sosthène ; il est neuf heures et demie elle est couchée.

— Qu'est-ce que cela me fait ! répliqua-t-il brutalement. Hé ! hé ! il ne me déplaira point de voir...

Il n'acheva point sa phrase. Le bruit des bouteilles roulant et se brisant sur les marches de l'escalier de la cave lui coupa la parole.

Des Grolles s'était dressé debout comme poussé par un ressort.

— Le bruit vient de la cave, dit-il.

— C'est cette petite sotte d'Élisabeth, grommela Sosthène ; qu'est-ce qu'elle va faire la nuit dans la cave?

Des Grolles avait déjà allumé une bougie.

Il s'élança hors de la chambre, ouvrit brusquement la porte de la cave et se trouva en face de Morlot qui venait de se relever : il le reconnut et poussa un cri de terreur.

Aussitôt Morlot se jeta sur lui et le saisit à la gorge.

— A moi, à moi, au secours ! cria des Grolles d'une voix étranglée.

Alors, entre Morlot et lui, une lutte terrible s'engagea. Tous deux étaient forts ; ils s'étreignirent fortement dans leurs bras musculeux, chacun cherchant à terrasser son adversaire.

Le flambeau s'était échappé de la main de des Grolles et avait roulé dans les jambes d'Eugène qui, dans l'obscurité, ne pouvait venir en aide à Morlot.

Sur les marches de pierre de l'étroit escalier, la position des deux combattants était également difficile. Gênés dans leurs mouvements, glissant, trébuchant à chaque instant, ils ne pouvaient que se secouer avec violence. Mais la lutte n'en était que plus effroyable.

Soudain, les deux pieds de Morlot glissèrent en même temps ; il tomba sur ses genoux, entraînant des Grolles qui se trouva sur lui. Le misérable poussa un cri de triomphe. Il chercha à saisir la tête de Morlot pour la broyer sur la pierre. Mais celui-ci n'était pas vaincu. La lutte continua, acharnée, terrible. Les deux adversaires se tordaient sur les marches comme des reptiles. Si des Grolles eût eu sur lui un couteau, une arme quelconque, Morlot était un homme mort.

Cependant le comte de Coulange avait ramassé le chandelier et, en même temps, une allumette que sa main avait rencontrée, en cherchant à tâtons. Il ralluma la bougie et put voir enfin ce qui se passait devant lui.

La situation n'était plus la même. Morlot était parvenu à se dégager, et c'est lui, maintenant, qui tenait des Grolles en respect, le serrant à la gorge, les deux genoux sur sa poitrine.

Ce que nous venons de raconter s'était passé rapidement, en moins de deux minutes.

Aux premiers cris poussés par des Grolles, Sosthène s'était levé, blême d'épouvante. Il entendit le bruit de la lutte et devina une partie de la vérité. Mais il ne pouvait courir au secours de son complice sans être armé. Il ouvrit successivement les quatre tiroirs d'une commode, croyant trouver là son poignard. Dans son trouble et déjà étourdi par les vapeurs de l'absinthe, il ne voyait pas le couteau, placé sur la cheminée, à portée de sa main.

Vaincu à son tour, des Grolles se mit à pousser de nouveau des cris horribles qui ressemblaient à des rugissements.

— A moi! à moi! hurlait-il. Nous sommes trahis! Morlot, Morlot, c'est Morlot!... A moi, à moi!

— Monsieur le comte, dit Morlot à Eugène, je suis maître de ce brigand, mais il faut le garrotter ; courez appeler l'agent qui a les cordes.

Le jeune homme allait s'éloigner quand un cri rauque, sauvage, se fit entendre. Aussitôt Sosthène, brandissant son poignard, parut à l'entrée de la cave, prêt à se ruer sur Morlot.

— Sosthène de Perny, cria le comte de Coulange d'une voix menaçante, si tu fais un mouvement en avant, je te tue comme un chien enragé.

Le bras tendu, son revolver à la hauteur de la tête de Sosthène, le jeune homme était résolu à lui loger deux ou trois balles dans la tête.

Le misérable eut peur. Il recula.

— Oh! oh! le bâtard! prononça-t-il d'une voix sourde, en grinçant des dents.

Il comprit que tout était perdu, que lui et son complice allaient être pris, livrés à la justice, et bientôt jugés et condamnés. Certainement, Morlot et le comte de Coulange n'étaient pas seuls ; la maison était cernée. A quoi bon résister, se défendre? Déjà des Grolles, vaincu, terrassé, râlait sous la main puissante de Morlot. Il ne pouvait songer à s'échapper, lui ; il allait être pris à son tour.

Ces réflexions passèrent dans son cerveau avec la rapidité de l'éclair.

Alors, à travers un sorte d'éblouissement il se vit sur les bancs de la cour d'assises, ayant derrière lui deux gendarmes, devant lui, graves, sévères, recueillis, les hommes qui allaient juger ses crimes. Puis il lui sembla qu'il voyait, dressée sur une place publique, la lugubre machine rouge qu'on appelle guillotine. Le bourreau poussait un homme sous le couteau terrible ; il reconnut ce condamné dont la tête allait tomber ; c'était lui, Sosthène de Perny.

Le misérable se sentit frissonner jusqu'à la racine des cheveux.

Ses traits se contractèrent et son visage prit une expression hideuse. Les yeux agrandis et injectés de sang, les lèvres couvertes d'écume et la bouche tordue, il ne ressemblait plus à un être humain.

Soudain, secoué par la haine qui se réveillait en lui, il se redressa. Une horrible pensée venait de jaillir de son cerveau.

— Ah! ah! fit-il.

Et un éclair sillonna son regard de bête féroce.

— Ah! ils viennent la chercher, se dit-il, en serrant dans sa main crispée le manche de son poignard, eh bien! ils emporteront son cadavre!

Et ne songeant plus à Des Grolles, qu'il abandonnait lâchement, saisi d'une effroyable rage, il bondit sur les marches de l'escalier du premier étage.

Dès le premier cri poussé par des Grolles, Maximilienne et Élisabeth avaient compris que les libérateurs étaient là.

Toutes deux s'étaient vivement approchées de la porte, et, anxieuses, tremblantes d'émotion, l'oreille attentive et respirant à peine, elles écoutèrent. Elles entendirent le bruit de la lutte.

— Mademoiselle, dit Élisabeth, je suis sûre maintenant que vos amis sont entrés par le **sous**-sol. Ah! c'est une bonne idée que j'ai eue de descendre dans la cave pour tirer les verrous de la porte.

— C'est vrai, Élisabeth, vous avez été bien inspirée.

La voix étranglée de des Grolles appelant à son secours et criant : « Morlot, c'est Morlot », monta jusqu'à elles.

— C'est fini, vos amis sont maîtres d'eux, reprit Élisabeth; vous voilà libre, mademoiselle. Je suis heureuse, bien heureuse!

— Chut, écoutons, dit Maximilienne.

Soudain, elle tressaillit en reconnaissant la voix d'Eugène qui menaçait Sosthène de le tuer s'il avançait.

— Élisabeth, murmura-t-elle éperdue de joie, j'ai reconnu la voix de celui qui vient de parler; c'est mon frère!... Oh! comme mon cœur bat!

Son sein se soulevait avec violence; elle était haletante, tout son corps frémissait.

Elles entendirent un bruit de pas sur les marches de l'escalier.

— On monte, on vient, dit Élisabeth.

— Oui, oui, c'est lui, c'est mon frère... Élisabeth, ouvrez, ouvrez vite!

La jeune fille mit la clef dans la serrure, la tourna et la porte s'ouvrit.

Aussitôt Sosthène de Perny se dressa devant elles, les yeux luisants comme ceux d'un tigre.

Elles se jetèrent en arrière en poussant un grand cri d'épouvante.

Le misérable eut un éclat de rire strident, aigu comme le sifflement d'un reptile; puis il fit entendre une sorte de gémissement, et le poignard levé, il bondit sur Maximilienne.

Mais Élisabeth avait eu le temps de se remettre de sa frayeur. Avec la rapidité de l'éclair elle se jeta devant Mlle de Coulange. C'est sur elle que tomba le misérable, en lui portant le coup destiné à sa nièce. La lame effilée du poignard s'enfonça dans sa poitrine.

La pauvre fille poussa un cri épouvantable, tourna sur elle-même en battant l'air de ses bras, et tomba à la renverse de tout son long sur le parquet. De sa poitrine trouée, son sang coulait comme d'une source.

Maximilienne voulut crier. Impossible; les sons s'arrêtèrent dans sa gorge étranglée. Saisie d'horreur, secouée par un tremblement convulsif, ses yeux démesurément ouverts restaient fixés sur l'assassin.

XX

LA MAIN DE DIEU

Pendant que ceci se passait dans l'intérieur de la maison, Mouillon et son agent avaient pris l'échelle sous le hangar et étaient vite revenus près de l'habitation contre laquelle ils l'avaient dressée.

Comme l'avait annoncé Morlot, l'échelle arrivait jusqu'à la toiture ; elle montait même d'environ un mètre au-dessus de la gouttière.

Ne voyant point Morlot et ne voulant pas perdre une minute, Mouillon s'élança sur l'échelle.

— Je vous suis, lui dit Lucien.
— Oui, venez, répondit Mouillon.
— Et tous deux grimpèrent rapidement.

Arrivés sur le toit, ils virent, à la clarté de la lune, deux lucarnes fermées l'une et l'autre par une vitre, dans un châssis de bois.

Mouillon et Lucien se glissèrent sur la toiture de tuiles plates, et, en rampant sur les mains et sur les genoux, ils se dirigèrent vers l'ouverture la plus rapprochée.

Mouillon se disposait à enfoncer la vitre, lorsque la pensée lui vint que la lucarne pouvait ne pas être fermée à l'intérieur. Alors il introduisit la pointe de la lame d'un couteau à la base de la lucarne, entre le châssis et son encadrement. Sous une pression un peu forte, le châssis se souleva ; il était ouvert.

— Je passe le premier, dit Lucien.

Ses jambes d'abord, puis son corps tout entier s'enfoncèrent dans le vide.

— Touchez-vous le plancher? lui demanda Mouillon.
— Non, mais je ne tomberai certainement pas de bien haut.

Ses mains lâchèrent l'encadrement de la lucarne et il se trouva debout sur le plancher du grenier. Presque aussitôt Mouillon tomba près de lui. Celui-ci s'empressa d'allumer son rat-de-cave. Ils eurent bientôt découvert une trappe dans un coin du grenier. Lucien la leva sans difficulté. Maintenant, ils n'avaient plus qu'à descendre par une sorte d'échelle de meunier.

C'est à ce moment que la malheureuse Élisabeth tombait frappée par Sosthène.

Au cri qu'elle poussa, Mouillon et Lucien tressaillirent violemment.

— Mais c'est le cri d'une femme qu'on égorge, dit l'inspecteur de police d'une voix frémissante.

Lucien était devenu pâle comme un mort.

— Malheur, malheur! prononça-t-il d'un ton guttural, nous arrivons trop tard!

Maximilienne restait debout en face de son terrible ennemi. Elle n'avait fait aucun mouvement. On aurait dit que ses pieds étaient cloués sur le parquet.

Sosthène gardait sur ses lèvres son hideux sourire, comme s'il eût été inconscient du crime qu'il venait de commettre.

— Ah! ah! dit-il de sa voix enrouée, c'est elle qui nous a trahis, la coquine... la voilà, je l'ai tuée! ah! ah!... je sais ce qui m'attend; eh bien, cela m'est égal. Mais, si je monte sur l'échafaud, ce ne sera pas seulement pour avoir tué cette fille qui ne valait pas un coup de poignard... Maximilienne de Coulange, continua-t-il, en enveloppant la jeune fille dans les éclairs qui jaillirent de son horrible regard, je hais ta mère, je hais ton père, j'exècre le bâtard que tu appelles ton frère, et, toi, aussi, je te hais!... Tiens, je voudrais pouvoir vous tuer tous d'un seul coup!... Mais te voilà, toi, je te tiens, tu ne m'échapperas pas, je vais enfin assouvir ma haine. Maximilienne de Coulange, tu vas mourir!

Il fit un pas en avant et leva son poignard, dont la lame rouge du sang d'Elisabeth, fumait encore.

La jeune fille retrouva subitement sa voix un instant paralysée.

— Lâche! assassin! dit-elle, en se jetant en arrière.

Au même instant Lucien et Mouillon se précipitèrent dans la chambre.

La jeune fille laissa échapper un cri de joie.

— Lucien, Lucien de Reille! exclama-t-elle.

Déjà le jeune homme avait bondi près d'elle et lui faisait un rempart de son corps.

En même temps, Mouillon s'était jeté sur l'assassin et l'avait désarmé.

Le misérable poussa un rugissement de rage et, croyant pouvoir s'échapper, il s'élança vers la porte. Le comte de Coulange se dressa devant lui. Il recula en faisant entendre un nouveau rugissement.

Tout à coup on le vit chanceler; l'expression de son visage devint plus horrible encore; ses joues se couvrirent de taches rouges, violacées; ses yeux arrondis, injectés de sang, semblaient lui sortir de la tête; son cou s'était gonflé, il ne pouvait plus respirer.

Le misérable fit entendre une sorte de grognement et se laissa tomber sur un siège. (Page 588.)

— Ouf! fit-il.

La tête renversée en arrière, la bouche grande ouverte, il faisait de violents efforts pour aspirer l'air. Il y eut dans sa gorge une sorte de râlement. Un éclair livide sillonna son regard; il fit un soubresaut, porta en même temps ses deux mains à son cou, puis il tomba raide, comme une masse, à côté du corps sanglant d'Élisabeth.

— Oh! oh! fit Mouillon.

— Mon frère, mon frère! s'écria Maximilienne.

Et elle s'élança dans les bras d'Eugène.

A son tour, Morlot entra dans la chambre, tenant un paquet de cordes. Silencieusement, Mouillon lui montra Sosthène de Perny et Élisabeth.

— Assassinée! murmura Morlot.
— Oui, dit Mouillon.
— Il s'est trompé, ce n'est pas elle qu'il voulait poignarder.

Morlot s'approcha de Sosthène et le toucha.

— Oh! fit-il, en se redressant brusquement.
— Quoi donc? l'interrogea Mouillon.
— Je n'ai plus besoin de cela, répondit Morlot, en jetant les cordes dans un coin de la chambre; ce misérable est garrotté avec des liens plus solides que les nôtres.

Et comme Mouillon le regardait avec surprise, il ajouta d'une voix lente et grave :

— Il n'existe plus!
— Ne vous trompez-vous point? dit Mouillon. N'est-il pas plutôt ivre d'absinthe?

Morlot secoua la tête.

— Non, répondit-il, il est mort!
— Mort! répétèrent en même temps Eugène et Maximilienne.
— Oui, il a été frappé...
— Par la main de Dieu, acheva le comte de Coulange.

Maximilienne s'agenouilla près d'Élisabeth.

— Pauvre jeune fille, dit-elle d'une voix pleine de larmes, elle est victime de son dévouement; c'est ma poitrine et non la sienne que cherchait le poignard de l'assassin. Pour elle, Dieu sera clément.

Elle se pencha et, pieusement, elle mit un baiser sur le front d'Élisabeth.

Soudain, le corps de la jeune fille eut un tressaillement, ses yeux s'entr'ouvrirent et elle fit entendre un faible gémissement.

— Elle vit, elle vit! s'écria Maximilienne. Ah! il faut la sauver!

Morlot prit doucement Élisabeth sous les bras et la souleva, pendant que le comte de Coulange et Mouillon cherchaient à arrêter le sang qui continuait à couler de sa blessure.

Au bout d'un instant, la jeune fille poussa une nouvelle plainte, ses yeux s'ouvrirent entièrement et se fixèrent sur Maximilienne. Aussitôt son regard s'illumina et il y eut sur son front comme un rayonnement... L'expression de sa physionomie avait quelque chose de céleste. Ses lèvres remuèrent; elle parlait, mais si bas et d'une voix si faible que Maximilienne dut approcher son oreille de sa bouche pour entendre.

— Vous êtes sauvée... disait-elle. Je suis heureuse, bien heureuse de mourir pour vous...

— Élisabeth, vous vivrez ! s'écria Maximilienne.

— Non, je sens que la vie s'éteint en moi, je suis frappée à mort... mon sang se glace, mes yeux se voilent... mon cœur ne bat plus... Ne me plaignez point, je quitte la vie sans regret, avec joie... Vous m'avez pardonné, Dieu me pardonnera... Je ne vois plus, je ne sens plus rien... je... je... je meurs !...

Un soupir s'échappa de sa poitrine et sa tête retomba lourdement sur le bras de Morlot.

Elle était morte.

Cinq minutes s'écoulèrent au milieu d'un profond silence. Toujours agenouillée, Mlle de Coulange pleurait, le visage dans ses mains. Enfin, Morlot reprit la parole.

— Mouillon, dit-il, nous ne devons pas laisser le cadavre de cette jeune fille à côté du cadavre de son assassin.

— Vous avez raison, répondit l'inspecteur de police.

Ils enlevèrent Élisabeth et la portèrent sur le lit.

En se relevant, le regard de Maximilienne rencontra celui de Lucien de Reille, qui se tenait respectueusement à l'écart. Elle s'approcha de lui, et lui tendant la main.

— Monsieur Lucien, dit-elle, d'un ton plein de gratitude, je vous remercie.

Le jeune homme put à peine contenir sa joie. Il prit la main de Maximilienne et répondit d'une voix vibrante d'émotion :

— Mademoiselle de Coulange sait qu'elle peut toujours compter sur mon dévouement.

— Oui, monsieur Lucien, et je suis heureuse que vous soyez en ce moment au nombre de mes amis. Je n'oublierai pas que si vous étiez arrivé une seconde plus tard je serais comme cette pauvre jeune fille, ajouta-t-elle, en montrant Élisabeth étendue sur le lit.

— Avez-vous encore besoin de nous ? demanda le comte de Coulange à Morlot.

— Non. monsieur le comte, vous pouvez partir.

— Oh ! oui, partons, partons vite, dit vivement Maximilienne ; je voudrais déjà être loin de cette maison maudite.

— Mon cher Lucien, reprit le comte, offre ton bras à ma sœur.

Il serra la main de Mouillon et celle de Morlot, en disant :

— A bientôt !

— A demain matin, monsieur le comte, répondit Morlot ; j'aurai l'honneur de me présenter à l'hôtel de Coulange.

Les deux jeunes gens et Maximilienne sortirent de la chambre. Moins de dix minutes après ils rejoignaient Jardel. Ils prirent place dans la voiture. Jardel, après avoir allumé ses lanternes, remonta lestement sur son siège. Deux coups de fouet cinglèrent les flancs des chevaux, qui partirent à fond de train dans la direction de Paris.

Après le départ de Maximilienne, Morlot et Mouillon fermèrent la porte de la chambre, laissant sur la table la lampe allumée. Ils descendirent au rez-de-chaussée où ils trouvèrent les deux agents, debout devant la porte de la chambre de Sosthène, dans laquelle ils avaient traîné des Grolles solidement garrotté avec des cordes neuves.

On avait trouvé sur lui plusieurs clefs; avec l'une de ces clefs on avait ouvert la porte de la maison et avec une autre la claire-voie qui fermait le clos.

Morlot entra dans la chambre et resta un instant silencieux, les bras croisés, regardant des Grolles. Après avoir fait de vains efforts pour rompre ses liens, le misérable ne faisait plus de mouvement. Toutes ses forces étaient épuisées. Mais les fauves éclairs que lançaient ses yeux, trahissaient la rage impuissante qui grondait en lui.

Morlot fit un signe aux deux agents. Ils entrèrent.

— Déliez-le, dit Morlot.

Les agents obéirent. Des Grolles se releva et respira à pleins poumons.

— Asseyez-vous là, lui ordonna Morlot. Le misérable fit entendre une sorte de grognement et se laissa tomber sur un siège.

— S'il essaye seulement de franchir le seuil de cette chambre, reprit Morlot, en s'adressant aux agents, brûlez-lui la cervelle.

Les agents se placèrent de chaque côté de la porte.

— Je sais bien que je ne peux pas m'échapper, dit le misérable d'une voix creuse. Faites de moi ce que vous voudrez.

Et il lança à Morlot un regard de haine.

— Quand on lui a brisé toutes ses dents, murmura le régisseur de Chesnel, la vipère voudrait mordre encore.

« Des Grolles, reprit-il à haute voix, vous ignorez ce qui vient de se passer dans la chambre où vous teniez enfermée Mlle de Coulange, je vais vous le dire :

« Votre complice y est entré, un poignard à la main, avec l'intention d'égorger votre prisonnière; aveuglé sans doute par l'ivresse de l'absinthe qu'il venait de boire, il n'a pas reconnu, d'abord, celle qu'il voulait frapper : son poignard s'est trompé de poitrine; c'est la jeune fille que vous aviez placée près de Mlle de Coulange qu'il a assassinée. Un instant après il est tombé lui-même, foudroyé, à côté du cadavre de sa victime. Des Grolles, votre complice est mort; en le frappant d'une de ses foudres vengeresses, Dieu a voulu qu'il échappât à la justice des hommes.

Des Grolles sursauta et ses yeux hagards se fixèrent sur Morlot. Celui-ci continua :

— Vous m'avez reconnu; je n'ai pas à vous demander comment vous avez su que je me nomme Morlot; il importe peu... Vous m'avez reconnu; donc vous vous souvenez de la visite que je vous ai faite autrefois à Mazas. Ce jour-là, je vous ai réclamé des papiers volés par vous et par votre complice au château de

Coulange. Vous n'avez certainement pas oublié ce que vous m'avez répondu au sujet des papiers... « Pour m'en débarrasser, m'avez-vous dit, je les ai jetés dans la Marne. » C'était un mensonge. Vous les aviez cachés quelque part, ces papiers, avec ou sans le coffret dans lequel ils étaient enfermés.

Après avoir fait vos cinq ans de prison, ou plus tard, vous les avez retrouvés à l'endroit où vous les aviez cachés et vous les avez remis à Sosthène.

Des Grolles fit un mouvement.

— Ne cherchez pas à nier, c'est inutile, reprit Morlot d'un ton rude ; c'est sur le secret de famille que contiennent ces papiers que votre complice, celui qui se fait appeler comte de Rogas, a édifié le plan qui devait vous livrer la fortune entière du marquis de Coulange. D'ailleurs, je n'ai pas à entrer dans d'autres détails. Des Grolles, où sont ces papiers ?

Le misérable garda le silence.

Morlot répéta sa question d'une voix impérieuse.

— Je ne sais pas ce que vous voulez dire, répondit enfin des Grolles.

Un sombre éclair sillonna le regard de Morlot.

Il se tourna vers Mouillon qui se tenait immobile entre ses deux agents.

— Cet homme refuse de parler, dit-il. Pourquoi ? Je n'en sais rien. Mais les papiers sont ici, puisque vous ne les avez pas trouvés dans la maison de Montmartre. Il me les faut. Cherchons.

Pendant une demi-heure, Morlot et Mouillon fouillèrent partout. Pas un meuble, pas un tiroir, n'échappa à leur perquisition. Morlot commençait à croire qu'ils se livraient à d'inutiles recherches. Il était devenu soucieux ; les plis qui se creusaient sur son front trahissaient son mécontentement, son inquiétude.

— Ils ne les ont certainement pas détruits, pensait-il ; mais où sont-ils, qu'en ont-ils fait ? Seraient-ils entre les mains du faux comte de Rogas ? Aurions-nous encore quelque chose à craindre du côté de ce misérable ?

Nous savons pourquoi Morlot tenait tant à retrouver le manuscrit, afin de le rendre à la marquise.

Ils étaient revenus dans la chambre de Sosthène. Morlot crut devoir interroger des Grolles de nouveau. Celui-ci lui répondit brutalement :

— Vous perdez votre temps à me questionner ; je ne sais rien ; et d'ailleurs, saurais-je où sont les objets que vous cherchez, je ne vous le dirais point.

Depuis un instant il s'était assis sur le lit.

Une idée vint à Mouillon.

— Otez-vous de là, dit-il à des Grolles.

— Je m'y trouve bien, je me repose.

L'inspecteur de police fut obligé d'employer la force pour lui faire quitter le lit.

Alors il enleva successivement l'oreiller, la couverture, les draps, le traversin et le matelas. La toile du sommier avait une large déchirure. Il l'examina et reconnut aussitôt que c'était une coupure faite avec un couteau ou des ciseaux.

Morlot s'était approché.

— Regardez, dit Mouillon.

— Je vois, répondit Morlot.

— Si les papiers sont restés entre leurs mains, ils sont là.

Morlot passa sa main par l'ouverture et enfonça son bras jusqu'au fond du sommier. Aussitôt il poussa un cri de joie, en retirant du sommier un coffret de métal couvert de vert-de-gris. Il l'ouvrit immédiatement. Le manuscrit était sous ses yeux. Il le souleva et vit un petit bonnet d'enfant.

— C'est bien, dit-il, ne jugeant pas utile de faire plus complètement l'inventaire des objets que contenait le coffret.

— Mon cher Mouillon, ajouta-t-il, vous avez eu une heureuse idée.

Il referma le coffret et le mit sous son bras.

— Maintenant, dit-il, partons ; nous n'avons plus rien à faire ici.

Deux heures plus tard, le brigadier de gendarmerie de Bougival arriva au clos de la Belle-Bonnette, accompagné de deux gendarmes. Un autre gendarme avait été envoyé à Versailles pour prévenir le procureur de la République.

Avant de retourner à Paris, Morlot et Mouillon s'étaient arrêtés à la gendarmerie de Bougival, et avaient instruit le brigadier de ce qui s'était passé dans la maison du clos.

Morlot, ne voulant pas faire connaître le nom de Sosthène de Perny, avait déclaré que l'individu mort d'une attaque d'apoplexie foudroyante se nommait Jacques Bailleul.

Après avoir constaté que la jeune fille avait été assassinée, comme on le lui avait déclaré, par l'individu désigné sous le nom de Jacques Bailleul, et que celui-ci n'avait sur le corps aucune trace de violence, le brigadier écrivit son procès-verbal d'enquête séance tenante.

Ensuite il fit mettre les menottes aux mains de des Grolles et voulut l'emmener. Mais le misérable refusa de marcher. Il fallut aller chercher une voiture. Cela prit du temps. Ce n'est qu'à sept heures que des Grolles fut écroué dans la prison de Versailles.

A neuf heures, le procureur de la République et le juge d'instruction étaient en présence des deux cadavres du clos de la Belle-Bonnette.

XXI

L'HEURE TERRIBLE

Après avoir déjeuné dans un restaurant du boulevard, le comte de Montgarin rentra chez lui, vers trois heures de l'après-midi.

— M. de Rogas est-il rentré ? demanda-t-il à François.

— Pas encore, répondit le vieux domestique.

— C'est bien. Êtes-vous allé retirer le coupon de ma loge à l'Opéra ?

— Oui, monsieur le comte.

— Vous avez prévenu votre femme et les autres ?

— Oui, monsieur le comte, et nous vous remercions mille fois. Nous passerons une délicieuse soirée.

— Je le crois ; oui, mon brave François, je désire que vous vous amusiez beaucoup ce soir.

Sur ces mots il quitta le vieux serviteur et alla s'enfermer dans sa chambre.

Comme nous l'avons dit, Ludovic possédait une superbe panoplie composée d'armes très belles, aussi riches que rares. Il y avait là un échantillon des armes les plus bizarres, venant de tous les pays du monde : la flèche indienne, le yatagan arabe, le couteau de Tolède, le sabre de Damas, le poignard japonais, le stylet italien, la massue du sauvage, le rifle du Peau-Rouge, la sagaie, la lance, la pique, la masse, la hache de silex, etc...

Au milieu de ces instruments de destruction on remarquait deux magnifiques épées, à la poignée incrustée d'or fin. Ludovic les détacha de la panoplie, sortit les lames du fourreau, en essaya les pointes sur sa main, puis les essuya avec beaucoup de soin. Du reste, les lames étaient luisantes et, de la garde à la pointe, n'avaient pas une tache de rouille. Il posa les deux épées sur son lit. Ensuite il prit un pistolet de tir et le chargea en enfonçant deux balles sur la bourre de la poudre. Il plaça le pistolet à côté des épées.

Cela fait, il s'assit devant un petit meuble, qui lui servait dn bureau, et écrivit une vingtaine de lignes sur une feuille de papier à lettres. Il se leva, s'approcha de la cheminée et resta un instant immobile en contemplation devant le portrait de Maximilienne.

Il eut un soupir étouffé et deux grosses larmes roulèrent dans ses yeux

— Trop tard, trop tard ! murmura-t-il, répondant sans doute à une de ses pensées.

Il prit le portrait, l'approcha de ses lèvres, puis le détacha de son cadre et revint s'asseoir devant son bureau. Une fois encore il colla ses lèvres frémissantes sur l'image de la jeune fille adorée.

— Adieu, adieu !... s'écria-t-il, prêt à sangloter.

Il plia la lettre qu'il venait d'écrire, dans le pli il plaça la photographie et glissa les deux objets dans une enveloppe qu'il cacheta de cire noire. Ensuite il écrivit la suscription suivante :

« Monsieur
« Lucien de Reille,
« 4, rue Saint-Florentin. »

A six heures, quand José Basco rentra, il trouva Ludovic qui l'attendait dans le salon, en fumant tranquillement un cigare.

— Mon cher José, lui dit le jeune homme en souriant, je vous attendais avec une vive impatience...

— Pourtant, je vous avais prévenu que je ne rentrerais qu'à l'heure du dîner.

— C'est vrai ; mais que voulez-vous, je me suis ennuyé.

— Baste, fit le Portugais, vous aurez demain de la distraction.

— Je sais que, demain, je ne m'ennuierai pas. Mais il y a la nuit à passer, José, une nuit terrible.

— Vous dormirez.

— Oui, je dormirai.

Ludovic parlait avec calme, le timbre de sa voix était le même et sur son visage il n'y avait pas la moindre trace d'émotion ; seul, le feu de son regard indiquait son état fiévreux.

— Êtes-vous content de votre journée, José ? demanda-t-il.

— Oui, oui, très content. J'ai travaillé pour vous, ajouta-t-il avec un sourire mystérieux.

— Pour moi ?

— Est-ce que cela vous surprend ?

— Non, mais je ne devine point...

— On voit bien que je vous ai habitué à compter sur moi. Voyons, est-ce que vous n'avez pas besoin d'une somme importante pour acheter la corbeille de la mariée ?

— Eh bien ?

— J'ai calculé que vous dépenseriez une cinquantaine de mille francs, sans compter les bijoux de votre mère qu'il faudra retirer du Mont-de-piété et qui figureront dans la corbeille. Or, j'ai trouvé aujourd'hui un de mes compatriotes qui veut bien me prêter la somme qui nous est nécessaire.

— Avec quelle garantie ?

— Vous devez bien comprendre que je n'ai pas eu l'imprudence de parler de vous, et moins encore de la dot de Mlle de Coulange.

— Alors ?

— Je donne en garantie de la somme prêtée jusqu'au jour du remboursement, mon château et mon domaine de Rogas.

— Ah ! fit le jeune homme.

Et un éclair qui s'éteignit aussitôt, traversa son regard.

— Qui veut la fin veut les moyens, mon cher Ludovic, dit le Portugais. Comme vous le voyez, aucun sacrifice ne me coûte quand il s'agit du succès de notre entreprise.

— C'est vrai, répondit le comte de Montgarin, en laissant courir sur ses lèvres un sourire singulier.

Quand le vieux domestique eut terminé son service, il échangea un regard avec son maître et disparut.
(Page 593.)

La porte du salon s'ouvrit, et François annonça que le dîner était servi. Ils passèrent dans la salle à manger.

Quand le vieux domestique eut terminé son service, il échangea un regard avec son maître et disparut.

Un instant après, les quatre serviteurs du comte de Montgarin sortaient de l'hôtel pour se rendre à l'Opéra.

Ludovic et José Basco prenaient leur café en fumant chacun un cigare.

A huit heures, le Portugais se leva.

— Est-ce que vous sortez ce soir ? lui demanda Ludovic.

— Oui, et je vais m'habiller.

— Où allez-vous ?

— Chez la baronne de Waldreck.

— On s'y amuse toujours ?

— Plus ou moins, cela dépend des personnes qu'on trouve chez elle.

— Elle continue à voir beaucoup de monde ?

— Certains jours. Ce soir, par exemple, elle aura une société nombreuse.

— On jouera ?

— C'est probable.

— Alors bonne chance, mon cher José, dit Ludovic en se levant à son tour.

Ils sortirent de la salle à manger et traversèrent le salon.

— José, dit Ludovic au Portugais en le quittant, avant de partir, vous entrerez chez moi.

— Oui, je vous dirai bonsoir.

— D'ailleurs, j'ai quelque chose à vous montrer.

— Ah !

— A tout à l'heure.

Au bout de vingt minutes, José Basco entra dans la chambre de Ludovic. Déjà il était ganté, il n'avait plus qu'à mettre son pardessus, qu'il portait sur son bras. Il avait à la boutonnière de son habit une rosette de plusieurs décorations étrangères. Son gilet à cœur, largement ouvert, laissait voir le plastron de sa chemise sur lequel étincelaient trois magnifiques diamants.

— Voyons, mon cher comte, dit-il, voyons ce que vous avez à me montrer.

Sans répondre, le jeune homme marcha vers la porte, la ferma et mit la clef dans sa poche.

— Que faites-vous donc ? lui demanda le Portugais étonné.

— Vous l'avez vu ; j'ai fermé la porte.

— Ah ! ça, est-ce que vous êtes fou !

— Je ne le crois pas.

— Enfin, pourquoi avez-vous fermé cette porte et mis la clef dans votre poche ?

— Pourquoi ? Pour vous empêcher de sortir.

— Hein, vous dites ?...

— Que vous ne sortirez pas d'ici ce soir.

www.ingramcontent.com/pod-product-compliance
Lightning Source LLC
Chambersburg PA
CBHW070312240426
43663CB00038BA/1567